Material-Logistik

Springer
*Berlin
Heidelberg
New York
Barcelona
Hongkong
London
Mailand
Paris
Tokio*

Horst Tempelmeier

Material-Logistik

Modelle und Algorithmen
für die Produktionsplanung
und -steuerung
und das Supply Chain Management

Fünfte, neubearbeitete Auflage
mit 156 Abbildungen
und 148 Tabellen

Professor Dr. Horst Tempelmeier
Universität zu Köln
Seminar für Allgemeine BWL
und Produktionswirtschaft
Albertus-Magnus-Platz
50932 Köln
http://www.spw.uni-koeln.de/

ISBN 3-540-44065-8 Springer-Verlag Berlin Heidelberg New York
ISBN 3-540-66288-X 4. Auflage Springer-Verlag Berlin Heidelberg New York

Die Deutsche Bibliothek – CIP-Einheitsaufnahme
Tempelmeier, Horst:
Material-Logistik: Modelle und Algorithmen für die Produktionsplanung und -steuerung und das Supply Chain Management / Horst Tempelmeier. – 5., neu bearb. Aufl. – Berlin; Heidelberg; New York; Barcelona; Hongkong; London; Mailand; Paris; Tokio: Springer, 2003
    ISBN 3-540-44065-8

Dieses Werk ist urheberrechtlich geschützt. Die dadurch begründeten Rechte, insbesondere die der Übersetzung, des Nachdrucks, des Vortrags, der Entnahme von Abbildungen und Tabellen, der Funksendung, der Mikroverfilmung oder der Vervielfältigung auf anderen Wegen und der Speicherung in Datenverarbeitungsanlagen, bleiben, auch bei nur auszugsweiser Verwertung, vorbehalten. Eine Vervielfältigung dieses Werkes oder von Teilen dieses Werkes ist auch im Einzelfall nur in den Grenzen der gesetzlichen Bestimmungen des Urheberrechtsgesetzes der Bundesrepublik Deutschland vom 9. September 1965 in der jeweils geltenden Fassung zulässig. Sie ist grundsätzlich vergütungspflichtig. Zuwiderhandlungen unterliegen den Strafbestimmungen des Urheberrechtsgesetzes.

Springer-Verlag Berlin Heidelberg New York
ein Unternehmen der BertelsmannSpringer Science + Business Media GmbH

http://www.springer.de

© Springer-Verlag Berlin Heidelberg 1988, 1992, 1995, 1999, 2003
Printed in Italy

Die Wiedergabe von Gebrauchsnamen, Handelsnamen, Warenbezeichnungen usw. in diesem Werk berechtigt auch ohne besondere Kennzeichnung nicht zu der Annahme, dass solche Namen im Sinne der Warenzeichen- und Markenschutz-Gesetzgebung als frei zu betrachten wären und daher von jedermann benutzt werden dürften.

Umschlaggestaltung: design & production GmbH, Heidelberg
SPIN 10890083   42/2202-5 4 3 2 1 0 – Gedruckt auf säurefreiem Papier

Vorwort zur 5. Auflage

Seit dem Erscheinen der 4. Auflage dieses Buches sind nur wenige Jahre vergangen. Es ist jetzt klar, daß mit dem aus den fünfziger Jahren des 20. Jahrhunderts stammenden, eher als Daten*verwaltung*skonzept denn als *Planung*skonzept zu bezeichnenden MRP- bzw. MRP II-Ansatz die Probleme der Produktionsplanung und -steuerung nicht gelöst werden können.
Viele Unternehmen haben begonnen, zum Zwecke der Planung sog. „Advanced Planning"-Systeme einzuführen. Diese erfreuliche Entwicklung hat zu einem erheblichen Bedarf an Kennern quantitativer Modellierungsansätze und Lösungsmethoden geführt. Das vorliegende Lehrbuch soll helfen, diesen Bedarf zu decken.
Entscheidungsträger in Unternehmen, die der quantitativen, entscheidungsorientierten Betriebswirtschaftslehre und dem Operations Research bisher eher zurückhaltend begegnet sind, setzen sich nun mit Fragen der Optimierung eingehend auseinander. Auch Hochschullehrer, die der Meinung sind, die Finanzwirtschaft und das Rechnungswesen seien die Kernkompetenzen von Betriebswirten und vertiefte Kenntnisse im Bereich der Produktionsplanung und der Optimierung von Logistikprozessen seien für einen Betriebswirt nicht erforderlich, sollten rasch umdenken.
Die vorliegende 5. Auflage dieses Buches wurde erheblich überarbeitet und erweitert. Es werden nun neben den eher modelltheoretischen Ausführungen zahlreiche praxisrelevante Aspekte der kapazitätsorientierten Losgrößenplanung eingehend diskutiert. Dabei wird weiterhin besonders auf den immer noch sehr unbefriedigenden – und von Praktikern auch so empfundenen – Entwicklungsstand der dem konventionellen MRP-Sukzessivplanungskonzept folgenden EDV-gestützten Systeme zur Produktionsplanung und -steuerung eingegangen. Im Bereich der Losgrößenplanung stellen auch die Advanced Planning-Systeme derzeit noch keinen wesentlichen Fortschritt gegenüber dem MRP-Konzept dar. In diesem Buch wird gezeigt, daß die vorhandenen Planungsdefizite teilweise durch jetzt verfügbare Modellierungskonzepte und Planungsverfahren beseitigt werden können.
Nach eingehenden Diskussionen mit Praktikern bin ich zu der Auffassung gekommen, daß Probleme der Bestellmengenplanung eine gesonderte Diskussion verdienen. Insbesondere die zunehmende Verbreitung von B2B-Konzepten mit automatischen Bestellvorgängen zwingt zu einer formalisierten Behandlung des Bestellmengenproblems. Mit diesen Fragen befaßt sich der neue Abschnitt D.4.

Auch bei dieser Auflage konnte ich auf umfangreiche Unterstützung zurückgreifen. Besonders hervorzuheben ist die Hilfe von Frau Dipl.-Wirt.-Inf. Dr. Gabriele Reith-Ahlemeier, der Herren Dipl.-Wirt.-Inf. Michael Jaenecke und Dipl.-Wirt.-Inf. Jan Coupette sowie der Herren Dipl.-Kfm. Dr. Johannes Antweiler und Dipl.-Kfm. Michael Manitz. Schließlich danke ich allen Studierenden, die mich durch Fragen auf Unklarheiten im Text hingewiesen haben.

Das Layout des Buches wird durch einige in den Marginalien untergebrachte Pictogramme aufgelockert. Die Bedeutung der Symbole gibt die folgende Übersicht wieder.

Modell-definition	Beispiel	Literatur-hinweise	Normal-verteilung	Gamma-verteilung	Diskrete Verteilung

Ich hoffe, daß dies dem Leser den recht schwierigen Stoff leichter zugänglich macht.

Köln, im Juli 2002   Horst Tempelmeier

Vorwort zur 1. Auflage

Die Material-Logistik gewinnt in einer Zeit des steigenden Zwangs zur Kosten- und Bestandsreduktion zunehmend an Bedeutung. Während die betriebswirtschaftliche Literatur zahlreiche Lehrbücher aufweist, in denen materialwirtschaftliche Fragestellungen unter strategischen oder kontrahierungspolitischen Aspekten behandelt werden, fehlt bislang eine problembezogene, quantitativ orientierte Darstellung der logistischen Probleme, die sich im Zusammenhang mit der Versorgung der Produktionsprozesse eines Unternehmens mit Material ergeben. Das vorliegende Lehrbuch soll diese Lücke schließen helfen. Logistische Probleme verlangen in besonderer Weise nach einer quantitativ fundierten Behandlung. Es ist daher angebracht, die entscheidungstheoretischen Grundlagen, die von der Betriebswirtschaftslehre zur Unterstützung der materiallogistischen Entscheidungen bereitgestellt werden, in einem zusammenfassenden, quantitativen Überblick darzustellen.

Der Schwerpunkt der Ausführungen liegt im Bereich der (verbrauchsgesteuerten und programmgesteuerten) Materialbedarfsplanung, der eng damit verbundenen dynamischen Losgrößenplanung in mehrteiligen und mehrstufigen Erzeugnisstrukturen sowie auf den Problemen der Unsicherheit in der Materialbedarfsrechnung. Unsicherheit wird jedoch nur insoweit behandelt, als sich aus der Mehrstufigkeit des Erzeugniszusammenhangs besondere Aspekte ergeben. Lagerhaltungssysteme für unabhängig disponierte Erzeugnisse werden dagegen nicht dargestellt, da zu diesem Problemkreis bereits eine umfangreiche Lehrbuchliteratur verfügbar ist.

Aufgrund ihrer engen Verflechtung mit der kurzfristigen Produktionsplanung ist eine überschneidungsfreie Abgrenzung des Entscheidungsbereichs der Material-Logistik oft schwierig bzw. unmöglich. So werden in der vorliegenden Arbeit Probleme angesprochen, deren Diskussion auch in einem Lehrbuch zur Produktionsplanung angemessen wäre. Obwohl material-logistischen Fragestellungen eine tragende Rolle in „neueren" materialflußorientierten Konzepten zur Produktionssteuerung (Toyota-Produktionssteuerungssystem, belastungsorientierte Auftragsfreigabe, OPT) zukommt, werden Probleme der Produktionsdurchführungsplanung in diesem Lehrbuch nicht diskutiert. Die behandelten Problemstellungen finden sich eher in den in der betrieblichen Praxis verbreiteten EDV-Systemen zur Produktionsplanung und -steuerung (PPS-Systeme; MRP-Systeme) wieder.

Darmstadt, im Januar 1988   Horst Tempelmeier

Inhaltsverzeichnis

Kapitel A	**Grundlagen**	**1**
A.1	Begriff der Material-Logistik	1
A.2	Beziehungen der Material-Logistik zu Beschaffung, Produktion und Materialwirtschaft	3
Kapitel B	**Klassifizierung von Verbrauchsfaktoren**	**11**
B.1	Klassifizierung von Verbrauchsfaktoren nach ihrer wertmäßigen Bedeutung	12
B.2	Klassifizierung von Verbrauchsfaktoren nach ihrem Bedarfsverlauf	26
Kapitel C	**Prognoseverfahren**	**35**
C.1	Beurteilung der Qualität eines Prognoseverfahrens	37
C.2	Prognose bei regelmäßigem Bedarf	40
	C.2.1 Prognose bei konstantem Niveau des Bedarfs	44
	C.2.1.1 Gleitende Durchschnitte	45
	C.2.1.2 Exponentielle Glättung erster Ordnung	47
	C.2.2 Prognose bei trendförmigem Bedarf	54
	C.2.2.1 Lineare Regressionsrechnung	55
	C.2.2.2 Exponentielle Glättung zweiter Ordnung	62
	C.2.2.3 Das Verfahren von Holt	72
	C.2.3 Prognose bei saisonal schwankendem Bedarf	73
	C.2.3.1 Zeitreihendekomposition	73
	C.2.3.1.1 Bestimmung von Saisonfaktoren	74
	C.2.3.1.2 Anpassung der Prognose bei konstantem Bedarf	79
	C.2.3.1.3 Anpassung der Prognose bei trendförmigem Bedarf	80

        C.2.3.2   Das Verfahren von Winters 81
        C.2.3.3   Multiple lineare Regressionsrechnung 85

                C.2.3.3.1   Prognose mit Saison-Dummyvariablen 86
                C.2.3.3.2   Prognose mit trigonometrischen Funktionen 87

C.3   Prognose bei sporadischem Bedarf 90

C.4   Ausgewählte Probleme bei der Einführung und Anwendung eines Prognosesystems 96

        C.4.1   Bestimmung der Glättungsparameter 96
        C.4.2   Produkte mit begrenzter Vergangenheit 99
        C.4.3   Behandlung von Ausreißern 101

Kapitel D   Losgrößen- und Materialbedarfsplanung   103

D.1   Darstellung des Erzeugniszusammenhangs 105

        D.1.1   Graphische Darstellungsformen 105
        D.1.2   Tabellarische Darstellungsformen 108
        D.1.3   Lineares Gleichungssystem 111
        D.1.4   Speicherung des Erzeugniszusammenhangs 113

D.2   Verfahren der programmorientierten Materialbedarfsrechnung 118

        D.2.1   Ablauf der Materialbedarfsrechnung 118
        D.2.2   Analytische Verfahren 121

                D.2.2.1   Dispositionsstufenverfahren 122
                D.2.2.2   Gozintoverfahren 125

        D.2.3   Synthetische Verfahren 128
        D.2.4   Lösung eines linearen Gleichungssystems 129

D.3   Losgrößenplanung 135

        D.3.1   Zusammenhang zwischen Losgrößenplanung und Materialbedarfsrechnung 135

        D.3.2   Das dynamische Einprodukt-Losgrößenproblem 140

                D.3.2.1   Modellformulierungen 141
                D.3.2.2   Lösungsverfahren 151

                        D.3.2.2.1   Exakte Lösung mit dynamischer Optimierung 151
                        D.3.2.2.2   Heuristische Lösungsverfahren 156

        D.3.3   Das dynamische einstufige Mehrprodukt-Losgrößenproblem ... 165

D.3.3.1	Modellformulierungen	165
D.3.3.2	Lösungsverfahren	177

- D.3.3.2.1 Das Verfahren von Dixon 178
- D.3.3.2.2 Das ABC-Verfahren von Maes 192
- D.3.3.2.3 Das Verfahren von Bahl 199
- D.3.3.2.4 Das zeitliche Dekompositionsverfahren von Stadtler .. 201

D.3.3.3 Weitere Verfahren 203

D.3.4 Das dynamische mehrstufige Mehrprodukt-Losgrößenproblem .. 206

D.3.4.1 Grundsätzliche Überlegungen 206

D.3.4.2 Modellformulierungen 208

- D.3.4.2.1 Generelle Erzeugnis- und Prozeßstruktur 208
- D.3.4.2.2 Konvergierende Erzeugnis- und Prozeßstrukturen ... 228

D.3.4.3 Lösungsverfahren für Probleme ohne Kapazitätsbeschränkungen 237

- D.3.4.3.1 Die Praxis der Mengenplanung in Standard-PPS-Systemen 238
- D.3.4.3.2 Einprodukt-Losgrößenverfahren mit Kostenanpassung . 239
  - D.3.4.3.2.1 Konvergierende Erzeugnisstrukturen 240
  - D.3.4.3.2.2 Generelle Erzeugnisstrukturen 253
- D.3.4.3.3 Periodenorientierte Dekomposition 272
- D.3.4.3.4 NIPPA – Ein mehrstufiges globales Stückperiodenausgleichsverfahren 274
- D.3.4.3.5 Local Search 278

D.3.4.4 Lösungsverfahren für Probleme mit Kapazitätsbeschränkungen 282

- D.3.4.4.1 Integration der Losgrößen- und Materialbedarfsplanung in ein PPS-System 282
- D.3.4.4.2 Verfahren für konvergierende Erzeugnis- und Prozeßstrukturen 291
- D.3.4.4.3 Verfahren für generelle Erzeugnis- und Prozeßstrukturen 300
  - D.3.4.4.3.1 Das Verfahren von Helber – Ein Dekompositionsverfahren 300
  - D.3.4.4.3.2 Das Verfahren von Derstroff – Eine Lagrange-Heuristik 315

	D.3.4.4.3.3 Ein LP-basiertes Verfahren mit Anpassung der Modellkoeffizienten	333
	D.3.4.4.3.4 Weitere Verfahren	348
	D.3.4.4.3.5 Anmerkungen	350

        D.3.4.4.4 Einsatz der Losgrößenplanung in einer rollenden Planungsumgebung 351

   D.3.5 MRP^{rc} – Ein Softwarekonzept zur mehrstufigen Losgrößenplanung bei beschränkten Kapazitäten 357

D.4 Bestellmengenplanung 365

   D.4.1 Modellformulierung 366
   D.4.2 Lösungsverfahren 372

        D.4.2.1 Phase I: Konstruktion einer Startlösung 372
        D.4.2.2 Phase II: Verbesserungsschritte 373
        D.4.2.3 Gesamtstruktur des Verfahrens 375

Kapitel E   Berücksichtigung der Unsicherheit   377

E.1 Das Problem 378
E.2 Einflußgrößen der Unsicherheit in mehrstufigen Produktionsprozessen . . 380
E.3 Stochastische Lagerhaltungspolitiken 390

   E.3.1 Die Nachfragemenge in der Wiederbeschaffungszeit 391
   E.3.2 Lagerbezogene Leistungskriterien 395

        E.3.2.1 Produktbezogene Leistungskriterien 397
        E.3.2.2 Produktgruppenbezogene Leistungskriterien 403

   E.3.3 (s, q)-Politik 408
   E.3.4 (r, S)-Politik 422
   E.3.5 (s, S)-Politik 427
   E.3.6 Vergleich der Lagerhaltungspolitiken 437

E.4 Methoden zur Berücksichtigung der Unsicherheit in mehrstufigen Produktionsprozessen 440

   E.4.1 Stochastische Planungsmodelle 441
   E.4.2 Mengen- und Zeitpuffer 442

        E.4.2.1 Sicherheitsbestand 442
        E.4.2.2 Sicherheitsvorlaufzeit 462
        E.4.2.3 Überschätzung der Nettobedarfsmengen 463

E.4.3 Fixierung der Primärbedarfsmengen 463
E.4.4 Neueinplanung von Aufträgen 465
E.4.5 Vorankündigung von Aufträgen 468

Literaturverzeichnis **471**

Sachverzeichnis **489**

Verzeichnis der zitierten Veröffentlichungen **497**

Verzeichnis der Symbole **501**

Anhang **511**

X.1 PMT – Produktions-Management-Trainer 511
X.2 Ein multimediales Lernsystem zur Produktion und Logistik 515

Kapitel A

Grundlagen

A.1 Begriff der Material-Logistik 1
A.2 Beziehungen der Material-Logistik zu Beschaffung, Produktion und Materialwirtschaft   3

Das vorliegende Lehrbuch befaßt sich mit Problemen, bei denen nicht immer eindeutig ist, ob sie zur Material-Logistik, zur Beschaffung oder zur Produktionsplanung zu zählen sind. Es wird daher zunächst eine Abgrenzung der Material-Logistik von den anderen betrieblichen Funktionsbereichen vorgenommen.

A.1 Begriff der Material-Logistik

Der Aufgabenbereich der betrieblichen Material-Logistik beinhaltet alle jene Aktivitäten, die sich auf den **räumlichen, zeitlichen und mengenmäßigen Transfer** der in der Produktion eingesetzten Verbrauchsfaktoren sowie der Handelswaren von den Lieferanten bis zu ihrer Verarbeitung in einem Produktionsprozeß bzw. bis zur Einlagerung im Fertigproduktlager einer Unternehmung beziehen. Die Material-Logistik schließt in diesem eng auf logistische Probleme abstellenden Sinn die Aufgabenbereiche der physischen Materialbeschaffung (physische Versorgung) und der Produktionslogistik ein. Sie bildet zusammen mit der physischen Distribution das **Logistiksystem** einer Unternehmung (siehe Bild A.1). Die integrierte, den gesamten Güterfluß von den Rohstofflieferanten bis zu den Abnehmern der Endprodukte umfassende Sichtweise der Logistik wird seit einiger Zeit unter dem Begriff „Supply Chain" bzw. „Supply Network" auch von den Anbietern von Softwaresystemen zur Unterstützung von Geschäftsprozessen propagiert. Sieht man einmal von den gestiegenen softwaretechnischen Möglichkeiten ab, dann zeigt die Durchsicht älterer Literaturquellen, daß die ganzheitliche Betrachtung der „Supply Chain" eine andere Umschreibung des mittlerweile schon betagten Logistikgedankens ist.[1]

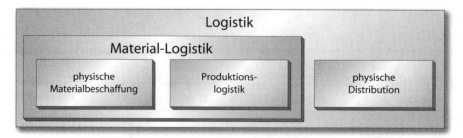

Bild A.1: Subsysteme des Logistiksystems einer Unternehmung

Die Material-Logistik umfaßt den Ausschnitt aus der logistischen Kontrollspanne eines Unternehmens, der den Materialfluß von der Güterübernahme bis zum Verlassen der Produktionsstätten als selbständig absetzbares Produkt betrifft. Das Logistiksystem ist insofern ein Supersystem des Material-Logistiksystems, als es auch noch den physischen Produktfluß der absatzfähigen Produkte zu ihren unmittelbaren Abnehmern umfaßt.

Holt die Unternehmung die Verbrauchsfaktoren selbst bei ihren Lieferanten ab, dann beginnen die material-logistischen Prozesse mit der Verladung der Güter auf die von der Unternehmung kontrollierten Transportmittel. Letzte Station der material-logistischen Kontrollspanne ist i. a. ein einer Produktionsstätte angeschlossenes Fertigproduktlager. Für die Höhe der Lagerbestände sind dort vor allem produktionswirtschaftliche Gesichtspunkte, z. B. bezüglich der optimalen Fertigungsauftragsgröße, maßgebend. Unmittelbar im Anschluß daran beginnt der Aufgabenbereich der physischen Distribution (betriebliche Warenverteilung; Marketing-Logistik[2]).

Die Material-Logistik bezieht sich im Gegensatz zur Materialwirtschaft ausschließlich auf logistische Aktivitäten, also auf Prozesse des Ausgleichs von Raum-, Zeit- und Mengendifferenzen. Zur Überbrückung der räumlichen, zeitlichen und mengenmäßigen Differenzen zwischen „Nachfrage" und „Angebot" sind die Verrichtungen der **Lagerung**, des **Transports** sowie der **Materialhandhabung** und **Verpackung** durchzuführen, die durch Prozesse der **Informationsverarbeitung** gesteuert und kontrolliert werden. Diese Prozesse vollziehen sich im Rahmen einer vorgegebenen räumlichen Struktur des Logistiksystems der Unternehmung, d. h. bei gegebenen Standorten der Lieferanten, Beschaffungslager und Produktionsanlagen. Die Gestaltung der räumlichen Struktur ist die Aufgabe der lang- bzw. mittelfristigen Strukturplanung (insb. der Standortplanung und der Kapazitätsplanung), die nicht Gegenstand der vorliegenden Arbeit ist.[3]

---

1 Zum Begriff der Logistik vgl. z. B. *Kirsch et al.* (1973); *Pfohl* (1996); *Tempelmeier* (1993a, 1998a); *Göpfert* (1999).
2 vgl. hierzu insb. *Tempelmeier* (1983)
3 Zu den Problemen der betrieblichen und innerbetrieblichen Standortplanung vgl. z. B. *Tempelmeier* (1983); *Domschke und Drexl* (1996).

Objekte der Material-Logistik sind die in der Unternehmung eingesetzten Verbrauchsfaktoren, d. h. Roh-, Hilfs- und Betriebsstoffe, sowie Handelswaren. Als Rohstoffe bezeichnet man diejenigen Realgüter, die unmittelbar in die zu produzierenden Erzeugnisse eingehen und deren Hauptbestandteile bilden (z. B. Stahl). Unter dem Begriff Hilfsstoffe subsumiert man Stoffe, die ebenfalls unmittelbar in die Erzeugnisse eingehen, die im Vergleich zu den Rohstoffen aber lediglich Hilfsfunktionen erfüllen, da ihr wert- und mengenmäßiger Anteil an den zu erzeugenden Produkten gering ist. Sie üben oft nur eine verbindende Funktion aus (z. B. Schrauben, Leim). Betriebsstoffe bilden selbst keinen Bestandteil der Erzeugnisse, gehen also nicht darin ein, sondern werden mittel- oder unmittelbar bei deren Herstellung verbraucht. Zu den Betriebsstoffen zählen alle Güter, die dazu dienen, den Produktionsprozeß zu ermöglichen und in Gang zu halten (z. B. Schmiermittel, Energie).

Im Hinblick auf den Grad der Bearbeitung bzw. nach dem Grad der noch vorgesehenen Bearbeitung lassen sich die Beschaffungsgüter weiterhin als bezogene Teile und als Handelswaren charakterisieren. Bezogene Teile sind jene im Produktionsprozeß noch einzusetzenden Verbrauchsfaktoren, die schon von Lieferanten vorbehandelt worden sind und somit einen im Vergleich zu Rohstoffen höheren Bearbeitungsgrad aufweisen (z. B. elektronische Bauelemente). Schließlich sind Handelswaren gekaufte Produkte, die die Unternehmung zwar in ihr Absatzprogramm aufgenommen hat, die aber nicht Bestandteil ihres Produktionsprogramms sind (z. B. Lederetuis bei Handheld-Computer-Herstellern).

Im folgenden werden vereinfachend die Begriffe Verbrauchsfaktor, Material und Produkt synonym verwandt.

A.2 Beziehungen der Material-Logistik zu Beschaffung, Produktion und Materialwirtschaft

Die Material-Logistik steht in engem Zusammenhang zu den Funktionen der Beschaffung, der Produktion und der Materialwirtschaft (siehe Bild A.2).

Die Beschaffung ist neben der Produktion und dem Absatz einer der drei realgüterbezogenen Aufgabenbereiche in einer nach Funktionen gegliederten Unternehmung. Zur **Beschaffung** (i. w. S.) zählen alle Maßnahmen, die die Versorgung der Unternehmung mit Produktionsfaktoren (Betriebsmittel, Material, Personal, Kapital, Informationen) zum Ziel haben. Die **Materialbeschaffung** kann nach dem Kriterium des Beschaffungsobjekts aus dem Aufgabenkomplex der Beschaffung (i. w. S.) herausgelöst werden und beinhaltet alle Maßnahmen, die sich auf die Versorgung der Unternehmung mit Verbrauchsfaktoren beziehen.

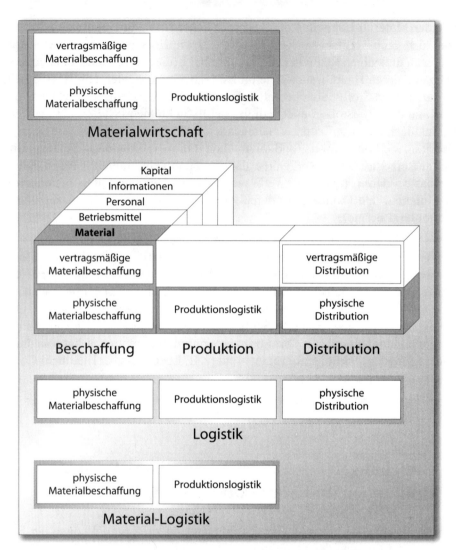

Bild A.2: *Abgrenzung zwischen Material-Logistik, Materialwirtschaft, Logistik, Beschaffung, Produktion und Distribution*

Neben vielfältigen marktbezogenen Aufgaben, die hier unter dem Sammelbegriff der **vertragsmäßigen Materialbeschaffung** zusammengefaßt werden, beinhaltet die physische Materialbeschaffung den zweiten großen Aufgabenkomplex der Materialbeschaffung. In der **physischen Materialbeschaffung** überschneiden sich somit die Beschaffung und die Logistik eines Unternehmens. Eine Abgrenzung von Beschaffung (i. w. S.) und Material-Logistik erfolgt demnach nicht nur nach dem Kriterium des Beschaffungsobjekts (Verbrauchsfaktoren), sondern darüber hinaus durch die **Konzentration auf die logistischen Prozesse** der Überbrückung von Raum-, Zeit- und Mengendifferenzen.

A.2 Beziehungen der Material-Logistik zu Beschaffung und Produktion

In ähnlicher Weise wie die physische Materialbeschaffung als ein Teilsystem der Materialbeschaffung beschrieben wurde, kann die **Produktionslogistik** als ein Subsystem des Produktionssystems einer Unternehmung aufgefaßt werden, das sich speziell mit den logistischen Aufgaben in der Produktion befaßt. Über logistische Aufgaben hinaus sind in der Produktion noch eine große Anzahl anderer Aufgaben, z. B. Produktionsprogrammplanung, Prozeßplanung, Ablaufplanung, Instandhaltungsplanung, Planung der Qualitätskontrolle usw. zu erfüllen. Die exakte Abgrenzung zwischen Produktionslogistik einerseits und vor allem der operativen Produktionsplanung und -steuerung andererseits ist im Einzelfall jedoch schwierig, da Entscheidungen in beiden Bereichen denselben Entscheidungsobjekte betreffen. So beeinflussen z. B. „logistische" Entscheidungen über den innerbetrieblichen Materialfluß direkt die Möglichkeiten der Produktionssteuerung. Dies wird besonders bei materialflußorientierten Systemen zur Produktionssteuerung deutlich (z. B. produktionssynchrone Beschaffung; Just-in-time-Produktion). Auch die zunehmende Ausweitung der Optimierungsanstrengungen auf die gesamte „Supply Chain" wird die integrierte Betrachtung von Produktion und Logistik fördern.

Die Abgrenzung der Material-Logistik von der **Materialwirtschaft** hängt von dem gewählten Begriff der Materialwirtschaft ab, der in der betriebswirtschaftlichen Literatur unterschiedlich weit gefaßt wird. So wird von einigen Autoren[4] auch die **physische Distribution** (Marketing-Logistik) zum Bereich der Materialwirtschaft gerechnet.[5] Die Material-Logistik unterscheidet sich von dieser Begriffsfassung der Materialwirtschaft dadurch, daß sie sich auf die Materialzuflüsse zu den Produktionsstellen des Unternehmens bezieht und die Probleme der physischen Distribution der absatzfähigen Produkt an die Abnehmer nicht betrachtet.

Es hat sich in der Betriebswirtschaftslehre als vorteilhaft erwiesen, eine gedankliche Zerlegung der gesamten Unternehmensaufgabe in die Funktionsbereiche der Beschaffung, der Produktion und des Absatzes vorzunehmen, da es auf diese Weise besser möglich ist, spezifische Probleme eines jeden Teilbereichs herauszuarbeiten und zu behandeln. Dies ist auch für eine Trennung von physischer Materialbeschaffung, Produktionslogistik und physischer Distribution sinnvoll. Dabei ist es möglich, die physische Materialbeschaffung und die Produktionslogistik gemeinsam unter dem Oberbegriff der Material-Logistik zusammenzufassen. Denn hier treten zahlreiche verwandte Problemstellungen auf, denen gemeinsam ist, daß es um die Versorgung von Subsystemen (Produktionsstufen) des Unternehmens mit Material geht. Aus der Sicht einer einzelnen Produktionsstufe ist es dabei unerheblich, ob der Materialnachschub von einem anderen, vorgelagerten Produktionsprozeß stammt, oder ob die benötigten Verbrauchsfaktoren von Fremdlieferanten bezogen werden. Die physische Distribution mit ihrer absatzorientierten, liefer-

---

4 vgl. z. B. *Oeldorf und Olfert* (1998)
5 In dieser Definition wäre die Materialwirtschaft, zumindest was die Outputseite des Logistiksystems einer Unternehmung betrifft, gleichbedeutend mit der Logistik selbst. Diese Gleichsetzung ist unzweckmäßig. Denn mit dem Begriff der Materialwirtschaft soll gerade ein Teilbereich aller Aktivitäten inhaltlich beschrieben werden, in dem spezifische Problemstellungen auftreten, die sich in ihrem Charakter von den für die physische Distribution typischen Fragestellungen wesentlich unterscheiden und daher überwiegend spezifische Problemlösungsmethoden erfordern.

servicebezogenen Ausrichtung nimmt im Vergleich dazu eine Sonderstellung ein, so daß es sinnvoll erscheint, sie separat zu behandeln. Von dieser, die physische Distribution einbeziehenden, Interpretation der Materialwirtschaft unterscheidet sich die Material-Logistik also durch die Beschränkung auf die **Versorgung der Produktionsprozesse**.[6]

Nach der in der Literatur[7] vorherrschenden Auffassung sind zum Bereich der Materialwirtschaft auch die Aufgaben der vertragsmäßigen Beschaffung, d. h. der betriebliche Funktionsbereich, der gemeinhin als **Einkauf** bezeichnet wird, zu rechnen. Dies führt zu einer weiteren Abgrenzung von Materialwirtschaft und Material-Logistik. Ebenso wie sich auf der Distributionsseite die Trennung in eine vertragsmäßige Distribution (mit Betonung der Marktbeziehungen und der kontrahierungspolitischen Entscheidungen) und eine physische Distribution (mit Betonung der logistischen Aktivitäten) durchgesetzt hat, ist es sinnvoll, auch auf der Versorgungsseite eine solche Trennung in eine vertragsmäßige Materialbeschaffung und eine physische Materialbeschaffung vorzunehmen. Dadurch wird es möglich, die kontrahierungspolitischen Probleme der vertragsmäßigen Materialbeschaffungspolitik getrennt von den logistischen Problemen der physischen Produktmanipulation im Beschaffungsbereich zu behandeln. Die vertragsmäßige Materialbeschaffung (Einkauf) dient dann der Abwicklung der marktbezogenen Prozesse bei der Versorgung des Unternehmens mit Verbrauchsfaktoren, während die physische Materialbeschaffung die logistischen Aktivitäten umfaßt. Die Material-Logistik unterscheidet sich von der Materialwirtschaft somit auch durch die Konzentration auf die **logistischen Aspekte** der Materialbeschaffung.

Das vorliegende Lehrbuch ist schwerpunktmäßig den Fragen der Losgrößen- und Materialbedarfsplanung gewidmet. Die Materialbedarfsplanung hat die Aufgabe, den Bedarf an Verbrauchsfaktoren, der sich aus einem im Rahmen der kapazitätsorientierten Hauptproduktionsprogrammplanung festgelegten Produktionsprogramm[8] für absatzbestimmte Produkte ergibt, für eine oder mehrere Planungsperioden nach Art, Menge und Termin zu ermitteln. Die Bestimmung des Materialbedarfs bildet eine wichtige Voraussetzung für viele Entscheidungen innerhalb der betrieblichen Materialwirtschaft, insb. für die Planung der Beschaffungsmengen und der Beschaffungszeitpunkte. Die Ermittlung des Materialbedarfs ist auch eine Teilaufgabe, die im Zusammenhang mit der Planung der Produktionsauftragsgrößen und der Produktionszeitpunkte zu bearbeiten ist. Die Einbettung der Losgrößen- und Materialbedarfsplanung in den Planungszusammenhang einer kapazitätsorientierten Produktionsplanung zeigt Bild A.3.

Es wird davon ausgegangen, daß der Produktionsbereich in mehrere Produktionsseg-

---

6 Die hier vorgenommene Beschränkung auf die Versorgung der Produktionsprozesse impliziert, daß auch Probleme der Entsorgung eines Unternehmens in der vorliegenden Arbeit betrachtet werden können, sofern man sie im Rahmen eines Recycling als spezielle Produktionsprozesse auffaßt. Zur Behandlung des Recycling vgl. *Berg* (1979), S. 25–30; *Isermann und Houtman* (1998). Seit einigen Jahren werden Recycling-Probleme auch unter dem Stichwort „Reverse Logistics" diskutiert. Vgl. *Fleischmann et al.* (1997).

7 vgl. *Grochla* (1978); *Berg* (1979); *Grün* (1994)

8 vgl. *Günther und Tempelmeier* (2002), Abschnitt 8.3

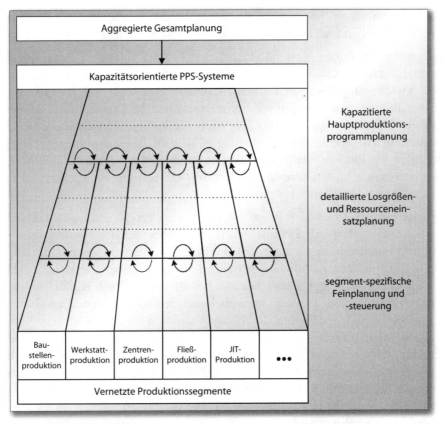

Bild A.3: *Einbettung der Materialbedarfs- und Losgrößenplanung in die kapazitätsorientierte Produktionsplanung*

mente[9] (z. B. Zentrenproduktion, Fließproduktion, Werkstattproduktion) zerlegt werden kann, für die jeweils spezifische Planungsprobleme zu lösen sind. Ausgangspunkte der Materialbedarfs- und Losgrößenplanung sind ein vorgegebenes **Hauptproduktionsprogramm** und – im Fall einer programmorientierten mehrstufigen Bedarfsplanung – eine vorgegebene **Erzeugnisstruktur**. Das Produktionsprogramm wird zunächst im Rahmen der aggregierten Gesamtplanung (Beschäftigungsglättung) produktgruppenbezogen für einen Zeitraum von mehreren Monaten bis Jahren festgelegt und dann im Rahmen der kapazitierten Hauptproduktionsprogrammplanung produktbezogen für einen kürzeren Planungszeitraum spezifiziert. In diesen Planungsschritten werden aggregierte Produktionskapazitäten grob berücksichtigt. Zur Materialbedarfs- und Losgrößenplanung werden segmentspezifische Planungskonzepte eingesetzt. Ihre Ergebnisse (Produktionsaufträge) werden in die Ressourceneinsatzplanung (Grobterminplanung, Ablaufplanung) übernommen und in ein zeitlich strukturiertes Arbeitsprogramm der Arbeitssysteme um-

---

9   vgl. *Günther und Tempelmeier* (2002), Abschnitt 5.1

gesetzt. Auf sämtlichen Planungsstufen müssen die evtl. vorliegenden Beschränkungen der Kapazitäten in den jeweiligen Aggregationsgraden berücksichtigt werden.

Die (programmorientierte) Materialbedarfs- und Losgrößenplanung leitet aus dem kapazitierten Hauptproduktionsprogramm, das die geplanten Produktionsmengen und -termine der wichtigsten Endprodukte enthält, unter Verwendung von Informationen über die strukturelle und mengenmäßige Zusammensetzung der Erzeugnisse den Bedarf für Baugruppen, Einzelteile und Rohmaterial nach Menge und Termin ab. Das Zeitraster der Materialbedarfs- und Losgrößenplanung ist so weit, daß die in dieser Planungsphase generierten Produktionspläne nicht die unmittelbare Grundlage für den Vollzug der Produktionsprozesse bilden können, sondern im Rahmen der nachgelagerten Ressourceneinsatzplanung detailliert werden müssen.

Unter Planungsaspekten sind vor allem zwei **Bedarfsarten** zu unterscheiden: Primärbedarf und Sekundärbedarf. Als **Primärbedarf** bezeichnet man den absatzbestimmten Bedarf an Fertigprodukten und Ersatzteilen. Der Primärbedarf wird sowohl hinsichtlich der Mengen als auch in seiner zeitlichen Struktur durch die kapazitierte Hauptproduktionsprogrammplanung festgelegt. Diese geht von bereits vorhandenen Kundenaufträgen und kurzfristigen Nachfrageprognosen aus, wobei auch produktbezogene Lagerbestandsentwicklungen berücksichtigt werden. Nachfrageprognosen sind nur bei reiner Kundenauftragsfertigung nicht erforderlich, d. h. dann, wenn bereits zum Zeitpunkt der Auslösung eines Produktionsvorgangs (Produktionsauftragsfreigabe) ein Kundenauftrag vorliegen muß. Abweichungen von der reinen Kundenauftragsfertigung, etwa zur Verkürzung der Vorlaufzeiten (Lieferzeiten), ergeben sich, wenn einzelne Vor- bzw. Zwischenprodukte schon vor Eingang des Kundenauftrags auf Vorrat produziert werden. In diesem Fall ist eine Vorhersage des Primärbedarfs erforderlich. Unter **Sekundärbedarf** versteht man den Bedarf an Rohstoffen, Einzelteilen und Baugruppen, der sich aus dem vorgegebenen Primärbedarf ergibt. Zur Ableitung des Sekundärbedarfs aus dem Primärbedarf muß die Erzeugnisstruktur bekannt sein.[10]

Die weiteren Ausführungen sind wie folgt gegliedert. In den Kapiteln B bis D wird die Materialbedarfs- und Losgrößenplanung behandelt. Dabei wird die in der Literatur übliche Trennung von Materialbedarfsrechnung (als Teil der Material-Logistik) einerseits und Losgrößenplanung (als Teil der Produktionsplanung) andererseits aufgegeben. Vielmehr wird der Tatsache Rechnung getragen, daß bei mehrteiligen Erzeugnisstrukturen, die in der betrieblichen Praxis vorherrschend sind, die Losgrößenplanung für übergeordnete Erzeugnisse einen bedeutenden Einfluß auf den Bedarfsverlauf der untergeordneten Produkte hat. Wegen dieses engen Zusammenhangs ist eine Materialbedarfsplanung ohne eine integrierte Bestimmung der Produktionsauftragsgrößen nicht möglich.

Nach Untersuchung der Klassifizierungsmöglichkeiten von Produkten (Kapitel B) werden in Kapitel C Verfahren zur Prognose des Materialbedarfs behandelt. In Kapi-

---

10 Daneben wird häufig noch der Begriff Tertiärbedarf genannt. Hierunter versteht man den Bedarf an Hilfs- und Betriebsstoffen sowie an Verschleiß-Werkzeugen für die Produktion. Die Vorhersage des Tertiärbedarfs kann oft mit technologischen Kennzahlen erfolgen (z. B. Schmierstoffe je Betriebsstunde einer Maschine). In vielen Fällen wird jedoch ein Prognoseverfahren verwendet.

tel D werden die Probleme der programmorientierten Materialbedarfsermittlung und der Losgrößenplanung sowie der Bestellmengenplanung und Lieferantenauswahl diskutiert. Kapitel E schließlich beschäftigt sich mit den Fragen, die sich daraus ergeben, daß die Produktionsprozesse und damit auch die Datengrundlage der Losgrößen- und Materialbedarfsplanung vielfältigen zufälligen Störeinflüssen unterliegen. Die damit verbundenen stochastischen Problemaspekte sind insb. Gegenstand der Planung der Materiallagerung, bei der es vor allem darum geht, diese Störeinflüsse durch Sicherheitsbestände zu neutralisieren.

Ergänzende Literatur zu Kapitel A:
Drexl et al. (1994)
Eschenbach (1990)
Göpfert (1999)
Grün (1994)
Günther und Tempelmeier (2002)
Kirsch et al. (1973)
Pfohl (1996)
Silver et al. (1998)
Tempelmeier (1993a, 1998a)

Kapitel B

Klassifizierung von Verbrauchsfaktoren

B.1 Klassifizierung von Verbrauchsfaktoren nach ihrer wertmäßigen Bedeutung 12
B.2 Klassifizierung von Verbrauchsfaktoren nach ihrem Bedarfsverlauf 26

Ziel der Materialbedarfsermittlung ist es, den zukünftigen Materialbedarf nach Menge und Termin so genau wie möglich mit wirtschaftlich vertretbarem Aufwand zu bestimmen. Sofern das Produktionsprogramm gegeben und die Zusammensetzung der Produkte bekannt ist, ist die Berechnung des Bedarfs im Prinzip auch für alle in die Produktion eingehenden Materialarten möglich. Wegen der entstehenden **Planungskosten** ist es aber nicht sinnvoll, für jede Materialart den Bedarf exakt zu ermitteln. So ist es i. a. zu aufwendig, den Bedarf an Hilfsstoffen direkt aus dem geplanten Primärbedarf abzuleiten, z. B. wenn man den Bedarf an Schrauben in einer Möbelfabrik durch Multiplikation der geplanten Anzahl zu produzierender Schränke und der Anzahl Schrauben je Schrank errechnet. Hier wird man sich aus Kostengründen mit ungenaueren Verfahren der Bedarfsberechnung begnügen.

Der erforderliche **Genauigkeitsgrad** der Bedarfsermittlung hängt somit von den zu erwartenden Kosteneinsparungen bei Einsatz eines genauen Verfahrens im Vergleich mit ungenaueren Verfahren ab. Es leuchtet ein, daß bei einem geringen Materialwert, der nur eine niedrige Kapitalbindung verursacht, eine grobe Schätzung des Bedarfs völlig ausreichend ist. Denn selbst dann, wenn man den Bedarf bei einem solchen Verbrauchsfaktor um ein Vielfaches überschätzt, ist der damit verbundene Anstieg der Lagerkosten doch oft vernachlässigbar gering.

Zur Unterstützung der Entscheidungen in der Material-Logistik existiert eine große Anzahl unterschiedlicher quantitativer Verfahren, die sich sowohl hinsichtlich ihrer Planungsgenauigkeit als auch im Hinblick auf die Planungskosten z. T. erheblich unterscheiden. So lassen sich in einem konkreten Fall oft mehrere alternative Lagerhaltungspolitiken einsetzen, zwischen denen u. a. auch bezüglich des Aufwands der Lagerbestandsüberwachung erhebliche Unterschiede bestehen.[1] Auch zur Materialbedarfsermittlung stehen zahlreiche alternativ einsetzbare Verfahren zur Verfügung. Für den Anwender stellt sich in einer konkreten Planungssituation damit das Problem, welches Verfahren für welchen Verbrauchsfaktor einzusetzen ist, damit die von der Verfahrenswahl abhängigen Kosten, d. h. vor allem die Kosten der Informationsverarbeitung und die Kosten, die als Folge ungenauer, d. h. suboptimaler Problemlösungen entstehen (z. B. erhöhte Lagerbestandskosten aufgrund einer nicht aktuellen Lagerbestandsüberwachung), insgesamt so gering wie möglich werden. Offensichtlich müssen die mit einem genaueren Planungsverfahren erzielbaren Kosteneinsparungen die Kosten des Verfahrenseinsatzes (z. B. für Betriebsdatenerfassung, Pflege und Verwaltung des Datenbestands, Speicherplatz, Rechenzeit) überkompensieren.

Derartige Überlegungen sind grundsätzlich im Hinblick auf jeden Entscheidungstyp anzustellen, für dessen Unterstützung unterschiedliche Verfahren verfügbar sind. Zur Vorbereitung der Auswahl eines Verfahrens der Bedarfsermittlung und auch im Zusammenhang mit dem Einsatz von Lagerhaltungspolitiken[2] wird in der betrieblichen Praxis eine Klassifizierung der Materialarten nach ihrer wertmäßigen Bedeutung sowie nach der Struktur des Bedarfsverlaufs vorgenommen.

B.1 Klassifizierung von Verbrauchsfaktoren nach ihrer wertmäßigen Bedeutung

Die relative wertmäßige Bedeutung einzelner Verbrauchsfaktorarten kann durch eine **Werthäufigkeitsverteilung** dargestellt werden. Diese Verteilung gibt Aufschluß darüber, welcher Anteil am Gesamtwert der in einem bestimmten Zeitraum verbrauchten Mengen auf einzelne Verbrauchsfaktorarten entfällt. Zur Ermittlung dieser Verteilung werden die Produkte in absteigender Reihenfolge nach ihrem Periodenverbrauchswert sortiert. Das Ergebnis ist eine Werthäufigkeitstabelle, aus der ablesbar ist, welcher Prozentsatz des gesamten Periodenverbrauchswertes aller Produkte auf wieviel Prozent der Produkte entfällt. Die graphische Darstellung dieser Häufigkeitsverteilung ergibt eine Kurve, die stark nach oben gewölbt ist. Bild B.1 zeigt eine solche Kurve für ein existierendes Lager.

Bei einer Gleichverteilung der Verbrauchswerte auf die Materialarten würde sich eine Gerade durch den Ursprung mit einem Steigungswinkel von 45° ergeben. Die dargestellte Form der Häufigkeitsverteilung, in der ein großes **Ungleichgewicht** zum Ausdruck kommt, ist für viele Industriebetriebe als typisch anzusehen. Häufig vereinen ca. 20% der Produkte ca. 70%–80% des Gesamtverbrauchswertes auf sich, während ca. 40%–50% der Produkte nur ca. 5%–15% des Gesamtverbrauchswertes stellen.[3]

---

1   vgl. hierzu Kapitel E, S. 377 ff.
2   vgl. *Brown* (1984), S. 168; *Silver et al.* (1998), Abschnitt 3.4
3   Eilon und Mallya berichten von einem praktischen Fall, in dem 60% des Periodenverbrauchswertes

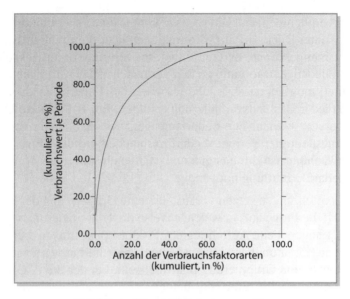

Bild B.1: Werthäufigkeitsverteilung

Dieses in der betrieblichen Praxis häufig anzutreffende Ungleichgewicht der Verteilung der Verbrauchswerte auf die Materialarten bildet den Ansatzpunkt zu einer Klassifizierung der Produkte nach dem Wertanteil, die unter der Bezeichnung **ABC-Analyse** weit verbreitet ist. Dabei werden die Verbrauchsfaktorarten i. a. zu drei Gruppen zusammengefaßt. Für die in Bild B.1 dargestellte Werthäufigkeitsverteilung könnte eine mögliche Gruppierung der Produkte wie in Tabelle B.1 dargestellt aussehen.

Die Aufteilung der Menge der Erzeugnisse in **drei** Gruppen hat nur dann einen Sinn, wenn auch unterschiedliche Planungsverfahren zur Behandlung der einzelnen Produktgruppen (z. B. in der Materialbedarfsrechnung oder bei der Bestellmengenplanung und Lagerdisposition) verfügbar sind. Existieren für eine bestimmte Problemstellung nur zwei Verfahren, dann ist auch die Bildung von zwei Gruppen (A und B) ausreichend.

Wertgruppe	Produktanzahl	%-Anteil Anzahl	%-Anteil Wert
A	11	5.0	44.4
B	45	20.3	35.8
C	165	74.7	19.8

Tabelle B.1: ABC-Klassifikation nach dem Verbrauchswert

Liegt eine Klassifizierung der Produkte entsprechend ihrem wertmäßigen Verbrauch vor, dann lassen sich aus der Literatur folgende Empfehlungen für die Bedarfsermittlung und

---

auf 3% der Materialarten entfielen, während 94% der Materialarten 20% des Verbrauchswertes einer Periode auf sich vereinten. Vgl. *Eilon und Mallya* (1985).

Lagerdisposition[4] entnehmen: Für A-Produkte könnte eine programmorientierte Materialbedarfsplanung unter Rückgriff auf Informationen über die Erzeugnisstruktur sinnvoll sein. Die Bedarfsmenge könnte evtl. auftrags- und terminbezogen gespeichert werden, so daß eine schnelle Rückverfolgung zu den verursachenden Aufträgen, aus denen sich ein Bedarf ableitet, möglich ist. Die Überwachung des Lagerbestands könnte kontinuierlich, d. h. nach jeder Bestandsveränderung erfolgen. Für B-Produkte können Prognoseverfahren eingesetzt werden. Die Bedarfsmenge kann unabhängig von den einzelnen Kunden als auftragsneutraler Periodenbedarf gespeichert werden. Eine periodische Lagerbestandsüberwachung ist i. a. ausreichend. Für C-Produkte ist oft überhaupt keine systematische Bedarfsermittlung notwendig.

Die genannten Empfehlungen setzen voraus, daß eine Gruppierung der Produkte bereits existiert. Das wirft die Frage auf, in welcher Weise die Klassifizierung vorzunehmen ist. Die in Tabelle B.1 angegebene Aufteilung des Produktspektrums in drei Klassen ist nur als ein Vorschlag aus einer unübersehbaren Menge von Alternativen zu sehen. Im obigen Beispiel könnte auch eine Gruppierung plausibel sein, bei der die A-Gruppe zu Lasten der B-Gruppe vergrößert wird. Eine entscheidungstheoretisch fundierte Abgrenzung der A-, B- und C-Gruppe bereitet erhebliche Schwierigkeiten. Sie ist nur dann möglich, wenn es gelingt, die **ökonomischen Konsequenzen** der Zuordnung eines Verbrauchsfaktors zu einer der Klassen zu quantifizieren. So könnte man z. B. für jede Klasse in der ABC-Klassifikation ein klassenspezifisches Verfahren der Bedarfsplanung festlegen und dann jeden Verbrauchsfaktor derjenigen Klasse zuordnen, bei der die von der Klassenzugehörigkeit abhängigen Kosten minimal werden. Leider scheitert diese Vorgehensweise oft daran, daß die ökonomischen Konsequenzen der Zuordnung eines Verbrauchsfaktors zu einer Klasse nicht ermittelt werden können. Denn i. a. können weder die Qualität eines Prognoseverfahrens, d. h. der mit seinem Einsatz verbundene Nutzen, noch die Kosten der Verfahrensanwendung exakt bewertet werden.[5]

Lediglich für den Bereich der Lagerhaltungsplanung sind bislang Ansätze erkennbar, die zum Ziel haben, Produkte in der Weise zu Klassen (Produktgruppen) zusammenzufassen, daß die von der Gruppierung abhängigen Kosten im Lagerbereich minimal werden. Nur wenige Autoren haben sich mit dem Problem der Aggregation von Produkten zu Produktgruppen befaßt, deren Mitglieder dann mit einheitlichen Planungsverfahren behandelt werden können. *Starr und Miller*[6] betrachten den Einfluß der Produktklassifikation auf die Kosten der Lagerüberwachung bei unterschiedlichen Werthäufigkeitsverteilungen.

Donaldson[7] schlägt u. a. vor, auf der Grundlage der Untersuchung des Produktspektrums unterschiedliche Lagerhaltungspolitiken einzusetzen und für die Produkte, die üblicherweise als B- und C-Teile eingeordnet werden, produktgruppenspezifische einheitliche

---

4 vgl. *Grochla* (1978), S. 29–32
5 Es sei darauf hingewiesen, daß die Kosten des Verfahrenseinsatzes sich nicht auf die Rechenzeit beschränken, sondern daß oft in größerem Ausmaß Kosten für die Datenpflege entstehen.
6 vgl. *Starr und Miller* (1962), S. 181–190
7 vgl. *Donaldson* (1974, 1981); vgl. auch *Shah* (1991)

Produktionszyklen zu verwenden. *Crouch und Oglesby*[8] entwerfen ein Verfahren zur Produktklassifikation, bei dem für alle Mitglieder einer Produktgruppe dieselbe Losgröße bzw. Bestellmenge verwendet wird. Eine ähnliche Strategie entwickeln *Eilon und Mallya*[9]. Sie sortieren die Produkte nach fallenden Periodenverbrauchswerten und bilden nach einem heuristischen Suchverfahren Produktgruppen, die dadurch gekennzeichnet sind, daß alle Mitglieder in einer Produktgruppe in der Werthäufigkeitsverteilung benachbarte Ränge einnehmen. *Chakravarty*[10] kommt in einer Untersuchung zu dem Ergebnis, daß unter bestimmten Annahmen die optimale Gruppierung von Produkten die Eigenschaft aufweist, daß in jeder Produktgruppe nur Produkte mit benachbarten Rängen in der Werthäufigkeitsverteilung enthalten sind. Er bildet Produktgruppen unter der Annahme, daß für alle Mitglieder einer Produktgruppe ein **einheitlicher Produktionszyklus** verwendet wird. Dieser produktgruppenspezifische Produktionszyklus weicht von den für jedes Produkt isoliert berechenbaren optimalen Produktionszyklen ab und führt damit zu einer Erhöhung der Lagerkosten der einzelnen Produkte. *Chakravarty* beschreibt ein Verfahren der dynamischen Optimierung, mit dem eine Gruppierung der Produkte ermittelt wird, bei der die aggregationsbedingte Erhöhung der produktspezifischen Lagerkosten ihr Minimum annimmt.

Im folgenden soll in Anlehnung an die Grundkonzeption von *Chakravarty* der Einfluß der Produktklassifikation, insb. der Anzahl der Produktgruppen, auf die Höhe der Kosten der Lagerhaltung untersucht werden. Es gilt, die optimale Zuordnung der individuellen Erzeugnisse zu Produktgruppen zu finden, wobei zunächst angenommen wird, daß für alle Mitglieder einer Produktgruppe eine **einheitliche Bestellmenge**[11] verwendet wird. Es soll dabei von den Annahmen des klassischen Losgrößen- bzw. Bestellmengenmodells ausgegangen werden. Unter der Voraussetzung eines kontinuierlichen Lagerabgangs entspricht der durchschnittliche Lagerbestand eines Produkts der Hälfte der Bestellmenge. Diese wird bei produktindividueller Lagerhaltungsplanung in der Weise festgelegt, daß die Summe aus produktspezifischen Lagerungs- und Wiederbeschaffungs- bzw. Rüstkosten ihr Minimum annimmt.[12] Jede Abweichung von der optimalen Bestellmenge eines Produkts verursacht einen Anstieg der produktbezogenen Lagerkosten. Bei produktgruppenbezogener Lagerhaltungsplanung dagegen wird für jede Produktgruppe g eine einheitliche Bestellmenge q_g errechnet, die für alle Mitglieder der Produktgruppe zum Einsatz kommt. Dabei treten sowohl positive als auch negative Abweichungen zwischen den produktindividuell bestimmten Bestellmengen und der produktgruppeneinheitlichen Bestellmenge auf.

Das bei der Produktaggregation verfolgte Ziel besteht nun darin, diese Abweichungen möglichst gering werden zu lassen, damit die mit den produktgruppenbezogenen Be-

---

8 vgl. *Crouch und Oglesby* (1978)
9 vgl. *Eilon und Mallya* (1985)
10 vgl. *Chakravarty* (1981); *Chakravarty et al.* (1982); *Goyal und Chakravarty* (1984)
11 In gleicher Weise läßt sich ein Ansatz formulieren und lösen, bei dem davon ausgegangen wird, daß alle Produkte einer Klasse in einem einheitlichen Produktionszyklus bestellt werden. Vgl. weiter unten.
12 Vgl. z. B. *Günther und Tempelmeier* (2002), Abschnitt 9.2.1. Im folgenden soll der Einfachheit halber auf Beschaffungsvorgänge Bezug genommen werden.

stellmengen verbundene Erhöhung der Lagerbestände minimal wird. Bezeichnen wir mit C_i die gesamten Lagerkosten, die sich bei produktindividuell berechneten Bestellmengen ergeben, und mit C_a die gesamten Lagerkosten bei produktgruppenbezogener Berechnung der Bestellmengen, dann beträgt die aggregationsbedingte Erhöhung Δ der gesamten Lagerkosten:

$$\Delta = C_a - C_i \qquad \text{(B.1)}$$

mit C_i: Lagerkosten bei produktindividueller Bestellmengenberechnung
C_a: Lagerkosten bei produktgruppenbezogener Bestellmengenberechnung

Da die bei produktspezifischer Berechnung der Bestellmengen entstehenden Lagerkosten C_i für eine gegebene Menge von Produkten konstant sind, ist das Ziel der Minimierung der aggregationsbedingten Kostenerhöhung dem Ziel der Minimierung der von der Produktgruppierung abhängigen Lagerkosten C_a äquivalent. Eine Untergrenze für C_a ergibt sich offensichtlich dann, wenn für jedes Produkt eine produktspezifische Bestellmenge q_k ($k \in \mathcal{K}$) ermittelt wird. Diese Untergrenze ist gleich C_i.

Unter den Annahmen des klassischen Losgrößenmodells kann die **optimale Bestellmenge** q_g^{opt}, die einheitlich für alle Mitglieder der Produktgruppe g ($g = 1, 2, ..., G$) verwendet wird, mit Hilfe von Gleichung (B.2) bestimmt werden:

$$\text{Minimiere } C(q_g) = \sum_{k \in \mathcal{K}_g} h_k \cdot \frac{q_g}{2} + \frac{\sum_{k \in \mathcal{K}_g} D_k \cdot s_k}{q_g} \qquad g = 1, 2, ..., G \qquad \text{(B.2)}$$

mit q_g: Bestellmenge, die für alle Mitglieder der Produktgruppe g einheitlich verwendet wird

Dabei bedeuten:

D_k durchschnittliche Periodenbedarfsmenge des Produkts k
G Anzahl der zu bildenden Produktgruppen
h_k Lagerkostensatz des Produkts k
$\mathcal{K}$ Indexmenge aller Produkte
$\mathcal{K}_g$ Indexmenge der Produkte, die der Produktgruppe g zugeordnet sind
q_g Bestellmenge der Produktgruppe g; diese gilt einheitlich für alle Produkte k ($k \in \mathcal{K}_g$) einer Produktgruppe g
s_k Bestellkostensatz des Produkts k

Durch Differentiation von Beziehung (B.2) nach der Entscheidungsvariablen q_g und Nullsetzung der partiellen Ableitung entsteht folgende Bestimmungsgleichung für die optimale Bestellmenge q_g^{opt} der Mitglieder der Produktgruppe g:

$$q_g^{opt} = \sqrt{\frac{2 \cdot \sum_{k \in \mathcal{K}_g} D_k \cdot s_k}{\sum_{k \in \mathcal{K}_g} h_k}} \qquad g = 1, 2, ..., G \qquad \text{(B.3)}$$

Setzen wir Gleichung (B.3) in die Zielfunktion (B.2) ein, dann erhalten wir die bei Verwendung der optimalen Bestellmenge q_g^{opt} entstehenden Kosten:

$$C(q_g^{\text{opt}}) = \sqrt{2 \cdot \left(\sum_{k \in \mathcal{K}_g} D_k \cdot s_k\right) \cdot \left(\sum_{k \in \mathcal{K}_g} h_k\right)} \qquad g = 1, 2, ..., G \qquad (B.4)$$

Die in Gleichung (B.4) beschriebenen Kosten sind eine Funktion des Aggregationsgrades und der Produktgruppenstruktur, d. h., sie hängen davon ab, wie viele Produktgruppen gebildet und in welcher Weise die K Produkte zu diesen G Produktgruppen zusammengefaßt werden. Die sich aufgrund produktindividuell errechneter Bestellmengen ergebenden Gesamtkosten stimmen offensichtlich nur dann mit den Gesamtkosten auf der Basis produktgruppenspezifischer Bestellmengen überein, wenn alle Produkte einer Produktgruppe bezüglich der in dem Bestellmengenmodell verwendeten Daten identisch sind. Da dies i. a. nicht der Fall ist, entstehen durch die Bildung von Produktgruppen höhere Lagerkosten. Dennoch ist wegen der geringen Sensitivität der Lagerkosten in bezug auf Veränderungen der Bestellmenge[13] zu erwarten, daß auch relativ hoch aggregierte Daten noch zu vergleichsweise geringen aggregationsbedingten Erhöhungen der gesamten Lagerkosten führen.

Das **Problem der Produktgruppenbildung** (bei Verwendung produktgruppeneinheitlicher Bestellmengen) besteht somit darin, die K Produkte in der Weise zu G Produktgruppen zusammenzufassen, daß die Gesamtkosten minimal werden. Ist die Anzahl G zu bildender Gruppen gegeben, dann kann die optimale Gruppenstruktur mit Hilfe des folgenden Entscheidungsmodells bestimmt werden:[14]

Modell AQ

Minimiere $C(\mathcal{K}_g \mid G) = \sum_{g=1}^{G} \sqrt{2 \cdot \left(\sum_{k \in \mathcal{K}_g} D_k \cdot s_k\right) \cdot \left(\sum_{k \in \mathcal{K}_g} h_k\right)}$ \qquad (B.5)

└ Entscheidungsvariable: Struktur der Produktgruppen

u. B. d. R.

$$\bigcup_{g=1}^{G} \mathcal{K}_g = \mathcal{K} \qquad (B.6)$$

$\mathcal{K}_g \subset \mathcal{K}$ \hfill $g = 1, 2, ..., G$ \qquad (B.7)

$\mathcal{K}_g \cap \mathcal{K}_j = \emptyset$ \hfill $g, j = 1, 2, ..., G;\ g \neq j$ \qquad (B.8)

Das Modell AQ beschreibt ein **kombinatorisches Optimierungsproblem** mit den Entscheidungsvariablen $\mathcal{K}_g$ (Indexmenge der Mitglieder der Produktgruppe g), zu dessen

---

13 Wird im klassischen Bestellmengenmodell das $(1+p)$-fache der optimalen Bestellmenge verwendet, dann steigen die Lagerkosten um $50 \cdot \frac{p^2}{1+p}$ Prozent. Vgl. *Silver et al.* (1998), S. 180–182.

14 vgl. auch *Chakravarty* (1981), S. 20

Lösung im Prinzip die Verfahren der kombinatorischen Optimierung einsetzbar sind. Die Anzahl der möglichen Produktgruppenstrukturen entspricht bei gegebener Anzahl G zu bildender Produktgruppen der Anzahl möglicher Partitionen der Menge $\mathcal{K}$ zu G disjunkten Teilmengen. Sie ist gegeben durch die Stirling-Zahl zweiter Ordnung $S(K, G)$[15]. Ist auch die Anzahl der zu bildenden Produktgruppen variabel, dann erhöht sich die Komplexität des Aggregationsproblems um ein Vielfaches. Das Problem der Produktgruppenbildung ist daher selbst bei wenigen Produkten derartig groß, daß die Bestimmung einer global optimalen Lösung für realistische Lagergrößen bei ökonomisch vertretbarem Aufwand nicht möglich ist.

Zur Lösung von Problemen mit der formalen Struktur des Modells AQ eignen sich aber einige clusteranalytische Suchverfahren, die in vielfältigen Anwendungsgebieten immer dann zum Einsatz kommen, wenn es gilt, eine Menge von Objekten nach vorgegebenen Optimalitätskriterien zu einer sehr viel kleineren Menge von Gruppen zusammenzufassen. Aus der Vielzahl der zur Verfügung stehenden Verfahren soll zur Lösung des Modells AQ das in Bild B.2 dargestellte Iterationsverfahren eingesetzt werden.

Schritt 0:
Bestimme eine Startpartition und bewerte sie gemäß Beziehung (B.5).
Schritt ℓ:
Verschiebe die Produkte der Reihe nach in die jeweils beste andere Produktgruppe, durch die noch eine Verringerung des Zielfunktionswertes nach Gleichung (B.5) möglich ist. Wiederhole Schritt ℓ solange, bis die Verschiebung eines Produkts in eine andere Gruppe zu keiner weiteren Verbesserung des Zielfunktionswertes führt.

Bild B.2: Clusteranalytisches Suchverfahren zur Produktaggregation

Das Verfahren verbessert eine vorgegebene Anfangspartition der Menge $\mathcal{K}$ der Produkte iterativ solange, bis durch die Verschiebung eines Produktes in eine andere Produktgruppe die Lagerkosten nicht mehr verringert werden können. Die Qualität des auf diese Weise erreichten (evtl. nur lokalen) Minimums der Zielfunktion (B.5) hängt dabei u. a. auch von der vorgegebenen Startpartition ab. Hierzu können folgende Überlegungen angestellt werden. Die für eine gegebene Anzahl G von Produktgruppen nach Beziehung (B.5) optimale Produktgruppierung ist dadurch gekennzeichnet, daß jeweils Produkte mit ähnlichen Nachfrage- und Kostenmerkmalen in einer Gruppe zusammengefaßt werden. Weiterhin ist zu erwarten, daß die Produktgruppen tendenziell umso kleiner sein werden, je höher die durchschnittliche Periodennachfragemenge der Gruppenmitglieder ist. Denn je kleiner eine Produktgruppe ist, umso geringer ist i. a. die Summe der Abweichungen der produktindividuellen Lagerkosten von den produktgruppenspezifischen Lagerkosten. Der absolute Aggregationsfehler ist aber für ein Produkt mit hoher Bedarfsmenge größer als für ein Produkt mit geringer Bedarfsmenge. Folglich werden in

---

15 vgl. *Steinhausen und Langer* (1977), S. 17

einer optimalen Lösung diejenigen Gruppen, die Produkte mit hohem Periodenbedarf enthalten, wesentlich kleiner sein als die Gruppen der Produkte mit niedrigeren Periodenbedarfsmengen.

Die genannten Eigenschaften einer optimalen Lösung des Modells AQ für eine gegebene Anzahl G von Produktgruppen können bei der Bestimmung der Anfangspartitionen genutzt werden. Im folgenden sollen daher drei alternative Startpartitionen bezüglich ihrer Auswirkungen auf die Qualität der Lösung des Modells AQ verglichen werden:

I **Standardpartition**
In der Standardpartition werden die Produkte der Reihe nach auf die Produktgruppen verteilt. Bezeichnet g_k die Nummer der Produktgruppe des Produkts k, dann gilt $g_1 = 1, g_2 = 2, ..., g_G = G, g_{G+1} = 1, g_{G+2} = 2, ...$

II **Sortierung und Gruppierung mit identischer Gruppengröße**
Hier werden die Produkte zunächst in fallender Reihenfolge nach ihrer mit dem Lagerkostensatz bewerteten Periodennachfragemenge sortiert und im Anschluß daran der Reihe nach zu Gruppen gleicher Größe zusammengefaßt.

III **Sortierung und Gruppierung mit zunehmender Gruppengröße**
Hier werden die – wie unter II – sortierten Produkte der Reihe nach zu Gruppen mit zunehmender Größe zusammengefaßt, wobei die Gruppengröße nach einem vorgegebenen Schema, z. B. geometrisch, ansteigt.

Der Einsatz des beschriebenen Verfahrens zur Lösung des Modells AQ soll anhand zweier Beispiele aus der betrieblichen Praxis demonstriert werden. Im Beispiel 1 wird ein Lager mit 20 Produkten betrachtet. Die durchschnittlichen Absatzmengen pro Tag sowie die Produktwerte der einzelnen Artikel und die Lagerkostensätze sind in Tabelle B.2 angegeben. Die fixen Bestellkosten betragen einheitlich $s = 20$ für alle Produkte. Für den Lagerkostensatz werden einheitlich 8% des Produktwertes angenommen.

Produkt k	1	2	3	4	5	6	7	8	9	10
Bedarfsmenge	146.9	81.8	104.7	42.0	14.5	25.2	43.5	11.9	30.6	36.3
Produktwert	6.60	7.36	4.88	8.66	22.18	11.65	5.94	21.10	7.02	5.52
Produkt k	11	12	13	14	15	16	17	18	19	20
Bedarfsmenge	22.5	31.0	30.0	16.5	30.2	8.5	16.4	29.5	13.0	19.1
Produktwert	8.49	5.99	5.77	9.86	6.32	17.28	8.93	6.30	11.19	7.56

Tabelle B.2: *Bedarfsmengen und Produktwerte des Beispiels 1*

Die untere Schranke der Lagerkosten kann ermittelt werden, indem man Beziehung (B.5) mit $G = K$ und der einheitlichen Gruppengröße $\mathcal{K}_g = \{g\}$ $(g = 1, 2, ..., G)$ auswertet. Diese Lösung entspricht einer produktspezifischen Bestimmung der optimalen Bestellmengen. Die Untergrenze des Zielfunktionswertes für die im Beispiel 1 angegebenen Daten beträgt $C_i = 30.38$. Die durch Einsatz des beschriebenen clusteranalytischen Suchverfahrens ermittelten minimalen Zielfunktionswerte zeigt Tabelle B.3. In den mit „Δ" gekennzeichneten Spalten sind jeweils die aggregationsbedingten Kostenerhöhungen gegenüber den minimalen Kosten angegeben, die bei Verzicht auf eine Produktgruppenbildung erreichbar sind. Die Ergebnisse verdeutlichen, daß schon bei einem relativ hohen Aggregationsgrad von 4 Produktgruppen (das entspricht einer Reduktion auf 20% des ursprünglichen Umfangs) selbst bei der die Problemstruktur nicht ausnutzenden Standardpartition I nur noch eine aggregationsbedingte Kostenerhöhung von weniger als 1% auftritt.

	Startpartition					
	I		II		III	
G	Kosten	Δ	Kosten	Δ	Kosten	Δ
2	31.93	5.10%	31.93	5.10%	31.93	5.10%
3	31.01	2.07%	31.01	2.07%	31.01	2.07%
4	30.59	0.69%	30.59	0.69%	30.59	0.69%
5	30.54	0.52%	30.50	0.39%	30.50	0.39%
6	30.52	0.46%	30.46	0.26%	30.46	0.26%
7	30.41	0.10%	30.41	0.10%	30.46	0.26%
8	30.43	0.16%	30.41	0.10%	30.46	0.26%
9	30.39	0.03%	30.40	0.06%	30.46	0.26%
10	30.39	0.03%	30.39	0.03%	30.41	0.10%
20	30.38	0.00%	30.38	0.00%	30.38	0.00%

Tabelle B.3: Ergebnisse für Beispiel 1

Mit zunehmender Anzahl von Produktgruppen nimmt die Kostenerhöhung degressiv ab.[16] Wegen der heuristischen Struktur des verwendeten Lösungsverfahrens ist die Verringerung jedoch keine stetig fallende Funktion von G, der Anzahl Produktgruppen. Vielmehr kann – wie im Fall von $G = 8$ zu beobachten – ein geringfügiger Anstieg der Lagerkosten auch bei einer Erhöhung der Anzahl der Produktgruppen auftreten.

Vergleichen wir die durch Einsatz des Modells AQ ermittelte Produktklassifikation mit einer Gruppierung, die sich nach der in der Praxis üblichen qualitativen Vorgehensweise (ABC-Klassifikation) ergibt: In der ersten Zeile (Rang) in Tabelle B.4 sind die Rangziffern der Produkte in der Werthäufigkeitsverteilung angegeben. Nach der in der Praxis üblichen ABC-Klassifikation enthalten die Klassen A, B und C jeweils Produkte mit benachbarten Rängen. Betrachten wir die nach Einsatz des obigen Entscheidungsmodells ermittelten Gruppen, dann kann festgestellt werden, daß erhebliche Abweichungen der Gruppierungen vorliegen. Diese Abweichungen kommen dadurch zustande, daß bei der qualitativen Vorgehensweise der Bildung von A-, B- und C-Gruppen keine konkret quantifizierte Zielsetzung verfolgt wird, während sich das obige Entscheidungsmodell allein am Kriterium der Lagerkosten orientiert.

---

[16] vgl. auch *Chakravarty* (1981); *Eilon und Mallya* (1985)

Rang	1	2	3	4	5	6	7	8	9	10	11	12	13	14	15	16	17	18	19	20
Gruppe	A	A	A	B	C	B	B	B	C	B	B	B	B	B	B	C	B	C	C	C

Tabelle B.4: Gruppierung der Produkte des Beispiels 1 (3 Gruppen)

Während das Modell AQ zur Bestimmung der optimalen Struktur für eine gegebene Anzahl von Gruppen eingesetzt werden kann, muß zur Bestimmung der optimalen Anzahl von Gruppen eine umfassendere Betrachtung angestellt werden. In diesem Fall muß die Verringerung der Lagerkosten bei Erhöhung der Anzahl von Produktgruppen den negativen Effekten (z. B. erhöhter Planungsaufwand) gegenübergestellt werden, die mit der zusätzlichen Produktgruppe verbunden sind. Die Quantifizierung dieser Effekte dürfte aber schwierig sein, so daß die Gruppenanzahl i. d. R. nur durch eine externe Entscheidung festgelegt werden kann.

Als zweites Anwendungsbeispiel soll ein Lager mit 214 Produkten betrachtet werden. Die Zielfunktionsuntergrenze beträgt hier $C_i = 34629.08$. Die durch Einsatz des beschriebenen clusteranalytischen Verfahrens bei Vorgabe der alternativen Startpartitionen erzielten Ergebnisse sind in Tabelle B.5 zusammengestellt.

	Startpartition					
	I		II		III	
G	Kosten	Δ	Kosten	Δ	Kosten	Δ
2	38470.25	11.09%	38470.07	11.09%	38470.07	11.09%
3	36595.08	5.68%	36594.51	5.68%	36595.08	5.68%
4	35810.91	3.41%	35810.91	3.41%	35795.53	3.37%
5	35425.13	2.30%	35426.50	2.30%	35428.21	2.31%
6	35242.75	1.77%	35175.76	1.58%	35247.38	1.79%
7	35003.13	1.08%	35003.13	1.08%	35004.36	1.08%
8	34925.91	0.86%	34925.91	0.86%	34927.18	0.86%
9	34876.12	0.71%	34859.78	0.67%	34874.62	0.71%
10	34810.63	0.52%	34810.63	0.52%	34857.38	0.66%
20	34735.95	0.31%	34720.78	0.26%	34685.32	0.16%
214	34629.08	0.00%	34629.08	0.00%	34629.08	0.00%

Tabelle B.5: Ergebnisse für Beispiel 2

Auch im Beispiel 2 ist zu erkennen, daß selbst bei einem sehr hohen Aggregationsgrad der Produkte nur eine vergleichsweise geringfügige Erhöhung der Lagerkosten eintritt. Ursache für diese Erscheinung ist die geringe Sensitivität des klassischen Losgrößenmodells gegenüber Abweichungen von der optimalen Losgröße. Bild B.3 veranschaulicht den Zusammenhang zwischen Lagerkosten und Aggregationsgrad[17] in graphischer Form.

---

17 siehe auch *Eilon und Mallya* (1985)

Die zweite Möglichkeit der Produktaggregation besteht darin, daß für alle Mitglieder einer Produktgruppe jeweils ein **einheitlicher Produktionszyklus** (Bestellintervall) t_g ($g = 1, 2, ..., G$) festgelegt wird.[18] Hierdurch lassen sich erhebliche Kosteneinsparungen im Bereich der Lagerbestandsüberwachung und Materialbeschaffung (Bestellabwicklung, Beschaffungstransporte usw.) realisieren.

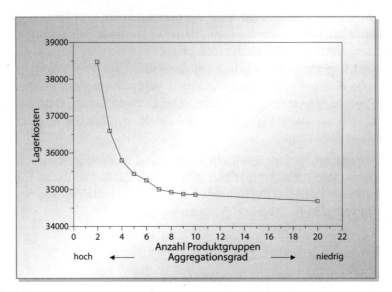

Bild B.3: *Zusammenhang zwischen Aggregationsgrad und Lagerkosten für Beispiel 2*

Der kostenminimale Produktions- bzw. Bestellzyklus einer Produktgruppe g wird durch Lösung des folgenden Minimierungsproblems bestimmt:

$$\text{Minimiere } C(t_g) = \sum_{k \in \mathcal{K}_g} \frac{h_k \cdot D_k \cdot t_g}{2} + \sum_{k \in \mathcal{K}_g} \frac{s_k}{t_g} \qquad g = 1, 2, ..., G \tag{B.9}$$

↑ Bestellzyklus der Produktgruppe g

Dabei gilt zusätzlich zu der mit Beziehung (B.2) eingeführten Notation:

t_g Bestellzyklus der Produktgruppe g; dieser gilt einheitlich für alle Produkte k ($k \in \mathcal{K}_g$) einer Produktgruppe g

Zwischen den Beziehungen (B.2) und (B.9) besteht ein enger Zusammenhang, da der Produktionszyklus t gleich dem Quotienten aus der Losgröße q und der Periodenbedarfsmenge D ist. Die Minimierung von Beziehung (B.9) ergibt folgende Bestimmungsgleichung für den optimalen Produktionszyklus t_g^{opt} der Produktgruppe g:

---

18   vgl. *Shah* (1991)

$$t_g^{\text{opt}} = \sqrt{\frac{2 \cdot \sum_{k \in \mathcal{K}_g} s_k}{\sum_{k \in \mathcal{K}_g} h_k \cdot D_k}} \qquad g = 1, 2, ..., G \qquad \text{(B.10)}$$

Die dem optimalen Produktionszyklus t_g^{opt} entsprechenden Kosten für die Produktgruppe g betragen:

$$C(t_g^{\text{opt}}) = \sqrt{2 \cdot \left(\sum_{k \in \mathcal{K}_g} h_k \cdot D_k\right) \cdot \left(\sum_{k \in \mathcal{K}_g} s_k\right)} \qquad g = 1, 2, ..., G \qquad \text{(B.11)}$$

Das Entscheidungsmodell zur optimalen Aggregation der Produkte bei Verwendung eines einheitlichen Produktions- oder Bestellzyklus t_g^{opt} für alle Mitglieder der Produktgruppe g lautet dann für eine gegebene Anzahl G zu bildender Produktgruppen:[19]

Modell AT1

Minimiere $C(\mathcal{K}_g \mid G) = \sum_{g=1}^{G} \sqrt{2 \cdot \left(\sum_{k \in \mathcal{K}_g} h_k \cdot D_k\right) \cdot \left(\sum_{k \in \mathcal{K}_g} s_k\right)}$ \qquad (B.12)

u. B. d. R.

$$\bigcup_{g=1}^{G} \mathcal{K}_g = \mathcal{K} \qquad \text{(B.13)}$$

$$\mathcal{K}_g \subset \mathcal{K} \qquad g = 1, 2, ..., G \qquad \text{(B.14)}$$

$$\mathcal{K}_g \cap \mathcal{K}_j = \emptyset \qquad g, j = 1, 2, ..., G;\ g \neq j \qquad \text{(B.15)}$$

Das Modell AT1 reduziert sich für den Fall, daß die Bestellkosten für alle Produkte mit $s_k = s$ $(k = 1, 2, ..., K)$ identisch sind, wie folgt:[20]

Modell AT2

Minimiere $C(\mathcal{K}_g \mid G) = \sum_{g=1}^{G} \sqrt{2 \cdot s \cdot |\mathcal{K}_g| \left(\sum_{k \in \mathcal{K}_g} h_k \cdot D_k\right)}$ \qquad (B.16)

u. B. d. R.

$$\bigcup_{g=1}^{G} \mathcal{K}_g = \mathcal{K} \qquad \text{(B.17)}$$

---

19 vgl. *Tanaka und Sawada* (1985)
20 vgl. *Chakravarty* (1981), S. 20

$\mathcal{K}_g \subset \mathcal{K}$ \hfill $g = 1, 2, ..., G$ \hfill (B.18)

$\mathcal{K}_g \cap \mathcal{K}_j = \emptyset$ \hfill $g, j = 1, 2, ..., G;\ g \neq j$ \hfill (B.19)

Zur Lösung des Modells AT2 entwickelt *Chakravarty* ein Verfahren der dynamischen Optimierung, wobei die unter bestimmten Bedingungen gegebene Problemeigenschaft ausgenutzt wird, daß in der optimalen Lösung nur Produkte in einer Produktgruppe enthalten sind, die in der Sortierfolge nach den Verbrauchswerten benachbarte Ränge haben. Diese Eigenschaft reduziert den zur Bestimmung der optimalen Lösung des Modells erforderlichen Rechenaufwand beträchtlich und ermöglicht erst den Einsatz eines Verfahrens der dynamischen Optimierung.

Die Modelle AT1 bzw. AT2 haben dieselbe kombinatorische Struktur wie das Modell AQ. Lediglich die Zielfunktionen sind unterschiedlich. Es ist daher möglich, auch hier das clusteranalytische Suchverfahren einzusetzen. Zur Veranschaulichung betrachten wir die beiden bereits oben verwendeten Beispiele. Die Ergebnisse für Beispiel 1 sind in Tabelle B.6 zusammengefaßt. Die maximale aggregationsbedingte Erhöhung der Lagerkosten beträgt bei Verwendung produktgruppeneinheitlicher Produktionszyklen für das Beispiel 1 nur noch 1.05%. Bei jedem Aggregationsgrad entsteht durch die Aggregation mit einheitlichen Produktionszyklen je Produktgruppe (Modell AT2) eine geringere aggregationsbedingte Abweichung vom Lagerkostenminimum als bei der Aggregation mit einheitlichen Bestellmengen (Modell AQ). Die Überlegenheit des Modells AT2 nimmt dabei mit steigendem Aggregationsgrad zu.

	Startpartition					
	I		II		III	
G	Kosten	Δ	Kosten	Δ	Kosten	Δ
2	30.70	1.05%	30.70	1.05%	30.70	1.05%
3	30.51	0.42%	30.51	0.42%	30.51	0.42%
4	30.48	0.32%	30.48	0.32%	30.48	0.32%
5	30.48	0.32%	30.41	0.09%	30.41	0.09%
6	30.48	0.32%	30.40	0.06%	30.40	0.06%
7	30.48	0.32%	30.39	0.03%	30.39	0.03%
8	30.41	0.09%	30.39	0.03%	30.39	0.03%
9	30.41	0.09%	30.39	0.03%	30.38	0.00%
10	30.39	0.03%	30.39	0.03%	30.38	0.00%
20	30.38	0.00%	30.38	0.00%	30.38	0.00%

Tabelle B.6: Ergebnisse für Beispiel 1

Die Ergebnisse der Anwendung des Aggregationsmodells AT2 auf das Beispiel 2 zeigt Tabelle B.7. Auch in diesem Beispiel ist die Aggregation mit einheitlichen Produktionszyklen mit einem geringeren Aggregationsfehler verbunden als die Bildung von Produktgruppen mit einheitlichen Bestellmengen nach dem Modell AQ. Die Unterschiede der Lösungsqualität sind hier jedoch i. a. so gering, daß wegen des heuristischen Cha-

| | Startpartition ||||||
| | I || II || III ||
G	Kosten	Δ	Kosten	Δ	Kosten	Δ
2	38193.48	10.29%	38193.48	10.29%	38193.48	10.29%
3	36377.86	5.05%	36353.40	4.98%	36377.86	5.05%
4	35758.66	3.26%	35756.03	3.25%	35724.46	3.16%
5	35271.75	1.86%	35271.75	1.86%	35271.75	1.86%
6	35110.54	1.39%	35119.26	1.42%	35139.00	1.47%
7	35014.05	1.11%	35008.76	1.10%	35037.19	1.18%
8	34957.87	0.95%	34957.87	0.95%	34921.60	0.84%
9	34865.43	0.68%	34875.06	0.71%	34895.71	0.77%
10	34782.61	0.44%	34782.61	0.44%	34836.49	0.60%
20	34725.28	0.28%	34705.95	0.22%	34671.67	0.12%
214	34629.08	0.00%	34629.08	0.00%	34629.08	0.00%

Tabelle B.7: Ergebnisse für Beispiel 2

rakters des eingesetzten Lösungsverfahrens keine generellen Aussagen über die Vorziehenswürdigkeit eines der verwendeten Modelle zulässig sind.

Allerdings ist zu vermuten, daß in der betrieblichen Praxis die Verwendung einheitlicher Bestellzyklen für mehrere Produkte die häufig sinnvollere Aggregationsform darstellt. Denn auf diese Weise lassen sich Kostendegressionseffekte im Bereich der physischen Materialbeschaffung (z. B. bei Beschaffungstransporten) nutzen.

Die dargestellten Ansätze bieten eine Unterstützung bei der Bildung von Produktgruppen im Hinblick auf einen spezifischen Verwendungszweck, die produktgruppenbezogene Lagerhaltungs- bzw. Bestellmengenplanung. Ob eine Aggregation aber überhaupt sinnvoll ist, hängt nicht nur von den möglichen Kosteneinsparungen ab, die in den Bereichen der Lagerüberwachung, Bestellabwicklung und der physischen Materialbeschaffung möglich sind. Vielmehr sind bei der Entscheidung über die Anwendung einer bestimmten Lagerhaltungspolitik für eine Materialart zahlreiche andere Gesichtspunkte zu beachten, deren Einfluß i. d. R. nicht quantifizierbar ist. Hier sind vor allem die Bedeutung einer Materialart für den Produktionsprozeß, das Veralterungsrisiko sowie die Substituierbarkeit zu nennen.

Ergänzende Literatur zu Abschnitt B.1:
Chakravarty (1981, 1984a)
Crouch und Oglesby (1978)
Eilon und Mallya (1985)

B.2 Klassifizierung von Verbrauchsfaktoren nach ihrem Bedarfsverlauf

Betrachtet man den Bedarfsverlauf eines Verbrauchsfaktors über einen längeren Zeitraum hinweg, dann wird man i. a. ein charakteristisches zeitliches Verlaufsmuster feststellen können. Viele Materialarten zeigen einen regelmäßigen Bedarfsverlauf, der bei Anwendung eines geeigneten Prognoseverfahrens mit hoher Genauigkeit prognostizierbar ist. Hier sind einerseits Verbrauchsfaktoren zu finden, für die ein sehr **gleichmäßiger Bedarfsverlauf** zu beobachten ist. Die Periodenbedarfsmengen unterliegen dann zwar zufälligen Schwankungen. Diese bewegen sich aber um ein konstantes Niveau, das sich langfristig nicht oder nur gering verändert. Im Unterschied dazu weisen die Bedarfsmengen zahlreicher Güter einen ausgeprägten **saisonalen** oder einen sich **trendförmig** verändernden Verlauf auf. Schließlich läßt sich eine Gruppe von Materialarten unterscheiden, deren Bedarfsmengen nur einen sehr **unregelmäßigen** Bedarfsverlauf haben. Dabei ist weiter zu differenzieren zwischen **stark schwankendem** Bedarf und sporadischem Bedarf. Letzterer ist dadurch gekennzeichnet, daß in einem großen Anteil der Perioden überhaupt kein Bedarf auftritt.

Die Bilder B.4 und B.5 zeigen Zeitreihen der täglichen Bedarfsmenge für Verbrauchsfaktoren mit regelmäßigem und mit sporadischem Bedarfsverlauf.

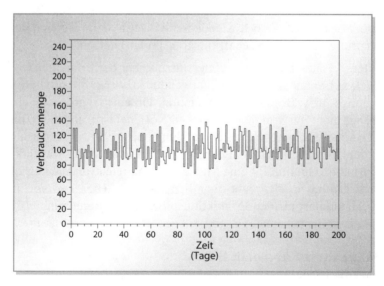

Bild B.4: Bedarfszeitreihe bei regelmäßigem Bedarfsverlauf

Das Erscheinungsbild der in Bild B.4 wiedergegebenen Zeitreihe wird durch zufällige Schwankungen geprägt. Da die Schwankungen im Verhältnis zum Mittelwert der Zeitreihe aber relativ gering sind (Variationskoeffizient = 0.17), kann der dargestellte Bedarfsverlauf als regelmäßig betrachtet werden. Dagegen weist die in Bild B.5 dargestellte Bedarfszeitreihe ein wesentlich niedrigeres Niveau mit relativ großen Schwankungen auf (Variationskoeffizient = 2.15). Vor allem aber ist ein hoher Anteil von Perioden zu beobachten, in denen überhaupt kein Bedarf auftritt (76%). Daher liegt sporadischer Bedarf vor.

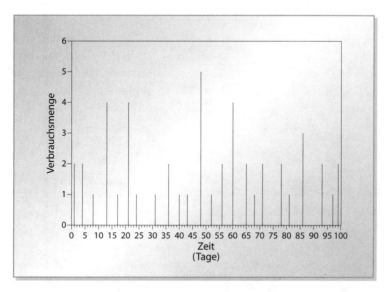

Bild B.5: Bedarfszeitreihe bei sporadischem Bedarfsverlauf

Bild B.6 zeigt eine mögliche Klassifikation von Bedarfsverläufen, die im Hinblick auf die weiter unten darzustellenden Prognoseverfahren vorgenommen wurde. Zunächst wird unterschieden zwischen stationärem und nicht-stationärem Bedarfsverlauf. Ein nicht-stationärer Verlauf tritt oft bei Endprodukten auf, die einem ausgeprägten Lebenszyklus unterliegen. So gibt es Unternehmen, die 40% ihres Umsatzes mit Produkten machen, die jünger als zwei Jahre sind.

Die Zuordnung der Produkte zu Bedarfsklassen erfolgt in der Regel erstmals dann, wenn in einer Unternehmung ein Prognosesystem eingeführt werden soll. Dabei liegen maschinell gespeicherte empirische Bedarfsdaten oft nur in geringem Umfang vor, da bis zu diesem Zeitpunkt die aufwendige produktbezogene Datenspeicherung als nicht notwendig angesehen wurde. Erschwerend kommt hinzu, daß vielfach nicht die in der Vergangenheit tatsächlich aufgetretene Nachfrage, sondern nur die ausgelieferten Mengen gespeichert werden. In den Perioden, in denen der Lagerbestand erschöpft war, erscheint in den Aufzeichnungen dann eine Nachfrage von Null, während in der Periode, in der die aufgelaufenen Rückstandsaufträge ausgeliefert wurden, plötzlich eine sehr hohe Nachfragemenge verzeichnet ist. Wegen Lieferunfähigkeit verlorene Nachfrage wird i. d. R. überhaupt nicht erfaßt. Derartige Daten sind für die Bedarfsprognose ungeeignet.

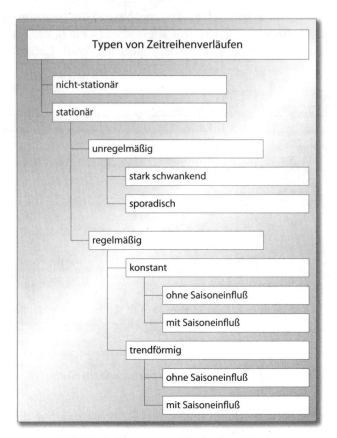

Bild B.6: Typen von Bedarfsverläufen

Zur Klassifikation von Produkten nach ihrem Bedarfsverlauf können in diesem Planungsstadium oft nur Verfahren eingesetzt werden, die mit einer geringen Datenbasis auskommen. Ist der Bedarf stationär, dann kann man einen Verbrauchsfaktor einer der in Bild B.6 aufgeführten Bedarfsklassen mit Hilfe verschiedener einfacher Tests zuordnen. Diese Tests sind i. a. anwendbar, wenn empirische Aufzeichnungen der Bedarfsmengen y_t ($t = 1, 2, ..., T$) über einen Zeitraum von 1–2 Jahren vorliegen. Zunächst ist eine Trennung zwischen regelmäßigem und unregelmäßigem Bedarf vorzunehmen. Hierzu wird für jeden Verbrauchsfaktor über einen Zeitraum der Länge T der Mittelwert μ [Gleichung (B.20)] und die **mittlere absolute Abweichung** vom Mittelwert, MAD, [Gleichung (B.21)] berechnet.

$$\mu = \frac{1}{T} \cdot \sum_{t=1}^{T} y_t \qquad (\text{B.20})$$

$$\text{MAD} = \frac{1}{T} \cdot \sum_{t=1}^{T} \mid y_t - \mu \mid \qquad (\text{B.21})$$

B.2 Klassifizierung von Verbrauchsfaktoren nach ihrem Bedarfsverlauf

Aus diesen beiden Größen läßt sich eine Kennziffer berechnen, die als **Störpegel** bezeichnet wird:[21]

$$SP = \frac{\text{MAD}}{\mu} \tag{B.22}$$

Überschreitet der Störpegel für einen Verbrauchsfaktor den Wert von ca. 0.5, dann kann vermutet werden, daß **stark schwankender** Bedarf vorliegt. Ein Anzeichen für das Vorliegen von **sporadischem** Bedarf bietet der Anteil von Perioden, in denen überhaupt kein Bedarf auftritt. Als kritischer Grenzwert, bei dessen Überschreitung von sporadischem Bedarf auszugehen ist, kann etwa 0.3 bis 0.4 angesehen werden. Für die in Tabelle B.8 dargestellte Bedarfszeitreihe beträgt der Störpegel $SP = 1.0737$ und der Anteil von Perioden ohne Bedarf 28.57%. Es kann somit davon ausgegangen werden, daß unregelmäßiger, stark schwankender, aber nicht sporadischer Bedarf vorliegt.

t	1	2	3	4	5	6	7	8	9	10	11	12	13	14
y_t	0	50	390	140	0	20	0	200	750	70	50	1000	355	0

Tabelle B.8: Stark schwankender Bedarf (Beispiel)

Eine wertvolle Hilfe zur Erkennung des grundsätzlichen Verlaufsmusters einer Zeitreihe bietet die Analyse der Autokorrelationskoeffizienten[22]. Der **Autokorrelationskoeffizient** für eine Zeitverschiebung von τ Perioden ist ein Maß für die Stärke des Zusammenhangs zwischen Paaren von Beobachtungswerten derselben Zeitreihe, zwischen denen jeweils ein zeitlicher Abstand von τ Perioden besteht. Der Autokorrelationskoeffizient ist definiert als

$$\rho_\tau = \frac{\sum_{t=1}^{T-\tau} y_t \cdot y_{t+\tau} - \frac{1}{T-\tau} \cdot \sum_{t=1}^{T-\tau} y_t \cdot \sum_{t=1+\tau}^{T} y_t}{\sqrt{\left[\sum_{t=1}^{T-\tau} y_t^2 - \frac{1}{T-\tau} \cdot \left(\sum_{t=1}^{T-\tau} y_t\right)^2\right] \cdot \left[\sum_{t=1+\tau}^{T} y_t^2 - \frac{1}{T-\tau} \cdot \left(\sum_{t=1+\tau}^{T} y_t\right)^2\right]}} \tag{B.23}$$

---

21 vgl. *Trux* (1972), S. 82. Der Störpegel kann bei normalverteilter Bedarfsmenge in den Variationskoeffizienten überführt werden.
22 vgl. *Bamberg und Baur* (1998), Abschnitt 15.2; *Weber* (1990), S. 52–59

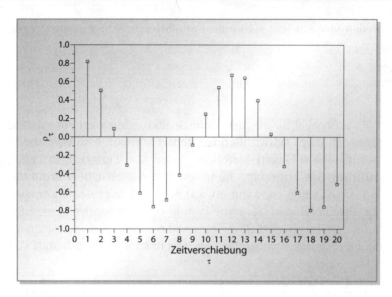

Bild B.7: Autokorrelogramm für eine Zeitreihe mit saisonalem Verlauf

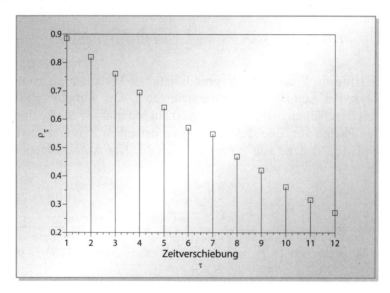

Bild B.8: Autokorrelogramm für eine Zeitreihe mit trendförmigem Verlauf

Die funktionale Beziehung zwischen der Höhe der Autokorrelationskoeffizienten und der Länge der Zeitverschiebungen bezeichnet man als (empirische) Autokorrelationsfunktion. Ihre graphische Darstellung nennt man **Autokorrelogramm**. Die Form des Autokorrelogramms gibt Aufschluß über das dominierende Verlaufsmuster einer Zeitreihe. So kann auf das Vorliegen eines saisonalen Bedarfsverlaufs ohne Trend geschlossen werden, wenn die Autokorrelationskoeffizienten zyklisch um 0 schwanken und in regelmäßigen Abständen signifikant von 0 abweichen.[23] Eine stetig abnehmende Korrelationsfunktion deutet auf das Vorliegen eines Trends hin. Bewegen sich die Autokorrelationskoeffizienten unregelmäßig um die Abszisse, dann kann auf ein konstantes Niveau der Zeitreihe bei Dominanz der zufälligen Schwankungen geschlossen werden. Die Bilder B.7 und B.8 zeigen Autokorrelogramme für eine Zeitreihe mit Saisonschwankungen und eine Zeitreihe mit trendförmigem Verlauf.

Die Existenz eines trendförmigen Verlaufs kann auch durch Einsatz der linearen Regressionsrechnung oder mit Hilfe eines Run-Tests[24] nachgewiesen werden, bei dem die Folge der (positiven oder negativen) Abweichungen der Beobachtungen von ihrem gemeinsamen Mittelwert auf ein systematisches Verlaufsmuster hin untersucht werden.

Eine ebenfalls am Bedarfsverlauf orientierte, aber vor allem auf die Auswahl produktspezifischer Bereitstellungsprinzipien abzielende Klassifizierung der Verbrauchsfaktoren findet sich in der vorwiegend praxisorientierten Literatur[25]:

- **Gruppe R**: Güter mit **gleichbleibendem** Bedarf bei nur gelegentlichen Niveauveränderungen
- **Gruppe S**: Güter mit veränderlichem, insb. **trendförmigem** und/oder **saisonalem** Bedarf
- **Gruppe U**: Güter mit sehr unregelmäßigem, **sporadischem** Bedarf

Häufig werden zur Kennzeichnung der Gruppen anstelle der Buchstaben R, S und U auch die Buchstaben X, Y und Z verwendet. Entsprechend der Zuordnung der Produkte zu einer dieser Gruppen wird eine differenzierte Anwendung verschiedener Bereitstellungsprinzipien[26] empfohlen. Als **Prinzipien der Materialbereitstellung** lassen sich die Vorratshaltung, die Einzelbeschaffung im Bedarfsfall und die einsatzsynchrone Materialbereitstellung unterscheiden.

Das Bereitstellungsprinzip der **Vorratshaltung** besagt, daß Material jeweils in bestimmten Mengen auf Lager genommen, d. h. bevorratet wird. In diesem Fall sind die Produktionsprozesse von dem zeitlichen Bedarfsverlauf durch die Pufferwirkung des Lagers entkoppelt. Darüber hinaus kann durch einen Lagerbestand die Unsicherheit hinsichtlich der Dauer der Wiederbeschaffungszeit eines Verbrauchsfaktors (z. B. verursacht durch Lieferunfähigkeit des Lieferanten oder Erhöhung der geplanten Beschaffungstransportzeit aufgrund von verkehrsbedingten Verzögerungen) abgefangen werden. Vorratshaltung ist insb. auch dann erforderlich, wenn die kumulierte Durchlaufzeit eines Produkts über alle Produktionsstufen länger ist als der Planungszeitraum, für den ein verbindlicher Produktionsplan aufgestellt werden kann.

---

23 vgl. *Makridakis und Wheelwright* (1978), S. 35; *DeLurgio* (1998), Kapitel 2
24 vgl. *Hoel* (1962)
25 vgl. *Grochla* (1978), S. 31; *Hartmann* (1997), S. 190–200
26 vgl. *Grochla* (1978), S. 29–32

Bei Anwendung des Prinzips der **Einzelbeschaffung im Bedarfsfall** wird eine Beschaffungsmaßnahme erst dann ausgelöst, wenn tatsächlich ein konkreter, mit einem bestimmten Fertigungsauftrag verbundener Bedarf aufgetreten ist.

Beim Prinzip der **einsatzsynchronen Materialbereitstellung** (Just-in-time-Prinzip) wird durch einen Lieferungsvertrag vereinbart, daß ein Lieferant an bestimmten, durch den Ablauf des Produktionsprozesses beim Abnehmer determinierten Terminen die jeweils erforderlichen Materialmengen zeitpunktgenau anliefert. Die genaue Spezifikation einer Lieferung wird dem Lieferanten i. d. R. erst kurz vor dem gewünschten Anlieferungstermin mitgeteilt. Der Abnehmer kann dadurch weitgehend auf Vorratshaltung verzichten. Die Nichteinhaltung der Liefertermine durch den Lieferanten ist oft mit hohen Konventionalstrafen verbunden, da eine zu späte Anlieferung des Materials zu Produktionsausfällen beim Abnehmer führen kann. Bei diesem Bereitstellungsprinzip werden die Probleme der Materiallagerung und der Bedarfsprognose auf den Lieferanten abgewälzt.

In der Literatur wird empfohlen, die genannten Materialbereitstellungsprinzipien auf die Produkte entsprechend ihrer Zuordnung zu einer der Gruppen R, S oder U anzuwenden. So kann für Verbrauchsfaktoren mit regelmäßigem Bedarf (Gruppe R) die einsatzsynchrone Materialbereitstellung vorteilhaft sein. Voraussetzung dafür ist i. a. eine Umstrukturierung des logistischen Systems des Abnehmers unter Einbeziehung des Lieferanten. Dies wiederum wird sich nur für Verbrauchsfaktoren mit einem hohen regelmäßigen Bedarf lohnen. Reicht die mittlere Bedarfsmenge eines der Gruppe R zugeordneten Verbrauchsfaktors nicht aus, um derartige Maßnahmen zu rechtfertigen, dann sollte die Anwendung des Materialbereitstellungsprinzips der Vorratshaltung in Betracht gezogen werden.

Für Produkte der Kategorie U wird oft die Bereitstellung im Bedarfsfall empfohlen, wobei hier vielfach eine beschaffungsbedingte Lieferverzögerung (Wiederbeschaffungszeit) in Kauf genommen wird. Dies wird damit begründet, daß der Periodenbedarf für ein Produkt der Gruppe U nur ungenau vorhergesagt werden kann. Kombiniert man die Gruppierungskriterien der ABC-Analyse und der RSU-Analyse, dann ergibt sich das in Tabelle B.9 wiedergegebene Schema mit neun Gruppen, denen die Verbrauchsfaktoren zugeordnet werden können.

	A	B	C
R	RA	RB	RC
S	SA	SB	SC
U	UA	UB	UC

Tabelle B.9: Zweidimensionale Produktklassifikation

Anhand des dargestellten Schemas lassen sich für die einzelnen Materialgruppen die jeweils tendenziell zweckmäßigsten Bereitstellungs- bzw. Beschaffungssysteme festlegen. So kann z. B. eine vollautomatische Bestellabwicklung unter Einsatz der EDV bei den

Kombinationen RA, RB, RC, SA, SB und SC angebracht sein, während für die Formen UA, UB, und UC die manuelle Disposition nach Bedarf vorteilhaft sein kann.

Bankhofer[27] weist darauf hin, daß die sowohl der ABC-Analyse als auch der RSU-Analyse zugrundeliegende eindimensionale Betrachtungsweise unzureichend sein kann. Er schlägt den Einsatz multikriterieller Klassifikationsansätze, z. B. die hierarchische Clusteranalyse vor.

Im folgenden sollen nun Verfahren zur Bestimmung des Materialbedarfs dargestellt werden. Grundsätzlich stehen zwei Verfahrensgruppen zur Verfügung: Prognoseverfahren (stochastische Verfahren, verbrauchs- bzw. bedarfsorientierte Verfahren) und programmorientierte Verfahren (deterministische Verfahren). Beide Verfahrensgruppen werden eingehend behandelt, wobei der mit der Materialbedarfsermittlung eng verflochtene Fragenkreis der Losgrößenplanung im Zusammenhang mit den programmorientierten Verfahren (Kapitel D) aufgegriffen wird.

Ergänzende Literatur zu Kapitel B:
Bankhofer (1999)
DeLurgio (1998)
Gaynor und Kirkpatrick (1994)
Makridakis und Wheelwright (1978)
Silver et al. (1998)

---

27 vgl. *Bankhofer* (1999); vgl. auch *Flores und Whybark* (1986)

Kapitel C

Prognoseverfahren

C.1 Beurteilung der Qualität eines Prognoseverfahrens 37
C.2 Prognose bei regelmäßigem Bedarf 40
    C.2.1 Prognose bei konstantem Niveau des Bedarfs 44
        C.2.1.1 Gleitende Durchschnitte 45
        C.2.1.2 Exponentielle Glättung erster Ordnung 47
    C.2.2 Prognose bei trendförmigem Bedarf 54
        C.2.2.1 Lineare Regressionsrechnung 55
        C.2.2.2 Exponentielle Glättung zweiter Ordnung 62
        C.2.2.3 Das Verfahren von Holt 72
    C.2.3 Prognose bei saisonal schwankendem Bedarf 73
        C.2.3.1 Zeitreihendekomposition 73
        C.2.3.2 Das Verfahren von Winters 81
        C.2.3.3 Multiple lineare Regressionsrechnung 85
C.3 Prognose bei sporadischem Bedarf 90
C.4 Ausgewählte Probleme bei der Einführung und Anwendung eines Prognosesystems 96
    C.4.1 Bestimmung der Glättungsparameter 96
    C.4.2 Produkte mit begrenzter Vergangenheit 99
    C.4.3 Behandlung von Ausreißern 101

Bei der Anwendung eines Prognoseverfahrens wird der in der Vergangenheit beobachtete Bedarf eines Produkts unabhängig von den in der Hauptproduktionsprogrammplanung festgelegten Produktionsmengen der Endprodukte in die Zukunft extrapoliert. Prognoseverfahren werden nicht nur zur Vorhersage des Materialbedarfs eingesetzt. Sie kommen auch im Zusammenhang mit der Beschäftigungsglättung und der Hauptproduktionsprogrammplanung zum Einsatz. Die Prognose der Endproduktnachfrage findet auch in den Planungskonzepten zur sog. „Supply Chain Optimization" – dort unter der Bezeichnung „Demand Planning" – zunehmend Beachtung.

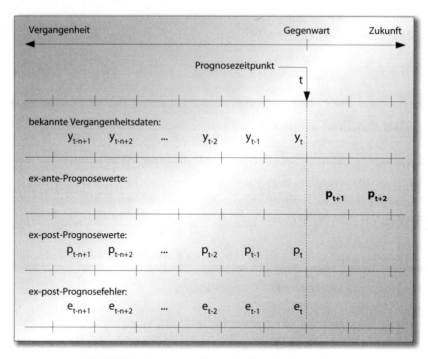

Bild C.1: Datenstruktur der Bedarfsprognose

Die für die Prognose relevanten Daten eines Produkts sind in Bild C.1 wiedergegeben. Der Vergangenheitsbedarf wird als eine **Zeitreihe** interpretiert, d. h. als eine zeitlich geordnete Folge von Periodenbedarfsmengen. Bezeichnet man mit y_t die in der Periode t beobachtete Bedarfsmenge, dann kann die Zeitreihe der Periodenbedarfsmengen durch die geordnete Folge $(y_1, y_2, ..., y_t, ...)$ beschrieben werden. Der Prognosewert für die zukünftige Periode $(t + 1)$ wird im folgenden durch das Symbol p_{t+1} dargestellt. Der Bedarf der Periode $(t + 1)$ wird jeweils am Ende der Periode t prognostiziert, nachdem der Beobachtungswert y_t für diese Periode vorliegt. Als Datengrundlage zur Errechnung eines Prognosewertes stehen dann die Zeitreihe von Periodenbedarfsmengen in den Vorperioden $(y_1, y_2, ..., y_t)$ und möglicherweise einige andere Daten[1] zur Verfügung.

Auf der Grundlage der vorliegenden Vergangenheitsdaten werden unter Anwendung eines **Prognosemodells** die Modellparameter (z. B. bei einem Trendmodell der Achsenabschnitt und die Steigung) geschätzt. Ein Prognosemodell beschreibt die (angenommene) Gesetzmäßigkeit, die dem Verlauf einer Zeitreihe zugrundeliegt. Die Qualität der Anpassung des Prognosemodells an die Zeitreihe wird durch einen Vergleich von ex-post-Prognosewerten mit den entsprechenden Beobachtungswerten überprüft. Durch

---

[1] Falls kausale Prognosemodelle verwendet werden, erfolgt die Prognose der zukünftigen Bedarfsmengen unter Rückgriff auf den beobachteten und den prognostizierten Verlauf mehrerer Zeitreihen von Einflußgrößen. Vgl. *DeLurgio* (1998).

Extrapolation des für die Vergangenheit als zutreffend angenommenen Prognosemodells werden die voraussichtlichen Bedarfsmengen zukünftiger Perioden, $(p_{t+1}, p_{t+2}, ...)$, errechnet.

Außer bei der Nachfrageprognose für Endprodukte werden **Prognoseverfahren** eingesetzt

- bei **geringwertigen** Gütern, wie z. B. Hilfsstoffen, Betriebsstoffen und Verschleißwerkzeugen, die in der betrieblichen Praxis der Gruppe der C-Produkte zugeordnet werden. Hier wären programmorientierte Verfahren zu aufwendig.
- bei **untergeordneten Erzeugnissen**, die in sehr viele unterschiedliche übergeordnete Baugruppen und Endprodukte eingebaut werden. In diesem Fall nimmt der Bedarf oft einen regelmäßigen Verlauf an, der mit geeigneten Verfahren bei geringem Aufwand vergleichsweise genau prognostiziert werden kann.
- wenn programmorientierte, **deterministische Verfahren nicht anwendbar** sind, weil die zum Einsatz dieser Verfahren notwendigen Informationen nicht verfügbar sind, z. B. bei Ersatzteilbedarf.

Man kann die Prognoseverfahren zunächst danach unterscheiden, ob sie für regelmäßigen Bedarfsverlauf oder ob sie für unregelmäßigen Bedarfsverlauf konzipiert sind. An dieser Unterscheidung orientiert sich auch die Struktur der folgenden Ausführungen. Zuvor wird jedoch die unabhängig von dem eingesetzten Prognoseverfahren zu untersuchende Frage der Prognosequalität diskutiert. Wir stellen diesen Abschnitt der Darstellung der einzelnen Prognoseverfahren voran, da eine Verfahrensauswahl die Kenntnis der Qualitätskriterien zur Beurteilung eines Prognoseverfahrens voraussetzt.

C.1 Beurteilung der Qualität eines Prognoseverfahrens

Prognosen beziehen sich immer auf zukünftige Ereignisse (z. B. das Eintreffen von Kundenaufträgen). Da deren Vorhersage aber i. a. nicht mit Sicherheit möglich ist, treten regelmäßig **Prognosefehler** auf. Prognosefehler können verschiedene Ursachen haben:

- Es wird ein **ungeeignetes**, d. h. nicht dem tatsächlichen Verlauf der zu prognostizierenden Zeitreihe angepaßtes **Prognosemodell** verwendet. Das ist z. B. der Fall, wenn zur Prognose eines trendförmig ansteigenden Bedarfs das Verfahren der exponentiellen Glättung erster Ordnung eingesetzt wird.
- Es ist ein **Strukturbruch** in der Zeitreihe aufgetreten. Diese Situation kann entstehen, wenn aufgrund nicht vorhersehbarer Ereignisse sich das Verbrauchsverhalten der Abnehmer (z. B. bei einem Preisanstieg infolge Steuererhöhung nach Regierungswechsel) oder die Menge der Abnehmer (z. B. Zusammenschluß von Wirtschaftsräumen) verändert hat. Derartige grundlegende Änderungen im Zeitreihenverlauf können entweder Parameteränderungen des bereits verwendeten Prognose-

modells oder den vollständigen Übergang zu einem anderen Prognosemodell erfordern.

Zur Gewährleistung einer hohen Prognosequalität ist es notwendig, die Leistungsfähigkeit eines Prognoseverfahrens sowohl vor dem erstmaligen Einsatz des Verfahrens – bei der Verfahrenswahl – als auch im Zeitablauf zu beurteilen. Dies kann durch die **Analyse der Prognosefehler** geschehen. Der Prognosefehler ist die Differenz zwischen dem tatsächlich eingetretenen Beobachtungswert y_t einer Zeitreihe in einer Periode t und dem prognostizierten Wert p_t:

$$e_t = y_t - p_t \quad \text{(C.1)}$$

- e_t: Prognosefehler in Periode t
- y_t: Beobachtungswert in Periode t
- p_t: Prognosewert für Periode t

Zwei Eigenschaften der Prognosefehler sind für die Beurteilung der Güte eines Prognoseverfahrens von besonderer Bedeutung:

- das **Niveau** der Prognosefehler und
- die **Streuung** der Prognosefehler.

Das **Niveau** der Prognosefehler erlaubt eine Aussage darüber, ob eine systematische Abweichung der Prognosewerte von den beobachteten Werten einer Zeitreihe vorliegt. So tritt z. B. eine systematische Unterschätzung der Bedarfsmengen dann auf (positive Prognosefehler), wenn bei trendförmig ansteigendem Bedarf ein Prognoseverfahren eingesetzt wird, das sich lediglich zur Prognose bei konstantem Zeitreihenverlauf eignet. Für ein gutes Prognoseverfahren ist zu fordern, daß die prognostizierten Werte im Durchschnitt (über einen längeren Zeitraum betrachtet) gleich den beobachteten Werten sind. Daraus leitet sich die Bedingung ab, daß das Niveau der Prognosefehler um Null schwanken muß.

Die **Streuung** der Prognosefehler erlaubt eine Aussage über den Sicherheitsgrad, mit dem prognostizierte Bedarfsmengen in der Zukunft auch tatsächlich realisiert werden. Häufig wird unterstellt, die Prognosefehler folgen einer Normalverteilung. Aus dem Verlauf der Normalverteilung läßt sich dann die Aussage ableiten, daß ca. 95% aller Prognosefehler innerhalb eines Bereichs von zwei Standardabweichungen (σ_e) um Null liegen. Das bedeutet: Der tatsächliche Beobachtungswert in der Periode t wird mit der Wahrscheinlichkeit von 95% im Intervall ($p_t \pm 2 \cdot \sigma_e$) liegen.

Zur Beurteilung der Streuung der Prognosefehler können im Prinzip die aus der Statistik bekannten Streuungsmaße (z. B. Varianz, Standardabweichung, Variationskoeffizient, Spannweite) eingesetzt werden. So wird die **Varianz** der Prognosefehler z. B. wie folgt berechnet, wenn man sich am Ende der Periode t befindet und die letzten n Perioden betrachtet:

$$\sigma_{et}^2 = \frac{1}{n-1} \cdot \sum_{k=t-n+1}^{t} (e_k - \mu_{et})^2 \tag{C.2}$$

wobei μ_{et} den **Mittelwert** der Prognosefehler in den Perioden $[t-n+1, t-n+2, ..., t]$ bezeichnet:

$$\mu_{et} = \frac{1}{n} \cdot \sum_{k=t-n+1}^{t} e_k \tag{C.3}$$

Die **Standardabweichung** der Prognosefehler beträgt dann:

$$\sigma_{et} = \sqrt{\sigma_{et}^2} \tag{C.4}$$

Obwohl die routinemäßige Berechnung der Standardabweichung bei Einsatz eines Computers recht einfach ist, bereitet ihre Interpretation in der betrieblichen Praxis doch einige Schwierigkeiten. Vor allem aus diesem Grund wird die **mittlere absolute Abweichung** der Prognosefehler, MAD_t, zur Beurteilung der Streuung der Prognosefehler und damit der Verläßlichkeit einer Prognose verwendet:[2]

$$\mathrm{MAD}_t = \frac{1}{n} \cdot \sum_{k=t-n+1}^{t} |e_k| \tag{C.5}$$

Sofern die Prognosefehler einer Normalverteilung folgen, besteht folgender Zusammenhang zwischen der mittleren absoluten Abweichung und der Standardabweichung:

$$\sigma_{et} = \sqrt{\frac{\pi}{2}} \cdot \mathrm{MAD}_t \approx 1.25 \cdot \mathrm{MAD}_t \tag{C.6}$$

Um die für die Berechnung der mittleren absoluten Abweichung notwendige Speicherung der letzten n Prognosefehler zu vermeiden, empfiehlt sich folgende Berechnungsweise, bei der lediglich ein Glättungsparameter γ und MAD_{t-1} zu speichern sind:

$$\mathrm{MAD}_t = \gamma \cdot |e_t| + (1-\gamma) \cdot \mathrm{MAD}_{t-1} \tag{C.7}$$

Diese Berechnungsweise ist eine exponentiell gewogene gleitende Durchschnittsbildung (exponentielle Glättung) mit dem Glättungsparameter γ, auf die weiter unten im Zusammenhang mit der Prognose detailliert eingegangen wird. Auch der mittlere Prognosefehler kann mit Hilfe der exponentiellen Glättung errechnet werden:

$$\mathrm{ERR}_t = \delta \cdot e_t + (1-\delta) \cdot \mathrm{ERR}_{t-1} \tag{C.8}$$

---

2 vgl. *Silver et al.* (1998), S. 26–30; *Weber* (1990), S. 67–68

Wie bereits erwähnt, ist es eine notwendige Eigenschaft eines guten Prognoseverfahrens, daß die Prognosefehler um den Wert Null schwanken. *Trigg*[3] schlägt zur Überwachung der Prognosequalität folgende Größe vor:

$$\text{SIG}_t = \frac{\text{ERR}_t}{\text{MAD}_t} \qquad (C.9)$$

Das **Abweichungssignal** SIG_t nimmt Werte zwischen -1 und $+1$ an. Bei geringen systematischen Abweichungen sollte es um Null schwanken. Überschreitet der Absolutbetrag des Abweichungssignals SIG_t einen tolerierbaren Grenzwert, dann ist das Prognoseverfahren auf seine Eignung hin zu überprüfen.[4] Als tolerierbarer Grenzwert wird in der Praxis 0.5 angesehen. Man kann das Abweichungssignal SIG_t bei der adaptiven exponentiellen Glättung zur automatischen Anpassung des Glättungsparameters verwenden, indem man den Glättungsparameter für die Periode $t + 1$, α_{t+1}, gleich dem Absolutbetrag des Abweichungssignals am Ende der Periode t, SIG_t, setzt:

$$\alpha_{t+1} = |\ \text{SIG}_t\ | \qquad (C.10)$$

Eine Erhöhung des Glättungsparameters α führt dazu, daß die aktuellen Beobachtungswerte bei der Berechnung des Prognosewertes stärker berücksichtigt werden als bisher und die Prognosewerte damit schneller auf Veränderungen in der Zeitreihe reagieren.

Als möglicher Nachteil des Abweichungssignals SIG_t ist anzusehen, daß grundlegende Änderungen im Verlauf der Zeitreihe erst nach einer zeitlichen Verzögerung entdeckt werden, da die Komponenten des Abweichungssignals, MAD_t und ERR_t, exponentiell geglättet werden. Weiterhin wird die Identifizierung des Zeitpunkts, an dem die Veränderung des Zeitreihenverlaufs aufgetreten ist, erschwert.[5]

C.2 Prognose bei regelmäßigem Bedarf

Mit Hilfe eines quantitativen Prognoseverfahrens wird aus dem Verlauf des Vergangenheitsbedarfs eines Verbrauchsfaktors, d. h. aus dem zum Prognosezeitpunkt bekannten, empirisch beobachteten auf den zu erwartenden zukünftigen Bedarf geschlossen. Zur quantitativen Prognose wurden zahlreiche Prognosemodelle mit sehr unterschiedlichen Strukturen und Komplexitätsgraden entwickelt.[6] Bei der Auswahl und dem laufenden Einsatz eines quantitativen Prognoseverfahrens ist in folgenden Schritten vorzugehen:

1. Untersuchung der charakteristischen Merkmale der Zeitreihe.
2. Entwicklung eines formalen Prognosemodells.

---

3 vgl. *Trigg* (1964); *Trigg und Leach* (1967)
4 vgl. auch *Makridakis und Wheelwright* (1989), S. 277
5 vgl. *Silver et al.* (1998), S. 135
6 Zu umfassenden Übersichten vgl. *Gaynor und Kirkpatrick* (1994); *DeLurgio* (1998).

3. Schätzung der Koeffizienten des Prognosemodells (einschl. Bestimmung von Startwerten).
4. Berechnung der Prognosewerte (für zukünftige Perioden), evtl. unter Rückgriff auf qualitative Urteile, die nicht im formalen Prognosemodell erfaßt sind.
5. Beobachtung und Analyse der Prognosegenauigkeit im Zeitablauf; evtl. Anpassung der Koeffizienten des Prognosemodells oder Änderung des Prognosemodells.

Vor dem Einsatz eines geeigneten Prognoseverfahrens muß man sich zunächst einen Überblick über den grundlegenden Verlauf der betrachteten Zeitreihe von Bedarfsmengen verschaffen. Ein nützliches Instrument ist hier die graphische Darstellung der Zeitreihe, aus der das charakteristische Verlaufsmuster oft deutlich erkennbar wird. Zeitreihen werden üblicherweise in vier Komponenten zerlegt:

- T – langfristiger Trend
- C – mittelfristige zyklische Schwankungen (Konjunkturzyklen)
- S – saisonale Schwankungen (innerhalb eines Jahres)
- I – unregelmäßige Schwankungen (irreguläre Komponente)

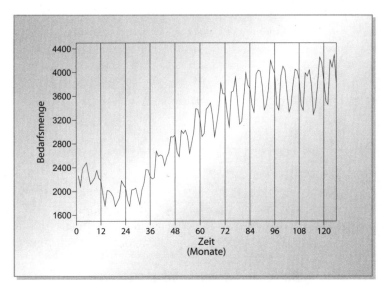

Bild C.2: Beobachtungswerte einer Zeitreihe

Die Bilder C.3 bis C.6 stellen die mit Hilfe von Methoden der Zeitreihenanalyse ermittelten Komponenten der in Bild C.2 wiedergegebenen empirisch beobachteten Zeitreihe graphisch dar. Dabei wurde von einer multiplikativen Verknüpfung der Komponenten der Zeitreihe ausgegangen. Die lang- und mittelfristig sich verändernden Komponenten wurden – eine häufig gewählte Variante – zu einer glatten Komponente zusammengefaßt.

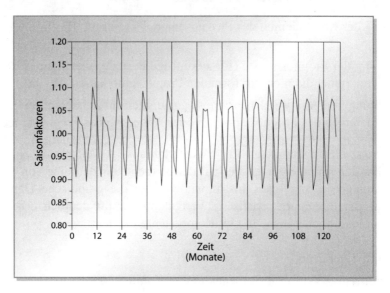

Bild C.3: Saisonmuster der Zeitreihe

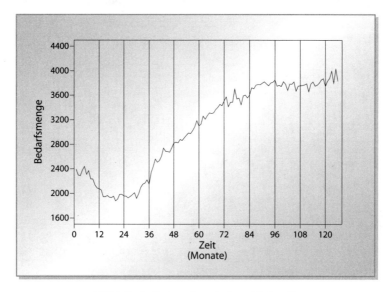

Bild C.4: Saisonbereinigte Zeitreihe

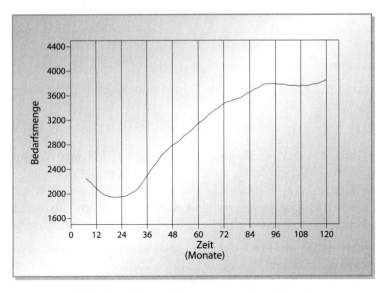

Bild C.5: Glatte Komponente der Zeitreihe

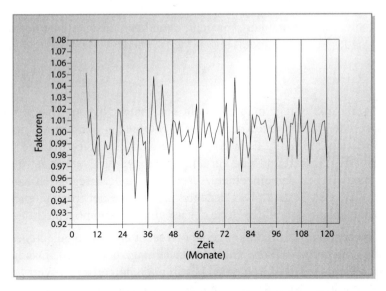

Bild C.6: Irreguläre Komponente der Zeitreihe

Man geht i. a. von der Vorstellung aus, daß die vier Komponenten einer Zeitreihe entweder additiv oder multiplikativ miteinander verknüpft sind. Bei der additiven Verknüpfung gilt die Definitionsgleichung (C.11).

$$Y = \underbrace{T + C + S}_{\text{prognostizierbar}} + \underbrace{I}_{\text{nicht prognostizierbar}} \tag{C.11}$$

Bei multiplikativer Verknüpfung der Zeitreihenkomponenten erhalten wir:

$$Y = T \cdot C \cdot S \cdot I \tag{C.12}$$

Die meisten Ansätze zur Zeitreihenanalyse versuchen, einzelne Komponenten der Zeitreihe oder Kombinationen davon zu isolieren, d. h. deren Regelmäßigkeiten zu erkennen. So könnte man z. B. die lang- und mittelfristigen systematischen Schwankungen, d. h. die Verbindung von Trend und Konjunkturzyklen, aus der Zeitreihe herauslösen und damit getrennt von den anderen Komponenten prognostizieren.

Bei der Klassifikation der Verbrauchsfaktoren nach ihrem Bedarfsverlauf wurden bereits typische Formen von Zeitreihen mit regelmäßigem Verlauf unterschieden. Im folgenden sollen hierfür geeignete Prognoseverfahren dargestellt werden.

C.2.1 Prognose bei konstantem Niveau des Bedarfs

Ist das Bedarfsniveau im Zeitablauf konstant, dann kann die Zeitreihe der Bedarfsmengen durch folgendes Prognosemodell abgebildet werden:

$$y_t = \beta_0 + \epsilon_t \qquad\qquad t = 1, 2, \ldots \tag{C.13}$$

Die Zeitreihe schwankt unregelmäßig um ein konstantes Niveau. Dabei bezeichnet β_0 einen zu schätzenden konstanten Koeffizienten, während ϵ_t den Einfluß der irregulären Komponente wiedergeben soll. Es wird i. a. unterstellt, daß die zufällige Größe ϵ_t mit dem Mittelwert $E\{\epsilon_t\} = 0$ und der Varianz $\text{Var}\{\epsilon_t\}$ normalverteilt ist und daß keine Autokorrelation zwischen den einzelnen Ausprägungen der irregulären Komponente in verschiedenen Perioden besteht. Das bedeutet: Die Höhe der irregulären Komponente in Periode t ist unabhängig von der Höhe der irregulären Komponente in Periode $t-1$.

Das Problem besteht nun darin, die obige – noch recht allgemein gehaltene – Prognosefunktion durch eine numerisch spezifizierte Beziehung zu schätzen. Das heißt, es wird notwendig, den Parameter β_0 durch einen bestimmten numerischen Wert b_0 zu approximieren. Da für die irregulären Schwankungen ϵ_t angenommen wird, daß ihr Mittelwert $E\{\epsilon_t\} = 0$ beträgt, gleichen sich die Werte dieser Zufallsgröße im Zeitablauf aus und wir müssen lediglich noch den konstanten Parameter β_0 schätzen. Die Bestimmung des Schätzwertes b_0 erfolgt üblicherweise durch Rückgriff auf empirische Daten, d. h. auf die bereits bekannte Zeitreihe der Bedarfsmengen. Dies kann unter Einsatz verschiedener Verfahren geschehen, von denen zunächst das Verfahren der gleitenden Durchschnit-

C.2.1.1 Gleitende Durchschnitte

Es soll zunächst das der Zeitreihe zugrundeliegende (tatsächliche) Modell[7]

$$y_t = \beta_0 + \epsilon_t \qquad t = 1, 2, \dots \qquad (C.14)$$

durch die Schätzfunktion

$$y_t^{(1)} = b_0 + 0 \qquad t = 1, 2, \dots \qquad (C.15)$$

approximiert werden.[8] Die Größe $y_t^{(1)}$ wird dann als Prognosewert für die Bedarfsmenge der Periode $(t+1)$, p_{t+1}, verwendet. Zur Berechnung von $y_t^{(1)}$ können im Prinzip alle bereits bekannten Bedarfsmengen der Vergangenheit, $(y_1, y_2, \dots, y_t)$, verwendet werden. Dann nimmt jedoch der Einfluß einer einzelnen Beobachtung auf den Wert von b_0 mit zunehmender Länge der Zeitreihe sehr stark ab, so daß $y_t^{(1)}$ nur noch schwach auf Schwankungen der Beobachtungswerte reagiert. Man begnügt sich für die Schätzung von b_0 daher i. a. mit den n neuesten Bedarfswerten, d. h. mit den Realisationen $(y_{t-n+1}, \dots, y_{t-2}, y_{t-1}, y_t)$. Der Parameter b_0 des Prognosemodells soll in der Weise festgelegt werden, daß die Anpassung des tatsächlichen Zeitreihenverlaufs durch die Schätzfunktion möglichst genau wird. Zur Beurteilung der Genauigkeit der Anpassung kann auf die Prognosefehler

$$e_k = y_k - p_k \qquad k = t-n+1, t-n+2, \dots, t \qquad (C.16)$$

zurückgegriffen werden. Man kann nun versuchen, b_0 so zu bestimmen, daß die mit Gleichung (C.17) beschriebene Summe der quadrierten Prognosefehler minimal wird. Es entsteht dann ein Modell mit der Entscheidungsvariablen b_0 und der Zielfunktion (C.18).

$$\begin{aligned} \text{SQA} &= e_t^2 + e_{t-1}^2 + \cdots + e_{t-n+1}^2 \\ &= \sum_{k=t-n+1}^{t} e_k^2 \\ &= \sum_{k=t-n+1}^{t} (y_k - p_k)^2 \end{aligned} \qquad (C.17)$$

---

[7] vgl. auch *Johnson und Montgomery* (1974), S. 410–412; *Silver et al.* (1998), S. 102–105; *Weber* (1990), S. 188–190

[8] Das Superskript "(1)" dient zur Kennzeichnung der Ordnung des Schätzwertes, die im Zusammenhang mit der exponentiellen Glättung näher erläutert wird.

$$\text{Minimiere SQA}(b_0) = \sum_{k=t-n+1}^{t} (y_k - b_0)^2 \qquad (C.18)$$

Zur Bestimmung des Minimums leitet man Beziehung (C.18) nach b_0 ab und setzt die Ableitung gleich Null:

$$\frac{d\text{SQA}(b_0)}{db_0} = -2 \cdot \sum_{k=t-n+1}^{t} (y_k - b_0) \stackrel{!}{=} 0 \qquad (C.19)$$

Die Auflösung von Gleichung (C.19) nach b_0 ergibt:

$$b_0 = \frac{1}{n} \cdot \sum_{k=t-n+1}^{t} y_k \qquad (C.20)$$

Bezieht man die Größe b_0 auf einen beliebigen Zeitpunkt t, dann ergibt sich:

$$b_{0,t} = \frac{1}{n} \cdot \sum_{k=t-n+1}^{t} y_k = p_{t+1} \qquad t = n, n+1, n+2, \ldots \qquad (C.21)$$

Beziehung (C.21) beschreibt den **n-periodigen ungewogenen gleitenden Mittelwert** einer Zeitreihe, bezogen auf den Zeitpunkt t. Schätzt man das Niveau einer stationären Zeitreihe nach dem Kriterium der kleinsten Quadratsumme, d. h. mit dem Ziel, die Summe der quadrierten Abweichungen der Prognosewerte von den Realisationen zu minimieren, dann ist das optimale Verfahren die Methode der (ungewogenen) gleitenden Durchschnittsbildung.

Bei der Bemessung des für die Mittelwertbildung erforderlichen Zeitabschnitts n ist darauf zu achten, daß einerseits die Vorhersage auf Schwankungen des Bedarfs umso eher reagiert, je kürzer der Zeitabschnitt n ist. Andererseits kann aber auch nicht ein beliebig kurzer Zeitabschnitt angesetzt werden, da sonst die zufälligen Schwankungen der Zeitreihe nur ungenügend ausgeglichen werden (Extremfall: $n = 1$). Typische Werte für n liegen zwischen 3 und 12.

Zur Veranschaulichung des Verfahrens der gleitenden Durchschnitte sei die in Tabelle C.1 wiedergegebene Zeitreihe betrachtet:

t	1	2	3	4	5	6	7	8
Monat	Mai	Jun	Jul	Aug	Sep	Okt	Nov	Dez
Bedarfsmenge	100	103	138	114	126	98	169	144

Tabelle C.1: Bedarfswerte

Die Anzahl der Perioden, die für die Berechnung des Prognosewertes herangezogen werden sollen, bleibt stets gleich n. Bei Hinzukommen eines neuen empirischen Bedarfswertes der Periode t entfällt der älteste Wert, d. h. der Wert der Periode $(t-n)$. Der Prognosewert für den Monat Januar ($t+1 = 9$) mit $n = 6$ beträgt damit:

$$p_9 = \frac{y_3 + y_4 + y_5 + y_6 + y_7 + y_8}{6}$$

$$p_9 = \frac{138 + 114 + 126 + 98 + 169 + 144}{6} = 131.5$$

Liegt nun die Realisation des Bedarfs für den Monat Januar ($t = 9$) vor, dann entfällt für die Berechnung des Prognosewertes für Februar ($t + 1 = 10$) der beobachtete Wert für Juli ($t - 6 = 3$) und der Wert für Januar ($t = 9$) kommt hinzu. Der Wert am Anfang des verwendeten Zeitreihenausschnitts entfällt also, während am Ende ein neuer Wert angehängt wird.

Ein wesentlicher Nachteil der ungewogenen gleitenden Durchschnittsbildung besteht darin, daß für jedes Produkt immer die letzten n Beobachtungen der Bedarfsmenge gespeichert werden müssen. Darüber hinaus erscheint die gleichmäßige Gewichtung aller Beobachtungen des Stützbereichs bei der Durchschnittsbildung unbefriedigend.[9]

C.2.1.2 Exponentielle Glättung erster Ordnung

In der im vorangegangenen Abschnitt dargestellten Form der gleitenden Mittelwertbildung erhält jede Beobachtung im Hinblick auf die Errechnung des Prognosewertes dasselbe Gewicht $\frac{1}{n}$. Eine andere, den aktuellen Verlauf der beobachteten Zeitreihe stärker berücksichtigende Vorgehensweise besteht darin, daß man Abweichungen der jüngeren Realisationen von den Prognosewerten stärker gewichtet als bereits weiter zurückliegende Prognosefehler. In diesem Fall ist der Parameter b_0 des Prognosemodells so festzulegen, daß folgende Zielfunktion minimiert wird:

$$\text{Minimiere WSQA}(b_0) = \sum_{k=t-n+1}^{t} w_k \cdot (y_k - b_0)^2 \tag{C.24}$$

Dabei bezeichnet w_k das Gewicht, das die quadrierte Abweichung (Abstandsquadrat) des Prognosewertes für Periode k von der Beobachtung des Bedarfs in dieser Periode erhält. Wenn die neueren Abweichungen höher gewichtet werden sollen als ältere Abweichungen, dann muß gelten:

$$w_{t-n+1} < w_{t-n+2} < \cdots < w_{t-1} < w_t \qquad t = n, n+1, \ldots \tag{C.25}$$

Ein sehr populärer, in der betrieblichen Praxis weit verbreiteter Spezialfall der gewogenen Mittelwertbildung besteht darin, daß man die Gewichte der zurückliegenden Beobachtungswerte wie folgt festsetzt:[10]

---

9 vgl. *Silver et al.* (1998), Abschnitt 4.5.1
10 Andere Gewichtungsschemata sind möglich. Die Gewichtung kann z.B. auch polynomisch erfolgen. Vgl. *Kendall und Ord* (1990); *Weber* (1990), S. 252–256.

$$w_k = \alpha \cdot (1-\alpha)^{t-k} \qquad k = t-n+1, t-n+2, ..., t;\ 0 < \alpha < 1 \qquad (C.26)$$

Die Größe α ist ein Parameter, der Werte zwischen 0 und 1 annehmen kann. Diese Form der Gewichtung hat die Eigenschaft, daß jüngere Prognosefehler stärker gewichtet werden als ältere. Bei Verwendung dieses Gewichtungsschemas spricht man auch von exponentieller Glättung erster Ordnung. Der Parameter b_0 des Prognosemodells für die betrachtete stationäre Zeitreihe ist nun so festzulegen, daß folgende Zielfunktion minimiert wird:

$$\text{Minimiere WSQA}(b_0) = \sum_{k=t-n+1}^{t} \alpha \cdot (1-\alpha)^{t-k} \cdot (y_k - b_0)^2 \qquad (C.27)$$

Zur Bestimmung des Wertes b_0, bei dem die in der Zielfunktion beschriebene Summe der gewogenen Abstandsquadrate WSQA minimiert wird, bilden wir die erste Ableitung der Zielfunktion (C.27) und setzen sie gleich Null:

$$\frac{d\text{WSQA}(b_0)}{db_0} = -2 \cdot \sum_{k=t-n+1}^{t} \alpha \cdot (1-\alpha)^{t-k} \cdot (y_k - b_0) \overset{!}{=} 0 \qquad (C.28)$$

Daraus ergibt sich:

$$b_0 \cdot (-2) \cdot \sum_{k=t-n+1}^{t} \alpha \cdot (1-\alpha)^{t-k} = -2 \cdot \sum_{k=t-n+1}^{t} \alpha \cdot (1-\alpha)^{t-k} \cdot y_k \qquad (C.29)$$

Löst man Gleichung C.29 nach b_0 auf, dann erhält man:

$$b_0 = \frac{\sum_{k=t-n+1}^{t} \alpha \cdot (1-\alpha)^{t-k} \cdot y_k}{\sum_{k=t-n+1}^{t} \alpha \cdot (1-\alpha)^{t-k}} \qquad (C.30)$$

Der Ausdruck im Nenner der Gleichung (C.30) ist eine **geometrische Reihe**, d. h. eine Reihe mit einem konstanten Quotienten. Sie ist in Tabelle C.2 ausführlich ausgeschrieben.

k	$t-n+1$	$t-n+2$	$t-n+3$	$\cdots$	t
geom. Reihe	$\alpha \cdot (1-\alpha)^{t-1}$	$\alpha \cdot (1-\alpha)^{t-2}$	$\alpha \cdot (1-\alpha)^{t-3}$	$\cdots$	$\alpha \cdot (1-\alpha)^{t-n}$

Tabelle C.2: Geometrische Reihe

Die Summe der ersten n Glieder einer geometrischen Reihe beträgt:[11]

$$S_n = c + c \cdot q + \cdots + c \cdot q^{n-1} = c \cdot \frac{1-q^n}{1-q} \tag{C.31}$$

Für den Nenner in Beziehung (C.30) ergibt sich nun:

$$\sum_{k=t-n+1}^{t} \alpha \cdot (1-\alpha)^{t-k} = \alpha \cdot \frac{1-(1-\alpha)^n}{1-(1-\alpha)} = 1-(1-\alpha)^n \tag{C.32}$$

Damit beträgt der Parameter b_0, bezogen auf einen bestimmten Zeitpunkt t:

$$b_{0,t} = \frac{1}{1-(1-\alpha)^n} \cdot \sum_{k=t-n+1}^{t} \alpha \cdot (1-\alpha)^{t-k} \cdot y_k \qquad t = n, n+1, \ldots \tag{C.33}$$

Lassen wir die Anzahl n der bei der gleitenden Durchschnittsbildung berücksichtigten Beobachtungswerte gegen ∞ laufen, dann wird der Ausdruck vor dem Summenzeichen gleich 1 und es kann weiter vereinfacht werden:

$$\begin{aligned} b_{0,t} &= \sum_{k=-\infty}^{t} \alpha \cdot (1-\alpha)^{t-k} \cdot y_k \\ &= \alpha \cdot y_t + \alpha \cdot (1-\alpha) \cdot y_{t-1} + \alpha \cdot (1-\alpha)^2 \cdot y_{t-2} + \cdots \end{aligned} \tag{C.34}$$

Entsprechend erhält man für b_0, bezogen auf die Vorperiode $(t-1)$, $b_{0,t-1}$:

$$\begin{aligned} b_{0,t-1} &= \sum_{k=-\infty}^{t-1} \alpha \cdot (1-\alpha)^{t-1-k} \cdot y_k \\ &= \alpha \cdot y_{t-1} + \alpha \cdot (1-\alpha) \cdot y_{t-2} + \alpha \cdot (1-\alpha)^2 \cdot y_{t-3} + \cdots \end{aligned} \tag{C.35}$$

Multipliziert man nun $b_{0,t-1}$ mit dem Faktor $(1-\alpha)$, dann ergibt sich:

$$\begin{aligned} (1-\alpha) \cdot b_{0,t-1} = \; & \alpha \cdot (1-\alpha) \cdot y_{t-1} + \\ & \alpha \cdot (1-\alpha)^2 \cdot y_{t-2} + \\ & \alpha \cdot (1-\alpha)^3 \cdot y_{t-3} + \cdots \end{aligned} \tag{C.36}$$

Durch Bildung der Differenz der Gleichungen (C.34) und (C.36),

$$b_{0,t} - (1-\alpha) \cdot b_{0,t-1} \qquad t = 1, 2, \ldots \tag{C.37}$$

erhalten wir

---

11 Es gilt: $c = \alpha$; $q = 1-\alpha$

$$b_{0,t} - (1-\alpha) \cdot b_{0,t-1} = \alpha \cdot y_t \qquad t = 1, 2, \ldots \qquad (C.38)$$

oder

$$b_{0,t} = \alpha \cdot y_t + (1-\alpha) \cdot b_{0,t-1} \qquad t = 1, 2, \ldots \qquad (C.39)$$

Beziehung (C.39) beschreibt einen gewogenen gleitenden Durchschnitt, der am Ende der Periode t errechnet wird. Man bezeichnet diesen Durchschnitt auch als Durchschnitt **erster Ordnung**, da er im Gegensatz zu dem weiter unten eingeführten Durchschnitt zweiter Ordnung auf den Beobachtungswerten der Zeitreihe basiert. Die Ordnung des Durchschnitts wird durch das Superskript „$(\cdot)$" gekennzeichnet:

$$y_t^{(1)} = \alpha \cdot y_t + (1-\alpha) \cdot y_{t-1}^{(1)} \qquad t = 1, 2, \ldots \qquad (C.40)$$

Zur **Prognose** der Bedarfsmenge der Periode $(t+1)$, die am Ende der Periode t durchgeführt wird, setzen wir nun:

$$p_{t+1} = y_t^{(1)} = b_{0,t} \qquad t = 1, 2, \ldots \qquad (C.41)$$

Der Prognosewert für die Periode $(t+1)$ kann damit wie folgt errechnet werden:

$$\begin{aligned} p_{t+1} &= \alpha \cdot y_t + (1-\alpha) \cdot p_t \\ &= p_t + \alpha \cdot (y_t - p_t) \\ &= p_t + \alpha \cdot e_t \qquad t = 1, 2, \ldots \end{aligned} \qquad (C.42)$$

Bei diesem Verfahren wird der Prognosewert für den Bedarf in der Periode $(t+1)$ also als ein gewogenes arithmetisches Mittel aus dem tatsächlichen Bedarf der Periode t – gewogen mit dem Faktor α – und dem für Periode t prognostizierten Bedarf – gewogen mit dem Faktor $(1-\alpha)$ – errechnet. Die Differenz $(y_t - p_t)$, der Prognosefehler, kann auch als eine „Beobachtung" der irregulären Komponente der Zeitreihe, ϵ_t, aufgefaßt werden. Die Gleichung (C.42) für den Prognosewert der Periode $(t+1)$ entspricht einer Gewichtung der Beobachtungswerte der vergangenen Perioden k mit den Faktoren $w_k = \alpha \cdot (1-\alpha)^{t-k}$ $(k = 1, \ldots, t)$. Das läßt sich wie folgt nachweisen. Es gilt:

$$\begin{aligned} y_t^{(1)} &= \alpha \cdot y_t + (1-\alpha) \cdot y_{t-1}^{(1)} \\ &= \alpha \cdot y_t + (1-\alpha) \cdot \left[\alpha \cdot y_{t-1} + (1-\alpha) \cdot y_{t-2}^{(1)}\right] \\ &= \alpha \cdot y_t + \alpha \cdot (1-\alpha) \cdot y_{t-1} + (1-\alpha)^2 \cdot y_{t-2}^{(1)} \\ &= \alpha \cdot y_t + \alpha \cdot (1-\alpha) \cdot y_{t-1} + (1-\alpha)^2 \cdot \left[\alpha \cdot y_{t-2} + (1-\alpha) \cdot y_{t-3}^{(1)}\right] \\ &= \alpha \cdot y_t + \alpha \cdot (1-\alpha) \cdot y_{t-1} + \alpha \cdot (1-\alpha)^2 \cdot y_{t-2} + (1-\alpha)^3 \cdot y_{t-3}^{(1)} \\ &= \text{usw.} \end{aligned} \qquad (C.43)$$

Durch rekursives Einsetzen erhält man schließlich:

$$y_t^{(1)} = \alpha \cdot y_t + \alpha \cdot (1-\alpha) \cdot y_{t-1} + \alpha \cdot (1-\alpha)^2 \cdot y_{t-2} + \ldots$$
$$+ \alpha \cdot (1-\alpha)^{t-1} \cdot y_{t-(t-1)} + (1-\alpha)^t \cdot y_0^{(1)} \qquad \text{(C.44)}$$

oder

$$y_t^{(1)} = \sum_{k=1}^{t} \alpha \cdot (1-\alpha)^{t-k} \cdot y_k + (1-\alpha)^t \cdot y_0^{(1)} \qquad t = 1, 2, \ldots \quad \text{(C.45)}$$

Die Größe $y_0^{(1)}$ ist der erste Durchschnittswert (Prognosewert) der betrachteten Zeitreihe. Dieser Wert muß am Ende der Periode 0 (zu Beginn der Periode 1) extern vorgegeben werden, da noch keine empirischen Beobachtungen zu seiner Berechnung vorliegen. In einer anderen Indizierung kann man auch schreiben:

$$y_t^{(1)} = \sum_{k=0}^{t-1} \alpha \cdot (1-\alpha)^k \cdot y_{t-k} + (1-\alpha)^t \cdot y_0^{(1)} \qquad t = 1, 2, \ldots \quad \text{(C.46)}$$

Hier läuft der Periodenindex rückwärts. Aus dieser Schreibweise für den Prognosewert des Bedarfs in Periode $(t+1)$ wird deutlich, daß der Einfluß einer Beobachtung auf den Prognosewert mit zunehmendem Alter k der Beobachtungen exponentiell abnimmt: je weiter eine Beobachtung zurückliegt, umso geringer wird ihr Einfluß auf den aktuellen Prognosewert.

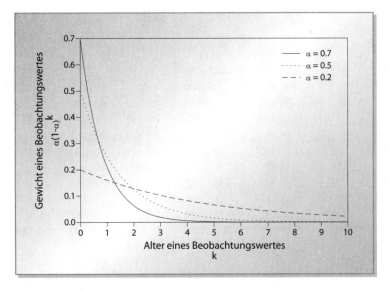

Bild C.7: Zusammenhang zwischen Alter und Gewicht eines Beobachtungswertes

Der Parameter α wird auch als **Glättungsparameter** bezeichnet. Er bestimmt das Ausmaß, in dem ein in Periode t aufgetretener Prognosefehler sich auf den Prognosewert für die nächste Periode $(t+1)$ auswirkt. Je näher der Glättungsparameter α bei 0 liegt, umso stärker wird die Zeitreihe geglättet, d. h. umso mehr Gewicht erhalten die weiter zurückliegenden Beobachtungen. Ein α-Wert nahe bei 1 dagegen führt dazu, daß die Prognosewerte sehr stark mit den jüngsten Beobachtungen schwanken. In der Praxis haben sich Werte für α zwischen 0.1 und 0.3 als günstig erwiesen.

Bild C.7 zeigt die Wirkung des Glättungsparameters α auf die Höhe der Gewichtungsfaktoren. Es ist erkennbar, daß bei einem extrem hohen Gewichtungsfaktor $\alpha = 0.7$ praktisch nur noch die letzten vier Beobachtungswerte (aus den Perioden $t, t-1, t-2$ und $t-3$) zur Prognose der Bedarfsmenge der Periode $(t+1)$ herangezogen werden.

Gegenüber der ungewogenen gleitenden Durchschnittsbildung, bei der mindestens n Beobachtungen zu speichern sind, kommt die exponentielle Glättung erster Ordnung in ihrer einfachsten Form mit zwei Speicherplätzen pro Produkt aus (zu speichern sind lediglich der Glättungsparameter α und der letzte Prognosewert p_t). Das ist ein Vorteil, der insbesondere dann wirksam wird, wenn der Bedarf für viele tausend Produktarten zu prognostizieren ist.

t	1	2	3	4	5	6	7	8	9	10	11	12	13	14
y_t	3119	3591	1885	1680	3160	1975	2473	229	3882	2358	2250	2860	2650	2050

Tabelle C.3: Bedarfszeitreihe

t	y_t	$p_{t+1} = y_t^{(1)}$	e_t	ERR_t	MAD_t	SIG_t
0		3119.000	← Start			
1	3119	3119.000	0.000			
2	3591	3189.800	472.000			
3	1885	2994.080	−1304.800	0	592.267	← Start
4	1680	2796.968	−1314.080	−65.704	628.357	−0.105
5	3160	2851.423	363.032	−44.267	615.091	−0.072
6	1975	2719.960	−876.423	−85.875	628.158	−0.137
7	2473	2682.916	−246.960	−93.929	609.098	−0.154
8	229	2314.828	−2453.916	−211.929	701.339	−0.302
9	3882	2549.904	1567.172	−122.973	744.630	−0.165
10	2358	2521.119	−191.904	−126.420	716.994	−0.176
11	2250	2480.451	−271.119	−133.655	694.700	−0.192
12	2860	2537.383	379.549	−107.995	678.943	−0.159
13	2650	2554.276	112.617	−96.964	650.626	−0.149
14	2050	2478.635	−504.276	−117.330	643.309	−0.182

Tabelle C.4: Beispiel zur exponentiellen Glättung erster Ordnung

Betrachten wir als Beispiel die in Tabelle C.3 dargestellte Zeitreihe von beobachteten Bedarfsmengen. Als Glättungsparameter soll $\alpha = 0.15$ verwendet werden. Um den

Prognoseprozeß zu initialisieren, benötigt man einen Startwert $y_0^{(1)}$. Dieser muß extern geschätzt werden. Prinzipiell läßt sich jeder beliebige Wert verwenden, z. B. der Durchschnitt der ersten n Beobachtungen oder auch nur die erste Beobachtung. Da der Einfluß des Startwertes aufgrund des Gewichtungsschemas ohnehin später sehr gering wird, kann man hier einen groben Schätzwert einsetzen. Bei einem konstanten Zeitreihen-Modell mit einer relativ schwachen irregulären Komponente kann ohne weiteres der erste Bedarfswert verwendet werden. Diese Vorgehensweise wird auch im vorliegenden Beispiel gewählt. Tabelle C.4 zeigt die Berechnung der Prognosewerte nach dem Verfahren der exponentiellen Glättung erster Ordnung.

In den beiden rechten Spalten der Tabelle C.4 sind die mittlere absolute Abweichung MAD_t und das Abweichungssignal SIG_t angegeben. Zur Initialisierung dieser Größen wurde der durchschnittliche absolute Prognosefehler der ersten drei Perioden ermittelt, d. h. $MAD_3 = 592.267 = \frac{0+472+1304.8}{3}$. Als Glättungsparameter γ (für MAD_t) und δ (für ERR_t) wurde jeweils 0.05 angenommen. Als Startwert für ERR_t wurde 0 eingesetzt. Ab Periode 4 erfolgte dann eine Glättung von MAD_t und ERR_t.[12]

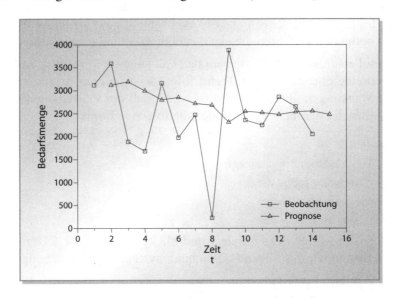

Bild C.8: Vergleich der Beobachtungswerte mit den Prognosewerten

Die angegebenen Werte sind die Ergebnisse einer ex-post-Prognose. Denn die Beobachtungen in den Perioden 1 bis 14 sind bereits bekannt. Beginnend mit der Periode 15 soll das Verfahren der exponentiellen Glättung erster Ordnung zur echten Prognose eingesetzt werden. Als Prognosewert für die Bedarfsmenge der Periode 15 wird der am Ende der Periode 14 ermittelte exponentiell geglättete Durchschnittswert (2478.635) verwendet. Wie aus Bild C.8 zu erkennen ist, treten im vorliegenden Beispiel beträcht-

---

12 Für $t = 4$ ergibt sich: $MAD_4 = 0.95 \cdot \frac{0+472+1304.8}{3} + 0.05 \cdot 1314.08 = 628.357$

liche Prognosefehler auf, die durch den hohen Anteil der zufälligen Komponente in der Zeitreihe bedingt sind.

Ergänzende Literatur zu den Abschnitten C.1-C.2.1:
Gaynor und Kirkpatrick (1994)
Makridakis und Wheelwright (1989)
Silver et al. (1998)
Weber (1990)

C.2.2 Prognose bei trendförmigem Bedarf

Im vorangegangenen Abschnitt C.2.1 wurde ein Zeitreihenmodell betrachtet, bei dem das Niveau der Zeitreihe trotz auftretender unregelmäßiger Schwankungen im Zeitablauf konstant bleibt. Die Anwendung des Kriteriums der Summe der ungewogenen Abstandsquadrate führte zu dem Ergebnis, daß der Modellparameter b_0 am besten durch einen ungewogenen gleitenden Durchschnitt der Beobachtungswerte geschätzt wird. Bei Verwendung des Kriteriums der Summe der exponentiell gewogenen Abstandsquadrate ergab sich als optimales Verfahren die exponentielle Glättung erster Ordnung.

Im folgenden sollen dieselben Kriterien auf den Fall angewandt werden, daß das Niveau der Bedarfszeitreihe einem **linearen Trend** folgt, der wiederum von unregelmäßigen, zufälligen Schwankungen überlagert wird. Das Modell der Zeitreihe hat dann für das betrachtete Zeitfenster der letzten n Perioden die folgende Form:

$$y_k = \beta_0 + \beta_1 \cdot k + \epsilon_k \qquad k = t - n + 1, ..., t \tag{C.47}$$

- ϵ_k: zufällige Schwankungen
- k: Zeit (unabhängige Variable)
- β_1: Steigung der Trendgeraden
- β_0: Achsenabschnitt der Trendgeraden

Befinden wir uns am Ende der Periode t und blicken wir auf die letzten n Perioden zurück, dann erhalten wir das folgende Gleichungssystem mit n Gleichungen:

$$\begin{aligned}
y_{t-n+1} &= \beta_0 + \beta_1 \cdot (t-n+1) + \epsilon_{t-n+1} \\
y_{t-n+2} &= \beta_0 + \beta_1 \cdot (t-n+2) + \epsilon_{t-n+2} \\
&\vdots \\
y_t &= \beta_0 + \beta_1 \cdot (t) + \epsilon_t
\end{aligned} \tag{C.48}$$

In Matrixschreibweise lautet dieses Gleichungssystem:

$$\underline{Y} = \underline{K} \cdot \underline{\beta} + \underline{\epsilon} \tag{C.49}$$
$$(n \times 1) \quad (n \times 2) \quad (2 \times 1) \quad (n \times 1)$$

Die einzelnen Matrizen bzw. Vektoren des betrachteten Zeitreihenmodells haben folgende Struktur:

$$\underline{Y} = \begin{pmatrix} y_{t-n+1} \\ y_{t-n+2} \\ \vdots \\ y_t \end{pmatrix} \quad \underline{K} = \begin{pmatrix} 1 & t-n+1 \\ 1 & t-n+2 \\ \vdots & \vdots \\ 1 & t \end{pmatrix} \quad \underline{\beta} = \begin{pmatrix} \beta_0 \\ \beta_1 \end{pmatrix} \quad \underline{\epsilon} = \begin{pmatrix} \epsilon_{t-n+1} \\ \epsilon_{t-n+2} \\ \vdots \\ \epsilon_t \end{pmatrix} \quad (C.50)$$

Zur Prognose des zukünftigen Verlaufs der Zeitreihe ist die Kenntnis des Achsenabschnitts β_0 und der Steigung β_1 der Trendfunktion erforderlich. Die Schätzung dieser beiden Größen auf der Grundlage empirischer Beobachtungen der Bedarfszeitreihe kann nach verschiedenen Verfahren geschehen. Im folgenden sollen die lineare Regressionsrechnung, die exponentielle Glättung zweiter Ordnung und das Verfahren von *Holt* dargestellt werden.

C.2.2.1 Lineare Regressionsrechnung

Die lineare Regressionsrechnung[13] ist ein statistisches Verfahren zur Quantifizierung des funktionalen Zusammenhangs zwischen einer abhängigen und einer (oder mehreren) unabhängigen Variablen. Im betrachteten Anwendungsfall kann die Zeit, die in der vorliegenden Indizierung der Beobachtungswerte von $(t-n+1)$ bis t läuft, als unabhängige Variable und die Zeitreihe der Bedarfswerte eines Produkts als abhängige Variable aufgefaßt werden. Bei Einsatz der linearen Regressionsrechnung sind die Modellparameter b_0 (**Achsenabschnitt**) und b_1 (**Steigung der Trendgeraden**) so festzulegen, daß die Summe der ungewogenen Abstandsquadrate der Beobachtungen von der Trendgeraden minimal wird. Die bei der Schätzung der optimalen Modellparameter verwendete Zielfunktion lautet in diesem Fall:

$$\text{Minimiere SQA}(b_0, b_1) = \sum_{k=t-n+1}^{t} (y_k - b_0 - b_1 \cdot k)^2 \quad (C.51)$$

Zur Minimierung der Zielfunktion (C.51) bildet man die partiellen Ableitungen nach b_0 und b_1 und setzt sie gleich Null. Die partielle Ableitung nach b_0 lautet:

$$\frac{\partial \text{SQA}(b_0, b_1)}{\partial b_0} = -2 \cdot \sum_{k=t-n+1}^{t} (y_k - b_0 - b_1 \cdot k) \stackrel{!}{=} 0 \quad (C.52)$$

Aus Beziehung (C.52) folgt nach einigen Umformungen die erste Normalgleichung:

$$\sum_{k=t-n+1}^{t} y_k = n \cdot b_0 + b_1 \cdot \sum_{k=t-n+1}^{t} k \quad (C.53)$$

Als partielle Ableitung der Gleichung (C.51) nach b_1 ergibt sich:

---
[13] vgl. *Bamberg und Baur* (1998), S. 42–46; *Neter et al.* (1989)

$$\frac{\partial \text{SQA}(b_0, b_1)}{\partial b_1} = 2 \cdot \sum_{k=t-n+1}^{t} (y_k - b_0 - b_1 \cdot k) \cdot (-k) \stackrel{!}{=} 0 \tag{C.54}$$

Nach einigen Umformungen der Beziehung (C.54) erhalten wir die zweite Normalgleichung:

$$\sum_{k=t-n+1}^{t} y_k \cdot k = b_0 \cdot \sum_{k=t-n+1}^{t} k + b_1 \cdot \sum_{k=t-n+1}^{t} k^2 \tag{C.55}$$

Damit liegt ein System aus zwei linearen Gleichungen mit zwei Unbekannten vor, das nach b_0 und b_1 aufgelöst werden kann. Die Lösungen lauten:

$$b_0 = \frac{\sum_{k=t-n+1}^{t} k^2 \cdot \sum_{k=t-n+1}^{t} y_k - \sum_{k=t-n+1}^{t} k \cdot \sum_{k=t-n+1}^{t} k \cdot y_k}{n \cdot \sum_{k=t-n+1}^{t} k^2 - \left(\sum_{k=t-n+1}^{t} k\right)^2} \tag{C.56}$$

$$b_1 = \frac{n \cdot \sum_{k=t-n+1}^{t} k \cdot y_k - \sum_{k=t-n+1}^{t} k \cdot \sum_{k=t-n+1}^{t} y_k}{n \cdot \sum_{k=t-n+1}^{t} k^2 - \left(\sum_{k=t-n+1}^{t} k\right)^2} \tag{C.57}$$

Verändert man die unabhängige Zeitvariable in der Weise, daß sie die Werte von $[-(n-1), -(n-2), ..., -1, 0]$ oder $[1, 2, ..., n]$ annimmt, dann können die Gleichungen (C.56) und (C.57) weiter vereinfacht werden.[14]

Die Beurteilung der Güte der Anpassung der empirischen Bedarfswerte durch die Trendgerade ist mit Hilfe einer **Varianzanalyse** möglich. Diese basiert auf der Zerlegung der Summe der quadrierten Abweichungen der Beobachtungswerte von ihrem gemeinsamen Mittelwert in einzelne Komponenten.[15] Die Gesamtvariation der Beobachtungswerte y_k um ihren Mittelwert μ_t besteht aus einem Anteil, der durch die Regressionsgerade mit den ex-post-Prognosewerten p_k ($p_k = b_0 + b_1 \cdot k$) erklärt wird und einem Anteil, der nicht durch den Einfluß der unabhängigen Variablen begründet werden kann. Es gelten nun folgende Zusammenhänge:[16]

---

14 vgl. *Johnson und Montgomery* (1974), S. 406
15 Die Summe der Abweichungsquadrate wird im folgenden als Variation bezeichnet.
16 Für die numerische Berechnung der Abweichungsquadratsummen besser geeignete Formeln, die auch die Grundlage für die weiter unten dargestellte Matrixschreibweise bilden, finden sich bei *Neter und Wassermann* (1974), S. 80. Siehe auch *Neter et al.* (1989), S. 87–93.

C.2 Prognose bei regelmäßigem Bedarf

- **Gesamtvariation**

$$\text{SQT} = \sum_{k=t-n+1}^{t} (y_k - \mu_t)^2 \qquad (C.58)$$

 μ_t: Mittelwert der Zeitreihe (bezogen auf die letzten n Perioden)
 y_k: Beobachtungswert in Periode k

- **durch den Verlauf der Trendgeraden erklärte Variation**

$$\text{SQR} = \sum_{k=t-n+1}^{t} (p_k - \mu_t)^2 \qquad (C.59)$$

 μ_t: Mittelwert der Zeitreihe (bezogen auf die letzten n Perioden)
 p_k: ex-post-Prognosewert für Periode k laut Trendgleichung

- **nicht erklärte Restvariation**

$$\text{SQE} = \sum_{k=t-n+1}^{t} (y_k - p_k)^2 \qquad (C.60)$$

 p_k: ex-post-Prognosewert für Periode k laut Trendgleichung
 y_k: Beobachtungswert in Periode k

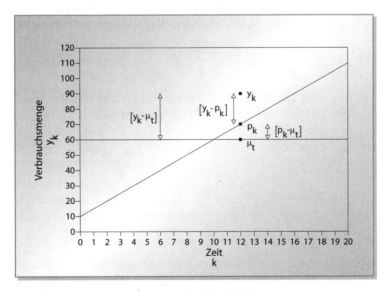

Bild C.9: Zusammenfassende Darstellung der Komponenten der Summe der Abweichungsquadrate

Bild C.9 verdeutlicht die Zusammenhänge zwischen der Gesamtvariation und den Teilvariationen. Mit Hilfe dieser Größen kann das **Bestimmtheitsmaß** als Gütekriterium der Regression berechnet werden. Das Bestimmtheitsmaß ist ein dimensionsloses Maß für den Anteil der Gesamtvariation, der auf den Einfluß der unabhängigen Variablen – im vorliegenden Zusammenhang ist das die Zeit – zurückzuführen ist. Es errechnet sich nach Gleichung (C.61) als Quotient aus der durch den Verlauf der Regressionsgeraden erklärten Variation SQR und der Gesamtvariation SQT.

$$r^2 = \frac{\text{SQR}}{\text{SQT}} \tag{C.61}$$

Das Bestimmtheitsmaß kann Werte zwischen 0 und 1 annehmen. Je höher r^2 ist, umso höher ist der Grad der Anpassung der Trendgeraden an die Zeitreihe. Das Bestimmtheitsmaß kann zur Beantwortung der Frage verwendet werden, ob ein signifikanter Trend vorliegt. Als in der Praxis anwendbare Faustregel gilt, daß ab einem Wert von $r^2 > 0.5$ von einem trendförmigen Verlauf der Zeitreihe ausgegangen werden kann.[17]

Für die Erweiterung der Betrachtung auf mehrere Einflußgrößen, insb. unter Einbeziehung transformierter Formen der Zeitvariablen, ist die Matrixschreibweise der Regressionsrechnung hilfreich. In Matrixschreibweise lauten die Normalgleichungen:

$$\begin{bmatrix} \sum_{k=t-n+1}^{t} y_k \\ \sum_{k=t-n+1}^{t} k \cdot y_k \end{bmatrix} = \begin{bmatrix} n & \sum_{k=t-n+1}^{t} k \\ \sum_{k=t-n+1}^{t} k & \sum_{k=t-n+1}^{t} k^2 \end{bmatrix} \cdot \begin{bmatrix} b_0 \\ b_1 \end{bmatrix} \tag{C.62}$$

Berücksichtigen wir die in (C.50) angegebene Definition des Vektors $\underline{Y}$ und der Matrix $\underline{K}$, dann sehen wir, daß die Normalgleichungen durch folgende Beziehung beschrieben werden:

$$\left(\underline{K}^T \underline{Y}\right) = \left(\underline{K}^T \underline{K}\right) \underline{b} \tag{C.63}$$

Dieses Gleichungssystem kann nach dem Vektor $\underline{b}$ aufgelöst werden, indem man beide Seiten der Gleichung mit der Inversen von $\underline{K}^T \underline{K}$ multipliziert:

$$\left(\underline{K}^T \underline{K}\right)^{-1} \left(\underline{K}^T \underline{Y}\right) = \left(\underline{K}^T \underline{K}\right)^{-1} \left(\underline{K}^T \underline{K}\right) \underline{b} \tag{C.64}$$

Die Lösung lautet:

$$\underline{b} = \left(\underline{K}^T \underline{K}\right)^{-1} \left(\underline{K}^T \underline{Y}\right) \tag{C.65}$$

Die Variationen lauten in Matrixschreibweise wie folgt:[18]

---
[17] Ein hoher Wert des Bestimmtheitsmaßes bedeutet nicht notwendigerweise, daß das unterstellte Regressionsmodell brauchbar ist. Wenn die Regressionsrechnung nur auf einem geringen Stichprobenumfang n basiert, kann in einigen Fällen das Bestimmtheitsmaß einen hohen Wert annehmen, obwohl die nicht erklärte Varianz für eine praktische Verwendung des Regressionsmodells zu hoch ist.

[18] vgl. *Neter und Wassermann* (1974), S. 205–206; *Neter et al.* (1989), S. 211–212

$$\text{SQT} = \underline{Y}^T \underline{Y} - n \cdot \mu_t^2 \qquad (C.66)$$

$$\text{SQR} = \underline{b}^T \underline{K}^T \underline{Y} - n \cdot \mu_t^2 \qquad (C.67)$$

$$\text{SQE} = \underline{Y}^T \underline{Y} - \underline{b}^T \underline{K}^T \underline{Y} \qquad (C.68)$$

Sind die Parameter der Regressionsgleichung bekannt, dann können die Prognosen für zukünftige Bedarfswerte der Perioden $(t+1, t+2, ...)$ erstellt werden. Für die Periode $(t+j)$ ergibt sich:

$$p_{t+j} = b_0 + b_1 \cdot (t+j) \qquad (C.69)$$

In der dargestellten Matrixschreibweise kann die Regressionsgleichung sehr leicht mit Hilfe eines Computers unter Einsatz von Standardpaketen der linearen Algebra errechnet werden. Dies soll anhand der in Tabelle C.5 angegebenen Bedarfszeitreihe erläutert werden.

k	1	2	3	4	5	6	7
y_k	15	20	35	40	55	70	80

Tabelle C.5: Bedarfszeitreihe

Wir wollen den Bedarf für Periode 8 prognostizieren. Zunächst berechnen wir die Regressionsgerade. Die Daten und Ergebnisse der Regressionsrechnung in Matrixschreibweise sind in (C.71) wiedergegeben.

$$\underline{K} = \begin{bmatrix} 1 & 1 \\ 1 & 2 \\ 1 & 3 \\ 1 & 4 \\ 1 & 5 \\ 1 & 6 \\ 1 & 7 \end{bmatrix} \quad \underline{Y} = \begin{bmatrix} 15 \\ 20 \\ 35 \\ 40 \\ 55 \\ 70 \\ 80 \end{bmatrix} \quad \underline{K}^T\underline{K} = \begin{bmatrix} 7 & 28 \\ 28 & 140 \end{bmatrix} \quad \underline{K}^T\underline{Y} = \begin{bmatrix} 315 \\ 1575 \end{bmatrix}$$

$$(\underline{K}^T\underline{K})^{-1} = \begin{bmatrix} 0.71428571 & -0.14285871 \\ -0.14285714 & 0.03571429 \end{bmatrix} \quad \underline{b} = \begin{bmatrix} 0.0 \\ 11.25 \end{bmatrix} \qquad (C.71)$$

$\mu_t = 45 \quad \text{SQT} = 3600 \quad \text{SQR} = 3543.75 \quad \text{SQE} = 56.25 \quad r^2 = 0.9844$

Mit Hilfe des Vektors $\underline{b}$ kann nun die Regressionsgleichung aufgestellt werden. Sie lautet:

$$y_k = b_0 + b_1 \cdot k = 0.0 + 11.25 \cdot k \qquad k = 1, 2, ..., 7$$

Der für Periode $t = 8$ prognostizierte Bedarf ist dann $p_8 = 0.0 + 11.25 \cdot 8 = 90$.

Die beschriebene Methode zur Berechnung einer Trendgleichung ist nicht an das Vorliegen eines linearen Trends gebunden. Vielmehr kann sie immer dann eingesetzt werden, wenn die funktionale Beziehung zwischen der Zeit und der Bedarfsmenge durch geeignete Transformationen in eine lineare Form überführt werden kann. Tabelle C.6 zeigt einige gängige nichtlineare Funktionstypen und die entsprechenden Transformationen.[19]

Funktion		Transformation	linearisierte Form
Exponentialfunktion	$Y = a \cdot e^{b \cdot X}$	$Y^* = \ln Y$	$Y^* = a^* + b \cdot X$ $a^* = \ln a$
Potenzfunktion	$Y = a \cdot X^b$	$Y^* = \ln Y$ $X^* = \ln X$	$Y^* = a^* + b \cdot X^*$ $a^* = \ln a$
Logarithm. Funktion	$Y = a + b \cdot \ln X$	$X^* = \ln X$	$Y = a + b \cdot X^*$
Hyperbel	$Y = a + \dfrac{b}{X}$	$X^* = \dfrac{1}{X}$	$Y = a + b \cdot X^*$
Polynom 2. Ordnung	$Y = a + b \cdot X + c \cdot X^2$	$X^* = X^2$	$Y = a + b \cdot X + c \cdot X^*$

Tabelle C.6: Linearisierbare Funktionen (Beispiele)

Durch die Variablentransformation lassen sich viele auf den ersten Blick nichtlineare Funktionsverläufe in eine linearisierte Form überführen. Bei zahlreichen Produkten kann davon ausgegangen werden, daß nach einer bestimmten Zeitspanne eine gewisse Sättigung erreicht wird. Eine derartige Situation kann z. B. durch eine logarithmische Funktion erfaßt werden. Betrachten wir die in Tabelle C.7 angegebene Bedarfszeitreihe, deren $n = 12$ Beobachtungswerte zur Schätzung einer Prognosegleichung herangezogen werden sollen.

t	1	2	3	4	5	6	7	8	9	10	11	12
y_t	2.0	6.0	10.0	13.5	17.0	19.0	22.0	23.0	25.0	24.0	26.0	27.0

Tabelle C.7: Bedarfszeitreihe mit nichtlinearer Entwicklung

Ersetzt man die unabhängige Variable $k = 1, 2, ..., 12$ durch $\ln k$, dann erhält man durch Anwendung der linearen Regressionsrechnung folgende Funktion:

$$y_k = -0.21709 + 10.8622 \cdot \ln k \qquad\qquad k = 1, 2, ..., 12 \qquad (C.74)$$

Zur Bestimmung eines Prognosewertes für die Periode $t > 12$ wird der natürliche Logarithmus von t in die Prognosegleichung eingesetzt. Bild C.10 zeigt die Beobachtungswerte der Zeitreihe und die ex-post-Prognosewerte.

---
19 vgl. *Weber* (1990), S. 69–77; *DeLurgio* (1998), S. 121

C.2 Prognose bei regelmäßigem Bedarf

Auch das folgende Modell einer Zeitreihe kann linearisiert und mit Hilfe der (multiplen[20]) linearen Regressionsrechnung prognostiziert werden:

$$y_k = b_0 + b_1 \cdot k + b_2 \cdot \sin\left(\frac{2 \cdot \pi \cdot k}{z}\right) + e_k \qquad k = t - n + 1, ..., t \qquad \text{(C.75)}$$

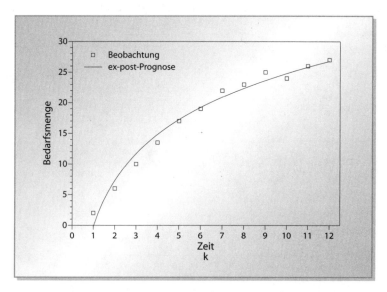

Bild C.10: *Prognose mit einer logarithmischen Funktion*

Dieses Modell könnte man zur Prognose einer Zeitreihe einsetzen, die durch einen Trend und zyklische (saisonale) Schwankungen geprägt ist. Dabei bezeichnet k die unabhängige Variable des Modells (Zeit) und z steht für die Länge eines Saisonzyklus (z. B. 4 oder 12 Perioden). Zur Linearisierung der Funktion (C.75) sind folgende Transformationen erforderlich:

$$x_1(k) = k \qquad k = t - n + 1, ..., t \qquad \text{(C.76)}$$

$$x_2(k) = \sin\left(\frac{2 \cdot \pi \cdot k}{z}\right) \qquad k = t - n + 1, ..., t \qquad \text{(C.77)}$$

Damit erhalten wir folgende linearisierte Funktion:

$$y_k = b_0 + b_1 \cdot x_1(k) + b_2 \cdot x_2(k) + e_k \qquad k = t - n + 1, ..., t \qquad \text{(C.78)}$$

In Bild C.11 ist eine solche Funktion graphisch dargestellt. Durch die Wahl geeigneter Parameter b_0 und b_1 kann sie bestmöglich an den Verlauf einer Zeitreihe von Bedarfswerten angepaßt werden.

---

20 Die multiple lineare Regressionsrechnung kann bei Rückgriff auf die Matrizenschreibweise durch Erweiterung der Matrix $\underline{K}$ um je eine Spalte und Erweiterung des Vektors $\underline{b}$ um je ein Element für jede zusätzliche unabhängige Variable durchgeführt werden.

Nach jeder Periode, wenn eine neue Beobachtung der Bedarfsmenge hinzugekommen und der älteste Beobachtungswert gelöscht worden ist, hat sich die Datengrundlage der Regressionsrechnung, d. h. der Inhalt des Zeitfensters aus n Perioden, verändert. Daher muß die Regressionsgleichung streng genommen nach jeder Periode an die neue Datensituation angepaßt werden. Dadurch ist das Verfahren der Regressionsrechnung im Vergleich zu den im folgenden darzustellenden Verfahren mit mehr Rechenaufwand verbunden.

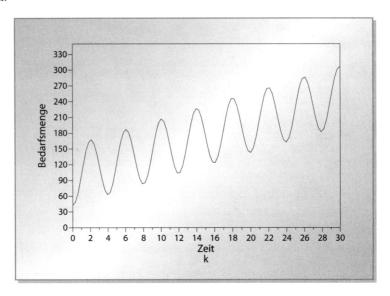

Bild C.11: *Zeitreihenmodell mit Trend und Saisonschwankungen*

C.2.2.2 Exponentielle Glättung zweiter Ordnung

Beim Verfahren der exponentiellen Glättung zweiter Ordnung wird – wie bei der linearen Regressionsrechnung – von einem linearen Trendmodell ausgegangen:

$$y_k = \beta_0 + \beta_1 \cdot k + \epsilon_k \qquad\qquad k = t - n + 1, ..., t \qquad \text{(C.79)}$$

Wollen wir nun am Ende einer beliebigen Periode t den Bedarf der nächsten Periode prognostizieren, dann müssen wir die in dieser Periode geltenden Schätzwerte der Parameter $b_{0,t}$ (Achsenabschnitt) und $b_{1,t}$ (Steigung) der Trendgleichung kennen. Zur Bestimmung dieser Größen gehen wir davon aus, daß der Nullpunkt der Zeitachse, an dem der Achsenabschnitt gemessen wird, jeweils mit der aktuellen Periode t verschoben wird, so daß der Achsenabschnitt sich immer auf die Periode t bezieht.

Versuchen wir zunächst einmal, die exponentielle Glättung erster Ordnung zur Prognose des Bedarfs bei Vorliegen eines linearen Trends einzusetzen. Dabei wird ein **systematischer Fehler** auftreten, der zur Ableitung eines für die vorliegende Situation geeigneten

C.2 Prognose bei regelmäßigem Bedarf

Prognoseverfahrens verwendet werden kann. Die am Ende der Perioden t errechneten Durchschnittswerte, die zur Prognose des Bedarfs der Perioden $(t+1)$ verwendet werden, sind in systematischer Weise niedriger als die tatsächlichen Bedarfswerte der Perioden t. Es tritt also die systematische Differenz $(y_t - y_t^{(1)})$ $(t = 1, 2, ...)$ auf, wobei $y_t^{(1)}$ den am Ende der Periode t errechneten exponentiell geglätteten Durchschnittswert erster Ordnung beschreibt. Glättet man die Zeitreihe nach dem Verfahren der exponentiellen Glättung erster Ordnung, dann ergibt sich bekanntlich als Mittelwert erster Ordnung am Ende der Periode t:

$$y_t^{(1)} = \alpha \cdot y_t + (1-\alpha) \cdot y_{t-1}^{(1)} \qquad t = 1, 2, ... \qquad (C.80)$$

oder

$$y_t^{(1)} = \sum_{k=0}^{t-1} \alpha \cdot (1-\alpha)^k \cdot y_{t-k} + (1-\alpha)^t \cdot y_0^{(1)} \qquad t = 1, 2, ... \qquad (C.81)$$

Die Frage lautet nun: Wie hoch ist der Erwartungswert dieses Durchschnitts (erster Ordnung), wenn die Zeitreihe einen linearen Trend aufweist? Berechnet man den Erwartungswert von $y_t^{(1)}$, dann ergibt sich:

$$E\left\{y_t^{(1)}\right\} = \sum_{k=0}^{t-1} \alpha \cdot (1-\alpha)^k \cdot E\{y_{t-k}\} + (1-\alpha)^t \cdot E\left\{y_0^{(1)}\right\} \qquad t = 1, 2, ... \qquad (C.82)$$

Der Erwartungswert des Bedarfs in Periode $(t-k)$, y_{t-k}, beträgt gemäß dem angenommenen linearen Trend:

$$E\{y_{t-k}\} = b_0 + b_1 \cdot (t-k) \qquad k = t-n+1, ..., t \qquad (C.83)$$

Setzen wir Gleichung (C.83) in Gleichung (C.82) ein, dann ergibt sich:

$$\begin{aligned} E\left\{y_t^{(1)}\right\} &= \sum_{k=0}^{t-1} \alpha \cdot (1-\alpha)^k \cdot \left[b_0 + b_1 \cdot (t-k)\right] + (1-\alpha)^t \cdot E\left\{y_0^{(1)}\right\} \\ &= b_0 \cdot \sum_{k=0}^{t-1} \alpha \cdot (1-\alpha)^k + b_1 \cdot t \cdot \sum_{k=0}^{t-1} \alpha \cdot (1-\alpha)^k \\ &\quad - b_1 \cdot \sum_{k=0}^{t-1} k \cdot \alpha \cdot (1-\alpha)^k + (1-\alpha)^t \cdot E\left\{y_0^{(1)}\right\} \end{aligned} \qquad (C.84)$$

Im stationären Zustand, d. h., wenn die obere Summationsgrenze in Gleichung (C.84) gegen ∞ geht, erhalten wir für einige Summanden der Gleichung (C.84) die in Beziehung (C.85) hervorgehobenen Vereinfachungen.

$$E\left\{y_t^{(1)}\right\} = b_0 \cdot \underbrace{\sum_{k=0}^{\infty} \alpha \cdot (1-\alpha)^k}_{=1} + b_1 \cdot t \cdot \underbrace{\sum_{k=0}^{\infty} \alpha \cdot (1-\alpha)^k}_{=1}$$

$$- b_1 \cdot \underbrace{\sum_{k=0}^{\infty} k \cdot \alpha \cdot (1-\alpha)^k}_{= \frac{(1-\alpha)}{\alpha}} + \underbrace{(1-\alpha)^{\infty} \cdot E\left\{y_0^{(1)}\right\}}_{=0} \quad \text{(C.85)}$$

Durch diese Vereinfachungen kann der Erwartungswert für den exponentiell geglätteten Mittelwert erster Ordnung in einem Zeitreihenmodell mit linearem Trend wie folgt beschrieben werden:

$$E\left\{y_t^{(1)}\right\} = b_0 + b_1 \cdot t - b_1 \cdot \frac{1-\alpha}{\alpha} \qquad t = 1, 2, \ldots \quad \text{(C.86)}$$

Da der Erwartungswert für den Bedarf in Periode t aufgrund des angenommenen Trends $E\{y_t\} = b_0 + b_1 \cdot t$ beträgt, läuft der am Ende der Periode t errechnete gleitende Durchschnitt erster Ordnung um den Betrag $b_1 \cdot \frac{1-\alpha}{\alpha}$ hinter dem Bedarfswert der Periode t hinterher. Es gilt also die Beziehung:

$$E\left\{y_t^{(1)}\right\} = E\{y_t\} - b_1 \cdot \frac{1-\alpha}{\alpha} \qquad t = 1, 2, \ldots \quad \text{(C.87)}$$

- systematische Differenz
- Erwartungswert der Bedarfsmenge in Periode t
- Erwartungswert des exponentiell geglätteten Durchschnitts erster Ordnung am Ende der Periode t

Gleichung (C.87) besagt, daß im Fall eines linearen Trendverlaufs der am Ende der Periode t berechnete exponentiell geglättete Mittelwert erster Ordnung um den konstanten Betrag $b_1 \cdot \frac{1-\alpha}{\alpha}$ niedriger ist als der Bedarf in Periode t. Man kann daher nicht mehr – wie im Fall eines stationären Bedarfsverlaufs – den zuletzt errechneten Durchschnittswert als besten Prognosewert für die nächste Periode verwenden. Die Berechnung exponentiell geglätteter Mittelwerte erster Ordnung über mehrere Perioden ergibt folgende **Zeitreihe von Mittelwerten erster Ordnung**: $\left\{\ldots, y_{t-1}^{(1)}, y_t^{(1)}\right\}$. Man kann nun die Zeitreihe der Mittelwerte erster Ordnung in gleicher Weise wie die Zeitreihe der ursprünglichen Beobachtungswerte behandeln und darauf ebenfalls die exponentielle Glättung erster Ordnung anwenden. Als Ergebnis dieses Glättungsprozesses erhält man exponentiell geglättete **Mittelwerte zweiter Ordnung**, d. h. gewogene Durchschnitte von Mittelwerten (erster Ordnung). Der Mittelwert zweiter Ordnung am Ende der Periode t errechnet sich als gewogener Durchschnitt aus dem Mittelwert erster Ordnung am Ende der Periode t und dem Mittelwert zweiter Ordnung am Ende der Vorperiode $(t-1)$:

$$y_t^{(2)} = \alpha \cdot y_t^{(1)} + (1-\alpha) \cdot y_{t-1}^{(2)} \qquad t = 1, 2, \ldots \quad \text{(C.88)}$$

Man kann nachweisen, daß zwischen den Erwartungswerten der Mittelwerte erster und zweiter Ordnung folgende Beziehung gilt:

$$E\left\{y_t^{(2)}\right\} = E\left\{y_t^{(1)}\right\} - b_1 \cdot \frac{1-\alpha}{\alpha} \qquad t = 1, 2, \ldots \qquad (C.89)$$

Gleichung (C.89) zufolge läuft der Mittelwert zweiter Ordnung dem Mittelwert erster Ordnung durchschnittlich im gleichen Abstand hinterher wie der Mittelwert erster Ordnung den Beobachtungswerten hinterherläuft. Diese systematische Beziehung zwischen den drei Zeitreihen kann man zur Entwicklung eines Prognoseverfahrens ausnutzen. Versuchen wir zunächst, die Steigung der Trendgeraden im Zeitpunkt t, $b_{1,t}$, zu schätzen. Da der exponentiell geglättete Mittelwert erster Ordnung sich entsprechend Gleichung (C.87) nur um einen konstanten Betrag von der Trendgeraden unterscheidet, weisen beide Zeitreihen – sieht man einmal von der irregulären Komponente ab – dieselbe Steigung auf. Darüber hinaus stimmt auch die Steigung der Zeitreihe der exponentiell geglätteten Mittelwerte zweiter Ordnung mit den Steigungen der Trendgeraden und der Reihe der exponentiell geglätteten Mittelwerte erster Ordnung überein. Die drei Zeitreihen verlaufen also parallel. Dies ist in Bild C.12 für eine Zeitreihe mit einem störungsfreien linearen Verlauf dargestellt.

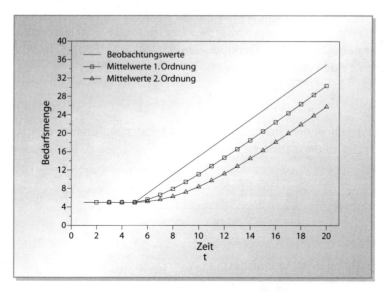

Bild C.12: Beobachtungswerte sowie exponentiell geglättete Durchschnitte erster und zweiter Ordnung für eine Zeitreihe mit störungsfreiem linearen Verlauf

Es ist damit möglich, die Steigung der Originalzeitreihe der beobachteten Bedarfswerte auch aus der Gleichung für den exponentiell geglätteten Mittelwert zweiter Ordnung zu errechnen. Dies geschieht wie folgt: Lösen wir zunächst die Gleichung (C.89) für den Erwartungswert des Mittelwertes zweiter Ordnung nach der **Steigung** der Trendgeraden im Zeitpunkt t, $b_{1,t}$, auf:

$$b_{1,t} = \frac{\alpha}{1-\alpha} \cdot \left[E\left\{ y_t^{(1)} \right\} - E\left\{ y_t^{(2)} \right\} \right] \qquad t = 1, 2, \ldots \quad \text{(C.90)}$$

Es ist sinnvoll, immer den neuesten, d. h. aktuellsten, Schätzwert für die Steigung der Trendgeraden am Ende der Periode t zu verwenden. Wir erhalten dann den folgenden Ausdruck:

$$b_{1,t} = \frac{\alpha}{1-\alpha} \cdot \left[y_t^{(1)} - y_t^{(2)} \right] \qquad t = 1, 2, \ldots \quad \text{(C.91)}$$

Wie hoch ist nun die erwartete Bedarfsmenge am Ende der Periode t? Zur Beantwortung dieser Frage greifen wir auf die Beziehung (C.87) zurück und setzen dort die Gleichung (C.90) für die Steigung $b_{1,t}$ ein:

$$E\{y_t\} = E\left\{ y_t^{(1)} \right\} + \underbrace{\frac{1-\alpha}{\alpha} \cdot \frac{\alpha}{1-\alpha} \cdot \left[E\left\{ y_t^{(1)} \right\} - E\left\{ y_t^{(2)} \right\} \right]}_{\text{Steigung der Trendgeraden}} \qquad t = 1, 2, \ldots \quad \text{(C.92)}$$

$$= 2 \cdot E\left\{ y_t^{(1)} \right\} - E\left\{ y_t^{(2)} \right\}$$

Beziehung (C.92) beschreibt den erwarteten Abstand der Trendgeraden von der Zeitachse am Ende der Periode t. Aufgrund dieser Beziehung können wir nun als plausiblen Schätzwert für den Abstand der Trendgeraden von der Abszisse (**Achsenabschnitt**) am Ende der Periode t den Ausdruck

$$b_{0,t} = 2 \cdot y_t^{(1)} - y_t^{(2)} \qquad t = 1, 2, \ldots \quad \text{(C.93)}$$

verwenden. Damit liegt die Gleichung der Trendgeraden am Ende der Periode t vor. Der **Prognosewert** des Bedarfs für eine zukünftige Periode $(t+j)$, p_{t+j}, beträgt nun:

$$p_{t+j} = \underbrace{\left[2 \cdot y_t^{(1)} - y_t^{(2)} \right]}_{\text{aktueller Achsenabschnitt}} + \underbrace{\left[\frac{\alpha}{1-\alpha} \cdot \left(y_t^{(1)} - y_t^{(2)} \right) \right]}_{\text{aktuelle Steigung der Trendgeraden}} \cdot j \qquad \begin{array}{l} t = 1, 2, \ldots \\ j = 1, 2, \ldots \end{array} \quad \text{(C.94)}$$

Zur **Initialisierung** des Prognoseverfahrens werden Startwerte $y_0^{(1)}$ und $y_0^{(2)}$ für die beiden Mittelwerte benötigt. Sie lassen sich aus Schätzwerten für $b_{0,0}$ und $b_{1,0}$ ermitteln. Liegt bereits empirisches Datenmaterial vor, z. B. die Bedarfswerte für einige Perioden, die vor Einsatz des Prognoseverfahrens erfaßt worden sind, dann kann man die beiden Gleichungsparameter mittels der linearen Regressionsrechnung schätzen.[21] Falls keine empirischen Daten vorliegen, dann müssen die Parameter der Trendgeraden durch subjektive Schätzung festgelegt werden.

---

21 Eine grobe, aber einfache Methode zur Initialisierung des Prognoseverfahrens besteht darin, den Achsenabschnitt der Trendgeraden durch den Mittelwert der Bedarfswerte eines Jahres und die Steigung aus der Differenz der mittleren Bedarfswerte zweier aufeinanderfolgender Jahre zu errechnen.

Sind die Parameter $b_{0,0}$ und $b_{1,0}$ bekannt, dann kann man sie in die Gleichungen (C.93) und (C.91) für den Achsenabschnitt und die Steigung einsetzen und nach den gesuchten Startwerten der beiden Durchschnitte, $y_0^{(1)}$ und $y_0^{(2)}$, auflösen. Aus diesem System mit zwei Gleichungen und zwei Unbekannten erhalten wir:

$$y_0^{(1)} = b_{0,0} - b_{1,0} \cdot \frac{1-\alpha}{\alpha} \tag{C.95}$$

$$y_0^{(2)} = b_{0,0} - 2 \cdot b_{1,0} \cdot \frac{1-\alpha}{\alpha} \tag{C.96}$$

Das Verfahren der exponentiellen Glättung zweiter Ordnung besteht damit aus den in Bild C.13 angegebenen Schritten.

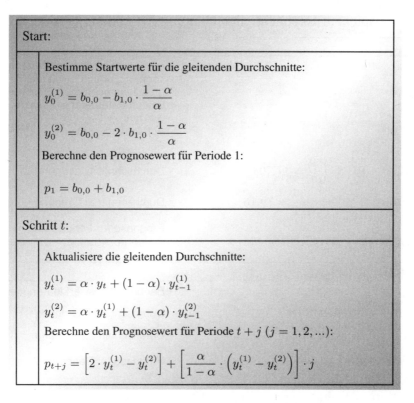

Bild C.13: Exponentielle Glättung zweiter Ordnung

Betrachten wir ein Beispiel. Für ein Produkt wurden in den Jahren 1997–1998 ($t = 1, ..., 24$) die in Tabelle C.8 angegebenen Bedarfswerte registriert. Mit der exponentiellen Glättung zweiter Ordnung soll der zukünftige Bedarf prognostiziert werden. Dabei soll der Glättungsparameter $\alpha = 0.1$ verwendet werden. Zunächst wird auf der Grundlage der bekannten Daten eine ex-post-Prognose durchgeführt, die dann ab Periode 24 zu einer echten ex-ante-Prognose wird.

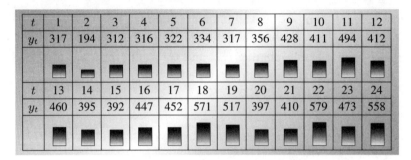

Tabelle C.8: *Beispieldaten zur exponentiellen Glättung zweiter Ordnung*

Beispiel zur Exponentiellen Glättung 2. Ordnung (Periode 1)	
START:	
$y_t = 275.00 + 10.88 \cdot t \quad t = 1, 2, ..., 24$	Da empirische Daten verfügbar sind, können zunächst mit der linearen Regressionsrechnung Startwerte für die beiden Parameter $b_{0,0}$ und $b_{1,0}$ geschätzt werden.
$b_{0,0} = 275.00$	Achsenabschnitt
$b_{1,0} = 10.88$	Steigung
$y_0^{(1)} = 275.00 - 10.88 \cdot \dfrac{0.9}{0.1} = 177.08$	Durchschnitt 1. Ordnung
$y_0^{(2)} = 275.00 - 2 \cdot 10.88 \cdot \dfrac{0.9}{0.1} = 79.16$	Durchschnitt 2. Ordnung
$p_1 = b_{0,0} + b_{1,0} \cdot 1$ $= 275.00 + 10.88 = 285.88$	Prognose für Periode t=1
SCHRITT 1:	
$y_1 = 317$	Beobachtungswert in Periode t=1
$y_1^{(1)} = 0.10 \cdot 317 + 0.9 \cdot 177.08 = 191.07$	Durchschnitt 1. Ordnung
$y_2^{(2)} = 0.10 \cdot 191.07 + 0.9 \cdot 79.16 = 90.35$	Durchschnitt 2. Ordnung
$p_2 = \left(2 \cdot y_1^{(1)} - y_1^{(2)}\right) + \dfrac{\alpha}{1-\alpha} \cdot \left(y_1^{(1)} - y_1^{(2)}\right)$ $= (2 \cdot 191.07 - 90.35) + \dfrac{0.1}{0.9} \cdot (191.07 - 90.35)$ $= 302.98$	Prognose für Periode t=2

Tabelle C.9 zeigt die Ergebnisse der Rechnung für sämtliche Perioden des betrachteten Beispiels. In der vorletzten Spalte sind die am Ende der Periode t errechneten Prognosewerte für die nächste Periode $(t+1)$ angegeben. Die letzte Spalte weist die Prognosefehler aus. Der mittlere Prognosefehler beträgt $\mu_e = -1.67$ bei einer Standardabweichung von $\sigma_e = 59.33$. In den Bildern C.14 und C.15 sind die Ergebnisse graphisch dargestellt.

C.2 Prognose bei regelmäßigem Bedarf

t	y_t	$y_t^{(1)}$	$y_t^{(2)}$	$b_{0,t}$	$b_{1,t}$	p_{t+1}	e_t
0		177.0800	79.1600	275.0000	10.8800	285.8800	
1	317	191.0720	90.3512	291.7928	11.1912	302.9840	31.12
2	194	191.3648	100.4526	282.2770	10.1014	292.3784	-108.98
3	312	203.4283	110.7502	296.1064	10.2976	306.4040	19.62
4	316	214.6855	121.1437	308.2273	10.3935	318.6208	9.59
5	322	225.4169	131.5710	319.2628	10.4273	329.6902	3.37
6	334	236.2752	142.0414	330.5090	10.4704	340.9794	4.30
7	317	244.3477	152.2720	336.4233	10.2306	346.6539	-23.97
8	356	255.5129	162.5961	348.4297	10.3241	358.7538	9.34
9	428	272.7616	173.6127	371.9105	11.0166	382.9271	69.24
10	411	286.5854	184.9099	388.2609	11.2973	399.5582	28.07
11	494	307.3269	197.1516	417.5021	12.2417	429.7438	94.44
12	412	317.7942	209.2159	426.3725	12.0643	438.4368	-17.74
13	460	332.0148	221.4958	442.5338	12.2799	454.8137	21.56
14	395	338.3133	233.1775	443.4491	11.6818	455.1309	-59.81
15	392	343.6820	244.2280	443.1360	11.0504	454.1864	-63.13
16	447	354.0138	255.2065	452.8210	10.9786	463.7996	-7.18
17	452	363.8124	266.0671	461.5577	10.8606	472.4183	-11.79
18	571	384.5312	277.9135	491.1488	11.8464	502.9952	98.58
19	517	397.7780	289.9000	505.6561	11.9865	517.6426	14.00
20	397	397.7003	300.6800	494.7205	10.7800	505.5005	-120.64
21	410	398.9302	310.5050	487.3554	9.8250	497.1804	-95.50
22	579	416.9372	321.1482	512.7261	10.6432	523.3693	81.81
23	473	422.5434	331.2877	513.7991	10.1395	523.9387	-50.36
24	558	436.0891	341.7679	530.4103	10.4801	540.8904	34.06

Tabelle C.9: Ergebnisse der exponentiellen Glättung zweiter Ordnung

In Bild C.16 ist die kumulierte Häufigkeitsverteilung der beobachteten Prognosefehler den Werten einer Normalverteilung mit dem Mittelwert $\mu_e = -1.67$ und der Standardabweichung $\sigma_e = 59.33$ gegenübergestellt. Mit Hilfe statistischer Testverfahren kann überprüft werden, ob die Annahme normalverteilter Prognosefehler für das Beispiel aufrechterhalten werden kann. Im vorliegenden Fall führt der Kolmogorov-Smirnov-Test[22] zu dem Ergebnis, daß diese Annahme nicht abgelehnt werden kann.

---

[22] vgl. z. B. *Banks et al.* (1996), S. 382–384

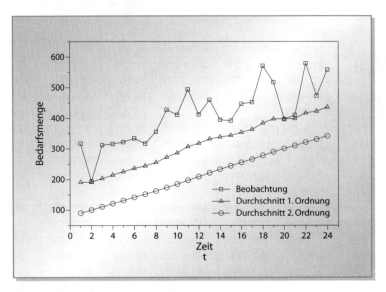

Bild C.14: Verlauf der Zeitreihen der Beobachtungswerte sowie der Durchschnittswerte erster und zweiter Ordnung

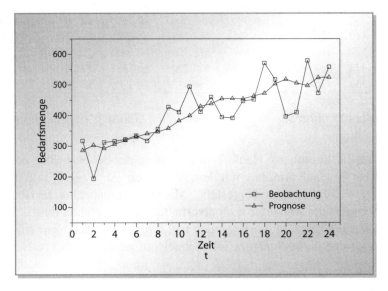

Bild C.15: Gegenüberstellung von Prognose- und Beobachtungswertes Beispiels

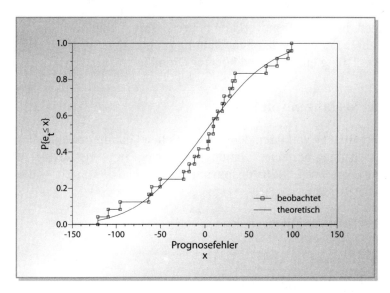

Bild C.16: Gegenüberstellung von empirischer und theoretischer Wahrscheinlichkeitsverteilung der Prognosefehler

Eine andere Form des Verfahrens der exponentiellen Glättung zweiter Ordnung, die ohne die Berechnung der gleitenden Durchschnitte auskommt, beschreibt *Gardner*[23]:

$$e_t = y_t - p_t \qquad\qquad t = 1, 2, \ldots \quad \text{(C.103)}$$

$$b_{0,t} = b_{0,t-1} + b_{1,t-1} + \alpha \cdot (2 - \alpha) \cdot e_t \qquad\qquad t = 1, 2, \ldots \quad \text{(C.104)}$$

$$b_{1,t} = b_{1,t-1} + \alpha^2 \cdot e_t \qquad\qquad t = 1, 2, \ldots \quad \text{(C.105)}$$

$$p_{t+j} = b_{0,t} + b_{1,t} \cdot j \qquad\qquad t = 1, 2, \ldots; \ j = 1, 2, \ldots \quad \text{(C.106)}$$

In der in diesem Abschnitt vorgestellten Form wurden die zur Herleitung des Verfahrens der exponentiellen Glättung zweiter Ordnung notwendigen Beziehungen intuitiv erläutert. Man kann jedoch zeigen, daß genau diese Beziehungen sich ergeben, wenn man die Funktionsparameter b_0 und b_1 so festlegt, daß die Summe der exponentiell gewichteten Abweichungsquadrate der Beobachtungen von der Trendgeraden minimiert wird. Bildet man die partiellen Ableitungen der Zielfunktion (C.107) nach b_0 und b_1 und löst man die Gleichungen auf, dann ergeben sich die oben erläuterten Beziehungen.[24]

$$\text{Minimiere WSQA}(b_0, b_1) = \sum_{k=t-n+1}^{t} \alpha \cdot (1-\alpha)^{t-k} \cdot (y_k - b_0 - b_1 \cdot k)^2 \qquad \text{(C.107)}$$

---

23 vgl. *Gardner* (1984), S. 47–50; vgl. auch *Weber* (1990), S. 210
24 vgl. *Montgomery und Johnson* (1976), S. 72

Auch Zeitreihen, in denen Trendverläufe höherer Ordnung zu beobachten sind, können mit dem Verfahren der exponentiellen Glättung prognostiziert werden, wobei dann eine exponentielle Glättung entsprechend höherer Ordnung einzusetzen ist.[25]

C.2.2.3 Das Verfahren von Holt

Holt[26] kritisiert an dem Verfahren der exponentiellen Glättung zweiter Ordnung, daß es wegen der Verwendung nur eines Glättungsparameters zu wenig flexibel sei. Er schlägt die Verwendung von **zwei Glättungsparametern** α und β vor, die wie folgt zur Prognose verwendet werden:

- **Achsenabschnitt** der Trendgeraden:

$$b_{0,t} = \alpha \cdot y_t + (1-\alpha) \cdot \underbrace{\left(b_{0,t-1} + b_{1,t-1}\right)}_{\text{Achsenabschnitt in Periode } t-1} \qquad t = 1, 2, \ldots \qquad (C.108)$$

- **Steigung** der Trendgeraden:

$$b_{1,t} = \beta \cdot \underbrace{(b_{0,t} - b_{0,t-1})}_{\text{aktuelle „Beobachtung" der Steigung}} + (1-\beta) \cdot b_{1,t-1} \qquad t = 1, 2, \ldots \qquad (C.109)$$

Im Verfahren von *Holt* werden der Achsenabschnitt und die Steigung der Trendgeraden getrennt einer exponentiellen Glättung erster Ordnung unterzogen. Als letzter Prognosewert (für die Periode t) wird in Beziehung (C.108) der Achsenabschnitt der Periode $(t-1)$, erhöht um den letzten Schätzwert der Steigung, eingesetzt. Als neuester Wert der Steigung wird die Differenz zwischen den letzten beiden Achsenabschnitten der Periode t und der Periode $(t-1)$ verwendet.[27]

Gardner[28] hat das Verfahren der exponentiellen Glättung zweiter Ordnung mit dem Verfahren von Holt anhand empirischer Zeitreihen verglichen. Er kam zu dem Ergebnis, daß der Ansatz von *Holt* in vielen Fällen bessere Prognosen liefert.

Ergänzende Literatur zu Abschnitt C.2.2:
Brown (1984)
DeLurgio (1998)
Gaynor und Kirkpatrick (1994)
Makridakis und Wheelwright (1978, 1989)

---

25 vgl. *Johnson und Montgomery* (1974), S. 424–426; *Weber* (1990), S. 211–217
26 vgl. *Holt* (1957)
27 Auch dieses Modell kann in einer anderen Form geschrieben werden. Vgl. *Gardner* (1984), S. 47–50.
28 vgl. *Gardner* (1980); *Gardner* (1983), S. 263–267

Neter et al. (1989)
Weber (1990)

C.2.3 Prognose bei saisonal schwankendem Bedarf

Unter Saisonschwankungen i. w. S. versteht man regelmäßig wiederkehrende Auf- und Abwärtsbewegungen einer Zeitreihe in einem definierten Zeitintervall. Dies kann ein Zeitraum von einer Woche, einem Monat, einem Quartal oder einem halben Jahr sein. **Saisonschwankungen i. e. S.** treten dagegen innerhalb eines Jahres auf. Sie sind das Ergebnis von Einflüssen, die in einem Rhythmus von einem Jahr wirksam werden. Ein Saisonmuster kann sowohl konstant sein als auch einem stetigen Wandel unterliegen. Letzteres ist z. B. dann der Fall, wenn sich die Verbrauchsgewohnheiten der Abnehmer, die sich auf das Saisonmuster auswirken, langsam ändern. Saisonschwankungen treten im Idealfall in jedem Jahr zum gleichen Zeitpunkt und in gleicher Intensität auf. Die saisonalen Bewegungen können absolut oder relativ konstant sein. Relative Konstanz der Saisonschwankungen ist bei einem steigenden Trendverlauf der Zeitreihe mit einer absoluten Vergrößerung der Saisonkomponente verbunden.

Zur Prognose einer Zeitreihe mit saisonalem Verlaufsmuster stehen mehrere konzeptionell unterschiedliche Verfahren zur Verfügung. Wir wollen im folgenden die Methode der Zeitreihendekomposition (Ratio-to-Moving-Average-Methode), das auf der exponentiellen Glättung basierende Verfahren von *Winters* und die Anwendung der multiplen linearen Regressionsrechnung zur direkten Erfassung der saisonalen Einflüsse in einem Prognosemodell darstellen.

C.2.3.1 Zeitreihendekomposition

Das wohl am weitesten verbreitete Verfahren zur Saisonbereinigung einer Zeitreihe ist die **Ratio-to-Moving-Average-Methode**[29] (Dekompositionsmethode). Dieses Verfahren besteht aus der sukzessiven Berechnung und Elimination der einzelnen Bestandteile einer Zeitreihe auf der Grundlage eines multiplikativen Zeitreihenmodells. Ziel des Verfahrens ist die Berechnung von monatlichen (bzw. quartalsbezogenen) **Saisonindizes** s_m ($m = 1, 2, ..., 12$ oder $m = 1, 2, 3, 4$).

Mit Hilfe derartiger Indizes wird die Zeitreihe um saisonale Einflüsse bereinigt. Das geschieht im multiplikativen Modell nach Gleichung (C.110).

$$Y_{\text{saisonbereinigt}} = \frac{Y}{S} = T \cdot C \cdot I \tag{C.110}$$

Nach Berechnung der Saisonkomponente wendet man ein geeignetes Verfahren zur Prognose der saisonbereinigten Zeitreihe $T \cdot C \cdot I$ an und multipliziert im Anschluß daran

---
[29] vgl. *Makridakis und Wheelwright* (1989), S. 95–125; *Weber* (1990), S. 245–264

den saisonbereinigten Prognosewert für eine zukünftige Periode mit dem entsprechenden Saisonfaktor. Wesentliche Voraussetzung für den Einsatz von Prognoseverfahren für saisonalen Bedarf ist die Existenz empirischer Aufzeichnungen über einen genügend langen Zeitraum (mindestens 3–4 volle Saisonzyklen). In der betrieblichen Praxis ist diese Voraussetzung oft nicht gegeben, so daß zwischen der Entscheidung, ein Prognoseverfahren für saisonalen Bedarf einzusetzen und der Erzeugung verläßlicher Prognosewerte einige Jahre verstreichen können.

C.2.3.1.1 Bestimmung von Saisonfaktoren

Zur Ermittlung der Saisonkomponente wird im Verfahren der Zeitreihendekomposition wie folgt vorgegangen:

1. Ausgehend vom multiplikativen Zeitreihenmodell $Y = T \cdot C \cdot S \cdot I$ wird zunächst die glatte Komponente $T \cdot C$ isoliert. Dazu wird ein zentrierter gleitender Durchschnitt mit der Gliederzahl 12 (bzw. bei Quartalswerten 4) verwendet. Dieser gleitende Durchschnitt löst diejenigen Komponenten aus der Zeitreihe heraus, die sich mit einer Periodizität von weniger als einem Jahr wiederholen.

2. Im Anschluß daran wird die Ursprungsreihe $Y = T \cdot C \cdot S \cdot I$ durch die im vorangegangenen Schritt errechnete glatte Komponente dividiert. Man erhält dann:

$$S \cdot I = \frac{T \cdot C \cdot S \cdot I}{T \cdot C} \qquad \text{(C.111)}$$

Aus diesem Schritt leitet sich der Name „Ratio-to-Moving-Average" des Verfahrens ab. Die resultierende Reihe $S \cdot I$ enthält Indizes, die den Einfluß der saisonalen und der irregulären Komponente wiedergeben.

3. Im dritten Schritt wird nun die irreguläre Komponente aus der Reihe $S \cdot I$ ausgeschaltet. Hierbei ist von Bedeutung, ob das Saisonmuster der Zeitreihe stabil ist oder ob es sich im Zeitablauf ändert. Das kann man z. B. mit Hilfe einer graphischen Darstellung der Zeitreihe feststellen.

   a) Ist das Saisonmuster stabil, dann läßt sich die saisonale Komponente in der Zeitreihe, S, isolieren, indem man als typischen Saisonindex eines Monats (oder Quartals) m den Durchschnitt aller für diesen Monat (dieses Quartal) errechneten S-Werte bildet:

$$s_m = \frac{1}{n} \cdot \sum_{t=1}^{n} si_{tm} \qquad m = 1, 2, ..., z \qquad \text{(C.112)}$$

   Dabei bezeichnet n die Anzahl der Jahre und z die Anzahl der Saisonperioden innerhalb eines Jahres.

b) Ändert sich das Saisonmuster im Laufe der Jahre, dann ist für jeden Saisonindex über die Jahre hinweg ein Trend zu berechnen.

Betrachten wir ein Beispiel zum Verfahren der Zeitreihendekomposition mit Quartalsdaten ($z = 4$). Ein Unternehmen hat die in Tabelle C.10 angegebenen Bedarfsmengen eines Produkts über einen Zeitraum von sieben Jahren aufgezeichnet.

	Quartal m				
Jahr t	1	2	3	4	Summe
1	289	410	301	213	1213
2	212	371	374	333	1290
3	293	441	411	363	1508
4	324	462	379	301	1466
5	347	520	540	521	1928
6	381	594	573	504	2052
7	444	592	571	507	2114

Tabelle C.10: Bedarfsmengen eines Produkts (Quartalswerte)

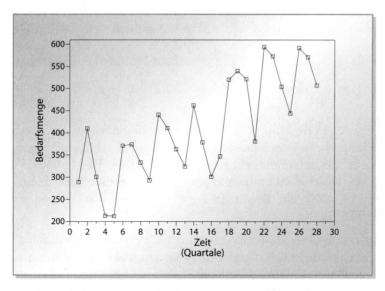

Bild C.17: Graphische Darstellung der Bedarfsmengen

Die Analyse der graphischen Darstellung dieser Bedarfszeitreihe (Bild C.17) sowie der Verlauf der Autokorrelationsfunktion (Bild C.18) legen die Vermutung nahe, daß sowohl ein ansteigender Trend vorliegt als auch saisonale Einflüsse bestehen.

Zur Isolierung der glatten Komponente der Zeitreihe wird zunächst ein viergliedriger zentrierter gleitender Durchschnitt berechnet. Ein zentrierter gleitender Durchschnitt, der sich auf den Stützstellenbereich der Beobachtungswerte y_j ($j = t - k, t - k + 1, ..., t, ..., t + k - 1, t + k$) bezieht, ist wie folgt definiert:

$$y_t^{(1)} = \frac{1}{2 \cdot k + 1} \cdot \sum_{j=t-k}^{t+k} y_j \qquad (C.113)$$

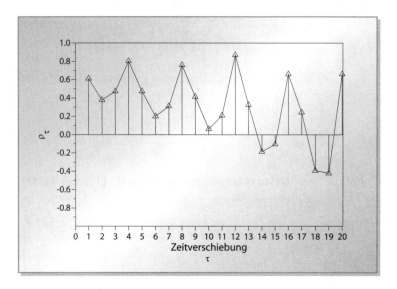

Bild C.18: Autokorrelationsfunktion der Zeitreihe der Bedarfsmengen

Im Gegensatz zu den in Abschnitt C.2.1.1 dargestellten gleitenden Durchschnitten sollen diese Durchschnittswerte nun repräsentativ für die in der Mitte liegende Periode des betrachteten Zeitreihenausschnitts der Länge $(2 \cdot k + 1)$ sein. Es ist offensichtlich, daß ein solcher zentrierter Durchschnitt nur dann genau der Mitte einer Periode entspricht, wenn die Gliederzahl ungerade ist. Das ist in der obigen Formulierung mit der Gliederzahl $(2 \cdot k + 1)$ der Fall.

Bei einer Gliederzahl von vier Perioden (auf der Basis von Quartalsdaten für ein Jahr) liegt der zentrierte gleitende Durchschnitt immer zwischen zwei Perioden. Der Durchschnittswert soll aber genau im Zentrum einer Periode liegen. Dies läßt sich durch Bildung des folgenden Durchschnitts zweiter Ordnung erreichen:

$$y_t^{(2)} = \frac{0.5 \cdot y_{t-2} + y_{t-1} + y_t + y_{t+1} + 0.5 \cdot y_{t+2}}{4} \qquad t = 3, 4, ..., n - 2 \quad (C.114)$$

Gleichung (C.114) beschreibt einen gleitenden Durchschnitt, der aus zwei viergliedrigen zentrierten gleitenden Durchschnitten erster Ordnung besteht, d. h.

$$y_t^{(2)} = \frac{y_t^{(1)} + y_{t+1}^{(1)}}{2} \qquad t = 3, 4, ..., n - 2 \qquad (C.115)$$

Der Stützstellenbereich dieses Durchschnitts läuft von der Mitte der Periode $(t - 2)$ bis zur Mitte der Periode $(t + 2)$. Jedes Quartal trägt dabei mit demselben Gewicht zum Durchschnittswert bei. Glätten wir nun die Bedarfszeitreihe des Beispiels mit Hilfe von Beziehung (C.115), dann erhalten wir die Werte der glatten Komponente des Quartals m im Jahr t, tc_{tm}:

$$tc_{13} = \frac{0.5 \cdot y_{11} + y_{12} + y_{13} + y_{14} + 0.5 \cdot y_{21}}{4}$$

$$= \frac{0.5 \cdot 289 + 410 + 301 + 213 + 0.5 \cdot 212}{4} = 293.63$$

$$tc_{14} = \frac{0.5 \cdot y_{12} + y_{13} + y_{14} + y_{21} + 0.5 \cdot y_{22}}{4}$$

$$= \frac{0.5 \cdot 410 + 301 + 213 + 212 + 0.5 \cdot 371}{4} = 279.13$$

usw.

Tabelle C.11 zeigt die Berechnungsergebnisse für die gesamte Zeitreihe. In der letzten Spalte wurde die Reihe Y der Beobachtungswerte durch die glatte Komponente $T \cdot C$ dividiert. Dadurch ergeben sich die durch irreguläre Einflüsse überlagerten Saisonindizes $si_{tm} = \frac{y_{tm}}{tc_{tm}}$.

Damit liegt die Zeitreihe der durch zufällige Einflüsse überlagerten Saisonfaktoren, $S \cdot I$, vor. Im nächsten Schritt sind die irregulären Schwankungen I aus dieser Zeitreihe zu eliminieren. Zu diesem Zweck wird für jedes Quartal m ($m = 1, 2, 3, 4$) ein Durchschnitt aller errechneten si_{tm}-Werte gebildet. Die Ergebnisse der Rechnung sind in Tabelle C.12 dargestellt.

Die Summe der Saisonfaktoren muß bei Quartalswerten genau 4 ergeben. Bei der Durchschnittsbildung wurde diese Bedingung jedoch nicht berücksichtigt. So beträgt im Beispiel die Summe der Saisonfaktoren nur 3.9616. Die Durchschnittswerte werden nun mit dem Faktor $\frac{4}{3.9616}$ multipliziert.[30] Dadurch erhalten wir standardisierte Saisonfaktoren $s_1 = 0.8123$, $s_2 = 1.1848$, $s_3 = 1.0880$ und $s_4 = 0.9149$, deren Durchschnitt genau 1 beträgt.

---

30 vgl. *Weber* (1990), S. 257

t	m	y_{tm}	tc_{tm}	si_{tm}
1	1	289	–	–
1	2	410	–	–
1	3	301	293.63	1.0251
1	4	213	279.13	0.7631
2	1	212	283.38	0.7481
2	2	371	307.50	1.2065
2	3	374	332.63	1.1244
2	4	333	351.50	0.9474
3	1	293	364.88	0.8030
3	2	441	373.25	1.1815
3	3	411	380.88	1.0791
3	4	363	387.38	0.9371
4	1	324	386.00	0.8394
4	2	462	374.25	1.2345
4	3	379	369.38	1.0261
4	4	301	379.50	0.7931
5	1	347	406.88	0.8528
5	2	520	454.50	1.1441
5	3	540	486.25	1.1105
5	4	521	499.75	1.0425
6	1	381	513.13	0.7425
6	2	594	515.13	1.1531
6	3	573	520.88	1.1001
6	4	504	528.50	0.9536
7	1	444	528.00	0.8409
7	2	592	528.13	1.1209
7	3	571	–	–
7	4	507	–	–

Tabelle C.11: Isolierte Einzelreihen $T \cdot C$ und $S \cdot I$

Ein **Nachteil** des dargestellten Verfahrens der Zeitreihendekomposition besteht darin, daß Veränderungen der Saisonkomponente nicht – oder nur in größeren Zeitabständen – berücksichtigt werden. Wir werden weiter unten das Verfahren von *Winters*[31] darstellen, bei dem die Saisonkomponente exponentiell geglättet wird. Dabei werden die Ergebnisse der Zeitreihendekomposition zur Initialisierung des Verfahrens verwendet.

Nachdem die Saisonfaktoren berechnet worden sind, werden die Beobachtungswerte der Zeitreihe durch diese Faktoren dividiert. Das Ergebnis ist die saisonbereinigte Zeitreihe $T \cdot C \cdot I$. Der Verlauf der saisonbereinigten Zeitreihe kann durch Anwendung eines der bereits dargestellten Verfahren zur Prognose von Zeitreihen ohne Saisonkomponente

---
[31] vgl. Abschnitt C.2.3.2, S. 81 ff.

	Quartal m				
Jahr t	1	2	3	4	
1	–	–	1.0251	0.7631	
2	0.7481	1.2065	1.1244	0.9474	
3	0.8030	1.1815	1.0791	0.9371	
4	0.8394	1.2345	1.0261	0.7931	
5	0.8528	1.1441	1.1105	1.0425	
6	0.7425	1.1531	1.1001	0.9536	
7	0.8409	1.1209	–	–	
Summe	4.8267	7.0406	6.4653	5.4368	Summe
Durchschnitt	0.8045	1.1734	1.0776	0.9061	3.9616
Durchschnitt (standardisiert)	0.8123	1.1848	1.0880	0.9149	4.0000

Tabelle C.12: Bestimmung der Saisonfaktoren

vorhergesagt werden. Das soll im folgenden für eine Zeitreihe ohne Trend und für eine Zeitreihe mit einem trendförmigen Verlauf dargestellt werden.

C.2.3.1.2 Anpassung der Prognose bei konstantem Bedarf

Für den Fall, daß kein Trend und keine Saisonkomponente den Bedarfsverlauf eines Produkts beeinflussen, wurde in Abschnitt C.2.1.2 die exponentielle Glättung erster Ordnung als geeignetes Prognoseverfahren dargestellt. Die Prognosegleichung lautete:

$$p_{t+1} = y_t^{(1)} = \alpha \cdot y_t + (1-\alpha) \cdot y_{t-1}^{(1)} \qquad t = 1, 2, \ldots$$

Berücksichtigt man nun saisonale Einflüsse, dann kann die Prognosegleichung wie folgt modifiziert werden:

$$p_{t+1} = y_t^{(1)s} \cdot s_{t+1} = \left[\alpha \cdot \frac{y_t}{s_t} + (1-\alpha) \cdot y_{t-1}^{(1)s} \right] \cdot s_{t+1} \qquad \text{(C.119)}$$

mit:
- $\frac{y_t}{s_t}$ = saisonbereinigter Beobachtungswert
- $y_{t-1}^{(1)s}$ = letzter saisonbereinigter Durchschnittswert
- s_{t+1} = Saisonfaktor für Periode $t+1$

Dabei bezeichnet s_t den Saisonfaktor, der für Periode t anzuwenden ist. In Gleichung (C.119) wird innerhalb der eckigen Klammern der exponentiell geglättete saisonbereinigte Durchschnitt fortgeschrieben. Der Prognosewert für die nächste Periode $(t+1)$ wird dann durch Multiplikation des saisonbereinigten Durchschnitts mit dem für diese Periode gültigen Saisonfaktor ermittelt.

Um möglichst aktuelle Saisonfaktoren zu verwenden, kann man zusätzlich jeden Saisonfaktor einer exponentiellen Glättung unterziehen. In diesem Fall wird der für Periode t

gültige Saisonfaktor wie folgt fortgeschrieben, wobei z die Anzahl der Saisonperioden und γ den Glättungsparameter bezeichnet:

$$s_t = \gamma \cdot \frac{y_t}{y_t^{(1)s}} + (1-\gamma) \cdot s_{t-z} \qquad t = 1, 2, \ldots \qquad \text{(C.120)}$$

C.2.3.1.3 Anpassung der Prognose bei trendförmigem Bedarf

Für eine Zeitreihe mit Trend, aber ohne Saisonkomponente wurde die lineare Regressionsrechnung als ein geeignetes Prognoseverfahren beschrieben. Die Prognosegleichung lautet:

$$p_{t+j} = b_0 + b_1 \cdot (t+j) \qquad t = 1, 2, \ldots;\ j = 1, 2, \ldots \quad \text{(C.121)}$$

Eine einfache Methode zur Bedarfsprognose bei Vorliegen eines Trends und saisonaler Einflüsse besteht darin, die glatte Komponente durch die Trendgleichung (C.121) zu extrapolieren und anschließend mit dem für die Prognoseperiode gültigen Saisonfaktor zu multiplizieren. Dies soll für den Fall eines konstanten Saisonmusters demonstriert werden.

Die Anwendung der linearen Regressionsrechnung auf die saisonbereinigte Zeitreihe $T \cdot C \cdot I$ des obigen Beispiels (Bild C.4) ergibt die in Gleichung (C.122) angegebene Trendgerade, in der jede Periode t einem Quartal entspricht.

$$y_t = 261.88 + 10.44 \cdot t \qquad t = 1, 2, \ldots, 28 \quad \text{(C.122)}$$

Das Bestimmtheitsmaß dieser Regression beträgt $r^2 = 0.797$. Extrapoliert man die Trendgerade in das Jahr 8 und multipliziert man die extrapolierten Quartalswerte für t ($t = 29, \ldots, 32$) mit den in Tabelle C.12 angegebenen standardisierten Saisonfaktoren, dann ergeben sich folgende Prognosewerte:

$p_{29} = 0.8123 \cdot 564.64 = 458.63$

$p_{30} = 1.1848 \cdot 575.08 = 681.36$

$p_{31} = 1.0880 \cdot 585.52 = 637.05$

$p_{32} = 0.9149 \cdot 595.96 = 545.26$

C.2.3.2 Das Verfahren von Winters

Das Verfahren von *Winters*[32] geht von folgender Modellvorstellung über den Verlauf der Zeitreihe aus:

$$y_t = \underbrace{(\beta_0 + \beta_1 \cdot t)}_{\text{Trendkomponente (T)}} \cdot \underbrace{s_t}_{\text{Saisonkomponente (S)}} + \underbrace{\epsilon_t}_{\text{irreguläre Komponente (I)}} \tag{C.124}$$

Es wird damit wiederum ein multiplikativer Zusammenhang der Zeitreihenkomponenten T und S angenommen. Das Verfahren von *Winters* besteht aus drei Typen von Gleichungen, mit denen der Achsenabschnitt und die Steigung der Trendgeraden sowie die Saisonfaktoren in jeder Periode aktualisiert werden. Dabei kommen unterschiedliche Glättungsparameter α (für den Achsenabschnitt), β (für die Steigung) und γ (für die Saisonfaktoren) zum Einsatz. Das Verfahren baut auf dem Ansatz von *Holt*[33] auf. Die Prognosegleichungen lauten:

- **Achsenabschnitt** der Trendgeraden:

$$b_{0,t} = \alpha \cdot \frac{y_t}{\underbrace{s_{t-z}}_{\text{aktueller Schätzwert des Saisonfaktors für Periode } t}} + (1-\alpha) \cdot (b_{0,t-1} + b_{1,t-1}) \qquad t = 1, 2, \ldots \tag{C.125}$$

Der Schätzwert des Achsenabschnitts wird exponentiell geglättet, wobei die neueste Beobachtung y_t mit Hilfe des für die Periode t gültigen Saisonfaktors bereinigt wird, dessen letzte Anpassung einen vollen Saisonzyklus der Länge z zurückliegt.

- **Steigung** der Trendgeraden:

$$b_{1,t} = \beta \cdot \underbrace{(b_{0,t} - b_{0,t-1})}_{\text{aktuelle „Beobachtung" der Steigung in Periode } t} + (1-\beta) \cdot b_{1,t-1} \qquad t = 1, 2, \ldots \tag{C.126}$$

In Beziehung (C.126) wird die Steigung der Trendgeraden exponentiell geglättet, wobei als neueste Realisation der Steigung die Differenz zwischen den letzten beiden Achsenabschnitten (der Periode t und der Periode $t-1$) verwendet wird.

- **Saisonfaktoren**[34]:

$$s_t^u = \gamma \cdot \underbrace{\frac{y_t}{b_{0,t}}}_{\text{aktuelle „Beobachtung" des Saisonfaktors für Periode } t} + (1-\gamma) \cdot s_{t-z} \qquad t = 1, 2, \ldots \tag{C.127}$$

Die Größe $\frac{y_t}{b_{0,t}}$ ist eine Schätzung des Saisonfaktors auf der Grundlage der letzten Be-

---

32 vgl. *Winters* (1960); *Silver et al.* (1998), S. 115–123; *Weber* (1990), S. 223–231; *Gaynor und Kirkpatrick* (1994), S. 372–404
33 vgl. Abschnitt C.2.2.3, S. 72 ff.
34 Das Superskript u soll darauf hinweisen, daß die Saisonfaktoren noch nicht standardisiert sind.

obachtung der aktuellen Saisonperiode. Daher ist auch der geglättete Saisonfaktor ein Durchschnittswert aus aktuellen und historischen Daten.

Auch bei dieser Methode benötigt man **Startwerte** zur Initialisierung des Prognoseprozesses, d. h. Prognosewerte für den Achsenabschnitt und die Steigung der Trendkomponente am Ende der Periode 0 sowie erste Schätzwerte für die Saisonfaktoren. Eine Möglichkeit besteht z. B. darin, das bereits dargestellte Verfahren der Zeitreihendekomposition zur Schätzung der Startwerte einzusetzen.

Das Verfahren von *Winters* soll anhand der in Bild C.17 dargestellten Bedarfszeitreihe demonstriert werden. Wir übernehmen als Startwerte für die Parameter der Trendgeraden die Werte $b_{0,0} = 261.88$ und $b_{1,0} = 10.44$ aus Gleichung (C.122). Als Startwerte für die Schätzung der Saisonfaktoren verwenden wir die Werte $s_{-3} = 0.8123$, $s_{-2} = 1.1848$, $s_{-1} = 1.0880$ und $s_0 = 0.9149$ aus Tabelle C.12. Die Glättungsparameter seien $\alpha = 0.2$, $\beta = 0.1$ und $\gamma = 0.3$. Für die erste Periode erhalten wir:

$$b_{0,t} = \alpha \cdot \frac{y_t}{s_{t-z}} + (1 - \alpha) \cdot (b_{0,t-1} + b_{1,t-1}) \qquad t = 1 \quad \text{(C.128)}$$

$$b_{0,1} = 0.2 \cdot \frac{289}{0.8123} + (1 - 0.2) \cdot (261.88 + 10.44) = 289.01 \quad \text{(C.129)}$$

$$b_{1,t} = \beta \cdot (b_{0,t} - b_{0,t-1}) + (1 - \beta) \cdot b_{1,t-1} \qquad t = 1 \quad \text{(C.130)}$$

$$b_{1,1} = 0.1 \cdot (289.01 - 261.88) + (1 - 0.1) \cdot 10.44 = 12.11 \quad \text{(C.131)}$$

$$s_t^u = \gamma \cdot \frac{y_t}{b_{0,t}} + (1 - \gamma) \cdot s_{t-z} \qquad t = 1; \; z = 4 \quad \text{(C.132)}$$

$$s_1^u = 0.3 \cdot \frac{289}{289.01} + (1 - 0.3) \cdot 0.8123 = 0.8686 \quad \text{(C.133)}$$

Die **Prognosewerte** werden mit Beziehung (C.134) bestimmt.

$$p_{t+j} = (b_{0,t} + b_{1,t} \cdot j) \cdot s_{t+j-z} \qquad t = 0, 1, 2, ...; \; j = 1, 2, ..., z \quad \text{(C.134)}$$

Der in Periode $t = 0$ für Periode $j = 1$ errechnete Prognosewert beträgt

$$p_1 = (261.88 + 10.44) \cdot 0.8123 = 221.21$$

Die weiteren Rechenergebnisse sind in Tabelle C.13 zusammengefaßt. Bild C.19 zeigt die dynamische Entwicklung der Schätzwerte für den Achsenabschnitt und die Steigung der Trendgeraden.

C.2 Prognose bei regelmäßigem Bedarf

t	y_t	$b_{0,t}$	$b_{1,t}$	s_t^u	p_t	e_t
-3				0.8123		
-2				1.1849		
-1				1.0880		
0		261.88	10.44	0.9148		
1	289	289.0120	12.1092	0.8686	221.21	67.79
2	410	310.1011	13.0072	1.2261	356.80	53.20
3	301	313.8175	12.0781	1.0493	351.54	-50.54
4	213	307.2841	10.2170	0.8483	298.13	-85.13
5	212	302.8151	8.7484	0.8180	275.78	-63.78
6	371	309.7691	8.5689	1.2176	382.00	-11.00
7	374	325.9529	9.3304	1.0788	334.05	39.95
8	333	346.7356	10.4756	0.8819	284.42	48.58
9	293	357.4030	10.4948	0.8186	292.22	0.78
10	441	366.7587	10.3809	1.2130	447.93	-6.93
11	411	377.9099	10.4579	1.0814	406.84	4.16
12	363	393.0135	10.9225	0.8944	342.51	20.49
13	324	402.3108	10.7600	0.8146	330.65	-6.65
14	462	406.6305	10.1160	1.1900	501.06	-39.06
15	379	403.4913	8.7904	1.0388	450.67	-71.67
16	301	397.1298	7.2752	0.8535	368.76	-67.76
17	347	408.7186	7.7066	0.8249	329.43	17.57
18	520	420.5381	8.1179	1.2039	495.53	24.47
19	540	446.8936	9.9417	1.0896	445.28	94.72
20	521	487.5549	13.0136	0.9180	389.91	131.09
21	381	492.8271	12.2395	0.8094	412.93	-31.93
22	594	502.7305	12.0059	1.1972	608.06	-14.06
23	573	516.9611	12.2283	1.0953	560.88	12.12
24	504	533.1527	12.6247	0.9262	485.81	18.19
25	444	546.3364	12.6806	0.8104	441.74	2.26
26	592	546.1100	11.3899	1.1633	669.26	-77.26
27	571	550.2664	10.6665	1.0780	610.61	-39.61
28	507	558.2245	10.3957	0.9208	519.54	-12.54

Tabelle C.13: Ergebnisse des Verfahrens von Winters

Damit die Saisonfaktoren im Verlaufe der Rechnung nicht verzerrt werden, sollte nach jeder Periode eine Standardisierung unter Berücksichtigung der jeweils letzten z Saisonperioden durchgeführt werden, so daß die Summe der jeweils zuletzt berechneten z Saisonfaktoren genau z beträgt. Die Standardisierung kann gemäß Gleichung (C.136) erfolgen.

$$s_t = \frac{z \cdot s_t^u}{\sum_{j=t-z+1}^{t} s_j^u} \qquad t = z, z+1, \ldots \qquad \text{(C.136)}$$

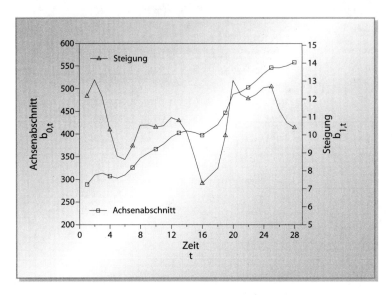

Bild C.19: Entwicklung der Schätzwerte des Achsenabschnitts und der Steigung

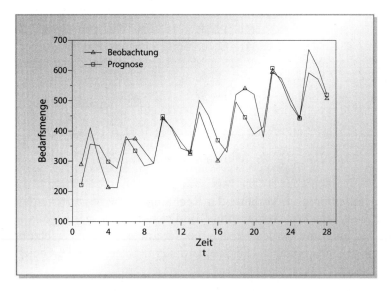

Bild C.20: Vergleich der Beobachtungswerte mit den Prognosewerten

Diese Berechnungsweise mit einem über die Zeit hinweggleitenden Saisonfenster stellt sicher, daß in jeder Periode t die Saisonfaktoren der letzten z Perioden einen Durchschnittswert von 1 haben. Da in jeder Periode t die letzten z Saisonfaktoren standardisiert werden, wird der Saisonfaktor für die Periode t z-mal aktualisiert. In dem Beispiel wurde jedoch aus Gründen der Übersichtlichkeit auf die Standardisierung der Saisonfaktoren verzichtet.

Die Prognosewerte und die sich daraus ergebenden Prognosefehler sind in den letzten beiden Spalten der Tabelle C.13 angegeben. Bild C.20 vermittelt einen visuellen Eindruck von der Güte der Prognose.

Das Prognoseverfahren von *Winters* ist naturgemäß komplexer als die einfacheren Verfahren, die nicht in der Lage sind, Saisoneinflüsse zu erfassen. Wie die obige Beispielrechnung jedoch gezeigt hat, läßt sich das Verfahren leicht auf einem Rechner implementieren. Als **Nachteil** des Verfahrens kann angesehen werden, daß jeder Saisonfaktor erst nach einem vollen Saisonzyklus erneut aktualisiert wird. Grundlegende Änderungen des Saisonmusters werden dadurch spät erkannt und in neue Werte der Saisonfaktoren umgesetzt. Ein Verfahren, bei dem nach jeder Periode sämtliche Saisonfaktoren erneut berechnet werden, beschreibt *Harrison*[35].

C.2.3.3 Multiple lineare Regressionsrechnung

Gegen die Methoden der Saisonprognose unter Verwendung von Saisonfaktoren wird eingewandt, daß insbesondere bei niedrigem Niveau der Zeitreihe und einem vergleichsweise hohen Anteil der zufälligen Komponente Instabilitäten auftreten können.[36] Dies liegt vor allem daran, daß für einen Saisonfaktor jeweils nur wenige Beobachtungswerte verfügbar sind. Als Alternative zu den dargestellten Verfahren, die mit Saisonfaktoren arbeiten, bietet sich der Einsatz der multiplen linearen Regressionsrechnung an. Die multiple lineare Regressionsrechnung ist ein statistisches Verfahren, das den Zusammenhang zwischen einer abhängigen und **mehreren unabhängigen Variablen** ermittelt.[37] Im vorliegenden Kontext sind die unabhängigen Variablen bestimmte Funktionen der Zeit, während die abhängige Variable die zu prognostizierende Bedarfszeitreihe ist. Die multiple lineare Regressionsrechnung kann zur Schätzung der Parameter unterschiedlicher Prognosemodelle eingesetzt werden. Dabei ist zu unterscheiden zwischen Prognosemodellen, die den Einfluß der Saisonkomponente durch binäre Dummyvariablen erfassen und Prognosemodellen, bei denen der saisonale Verlauf der Zeitreihe durch die geeignete Kombination trigonometrischer Funktionen geschätzt wird.

---

35 vgl. *Harrison* (1967)
36 vgl. *Silver et al.* (1998), Abschnitt 4.5.4; *Silver und Switzer* (1985)
37 Zu einer ausführlichen Darstellung vgl. *Neter et al.* (1989). In Abschnitt C.2.2.1, S. 55 ff., wurde bereits auf die multiple lineare Regressionsrechnung als eine verallgemeinerte Form der linearen Regressionsrechnung hingewiesen.

C.2.3.3.1 Prognose mit Saison-Dummyvariablen

Der Einfluß der Saisonkomponente kann bei Einsatz der (multiplen) linearen Regressionsrechnung direkt in das Prognosemodell aufgenommen werden. Dies geschieht mit Hilfe von **binären Dummyvariablen**, die den Wert 1 annehmen, wenn die Periode t der Saison m angehört und die in den anderen Perioden den Wert 0 erhalten. Bezeichnen wir die Saison-Dummyvariablen mit s_{mt} $(t = 1, 2, ...; m = 1, 2, ..., z)$, dann lautet das erweiterte Prognosemodell nun bei Annahme eines linearen Trendverlaufs mit Quartalswerten $(z = 4)$:

$$y_t = \underbrace{\beta_0 + \beta_1 \cdot t}_{\text{lineare Trendkomponente}} + \underbrace{\gamma_1 \cdot s_{1t} + \gamma_2 \cdot s_{2t} + \gamma_3 \cdot s_{3t} + \gamma_4 \cdot s_{4t}}_{\text{Saisonkomponente}} + \underbrace{\epsilon_t}_{\text{irreguläre Komponente}} \qquad t = 1, 2, ... \qquad \text{(C.137)}$$

In Matrixschreibweise lautet das Prognosemodell:

$$\underline{Y} = \underline{K} \cdot \underline{\beta} + \underline{S} \cdot \underline{\gamma} + \underline{\epsilon} \qquad \text{(C.138)}$$

Die Matrix $\underline{S}$ enthält für jede Saisonperiode eine Spalte. Sie sieht wie folgt aus:

$$\underline{S} = \begin{pmatrix} 1 & 0 & 0 & 0 \\ 0 & 1 & 0 & 0 \\ 0 & 0 & 1 & 0 \\ 0 & 0 & 0 & 1 \\ 1 & 0 & 0 & 0 \\ 0 & 1 & 0 & 0 \\ 0 & 0 & 1 & 0 \\ 0 & 0 & 0 & 1 \\ 1 & 0 & 0 & 0 \\ 0 & 1 & 0 & 0 \\ \vdots & \vdots & \vdots & \vdots \end{pmatrix}$$

In der obigen Form ist die Schätzung der Parameter des Prognosemodells noch nicht möglich, da im Fall der Verwendung eines Achsenabschnitts (b_0) in der Trendgleichung einige der unabhängigen Variablen linear abhängig sind. Denn es kann in jeder Periode der Wert der dem Achsenabschnitt zugeordneten Konstanten – dieser ist in jeder Periode gleich 1 – als Summe der Saison-Dummyvariablen dargestellt werden. Sachlich bedeutet diese **Multikollinearität**, daß der Einfluß derselben Größe durch zwei Variablen erfaßt wird. Man hat nun die Wahl, entweder eine Regression durch den Ursprung, d. h. ohne Achsenabschnitt, zu schätzen oder eine der Saison-Dummyvariablen zu streichen. Wählt man die letztgenannte Alternative, dann ist der Einfluß der gestrichenen Saisonvariablen im Achsenabschnitt enthalten.

Zur Veranschaulichung soll das Verfahren der multiplen linearen Regressionsrechnung mit Saison-Dummyvariablen auf das in Bild C.17 eingeführte Beispiel angewendet werden. Es wird die Regressionsfunktion (C.140) unterstellt, in der für die ersten drei Saisonperioden je eine Dummyvariable eingeführt wird.

$$y_t = b_0 + b_1 \cdot t + g_1 \cdot s_{1t} + g_2 \cdot s_{2t} + g_3 \cdot s_{3t} + e_t \qquad t = 1, 2, ..., 28 \qquad \text{(C.140)}$$

- Regressionsparameter der Saison 1
- Steigung der Trendgeraden
- Achsenabschnitt der Trendgeraden

Wertet man diese Regressionsfunktion mit einem Standardpaket zur multiplen linearen Regressionsrechnung aus, dann erhält man

$$y_t = 225.75 + 10.37 \cdot t - 33.45 \cdot s_{1t} + 113.32 \cdot s_{2t} + 68.52 \cdot s_{3t} \qquad t = 1, 2, ..., 28$$

Der Einfluß der vierten Saison ist im Wert des Achsenabschnitts enthalten. Dies wird deutlich, wenn man den Achsenabschnitt ($b_0 = 225.75$) mit dem Wert vergleicht, den wir nach einer einfachen linearen Regressionsrechnung als Startwert für das Verfahren von *Winters* verwendet haben ($b_0 = 261.88$). Gegenüber der einfachen linearen Regressionsrechnung steigt das multiple Bestimmtheitsmaß aufgrund der Einführung der binären Saison-Dummyvariablen von $r^2 = 0.797$ auf $r^2 = 0.866$.

C.2.3.3.2 Prognose mit trigonometrischen Funktionen

Der Einfluß der Saisonkomponente auf den Bedarfsverlauf kann auch mit Hilfe einer Kombination trigonometrischer Funktionen[38], insb. von Sinus- und Kosinusfunktionen, in einem multiplen linearen Regressionsmodell erfaßt werden. Durch die Kombination dieser Größen kann ein weiter Bereich von Zeitreihentypen abgebildet werden.

Eine Sinuskurve wird durch drei Eigenschaften[39] charakterisiert, den Startpunkt eines Zyklus (Phase), die Länge eines Zyklus (Periode) und die Amplitude. Eine Sinuskurve mit der Amplitude b, die im Startpunkt 0 beginnt, wird beschrieben durch:

$$x = b \cdot \sin(\omega \cdot t) \qquad \text{(C.142)}$$

Die Größe ω ist der Quotient aus $360°$ und z, der Anzahl von Saisonperioden pro Jahr. In Bogenmaß ausgedrückt ergibt sich $\omega = \frac{2 \cdot \pi}{z}$. Eine Sinuswelle mit einem beliebigen Startpunkt λ wird durch folgende Gleichung beschrieben:

$$x = b \cdot \sin\left[\omega \cdot (t + \lambda)\right] \qquad \text{(C.143)}$$

---

38 vgl. *Silver und Switzer* (1985), S. 49–85
39 vgl. *Johnson und Montgomery* (1974), S. 432–434

In Beziehung (C.143) muß die Lage des Startpunkts λ bekannt sein. Da man diese aber nicht kennt, kann man auf folgende zu (C.143) äquivalente Darstellung zurückgreifen:

$$x = b_2 \cdot \sin(\omega \cdot t) + b_3 \cdot \cos(\omega \cdot t) \tag{C.144}$$

Diese Beschreibung einer Sinuskurve mit beliebigem Startpunkt eignet sich für die Anpassung einer Sinusfunktion an eine Zeitreihe empirischer Beobachtungen besser, da die Lage des Startpunkts der Sinuskurve nicht mehr als bekannt vorausgesetzt wird, sondern sich im Rahmen der Kurvenanpassung durch Quantifizierung der Parameter b_2 und b_3 ergibt. Die saisonale Komponente kann nun bei z Saisonperioden durch folgenden Ansatz abgebildet werden:

$$s_t = b_2 \cdot \sin\left[\frac{2 \cdot \pi \cdot t}{z}\right] + b_3 \cdot \cos\left[\frac{2 \cdot \pi \cdot t}{z}\right] \qquad t = 1, 2, \ldots \tag{C.145}$$

Die Kosinuswelle ist gegenüber der Sinuswelle verschoben. Die Zyklen beider Wellen wiederholen sich exakt nach 360° bzw. nach $2 \cdot \pi$. Die Saisonkomponente setzt sich im obigen Ansatz additiv aus dem Anteil der Sinuswelle und dem Anteil der Kosinuswelle zusammen. Hierdurch kann jede zeitliche Lage des Beginns eines Saisonzyklus erfaßt werden.

Bei der Verwendung der obigen Darstellung sind für die saisonale Komponente lediglich **zwei Funktionsparameter**, b_2 und b_3, zu schätzen.[40] Das ist gegenüber der Verwendung von Saisonfaktoren als Vorteil anzusehen, da die Qualität der Schätzung bei gegebenem empirischen Datenmaterial mit sinkender Anzahl zu schätzender Parameter ansteigt. Diesem Vorteil steht der Nachteil der geringeren Verständlichkeit gegenüber. Daher schlagen *Silver und Switzer*[41] vor, beide Methoden miteinander zu verbinden.

Zur Prognose einer Zeitreihe mit trendförmig ansteigendem Verlauf und saisonalen Einflüssen muß die Beziehung (C.145) um die **Trendkomponente** ergänzt werden. Für das in Bild C.17 betrachtete Beispiel mit linearem Trendverlauf ergibt sich folgendes Zeitreihenmodell:

$$y_t = \underbrace{b_0 + b_1 \cdot t}_{\text{Trendkomponente}} + \underbrace{b_2 \cdot \sin\left[\frac{2 \cdot \pi \cdot t}{z}\right] + b_3 \cdot \cos\left[\frac{2 \cdot \pi \cdot t}{z}\right]}_{\text{Saisonkomponente}} \qquad t = 1, 2, \ldots \tag{C.146}$$

Nach Einsatz der multiplen linearen Regressionsrechnung erhält man dann die folgende Prognosefunktion:

---

40 Bei der Verwendung von Saisonfaktoren sind demgegenüber bei Monatswerten 12 Saisonparameter zu schätzen.
41 vgl. *Silver und Switzer* (1985), S. 49–54

$$y_t = 260.6292 + 10.52503 \cdot t$$
$$-50.73139 \cdot \sin\left[\frac{2 \cdot \pi \cdot t}{4}\right] - 56.93943 \cdot \cos\left[\frac{2 \cdot \pi \cdot t}{4}\right] \quad t = 1, 2, \ldots \quad \text{(C.147)}$$

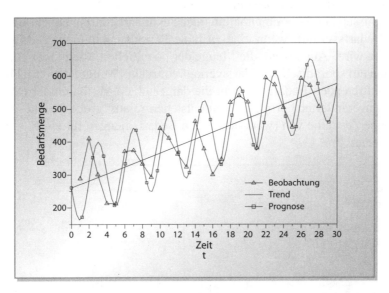

Bild C.21: Gegenüberstellung von Beobachtungswerten und Ergebnissen der Regressionsrechnung

Das Bestimmtheitsmaß beträgt $r^2 = 0.835$. Es werden also 83.5% der Gesamtvariation der empirischen Zeitreihe durch die geschätzte Regressionsfunktion erklärt. Die Güte der Anpassung ist damit geringfügig schlechter als bei Einsatz von binären Saison-Dummyvariablen ($r^2 = 0.866$). Bild C.21 zeigt die mit der Regressionsrechnung ermittelten ex-post-Prognosewerte und die Zeitreihe der Beobachtungswerte im Vergleich.

Ergänzende Literatur zu Abschnitt C.2.3:
DeLurgio (1998)
Fliedner et al. (1986)
Hax und Candea (1984)
Makridakis und Wheelwright (1989)
Neter et al. (1989)
Silver et al. (1998)

C.3 Prognose bei sporadischem Bedarf

Von sporadischem Bedarf spricht man, wenn für ein Produkt in relativ vielen Perioden überhaupt kein Bedarf vorliegt. Sporadischer Bedarf tritt häufig für untergeordnete Produkte in einer mehrstufigen Erzeugnisstruktur auf, weil die Losbildung bei übergeordneten Erzeugnissen zur Zusammenballung der Sekundärbedarfsmengen führt. Oft zeigt sich dieser Bedarfsverlauf, wenn eine zu feine Periodeneinteilung (z. B. auf Tagesbasis) verwendet wird. Auch wenn die Menge der potentiellen Nachfrager eines Produkts klein ist, kann ein sporadischer Bedarfsverlauf eintreten. Wendet man zur Prognose von sporadisch auftretenden Bedarfsmengen die dargestellten Verfahren der exponentiellen Glättung in unveränderter Form an, dann entstehen relativ große Prognosefehler. Bild C.22 zeigt eine Zeitreihe von (werk-)täglichen Bedarfsmengen für ein Produkt mit sporadischem Bedarf.[42]

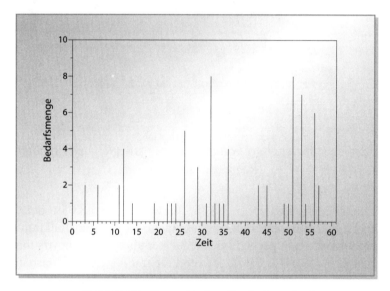

Bild C.22: Sporadischer Bedarfsverlauf

Zur Prognose bei sporadischem Bedarf lassen sich vor allem zwei Gruppen von Verfahren einsetzen, die die Ursachen für die Bedarfsschwankungen explizit berücksichtigen. Die eine Gruppe von Verfahren basiert auf einer Zerlegung des Periodenbedarfs in seine Komponenten, die **Anzahl der Aufträge** und die **Bedarfsmenge je Auftrag**[43], wobei die Komponenten getrennt prognostiziert und zur Vorhersage der zukünftigen Periodenbedarfsmenge miteinander multipliziert werden. Andere Verfahren betrachten den Periodenbedarf in den Dimensionen **Zeitpunkt** und **Menge** und prognostizieren jeweils die

---

42 Diese Zeitreihe hat einen Störpegel von 1.19 und einen Anteil von Perioden ohne Bedarf von 57%.
43 vgl. z. B. *Trux* (1972); *Lewandowski* (1974)

Zeitspanne bis zum nächsten Bedarfsereignis (Bedarfsabstand) und die dann zu erwartende Bedarfsmenge.

Wedekind[44] schlägt ein der letztgenannten Gruppe zuzurechnendes Prognoseverfahren vor, in dem zu jedem Prognosezeitpunkt τ eine Entscheidung darüber zu treffen ist, ob für den Vorhersagezeitraum w ein positiver Bedarf nach dem Verfahren der exponentiellen Glättung erster Ordnung (angewandt auf die Zeitreihe der bisher aufgetretenen positiven Bedarfsmengen) prognostiziert werden soll. Die Alternative dazu ist die Prognose einer Bedarfsmenge von Null. Die Entscheidung für oder gegen eine positive Bedarfsprognose hängt von dem damit verbundenen zu erwartenden Prognosefehler ab. *Wedekind* geht davon aus, daß die Bedarfsabstände einer **Weibullverteilung** folgen. Die Verteilungsfunktion einer weibullverteilten Zufallsvariablen lautet:

$$F(x) = 1 - e^{-(\lambda \cdot x)^c} \tag{C.148}$$

mit den Parametern $c > 0$ und $\lambda > 0$. Die Weibullverteilung ist eine flexible Wahrscheinlichkeitsverteilung, die in Abhängigkeit von ihren Parametern sehr unterschiedliche Formen annehmen kann. Bild C.23 zeigt einige Verläufe ihrer Dichtefunktion für verschiedene Werte des Parameters c bei einem gegebenen Wert für $\lambda = 1$.

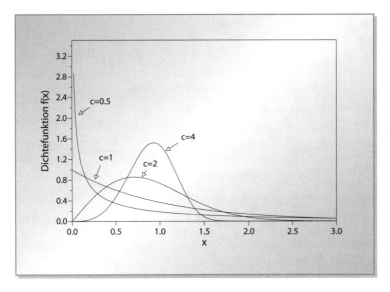

Bild C.23: Dichtefunktionen der Weibullverteilung für $\lambda = 1$

Die Weibullverteilung wird nun eingesetzt, um zu einem beliebigen Prognosezeitpunkt τ für einen Vorhersagezeitraum w die Wahrscheinlichkeit für das Auftreten eines positiven Bedarfs unter der Voraussetzung zu bestimmen, daß der letzte Bedarfszeitpunkt bereits v Perioden zurückliegt, also im Zeitpunkt $\tau - v$ aufgetreten ist. Die gesuchte

---

44 vgl. *Wedekind* (1968)

bedingte Wahrscheinlichkeit für das Auftreten eines positiven Bedarfs im unmittelbar bevorstehenden Vorhersagezeitraum w kann wie folgt beschrieben werden:

$$P\{\text{nächster Bedarf im Zeitraum } w \mid \text{letzter Bedarf im Zeitpunkt } \tau - v\}$$
$$= P_w = P\{v < x \leq v + w \mid v < x\} \tag{C.149}$$

oder

$$P_w = \frac{F(v+w) - F(v)}{1 - F(v)} \tag{C.150}$$

Beziehung (C.150) ermöglicht die Berechnung der Wahrscheinlichkeit dafür, daß im Vorhersagezeitraum w ein Bedarf auftritt. Bild C.24 verdeutlicht die betrachtete Entscheidungssituation.

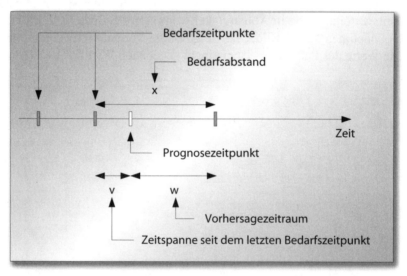

Bild C.24: Vorhersage bei sporadischem Bedarf nach Wedekind

Wedekind setzt diese Bedarfswahrscheinlichkeit zur Beantwortung der Frage ein, ob für den Vorhersagezeitraum eine Bedarfsprognose erfolgen soll oder nicht. Mit jeder dieser beiden Alternativen ist ein erwarteter Prognosefehler verbunden. Wird mit dem Verfahren der exponentiellen Glättung ein **positiver Bedarf** für den Zeitraum w prognostiziert, dann beträgt der erwartete Prognosefehler gemäß Gleichung (C.151):

$$F_{\text{pos}} = \underbrace{P_w \cdot \mu_e}_{\text{erwarteter Prognosefehler, falls Bedarf auftritt}} + \underbrace{(1 - P_w) \cdot \mu_p}_{\text{erwarteter Prognosefehler, falls kein Bedarf auftritt}} \tag{C.151}$$

Die Größe μ_e ist der mittlere Prognosefehler, der sich bei exponentieller Glättung erster Ordnung der Zeitreihe der positiven Bedarfsmengen ergibt. Mit μ_p wird die mittlere prognostizierte Bedarfsmenge bezeichnet.

Wird für den Zeitraum w **kein Bedarf** prognostiziert, dann beträgt der erwartete Prognosefehler:

$$F_{\text{nul}} = \underbrace{P_w \cdot \mu_p}_{\text{erwarteter Prognosefehler, falls Bedarf auftritt}} + \underbrace{(1 - P_w) \cdot 0}_{\text{erwarteter Prognosefehler, falls kein Bedarf auftritt}} \qquad \text{(C.152)}$$

Positiver Bedarf für den Zeitraum w wird immer dann prognostiziert, wenn der bei Verzicht auf eine Prognose zu erwartende Fehler größer ist als der Fehler, der bei Durchführung einer Prognose eintritt, d. h., wenn $F_{\text{pos}} < F_{\text{nul}}$ ist; andernfalls wird ein Bedarf von Null Mengeneinheiten prognostiziert. *Wedekind* hat das Verfahren an mehr als 100 Bedarfszeitreihen erfolgreich eingesetzt und berichtet, daß das Verfahren nur in 8% der Fälle scheiterte, wobei aber nicht deutlich wird, was er unter Scheitern versteht. Für die mit diesem Verfahren erzielbare Prognosequalität sind offenbar mehrere Faktoren von Bedeutung. Hier ist einmal die Modellierung der Bedarfsabstände durch eine Zufallsvariable zu nennen. *Wedekind* weist darauf hin, daß außer der Weibullverteilung auch andere Wahrscheinlichkeitsverteilungen anwendbar sind. Darüber hinaus übt auch die Eignung des zur Prognose der positiven Bedarfsmengen eingesetzten Verfahrens einen Einfluß auf die Prognosequalität aus.

Eine ähnliche Form der Prognose bei sporadischem Bedarf schlägt *Croston*[45] vor. Er trennt zwischen der Prognose des nächsten Bedarfszeitpunkts und der Prognose der dann auftretenden Bedarfsmenge. Für beide Größen wird die exponentielle Glättung erster Ordnung eingesetzt. Die Entscheidungsregel am Ende einer beliebigen Periode τ lautet:

- Falls in Periode τ kein Bedarf aufgetreten ist $(y_\tau = 0)$, setze $p_{\tau+1} = p_\tau$ und $i_{\tau+1} = i_\tau$, d. h., behalte die zuletzt errechneten Prognosewerte für die Bedarfsmenge und den Bedarfsabstand unverändert bei.

- Falls in Periode τ ein positiver Bedarf aufgetreten ist $(y_\tau > 0)$, berechne neue Prognosewerte für die Bedarfsmenge und den Bedarfsabstand wie folgt:

$$p_{\tau+1} = \alpha \cdot y_\tau + (1 - \alpha) \cdot p_\tau \qquad \tau = 1, 2, \cdots \quad \text{(C.153)}$$

$$i_{\tau+1} = \alpha \cdot x_\tau + (1 - \alpha) \cdot i_\tau \qquad \tau = 1, 2, \cdots \quad \text{(C.154)}$$

Dabei bezeichnet x_τ den Abstand zwischen den letzten beiden Perioden mit positivem Bedarf. Die Größe y_τ ist die beobachtete Bedarfsmenge. Mit $i_{\tau+1}$ wird die prognostizierte Zeitspanne bis zum nächsten Auftreten eines Bedarfs bezeichnet. Die Größe $p_{\tau+1}$ gibt die prognostizierte Höhe des nächsten Bedarfs an. Die mit dieser Vorgehensweise verbundene Prognosequalität ist i. a. höher als bei direkter Anwendung der exponentiellen Glättung erster Ordnung auf eine Bedarfszeitreihe mit sporadischem Verlauf.[46]

---

45 vgl. *Croston* (1972)
46 vgl. *Hax und Candea* (1984), S. 180; *Silver et al.* (1998), Abschnitt 4.9.2

Man kann bei der Bedarfsprognose aber auch unmittelbar an der **Wahrscheinlichkeitsverteilung der Periodenbedarfsmenge** eines Erzeugnisses mit sporadischem Bedarf ansetzen. Da ein derartiger Bedarfsverlauf durch eine hohe zufällige Komponente beherrscht wird, ist i. a. kein systematisches Verlaufsmuster erkennbar. Die Annahme eines stationären Bedarfsverlaufs ist dann eine plausible Hypothese. In diesem Fall bietet es sich an, die Wahrscheinlichkeitsverteilung der Periodenbedarfsmenge aus den beobachteten Bedarfsmengen abzuleiten. Man kann dabei von einer theoretischen Wahrscheinlichkeitsverteilung ausgehen und aus den Beobachtungen deren Parameter ableiten. Die Periodenbedarfsmenge kann aber auch durch eine diskrete empirische Wahrscheinlichkeitsverteilung repräsentiert werden.

Eine häufig einsetzbare theoretische Wahrscheinlichkeitsverteilung der Periodenbedarfsmenge bei sporadischem Bedarf ist die **Poissonverteilung**. Diese diskrete Verteilung ist insbesondere dann geeignet, wenn die Nachfrage mit einer einheitlichen Auftragsgröße von einer großen Anzahl voneinander unabhängiger Abnehmer stammt. Bei einer poissonverteilten Zufallsvariablen stimmen Mittelwert und Varianz überein. Die Varianz einer Zufallsvariablen X kann bekanntlich wie folgt beschrieben werden:

$$\sigma_X^2 = E\{X^2\} - E\{X\}^2 \tag{C.155}$$

Zur Schätzung der aktuellen Standardabweichung der Periodenbedarfsmenge können die exponentiell geglätteten Hilfsgrößen $m_t^{(1)}$ (Mittelwert) und $v_t^{(1)}$ (Varianz) eingesetzt werden:[47]

$$m_t^{(1)} = \alpha \cdot y_t + (1-\alpha) \cdot m_{t-1}^{(1)} \qquad t = 1, 2, \cdots \tag{C.156}$$

$$v_t^{(1)} = \alpha \cdot y_t^2 + (1-\alpha) \cdot v_{t-1}^{(1)} \qquad t = 1, 2, \cdots \tag{C.157}$$

$$\sigma_t = \sqrt{v_t^{(1)} - \left(m_t^{(1)}\right)^2} \qquad t = 1, 2, \cdots \tag{C.158}$$

Weicht der Wert der nach Beziehung (C.158) geschätzten Standardabweichung um weniger als 10% von der Wurzel des exponentiell geglätteten Mittelwertes, $\sqrt{m_t^{(1)}}$, ab, dann kann – so lautet eine Faustregel – davon ausgegangen werden, daß die Periodenbedarfsmenge einer Poissonverteilung folgt.

Eine andere Möglichkeit besteht darin, direkt die **Form der Verteilung** der Periodenbedarfsmenge aufgrund vorliegender Beobachtungen zu schätzen. Dies kann wie folgt geschehen:[48] Man zerlegt den Planungszeitraum in gleich lange, sich nicht überschneidende Perioden t ($t = 1, 2, ..., n, ...$). Für die ersten n Perioden erzeugt man aus den

---

[47] vgl. *Hax und Candea* (1984), S. 181
[48] vgl. *Brown* (1963), S. 199–206; *Johnson und Montgomery* (1974), S. 448–450; *Hax und Candea* (1984), S. 182–185

vorliegenden Beobachtungen der Bedarfsmengen eine empirische Häufigkeitsverteilung mit den Klassengrenzen $G_0, G_1, ..., G_I$ und ermittelt daraus eine geschätzte Wahrscheinlichkeitsverteilung (mit den gleichen Werteintervallen). In den nächsten Perioden l $[l = (n+1, n+2, ...)]$ aktualisiert man die Wahrscheinlichkeitsverteilung unter Verwendung der exponentiellen Glättung erster Ordnung. Dies führt zu einer Verschiebung der Wahrscheinlichkeiten aus den Klassen, in denen keine Bedarfsmengen verzeichnet wurden, in die Klasse, in der die aktuelle Bedarfsmenge aufgetreten ist.

Die Anzahl der Klassen sei I. Zu Beginn einer Periode t liegt die geschätzte Wahrscheinlichkeitsverteilung P_t vor:

$$\underline{P}_t = \begin{bmatrix} p_t(1) \\ p_t(2) \\ \vdots \\ p_t(I-1) \\ p_t(I) \end{bmatrix} \qquad (C.159)$$

In der Periode t wird nun eine Beobachtung y_t gemacht, die in die Klasse i fällt. Wir definieren nun einen Vektor $\underline{u}_t$, der an der i-ten Stelle eine 1 und ansonsten lauter Nullen enthält. Die neue geschätzte Wahrscheinlichkeitsverteilung der Bedarfsmenge wird dann gemäß Gleichung (C.160) nach dem Verfahren der exponentiellen Glättung bestimmt:

$$\underline{P}_{t+1} = \alpha \cdot \underline{u}_t + (1-\alpha) \cdot \underline{P}_t \qquad t = 1, 2, \cdots \qquad (C.160)$$

Das führt dazu, daß nur die geschätzte Wahrscheinlichkeit der Klasse i, $p_t(i)$, ansteigt, während die Wahrscheinlichkeiten der anderen Klassen sinken. Die beschriebene Vorgehensweise sei anhand eines Beispiels erläutert. Es sei angenommen, daß aufgrund empirischer Beobachtungen bis zum Ende der Periode $t = 1$ die in Tabelle C.14 angegebene Wahrscheinlichkeitsverteilung vorliegt.

G_i	Anzahl Beobachtungen	$P_t(i)$	
0	0	0.00	
10	120	0.60	
20	30	0.15	
30	30	0.15	
40	10	0.05	
50	10	0.05	

Tabelle C.14: Wahrscheinlichkeitsverteilung der Bedarfsmenge am Ende der Periode $t = 1$

Als Bedarfsmenge in Periode $t = 2$ sei nun $y_2 = 20$ ermittelt worden. Diese Beobachtung fällt in die dritte Häufigkeitsklasse.

$$\underline{u}_2 = \begin{bmatrix} 0 \\ 0 \\ 1 \\ 0 \\ 0 \\ 0 \end{bmatrix} \quad \text{(C.161)}$$

Wir verwenden für den Glättungsparameter den Wert $\alpha = 0.3$. Dann ergibt sich als geschätzte aktuelle Wahrscheinlichkeitsverteilung der Bedarfsmenge in Periode $t = 2$:

$$\underline{P}_2 = 0.3 \cdot \begin{bmatrix} 0 \\ 0 \\ 1 \\ 0 \\ 0 \\ 0 \end{bmatrix} + (1 - 0.3) \cdot \begin{bmatrix} 0.00 \\ 0.60 \\ 0.15 \\ 0.15 \\ 0.05 \\ 0.05 \end{bmatrix} = \begin{bmatrix} 0.000 \\ 0.420 \\ 0.405 \\ 0.105 \\ 0.035 \\ 0.035 \end{bmatrix} \quad \text{(C.162)}$$

Basierend auf dieser aktualisierten Wahrscheinlichkeitsverteilung kann man dann z. B. im Rahmen einer stochastischen Lagerhaltungspolitik[49] die optimalen Politikparameter und damit auch die Höhe des Sicherheitsbestandes bestimmen.

C.4 Ausgewählte Probleme bei der Einführung und Anwendung eines Prognosesystems

C.4.1 Bestimmung der Glättungsparameter

Die Qualität der Bedarfsprognose mit Hilfe eines auf der exponentiellen Glättung basierenden Verfahrens wird von der Wahl des (der) Glättungsparameter(s) beeinflußt. Hier besteht ein grundsätzlicher Konflikt zwischen dem Ziel der Anpassungsfähigkeit der Prognose an neue Entwicklungen der Zeitreihe und dem Ziel der möglichst vollständigen Ausschaltung der zufälligen Komponente aus der Zeitreihe. Je kleiner ein Glättungsparameter ist, umso größer ist der Anteil der zufälligen Schwankungen, der aus der Zeitreihe eliminiert wird. Ein niedriger Glättungsparameter bewirkt aber auch, daß die Prognose sich nur sehr zögernd an systematische Veränderungen der Zeitreihe anpaßt.

Sind bereits Beobachtungswerte vorhanden, dann kann der optimale Wert des Glättungsparameters α für die exponentielle Glättung erster Ordnung mit Hilfe des in Bild C.25 beschriebenen Suchverfahrens bestimmt werden. Dabei wird α systematisch mit der

---
[49] vgl. Abschnitt E, S. 377 ff.

Schrittweite α_d variiert und für jeden Wert von α mit dem zu verwendenden Prognoseverfahren die Prognosegüte berechnet.

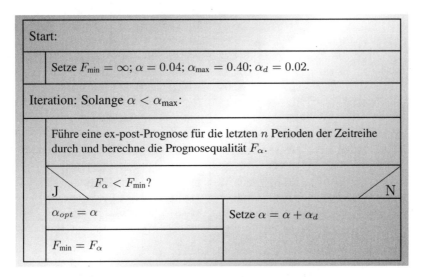

Bild C.25: *Verfahren zur Bestimmung des Glättungsparameters*

Das Grundprinzip dieses Verfahrens kann auch für andere Prognoseverfahren mit mehreren Glättungsparametern, die auf dem Prinzip der exponentiellen Glättung basieren, eingesetzt werden. Zur Bestimmung der Prognosequalität ist dabei jeweils das betrachtete Prognoseverfahren anzuwenden. Für das Verfahren von *Winters*, das mit drei Glättungsparametern arbeitet, ist für die Bestimmung der optimalen Kombination dieser Parameter eine dreifach ineinandergeschachtelte Schleife zu durchlaufen. Als Kriterium für die Prognosequalität kann die Summe oder der Mittelwert der quadrierten oder der absoluten Prognosefehler verwendet werden.

Zur Veranschaulichung des Einflusses der Glättungsparameter auf die Qualität der Prognose betrachten wir die in Tabelle C.15 wiedergegebene Bedarfszeitreihe, deren Entwicklung mit dem Verfahren von Holt prognostiziert werden soll.

t	1	2	3	4	5	6	7	8	9	10	11	12
y_t	60	55	64	51	69	66	83	90	76	95	72	88

Tabelle C.15: *Bedarfszeitreihe*

Bei der Bestimmung der optimalen Werte der Glättungsparameter α und β wird als Gütekriterium der mittlere quadrierte Prognosefehler verwendet. In Tabelle C.16 sind die Ergebnisse zusammengefaßt.

$\beta \setminus \alpha$	0.10	0.15	0.20	0.25	0.30
0.0050	112.44	106.87	103.92	102.76	102.88
0.0075	112.35	106.80	103.87	102.75	102.90
0.01	112.26	106.72	103.82	<u>102.73</u>	102.92
0.05	110.94	105.69	103.28	102.75	103.46
0.10	109.51	104.77	103.10	103.32	104.72
0.15	108.33	104.23	103.39	104.41	106.48
0.20	107.37	104.04	104.09	105.92	108.64
0.25	106.63	104.16	105.15	107.79	111.10
0.30	106.09	104.56	106.52	109.94	113.80
0.35	105.73	105.22	108.15	112.31	116.64
0.40	105.55	106.11	110.01	114.87	119.58
0.45	105.53	107.20	112.06	117.55	122.56
0.50	105.67	108.47	114.27	120.31	125.55
0.55	105.94	109.91	116.61	123.13	128.49
0.60	106.35	111.50	119.04	125.97	131.37
0.65	106.89	113.22	121.56	128.79	134.15
0.70	107.54	115.05	124.12	131.58	136.82
0.75	108.30	116.97	126.72	134.32	139.36
0.80	109.16	118.98	129.33	136.97	141.75
0.85	110.11	121.06	131.94	139.54	144.01
0.90	111.15	123.21	134.52	142.00	146.11

Tabelle C.16: *Mittlerer quadrierter Prognosefehler bei Variation von α und β*

Für das betrachtete Beispiel liegt die beste Kombination der Glättungsparameter bei $\alpha = 0.25$ und $\beta = 0.01$. Bild C.26 stellt den Verlauf des mittleren quadrierten Prognosefehlers graphisch dar. Es ist allerdings darauf hinzuweisen, daß bei Verwendung eines anderen Kriteriums zur Beurteilung der Güte des Prognoseverfahrens auch eine andere Kombination der Glättungsparameter optimal sein kann. Während bei Verwendung des mittleren quadrierten Prognosefehlers Parameterkombinationen besonders negativ beurteilt werden, bei denen große Prognosefehler auftreten, gewichtet das Kriterium des mittleren absoluten Prognosefehlers alle auftretenden Prognosefehler gleich. Im betrachteten Beispiel liegt bei Berücksichtigung dieses letztgenannten Kriteriums die optimale Kombination der Glättungsparameter bei $\alpha = 0.095$ und $\beta = 0.55$.

Silver, Pyke und Peterson[50] geben die in Tabelle C.17 zusammengestellten Empfehlungen für die Festlegung der Glättungsparameter im Verfahren von *Winters* (α_W, β_W und γ_W) für unterschiedliche Werte des entsprechenden Glättungsparameters α_1, der bei Anwendung der exponentiellen Glättung erster Ordnung zum Einsatz käme.

---

50 vgl. *Silver et al.* (1998), Abschnitt 4.5

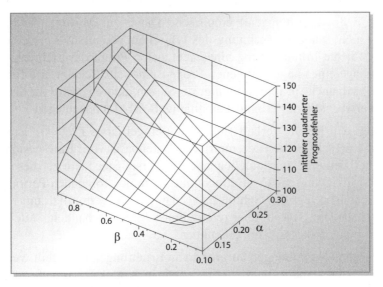

Bild C.26: Mittlerer quadrierter Prognosefehler bei Variation von α und β

	α_1	α_W	β_W	γ_W
Obergrenze	0.30	0.51	0.176	0.50
vernünftiger Wert	0.10	0.19	0.053	0.10
Untergrenze	0.01	0.02	0.005	0.05

Tabelle C.17: Empfohlene Werte der Glättungsparameter

Nicht nur bei der Einführung eines Verfahrens der exponentiellen Glättung, sondern auch in regelmäßigen Abständen während des Verfahrenseinsatzes ist die erreichte Prognosequalität zu überprüfen und gegebenenfalls eine Anpassung der Glättungsparameter vorzunehmen. Dies kann dadurch geschehen, daß in festen Abständen (z. B. 20 Perioden) das Suchverfahren aus Bild C.25 eingesetzt wird. Es kann aber auch eine laufende Kontrollrechnung durchgeführt werden, bei der in ähnlicher Weise wie bei der statistischen Qualitätskontrolle überprüft wird, ob ein Prognosefehler in einem vorgegebenen, als zulässig erachteten Schwankungsbereich liegt. Liegt der Prognosefehler außerhalb des zulässigen Bereichs, dann werden die Glättungsparameter neu festgelegt.[51]

C.4.2 Produkte mit begrenzter Vergangenheit

Insbesondere bei der Einführung eines neuen Produkts und dem damit verbundenen Bedarf an neuartigen Verbrauchsfaktoren, häufig aber auch bei der erstmaligen Einführung eines systematischen Konzepts zur Bedarfsprognose in einem Unternehmen, tritt das

---

51 vgl. hierzu näher *Weber* (1990), S. 237–243

Problem auf, daß nicht genügend empirische Daten zur Verfügung stehen. Diese benötigt man nicht nur zur Erkennung des typischen Verlaufsmusters einer Zeitreihe, sondern auch für die Initialisierung eines geeigneten Prognoseverfahrens. Dabei sind auf der Grundlage eines angenommenen Prognosemodells Schätzwerte für das Niveau der Zeitreihe, evtl. auch für ihre Steigung, für Saisonfaktoren sowie für die verwendete Größe zur Überwachung der Prognosequalität (z. B. MAD) festzulegen.

Bild C.27 zeigt den Bedarfsverlauf für ein neu eingeführtes Produkt. Zum Zeitpunkt 180 liegt erst eine sehr begrenzte empirische Datenbasis vor. Eine gesicherte Aussage über das der Zeitreihe zugrundeliegende Verlaufsmuster kann zu diesem Zeitpunkt noch nicht getroffen werden. Die Betrachtung der in den folgenden Perioden aufgetretenen Bedarfsmengen legt den Schluß nahe, daß es sich vermutlich um regelmäßigen Bedarf mit konstantem Niveau, aber relativ hoher Streuung handelt. Auch sind einige ungewöhnlich hohe Bedarfsspitzen erkennbar.

Es können lediglich Vermutungen aufgrund von Erfahrungen angestellt werden, die mit ähnlichen Produkten gemacht wurden. So kann man Produkte z. B. aufgrund ihrer sachlichen Produktmerkmale in Produktgruppen mit typischen Absatzverläufen zusammenfassen.

In vielen Fällen ist man zu Beginn der Anwendung eines Prognoseverfahrens gezwungen, zunächst einige Perioden der Datensammlung abzuwarten, bis der erste Prognosewert errechnet werden kann. Liegen dann Beobachtungswerte für einen ausreichend langen Zeitraum vor, dann kann eines der in Abschnitt B.2. beschriebenen Verfahren zur Erkennung der typischen Merkmale einer Zeitreihe eingesetzt werden.

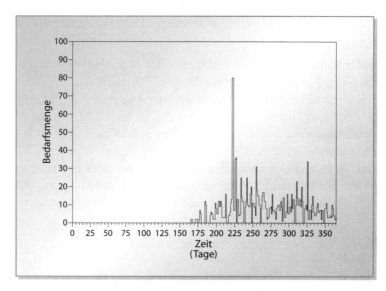

Bild C.27: Bedarfsverlauf eines Produkts mit zeitlich begrenzter Vergangenheit

C.4.3 Behandlung von Ausreißern

Insbesondere in Bedarfszeitreihen, die durch einen hohen Anteil der zufälligen Komponente geprägt sind, tritt das Problem auf, daß Extremwerte des Periodenbedarfs (Ausreißer) als solche erkannt und aus dem normalen Prognoseprozeß ausgeschaltet werden. Betriebliche Bedarfs- und Auftragsdaten werden in der Praxis i. a. vor ihrer Speicherung nicht danach aufgeschlüsselt, welche Einflußfaktoren die Ursache für einen in einer Periode aufgetretenen außergewöhnlich hohen oder niedrigen Bedarf ausschlaggebend waren. Oft sind diese Einflußfaktoren nicht einmal bekannt. Als mögliche Determinanten, die das gewohnte Erscheinungsbild einer Bedarfszeitreihe stören können, sind zu nennen: Projektbedarf, Bedarf aufgrund eines Großauftrags, Bedarf aufgrund von Sonderaktionen, usw.

Es ist außerordentlich schwierig, oft unmöglich, derartige Einflüsse, die zu Ausreißern im Erscheinungsbild der Zeitreihe führen, durch ein systematisches Verfahren zu erkennen und aus dem Prognoseprozeß auszuschalten. Hilfestellung bei der Erkennung eines Ausreißers können die zur Überwachung der Prognosequalität eingesetzten Größen, z. B. die mittlere absolute Abweichung MAD_t, leisten. So empfiehlt es sich, einen Beobachtungswert als Ausreißer zu behandeln, wenn er etwa um das Vier- bis Fünffache des aktuellen MAD_t-Werts vom Prognosewert abweicht.[52] Eine mögliche Korrekturmaßnahme besteht darin, den Beobachtungswert durch einen „normalen" Beobachtungswert zu ersetzen. Ein solcher Eingriff sollte jedoch nicht ausschließlich einem automatisierten Prognoseverfahren überlassen werden. Vielmehr ist eine Überwachung durch den verantwortlichen Disponenten angebracht.

Ergänzende Literatur zu den Abschnitten C.3–C.4:
Brown (1963, 1984)
Foote (1995)
Hax und Candea (1984)
Johnson und Montgomery (1974)
Silver et al. (1998)
Weber (1990)

---

52 vgl. *Brown* (1984), S. 100

Kapitel D

Losgrößen- und Materialbedarfsplanung

D.1 Darstellung des Erzeugniszusammenhangs 105
    D.1.1 Graphische Darstellungsformen 105
    D.1.2 Tabellarische Darstellungsformen 108
    D.1.3 Lineares Gleichungssystem 111
    D.1.4 Speicherung des Erzeugniszusammenhangs 113
D.2 Verfahren der programmorientierten Materialbedarfsrechnung 118
    D.2.1 Ablauf der Materialbedarfsrechnung 118
    D.2.2 Analytische Verfahren 121
        D.2.2.1 Dispositionsstufenverfahren 122
        D.2.2.2 Gozintoverfahren 125
    D.2.3 Synthetische Verfahren 128
    D.2.4 Lösung eines linearen Gleichungssystems 129
D.3 Losgrößenplanung 135
    D.3.1 Zusammenhang zwischen Losgrößenplanung und Materialbedarfsrechnung . 135
    D.3.2 Das dynamische Einprodukt-Losgrößenproblem 140
        D.3.2.1 Modellformulierungen 141
        D.3.2.2 Lösungsverfahren 151
    D.3.3 Das dynamische einstufige Mehrprodukt-Losgrößenproblem 165
        D.3.3.1 Modellformulierungen 165
        D.3.3.2 Lösungsverfahren 177
        D.3.3.3 Weitere Verfahren 203
    D.3.4 Das dynamische mehrstufige Mehrprodukt-Losgrößenproblem 206
        D.3.4.1 Grundsätzliche Überlegungen 206
        D.3.4.2 Modellformulierungen 208
        D.3.4.3 Lösungsverfahren für Probleme ohne Kapazitätsbeschränkungen 237
        D.3.4.4 Lösungsverfahren für Probleme mit Kapazitätsbeschränkungen 282

D.3.5 MRP^{rc} – Ein Softwarekonzept zur mehrstufigen Losgrößenplanung bei beschränkten Kapazitäten 357
D.4 *Bestellmengenplanung*.. *365*
    D.4.1 Modellformulierung 366
    D.4.2 Lösungsverfahren 372
        D.4.2.1 Phase I: Konstruktion einer Startlösung 372
        D.4.2.2 Phase II: Verbesserungsschritte 373
        D.4.2.3 Gesamtstruktur des Verfahrens 375

Im Gegensatz zu den in Kapitel C, S. 35 ff., behandelten Prognoseverfahren (verbrauchsorientierte Verfahren, stochastische Verfahren) erfolgt bei der programmorientierten (deterministischen) Losgrößen- und Materialbedarfsplanung die Bestimmung der zukünftigen Bedarfsmengen für Verbrauchsfaktoren nicht durch Fortschreibung von in der Vergangenheit beobachteten Bedarfsentwicklungen. Vielmehr werden die Ergebnisse der im Produktionsplanungsprozeß vorgelagerten kapazitätsorientierten Hauptproduktionsprogrammplanung als Daten übernommen. Das Hauptproduktionsprogramm bildet damit für die Losgrößen- und Materialbedarfsplanung eine mit Sicherheit bekannte und (kurzfristig) unveränderliche Datengrundlage.

Um den engen Zusammenhang zwischen der (recht einfachen) Bestimmung des Materialbedarfs und der (äußerst schwierigen) Losgrößenplanung bei dynamischem Bedarf und mehrstufigen Erzeugnisstrukturen hervorzuheben, verwenden wir im folgenden die Bezeichnung „Losgrößen- und Materialbedarfsplanung". Lediglich in Abschnitt D.2, S. 118 ff., benutzen wir den Begriff Materialbedarfs*rechnung*, da die dort dargestellten Verfahren zur Bedarfsauflösung nur wenig mit „Planung" zu tun haben.

Die programmorientierte Losgrößen- und Materialbedarfsplanung greift auf vier wichtige Informationsquellen zurück:

- das geplante **Hauptproduktionsprogramm**[1] für absatzbestimmte Produkte, d. h. Endprodukte und evtl. auch Ersatzteile,
- den **Erzeugniszusammenhang**,
- die **Durchlaufzeiten** bzw. Beschaffungszeiten der Erzeugnisse (Endprodukte, Baugruppen, Einzelteile),
- die periodenbezogenen **Lagerbestände**.

Bevor wir uns in diesem Abschnitt ausführlich mit den Algorithmen der programmorientierten Materialbedarfsrechnung und der damit eng verknüpften Losgrößenplanung befassen, sollen zunächst die verschiedenen Möglichkeiten zur Darstellung des Zusammenhangs zwischen den Erzeugnissen (Endprodukte, Baugruppen und Einzelteile) erläutert werden.

---

[1] Zur Planung des Hauptproduktionsprogramms siehe *Günther und Tempelmeier* (2002), Abschnitt 8.3.

D.1 Darstellung des Erzeugniszusammenhangs

Der Zusammenhang zwischen den Erzeugnissen, d. h. zwischen den Endprodukten, Bauteilen und Einzelteilen, läßt sich graphisch, tabellarisch und in Matrixform darstellen.

D.1.1 Graphische Darstellungsformen

Die Erzeugnisstruktur kann graphisch in Form eines Baums oder (allgemeiner) durch einen gerichteten Graphen dargestellt werden. Ein solcher Graph besteht aus Knoten und Pfeilen (gerichteten Kanten). Die **Knoten** repräsentieren die Erzeugnisse, während die Pfeile die mengenmäßigen Input-Output-Beziehungen zwischen den Erzeugnissen beschreiben. So signalisiert ein **Pfeil**, der im Knoten i startet und im Knoten j endet: das (untergeordnete) Erzeugnis i geht in das (übergeordnete) Erzeugnis j ein, d. h., es wird dessen Bestandteil. Die Bewertungen der Pfeile geben an, wieviel Mengeneinheiten des untergeordneten Erzeugnisses i zur Herstellung einer Mengeneinheit des übergeordneten Erzeugnisses j benötigt werden. Diese Größen bezeichnet man als **Direktbedarfskoeffizienten** oder Produktionskoeffizienten.

- **Erzeugnisbaum**

Ein Erzeugnisbaum (auch Stammbaum oder Aufbauübersicht genannt) ist ein spezieller gerichteter Graph mit Baumstruktur. Üblicherweise werden die Knoten des Erzeugnisbaums graphisch so angeordnet, daß gleichzeitig die Grundstruktur des fertigungstechnischen Ablaufs und des Materialflusses ersichtlich wird.

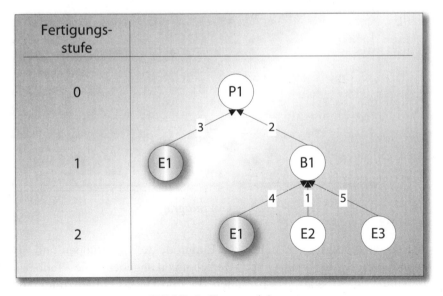

Bild D.1: Erzeugnisbaum

Bild D.1 zeigt einen Erzeugnisbaum, in dem die Erzeugnisse in dieser Weise nach Fertigungsstufen angeordnet sind. Die Fertigungsstufen werden dabei i. a. entgegen dem Fertigungsablauf durchnumeriert: das Endprodukt ist der Fertigungsstufe 0 zugeordnet, alle Erzeugnisse, die unmittelbar in das Endprodukt eingehen, gehören der Fertigungsstufe 1 an, usw.

Es ist kennzeichnend für die Baumstruktur, daß jeder Knoten (in Pfeilrichtung gesehen) **nur einen Nachfolger** hat, aber mehrere Vorgänger haben kann. Baugruppen oder Einzelteile, die in mehrere übergeordnete Erzeugnisse eingehen (in Bild D.1 z. B. Erzeugnis E1), werden jeweils an den Stellen im Erzeugnisbaum aufgeführt, an denen sie in der Erzeugnisstruktur vorkommen. Das führt dazu, daß ein Erzeugnis oft durch mehrere Knoten im Erzeugnisbaum dargestellt werden muß. Dadurch entstehen bei der Speicherung des Erzeugnisbaums Redundanzen, die bei der Darstellung mit einem Gozintographen vermieden werden können.

- **Gozintograph**

Der Begriff „Gozintograph" wurde von *Vazsonyi*[2] geprägt, der einen nicht existenten italienischen Mathematiker mit dem Namen *Zepartzat Gozinto* erwähnte. Ein „oberflächlicher" Vergleich mit den englischen Worten „the part that goes into" zeigt, was *Vazsonyi* mit dieser Bezeichnung gemeint hat, und damit auch, was der eigentliche Inhalt des Gozintographen ist. Der Gozintograph ist ein gerichteter, bewerteter Graph $\mathcal{G}$, der formal durch eine Knotenmenge $\mathcal{V}$, eine Pfeilmenge $\mathcal{E}$ und Pfeilbewertungen a beschrieben wird.

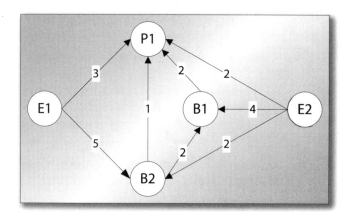

Bild D.2: Gozintograph

Die Knoten des Gozintographen stellen die Endprodukte, Baugruppen und Einzelteile dar, während die Pfeile die Input-Output-Beziehungen angeben. Die Pfeilbewertungen repräsentieren die Direktbedarfskoeffizienten. In Bild D.2 ist ein Gozintograph für ein

---

2 vgl. *Vazsonyi* (1962), S. 385

Endprodukt (P1) dargestellt, das aus zwei Baugruppen (B1, B2) und zwei Einzelteilen (E1, E2) besteht.

Die Besonderheit des Gozintographen gegenüber dem Erzeugnisbaum besteht darin, daß auch in dem Fall, daß ein Produkt in mehrere übergeordnete Produkte eingeht, jedes Erzeugnis nur durch einen Knoten repräsentiert wird. Diese redundanzfreie Darstellung wird dadurch möglich, daß im Gozintographen mehrere Pfeile von einem Knoten ausgehen können. Mit Hilfe des Gozintographen lassen sich beliebige Formen von Erzeugnisstrukturen darstellen. Nach ihrer Komplexität unterscheidet man die in Bild D.3 dargestellten Grundformen der

- **linearen** Erzeugnisstruktur,
- **konvergierenden** Erzeugnisstruktur,
- **divergierenden** Erzeugnisstruktur,
- **generellen** Erzeugnisstruktur.

In einer **linearen** Erzeugnisstruktur hat jedes Erzeugnis maximal einen direkten Nachfolger und maximal einen direkten Vorgänger (Bild D.3a). Hier kann man sich den Produktionsprozeß als die Bearbeitung eines Rohmaterials in mehreren Arbeitsgängen vorstellen, wobei nach jedem Arbeitsgang ein neues identifizierbares und evtl. gelagertes Zwischenprodukt vorliegt. Die **konvergierende** Erzeugnisstruktur ist dadurch gekennzeichnet, daß jedes Erzeugnis maximal einen direkten Nachfolger hat, aber mehrere direkte Vorgänger haben kann (Bild D.3b). Eine solche Erzeugnisstruktur ist für Montageprozesse üblich. Bei der **divergierenden** Erzeugnisstruktur hat jedes Erzeugnis maximal einen direkten Vorgänger, kann aber mehrere direkte Nachfolger haben (Bild D.3c).[3] Die hier betrachtete programmbedingte Divergenz, bei der ein Erzeugnis in Abhängigkeit vom kurzfristigen Produktionsprogramm in unterschiedliche Produkte eingehen kann, ist zu unterscheiden von der prozeßbedingten Divergenz, bei der ein Ausgangsprodukt in mehrere Erzeugnisse aufgespalten wird.[4] Die **generelle** Erzeugnisstruktur vereint die Merkmale aller oder einiger der oben genannten Erzeugnisstrukturen in sich (Bild D.3d).

Die Form der Erzeugnisstruktur bestimmt in hohem Maße die Komplexität der bei der Produktionsplanung und -steuerung auftretenden Probleme. Dies wird auch im Zusammenhang mit der weiter unten darzustellenden Losgrößenplanung deutlich werden.

Die bisher beschriebenen Erzeugnisstrukturtypen sind zyklenfrei. Ein Gozintograph ist zyklenfrei, wenn es keinen geschlossenen Weg von einem Knoten zu diesem zurück gibt; andernfalls ist der Gozintograph zyklisch. Zyklische Erzeugnisstrukturen kommen z. B. in der chemischen Industrie vor.

---

[3] Die divergierende Erzeugnisstruktur wird auch als Distributionsstruktur bezeichnet.
[4] vgl. *Küpper und Helber* (1995), Abschnitt 1.3

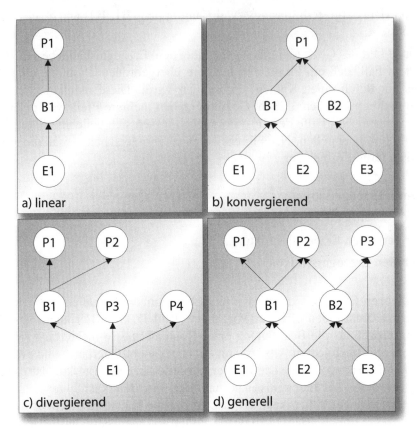

Bild D.3: Gozintographen für unterschiedliche Erzeugnisstrukturen

D.1.2 Tabellarische Darstellungsformen

Die graphische Darstellung einer Erzeugnisstruktur ist zwar sehr anschaulich. Das ist aber nur dann der Fall, wenn wenige Erzeugnisse zu betrachten sind. In der betrieblichen Praxis mit einer großen Anzahl zusammenhängender Erzeugnisse wird der Erzeugnisaufbau daher vor allem tabellarisch, d. h. in Form von Listen dargestellt. Hierbei ist zu unterscheiden zwischen verschiedenen Formen von Stücklisten und der Gozintoliste.

Stücklisten sind mengenmäßige Verzeichnisse der in ein Endprodukt oder eine Baugruppe eingehenden Erzeugnisse (Baugruppen oder Einzelteile). Sie werden entsprechend der Perspektive, mit der sie den Zusammenhang zwischen den Erzeugnissen darstellen, als (analytische) Stücklisten oder als (synthetische) Teileverwendungsnachweise bezeichnet. Während bei der analytischen Stückliste gefragt wird: „Aus welchen untergeordneten Teilen besteht ein Erzeugnis?", lautet die Fragestellung beim synthetischen Teileverwendungsnachweis: „In welche übergeordneten Erzeugnisse geht ein bestimmtes Teil ein?".

Beide Fragestellungen sind für die Produktionsplanung und -steuerung von großer Bedeutung. So kann die analytische Betrachtung Aufschluß darüber geben, welche Einzelteile und Baugruppen in welchen Mengen beschafft bzw. produziert werden müssen, damit ein Kundenauftrag für ein Endprodukt zum gewünschten Termin fertiggestellt werden kann. Die synthetische Betrachtungsweise ermöglicht die Rückverfolgung eines Auftrags für ein untergeordnetes Erzeugnis zu seinen Verursachern. Sie gibt z. B. Auskunft darüber, welche Produktionsaufträge für übergeordnete Erzeugnisse betroffen sind, wenn sich die Produktionsdauer eines Auftrags für ein bestimmtes Einzelteil aufgrund eines Maschinenausfalls verlängert.

Stücklisten können unstrukturiert oder strukturiert sein. Eine unstrukturierte Stückliste, die keinen Aufschluß über die Form der Erzeugnisstruktur gibt, ist die Mengenübersichtsstückliste, während die Baukastenstückliste und die Strukturstückliste strukturierte Stücklisten sind.

- **Mengenübersichtsstückliste**

Die Mengenübersichtsstückliste ist die einfachste, unstrukturierte Form einer Stückliste. In ihr wird lediglich aufgelistet, aus welchen Bestandteilen mit welchen Mengen ein Erzeugnis besteht. Dabei bleibt unbeachtet, in welcher Weise die einzelnen Bestandteile ihrerseits aufgebaut sind, ob z. B. ein Einzelteil direkt in das Enderzeugnis eingebaut wird oder ob es Bestandteil einer Baugruppe ist. Damit geben Mengenübersichtsstücklisten keinen Hinweis auf die Form der Erzeugnisstruktur. Die Mengenangaben beziehen sich jeweils auf eine Mengeneinheit des Erzeugnisses, für das die Liste aufgestellt wurde. Sie bezeichnen somit den **Gesamtbedarf** eines Produkts pro Mengeneinheit des betrachteten Erzeugnisses. Gegebenenfalls muß eine Kumulation der Bedarfsmengen über mehrere Fertigungsstufen erfolgen.

Zur Erläuterung sei die in Bild D.1 als Erzeugnisbaum dargestellte Erzeugnisstruktur betrachtet. Sie wird durch die in Tabelle D.1 wiedergegebene Mengenübersichtsstückliste beschrieben.

Erzeugnis P1		
Sachnummer	Menge	Bezeichnung
E1	11	Einzelteil
B1	2	Baugruppe
E2	2	Einzelteil
E3	10	Einzelteil

Tabelle D.1: Mengenübersichtsstückliste

Mengenübersichtsstücklisten bieten einen schnellen, umfassenden Überblick über den gesamten Verbrauchsfaktorbedarf, der mit der Produktion einer Mengeneinheit des betrachteten Erzeugnisses verbunden ist. Sie liefern damit wertvolle Informationen für die Kalkulation.

- **Strukturstückliste**

In der Strukturstückliste wird ein Erzeugnis mit allen seinen Bestandteilen, aber im Gegensatz zur Mengenübersichtsstückliste strukturiert, dargestellt: zu jeder Baugruppe werden in den Folgezeilen der Liste jeweils die direkt eingehenden Teile mit ihren Direktbedarfsmengen aufgeführt. Einzelteile (bzw. Baugruppen), die in mehrere übergeordnete Baugruppen eingehen, erscheinen mehrfach – jeweils mit all ihren Bestandteilen. Die Struktur des betrachteten Erzeugnisses wird durch Einrücken und besondere Kennzeichnung der baugruppen- und einzelteilbezogenen Angaben in einer besonderen Spalte durch Zahlen, Sterne, Punkte usw. deutlich gemacht. Tabelle D.2 zeigt die Strukturstückliste für das betrachtete Beispiel.

Erzeugnis P1			
Fertigungsstufe	Sachnummer	Menge	Bezeichnung
1	E1	3	Einzelteil
1	B1	2	Baugruppe
*2	E1	4	Einzelteil
*2	E2	1	Einzelteil
*2	E3	5	Einzelteil

Tabelle D.2: Strukturstückliste

Der Vorteil der Strukturstückliste besteht darin, daß sie auch die hierarchische Struktur eines aus Einzelteilen und Baugruppen bestehenden Produkts erkennen läßt. Allerdings wird sie – ebenso wie der Erzeugnisbaum – bei umfangreichen mehrstufigen Erzeugnissen mit genereller Struktur sehr schnell unübersichtlich.

- **Baukastenstückliste**

Die Baukastenstückliste enthält nur die Baugruppen oder Einzelteile, die direkt in ein Erzeugnis eingehen. Sie ist eine einstufige Liste. Für eine mehrstufige Erzeugnisstruktur, also dann, wenn ein Erzeugnis z. T. aus Baugruppen besteht, die sich ihrerseits aus mehreren Komponenten zusammensetzen, sind daher mehrere Baukastenstücklisten erforderlich. Für das obige Beispiel mit einer Baugruppe erhält man die folgenden Baukastenstücklisten.

Da die Erzeugnisstruktur nicht aus der Baukastenstückliste zu erkennen ist, ist es notwendig, die Positionen zu kennzeichnen, zu denen weitere Stücklisten existieren. Dies geschieht in Tabelle D.3 in der Spalte „Bezeichnung". Die Baukastenstückliste läßt sich bei EDV-gestützter Speicherung der Erzeugnisstruktur nach dem Netzwerkmodell direkt durch Verfolgung der Stücklistenkette ermitteln. Im relationalen Datenmodell geschieht dies durch eine einfache SQL-Abfrage.

D.1 Darstellung des Erzeugniszusammenhangs

Erzeugnis P1			
Position	Sachnummer	Menge	Bezeichnung
1	E1	3	Einzelteil
2	B1	2	Baugruppe
Erzeugnis B1			
Position	Sachnummer	Menge	Bezeichnung
1	E1	4	Einzelteil
2	E2	1	Einzelteil
3	E3	5	Einzelteil

Tabelle D.3: Baukastenstücklisten

- **Gozintoliste**

Eine weitere Form der tabellarischen Darstellung von Erzeugnisstrukturen ist die Gozintoliste. Sie ist die nach Knoten sortierte listenförmige Zusammenfassung der Pfeile eines Gozintographen. Ein Pfeil des Gozintographen, d. h. eine Input-Output-Beziehung zwischen den Erzeugnissen wird durch die drei Größen (Zielknoten[5], Startknoten[6], Bewertung[7]) gekennzeichnet. Die in Bild D.1 dargestellte Erzeugnisstruktur wird durch die in Tabelle D.4 wiedergegebene Gozintoliste beschrieben.

Wie die Darstellung zeigt, entspricht die Gozintoliste in der vorliegenden Sortierung nach Zielknoten (übergeordneten Erzeugnissen) einer Aneinanderreihung aller Baukastenstücklisten (im vorliegenden Fall existieren zwei Baukastenstücklisten: P1, B1).

j	i	a_{ij}
P1	E1	3
P1	B1	2
B1	E1	4
B1	E2	1
B1	E3	5

Tabelle D.4: Gozintoliste

D.1.3 Lineares Gleichungssystem

Betrachtet man einen Gozintographen, dann drängt sich unmittelbar die Analogie zu einem Leitungsnetz auf, durch das Material in Pfeilrichtung hindurchfließt. Man kann nun für jeden Knoten eine Gleichung formulieren, die den Output des Knotens (Menge, die in

---

5 übergeordnetes Erzeugnis j
6 untergeordnetes Erzeugnis i
7 Direktbedarfskoeffizient a_{ij}

die ausgehenden Pfeile eines Knotens fließt) als Funktion des erforderlichen Inputs an allen direkten Folgeknoten (Menge, die an den Zielknoten der Pfeile ankommt) beschreibt. So können wir z. B. für das Einzelteil E1 des in Bild D.2 dargestellten Gozintographen Gleichung (D.1) aufstellen, die den Sekundärbedarf dieses Einzelteils beschreibt.

$$y_{E1} = 5 \cdot r_{B2} + 3 \cdot r_{P1} \tag{D.1}$$

Dabei bedeuten:

r_k Gesamtbedarf des Erzeugnisses k, d. h. die insgesamt bereitzustellende Menge des Erzeugnisses k

y_k Sekundärbedarf des Erzeugnisses k, d. h. der aus dem Gesamtbedarf der übergeordneten Erzeugnisse abgeleitete Bedarf des Erzeugnisses k

Der aus übergeordneten Produkten abgeleitete Bedarf (Sekundärbedarf) des Einzelteils E1 setzt sich damit zusammen aus dem Fünffachen des Gesamtbedarfs der Baugruppe B2 und dem Dreifachen des Gesamtbedarfs des Endprodukts P1. Eine derartige Gleichung kann für jedes Erzeugnis, d. h. für jeden Knoten des Gozintographen, aufgestellt werden. Allgemein wird der **Sekundärbedarf** des Erzeugnisses k durch Gleichung (D.2) beschrieben.

$$y_k = \sum_{j \in \mathcal{N}_k} a_{kj} \cdot r_j \qquad k = 1, 2, ..., K \tag{D.2}$$

- Gesamtbedarf des übergeordneten Erzeugnisses j
- Direktbedarfskoeffizient, d. h. Anzahl der Mengeneinheiten des Erzeugnisses k, die zur Produktion einer Mengeneinheit des Erzeugnisses j benötigt werden
- Indexmenge der dem Erzeugnis k direkt übergeordneten Erzeugnisse (Nachfolger des Erzeugnisses k)

Für den in Bild D.2 dargestellten Gozintographen erhalten wir das folgende, aus fünf Gleichungen bestehende, lineare Gleichungssystem zur Berechnung der Sekundärbedarfsmengen:

$$\begin{aligned} y_{E1} &= 0 \cdot r_{E1} + 0 \cdot r_{E2} + 0 \cdot r_{B1} + 5 \cdot r_{B2} + 3 \cdot r_{P1} \\ y_{E2} &= 0 \cdot r_{E1} + 0 \cdot r_{E2} + 4 \cdot r_{B1} + 2 \cdot r_{B2} + 2 \cdot r_{P1} \\ y_{B1} &= 0 \cdot r_{E1} + 0 \cdot r_{E2} + 0 \cdot r_{B1} + 0 \cdot r_{B2} + 2 \cdot r_{P1} \\ y_{B2} &= 0 \cdot r_{E1} + 0 \cdot r_{E2} + 2 \cdot r_{B1} + 0 \cdot r_{B2} + 1 \cdot r_{P1} \\ y_{P1} &= 0 \cdot r_{E1} + 0 \cdot r_{E2} + 0 \cdot r_{B1} + 0 \cdot r_{B2} + 0 \cdot r_{P1} \end{aligned} \tag{D.3}$$

Der **Gesamtbedarf** r_k eines Erzeugnisses k setzt sich nach Gleichung (D.4) zusammen aus dem Sekundärbedarf y_k, d. h. dem abgeleiteten Bedarf, und dem extern vorgegebenen Primärbedarf d_k:

$$r_k = y_k + d_k \qquad k = 1, 2, ..., K \tag{D.4}$$

- Primärbedarf
- Sekundärbedarf
- Gesamtbedarf

D.1 Darstellung des Erzeugniszusammenhangs

Als Primärbedarf bezeichnet man den absatzbestimmten Bedarf eines Erzeugnisses. Für Endprodukte können die Primärbedarfsmengen aus dem kurzfristigen Hauptproduktionsprogramm übernommen werden. Primärbedarf kann aber auch für selbständig absatzfähige Zwischenprodukte auftreten, die z. B. als Ersatzteile verkauft werden. Zur Quantifizierung dieser Bedarfsmengen kann auf Prognoseverfahren zurückgegriffen werden. Der Sekundärbedarf für Enderzeugnisse ist immer Null, da die Mengen $\mathcal{N}_k$ der Nachfolgeknoten für die Endprodukte leer sind. Setzt man Gleichung (D.2) in (D.4) ein, dann ergibt sich der Gesamtbedarf des Erzeugnisses k, r_k, wie folgt:

$$r_k = \sum_{j \in \mathcal{N}_k} a_{kj} \cdot r_j + d_k \qquad k = 1, 2, ..., K \qquad \text{(D.5)}$$

oder in Matrixschreibweise[8]:

$$\underline{r} = \underline{A} \cdot \underline{r} + \underline{d} \qquad \text{(D.6)}$$

Die Matrix $\underline{A}$ bezeichnet man als **Direktbedarfsmatrix**. Die Gleichungen (D.5) bilden einen wichtigen Bestandteil mehrstufiger Losgrößenmodelle.[9]

D.1.4 Speicherung des Erzeugniszusammenhangs

Die bislang beschriebenen Instrumente zur Darstellung des Erzeugniszusammenhangs lassen sich nur auf vergleichsweise kleine oder auf Ausschnitte aus größeren Erzeugnisstrukturen anwenden. In der betrieblichen Praxis sind oft mehrere zehntausend identifizierbare Erzeugnisse (Sachnummern) zu verwalten und deren Daten für die Produktionsplanung und -steuerung im schnellen Zugriff bereitzuhalten – eine Aufgabe, die nur durch Einsatz der EDV bewältigt werden kann.

Kernstück der EDV-gestützten Systeme zur Produktionsplanung und -steuerung (PPS-Systeme) ist eine **Datenbank** des Produktionsbereichs.[10] In einer derartigen Produktionsdatenbank werden Daten über alle für die Produktionsplanung und -steuerung relevanten Objekte des Produktionsbereichs und deren Beziehungen untereinander gespeichert. Solche Objekte sind z. B. Erzeugnisse, Aufträge, Arbeitspläne, Arbeitsgänge, Lagerorte, Maschinen, Transportmittel und Werkzeuge. Bei der Konzeption einer Produktionsdatenbank faßt man alle Objekte mit gleicher Struktur zu **Objekttypen** zusammen. So enthält der Objekttyp „AUFTRÄGE" alle Aufträge, die in der Produktionsdatenbank

---

[8] Vgl. *Küpper* (1980), S. 59–62. Auf der Basis der von Küpper entwickelten dynamischen Produktionsfunktion können die hier ausschließlich mengenbezogenen Direktbedarfskoeffizienten auch um eine Zeitkomponente ergänzt werden. Dadurch wird es möglich, die zeitliche Struktur des Produktionsprozesses unter Einschluß der Transportzeiten (für den Transport des untergeordneten Produkts k zum Ort der Produktion des übergeordneten Produkts j) in die Bedarfsplanung zu integrieren. Vgl. *Küpper* (1980), S. 97.

[9] siehe hierzu Abschnitt D.3.4, S. 206 ff.

[10] Eine umfassende Darstellung einer Datenbank zum Produktionsbereich gibt *Scheer* (1997). Vgl. auch *Kurbel* (1998).

gespeichert sind. Desgleichen bilden alle Erzeugnisse den Objekttyp „TEILE". Zwischen den einzelnen Objekten können vielfältige Beziehungen bestehen. Beziehungen gleicher Art, die Objekte aus denselben Objekttypen miteinander verbinden, bilden einen **Beziehungstyp**. So können z. B. alle Beziehungen zwischen Aufträgen für Einzelteile, Baugruppen und Endprodukte zu einem Beziehungstyp „AUFTRAGSSTRUKTUR" zusammengefaßt werden, während ein anderer Beziehungstyp „PLANGANG" alle Beziehungen zwischen Arbeitsplänen und Arbeitgängen enthält.

Die Erfassung des **Erzeugniszusammenhangs** in einer Datenbank des Produktionsbereichs läßt sich leicht anhand eines Gozintographen veranschaulichen, der bekanntlich eine vollständige und redundanzfreie Darstellung der Erzeugnisse eines Unternehmens und deren Zusammensetzung ist. Die Erzeugnisse werden im Gozintographen als Knoten und die zwischen ihnen bestehenden Input-Output-Beziehungen als (mit Direktbedarfskoeffizienten bewertete) Pfeile wiedergegeben. Ein Gozintograph läßt sich somit als aus dem Objekttyp „TEILE" (Knoten) und dem Beziehungstyp „STRUKTUR" (Pfeile) bestehend auffassen. Zwischen den Objekten des Typs „TEILE" können Beziehungen vom Komplexitätsgrad m:n bestehen. Das bedeutet, daß sich ein Erzeugnis aus mehreren untergeordneten Produkten zusammensetzen kann. Es kann aber selbst wiederum in mehrere übergeordnete Erzeugnisse eingehen. Bild D.4 stellt die Erzeugniszusammensetzung in einem Datenbankstrukturdiagramm (Entity-Relationship-Diagramm) dar, wobei den Objekt- bzw. Beziehungstypen jeweils die identifizierenden Attribute angefügt sind (TNRUNTEN=Teilenummer des untergeordneten Produkts; TNROBEN=Teilenummer des übergeordneten Produkts).

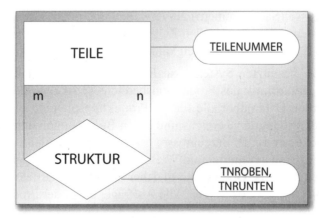

Bild D.4: Datenbankstrukturdiagramm des Erzeugniszusammenhangs

Grundlage des Entwurfs einer Datenbank ist ein **Datenmodell**, d. h. ein formales Hilfsmittel zur Beschreibung der logischen Struktur einer Datenbank. Zur redundanzfreien Darstellung des Erzeugniszusammenhangs eignen sich vor allem das relationale Datenmodell und das Netzwerkmodell, wobei letzteres (derzeit noch) die Grundlage der meisten in der Praxis eingesetzten PPS-Systeme bildet. In einem Netzwerkmodell sind nur

Beziehungen vom Komplexitätsgrad 1:n zugelassen. Dieser Beziehungstyp wird „Set" genannt. Die im Gozintographen enthaltenen Beziehungstypen vom Komplexitätsgrad $m : n$ werden in zwei Beziehungstypen mit den Komplexitätsgraden $1 : m$ und $1 : n$ aufgelöst. Dies ist in Bild D.5 dargestellt.

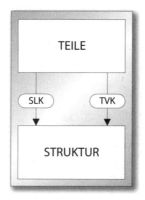

Bild D.5: Darstellung des Erzeugniszusammenhangs im Netzwerkmodell

Die Pfeile des Gozintographen werden nun in dem Verbindungsobjekttyp „STRUKTUR" und die Knoten im Objekttyp „TEILE" gespeichert. Die Verbindung der Mitglieder eines Sets erfolgt im Netzwerkmodell durch die Einführung einer Kette, d. h. einer Folge von Zeigern, die ein Navigieren durch das Netzwerk in der gewünschten Auswertungsrichtung gestatten. Zur Unterstützung der analytischen Betrachtungsweise wird eine Kettenklasse „SLK" (Stücklistenkette) und zur synthetischen Bedarfsrechnung eine Kettenklasse „TVK" (Teileverwendungskette) eingeführt. Jede Kette beginnt an einem Ankersatz (owner-record), der immer einem Knoten des Gozintographen entspricht. Bild D.6 zeigt die elementbezogene Speicherung des in Bild D.2 abgebildeten Gozintographen.

Die dargestellte Speicherung des Gozintographen erlaubt nun die Ermittlung der Baukastenstückliste und des Baukastenteileverwendungsnachweises eines beliebigen Erzeugnisses. Soll z. B. die Zusammensetzung des Produkts B1 ermittelt werden, dann erfolgt der Einstieg in die Datenbank über den Teilestammsatz Nr. 2, aus dem die Satzadresse des ersten Glieds der Stücklistenkette SLK (Erzeugnisstruktursatz Nr. 15) gelesen werden kann. Nach Feststellung des in diesem Satz angegebenen untergeordneten Teils wird geprüft, ob es ein weiteres Glied in der Stücklistenkette gibt. Dies ist der Fall (Erzeugnisstruktursatz Nr. 16). Nach Ermittlung des betreffenden untergeordneten Teils wird das Ende der Stücklistenkette festgestellt und die Auswertung beendet. In gleicher Weise kann eine Teileverwendungsbetrachtung angestellt werden.

Satz-adresse	Adresse der ersten Struktur der Stückliste	Adresse der ersten Struktur der Teile-verwendung	Teile-bezeichnung	
1	11	ENDE	P1	TEILEstammdatei
2	15	11	B1	
3	17	12	B2	
4	ENDE	13	E1	
5	ENDE	14	E2	

Satzadresse	Adresse des über-geordneten Teils (TVK)	Adresse des unter-geordneten Teils (SLK)	Folge-adresse in der Stück-listenkette (SLK)	Folge-adresse in der Teile-verwendung (TVK)	Direkt-bedarfs-koeffizient	
11	1	2	12	ENDE	2	ErzeugnisSTRUKTURdatei
12	1	3	13	15	1	
13	1	4	14	17	3	
14	1	5	ENDE	16	2	
15	2	3	16	ENDE	2	
16	2	5	ENDE	18	4	
17	3	4	18	ENDE	5	
18	3	5	ENDE	ENDE	2	

Bild D.6: Teilestammdatei und Erzeugnisstrukturdatei in einer nach dem Netzwerkmodell organisierten Fertigungsdatenbank

Bei Speicherung der Erzeugnisstruktur in einer relationalen Datenbank werden die Objekttypen „TEILE" und „STRUKTUR" in Form von Relationen dargestellt (Tabelle D.5).

TEILE (TEILENUMMER, Bezeichnung, usw.)
STRUKTUR (TNROBEN, TNRUNTEN, Direktbedarfskoeffizient)

Tabelle D.5: Darstellung des Erzeugniszusammenhangs nach dem Relationenmodell

Eine Relation ist eine Tabelle mit mehreren Zeilen und mehreren Spalten. In den Spalten werden die Attribute des in der Relation erfaßten Objekttyps gespeichert. Mindestens ein Attribut muß ein eindeutiger Schlüssel sein, der die Identifizierung der Objekte erlaubt. Der Objekttyp „TEILE" wird eindeutig durch den Schlüssel „TEILENUMMER" identifiziert, während zur Identifizierung der Pfeile des Gozintographen (Objekttyp „STRUK-

TUR") zwei Schlüsselattribute notwendig sind. Tabelle D.6 zeigt die Speicherung des in Bild D.2 dargestellten Gozintographen nach dem Relationenmodell.

Relation TEILE	
TEILENUMMER	Bezeichnung
1	P1
2	B1
3	B2
4	E1
5	E2

Relation STRUKTUR		
TNROBEN	TNRUNTEN	Direktbedarfskoeffizient
1	2	2
1	3	1
1	4	3
1	5	2
2	3	2
2	5	4
3	4	5
3	5	2

Tabelle D.6: Darstellung des Erzeugniszusammenhangs nach dem Relationenmodell

Die Speicherung des Erzeugniszusammenhangs nach dem Relationenmodell erlaubt eine flexible Auswertung der Datenbank durch Einsatz mengenorientierter Abfragesprachen. Eine Abfrage zur Erstellung der Baukastenstückliste für das Erzeugnis B2 (Teilenummer 3) in der Sprache SQL (Structured Query Language) ist in Tabelle D.7 wiedergegeben.

```
SELECT   TNRUNTEN,Direktbedarfskoeffizient
FROM     STRUKTUR
WHERE    TNROBEN = 3
```

Tabelle D.7: SQL-Abfrage zur Erzeugung einer Baukastenstückliste

Die Technologie objektorientierter Datenbanksysteme gestattet es, den Erzeugnissen neben den Stammattributen (z. B. Teilebezeichnung) auch sog. Funktionsattribute zuzuordnen. So könnte man für den Objekttyp „TEILE" ein Funktionsattribut „Gesamtbedarf" definieren. Dieses enthält die funktionale Beziehung, nach der sich der Gesamtbedarf einer Periode als Summe aus dem Primärbedarf und dem Sekundärbedarf errechnet. Ändert sich nun z. B. der Primärbedarf eines übergeordneten Produkts, dann kann über die spezifizierte funktionale Beziehung automatisch der Sekundärbedarf und damit auch der Gesamtbedarf des betrachteten Erzeugnisses aktualisiert werden.[11]

Ergänzende Literatur zu Abschnitt D.1:
Glaser et al. (1992)
Kurbel (1998)
Scheer (1997)

D.2 Verfahren der programmorientierten Materialbedarfsrechnung

D.2.1 Ablauf der Materialbedarfsrechnung

Aufgabe der Materialbedarfsrechnung ist es, die für die Herstellung der im Hauptproduktionsprogramm festgelegten absatzbestimmten Erzeugnisse erforderlichen Verbrauchsfaktoren in der benötigten Menge termingenau zu ermitteln. Dies geschieht in der Weise, daß aus dem vorgegebenen Hauptproduktionsprogramm der Bedarf an Baugruppen und untergeordneten Teilen abgeleitet wird, wobei auch zeitliche Vorlaufverschiebungen zu berücksichtigen sind, die dadurch entstehen, daß die Produktion bzw. Beschaffung der Vorprodukte selbst wiederum Zeit in Anspruch nimmt.

Der Bedarf für ein Erzeugnis kann nach unterschiedlichen Kriterien gegliedert werden. Nach seiner Stellung im Produktions- bzw. Planungsprozeß ist zu unterscheiden zwischen

- **Primärbedarf** und
- **Sekundärbedarf**.

Unter **Primärbedarf** versteht man den Bedarf an Fertigprodukten und Ersatzteilen, d. h. den Bedarf an Erzeugnissen, die absatzbestimmt sind und damit nicht mehr in nachgelagerte Produktionsprozesse eingehen. Bei mehrteiliger Produktion muß aus dem Primärbedarf der **Sekundärbedarf** abgeleitet werden. Der Sekundärbedarf umfaßt die Bedarfsmengen an Rohstoffen, Einzelteilen und Baugruppen, die zur Herstellung des Primärbedarfs notwendig sind. Nach dem eingesetzten Verfahren der Bedarfsermittlung ist zu unterscheiden zwischen

- **programmorientiert errechnetem Bedarf**,
- **prognostiziertem Bedarf** und
- **Zusatzbedarf**.

---

11 vgl. *Kränzle* (1992) und die dort angegebene Literatur

D.2 Verfahren der programmorientierten Materialbedarfsrechnung

Programmorientiert errechneter Bedarf wird durch Einsatz eines der im folgenden darzustellenden Verfahren der deterministischen Bedarfsauflösung ermittelt. **Prognostizierter** Bedarf wird mit Hilfe eines systematischen Prognoseverfahrens aufgrund von Vergangenheitsdaten bestimmt. Es kann sich dabei um Primärbedarf handeln, z. B. bei Ersatzteilbedarf, dessen Höhe prognostiziert wird. Aber auch Sekundärbedarf kann mit Hilfe von Prognoseverfahren bestimmt werden, z. B. wenn ein Erzeugnis nach einer ABC-Analyse der Gruppe der C-Teile zugeordnet worden ist. **Zusatzbedarf** schließlich ist über einen prozentualen Zuschlag pauschal erfaßter Bedarf, z. B. erwarteter Mehrbedarf aufgrund von Ausschuß.

Eine weitere Systematisierung des Bedarfs kann nach seiner Zuordnung zu den Verarbeitungsstufen der Materialdisposition vorgenommen werden. Hier ist unter Berücksichtigung der Lagerbestände zu unterscheiden zwischen

- **Bruttobedarf** und
- **Nettobedarf**.

Der **Bruttobedarf** ist der periodenbezogene Bedarf ohne Berücksichtigung der Lagerbestände, evtl. ausstehender Bestellungen und reservierter Lagerbestandsmengen. Der Bruttobedarf für ein Erzeugnis setzt sich zusammen aus dem Primärbedarf, dem aus dem Bedarf an übergeordneten Produkten abgeleiteten Sekundärbedarf, dem Bedarf, der mit Hilfe von Prognoseverfahren ermittelt wird, und evtl. auftretendem Zusatzbedarf. Dabei können einige der aufgeführten Komponenten auch Null sein. So ist z. B. der Sekundärbedarf eines Endprodukts immer Null, während für die untergeordneten Produkte i. d. R. kein Primärbedarf auftritt.

Die **Vorgehensweise bei der Bedarfsrechnung** kann im Prinzip wie folgt beschrieben werden:

1. Gegeben ist ein mengen- und terminmäßig spezifiziertes kurzfristiges Produktionsprogramm, das als **Primärbedarf** bezeichnet wird. Dieser Primärbedarf wird zeitlich um die erwartete Produktionszeit (Plandurchlaufzeit; Vorlaufzeit) vorgezogen. Daraus ergibt sich dann das mengenmäßig und nach dem spätesten Zeitpunkt des Produktionsbeginns spezifizierte Produktionsprogramm.

2. Aus dem geplanten Produktionsprogramm eines Endproduktes wird unter Beachtung der Erzeugnisstruktur der **Sekundärbedarf** an Baugruppen und Einzelteilen abgeleitet. Für jedes in ein übergeordnetes Produkt eingehende Produkt wird zum Sekundärbedarf der evtl. auftretende Primärbedarf addiert. Dies ist für selbständig absatzfähige Baugruppen und Einzelteile erforderlich, die z. B. als Ersatzteile verkauft werden. Dazu werden schließlich noch der prognostizierte Bedarf und der Zusatzbedarf addiert. Die Summe bildet den Bruttobedarf eines Erzeugnisses (Endprodukt, Baugruppe, Einzelteil). Für das Erzeugnis k ergibt sich in bezug auf die Periode t die in Tabelle D.8 zusammengestellte Gleichung.

> Primärbedarf des Produkts k (direkt absatzbestimmter Bedarf)
> + Sekundärbedarf des Produkts k (abgeleiteter Bedarf)
> + prognostizierter Bedarf des Produkts k
> + Zusatzbedarf des Produkts k
> = Bruttobedarf des Produkts k in Periode t, BRUTTO$_{kt}$

Tabelle D.8: Errechnung des terminierten Bruttobedarfs eines Erzeugnisses

Der Bruttobedarf ist terminiert, d. h. er wird zu einem bestimmten Zeitpunkt t benötigt, und zwar zum frühesten Termin, an dem mit der Produktion eines übergeordneten Produkts begonnen werden soll.

3. Nun subtrahiert man vom terminierten Bruttobedarf des Erzeugnisses k in der Periode t, BRUTTO$_{kt}$, den disponiblen Lagerbestand, DISPON$_{kt}$. Der **disponible Lagerbestand** des Produkts k in Periode t setzt sich wie folgt zusammen:

$$\text{DISPON}_{kt} = \text{PHYSISCH}_{kt} + \text{BESTELL}_{kt} - \text{VORMERK}_{kt}$$

- PHYSISCH$_{kt}$: physischer Lagerbestand
- BESTELL$_{kt}$: noch ausstehende Bestellungen (Bestellbestand)
- VORMERK$_{kt}$: reservierter Lagerbestand

$$- \text{SICHER}_{kt} \qquad k = 1, 2, ..., K; t = 1, 2, ..., T \tag{D.7}$$

- SICHER$_{kt}$: Sicherheitsbestand

Der reservierte Lagerbestand umfaßt die Menge des Produkts k, die bereits zur Verwendung in übergeordneten Produkten eingeplant worden ist und daher zur Deckung weiterer Bedarfe nicht mehr zur Verfügung steht.

Die programmorientierte Bedarfsauflösung geht bekanntlich davon aus, daß alle Daten mit Sicherheit bekannt sind. Da bei der Durchführung der Produktionsprozesse aber zufällige Ereignisse eintreten können (z. B. Abweichungen der tatsächlichen Nachfrage von den prognostizierten Mengen, Maschinenausfälle, Planungsfehler usw.), versucht man, durch Bevorratung eines Mindestbestandes, der unter deterministischen Bedingungen niemals angegriffen würde, den aufgestellten Plan gegen Zufallseinflüsse abzuschirmen.

Subtrahieren wir vom Bruttobedarf des Erzeugnisses k in der Periode t den disponiblen Lagerbestand, dann erhalten wir den Nettobedarf des Erzeugnisses k in Periode t. Ein Nettobedarf entsteht aber nur dann, wenn der disponible Lagerbestand kleiner als der Bruttobedarf ist, andernfalls ist der Nettobedarf 0. Der periodenspezifische **Nettobedarf** eines Erzeugnisses läßt sich damit durch Gleichung (D.8) beschreiben.

$$\text{NETTO}_{kt} = \max\{\text{BRUTTO}_{kt} - \text{DISPON}_{kt}, 0\} \qquad \begin{matrix} k = 1, 2, ..., K \\ t = 1, 2, ..., T \end{matrix} \tag{D.8}$$

4. Da die Beschaffung bzw. Produktion der in übergeordnete Erzeugnisse eingehenden Baugruppen und Einzelteile selbst eine bestimmte Zeitdauer in Anspruch nimmt,

werden die Nettobedarfsmengen um die erwarteten Beschaffungs- bzw. Produktionszeiten vorgezogen, woraus dann die periodenspezifischen Beschaffungs- bzw. **Produktionsmengen** ermittelt werden können. Die Planungslogik lautet: Soll die Nettobedarfsmenge des Erzeugnisses k in der Periode t, NETTO$_{kt}$, termingerecht bereitstehen, dann muß mit der Produktion (bzw. Beschaffung) dieser Menge spätestens in der Periode $t - z_k$ begonnen worden sein, wenn z_k die Beschaffungs- bzw. Produktionszeit (Vorlaufzeit) des Erzeugnisses k bezeichnet. Zu jedem Zeitpunkt t muß also sichergestellt sein, daß die bereits bis zum Zeitpunkt $t - z_k$ eingeplante gesamte Produktionsmenge mindestens so groß ist wie die bis zum Zeitpunkt t kumulierte Nettobedarfsmenge. Bezeichnen wir mit X_{kt} die Menge des Produkts k, mit deren Produktion in Periode t begonnen wird, dann gilt also:

$$\sum_{\tau=1}^{t-z_k} X_{k\tau} \geq \sum_{\tau=1}^{t} \text{NETTO}_{k\tau} \qquad \begin{array}{l} k = 1, 2, ..., K \\ t = z_k + 1, z_k + 2, ..., T \end{array} \qquad \text{(D.9)}$$

Allerdings ist die tatsächliche Produktionsdauer bzw. Durchlaufzeit z_k eines eigengefertigten Erzeugnisses k zum Planungszeitpunkt i. d. R. nicht bekannt, so daß das beschriebene Grundkonzept in der Weise, wie es hier beschrieben und in der betrieblichen Praxis angewandt wird, mit **unbekannten Planungsgrößen** arbeitet. Daraus können erhebliche Probleme für die Durchführbarkeit eines aufgestellten Produktionsplans entstehen.

Die beschriebene grundsätzliche Vorgehensweise zur Ermittlung des periodenbezogenen Produktions- und Beschaffungsprogramms an Endprodukten, Baugruppen und Einzelteilen ist für jedes Erzeugnis durchzuführen. Diese Rechnung kann nun auf unterschiedliche Arten algorithmisch umgesetzt werden. Grundsätzlich ist zu unterscheiden zwischen analytischen und synthetischen Verfahren sowie Verfahren, die auf der Darstellung des Erzeugniszusammenhangs als linearem Gleichungssystem aufbauen.

D.2.2 Analytische Verfahren

Analytische Verfahren der Bedarfsauflösung gehen von den zu produzierenden Mengen der absatzbestimmten Produkte aus, wie sie im kurzfristigen Produktionsplan festgelegt sind. Die Enderzeugnisse werden dann aufgrund der bekannten Erzeugniszusammensetzung auf dem Weg über die verschiedenen Baugruppen bis hin zu den nicht weiter zerlegbaren Einzelteilen und Rohmaterialien zergliedert. Im folgenden werden das Dispositionsstufenverfahren und das Gozintoverfahren eingehend erläutert, während bezüglich der aus theoretischer und praktischer Sicht unbefriedigenden Baustufen- und Renettingverfahren auf die Literatur[12] verwiesen sei.

---
12 vgl. *Treu* (1972); Hahn und Laßmann (1990), S. 365 ff.

D.2.2.1 Dispositionsstufenverfahren

Bei der Bedarfsauflösung nach dem Dispositionsstufenverfahren wird jedes Produkt genau einer **Dispositionsstufe**[13] zugeordnet. Unter Rückgriff auf die graphische Darstellung der Erzeugnisstruktur kann die Dispositionsstufe des Erzeugnisses k, u_k, nach Gleichung (D.10) bestimmt werden.

$$u_k = \begin{cases} \max_{j \in \mathcal{N}_k} \{u_j\} + 1 & \mathcal{N}_k \neq \emptyset \quad \text{(untergeordnete Produkte)} \\ 0 & \mathcal{N}_k = \emptyset \quad \text{(Endprodukte)} \end{cases} \qquad \text{(D.10)}$$

Dabei bedeuten:

u_k Dispositionsstufe des Erzeugnisses k

$\mathcal{N}_k$ Indexmenge der Erzeugnisse, in die das Erzeugnis k direkt eingeht (im Gozintographen: Menge der direkten Nachfolgeknoten des Knotens k)

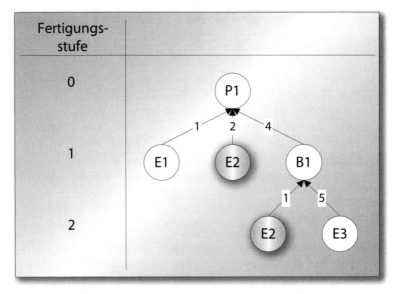

Bild D.7: Erzeugnisbaum in Fertigungsstufendarstellung

Die Dispositionsstufe des Produkts k entspricht damit dem längsten Weg (gemessen durch die Anzahl der Pfeile) im Gozintographen (bzw. Erzeugnisbaum) von einem Endprodukt zu dem betrachteten Produkt. Die Bilder D.7 und D.8 zeigen die Unterschiede zwischen der fertigungsstufenbezogenen und der dispositionsstufenbezogenen Darstellung eines Erzeugnisbaums.

---

13 Die Dispositionsstufennummer wird im englischsprachigen Schrifttum als low level code bezeichnet.

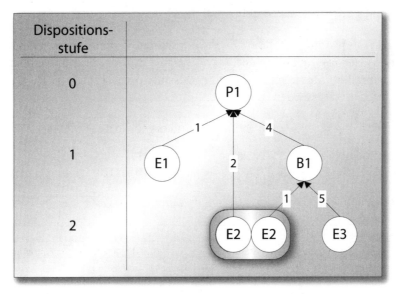

Bild D.8: *Erzeugnisbaum in Dispositionsstufendarstellung*

Die Bedarfsermittlung erfolgt nach dem oben dargestellten allgemeinen Verfahren. Die Produkte werden dabei in der Reihenfolge ihrer Dispositionsstufenzuordnung abgearbeitet. Für jedes untergeordnete Produkt werden aus den terminierten, evtl. zu Produktionslosen zusammengefaßten Nettobedarfsmengen seiner unmittelbaren Nachfolger[14] die Sekundärbedarfsmengen abgeleitet.

Durch die dispositionsstufenbezogene Vorgehensweise ist sichergestellt, daß bei der Bestimmung des Bedarfs für ein Produkt bereits alle übergeordneten Produkte behandelt worden sind und damit deren für die Bedarfsauflösung relevante Nettobedarfsmengen bekannt sind. Die Anwendung des Dispositionsstufenverfahrens wird in Tabelle D.9 für die in Bild D.8 dargestellte Erzeugnisstruktur demonstriert. Die Zeile „Bedarf für die Auflösung" gibt dabei jeweils die spätesten Produktions- bzw. Beschaffungstermine der angegebenen Mengen an.

Die Nettobedarfsmengen werden in dem Beispiel nicht zu wirtschaftlichen Losgrößen bzw. Bestellmengen zusammengefaßt. Dies ist Aufgabe der Losgrößen- bzw. Bestellmengenplanung. In der betrieblichen Praxis erfolgt die Losbildung jeweils unmittelbar, nachdem der terminierte Nettobedarf[15] eines Erzeugnisses feststeht. Wegen der damit verbundenen umfangreichen, nicht trivialen Probleme wird die Losgrößenplanung in einem gesonderten Abschnitt behandelt. Dann werden wir auch sehen, daß die analytische Bedarfsermittlung ein (recht einfaches) Teilproblem einer übergeordneten mehrstufigen Losgrößenplanung ist.

---

14 Diese Produkte sind immer einer übergeordneten Dispositionsstufe zugeordnet.
15 „Bedarf für die Auflösung"

$u=0$	Endprodukt P1 [$z_{P1}=1$]									
	Periode	1	2	3	4	5	6	7	8	9	10
	Nettobedarf			240			330		250		310
	Bedarf für die Auflösung		240			330		250		310	
$u=1$	Einzelteil E1 [$a_{E1,P1}=1; z_{E1}=3$]										
	Periode	1	2	3	4	5	6	7	8	9	10
	Sekundärbedarf		240			330		250		310	
	Primärbedarf				10		10			10	
	Bruttobedarf		240		10	330	10	250		320	
	Lagerbestand	700	700	460	460	450	120	110			
	Nettobedarf							140		320	
	Bedarf für die Auflösung				140		320				
	Baugruppe B1 [$a_{B1,P1}=4; z_{B1}=1$]										
	Periode	1	2	3	4	5	6	7	8	9	10
	Sekundärbedarf		960			1320		1000		1240	
	Primärbedarf										
	Bruttobedarf		960			1320		1000		1240	
	Lagerbestand	990	990	30	30	30					
	Nettobedarf					1290		1000		1240	
	Bedarf für die Auflösung				1290		1000		1240		
$u=2$	Einzelteil E3 [$a_{E3,B1}=2; z_{E3}=2$]										
	Periode	1	2	3	4	5	6	7	8	9	10
	Sekundärbedarf				2580		2000		2480		
	Primärbedarf		100		420				600		
	Bruttobedarf		100		3000		2000		3080		
	Lagerbestand	500	500	400	400						
	Nettobedarf				2600		2000		3080		
	Bedarf für die Auflösung		2600		2000		3080				
	Einzelteil E2 [$a_{E2,B1}=1; a_{E2,P1}=2; z_{E2}=1$]										
	Periode	1	2	3	4	5	6	7	8	9	10
	Sekundärbedarf P1		480			660		500		620	
	Sekundärbedarf B1				1290		1000		1240		
	$\sum$ Sekundärbedarf		480		1290	660	1000	500	1240	620	
	Lagerbestand	900	900	420	420						
	Nettobedarf				870	660	1000	500	1240	620	
	Bedarf für die Auflösung			870	660	1000	500	1240	620		

Tabelle D.9: Bedarfsrechnung nach dem Dispositionsstufenverfahren

Als Nachteil des Dispositionsstufenverfahrens wird zuweilen genannt, daß vor Beginn der Bedarfsrechnung zunächst die u. U. aufwendige Bestimmung der Dispositionsstufen der einzelnen Erzeugnisse erforderlich ist. Da die Produkte, die in die Bedarfsrechnung aufgenommen werden müssen, ohnehin zu ermitteln sind, kommt dem Argument des zusätzlichen Planungsaufwandes jedoch nur geringe Bedeutung zu. Schwerwiegender ist der Einwand, daß die Materialbedarfsrechnung auf der Ebene der Erzeugnisse vorgenommen wird und daß sie daher eher an kostenrechnerischen Informationsbedürfnissen orientiert ist. Für die Produktionsplanung und -steuerung ist – wie wir später sehen werden – die Betrachtung der einzelnen Arbeitsgänge notwendig. Denn nur auf dieser Betrachtungsebene können die verfügbaren Kapazitäten sachgerecht berücksichtigt werden.

D.2.2.2 Gozintoverfahren

Grundlage für das Gozintoverfahren ist die Darstellung der Erzeugnisstruktur durch einen Gozintographen bzw. durch eine Gozintoliste. Der Bedarf eines Erzeugnisses wird in der Weise bestimmt, daß im Gozintographen der Bruttobedarf immer von solchen Erzeugnissen auf untergeordnete Produkte überwälzt wird, für die der Bruttobedarf bereits bekannt ist. Dies sind zu Beginn der Rechnung lediglich die Endprodukte (mit dem Primärbedarf d_k). Im Verlaufe des Verfahrens steht dann für immer mehr Produkte der Gesamtbedarf r_k fest, der dann wiederum unter Beachtung der Direktbedarfskoeffizienten a_{jk} auf die Erzeugnisse $j \in \mathcal{V}_k$ überwälzt werden kann, die diesen Produkten direkt vorgelagert sind. In Bild D.9 ist das Gozintoverfahren beschrieben, das für zyklenfreie Gozintographen eingesetzt werden kann.

Auch beim Gozintoverfahren muß sichergestellt sein, daß bei der Weiterwälzung des Bedarfs eines Produkts auf die untergeordneten Erzeugnisse der gesamte Sekundärbedarf dieses Produkts bereits bekannt ist. Aufbauend auf der graphischen Darstellung eines Gozintographen wird diese Bedingung durch die Verwendung von Pfeilzählern überprüft. Für jeden Knoten k des Gozintographen wird ein **Pfeilzähler** PZ_k eingerichtet, der jeweils die aktuelle Anzahl der aus dem Knoten herausführenden, noch nicht abgearbeiteten Pfeile angibt. Sobald ein Bedarf aus einem übergeordneten Knoten abgeleitet worden ist, wird der Pfeilzähler des untergeordneten Knotens um 1 verringert. Hat der Pfeilzähler eines Knotens den Wert 0, dann ist der Bruttobedarf des betreffenden Produkts bekannt. Ist dies für alle Knoten der Fall, dann wird das Verfahren beendet.

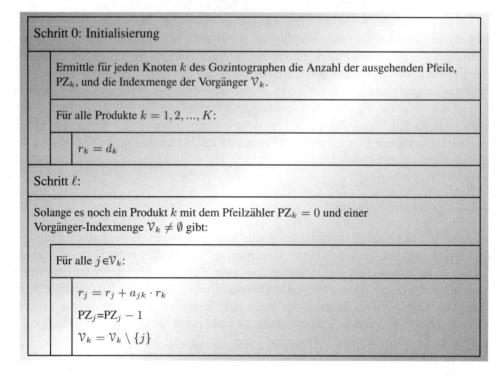

Bild D.9: Gozintoverfahren

Die im Gozintoverfahren verwendeten Vorgängerindexmengen $\mathcal{V}_k$ dienen zur Verwaltung der in einem Knoten eintreffenden Pfeile, über die der Bedarf noch weitergewälzt werden muß. Zur Veranschaulichung des Verfahrens betrachten wir den in Bild D.10 dargestellten Gozintographen. Tabelle D.10 faßt die zu Beginn des Verfahrens vorliegenden Daten zusammen.

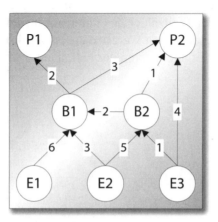

Bild D.10: Gozintograph des Beispiels

D.2 Verfahren der programmorientierten Materialbedarfsrechnung

k	d_k	PZ_k	$\mathcal{V}_k$
P1	100	0	{B1}
P2	80	0	{B1,B2,E3}
B1	20	2	{E1,E2,B2}
B2	40	2	{E2,E3}
E1	0	1	$\emptyset$
E2	0	2	$\emptyset$
E3	0	2	$\emptyset$

Tabelle D.10: Beispieldaten zur Bedarfsauflösung nach dem Gozintoverfahren

Beispiel zum Gozintoverfahren	
SCHRITT 0:	
$r_{P1} = 100, r_{P2} = 80, r_{B1} = 20, r_{B2} = 40, r_{E1} = 0, r_{E2} = 0, r_{E3} = 0$	
$\mathcal{V}_{P1} = \{B1\}, \mathcal{V}_{P2} = \{B1, B2, E3\}, \mathcal{V}_{B1} = \{E1, E2, B2\}, \mathcal{V}_{B2} = \{E2, E3\}$	
$PZ_{B1} = 2, PZ_{B2} = 2, PZ_{E1} = 1, PZ_{E2} = 2, PZ_{E3} = 2$	
SCHRITT 1:	übergeordnetes Produkt k=P1
$\mathcal{V}_{P1} = \{B1\}$	Indexmenge der Vorgänger des Endprodukts P1
$j = B1$	Vorgänger: Baugruppe B1
$r_{B1} = 20 + 2 \cdot 100 = 220$	
$PZ_{B1} = 2 - 1 = 1$	
$\mathcal{V}_{P1} = \emptyset$	Alle Input-Output-Beziehungen zwischen dem Produkt P1 und seinen unmittelbaren Vorgängern sind erfaßt.
SCHRITT 2:	übergeordnetes Produkt k=P2
$\mathcal{V}_{P2} = \{B1, B2, E3\}$	Indexmenge der Vorgänger des Endprodukts P2
$j = B1$	Vorgänger: Baugruppe B1
$r_{B1} = 220 + 3 \cdot 80 = 460$	
$PZ_{B1} = 1 - 1 = 0$	
$\mathcal{V}_{P2} = \{B2, E3\}$	
$j = B2$	Vorgänger: Baugruppe B2
$r_{B2} = 40 + 1 \cdot 80 = 120$	
$PZ_{B2} = 2 - 1 = 1$	
$\mathcal{V}_{P2} = \{E3\}$	
$j = E3$	Vorgänger: Einzelteil E3
$r_{E3} = 0 + 4 \cdot 80 = 320$	
$PZ_{E3} = 2 - 1 = 1$	
$\mathcal{V}_{P2} = \emptyset$	Alle Input-Output-Beziehungen zwischen dem Produkt P2 und seinen unmittelbaren Vorgängern sind erfaßt.
SCHRITT 3:	übergeordnetes Produkt k=B1
$\mathcal{V}_{B1} = \{E1, E2, B2\}$	Indexmenge der Vorgänger der Baugruppe B1

$j = E1$	Vorgänger: Einzelteil E1
$r_{E1} = 0 + 6 \cdot 460 = 2760$	
$PZ_{E1} = 1 - 1 = 0$	
$\mathcal{V}_{B1} = \{E2, B2\}$	
$j = E2$	Vorgänger: Einzelteil E2
$r_{E2} = 0 + 3 \cdot 460 = 1380$	
$PZ_{E2} = 2 - 1 = 1$	
$\mathcal{V}_{B1} = \{B2\}$	
$j = B2$	Vorgänger: Baugruppe B2
$r_{B2} = 120 + 2 \cdot 460 = 1040$	
$PZ_{B2} = 1 - 1 = 0$	
$\mathcal{V}_{B1} = \emptyset$	Alle Input-Output-Beziehungen zwischen der Baugruppe B1 und ihren unmittelbaren Vorgängern sind erfaßt.
SCHRITT 4:	übergeordnetes Produkt k=B2
$\mathcal{V}_{B2} = \{E2, E3\}$	Indexmenge der Vorgänger der Baugruppe B2
$j = E2$	Vorgänger: Einzelteil E2
$r_{E2} = 1380 + 5 \cdot 1040 = 6580$	
$PZ_{E2} = 1 - 1 = 0$	
$\mathcal{V}_{B2} = \{E3\}$	
$j = E3$	Vorgänger: Einzelteil E3
$r_{E3} = 320 + 1 \cdot 1040 = 1360$	
$PZ_{E3} = 1 - 1 = 0$	
$\mathcal{V}_{B2} = \emptyset$	Alle Input-Output-Beziehungen zwischen der Baugruppe B2 und ihren unmittelbaren Vorgängern sind erfaßt. Damit sind alle Produkte abgearbeitet.

Die Bedarfsmengen betragen damit $r_{P1} = 100$, $r_{P2} = 80$, $r_{B1} = 460$, $r_{B2} = 1040$, $r_{E1} = 2760$, $r_{E2} = 6580$, $r_{E3} = 1360$.

D.2.3 Synthetische Verfahren

Im Gegensatz zu den analytischen Methoden geht man bei der synthetischen Bedarfsermittlung nicht vom Enderzeugnis, sondern von der Ebene der Einzelteile aus. Während bei der analytischen Bedarfsrechnung die Suche nach den Bestandteilen eines Erzeugnisses im Vordergrund des Interesses steht, lautet die Fragestellung nun: In welche übergeordneten Produkte geht das betrachtete Einzelteil ein? Diese Frage ist z. B. dann zu beantworten, wenn sich die Produktionsdauer eines untergeordneten Teils aufgrund unvorhersehbarer Verzögerungen verlängert hat und festzustellen ist, welche übergeordneten Erzeugnisse davon betroffen sind.

Bei der synthetischen Bedarfsermittlung kann im Prinzip nach denselben Verfahren vorgegangen werden wie bei der analytischen Bedarfsermittlung. Lediglich die Bearbeitungsrichtung ist zu ändern. Während z. B. beim analytischen Dispositionsstufenverfahren die Bedarfsauflösung von den Endprodukten in Richtung auf die Einzelteile erfolgt, ist die Bearbeitungsrichtung bei der synthetischen Bedarfsrechnung genau umgekehrt. In diesem Fall wird jedes Erzeugnis einer **Auflösungsstufe** zugeordnet, die dieselbe Funktion hat wie die Dispositionsstufe bei der analytischen Bedarfsrechnung.

D.2.4 Lösung eines linearen Gleichungssystems

Bei der Erläuterung der Darstellungsformen des Erzeugniszusammenhangs[16] wurde bereits auf die Beschreibung der Erzeugnisse und ihrer Input-Output-Beziehungen durch ein lineares Gleichungssystem eingegangen. Der Gesamtbedarf eines Erzeugnisses k, r_k, setzt sich, wie gezeigt wurde, gemäß Gleichung (D.11) aus dem Primärbedarf d_k und dem Sekundärbedarf y_k zusammen.

$$r_k = y_k + d_k \qquad k = 1, 2, ..., K \qquad (D.11)$$

Der Sekundärbedarf des Erzeugnisses k ist wiederum davon abhängig, in welche anderen Produkte das Erzeugnis k mit welchen Mengen eingeht. Dies wird durch die Direktbedarfsmengen der übergeordneten Erzeugnisse j[17] am Erzeugnis k ausgedrückt. In Matrixschreibweise beträgt der Gesamtbedarf aller Produkte:

$$\underline{r} = \underline{y} + \underline{d} \qquad (D.12)$$

- $\underline{d}$: Primärbedarf
- $\underline{y}$: Sekundärbedarf
- $\underline{r}$: Gesamtbedarf

oder

$$\underline{r} = \underline{A} \cdot \underline{r} + \underline{d} \qquad (D.13)$$

- $\underline{A}$: Direktbedarfsmatrix

Löst man Gleichung (D.13) nach dem Gesamtbedarfsvektor $\underline{r}$ auf, dann erhält man durch einige Umformungen die Gleichungen (D.14) bis (D.16).

$$\underline{E} \cdot \underline{r} - \underline{A} \cdot \underline{r} = \underline{d} \qquad (D.14)$$

oder

$$(\underline{E} - \underline{A}) \cdot \underline{r} = \underline{d} \qquad (D.15)$$

- Technologiematrix

Die Matrix $(\underline{E} - \underline{A})$ wird auch als **Technologiematrix** bezeichnet. Die Inverse der Technologiematrix nennt man **Verflechtungsbedarfsmatrix**.

$$\underline{r} = (\underline{E} - \underline{A})^{-1} \cdot \underline{d} \qquad (D.16)$$

- Verflechtungsbedarfsmatrix

---

16 vgl. Abschnitt D.1, S. 105 ff.
17 Nachfolgeknoten im Gozintographen

Betrachten wir als Beispiel den in Bild D.10 dargestellten Gozintographen. Dieser wird durch folgendes System linearer Gleichungen beschrieben:

$$\begin{aligned}
r_{E1} &= 0 \cdot r_{E1} + 0 \cdot r_{E2} + 0 \cdot r_{E3} + 6 \cdot r_{B1} + 0 \cdot r_{B2} + 0 \cdot r_{P1} + 0 \cdot r_{P2} + 0 \\
r_{E2} &= 0 \cdot r_{E1} + 0 \cdot r_{E2} + 0 \cdot r_{E3} + 3 \cdot r_{B1} + 5 \cdot r_{B2} + 0 \cdot r_{P1} + 0 \cdot r_{P2} + 0 \\
r_{E3} &= 0 \cdot r_{E1} + 0 \cdot r_{E2} + 0 \cdot r_{E3} + 0 \cdot r_{B1} + 1 \cdot r_{B2} + 0 \cdot r_{P1} + 4 \cdot r_{P2} + 0 \\
r_{B1} &= 0 \cdot r_{E1} + 0 \cdot r_{E2} + 0 \cdot r_{E3} + 0 \cdot r_{B1} + 0 \cdot r_{B2} + 2 \cdot r_{P1} + 3 \cdot r_{P2} + 20 \\
r_{B2} &= 0 \cdot r_{E1} + 0 \cdot r_{E2} + 0 \cdot r_{E3} + 2 \cdot r_{B1} + 0 \cdot r_{B2} + 0 \cdot r_{P1} + 1 \cdot r_{P2} + 40 \\
r_{P1} &= 0 \cdot r_{E1} + 0 \cdot r_{E2} + 0 \cdot r_{E3} + 0 \cdot r_{B1} + 0 \cdot r_{B2} + 0 \cdot r_{P1} + 0 \cdot r_{P2} + 100 \\
r_{P2} &= 0 \cdot r_{E1} + 0 \cdot r_{E2} + 0 \cdot r_{E3} + 0 \cdot r_{B1} + 0 \cdot r_{B2} + 0 \cdot r_{P1} + 0 \cdot r_{P2} + 80
\end{aligned} \qquad (D.17)$$

⌊ Sekundärbedarf   Primärbedarf ⌋

Dem Gleichungssystem (D.17) entsprechen folgende Matrizen:

$$\underline{A} = \begin{bmatrix} 0 & 0 & 0 & 6 & 0 & 0 & 0 \\ 0 & 0 & 0 & 3 & 5 & 0 & 0 \\ 0 & 0 & 0 & 0 & 1 & 0 & 4 \\ 0 & 0 & 0 & 0 & 0 & 2 & 3 \\ 0 & 0 & 0 & 2 & 0 & 0 & 1 \\ 0 & 0 & 0 & 0 & 0 & 0 & 0 \\ 0 & 0 & 0 & 0 & 0 & 0 & 0 \end{bmatrix} \qquad \underline{d} = \begin{bmatrix} 0 \\ 0 \\ 0 \\ 20 \\ 40 \\ 100 \\ 80 \end{bmatrix} \begin{matrix} E1 \\ E2 \\ E3 \\ B1 \\ B2 \\ P1 \\ P2 \end{matrix}$$

Die **Technologiematrix** $(\underline{E} - \underline{A})$ lautet:

$$(\underline{E} - \underline{A}) = \begin{bmatrix} 1 & 0 & 0 & -6 & 0 & 0 & 0 \\ 0 & 1 & 0 & -3 & -5 & 0 & 0 \\ 0 & 0 & 1 & 0 & -1 & 0 & -4 \\ 0 & 0 & 0 & 1 & 0 & -2 & -3 \\ 0 & 0 & 0 & -2 & 1 & 0 & -1 \\ 0 & 0 & 0 & 0 & 0 & 1 & 0 \\ 0 & 0 & 0 & 0 & 0 & 0 & 1 \end{bmatrix}$$

Bilden wir nun die Inverse der Technologiematrix, $(\underline{E} - \underline{A})^{-1}$, dann ergibt sich die **Verflechtungsbedarfsmatrix** $\underline{V}$:

$$(\underline{E} - \underline{A})^{-1} = \begin{bmatrix} 1 & 0 & 0 & 6 & 0 & 12 & 18 \\ 0 & 1 & 0 & 13 & 5 & 26 & 44 \\ 0 & 0 & 1 & 2 & 1 & 4 & 11 \\ 0 & 0 & 0 & 1 & 0 & 2 & 3 \\ 0 & 0 & 0 & 2 & 1 & 4 & 7 \\ 0 & 0 & 0 & 0 & 0 & 1 & 0 \\ 0 & 0 & 0 & 0 & 0 & 0 & 1 \end{bmatrix}$$

Die Verflechtungsbedarfsmatrix beschreibt die Input-Output-Relationen zwischen allen Erzeugnissen, also auch zwischen Erzeugnissen, zwischen denen kein direkter, sondern nur ein mittelbarer Zusammenhang besteht. Ein Element v_{ij} der Verflechtungsbedarfsmatrix gibt an, wieviel Mengeneinheiten des Produkts i benötigt werden, um eine Mengeneinheit des Produkts j herzustellen. So ist z. B. das Element $a_{E2,P2}$ in der Direktbedarfsmatrix gleich 0. Das heißt, das Einzelteil E2 geht nicht direkt in das Endprodukt P2 ein. Trotzdem ist das Element $v_{E2,P2} = 44$. Der Grund dafür liegt darin, daß das Einzelteil E2 auf **drei Wegen** in das Endprodukt P2 Eingang findet: {E2→B1→P2, E2→B2→B1→P2, E2→B2→P2}. Diese Wege sind in Bild D.11 dargestellt.

Multipliziert man die den Pfeilen auf diesen Wegen zugeordneten Direktbedarfskoeffizienten und addiert man dann über alle drei Wege, dann erhält man den mittelbaren Produktionskoeffizienten $v_{E2,P2}$, wie er in der Verflechtungsbedarfsmatrix gespeichert ist:

$$v_{E2,P2} = a_{E2,B1} \cdot a_{B1,P2} + a_{E2,B2} \cdot a_{B2,B1} \cdot a_{B1,P2} + a_{E2,B2} \cdot a_{B2,P2} \tag{D.21}$$
$$= 3 \cdot 3 + 5 \cdot 2 \cdot 3 + 5 \cdot 1 = 44$$

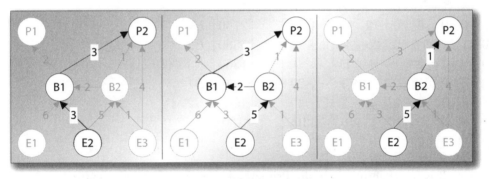

Bild D.11: *Beziehungen zwischen Einzelteil E2 und Endprodukt P2*

Zur Formalisierung der Berechnung des Verflechtungsbedarfskoeffizienten v_{ij} beschreiben wir den Weg vom Knoten (Produkt) i zum Knoten j durch eine geordnete Folge von s Nummern der Knoten, die auf diesem Weg liegen:[18]

$$p_{ij} = \{i = i_i, i_2, ..., i_s = j\} \qquad \forall ij \tag{D.22}$$

Der einem Weg p_{ij} zugeordnete Verflechtungsbedarf errechnet sich dann wie folgt:

$$w_{ij} = \prod_{m=1}^{s-1} a_{i_m, i_{m+1}} \qquad \forall ij \tag{D.23}$$

↳ Direktbedarfskoeffizient zwischen den Erzeugnissen i_m und i_{m+1}

---

18 vgl. *Berr und Papendieck* (1968)

Fassen wir nun alle Wege vom Knoten i zum Knoten j zu einer Indexmenge P_{ij} zusammen, dann ergibt sich der Verflechtungsbedarf als:

$$v_{ij} = \sum_{p_{ij} \in P_{ij}} w_{ij} \qquad \forall ij \qquad (D.24)$$

Damit wird deutlich, daß die Inverse der Technologiematrix nicht unbedingt durch Anwendung eines allgemeinen Verfahrens zur Invertierung einer Matrix bestimmt werden muß, sondern daß man das gleiche Ergebnis auch durch wesentlich effizientere **graphentheoretische Verfahren** erreichen kann. Multipliziert man nun die Verflechtungsbedarfsmatrix $\underline{V}$ mit dem Primärbedarfsvektor $\underline{d}$, dann erhält man den Vektor des Gesamtbedarfs einer Periode:

$$\underset{\underset{\text{Verflechtungsbedarf}}{\underset{\text{Primärbedarf}}{\text{Gesamtbedarf}}}}{\underline{V} \cdot \underline{d} = \underline{r}} \qquad (D.25)$$

 Für das Beispiel erhalten wir:

$$\begin{bmatrix} 1 & 0 & 0 & 6 & 0 & 12 & 18 \\ 0 & 1 & 0 & 13 & 5 & 26 & 44 \\ 0 & 0 & 1 & 2 & 1 & 4 & 11 \\ 0 & 0 & 0 & 1 & 0 & 2 & 3 \\ 0 & 0 & 0 & 2 & 1 & 4 & 7 \\ 0 & 0 & 0 & 0 & 0 & 1 & 0 \\ 0 & 0 & 0 & 0 & 0 & 0 & 1 \end{bmatrix} \cdot \begin{bmatrix} 0 \\ 0 \\ 0 \\ 20 \\ 40 \\ 100 \\ 80 \end{bmatrix} = \begin{bmatrix} 2760 \\ 6580 \\ 1360 \\ 460 \\ 1040 \\ 100 \\ 80 \end{bmatrix} \begin{matrix} E1 \\ E2 \\ E3 \\ B1 \\ B2 \\ P1 \\ P2 \end{matrix}$$

Prinzipiell ist es auch möglich, die Primärbedarfsmengen periodenweise zu spezifizieren. In diesem Fall ist anstelle des Primärbedarfsvektors $\underline{d}$ die Primärbedarfsmatrix $\underline{D}$ ($K \times T$) anzugeben, wobei K die Anzahl der Erzeugnisse und T die Anzahl der Perioden bezeichnet. Als Ergebnis der Bedarfsauflösung wird der Gesamtbedarf dann durch die Matrix $\underline{R}$ ($K \times T$) beschrieben.

Die Matrixdarstellung eignet sich sehr gut zur Veranschaulichung der Zusammenhänge bei der Bedarfsauflösung in kleinen Erzeugnisstrukturen und bei einer geringen Anzahl von Planungsperioden. Praktische Relevanz kommt ihr aber nicht zu, da bei umfangreicheren Erzeugnisstrukturen der Speicherbedarf für die Matrizen und der Rechenaufwand – sofern keine spezialisierten Verfahren zur Matrizeninversion zum Einsatz kommen – zu groß wird. Darüber hinaus können mit dieser Darstellungsform nicht alle Aspekte der programmorientierten Losgrößen- und Materialbedarfsplanung erfaßt werden. Vor allem die Berücksichtigung der in den einzelnen Perioden des Planungszeitraums verfügbaren Lagerbestände und die Einbeziehung der Losgrößenplanung bereiten erhebliche Probleme.

D.2 Verfahren der programmorientierten Materialbedarfsrechnung

Die Beziehungen zwischen Lagerbeständen, Losgrößen sowie Primär- und Sekundärbedarfsmengen der Erzeugnisse bilden ein wesentliches Element von Entscheidungsmodellen zur Bestimmung optimaler Losgrößen in ein- und mehrstufigen Erzeugnisstrukturen. Sie lassen sich durch die **Lagerbilanzgleichungen** (D.27) beschreiben.

$$y_{k,t-1} + q_{k,t-z_k} - \sum_{i \in \mathcal{N}_k} a_{ki} \cdot q_{it} - y_{kt} = d_{kt} \qquad k = 1, 2, ..., K; t = 1, 2, ..., T \tag{D.27}$$

mit:
- d_{kt}: Primärbedarf (des Produkts k in Periode t)
- y_{kt}: Lagerbestand am Periodenende
- a_{ki}: Direktbedarfskoeffizient zwischen Produkt k und i
- $\mathcal{N}_k$: Indexmenge der dem Produkt k direkt übergeordneten Produkte
- z_k: geplante Mindestvorlaufzeit
- $q_{k,t-z_k}$: Produktionsmenge, mit der in Periode $t - z_k$ begonnen wurde und die in Periode t verfügbar wird
- $y_{k,t-1}$: Lagerbestand am Periodenanfang bzw. am Ende der Vorperiode

Die beiden Bestandteile des Gesamtbedarfs des Produkts k in Periode t sind durch die rechte Seite (Primärbedarf) sowie durch den Summenausdruck auf der linken Seite (Sekundärbedarf) der Gleichung (D.27) gegeben. Sind Losgrößen für die Endprodukte bekannt, dann ergibt sich der Gesamtbedarf als zulässige Lösung eines LP-Modells, das aus den Nebenbedingungen (D.27) sowie einer beliebigen Zielfunktion besteht.

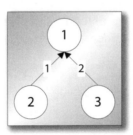

Bild D.12: Erzeugnisstruktur (Beispiel)

Betrachten wir die in Bild D.12 wiedergebene Erzeugnisstruktur und nehmen wir an, es seien folgende Primärbedarfsmengen gegeben: $d_{11} = 40$, $d_{12} = 60$, $d_{13} = 80$, $d_{14} = 40$, $d_{24} = 10$, $d_{34} = 20$. Nimmt man an, daß für das Endprodukt in jeder Periode jeweils nur der Periodenbedarf produziert wird (d. h. $q_{11} = 40$, $q_{12} = 60$, $q_{13} = 80$, $q_{14} = 40$) und daß die Vorlaufzeiten $z_1 = z_2 = z_3 = 0$ sind, dann ergibt sich das in Bild D.13 angegebene LP-Modell.

Eine zulässige Lösung dieses LP-Modells ist in Tabelle D.11 dargestellt. Zur Demonstration des Einflusses der Losgrößenentscheidungen auf die Bedarfsrechnung sei nun angenommen, daß alle Primärbedarfe des Endprodukts bereits in der ersten Periode produziert werden (d. h. $q_{11} = 220$, $q_{12} = 0$, $q_{13} = 0$, $q_{14} = 0$).

```
MIN     Z
SUBJECT TO
            Q11              - Y11 = 40
      Y11 + Q12              - Y12 = 60
      Y12 + Q13              - Y13 = 80
      Y13 + Q14              - Y14 = 40
            Q21 -  Q11       - Y21 =  0
      Y21 + Q22 -  Q12       - Y22 =  0
      Y22 + Q23 -  Q13       - Y23 =  0
      Y23 + Q24 -  Q14       - Y24 = 10
            Q31 - 2 Q11      - Y31 =  0
      Y31 + Q32 - 2 Q12      - Y32 =  0
      Y32 + Q33 - 2 Q13      - Y33 =  0
      Y33 + Q34 - 2 Q14      - Y34 = 20
            Q11                    = 40
            Q12                    = 60
            Q13                    = 80
            Q14                    = 40
END
```

Bild D.13: LP-Modell zur Materialbedarfsrechung (LINDO-Format)

Die in Tabelle D.12 angegebene Lösung des resultierenden LP-Modells zeigt, daß die Bedarfsmengen der untergeordneten Produkte sowie die Entwicklung des Lagerbestands für das Endprodukt korrekt erfaßt werden. Für die Produkte 2 und 3 treten keine physischen Lagerbestände auf, da die gesamten Bedarfsmengen dieser Produkte unmittelbar an das Produkt 1 weitergegeben werden.

Variable	Wert
Q11	40
Q12	60
Q13	80
Q14	40
Q21	40
Q22	60
Q23	80
Q24	50
Q31	80
Q32	120
Q33	160
Q34	100

Tabelle D.11: Lösung des LP-Modells zur Materialbedarfsrechnung

Variable	Wert
Q11	220
Q21	220
Q24	10
Q31	440
Q34	20
Y11	180
Y12	120
Y13	40

Tabelle D.12: Lösung des LP-Modells zur Materialbedarfsrechnung (veränderte Losgrößen des Endprodukts)

Ergänzende Literatur zu Abschnitt D.2:
Küpper (1980)
Vazsonyi (1962)

D.3 Losgrößenplanung

Bei der Diskussion der Verfahren zur Materialbedarfsermittlung in den vorangegangenen Abschnitten wurde die Frage der Auftragsbildung bzw. der Losgrößenbestimmung zunächst ausgeklammert. Da mit der Losgrößenplanung zahlreiche schwierige Probleme verbunden sind, wird ihr dieser gesonderte Abschnitt gewidmet.

D.3.1 Zusammenhang zwischen Losgrößenplanung und Materialbedarfsrechnung

Sind die periodenbezogenen Nettobedarfsmengen eines Produkts bekannt, dann stellt sich die Frage, zu welchen Terminen sie produziert bzw. zum Verbrauch bereitgestellt werden sollen. Grundsätzlich bestehen hierzu folgende Möglichkeiten:

- Man beschafft bzw. produziert in jeder Periode genau die Nettobedarfsmenge eines Erzeugnisses. Dies entspricht den Prinzipien der **Materialbereitstellung im Bedarfsfall** bzw. der einsatzsynchronen Materialbereitstellung. Die Auftragsgröße ist dabei jeweils gleich dem Nettobedarf.

- Man faßt mehrere Nettobedarfsmengen eines Produkts aus (im Extremfall allen) aufeinanderfolgenden Perioden zu größeren Produktions- bzw. Beschaffungslosen zusammen. Diese Politik entspricht dem Materialbereitstellungsprinzip der **Vorratshaltung**.

Nach welchem der genannten Prinzipien nun in einem konkreten Anwendungsfall vorzugehen ist, hängt – vernachlässigt man einmal die technischen Voraussetzungen, z. B. die notwendige Lagerfähigkeit der Produkte – von den damit verbundenen Zielwirkungen, vor allem von Kosten-, Kapazitäts- und Lieferserviceaspekten, ab.

Wird primär das Prinzip der Materialbereitstellung im Bedarfsfall verfolgt, dann stehen niedrigen Lagerkosten (wegen eines geringen durchschnittlichen Lagerbestands) hohe Beschaffungs- bzw. Rüstkosten (aufgrund einer großen Anzahl von Beschaffungs- bzw. Rüstvorgängen) gegenüber. Umgekehrt ist es im Fall der Vorratshaltung: Hier stehen hohen Lagerkosten (große Lose) vergleichsweise niedrige Rüstkosten (geringe Anzahl von Rüstvorgängen) gegenüber.

Damit stellt sich das **Optimierungsproblem** der Bestimmung der optimalen Produktionslosgrößen bzw. Bestellmengen in den einzelnen Perioden des Planungszeitraums. Danach sind die Nettobedarfsmengen der Erzeugnisse in der Weise zu Losen zusammenzufassen, daß die gesamten davon abhängigen (relevanten) Kosten minimiert werden, wobei die verfügbare **Produktionskapazität** nicht überschritten und evtl. ein vorgegebenes Niveau des Lieferservice nicht unterschritten werden darf.

Da für die Erreichung eines angestrebten Lieferserviceniveaus vor allem stochastische Komponenten der Problemstruktur von Bedeutung sind, sollen mit diesem Fragenkreis zusammenhängende Aspekte in einem späteren Abschnitt behandelt[19] und an dieser Stelle zunächst ausgeklammert werden. Daher gehen wir in der Losgrößenplanung davon aus, daß alle Bedarfsmengen termingerecht bereitgestellt werden sollen und keine Fehlmengen auftreten dürfen.

Als relevante Kosten werden vor allem die **Lagerkosten** und die **Rüst- bzw. Bestellkosten** berücksichtigt, wie sie aus dem klassischen Losgrößenmodell bekannt sind.[20]

Die Quantifizierung der Rüstkosten bereitet in der Praxis erhebliche Schwierigkeiten. Entscheidungstheoretisch betrachtet sollen die Rüstkosten als **Opportunitätskosten** den entgangenen Nutzen quantifizieren, der mit einem Rüstvorgang verbunden ist. Ein Nutzenentgang wird vor allem dadurch verursacht, daß produktive Kapazität der Produktionsfaktoren nicht zur Produktion eingesetzt, sondern unproduktiv durch den Rüstvorgang gebunden wird. Ist die Kapazität einer Ressource knapp, dann entsprechen die Rüstkosten dem entgangenen Deckungsbeitrag der mangels Kapazität nicht produzierten Produktionsmenge (zuzügl. evtl. entstehender direkt zurechenbarer Kosten). Sind die Kapazitäten der Produktionsfaktoren nicht knapp, dann ist der Opportunitätskostenanteil der Rüstkosten Null.

Ein Problem ergibt sich nun daraus, daß bei mehrstufigen Erzeugnisstrukturen die Bedarfsmengen der einzelnen **Produkte voneinander abhängig** sind. Beziehungen zwischen den Erzeugnissen bestehen einmal aufgrund der Tatsache, daß Endprodukte aus Baugruppen und Einzelteilen zusammengesetzt werden. Dies muß sich auch auf die

---

19 Zum Problem des Lieferservice vgl. z. B. Abschnitt E.3.2, S. 395 ff.
20 Sofern die variablen Produktionskosten (z. B. Fertigungslöhne, Materialkosten) zeitabhängig oder von der Losgröße abhängig sind, müssen auch sie in die Betrachtung einbezogen werden.

Nettobedarfsrechnung auswirken. Soll z. B. in einer Periode mit der Produktion eines Endprodukts begonnen werden, dann muß spätestens zu Beginn dieser Periode der aus der geplanten Produktionsmenge des Endprodukts abgeleitete Bedarf an untergeordneten Baugruppen und Erzeugnissen (Sekundärbedarf) fertiggestellt sein.

Die Zusammenfassung mehrerer Periodenbedarfsmengen eines Endprodukts (bzw. allgemein: eines übergeordneten Erzeugnisses) zu einem Produktionsauftrag und damit die frühzeitige Fertigstellung und Einlagerung dieser Produktmengen bedingt, daß auch bestimmte Mengen an untergeordneten Erzeugnissen früher produziert und gelagert werden müssen. Diese durch die **Mehrstufigkeit der Erzeugnisstruktur** bedingten Interdependenzen sind bei der im Rahmen der Losgrößenbestimmung vorzunehmenden Abwägung der Lagerkostenzuwächse gegenüber den Rüstkosteneinsparungen zu berücksichtigen.

Eine weitere Ursache für die Existenz von Beziehungen zwischen den Produkten in mehrstufigen Erzeugnisstrukturen liegt in der gemeinsamen Nutzung knapper Ressourcen (z. B. Maschinen, Arbeitsplätze) durch die Produktion der Einzelteile, Baugruppen und Endprodukte (**Ressourcenkonkurrenz**). In vielen Fällen konkurrieren mehrere Erzeugnisse zu einem bestimmten Zeitpunkt um dieselben Produktionsfaktoren. Eine solche Situation ist dadurch gekennzeichnet, daß nicht mehr allein Kostengesichtspunkte für die Losgrößenpolitik maßgebend sind, sondern daß Kapazitätsüberlegungen dazu zwingen, von der kostenminimalen (aber kapazitätsmäßig nicht zulässigen) Losgrößenpolitik abzuweichen.

Zur Bestimmung optimaler Losgrößen stehen zahlreiche quantitative Entscheidungsmodelle zur Verfügung.[21] Diese Modelle unterscheiden sich in vielfacher Hinsicht, u. a. auch durch die ihnen zugrundeliegenden Annahmen über den Bedarfsverlauf und durch die Berücksichtigung von Kapazitäten der Ressourcen.

Grad der Abhängigkeit	Niveau der Bedarfsmengen	
	gleichbleibend	schwankend
unabhängig	statische Losgrößenprobleme mit unabhängigem Bedarf (**Fall I**)	dynamische Losgrößenprobleme mit unabhängigem Bedarf (**Fall II**)
abhängig	[statische Losgrößenprobleme mit abhängigem Bedarf (**Fall III**)]	dynamische Losgrößenprobleme mit abhängigem Bedarf (**Fall IV**)

Tabelle D.13: Charakterisierung von Losgrößenproblemen nach dem Grad der Abhängigkeit der Bedarfsmengen und der Form des Bedarfsverlaufs

---

21 Zu einem aktuellen Überblick siehe *Kuik et al.* (1994); *Derstroff* (1995); *Kimms* (1997); *Kimms und Drexl* (1998).

Der Bedarfsverlauf eines Produkts kann entweder stark schwankend oder relativ gleichbleibend sein. In engem Zusammenhang damit steht die für die Durchführung der Losgrößen- und Materialbedarfsplanung bedeutsame Frage, ob der Bedarf eines Produkts vom Bedarfsverlauf übergeordneter Erzeugnisse unabhängig oder abhängig ist. Kombiniert man die Ausprägungen dieser beiden Merkmale, dann lassen sich die in Tabelle D.13 zusammengefaßten Problemsituationen unterscheiden.

Im **Fall I** ist der Bedarf unabhängig und im Durchschnitt gleichbleibend bzw. angenähert konstant. Ein derartiger Bedarfsverlauf ist oft bei Baugruppen und Einzelteilen festzustellen, die in sehr viele übergeordnete Produkte eingebaut werden. Durch die vielfältige Verwendung der Erzeugnisse ergibt sich ein annähernd regelmäßiger Bedarf, der durch statistische Prognoseverfahren vorhergesagt werden kann. Zur Bestimmung der optimalen Auftragsgröße eignet sich das klassische Losgrößenmodell oder eine daraus abgeleitete Variante.[22]

Fall II ist dadurch gekennzeichnet, daß der Bedarf zwar unabhängig, aber im Zeitablauf nicht konstant ist. Hier liegt ein dynamisches Losgrößenproblem vor. Zur Behandlung dieses Problemtyps kann das dynamische Losgrößenmodell für isolierte Produkte eingesetzt werden. Einige der zahlreichen verfügbaren Verfahren zur Lösung dieses Modells werden weiter unten dargestellt.

Fall III ist eingeklammert, weil diese Situation in der Praxis kaum vorkommt. Denn wenn die Periodenbedarfsmengen eines untergeordneten Produkts von den Produktionsmengen (Losgrößen) eines übergeordneten Produkts abhängen, dann ist der Periodenbedarf dieses Produkts nicht mehr gleichbleibend, sondern er weist dynamische Schwankungen auf.

Bedarfsschwankungen treten einmal dann auf, wenn die Produktionsgeschwindigkeiten aufeinanderfolgender Produktionsstufen (Produkte) unterschiedlich sind. Am Beispiel einer linearen Produktionsstruktur läßt sich zeigen, daß bei unterschiedlichen Produktionsgeschwindigkeiten die Produktion des schneller produzierten Produkts zeitweise eingestellt werden muß, damit sich keine überhöhten Lagerbestände anhäufen.

Die zweite wesentliche Ursache dafür, daß die Periodenbedarfsmengen für das abhängige Produkt schwanken, liegt in der geschlossenen Produktweitergabe, die häufig in der Praxis verwendet wird. Das heißt, ein Fertigungsauftrag (Los) wird erst dann zur nächsten Bearbeitungsstufe weitertransportiert, wenn alle Werkstücke des Loses fertiggestellt sind. Dies veranschaulicht Bild D.14, in dem die gemeinsame Entwicklung der Lagerbestände zweier Erzeugnisse im Zeitablauf dargestellt ist.

Das Endprodukt 1 steht einer kontinuierlichen Nachfrage gegenüber. Die Auftragsgrößen werden z. B. nach der klassischen Losgrößenformel unter der Annahme unendlicher Fertigungsgeschwindigkeit gebildet. Die Produktweitergabe ist geschlossen, d. h. zu Beginn der Produktion eines Loses des Endprodukts wird der gesamte dazu benötigte Sekundärbedarf des Einzelteils 2 vom Lager entnommen.

---

22 vgl. *Günther und Tempelmeier* (2002), Abschnitt 9.2.1

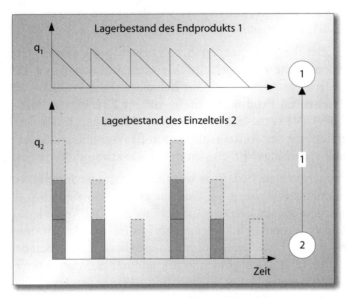

Bild D.14: *Gemeinsame Entwicklung der Lagerbestände zweier durch direkte Input-Output-Beziehungen miteinander verbundener Erzeugnisse*

In der Periode, in der ein neues Los des Endprodukts 1 aufgelegt wird, tritt für das untergeordnete Produkt 2 ein Bedarf in Höhe der Losgröße des Endprodukts 1 auf. In allen anderen Perioden dagegen ist der Bedarf für das untergeordnete Produkt gleich Null.

Selbst wenn auf der übergeordneten Erzeugnisebene gleichbleibende Bedarfe auftreten, entstehen durch die dort vorgenommene Losbildung Schwankungen des Periodenbedarfs auf der untergeordneten Erzeugnisebene, so daß der Bedarf dort einen sporadischen Charakter annimmt. Wegen dieser zwischen den verschiedenen Erzeugnisstufen bestehenden Interdependenzen dürfen die Produkte bei der Losbildung nicht isoliert betrachtet werden, sondern man muß die Auswirkungen der Losgrößenplanung auf einer übergeordneten Stufe auf alle untergeordneten Produkte beachten.

Der für abhängigen Bedarf und geschlossene Produktweitergabe typische Fall ist nun der **Fall IV**, bei dem der Bedarfsverlauf eines untergeordneten Erzeugnisses sowohl von den Losgrößenentscheidungen auf den übergeordneten Erzeugnisstufen abhängig als auch dynamisch ist.

Außer im Hinblick auf die unterstellten Eigenschaften des Bedarfsverlaufs und den Grad der Abhängigkeit (Mehrstufigkeit) des Bedarfs lassen sich die vorliegenden Entscheidungsmodelle zur Losgrößenbestimmung danach differenzieren, ob die Kapazitäten der Ressourcen als knapp oder unbeschränkt angesehen werden und schließlich ob lediglich ein Produkt oder ob mehrere Produkte betrachtet werden (Produktanzahl). Bei mehrstufigen Ansätzen kann darüber hinaus nach der Form der Erzeugnis- und Prozeßstruktur unterschieden werden (lineare, konvergierende, divergierende oder generelle Erzeugnis- und Prozeßstruktur).

Es ist nicht das Ziel der vorliegenden Arbeit, einen umfassenden Überblick über die gesamte Losgrößentheorie zu vermitteln. Vielmehr wollen wir uns auf die Diskussion von Lösungsansätzen beschränken, die zur Behandlung des Problems der **Losgrößenbestimmung bei mehreren Produkten, mehrstufiger Erzeugnisstruktur und dynamischem Bedarf** (Fall IV) vorgeschlagen wurden. Derartige Lösungsansätze werden vor allem zur Unterstützung der Auftragsbildung in EDV-gestützten Systemen zur Produktionsplanung und -steuerung (PPS-Systeme) bei Werkstattproduktion benötigt.

Werden die terminierten Nettobedarfsmengen eines übergeordneten Produkts zu Produktionslosen zusammengefaßt, dann hat dies zur Folge, daß sich auch die Nettobedarfsmengen der untergeordneten Erzeugnisse verändern. Die Veränderung der Periodenbedarfsmengen eines Produkts hat aber einen Einfluß auf dessen optimale Losgrößen bzw. Bestellmengen. Es bestehen damit Interdependenzen zwischen der für ein übergeordnetes Produkt verfolgten Losgrößenpolitik und den auf den untergeordneten Stufen entstehenden Losgrößenproblemen. Wegen dieser Interdependenzen kann die Losgröße eines übergeordneten Produkts nicht unabhängig von den Losgrößen der untergeordneten Produkte bestimmt werden.

Das bedeutet aber: Die Materialbedarfsrechnung und die Losgrößenbestimmung sind als Einheit zu betrachten. Eine Losgrößenbestimmung ohne Berücksichtigung der Materialbedarfsrechnung ist sinnlos. Andererseits ist auch eine Materialbedarfsrechnung ohne simultane Bestimmung der Losgrößen nicht optimal.

Die weiteren Ausführungen sind wie folgt strukturiert. Zunächst wird das dynamische Einprodukt-Losgrößenproblem behandelt (Abschnitt D.3.2), da dieses Problem u. a. die Grundlage der in der betrieblichen Praxis eingesetzten heuristischen Losgrößenverfahren darstellt. Im Anschluß daran wird die Betrachtung auf das einstufige Mehrprodukt-Losgrößenproblem bei knapper Produktionskapazität ausgeweitet (Abschnitt D.3.3), d. h. auf den Fall, daß mehrere Produkte um dieselben Ressourcen konkurrieren. Dabei wird die einstufige Betrachtungsweise beibehalten. Schließlich untersuchen wir im letzten Teil dieses Abschnitts die in der betrieblichen Praxis i. d. R. vorherrschenden mehrstufigen Mehrprodukt-Losgrößenprobleme (Abschnitt D.3.4).

D.3.2 Das dynamische Einprodukt-Losgrößenproblem

Die einfachste Form der Reduzierung der Komplexität des mehrstufigen Mehrprodukt-Losgrößenproblems mit dynamischem Bedarfsverlauf besteht darin, sämtliche Interdependenzen zwischen den Erzeugnissen zu vernachlässigen und jedes Produkt isoliert zu behandeln. Berücksichtigt man dabei den Umstand, daß die Periodennettobedarfsmengen der Erzeugnisse Schwankungen unterliegen, dann kann das resultierende Problem als ein dynamisches Einprodukt-Losgrößenproblem dargestellt werden.

Das dynamische Einprodukt-Losgrößenproblem bildet die Grundlage, auf der viele der in den folgenden Abschnitten diskutierten Ansätze zur Lösung des dynamischen Mehrprodukt-Losgrößenproblems basieren. Ein großer Teil der betriebswirtschaftlichen Literatur zur Losgrößenplanung konzentriert sich auf diesen Problemtyp.[23] Dies gilt auch für die betriebliche Praxis, die im Rahmen der Materialbedarfsrechnung und Losgrößenplanung unter Vernachlässigung der Interdependenzen zwischen den Endprodukten, Baugruppen und Einzelteilen für jedes Erzeugnis isoliert Fertigungs- bzw. Beschaffungsaufträge bildet. Dabei wird gedanklich auf dem dynamischen Einprodukt-Losgrößenproblem aufgebaut.

D.3.2.1 Modellformulierungen

Das dynamische Einprodukt-Losgrößenproblem läßt sich wie folgt beschreiben. Für einen Planungszeitraum von T Perioden liegen geplante Nettobedarfsmengen[24] d_t ($t = 1, 2, ..., T$) eines isoliert betrachteten Produkts vor, die jeweils zum Beginn einer Periode bereitzustellen sind. Der Lagerbestand des Produkts zu Beginn der Periode 1 bzw. am Ende der Periode 0, y_0, sei Null. Denn evtl. vorhandene Bestandsmengen werden bereits bei der Nettobedarfsrechnung berücksichtigt. Der Lagerbestand am Ende des Planungszeitraums, y_T, soll ebenfalls Null betragen. Soll am Ende des Planungszeitraums ein positiver Lagerbestand bestehen, dann ist der Bedarf der letzten Periode um diesen Ziellagerbestand zu erhöhen.

Die Beschaffungs- bzw. Produktionszeit[25] des Erzeugnisses wird vernachlässigt. Fehlmengen sind nicht erlaubt, d.h. der Bedarf einer Periode muß vollständig und rechtzeitig, d.h. zum Beginn einer Periode, befriedigt werden. Das Produkt wird auf einer Maschine (Ressource) mit unbeschränkter Kapazität produziert. Damit werden Wartezeiten vor dem Produktionsbeginn ausgeschlossen. Im folgenden wird nur noch auf Produktionsvorgänge Bezug genommen. Die Problemstellung kann jedoch sinngemäß auf Beschaffungsvorgänge übertragen werden. Jede Auflage eines Produktionsloses verursacht fixe Rüstkosten in Höhe von s GE. Lagerkosten in Höhe von h GE je ME und Periode werden immer auf die am Ende einer Periode gelagerte Produktmenge berechnet. Zusätzlich können variable Produktionskosten p_t berücksichtigt werden.[26] Es ist die

---

23 vgl. z. B. *Robrade* (1991) und die dort angegebene Literatur
24 Aus Gründen der Einfachheit verwenden wir in allen dynamischen Losgrößenmodellen zur Bezeichnung des aus der Sicht des jeweiligen Modells extern vorgegebenen Bedarfs eines Produkts in der Periode t das Symbol d_t (bzw. in Mehrproduktmodellen d_{kt}), das bislang den Primärbedarf bezeichnete.
25 Die Beschaffungs- bzw. Produktionszeit kann Werte größer als Null annehmen, sofern sie von der Losgröße unabhängig ist. In diesem Fall sind die Lose lediglich entsprechend früher aufzulegen, so daß sie rechtzeitig zu Beginn ihrer ersten Bedarfsperiode bereitstehen. Diese einfache Form der Berücksichtigung der Produktionszeit ist allerdings nur anwendbar, wenn keine Kapazitätsbeschränkungen bestehen.
26 Sind die variablen Produktionskosten im Zeitablauf konstant, dann können sie als nicht entscheidungsrelevant unberücksichtigt bleiben.

kostenminimale Folge von Losen q_t ($t = 1, 2, ..., T$) (d. h. ein Produktionsplan für das betrachtete Produkt) zu bestimmen. Das beschriebene Problem kann durch folgendes Entscheidungsmodell dargestellt werden:

Modell SLULSP[27]

Minimiere $Z = \sum_{t=1}^{T} (\underbrace{s \cdot \gamma_t}_{\text{Rüstkosten in Periode } t} + \underbrace{h \cdot y_t}_{\text{Lagerkosten am Ende der Periode } t} + \underbrace{p_t \cdot q_t}_{\text{variable Produktionskosten}})$ \hfill (D.28)

u. B. d. R.

$y_{t-1} + q_t - y_t = d_t$ \hfill $t = 1, 2, ..., T$ \hfill (D.29)

$q_t - M \cdot \gamma_t \leq 0$ \hfill $t = 1, 2, ..., T$ \hfill (D.30)

$q_t \geq 0$ \hfill $t = 1, 2, ..., T$ \hfill (D.31)

$y_t \geq 0$ \hfill $t = 1, 2, ..., T$ \hfill (D.32)

$y_0, y_T = 0$ \hfill (D.33)

$\gamma_t \in \{0, 1\}$ \hfill $t = 1, 2, ..., T$ \hfill (D.34)

Dabei bedeuten:

d_t Nettobedarfsmenge in Periode t
h Lagerkostensatz
M große Zahl
p_t variable Produktionskosten in Periode t
q_t Losgröße in Periode t
s Rüstkostensatz
T Länge des Planungszeitraums
y_t Lagerbestand am Ende der Periode t
γ_t binäre Rüstvariable

Die Zielfunktion setzt sich zusammen aus den von der Anzahl der aufgelegten Lose abhängigen Rüstkosten, den Kosten für die Lagerung der Erzeugnismengen und den variablen Produktionskosten. Die Größe γ_t ist eine Binärvariable, die nur dann den Wert 1 annimmt, wenn in Periode t ein Los aufgelegt wird. Dies wird durch die Nebenbedingungen (D.30) in Verbindung mit der Minimierungsvorschrift der Zielfunktion erreicht.

---

[27] SLULSP = **S**ingle-**L**evel **U**ncapacitated **L**ot **S**izing **P**roblem. Dieses Problem wird auch als Wagner-Whitin-Problem bezeichnet. Vgl. *Wagner und Whitin* (1958); *Lee und Nahmias* (1993).

Sie erzwingen für die Binärvariablen γ_t den Wert 1, falls die Losgröße q_t größer als Null ist.

M ist eine große Zahl, die so groß sein muß, daß sie die Losgröße einer Periode niemals beschränkt. Definiert man die kumulierten Bedarfsmengen der Perioden t bis i nach Gleichung (D.35)[28], dann beschreibt D_{tT} die maximal sinnvolle Losgröße der Periode t.

$$D_{ti} = \sum_{j=t}^{i} d_j \qquad\qquad t, i = 1, 2, ..., T; i \geq t \qquad (D.35)$$

Die Nebenbedingung (D.30) kann daher auch wie folgt ersetzt werden:

$$q_t - D_{tT} \cdot \gamma_t \leq 0 \qquad\qquad t = 1, 2, ..., T \qquad (D.36)$$

Die Beziehungen (D.29) stellen den Zusammenhang zwischen der Bedarfsmenge einer Periode, den Lagerbeständen am Periodenanfang und -ende und der Produktionsmenge her. Kapazitätsgesichtspunkte werden in der Modellformulierung (D.28)–(D.34) nicht berücksichtigt. So kann der Fall eintreten, daß eine im Hinblick auf die verfolgte Zielsetzung (D.28) optimale Folge von Losen nicht produzierbar ist. Dies ist insb. dann der Fall, wenn das betrachtete Erzeugnis neben anderen Produkten auf einer Maschine in der gleichen Periode bearbeitet werden soll. Wegen der Grobheit des verwendeten Periodenrasters – eine Periode t entspricht i. a. einem Zeitraum von einer bis mehreren Wochen – besteht für die Produktionsablaufplanung aber noch die Möglichkeit, innerhalb einer solchen Teilperiode Freiheitsgrade der Produktionssteuerung auszunutzen[29], z. B. durch Änderung der Produktionsreihenfolge der einzelnen Aufträge an einer Maschine die Rüstzeitensumme zu vermindern.[30]

Eine auch für das Verständnis anderer Modellformulierungen des dynamischen Losgrößenproblems wichtige Eigenschaft der optimalen Lösung wurde von *Wagner und Whitin* bewiesen: Optimal kann nur eine Losgrößenpolitik sein, in der immer nur dann ein Los aufgelegt wird, wenn der Lagerbestand am Ende der Vorperiode erschöpft ist. Es muß also gelten:

$$q_t \cdot y_{t-1} = 0 \qquad\qquad t = 1, 2, ..., T \qquad (D.37)$$

Aus dieser Optimalitätsbedingung kann abgeleitet werden, daß ein Los jeweils eine **ganzzahlige Anzahl von Periodenbedarfen** umfassen muß. Andernfalls bleibt am Ende einer Periode ein Lagerbestand übrig, der nicht zur vollständigen Deckung des Bedarfs der nächsten Periode ausreicht und daher überflüssig ist. Die Bedingung (D.37) und ihre beschriebene Konsequenz erlauben die Abbildung des Problems durch verschiedene Modellierungsansätze. So kann das dynamische Losgrößenproblem auch als

---

28 vgl. *Wagelmans et al.* (1992)
29 vgl. *McClain und Trigeiro* (1985), S. 347
30 Dies ist dann möglich, wenn die Rüstzeiten zwischen den Aufträgen an einer Maschine reihenfolgeabhängig sind.

Problem der Bestimmung des **kürzesten Weges in einem Netzwerk**[31] dargestellt werden.

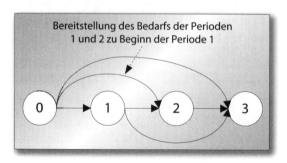

Bild D.15: Kürzeste-Wege-Netzwerk des dynamischen Losgrößenproblems

Für jeden Periodenbedarf führt man einen Knoten ein. Die Periodenknoten werden durch Pfeile miteinander verbunden, die die Reichweiten der Lose (ganzzahlige Anzahl von Periodenbedarfen) zum Ausdruck bringen. Ein Pfeil zwischen den Knoten τ und t bedeutet: es wird am Ende der Periode τ (zu Beginn der Periode $\tau + 1$) ein Los produziert, das die Bedarfsmengen der Perioden $\tau + 1$ bis t umfaßt. Bild D.15 zeigt ein solches Netzwerk für einen Planungszeitraum von $T = 3$ Perioden.

Dabei werden alle möglichen Losgrößen, die jeweils die vollständigen Bedarfsmengen einer ganzzahligen Anzahl von Perioden umfassen, durch die Pfeile repräsentiert. Die einem Pfeil vom Knoten τ zum Knoten t zugeordneten Kosten, d.h. die Kosten eines Loses[32], das den Bedarf der Perioden $\tau + 1$ bis t abdeckt, betragen:

$$w_{\tau t} = s + h \cdot \sum_{j=\tau+1}^{t} (j - \tau - 1) \cdot d_j \qquad (D.38)$$

mit
- Bedarfsmenge der Periode j
- Lagerdauer des Bedarfs der Periode j
- Lagerkostensatz
- Rüstkostensatz

Der Pfeil vom Knoten 0 zum Knoten 3 in Bild D.15 erhält z. B. die Bewertung $w_{03} = s + h \cdot 0 \cdot d_1 + h \cdot 1 \cdot d_2 + h \cdot 2 \cdot d_3$, da die Produktion am Ende der Periode 0 erfolgt und der Bedarf der Periode 2 eine Periode und der Bedarf der Periode 3 zwei Perioden gelagert werden muß. Damit ist das betrachtete dynamische Losgrößenproblem in ein Kürzeste-Wege-Problem überführt worden. Eine zulässige Lösung des Problems entspricht einem geschlossenen Weg durch das Netzwerk vom Knoten 0 zum Knoten T. Die einem Pfeil zugeordneten Kosten sind die Summe aus Rüstkosten, Lagerkosten und evtl. variablen Produktionskosten. Das dynamische Einprodukt-Losgrößenmodell ohne Kapazitätsbeschränkungen lautet dann:

---

31 vgl. z.B. *Evans* (1985), S. 231. Eine andere graphentheoretische Darstellung verwendet Zangwill. Vgl. *Zangwill* (1969)

32 Periodenabhängige lineare variable Produktionskosten lassen sich ebenfalls berücksichtigen.

Modell SRP[33]

Minimiere $Z = \sum_{\tau=0}^{T} \sum_{t=\tau+1}^{T} w_{\tau t} \cdot \theta_{\tau t}$ (D.39)

↳ Auswahl des Pfeils von Knoten τ zum Knoten t

u. B. d. R.

$$\sum_{t=0}^{T} \theta_{0t} = 1 \qquad (D.40)$$

$$-\sum_{l=0}^{\tau} \theta_{l\tau} + \sum_{t=\tau}^{T} \theta_{\tau t} = 0 \qquad \tau = 1, 2, ..., T-1 \quad (D.41)$$

$$\theta_{\tau t} \geq 0 \qquad \tau = 0, 1, ..., T-1; t = 1, 2, ..., T \quad (D.42)$$

Dabei bedeuten:

$w_{\tau t}$ Summe aus den Rüstkosten am Ende der Periode τ bzw. zu Beginn der Periode $\tau + 1$ und den Kosten für die Lagerung der kumulierten Bedarfsmengen der Perioden $\tau + 2$ bis t, falls sie bereits in Periode $\tau + 1$ produziert werden

T Länge des Planungszeitraums

$\theta_{\tau t}$ binäre Variable, die den Wert 1 annimmt, wenn der gesamte Bedarf der Perioden $\tau + 1$ bis t durch Produktion zu Beginn der Periode $\tau + 1$ (am Ende der Periode τ) gedeckt wird

Gleichung (D.40) sichert, daß der Weg im Knoten 0 beginnt. Gleichung (D.41) garantiert, daß der Weg erst im Zielknoten T – und nicht vorher – endet. Durch diese graphentheoretische Interpretation des Losgrößenproblems kann man auf effiziente Algorithmen zur Bestimmung kostenminimaler Wege in Netzwerken zurückgreifen.[34]

Die Struktur des Problems führt dazu, daß die Variablen $\theta_{\tau t}$ in der optimalen Lösung des Modells immer ganzzahlige Werte (0 oder 1) annehmen. Das bedeutet, daß in jedem Knoten höchstens ein eintreffender Pfeil ausgewählt wird. Oder anders ausgedrückt: der Bedarf einer Periode wird vollständig aus *einem* Produktionslos gedeckt[35]. Daher kann man die Rüstkosten den Pfeilen eindeutig zuordnen.

Diese Kürzeste-Wege-Interpretation des dynamischen Losgrößenproblems erweist sich auch dann noch als vorteilhaft, wenn Kapazitäten zu berücksichtigen sind und daher der Fall auftreten kann, daß *in einem Knoten mehrere Pfeile eintreffen*. Verzichtet man auf den Knoten 0 und modelliert man die Möglichkeit, daß das in Periode τ produzierte Los nur den Bedarf dieser Periode umfaßt, durch einen Pfeil, der vom Knoten τ zu diesem zurück führt, dann erhält man das folgende Modell, wobei man nun allerdings Rüstvariablen berücksichtigen sowie die Rüstkosten und die Lagerkosten getrennt ausweisen muß:[36]

---

33 SRP = **S**hortest **R**oute **P**roblem
34 vgl. *Domschke und Drexl* (2002)
35 Siehe Gleichung (D.37)
36 vgl. *Eppen und Martin* (1987)

Modell SRP$_G$

Minimiere $Z = \sum_{\tau=1}^{T} s \cdot \gamma_\tau + \sum_{\tau=0}^{T} \sum_{t=\tau+1}^{T} g_{\tau t} \cdot \theta_{\tau t}$ (D.43)

- Rüstkosten in Periode τ
- Anteil der Bedarfsmengen der Perioden τ bis t, der in Periode τ produziert wird

u. B. d. R.

$$\sum_{t=1}^{T} \theta_{1t} = 1 \tag{D.44}$$

$$-\sum_{l=1}^{\tau-1} \theta_{l,\tau-1} + \sum_{t=\tau}^{T} \theta_{\tau t} = 0 \qquad \tau = 2, 3, ..., T \tag{D.45}$$

$$\theta_{\tau t} \leq \gamma_\tau \qquad \tau = 1, 2, ..., T; t = \tau, \tau+1, ..., T \tag{D.46}$$

$$\theta_{\tau t} \geq 0 \qquad \tau = 0, 1, ..., T-1; t = 1, 2, ..., T \tag{D.47}$$

Dabei bedeuten:

$g_{\tau t}$ Kosten für die Lagerung der kumulierten Bedarfsmengen der Perioden $\tau+1$ bis t, falls sie bereits in Periode τ produziert werden
s Rüstkostensatz
T Länge des Planungszeitraums
γ_τ binäre Rüstvariable
$\theta_{\tau t}$ Anteil der Bedarfsmengen der Perioden τ bis t, der in Periode τ produziert wird

Da die Rüstkosten jetzt von den Pfeilbewertungen getrennt sind, wird durch die Nebenbedingungen (D.46) die Verbindung zwischen den binären Rüstvariablen und den kontinuierlichen Produktionsmengenvariablen hergestellt.

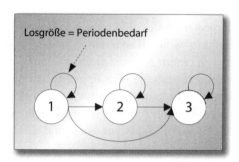

Bild D.16: Netzwerkdarstellung des dynamischen Losgrößenproblems

Bild D.16 zeigt die dem Modell SRP$_G$ entsprechende Netzwerkdarstellung, wobei der Startknoten eines Pfeils die Produktionsperiode und der Zielknoten die letzte Periode bezeichnet, deren Bedarf – u. U. nur teilweise – durch das Los gedeckt wird. Das Modell SRP$_G$ führt bei gleichen Daten zu demselben Ergebnis wie das Modell SRP. Es kann leicht in übergeordnete Modellbetrachtungen, in denen mehrere Produkte sowie Kapazitätsbeschränkungen zu berücksichtigen sind, integriert werden. Dabei zeigt sich, daß die Variablendefinition und die Struktur der Nebenbedingungen sich günstig auf die Rechenzeit auswirken.[37]

Eine andere Formulierung des dynamischen Losgrößenproblems wird von *Krarup und Bilde*[38] vorgeschlagen. Sie interpretieren das Problem als ein multiples **Standortproblem** ohne Kapazitätsbeschränkungen mit einer speziellen Struktur der möglichen Transportverbindungen. Die möglichen Produktionszeitpunkte werden als potentielle Standorte und die Bedarfszeitpunkte als Nachfrageorte dargestellt. Ein Rüstvorgang (zu Beginn der Periode τ) entspricht dann der Wahl eines Standorts (Knoten τ). Lagerung bedeutet Transport der Produktmenge über die Zeit (von Produktionsperiode τ bis zur Bedarfsperiode t, d.h. vom Standort τ zum Nachfrageort t). Das dynamische Einprodukt-Losgrößenmodell lautet in dieser Interpretation:

Modell SPLP[39]

Minimiere $Z = \sum_{\tau=1}^{T} \underbrace{s \cdot \gamma_\tau}_{} + \sum_{\tau=1}^{T} \sum_{t=\tau}^{T} \underbrace{h_{\tau t} \cdot \delta_{\tau t}}_{}$ (D.48)

↑ Transport vom Standort τ zum Bedarfsort t
 (= Lagerung von in Periode τ produzierten
 Mengen bis zur Periode t)

↳ Wahl des Standorts τ (= Produktion in Periode τ)

u. B. d. R.

$\sum_{\tau=1}^{t} \delta_{\tau t} = 1$ \hfill $t = 1, 2, ..., T$ \hfill (D.49)

$\delta_{\tau t} \leq \gamma_\tau$ \hfill $\tau = 1, 2, ..., T; t = \tau, \tau+1, ..., T$ \hfill (D.50)

$\delta_{\tau t}, \gamma_\tau \in \{0, 1\}$ \hfill $\tau = 1, 2, ..., T; t = \tau, \tau+1, ..., T$ \hfill (D.51)

Dabei bedeuten:

$h_{\tau t}$ Kosten für die Lagerung der Bedarfsmenge der Periode t, falls sie bereits in Periode τ hergestellt wird

s Rüstkostensatz

T Länge des Planungszeitraums

γ_τ binäre Rüstvariable

$\delta_{\tau t}$ binäre Variable, die den Wert 1 annimmt, wenn der Bedarf der Periode t durch Produktion in der Periode τ gedeckt wird

---

37   Siehe Modell MLCLSP$_{Helber}$, S. 222
38   vgl. *Krarup und Bilde* (1977); *Rosling* (1986)
39   SPLP = **S**imple **P**lant **L**ocation **P**roblem

Die Größe $\delta_{\tau t}$ bezeichnet den Anteil der Bedarfsmenge der Periode t, der in Periode τ produziert und demzufolge von Periode τ bis zur Periode t gelagert wird. Die Beschränkung dieser Variablen auf die Werte 0 oder 1 in Nebenbedingung (D.51) bedeutet, daß ein Periodenbedarf nicht aus mehreren, in unterschiedlichen Perioden produzierten Losen gedeckt wird. Diese Bedingung ergibt sich unmittelbar aus der Optimalitätsbedingung (D.37). Da die Produktionskapazität in den einzelnen Perioden, d. h. die Kapazität der einzelnen „Standorte", nicht beschränkt ist, führt auch die Lösung einer LP-Relaxation des Modells SPLP bezüglich $\delta_{\tau t}$ für gegebene Werte von γ_τ (Produktionsperioden) immer zu ganzzahligen Werten der Variablen $\delta_{\tau t}$.[40] Dies ist offensichtlich, da jede Bedarfsperiode dann vollständig aus der für sie kostengünstigsten Produktionsperiode versorgt werden kann.

Die spezielle Struktur der Transportverbindungen ergibt sich aus Beziehung (D.49). Im „normalen" multiplen Standortproblem läuft der Summationsindex bis T. Da Bedarfe nicht aus zeitlich nachgelagerten Produktionsperioden versorgt werden können, ergibt sich als Summationsgrenze die Bedarfsperiode t. Die Lagerkosten[41] für die in Periode τ produzierte Bedarfsmenge der Periode t, $h_{\tau t}$, sind durch Gleichung (D.52) definiert.

$$h_{\tau t} = h \cdot d_t \cdot (t - \tau) \qquad \tau = 1, 2, ..., T; t = \tau, \tau + 1, ..., T$$

   ↑ ↑ ↑ Lagerdauer
             └ Bedarfsmenge der Periode t
    └ Lagerkostensatz

(D.52)

Die Nebenbedingungen (D.49) stellen sicher, daß der Bedarf der Periode t spätestens durch eine Produktion in dieser Periode gedeckt wird. Auf diese Weise werden geplante Fehlmengen verhindert. Durch die Beziehungen (D.50) wird erzwungen, daß immer dann, wenn in einer Periode t produziert wird, die damit verbundenen Rüst- bzw. Produktionskosten in der Zielfunktion berücksichtigt werden. Die Formulierung des Modells SPLP unterstellt, daß in jeder Periode ein positiver Bedarf ($d_t > 0$) auftritt. Ist dies nicht der Fall ($d_t = 0$), dann sind die auf diese Periode bezogenen Variablen zu löschen und die Berechnung der Lagerkosten entsprechend anzupassen.

Bild D.17 veranschaulicht die Struktur des Modells SPLP. Ein heuristisches Lösungsverfahren auf der Grundlage dieser Modellvorstellung wird von *Bahl und Zionts*[42] vorgeschlagen. Während das multiple Standortproblem ein relativ schwer zu lösendes kombinatorisches Optimierungsproblem darstellt, ist aufgrund der durch Gleichung (D.52) gegebenen speziellen Kostenstruktur eine sehr einfache Lösung des Modells SPLP möglich.[43] In Abschnitt D.3.3.1, S. 167 ff. wird dieses Modell zu einem Mehrprodukt-Losgrößenmodell mit Kapazitätsbeschränkungen erweitert. In Abschnitt

---

40 vgl. *Krarup und Bilde* (1977)
41 Auch hier lassen sich wieder periodenabhängige lineare variable Produktionskosten einbeziehen.
42 Vgl. *Bahl und Zionts* (1986). Die Heuristik entspricht der von Khumawala für die Standortplanung entwickelten „largest-omega-rule". Vgl. *Khumawala* (1973).
43 vgl. *Rosling* (1984)

D.4.1, S. 366 ff., wird eine Erweiterung des Modells SPLP für die simultane Bestellmengenplanung und Lieferantenauswahl eingesetzt.

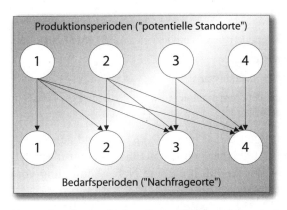

Bild D.17: *Darstellung des dynamischen Losgrößenproblems als Standortproblem*

Rosling[44] erweitert das System der Nebenbedingungen im Modell SPLP durch explizite Schlupfvariablen und entwickelt das folgende Modell:

Modell SPLP$_{Rosling}$

Minimiere $Z = \sum_{\tau=1}^{T} s \cdot \gamma_\tau + \sum_{\tau=1}^{T} \sum_{t=\tau}^{T} h_{\tau t} \cdot \delta_{\tau t}$ (D.53)

u. B. d. R.

$\delta_{1t} - s_{1t} = 0$ $\qquad t = 1, 2, ..., T$ (D.54)

$\delta_{\tau t} - s_{\tau t} + s_{\tau-1,t} = 0$ $\qquad t = 3, ..., T; \tau = 2, ..., t-1$ (D.55)

$\delta_{tt} + s_{t-1,t} = 1$ $\qquad t = 1, 2, ..., T$ (D.56)

$\delta_{\tau t} \leq \gamma_\tau$ $\qquad \tau = 1, 2, ..., T; t = \tau, ..., T$ (D.57)

$s_{01} = 0$ (D.58)

$s_{\tau t} \geq 0$ $\qquad \tau = 1, 2, ..., T; t = \tau, ..., T$ (D.59)

$\delta_{\tau t}, \gamma_\tau \in \{0, 1\}$ $\qquad \tau = 1, 2, ..., T; t = \tau, ..., T$ (D.60)

---

44 vgl. *Rosling* (1986)

Dabei bedeuten:

$h_{\tau t}$ Kosten für die Lagerung des Anteils der Bedarfsmenge der Periode t, der bereits in Periode τ hergestellt wird

s Rüstkostensatz

$s_{\tau t}$ bis zum Ende der Periode τ bereits produzierter Anteil der Bedarfsmenge der Periode t

T Länge des Planungszeitraums

γ_τ binäre Rüst- bzw. Produktionsvariable

$\delta_{\tau t}$ binäre Variable, die den Wert 1 annimmt, wenn der Bedarf der Periode t durch Produktion in der Periode τ gedeckt wird

Die Modellformulierungen SPLP und SPLP$_{\text{Rosling}}$ sind äquivalent. Dies läßt sich nachweisen, indem man die Gleichungen (D.54) bis (D.56) für einen gegebenen Wert von t addiert. Das Ergebnis der Addition ist eine Nebenbedingung vom Typ (D.49) aus dem Modell SPLP.

Die Variable $\delta_{\tau t}$ nimmt den Wert 1 an, wenn die Bedarfsmenge der Periode t bereits in der Periode τ produziert wird. Das Modell SPLP$_{\text{Rosling}}$ unterscheidet sich vom Modell SPLP durch die Einbeziehung der Schlupfvariablen $s_{\tau t}$. Die Variable $s_{\tau t}$ beschreibt den bis zum Ende der Produktionsperiode τ bereits produzierten Anteil an der Bedarfsmenge der Bedarfsperiode t. Sie hat somit die Aufgabe der Fortschreibung der bis zu einer Periode produzierten Bedarfsmenge. Dies läßt sich anhand der Nebenbedingungen (D.54) bis (D.56) veranschaulichen. In Beziehung (D.54) wird die in Periode 1 hergestellte Produktionsmenge für Periode t, δ_{1t}, gleich der kumulierten Produktionsmenge für Periode t, s_{1t}, gesetzt. Beziehung (D.55) kann auch wie folgt geschrieben werden:

$$\delta_{\tau t} = s_{\tau t} - s_{\tau-1,t} \qquad \tau = 3, ..., T; \tau = 2, ..., t-1 \qquad \text{(D.61)}$$

↑ in Periode τ produzierter Zuwachs der kumulierten Produktionsmenge für Periode t

↳ = 1, falls die Bedarfsmenge der Periode t in der Periode τ produziert wird

Diese Schreibweise verdeutlicht, daß die Schlupfvariablen $s_{\tau t}$ zur Erfassung des bis zu einer Periode τ bereits produzierten Bedarfs einer Periode t dienen.

Gleichung (D.56) beschreibt die Beziehung zwischen der erst in der Bedarfsperiode t produzierten Menge, δ_{tt}, und der kumulierten Produktionsmenge bis zur Vorperiode $(t-1)$, $s_{t-1,t}$: Ist der Bedarf der Periode t schon bis zur Periode $(t-1)$ produziert worden ($s_{t-1,t} = 1$), dann wird in der Periode t nicht mehr für diese Bedarfsperiode produziert ($\delta_{tt} = 0$). Ist der Bedarf noch nicht produziert worden ($s_{t-1,t} = 0$), dann muß die Produktion in Periode t erfolgen ($\delta_{tt} = 1 - s_{t-1,t} = 1$).

Die Modellformulierung SPLP$_{\text{Rosling}}$ kann sehr einfach zu einem mehrstufigen dynamischen Mehrprodukt-Losgrößenproblem für eine konvergierende Erzeugnisstruktur erweitert werden.

D.3.2.2 Lösungsverfahren

Zur Lösung des dynamischen Einprodukt-Losgrößenproblems sind einige exakte und eine Vielzahl heuristischer Verfahren vorgeschlagen worden.

D.3.2.2.1 Exakte Lösung mit dynamischer Optimierung

Das klassische Verfahren zur Lösung des dynamischen Einprodukt-Losgrößenproblems geht auf *Wagner und Whitin*[45] zurück. Sie schlagen einen Ansatz der dynamischen Optimierung vor. Ein Beispiel soll den Lösungsweg der dynamischen Programmierung für die vorliegende Problemstellung verdeutlichen. Für einen Planungszeitraum von 6 Perioden werden die in Tabelle D.14 wiedergegebenen Bedarfsmengen eines Produkts prognostiziert. Die Rüstkosten betragen $s = 500$ GE pro Rüstvorgang. Der Lagerkostensatz beträgt $h = 1$ GE pro ME und Periode. Variable Produktionskosten werden vernachlässigt.

t	1	2	3	4	5	6
d_t	20	80	160	85	120	100

Tabelle D.14: Bedarfsmengen eines Verbrauchsfaktors

Eine mögliche Lösung dieses Problems besteht darin, daß der Bedarf jeder Periode jeweils zu Periodenbeginn durch ein Los gedeckt wird. In diesem Fall entstehen zwar keine Lagerkosten, da alle Produktionsmengen sofort verbraucht werden. Dafür fallen aber in jeder Periode Rüstkosten in Höhe von $s = 500$ GE an. Es können aber auch die Bedarfe mehrerer aufeinanderfolgender Perioden durch ein Los gedeckt werden. Dann entstehen für diesen Zeitraum zwar nur einmal losfixe Kosten in Höhe von s GE. Hinzu kommen aber Kosten für die Lagerung der Mengen, die nicht in der Produktionsperiode, sondern erst in den darauffolgenden Perioden verbraucht werden. So können z. B. zu Beginn der ersten Periode 100 ME produziert bzw. beschafft werden, wovon 20 ME sofort verbraucht und die restlichen 80 ME bis zum Verbrauch in Periode 2 gelagert werden.

Eine zulässige Lösung des betrachteten Problems soll im folgenden **Losgrößenpolitik** genannt werden. Jede Losgrößenpolitik kann sich aus mehreren zeitraumbezogenen Teilpolitiken zusammensetzen. Wir bezeichnen eine **Teilpolitik**, die den Bedarfszeitraum von Periode τ bis zur Periode j abdeckt, mit $p_{\tau j}$. In der netzwerkorientierten Problemdarstellung entspricht eine solche Teilpolitik einem Pfeil im Netzwerk vom Knoten $(\tau - 1)$ zum Knoten j. Das heißt, es wird zu Beginn der Periode τ die Menge bereitgestellt, die ausreicht, um den Bedarf bis zur Periode j zu decken. Ein solches Los deckt aber noch nicht den gesamten Planungszeitraum von Periode 0 bis Periode T ab. Um dies zu erreichen, könnte man z. B. eine Teilpolitik p_{12} durch die Teilpolitik p_{36}

---

45 vgl. *Wagner und Whitin* (1958)

ergänzen. Eine Kombination von Teilpolitiken, die den gesamten Planungszeitraum abdecken, ist eine zulässige Lösung des Problems. Offenbar gibt es nun so viele zulässige Lösungen, wie es Kombinationsmöglichkeiten der Teilpolitiken $p_{\tau j}$ gibt. Das Problem besteht damit darin, die beste Losgrößenpolitik als optimale Kombination dieser Teilpolitiken zu finden.

Jede Teilpolitik ist mit bestimmten **Kosten** verbunden. Wir bezeichnen die Kosten der Teilpolitik $p_{\tau j}$ als $c_{\tau j}$. Sie werden wie folgt errechnet:

$$c_{\tau j} = s + h \cdot \sum_{t=\tau+1}^{j} (t-\tau) \cdot d_t \qquad \tau \leq j \qquad (D.62)$$

Lagerdauer des Bedarfs der Periode t, d_t, wenn er schon in Periode τ bereitgestellt wird

Im obigen Beispiel erhalten wir die in Tabelle D.15 zusammengefaßten Kosten $c_{\tau j}$ ($j = 1, 2, ..., 6; \tau = 1, 2, ..., j$) der Teilpolitiken.

Bereitstellungsperiode (τ)	letzte Verbrauchsperiode (j)					
	1	2	3	4	5	6
1	500	580	900	1155	1635	2135
2	–	500	660	830	1190	1590
3	–	–	500	585	825	1125
4	–	–	–	500	620	820
5	–	–	–	–	500	600
6	–	–	–	–	–	500

Tabelle D.15: Tabelle der Kosten für alle Teilpolitiken

Anhand dieser Daten kann nun die optimale Lösung bestimmt werden. Dabei können folgende Eigenschaften des Problems genutzt werden: Eine zulässige Lösung des Problems ist eine Kombination von Teilpolitiken, die den gesamten Planungshorizont abdecken. Jede dieser Teilpolitiken deckt jeweils einen bestimmten Ausschnitt des Planungszeitraums ab. Eine zulässige Lösung für den Planungszeitraum T bezeichnen wir als P_T. So kann eine zulässige Lösung für den Planungszeitraum $T = 6$ in dem obigen Beispiel lauten:

$$P_6 = (P_5, p_{66}) \qquad (D.63)$$

Produktion in Periode 6 und Verbrauch in Periode 6

eine noch nicht näher spezifizierte Politik für die ersten fünf Perioden ($T = 5$)

Andere zulässige Losgrößenpolitiken für den Planungszeitraum $T = 6$ lauten:

$$P_6 = (\ P_4, p_{56})$$
$$P_6 = (\ P_3, p_{46})$$
$$P_6 = (\ P_2, p_{36}) \quad\quad\quad\quad\quad\quad\quad\quad\quad\quad\quad\quad\quad\quad \text{(D.64)}$$
$$P_6 = (\ P_1, p_{26})$$
$$P_6 = (\quad\ p_{16})$$

Man beachte, daß jede der Politiken P_i sich wiederum aus Teilpolitiken zusammensetzen kann. So könnte P_5 z. B. lauten:

$$P_5 = (\ P_2, p_{35}) \quad\quad\quad\quad\quad\quad\quad\quad\quad\quad\quad\quad\quad\quad\quad \text{(D.65)}$$

↑ Produktion in Periode 3 und Verbrauch in den Perioden 3 bis 5

↳ eine noch nicht näher spezifizierte Politik für die ersten beiden Perioden $(T = 2)$

Es läßt sich nun folgende Aussage treffen: Wenn eine Politik P_6 die optimale Politik für den Zeitraum $T = 6$ sein soll, dann muß die Politik P_i $(i = 1, ..., 5)$, die ja Bestandteil von P_6 ist, die optimale Politik für den Zeitraum i sein. Die Kosten dieser Politik P_6 betragen:

$$C_6 = C_i + c_{i+1,6} \quad\quad\quad\quad\quad\quad\quad\quad i = 1, 2, ..., 5 \quad \text{(D.66)}$$

z. B.

$$C_6 = C_5 + c_{66}$$

Die Größe c_{66} ist eine Konstante. Die Kosten C_6 sind daher nur dann minimal, wenn auch C_5 minimal ist. Das bedeutet, daß die minimalen Kosten einer Losgrößenpolitik $P_6 = (P_5, p_{66})$ dann erreicht werden, wenn für die ersten $i = 5$ Perioden des Planungszeitraums die kostenminimale Politik betrieben wird. Ist das nicht der Fall, dann kann auch P_6 nicht die beste Politik für den Zeitraum von $T = 6$ Perioden sein.[46] Bezeichnen wir die minimalen Kosten einer Losgrößenpolitik, die die ersten i Perioden des Planungszeitraums abdeckt, mit f_i, dann kann man diese Kosten durch folgende rekursive Beziehung beschreiben:

$$f_i = \min_{1 \leq l \leq i} \{f_{l-1} + c_{li}\} \quad\quad\quad\quad\quad i = 1, 2, ...T \quad \text{(D.68)}$$

mit $f_0 = 0$. Die Kosten für eine Losgrößenpolitik, die den Zeitraum von Periode 0 bis Periode i abdeckt, setzen sich damit aus zwei Komponenten zusammen: zum einen den Kosten einer (nicht näher spezifizierten) Losgrößenpolitik, die den Zeitraum von Periode 0 bis Periode $l - 1$ abdeckt, und zum anderen den Kosten der (genau spezifizierten) Teilpolitik, die den gesamten Bedarf der Perioden l bis i durch ein in Periode l produziertes Los abdeckt. Gleichung (D.68) kann nun schrittweise ausgewertet werden, indem man der Reihe nach die minimalen Kosten $f_1, f_2, ..., f_T$ und die damit verbundenen Losgrößenpolitiken ausrechnet. Die optimale Losgrößenpolitik ist dann diejenige, bei der die minimalen Kosten f_T entstehen. Das sei für das betrachtete Beispiel anhand der Tabelle D.16 demonstriert.

---
46 Diese Aussage entspricht dem Bellman'schen Optimalitätsprinzip. Vgl. *Bellman* (1957), S. 83.

Berechnung von f_1:		
Politik-Kombination	Kosten	
(p_{11})	500	✓
f_1=500; $P_{1\text{opt}} = (p_{11})$		
Berechnung von f_2:		
Politik-Kombination	Kosten	
(p_{12})	580	✓
$(P_{1\text{opt}}, p_{22})$	500+500=1000	
f_2=580; $P_{2\text{opt}} = (p_{12})$		
Berechnung von f_3:		
Politik-Kombination	Kosten	
(p_{13})	900	✓
$(P_{1\text{opt}}, p_{23})$	500+660=1160	
$(P_{2\text{opt}}, p_{33})$	580+500=1080	
f_3=900; $P_{3\text{opt}} = (p_{13})$		
Berechnung von f_4:		
Politik-Kombination	Kosten	
(p_{14})	1155	✓
$(P_{1\text{opt}}, p_{24})$	500+830=1330	
$(P_{2\text{opt}}, p_{34})$	580+585=1165	
$(P_{3\text{opt}}, p_{44})$	900+500=1400	
f_4=1155; $P_{4\text{opt}} = (p_{14})$		
Berechnung von f_5:		
Politik-Kombination	Kosten	
(p_{15})	1635	
$(P_{1\text{opt}}, p_{25})$	500+1190=1690	
$(P_{2\text{opt}}, p_{35})$	580+825=1405	✓
$(P_{3\text{opt}}, p_{45})$	900+620=1520	
$(P_{4\text{opt}}, p_{55})$	1155+500=1655	
f_5=1405; $P_{5\text{opt}} = (P_{2\text{opt}}, p_{35}) = (p_{12}, p_{35})$		
Berechnung von f_6:		
Politik-Kombination	Kosten	
(p_{16})	2135	
$(P_{1\text{opt}}, p_{26})$	500+1590=2090	
$(P_{2\text{opt}}, p_{36})$	580+1125=1705	✓
$(P_{3\text{opt}}, p_{46})$	900+820=1720	
$(P_{4\text{opt}}, p_{56})$	1155+600=1755	
$(P_{5\text{opt}}, p_{66})$	1405+500=1905	
f_6=1705; $P_{6\text{opt}} = (P_{2\text{opt}}, p_{36}) = (p_{12}, p_{36})$		

Tabelle D.16: Lösungsweg der dynamischen Optimierung

Die optimalen Losgrößen betragen damit $q_1 = 100$ und $q_3 = 465$. Die minimalen Kosten betragen 1705.

Das beschriebene Verfahren ermittelt die optimalen Losgrößen unter der Voraussetzung, daß der Lagerbestand am Ende des Planungszeitraums eine zum Planungszeitpunkt bereits bekannte, fest vorgegebene Höhe erreichen soll. Setzt man – was in der betrieblichen Praxis unvermeidbar ist – dieses Verfahren in einem Konzept der **rollenden Planung** mit einem zeitlich sich verschiebenden Planungsfenster ein, dann ist die ermittelte Losgrößenpolitik nur dann optimal, wenn auch der als Datum vorzugebende Endlagerbestand optimal ist. Da dieser aber i. d. R. nicht bekannt ist, ist die Anwendung des exakten Verfahrens zur Lösung des Modells SLULSP in einem rollenden Planungskonzept oft nicht optimal. Dies liegt an dem begrenzten Horizont des Modells und an der expliziten Annahme über die Schnittstellen zur zeitlichen Umwelt. Das exakte Verfahren zur Lösung des Modells SLULSP kann daher nicht a priori als das Verfahren angesehen werden, das auch unter praxisnahen Einsatzbedingungen zu den besten Ergebnissen führt. Zur Beseitigung dieses Mangels schlägt *Stadtler*[47] vor, zunächst für jede potentielle Produktionsperiode τ die mögliche Reichweite n_τ eines in dieser Periode aufgelegten Loses abzuschätzen. Für alle Perioden, deren geschätzte Reichweite über den Planungshorizont T hinausragt, werden die Kostenkoeffizienten $c_{\tau T}$ um den Faktor $\frac{T-\tau+1}{n_\tau}$, der kleiner als 1 ist, verringert. Dies hat zur Folge, daß die Produktion in späteren Perioden des Planungszeitraums vorteilhafter wird. In einem umfangreichen numerischen Experiment weist *Stadtler* nach, daß diese Modifikation dazu führt, daß die exakte Lösung des Modells SLULSP der heuristischen Lösung auch unter den Einsatzbedingungen der rollenden Planung überlegen ist.

Eine effiziente FORTRAN-Implementation des Verfahrens zur exakten Lösung des Modells SLULSP gibt *Evans*[48] an. Sie wurde von *Höter*[49] und *Heady und Zhu*[50] weiter verbessert. Das beschriebene, auf der dynamischen Optimierung basierende Verfahren zur Lösung des Modells SLULSP verursacht einen Rechenaufwand, der eine Funktion $O(T^2)$ ist.[51] *Wagelmans, Van Hoesel und Kolen*[52] sowie *Federgruen und Tzur*[53] entwickeln Verfahren, bei denen durch Ausnutzung der Problemstruktur sowie durch eine geeignete Datenstrukturierung der Rechenaufwand nur noch eine Funktion $O(T \log T)$ ist. Für den Spezialfall zeitunabhängiger variabler Produktionskosten $p_t = p$ ($t = 1, 2, ..., T$) reduziert sich der Rechenaufwand sogar auf $O(T)$. Dies ist bei großen Problemen mit vielen Perioden vorteilhaft. *Federgruen und Tzur* berichten, daß ihr Verfahren für $T = 500$ etwa 3-mal so schnell ist wie die Implementation von *Evans*. Für $T = 5000$ ist ihr Verfahren etwa 70-mal so schnell. Sie berichten weiterhin, daß ein Rechenzeitvorteil ab $T = 20$ eintritt. Es wird deutlich, daß offensichtlich der von der

---

47 vgl. *Stadtler* (2000)
48 vgl. *Evans* (1985)
49 vgl. *Höter* (1993)
50 vgl. *Heady und Zhu* (1994)
51 vgl. *Ohse* (1990), S. 104
52 vgl. *Wagelmans et al.* (1992); vgl. auch *Domschke et al.* (1997)
53 vgl. *Federgruen und Tzur* (1991)

Problemgröße T unabhängige („fixe") Aufwand höher ist als in der Implementation von *Evans*.

Die Bedeutung schneller Verfahren zur exakten Lösung des *Wagner-Whitin*-Problems wird offensichtlich, wenn das für sich allein betrachtet recht restriktiv erscheinende *Wagner-Whitin*-Modell im Rahmen eines übergordneten Lösungskonzepts eingesetzt wird. So zerlegt *Derstroff* das mehrstufige Mehrprodukt-Losgrößenproblem mit Kapazitätsbeschränkungen nach dem Konzept der Lagrange-Relaxation in mehrere voneinander unabhängige dynamische Einprodukt-Losgrößenprobleme vom *Wagner-Whitin*-Typ. Diese müssen jeweils mehrmals im Rahmen eines iterativen Verfahrens exakt gelöst werden.[54]

D.3.2.2.2 Heuristische Lösungsverfahren

Mit dem im vorangegangenen Abschnitt dargestellten Lösungsverfahren werden die optimalen Losgrößen für ein isoliert betrachtetes Erzeugnis in einem abgegrenzten Planungszeitraum mit einer vordefinierten Schnittstelle zum vorhergehenden und zum nachfolgenden Planungszeitraum gefunden. Allerdings wurde bislang vielfach der mit diesem Verfahren verbundene Rechenaufwand als zu hoch angesehen. Es sind daher eine Reihe heuristischer Lösungsverfahren entwickelt worden.[55] Einige dieser Verfahren sollen im folgenden beschrieben werden.

Verfahren der gleitenden wirtschaftlichen Losgröße. Die grundlegende Idee bei der Entwicklung des Verfahrens der gleitenden wirtschaftlichen Losgröße („least unit cost"-Verfahren) war die Tatsache, daß im klassischen stationären Grundmodell der Losgrößenbestimmung[56] die Funktion der durchschnittlichen Kosten (bezogen auf eine Mengeneinheit) an der Stelle der optimalen Losgröße ihr Minimum aufweist. Das Verfahren der gleitenden wirtschaftlichen Losgröße ergibt sich durch Übertragung dieser Eigenschaft auf die dynamische Situation. Die Produktionsmenge in einer Periode τ wird solange um zukünftige Bedarfsmengen erhöht, wie dadurch die durchschnittlichen Kosten je Mengeneinheit verringert werden.

Die **durchschnittlichen Stückkosten** sind wie folgt definiert, wenn in der Periode τ ein Los aufgelegt wird und damit der Bedarf bis zur Periode j gedeckt wird:

$$c_{\tau j}^{\text{Stück}} = \frac{s + h \cdot \sum_{t=\tau+1}^{j} (t-\tau) \cdot d_t}{\sum_{t=\tau}^{j} d_t} \qquad \tau \leq j \qquad \text{(D.69)}$$

Es ist jeweils die Losgröße eines in Periode τ fertigzustellenden Loses zu bestimmen, bei

---
54 vgl. *Tempelmeier und Derstroff* (1993); *Derstroff* (1995); *Tempelmeier und Derstroff* (1996)
55 Zu einem zusammenfassenden Überblick über heuristische Verfahren zur Lösung des dynamischen Einprodukt-Losgrößenproblems vgl. *Zoller und Robrade* (1987); *Robrade* (1991).
56 vgl. *Günther und Tempelmeier* (2002), Abschnitt 9.1.3.

der die in Gleichung (D.69) angegebene Durchschnittskostenfunktion ihr Minimum annimmt. Für die betrachtete Produktionsperiode τ ist damit folgendes Problem zu lösen:

$$\text{Maximiere } \left\{ j \mid c_{\tau j}^{\text{Stück}} \leq c_{\tau, j-1}^{\text{Stück}} \right\} \qquad \tau < j \qquad \text{(D.70)}$$

Bei der Ermittlung der optimalen Losgröße eines in Periode τ aufzulegenden Loses erhöht man j, beginnend mit $(\tau + 1)$, schrittweise solange, wie dadurch die Lösung im Sinne des Optimalitätskriteriums (D.70) verbessert werden kann. Das Verfahren zur Bestimmung der gleitenden wirtschaftlichen Losgröße q_τ eines in Periode τ aufzulegenden Loses kann damit durch Bild D.18 beschrieben werden.

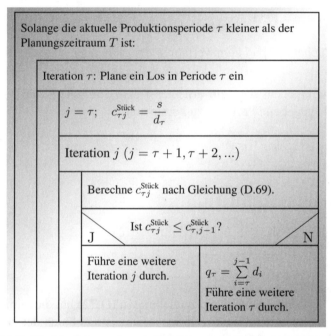

Bild D.18: *Verfahren der gleitenden wirtschaftlichen Losgröße*

Tabelle D.17 zeigt die Anwendung des Verfahrens auf das auf S. 151 eingeführte Beispiel. Die optimale Lösung wird hier nicht erreicht.

Stückperiodenausgleichsverfahren. Das Stückperiodenausgleichsverfahren[57] (partperiod-Verfahren; Kostenausgleichsverfahren) basiert auf der Tatsache, daß im klassischen stationären Losgrößenmodell an der Stelle der optimalen Losgröße die Rüstkosten gleich den infolge der Losvergrößerung ansteigenden Lagerkosten sind. Bei diesem Verfahren werden Bedarfsmengen so vieler aufeinanderfolgender Perioden zu einem Los zusammengefaßt, bis die Rüstkosten annähernd gleich den Lagerkosten sind.

---

57 vgl. *DeMatteis* (1968)

$\tau = 1$	$j=1$	$c_{\tau j}^{\text{Stück}} = \frac{500}{20}$	=	25.00		
	$j=2$	$c_{\tau j}^{\text{Stück}} = \frac{580}{100}$	=	5.80		
	$j=3$	$c_{\tau j}^{\text{Stück}} = \frac{900}{260}$	=	3.46		
	$j=4$	$c_{\tau j}^{\text{Stück}} = \frac{1155}{345}$	=	3.35		✓
	$j=5$	$c_{\tau j}^{\text{Stück}} = \frac{1635}{465}$	=	3.52		
$q_1 = 345$						
$\tau = 5$	$j=5$	$c_{\tau j}^{\text{Stück}} = \frac{500}{120}$	=	4.17		
	$j=6$	$c_{\tau j}^{\text{Stück}} = \frac{600}{220}$	=	2.72		✓
$q_5 = 220$						
Kosten = 1755						

Tabelle D.17: *Rechenbeispiel zum Verfahren der gleitenden wirtschaftlichen Losgröße*

Zu einem Zeitpunkt τ, an dem ein erneutes Los q_τ aufgelegt wird, ist damit das in Gleichung (D.71) gegebene Problem zu betrachten:

$$\text{Maximiere } \left\{ j \left| h \cdot \sum_{t=\tau+1}^{j} (t-\tau) \cdot d_t \leq s \right. \right\} \qquad \tau < j \qquad \text{(D.71)}$$

oder

$$\text{Maximiere } \left\{ j \left| \underbrace{\sum_{t=\tau+1}^{j} (t-\tau) \cdot d_t}_{\text{Stückperioden}} \leq \frac{s}{h} \right. \right\} \qquad \tau < j \qquad \text{(D.72)}$$

Die Summe auf der linken Seite der Ungleichung in (D.72) hat die Dimension Mengeneinheiten mal Zeiteinheiten (**Stückperioden**). Daraus leitet sich der Name des Verfahrens ab. Beim Stückperiodenausgleichsverfahren geht man wieder in der Weise vor, daß man ein in einer Periode τ aufzulegendes Los sukzessive jeweils um den Bedarf einer weiteren Periode erhöht, bis das Optimalitätskriterium (D.72) erfüllt ist. Bild D.19 zeigt den Verfahrensablauf.

In Tabelle D.18 ist die Anwendung des Stückperiodenausgleichsverfahrens auf das betrachtete Beispiel wiedergegeben. Auch hier wird das exakte Optimum verfehlt.

D.3 Losgrößenplanung

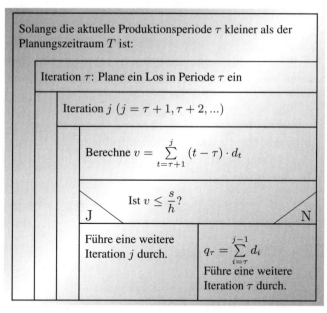

Bild D.19: Stückperiodenausgleichsverfahren

$\tau = 1$	$j = 1$	$v =$	0		< 500	
	$j = 2$	$v =$	80		< 500	
	$j = 3$	$v =$	400		< 500	✓
	$j = 4$	$v =$	655		> 500	
	$q_1 = 260$					
$\tau = 4$	$j = 4$	$v =$	0		< 500	
	$j = 5$	$v =$	120		< 500	
	$j = 6$	$v =$	320		< 500	✓
	$q_4 = 305$					
Kosten = 1720						

Tabelle D.18: Rechenbeispiel zum Stückperiodenausgleichsverfahren

Silver-Meal-Verfahren. Das Verfahren von *Silver und Meal*[58] basiert auf der Eigenschaft des klassischen Losgrößenmodells, daß bei der optimalen Losgröße die durchschnittlichen Kosten pro Zeiteinheit ihr Minimum annehmen. Nach dem *Silver-Meal*-Verfahren wird nun versucht, dieses Ergebnis auch in der dynamischen Situation zu erreichen. Wird in Periode τ der Bedarf der Perioden τ bis j produziert, dann betragen die **durchschnittlichen Kosten pro Zeiteinheit**:

---
58 vgl. *Silver und Meal* (1969, 1973)

$$c^{\text{Per}}_{\tau j} = \frac{s + h \cdot \sum_{t=\tau+1}^{j} (t-\tau) \cdot d_t}{j - \tau + 1} \qquad \tau \leq j \qquad \text{(D.73)}$$

↳ Anzahl der Perioden, für die ein Los aufgelegt wird (einschl. der ersten Periode, für die nicht gelagert wird)

Auf dieses Kriterium wird auch im Verfahren von *Dixon*[59] im Zusammenhang mit der Lösung eines einstufigen Mehrprodukt-Losgrößenproblems mit Kapazitätsbeschränkungen zurückgegriffen. Bei der Bestimmung der Größe des in Periode τ aufzulegenden Loses wird damit die Zielfunktion (D.74) verfolgt.

$$\text{Maximiere } \left\{ j \,\big|\, c^{\text{Per}}_{\tau j} \leq c^{\text{Per}}_{\tau, j-1} \right\} \qquad \tau < j \qquad \text{(D.74)}$$

In Bild D.20 ist der Verfahrensablauf dargestellt.

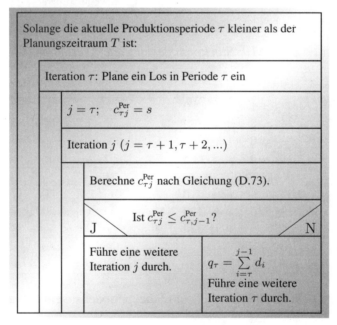

Bild D.20: Silver-Meal-Verfahren

Tabelle D.19 zeigt die Anwendung des *Silver-Meal*-Verfahrens auf das Beispiel. Auch bei Einsatz dieses Verfahrens wird für das betrachtete Beispiel das globale Optimum nicht erreicht. Der Vergleich mit der optimalen Lösung zeigt, daß das in Periode 1 aufgelegte Los die richtige Größe hat. Allerdings führt das *Silver-Meal*-Kriterium in Periode 6 zur Auflage eines dritten Loses, was im vorliegenden Fall nicht optimal ist.

---

[59] siehe Abschnitt D.3.3.1, S. 165 ff.

$\tau = 1$	$j=1$	$c_{\tau j}^{\text{Per}} = \frac{500}{1}$	=	500	▮	
	$j=2$	$c_{\tau j}^{\text{Per}} = \frac{580}{2}$	=	290	▮	✓
	$j=3$	$c_{\tau j}^{\text{Per}} = \frac{900}{3}$	=	300	▮	
$q_1 = 100$						
$\tau = 3$	$j=3$	$c_{\tau j}^{\text{Per}} = \frac{500}{1}$	=	500	▮	
	$j=4$	$c_{\tau j}^{\text{Per}} = \frac{585}{2}$	=	292.50	▮	
	$j=5$	$c_{\tau j}^{\text{Per}} = \frac{825}{3}$	=	275	▮	✓
	$j=6$	$c_{\tau j}^{\text{Per}} = \frac{1125}{4}$	=	281.25	▮	
$q_3 = 365$						
$\tau = 6$	$j=6$	$c_{\tau j}^{\text{Per}} = \frac{500}{1}$	=	500	▮	✓
$q_6 = 100$						
Kosten = 1905						

Tabelle D.19: *Rechenbeispiel zum Silver-Meal-Verfahren*

Bei **stark schwankenden Bedarfsmengen** können die durchschnittlichen Kosten pro Zeiteinheit als Funktion der Reichweite mehrere lokale Minima aufweisen.[60] Der Abbruch des Verfahrens in einem solchen lokalen Minimum läßt sich dadurch vermeiden, daß man die Berechnung der Gleichung (D.73) mit Reichweiten bis zum Ende des Planungszeitraums T durchführt und dann das globale Minimum auswählt.

Numerische Untersuchungen haben ergeben, daß die Lösungsqualität des *Silver-Meal*-Verfahrens insbesondere dann abnimmt, wenn der Bedarf einen fallenden Trend aufweist[61] oder wenn der Anteil von Perioden ohne Bedarf relativ hoch ist, d. h. bei sporadischem Bedarf. Für beide Situationen entwickeln *Silver und Miltenburg*[62] Modifikationen des Verfahrens, die – wie sich in Testrechnungen erwiesen hat – bessere Ergebnisse als die ursprüngliche *Silver-Meal*-Heuristik erwarten lassen. *Kiran*[63] schlägt zur Lösung von Problemen dieser Art vor, zusätzlich zur *Silver-Meal*-Heuristik ein Verfahren einzusetzen, in dessen Verlauf die Losgrößen rückwärts – beginnend mit der Periode T – aufgebaut werden, und dann die beste gefundene Lösung auszuwählen.

Eine einfache Anpassung des *Silver-Meal*-Verfahrens für sporadischen Bedarf schlägt *Knolmayer*[64] vor.

Groff-Verfahren. Auch das Verfahren von *Groff*[65] basiert auf einer Eigenschaft des klassischen Losgrößenmodells, und zwar darauf, daß bei der optimalen Losgröße die

---

60 vgl. zu einem Beispiel *Knolmayer* (1987), S. 268
61 Dies ist z. B. bei auslaufenden Produkten der Fall.
62 vgl. *Silver und Miltenburg* (1984)
63 vgl. *Kiran* (1989)
64 vgl. *Knolmayer* (1987)
65 vgl. *Groff* (1979)

marginale Verringerung der durchschnittlichen Rüstkosten pro Periode gleich dem marginalen Anstieg der durchschnittlichen Lagerkosten pro Periode ist. Das heißt, Grenz-Rüstkosten und Grenz-Lagerkosten sind bei der optimalen Losgröße gleich.

Wird eine gegebene Losgröße, die den Bedarf der Perioden 1 bis t abdeckt, um die Bedarfsmenge der Periode $(t + 1)$ vergrößert, dann sinken die durchschnittlichen Rüstkosten um den Betrag:

$$\underbrace{\frac{s}{t} - \frac{s}{t+1}}_{\text{marginale Verringerung der durchschnittlichen Rüstkosten pro Periode}} = \frac{s}{t \cdot (t+1)} \qquad t = 1, 2, ..., T-1 \qquad \text{(D.75)}$$

Der marginale Anstieg der durchschnittlichen Lagerkosten pro Periode wird wie folgt angenähert:

$$\underbrace{\frac{d_{t+1}}{2} \cdot h}_{\text{Approximation des marginalen Anstiegs der durchschnittlichen Lagerkosten pro Periode}} \qquad t = 1, 2, ..., T-1 \qquad \text{(D.76)}$$

Groff schlägt vor, ausgehend von einer bestimmten Periode τ die Losgröße dieser Periode, q_τ, solange um Bedarfsmengen zukünftiger Perioden zu vergrößern, bis der Anstieg der durchschnittlichen Lagerkosten pro Periode größer ist als die Verringerung der durchschnittlichen Rüstkosten pro Periode. Die Entscheidungsregel nach diesem Verfahren lautet damit, wenn wir uns in Periode τ befinden:

$$\text{Maximiere} \left\{ j \,\middle|\, d_{\tau+j} \cdot j \cdot (j+1) \leq 2 \cdot \frac{s}{h} \right\} \qquad j = 0, 1, ... \qquad \text{(D.77)}$$

In Bild D.21 ist die Struktur des Verfahrens von *Groff* wiedergegeben. Tabelle D.20 zeigt die Anwendung des Verfahrens von *Groff* auf das obige Beispiel. Auch diese Lösung ist mit Kosten von 1720 nicht optimal.

In einem numerischen Experiment hat *Wemmerlöv* verschiedene heuristische Verfahren im Hinblick auf ihre Lösungsqualität miteinander verglichen.[66] Dabei lagen die Kosten bei Einsatz des *Silver-Meal*-Verfahrens und des Verfahrens von *Groff* im Durchschnitt nur um etwa 1% über den mit dem exakten Verfahren von *Wagner und Whitin* errechneten Kosten, während im Vergleich dazu die in der Praxis favorisierten Verfahren der gleitenden wirtschaftlichen Losgröße und das Stückperiodenausgleichsverfahren erheblich schlechtere Lösungen ergaben.[67]

Die von *Groff* vorgeschlagene Approximation der marginalen Lagerkosten ist nur unter den Annahmen des klassischen Losgrößenmodells korrekt. *Baker*[68] weist darauf hin, daß das Verfahren von *Groff* bei exakter Beschreibung der marginalen Lagerkosten pro Periode mit dem *Silver-Meal*-Verfahren identisch ist.

---

66 vgl. *Wemmerlöv* (1981, 1982)
67 Zu ähnlichen Ergebnissen kommt auch Knolmayer. Vgl. *Knolmayer* (1985).
68 vgl. *Baker* (1989)

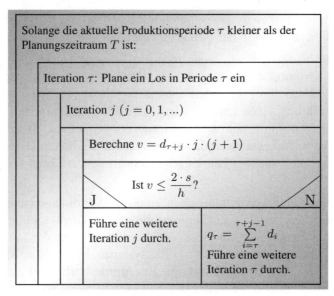

Bild D.21: Groff-Verfahren

$\tau = 1$	$j=0$	$d_1 \cdot 0 \cdot 1 =$	0		<1000	
	$j=1$	$d_2 \cdot 1 \cdot 2 =$	160		<1000	
	$j=2$	$d_3 \cdot 2 \cdot 3 =$	960		<1000	✓
	$j=3$	$d_4 \cdot 3 \cdot 4 =$	1020		>1000	
	$q_1 = 260$					
$\tau = 4$	$j=0$	$d_4 \cdot 0 \cdot 1 =$	0		<1000	
	$j=1$	$d_5 \cdot 1 \cdot 2 =$	240		<1000	
	$j=2$	$d_6 \cdot 2 \cdot 3 =$	600		<1000	✓
	$q_4 = 305$					
Kosten = 1720						

Tabelle D.20: Rechenbeispiel zum Groff-Verfahren

Zoller und Robrade[69] untersuchen den Einsatz der verschiedenen Verfahren zur exakten und heuristischen Lösung des dynamischen Einprodukt-Losgrößenproblems in einem rollenden Planungshorizont. Sie kommen aufgrund einer umfangreichen numerischen Untersuchung zu dem Ergebnis, daß für regelmäßigen Bedarf insb. das Verfahren von *Groff* zu empfehlen ist, während sie für sporadischen Bedarf eine Kombination aus dem Verfahren von *Groff* und dem *Silver-Meal*-Verfahren vorschlagen.

Insgesamt ist festzustellen, daß vor allem die Verfahren von *Groff* sowie von *Silver und*

---

69 vgl. *Zoller und Robrade* (1987); *Robrade* (1991)

Meal unter deterministischen dynamischen Bedarfsbedingungen im Durchschnitt besser geeignet sind als die anderen in der Praxis eingesetzten heuristischen Verfahren.[70]

Diese Aussage ist zu relativieren, wenn man die Tatsache berücksichtigt, daß die Bedarfsmengen oft Prognosewerte sind, denen naturgemäß ein Prognosefehler anhaftet. *DeBodt und Van Wassenhove* kommen anhand begrenzter analytischer Überlegungen und nach Durchführung eines umfassenden Simulationsexperimentes zu dem Ergebnis, daß bei Auftreten von Prognosefehlern und bei Implementierung der Losgrößenverfahren in einem System der rollenden Planung keine signifikanten Unterschiede zwischen den meisten untersuchten heuristischen Losgrößenverfahren festgestellt werden können.[71]

Die aus der Untersuchung von dynamischen Einprodukt-Problemen abgeleitete Beurteilung der genannten heuristischen Lösungsverfahren ist für die betriebliche Praxis jedoch nur von begrenzter Bedeutung, da diese Verfahren in den Standard-Softwaresystemen zur Produktionsplanung und -steuerung (PPS-Systeme, MRP- bzw. MRP II-Systeme) für die Losgrößenplanung in **mehrstufigen Erzeugnisstrukturen** eingesetzt werden. Hierdurch werden systematische Planungsfehler induziert, die weit über den in den numerischen Untersuchungen genannten relativen Kostenunterschieden liegen können.[72]

Ein weiteres Problem der praktischen Anwendbarkeit schließlich ergibt sich aus der formalen Struktur des zugrundeliegenden Entscheidungsmodells SLULSP. Dieses Modell vernachlässigt bekanntlich die in der Praxis regelmäßig vorliegenden **Kapazitätsbeschränkungen**. Die erzeugten Produktionspläne sind folglich i. d. R. nicht umsetzbar. Aus der Sicht des Operations Research handelt es sich um nicht zulässige Lösungen, d. h. um Lösungen, die außerhalb des Lösungsraums liegen. **Die Diskussion der Kostenwirkungen von Lösungsverfahren, die nicht zulässige Produktionspläne erzeugen, hat jedoch nur wenig Sinn.** Auch das Argument, man könne durch den Einsatz der Rüstkosten im Sinne von Lenkkosten die Häufigkeit des Rüstens beeinflussen, trifft nur „im Durchschnitt" zu. In einzelnen Perioden wird es dennoch zu Kapazitätsüberschreitungen kommen. Auf die Probleme der Berücksichtigung von Kapazitäten wird in Abschnitt D.3.4.4 eingegangen.

Ergänzende Literatur zu den Abschnitten D.3.1–D.3.2:
Domschke et al. (1997)
Gupta et al. (1992)
Höter (1993)
Kuik et al. (1994)
Robrade (1991)
Simpson (2001)

---

70 vgl. *Gupta et al.* (1992)
71 vgl. *DeBodt und van Wassenhove* (1983); vgl. auch *Wemmerlöv und Whybark* (1984); *Lee und Adam* (1986)
72 vgl. insb. *Blackburn und Millen* (1982); *Afentakis* (1987)

D.3.3 Das dynamische einstufige Mehrprodukt-Losgrößenproblem

D.3.3.1 Modellformulierungen

Eine naheliegende Erweiterung des dynamischen Einprodukt-Losgrößenproblems ergibt sich aus der simultanen Betrachtung mehrerer Produkte mit dynamisch schwankendem Bedarf, die um knappe **Ressourcen** (i. a. Maschinen mit zeitlich beschränkter Kapazität) konkurrieren. Diese Fragestellung wird durch folgendes Entscheidungsmodell erfaßt:

Modell CLSP[73]

$$\text{Minimiere } Z = \sum_{k=1}^{K} \sum_{t=1}^{T} \left(\underline{s_k \cdot \gamma_{kt}} + \underline{h_k \cdot y_{kt}} + \underline{p_{kt} \cdot q_{kt}} \right) \quad \text{(D.78)}$$

- variable Produktionskosten für Produkt k in Periode t
- Lagerkosten für Produkt k am Ende der Periode t
- Rüstkosten für Produkt k in Periode t

u. B. d. R.

$$y_{k,t-1} + q_{kt} - y_{kt} = d_{kt} \qquad k = 1, 2, ..., K;\ t = 1, 2, ..., T \quad \text{(D.79)}$$

$$q_{kt} - M \cdot \gamma_{kt} \leq 0 \qquad k = 1, 2, ..., K;\ t = 1, 2, ..., T \quad \text{(D.80)}$$

$$\sum_{k=1}^{K} \left(tb_{jk} \cdot q_{kt} + tr_{jk} \cdot \gamma_{kt} \right) \leq b_{jt} \qquad j = 1, 2, ..., J;\ t = 1, 2, ..., T \quad \text{(D.81)}$$

$$q_{kt} \geq 0 \qquad k = 1, 2, ..., K;\ t = 1, 2, ..., T \quad \text{(D.82)}$$

$$y_{k0} = 0;\ y_{kT} = 0 \qquad k = 1, 2, ..., K \quad \text{(D.83)}$$

$$y_{kt} \geq 0 \qquad k = 1, 2, ..., K;\ t = 1, 2, ..., T \quad \text{(D.84)}$$

$$\gamma_{kt} \in \{0, 1\} \qquad k = 1, 2, ..., K;\ t = 1, 2, ..., T \quad \text{(D.85)}$$

Dabei bedeuten:

- b_{jt} Kapazität der Ressource j in Periode t (in Zeiteinheiten)
- d_{kt} Bedarfsmenge des Produkts k in Periode t
- h_k Lagerkostensatz für Produkt k
- J Anzahl der Ressourcen

---

[73] CLSP = **C**apacitated **L**ot **S**izing **P**roblem. Vgl. *Salomon* (1991); *Derstroff* (1995).

K Anzahl der Produkte

M große Zahl

p_{kt} Produktionskostensatz für Produkt k in Periode t

q_{kt} Losgröße für Produkt k in Periode t

s_k Rüstkostensatz für Produkt k

T Länge des Planungszeitraums

tb_{jk} Stückbearbeitungszeit für Produkt k an Ressource j

tr_{jk} Rüstzeit für Produkt k an Ressource j

y_{kt} Lagerbestand für Produkt k am Ende der Periode t

γ_{kt} binäre Rüstvariable für Produkt k in Periode t

Dabei werden die Symbole für die aus dem Einprodukt-Losgrößenproblem bekannten Entscheidungsvariablen und Parameter nun produktbezogen – ergänzt um den Index k – definiert. Zusätzlich werden J Ressourcen ($j = 1, 2, ...J$) mit den periodenbezogenen Kapazitäten b_{jt} betrachtet. Die Fertigungsaufträge der Produkte beanspruchen diese Ressourcen mit den **Rüstzeiten** tr_{jk} und den **Stückbearbeitungszeiten** tb_{jk}. Die Vorlaufzeiten (z_k) werden für alle Produkte gleich Null gesetzt. Daher sind die in einer Periode t eingeplanten Produktionsmengen bereits in derselben Periode zur Befriedigung des Bedarfs verfügbar.

Oft werden die Rüstzeiten aus der Modellformulierung eliminiert, indem man die geschätzte benötigte Gesamtrüstzeit einer Periode von der verfügbaren Periodenkapazität abzieht. Die genaue Bestimmung der Gesamtrüstzeit je Periode setzt aber die Kenntnis der Perioden voraus, in denen gerüstet wird. Diese sind jedoch erst nach der Lösung des Problems bekannt. Ein Verzicht auf die Berücksichtigung von Rüstzeiten ist aber vertretbar, wenn die Planungsperioden und die Bearbeitungszeit einer Periodenbedarfsmenge im Vergleich zur Rüstzeit eines Auftrags relativ lang sind. Dies ist im betrachteten Planungsraster, in dem mit Wochen oder längeren Zeiträumen und daher auch mit hohen Periodenbedarfsmengen gerechnet wird, vielfach der Fall. Außerdem bestehen die im Modell erfaßten Ressourcen j oft nicht nur aus einer Maschine, sondern aus einer Gruppe funktionsgleicher Maschinen (Werkstatt), deren Gesamtkapazität betrachtet wird. Die genaue Verteilung der eingeplanten Arbeitslast wird erst im Rahmen der Produktionssteuerung festgelegt, wobei dann auch Rüstzeiten beachtet werden.

Bei dem Versuch, das Modell CLSP mit einem Standard-Solver exakt zu lösen, wird man feststellen, daß die Formulierung des Modells mit sehr schlechten unteren Schranken des optimalen Zielwertes verbunden ist. Das wirkt sich inflationär auf die benötigte Rechenzeit aus. Selbst für kleinere Probleme gelingt es mit der Modellformulierung CLSP oft nicht, die exakte Lösung nachzuweisen. Es bieten sich nun zwei Wege an, das Modell CLSP so zu transformieren, daß es sich schneller lösen läßt. Eine Möglichkeit besteht darin, auf die im Modell SRP$_G$ verwendete Modellierungstechnik des **Kürzeste-Wege-Modells** zurückzugreifen und diese um Kapazitätsbeschränkungen zu ergänzen.[74]

---

74   Vgl. *Eppen und Martin* (1987). Siehe auch Modell MLCLSP$_{\text{Helber}}$, S. 222.

Für den Fall, daß ein Produkt mit der Stückbearbeitungszeit tb und der Rüstzeit tr sowie eine Ressource mit der Periodenkapazität b_t betrachtet werden, muß das Modell SRP_G lediglich um folgende Kapazitätsrestriktion ergänzt werden, wobei $D_{t\tau}$ den gesamten Bedarf der Perioden t bis τ bezeichnet:

$$\sum_{\tau=t}^{T} tb \cdot D_{t\tau} \cdot \theta_{t\tau} + tr \cdot \gamma_t \leq b_t \qquad t = 1, 2, ..., T \qquad (D.86)$$

Nehmen wir für das Beispiel aus Abschnitt D.3.2.2.1, S. 151, an, daß die Maschine pro Periode nur 200 Einheiten des Produkts produzieren kann, dann erhalten wir bei Vernachlässigung der Rüstzeiten die in Tabelle D.21 angegebene Lösung.

$\theta_{\tau t}$-Werte							
	t						Los-
τ	1	2	3	4	5	6	größe
1	0	0.73469	0	0.26531	0	0	165
2	–	0	0	0	0	0	0
3	–	–	0	0.64379	0	0.09091	200
4	–	–	–	0	0	0	0
5	–	–	–	–	0	0.90909	200
6	–	–	–	–	–	0	0

Tabelle D.21: Lösung des Modells SRP_G

Die Losgrößen lassen sich einfach aus den $\theta_{\tau t}$-Werten und den dazugehörigen kumulierten Bedarfsmengen ableiten. So ergibt sich die Losgröße in Periode 1 als $0.73469 \cdot (20 + 80) + 0.26531 \cdot (20 + 80 + 160 + 85) = 165$. Die Kosten dieser Lösung sind wegen der zusätzlichen Kapazitätsrestriktionen von 1705 auf 1935 angestiegen.

Die andere Möglichkeit besteht darin, auf die im Modell SPLP verwendete Modellierungstechnik aus der **Standortplanung** zurückzugreifen.[75] In diesem Fall erhält man folgendes Modell:

Modell CLSP$_{SPL}$

$$\text{Minimiere } Z = \sum_{k=1}^{K} \sum_{t=1}^{T} s_k \cdot \gamma_{kt} + \sum_{k=1}^{K} \sum_{t=1}^{T} \sum_{\tau=t}^{T} h_{kt\tau} \cdot \delta_{kt\tau} \qquad (D.87)$$

u. B. d. R.

$$\sum_{t=1}^{\tau} \delta_{kt\tau} = 1 \qquad k = 1, 2, ..., K; \tau = 1, 2, ..., T \qquad (D.88)$$

---

75 vgl. *Stadtler* (1996b); *Sürie und Stadtler* (2002)

$\delta_{kt\tau} \leq \gamma_{kt}$ \qquad $k = 1, 2, ..., K; t = 1, 2, ..., T; \tau = t, t+1, ..., T; d_\tau > 0$ \qquad (D.89)

$$\sum_{k \in \mathcal{K}_j} \left[\underbrace{\sum_{\tau=t}^{T} tb_k \cdot d_{k\tau} \cdot \delta_{kt\tau}}_{\text{benötigte Produktionszeit für Produkt } k \text{ in Periode } t} + tr_k \cdot \gamma_{kt} \right] \leq b_{jt} \qquad \begin{matrix} j = 1, 2, ..., J \\ t = 1, 2, ..., T \end{matrix} \qquad (D.90)$$

$\delta_{k\tau t} \geq 0$ \qquad $k = 1, 2, ..., K; \tau = 1, 2, ..., T; t = \tau, \tau+1, ..., T$ \qquad (D.91)

$\gamma_{k\tau} \in \{0, 1\}$ \qquad $k = 1, 2, ..., K; \tau = 1, 2, ..., T$ \qquad (D.92)

Dabei bedeuten:

b_{jt} \quad Periodenkapazität der Ressource j in Periode t

$d_{k\tau}$ \quad Bedarfsmenge des Produkts k in Periode τ

$h_{kt\tau}$ \quad Kosten für die Lagerung der Bedarfsmenge des Produkts k aus Periode τ, falls sie bereits in Periode t hergestellt wird

s_k \quad Rüstkostensatz für Produkt k

tb_k \quad Stückbearbeitungszeit für Produkt k

tr_k \quad Rüstzeit für Produkt k

T \quad Länge des Planungszeitraums

γ_{kt} \quad binäre Rüstvariable für Produkt k in Periode t

$\delta_{kt\tau}$ \quad Anteil des Bedarfs des Produkts k aus Periode τ, der durch Produktion in der Periode t gedeckt wird

Die Lagerkosten $h_{kt\tau}$ sind in gleicher Weise wie im Einproduktfall ohne Kapazitätsbeschränkungen definiert: $h_{kt\tau} = h_k \cdot d_{k\tau} \cdot (\tau - t)$. Diese Modellformulierung ermöglicht die exakte Lösung von wesentlich größeren Probleminstanzen als das Modell CLSP. Allerdings ist die exakte Lösung von praxisrelevanten Problemgrößen weiterhin nicht möglich.

Das Modell CLSP (und darauf basierende Varianten) wird in der Literatur als „big-bucket"-Modell bezeichnet, d. h. als ein Modell, in dem die Periodenlänge so groß ist, daß i. d. R. eine größere Anzahl von Produkten in einer Periode produziert werden kann. Aus der Modellformulierung ergibt sich, daß jede positive Produktionsmenge eines Produkts in einer Periode mit einem Rüstvorgang verbunden sein muß. Das gilt auch dann, wenn das letzte in der Periode t durch die Ressource produzierte Produkt identisch ist mit dem ersten in der nächsten Periode $t + 1$ produzierten Produkt. Dies ist z. B. der Fall, wenn die Produktion eines Produkts am Ende einer Woche unterbrochen und zu Beginn der nächsten Woche auf derselben Maschine fortgesetzt wird. Die in diesem Fall mögliche Einsparung von Rüstzeit bzw. Rüstkosten wird vom Modell CLSP nicht berücksichtigt und daher auch nicht systematisch bei der Aufstellung eines Produktionsplans ausgenutzt.

Dillenberger et al.[76] schlagen vor, das Modell CLSP so zu erweitern, daß auch die periodenüberschreitende Produktion erfaßt wird. Dies wird möglich, wenn man den

---

[76] vgl. *Dillenberger et al.* (1993); *Haase* (1994); *Gopalakrishnan et al.* (1995); *Gopalakrishnan et al.* (2001)

Rüstzustand einer Ressource in die Modellformulierung einbezieht und von Periode zu Periode fortschreibt. Wird zur Produktion nur eine Einzelmaschine eingesetzt, dann kann der Rüstzustand dieser Ressource unter folgenden Bedingungen von einer Periode t in die Periode $t+1$ übertragen werden:

a) Ein Produkt wird als letztes in Periode t und als erstes in Periode $t+1$ produziert.

b) Am Ende der Periode t wird Leerzeit der Ressource genutzt, um für das erste in Periode $t+1$ zu produzierende Produkt umzurüsten.

Falls in der Periode t kein Produkt produziert wird,

c) kann für das nächste Produkt gerüstet und der Rüstzustand in die Periode $t+1$ übertragen werden.

d) kann der aus der Vorperiode $t-1$ übernommene Rüstzustand in die Periode $t+1$ übertragen werden.

Zur Berücksichtigung dieser Situationen erweitern wir das Modell CLSP$_{\text{SPL}}$, wobei wir die Darstellung auf *eine Maschine* beschränken. Wir führen die Binärvariable ω_{kt} ein, die den Wert 1 annimmt, wenn die Maschine zu Beginn der Periode t bereits für das Produkt k gerüstet ist. Weiterhin benötigen wir eine kontinuierliche Variable v_t, die die Anzahl der Produkte zählt, die in Periode t ohne einen Rüstvorgang produziert werden (maximal 1). Wir erhalten dann folgendes Modell[77]:

Modell CLSP-L$_{\text{SPL}}$[78]

$$\text{Minimiere } Z = \sum_{k=1}^{K} \sum_{t=1}^{T} s_k \cdot \gamma_{kt} + \sum_{k=1}^{K} \sum_{t=1}^{T} \sum_{\tau=t}^{T} h_{kt\tau} \cdot \delta_{kt\tau} \quad \text{(D.93)}$$

u. B. d. R.

$$\sum_{t=1}^{\tau} \delta_{kt\tau} = 1 \qquad k=1,2,...,K; \tau=1,2,...,T \quad \text{(D.94)}$$

$$\delta_{kt\tau} \leq \gamma_{kt} + \omega_{kt} \quad k=1,2,...,K; t=1,2,...,T; \tau=t,t+1,...,T; d_\tau > 0 \quad \text{(D.95)}$$

$$\sum_{k=1}^{K} \left[\sum_{\tau=t}^{T} tb_k \cdot d_{k\tau} \cdot \delta_{kt\tau} + tr_k \cdot \gamma_{kt} \right] \leq b_t \qquad t=1,2,...,T \quad \text{(D.96)}$$

$$\sum_{k=1}^{K} \omega_{kt} \leq 1 \qquad t=1,2,...,T \quad \text{(D.97)}$$

---

77 vgl. *Sürie und Stadtler* (2002)

78 CLSP = **C**apacitated **L**ot **S**izing **P**roblem with **L**inked Lotsizes. Vgl. *Haase* (1994). Anstatt „Linked Lotsizes"(L) wird auch der Zusatz „Setup Carry-over"(SC) verwandt. Vgl. *Gopalakrishnan et al.* (1995); *Sox und Gao* (1999).

$$\omega_{kt} \leq \gamma_{k,t-1} + \omega_{k,t-1} \qquad k = 1, 2, ..., K; t = 2, ..., T \qquad \text{(D.98)}$$

$$\omega_{kt} + \omega_{k,t+1} \leq 1 + v_t \qquad k = 1, 2, ..., K; t = 1, 2, ..., T-1 \qquad \text{(D.99)}$$

$$v_t + \gamma_{kt} \leq 1 \qquad k = 1, 2, ..., K; t = 1, 2, ..., T \qquad \text{(D.100)}$$

$$\gamma_{k0} = 0 \qquad k = 1, 2, ..., K \qquad \text{(D.101)}$$

$$\delta_{kt\tau} \geq 0 \qquad k = 1, 2, ..., K; t = 1, 2, ..., T; \tau = t, t+1, ..., T \qquad \text{(D.102)}$$

$$\gamma_{kt} \in \{0, 1\} \qquad k = 1, 2, ..., K; t = 1, 2, ..., T \qquad \text{(D.103)}$$

Dabei bedeuten zusätzlich zu den für das Modell CLSP$_{SPL}$ verwendeten Symbolen:

ω_{kt} binäre Rüstzustandsvariable für Produkt k zu Beginn der Periode t

v_t Anzahl der Produkte, für die in Periode t ohne einen Rüstvorgang produziert wird (maximal 1)

Die Nebenbedingungen (D.95) erfassen anders als (D.89) im Modell CLSP$_{SPL}$ nun auch, daß produziert werden kann, wenn der Rüstzustand aus der Vorperiode übernommen wird. Mit (D.97) wird gesichert, daß nur der Rüstzustand für höchstens ein Produkt aus der Vorperiode $t-1$ in die Periode t übernommen wird. Laut den Nebenbedingungen (D.98) kann ein Rüstzustand für das Produkt k nur dann in die Periode t übertragen werden, wenn entweder in Periode $t-1$ gerüstet wurde oder wenn dieser Rüstzustand bereits in die Periode $t-1$ übernommen wurde.

Die Nebenbedingungen (D.99) dienen zur Erfassung der Möglichkeit, daß ein Rüstzustand über zwei Periodengrenzen hinweg, also von Periode $t-1$ nach t und dann von t nach $t+1$ übertragen wird. In diesem Fall ist $\omega_{kt} + \omega_{k,t+1} = 2$. Das ist allerdings nur möglich, wenn in der betrachteten Periode nicht gerüstet wird – andernfalls würde der Rüstzustand zerstört. Wenn wir nun eine Hilfsvariable v_t mit dem Maximalwert 1 verwenden, um anzuzeigen, daß in Periode t ein Produkt produziert wird, ohne daß dafür gerüstet worden ist – das ist ja gerade das Produkt k – dann können wir auch schreiben: $\omega_{kt} + \omega_{k,t+1} = 1 + v_t$. Wenn nun $v_t = 1$ wird, dann kann man durch die Nebenbedingungen (D.100) verhindern, daß für irgendein anderes Produkt in dieser Periode gerüstet wird.

Die Modellformulierung berücksichtigt auch den Fall, daß für ein Produkt in einer Periode gerüstet wird, obwohl die Produktion erst in der Folgeperiode beginnt.

Zur Veranschaulichung betrachten wir ein Beispiel mit den in Tabelle D.22 angegebenen Daten. Die Periodenkapazität der Ressource wird mit $b_t = 200$ ($t = 1, 2, ..., 6$) angenommen.

D.3 Losgrößenplanung

Produkt k	Bedarfsmengen Periode t						Kosten und Zeiten			
	1	2	3	4	5	6	h_k	s_k	tb_k	tr_k
1	30	–	80	–	40	–	4	400	1	10
2	–	–	30	–	70	–	3	150	1	10
3	–	–	40	–	60	–	2	100	1	10
4	–	–	20	–	–	10	2	100	1	10
5	–	–	60	–	50	–	1	100	1	10

Tabelle D.22: Daten des Beispiels

Die optimale Lösung ist in Tabelle D.23 dargestellt. Im oberen Teil werden die Rüstvorgänge und -zustände dargestellt. Dabei haben die verwendeten Symbole folgende Bedeutung: ✗ = Rüsten, ▫ = Produzieren, ➡ = Keine Produktion, aber Erhaltung des Rüstzustandes. Der untere Teil der Tabelle enthält die Produktionsmengen. Man erkennt, daß für das Produkt 1 in Periode 1 gerüstet wird und der Rüstzustand in die Perioden 2 und 3 übernommen wird. Das bedeutet, daß die Produkte 4 und 5 in Periode 1 *vor* dem Produkt 1 produziert werden müssen. Weiterhin wird für das Produkt 2 in Periode 3 gerüstet. Dann folgt eine Periode ohne Produktion mit Erhaltung des Rüstzustandes. Im Anschluß daran wird die Produktion des Produkts 2 in Periode 5 fortgesetzt.

Produkt k	Periode t					
	1	2	3	4	5	6
1	✗▫	▫	▫	–	–	–
2	–	–	✗▫	➡	▫	–
3	–	–	✗▫	–	✗▫	–
4	✗▫	–	–	–	–	✗▫
5	✗▫	–	–	–	✗▫	–
1	30	10	110	–	–	–
2	–	–	30	–	70	–
3	–	–	40	–	60	–
4	20	–	–	–	–	10
5	60	–	–	–	50	–
Belastung	140	10	200	–	200	20

Tabelle D.23: Optimale Lösung des Beispiels

Haase[79] schlägt auch ein – von ihm als CLSP-L$_A$[80] bezeichnetes – Modell vor, in dem der Rüstzustand nur *einmal* in eine Folgeperiode übernommen werden darf. Diese

---
79 vgl. *Haase* (1998)
80 CLSP-L with „Adjacent periods"

zusätzliche Restriktion hat in vielen Fällen – vor allem bei vielen Produkten und hoher Auslastung – nur einen vernachlässigbaren Einfluß auf die Lösung, vereinfacht aber die Modellformulierung beträchtlich. Die optimale Lösung für das obige Beispiel ist für diesen Fall in Tabelle D.24 wiedergegeben. Infolge der Beschränkung der Möglichkeit, einen Rüstzustand fortzuschreiben, hat sich ein in seiner Struktur stark veränderter Produktionsplan ergeben. Es tritt nun auch der Fall auf, daß in einer Periode (4) für ein Produkt (3) gerüstet wird, obwohl die Produktion erst in der Folgeperiode (5) beginnt. Die in Periode 5 verfügbare Kapazität wird durch die Bearbeitungszeiten für die Produkte 2, 3 und 5 (180) und die Rüstzeiten für die Produkte 2 und 5 verbraucht. Aus diesem Grund wird der Rüstvorgang für das Produkt 3 in die Periode 4 vorgezogen.

Produkt k	Periode t					
	1	2	3	4	5	6
1	×▫	–	×▫	▫	–	–
2	–	–	×▫	–	×▫	–
3	–	–	×▫	×	▫	–
4	–	×▫	▫	–	–	–
5	–	×▫	–	–	×▫	–
1	30	–	80	40	–	–
2	–	–	30	–	70	–
3	–	–	40	–	60	–
4	–	10	20	–	–	–
5	–	60	–	–	50	–
Belastung	40	90	200	50	200	–

Tabelle D.24: Optimale Lösung des Beispiels bei einmaliger Übertragung des Rüstzustandes

Sürie und Stadtler[81] modifizieren die obige Formulierung des Modells CLSP-L$_{SPL}$ durch Substitution einiger Variablen und Hinzufügung verschiedener Nebenbedingungen, mit denen scharfe untere Schranken des optimalen Zielwertes bei einer LP-Relaxation erreicht werden. Damit werden die Dimensionen exakt – mit einem Standard-Solver – lösbarer Probleminstanzen beträchtlich erweitert.

Sox und Gao[82] greifen auf die oben angesprochene Kürzeste-Wege-Formulierung zurück und entwickeln ein dem Modell CLSP-L$_{SPL}$ ähnliches Modell.

Wendet man das Modell CLSP-L auf den Fall einer Werkstatt mit **mehreren funktionsgleichen Maschinen** an, dann muß für jede Maschine der Rüstzustand getrennt verwaltet werden. Bei M zu berücksichtigenden Maschinen erhält man folgendes Modell[83]:

---

81 vgl. *Sürie und Stadtler* (2002)
82 vgl. *Sox und Gao* (1999)
83 Vgl. *Kimms* (1997). Siehe auch Abschnitt D.4, S. 365 ff.

Modell CLSP-L-PM$_{SPL}$[84]

Minimiere $Z = \sum_{k=1}^{K} \sum_{t=1}^{T} s_k \cdot \gamma_{kt}^m + \sum_{k=1}^{K} \sum_{m=1}^{M} \sum_{t=1}^{T} \sum_{\tau=t}^{T} h_{kt\tau} \cdot \delta_{kt\tau}^m$ (D.104)

u. B. d. R.

$\sum_{m=1}^{M} \sum_{t=1}^{\tau} \delta_{kt\tau}^m = 1$ $\qquad k = 1, 2, ..., K; \tau = 1, 2, ..., T$ (D.105)

$\delta_{kt\tau}^m \leq \gamma_{kt}^m + \omega_{kt}^m$ $\qquad \begin{array}{l} k = 1, 2, ..., K; m = 1, 2, ..., M \\ t = 1, 2, ..., T; \tau = t, t+1, ..., T; d_\tau > 0 \end{array}$ (D.106)

$\sum_{k=1}^{K} \left[\sum_{\tau=t}^{T} tb_k \cdot d_{k\tau} \cdot \delta_{kt\tau}^m + tr_k \cdot \gamma_{kt}^m \right] \leq b_t^m$ $\qquad \begin{array}{l} m = 1, 2, ..., M \\ t = 1, 2, ..., T \end{array}$ (D.107)

$\sum_{k=1}^{K} \omega_{kt}^m \leq 1$ $\qquad m = 1, 2, ..., M; t = 1, 2, ..., T$ (D.108)

$\omega_{kt}^m \leq \gamma_{k,t-1}^m + \omega_{k,t-1}^m$ $\qquad \begin{array}{l} k = 1, 2, ..., K; m = 1, 2, ..., M \\ t = 1, 2, ..., T \end{array}$ (D.109)

$\omega_{kt}^m + \omega_{k,t+1}^m \leq 1 + v_t^m$ $\qquad \begin{array}{l} k = 1, 2, ..., K; m = 1, 2, ..., M \\ t = 1, 2, ..., T-1 \end{array}$ (D.110)

$v_t^m + \gamma_{kt}^m \leq 1$ $\qquad \begin{array}{l} k = 1, 2, ..., K; m = 1, 2, ..., M \\ t = 1, 2, ..., T \end{array}$ (D.111)

$\gamma_{k0}^m = 0$ $\qquad k = 1, 2, ..., K; m = 1, 2, ..., M$ (D.112)

$\delta_{kt\tau}^m \geq 0$ $\qquad \begin{array}{l} k = 1, 2, ..., K; m = 1, 2, ..., M \\ t = 1, 2, ..., T; \tau = t, t+1, ..., T \end{array}$ (D.113)

$\gamma_{kt}^m \in \{0, 1\}$ $\qquad \begin{array}{l} k = 1, 2, ..., K; m = 1, 2, ..., M \\ t = 1, 2, ..., T \end{array}$ (D.114)

Die Variablen haben nun einen zusätzlichen Index m, der die Maschinen identifiziert. Außerdem wird durch zusätzliche Summationen über m berücksichtigt, daß ein Periodenbedarf nun nicht nur in mehreren Perioden, sondern auch durch mehrere Maschinen produziert werden kann.

Die Möglichkeit des Einsatzes mehrerer Maschinen zur Produktion desselben Produkts führt dazu, daß nun neben der Losgröße auch noch über die *Zuordnung von Losen zu den Maschinen* zu entscheiden ist. Dabei bestehen Interdependenzen zwischen der Zuordnungsentscheidung und der Losgrößenentscheidung.

Das Modell CLSP-L-PM$_{SPL}$ soll anhand des folgenden Beispiels veranschaulicht werden. Wir betrachten $T = 6$ Perioden, $K = 3$ Produkte und $M = 2$ Maschinen mit identischen Periodenkapazitäten von $b_t^1 = b_t^2 = 100$ $(t = 1, 2, ..., 6)$. Die weiteren Daten sind in Tabelle D.25 zusammengestellt.

---

84 PM = **P**arallel **M**achines.

Produkt k	Bedarfsmengen Periode t						Kosten und Zeiten			
	1	2	3	4	5	6	h_k	s_k	tb_k	tr_k
1	30	–	80	110	40	–	4	100	1	10
2	–	10	50	60	70	10	3	100	1	10
3	–	50	40	–	60	30	2	100	1	10

Tabelle D.25: Daten des Beispiels

Die Tabellen D.26 und D.27 zeigen die optimalen Produktionspläne für die beiden Maschinen. Dabei gilt wieder: ✕ = Rüsten, ◻ = Produzieren, ➡ = Keine Produktion, aber Erhaltung des Rüstzustandes.

Produkt k	Periode t					
	1	2	3	4	5	6
1	✕◻	➡	◻	◻	◻	–
2	–	–	–	–	–	–
3	–	–	–	–	✕◻	◻
1	30	–	90	100	40	–
2	–	–	–	–	–	–
3	–	–	–	–	50	30
Belastung	40	–	90	100	100	30

Tabelle D.26: Optimaler Produktionsplan für Maschine 1

Produkt k	Periode t					
	1	2	3	4	5	6
1	–	–	–	–	–	–
2	✕	◻	✕◻	◻	◻	◻
3	–	✕◻	◻	–	–	–
1	–	–	–	–	–	–
2	–	10	50	60	70	10
3	–	60	40	–	–	–
Belastung	10	80	100	60	70	10

Tabelle D.27: Optimaler Produktionsplan für Maschine 2

Die Produkte werden möglichst vollständig durch eine Maschine bearbeitet, wenn dadurch die kontinuierliche Nutzung eines Rüstzustandes möglich wird. Das ist z. B. für Produkt 1 und Maschine 1 geschehen. Produkt 3 wird teilweise auf der Maschine 1 und teilweise auf der Maschine 2 produziert. Die Lösung des Modells weist in Periode 1 einen Rüstvorgang für Produkt 2 an Maschine 2 aus, obwohl die Produktion erst in Periode 2 beginnt und die Kapazität dieser Periode auch noch für den Rüstvorgang ausreichen würde. Da sich die Verschiebung des Rüstvorganges nicht auf den Zielwert auswirkt, kommt es zu der angegebenen Lösung.

Betrachten wir nun noch die Situation, daß die **Rüstkosten Null** sind, aber auf beiden Maschinen für alle Produkte Rüstzeiten von 50 zu berücksichtigen sind. In diesem Fall erhalten wir die in den Tabellen D.28 und D.29 dargestellte optimale Lösung. Hier kommt es zu der Situation, daß der Bedarf für Produkt 3 aus Periode 5 durch parallele Produktion auf beiden Maschinen – mit zwei Rüstvorgängen – gedeckt wird.

	Periode t					
Produkt k	1	2	3	4	5	6
1	×□	–	–	–	–	–
2	–	×□	□	□	–	–
3	–	–	–	–	×□	□
1	30	–	–	–	–	–
2	–	10	80	100	–	–
3	–	–	–	–	50	30
Belastung	80	60	80	100	100	80

Tabelle D.28: Optimaler Produktionsplan für Maschine 1

	Periode t					
Produkt k	1	2	3	4	5	6
1	–	×□	□	□	–	–
2	–	–	–	–	–	×□
3	×□	□	–	–	×□	–
1	–	–	90	100	40	–
2	–	–	–	–	–	10
3	40	50	–	–	10	–
Belastung	90	100	90	100	100	60

Tabelle D.29: Optimaler Produktionsplan für Maschine 2

Özdamar und Bozyel[85] erweitern das Modell CLSP um die Möglichkeit, Überstunden zu nutzen, wobei sie Rüstzeiten berücksichtigen und auf den Ansatz von Rüstkosten verzichten. Rüstvorgänge sind in diesem Modell nur dann mit Kosten verbunden, wenn

---

85 vgl. *Özdamar und Bozyel* (2000); *Sürie und Stadtler* (2002)

durch das Rüsten Überstunden erforderlich werden. *Özdamar und Birbil*[86] erweitern die Betrachtung auf den Fall mehrerer paralleler Maschinen.

Günther[87] überträgt das Modell CLSP auf den Beschaffungsbereich. Er betrachtet das Problem der Bestimmung optimaler Liefermengen für mehrere Produkte, die um knappe Lagerkapazitäten konkurrieren. Dieses Problem unterscheidet sich vom bislang behandelten Losgrößenproblem dadurch, daß mit der Anlieferung von Produktmengen in einer Periode nicht nur Kapazität aus derselben Periode, sondern auch in den nachfolgenden Perioden in Anspruch genommen wird. Zur Lösung dieses Problems schlägt *Günther* ein Verfahren vor, in dessen Verlauf auf das Kriterium von *Groff* zurückgegriffen wird.

Eng verwandt mit dem Modell CLSP sind verschiedene Modellformulierungen, bei denen neben den Losgrößen der Produkte auch ihre vollständigen **Bearbeitungsreihenfolgen** an den Ressourcen ermittelt werden. Bei diesen Modellen wird die Zeit in sehr kurze Perioden mit einer eindeutigen Festlegung der produzierten Produkte eingeteilt. Man bezeichnet diese Modelle treffend auch als „small-bucket"-Modelle.

Beim **Discrete Lotsizing and Scheduling Problem** (DLSP) wird eine so kleine Periodeneinteilung vorgegeben, daß immer nur ein (oder kein) Produkt pro Periode hergestellt werden kann. Dadurch wird es möglich, für die betrachtete Ressource einen eindeutigen periodenbezogenen Rüstzustand zu erfassen und fortzuschreiben. Wird in zwei aufeinanderfolgenden Perioden t und $(t+1)$ dasselbe Produkt bearbeitet, dann wird – ähnlich wie im Modell CLSP-L – berücksichtigt, daß in der Periode $(t+1)$ kein Rüstvorgang mehr notwendig ist, da die Ressource sich bereits im richtigen Rüstzustand befindet. Ein Verfahren zur exakten Lösung dieses diskreten Losgrößen- und Losreihenfolgeproblems wurde von *Fleischmann*[88] entwickelt.

Im **Continuous Setup Lotsizing Problem** (CSLP) besteht zusätzlich die Möglichkeit, den Rüstzustand der Ressource über mehrere Perioden hinweg fortzuschreiben. Wird z. B. in den Perioden t und $(t+2)$ das Produkt k produziert, während in Periode $(t+1)$ die Ressource ungenutzt bleibt, dann wird in Periode $(t+2)$ auf den Rüstvorgang verzichtet und unmittelbar mit der Produktion begonnen.

Drexl und Haase[89] schlagen ein Modell für das sog. **Proportional Lotsizing and Scheduling Problem** (PLSP) als Verfeinerung der genannten Ansätze vor. Hier wird angenommen, daß in einer Periode *maximal einmal umgerüstet* werden kann. In einer Periode t wird zunächst die bereits in einer (unmittelbar vorgelagerten oder weiter zurückliegenden) Vorperiode begonnene Produktion eines Erzeugnisses fortgesetzt und bei Bedarf – nach einem Umrüstvorgang – mit der Produktion eines anderen Produkts fortgefahren. Dabei wird der Rüstzustand – wie beim CSLP – auch dann erkannt, wenn die Ressource zwischenzeitlich unbeschäftigt war. *Drexl und Haase* diskutieren die Beziehungen zwischen den genannten Modellformulierungen und zeigen, daß für ein konkretes Pro-

---

86 vgl. *Özdamar und Birbil* (1998)
87 vgl. *Günther* (1991); siehe auch *Dixon und Poh* (1990)
88 vgl. *Fleischmann* (1990); *Salomon et al.* (1991)
89 vgl. *Haase* (1994); *Drexl und Haase* (1995)

blem die optimale Lösung des Modells DLSP niemals besser sein kann als die optimale Lösung des Modells CSLP, welche wiederum niemals besser sein kann als die optimale Lösung des Modells PLSP.

Haase[90] gibt auch Erweiterungen des PLSP zur Berücksichtigung von Rüstzeiten, reihenfolgeabhängigen Rüstkosten, Überstunden, mehreren parallelen Maschinen und Fehlmengen an.

Fleischmann und Meyr[91] erweitern diese Modellformulierung durch die Einführung von zwei unterschiedlichen Periodenrastern im **General Lotsizing and Scheduling Problem** (GLSP). Im Zeitraster von „Makroperioden" wird der Materialfluß (dynamische Nachfrage und Lagerkosten) abgebildet. Innerhalb der Makroperioden werden zusätzlich „Mikroperioden" definiert, die eine sehr feine Abbildung der aus Rüstvorgängen resultierenden Zustandsentwicklung der Ressource erlauben.

Den genannten „small-bucket"-Losgrößenmodellen liegt eine Problemsicht zugrunde, die die gesamte Nutzung der Ressource erfaßt. Modelle dieser Art verlangen die Berücksichtigung sämtlicher Produkte, durch die eine Ressource in Anspruch genommen wird. Ungeplante Ereignisse während des Planungszeitraums, die den Rüstzustand der Ressource verändern (z. B. Maschinenausfälle, Eilaufträge, Produktion von C-Produkten), können aufgrund des hohen Detaillierungsgrades des Losgrößenmodells kaum absorbiert werden. Das Einsatzgebiet dieser Modelle liegt daher weniger in der Werkstattproduktion als vor allem im Bereich der Mehrprodukt-Fließproduktion, z. B. in der automatisierten Produktion von Unterhaltungselektronik oder in der Lebensmittelindustrie. Das „big-bucket"-Modell CLSP-L schreibt zwar auch den Rüstzustand einer Ressource fort. Allerdings geschieht dies nur an den Periodengrenzen. Alle Rüstzustandsveränderungen, die nicht das erste und das letzte in einer Periode produzierte Produkt betreffen, werden nicht erfaßt.

D.3.3.2 Lösungsverfahren

Das Problem der Mehrprodukt-Losgrößenplanung bei beschränkten Kapazitäten ist ein sehr schwieriges kombinatorisches Optimierungsproblem[92]. Durch alternative Modellformulierungen wurden in den letzten Jahren zwar beachtliche Fortschritte erzielt. Jedoch ist weiterhin davon auszugehen, daß Probleminstanzen mit praxisrelevanten Größenordnungen nicht exakt lösbar sind. Es sind daher zahlreiche heuristische Lösungsansätze für die unterschiedlichen Varianten des CLSP entwickelt worden. Im folgenden werden einige ausgewählte heuristische Verfahren beschrieben.

---

90 vgl. *Haase* (1994); *Kimms* (1997)
91 vgl. *Fleischmann und Meyr* (1997); *Meyr* (1999, 2002)
92 Zur Komplexität des Problems siehe *Florian et al.* (1980).

D.3.3.2.1 Das Verfahren von Dixon

Dixon[93] betrachtet die Formulierung des Modells CLSP mit der Beschränkung auf **eine Ressource** und unter **Vernachlässigung der Rüstzeiten**. Er baut bei der Losgrößenbestimmung auf dem *Silver-Meal*-Verfahren[94] auf. Diese Heuristik versucht bekanntlich, für ein isoliertes Produkt Bedarfsmengen aus einer ganzzahligen Anzahl aufeinanderfolgender Perioden zu einem in der Periode τ zu produzierenden Los zusammenzufassen, so daß die durchschnittlichen Kosten pro Periode minimal werden. Nach dem *Silver-Meal*-Kriterium (D.73) werden in der Periode τ die Bedarfsmengen für die Perioden $(\tau, \tau+1, ..., j)$ produziert.

Ist die **Kapazität** der Ressource beschränkt, dann kann es zu Konflikten kommen, wenn mehrere Produkte in derselben Periode auf dieser Ressource bearbeitet werden sollen. In einer derartigen Situation kann nicht immer sichergestellt werden, daß für jedes Produkt der Produktionsplan realisiert wird, für den die durchschnittlichen Kosten pro Periode ihr Minimum annehmen. Vielmehr kann es notwendig werden, die Produktion für einzelne oder mehrere Produkte in frühere Perioden mit nicht voll ausgelasteter Produktionskapazität vorzuziehen, damit überhaupt ein zulässiger Produktionsplan erreicht wird. Dabei kann es auch optimal sein, daß nur ein Teil einer Periodenbedarfsmenge früher produziert wird. Im Vergleich mit einem bezüglich der Kapazitäten unbeschränkten Produktionsplan entstehen dann zwangsläufig höhere Kosten.

Das Problem besteht nun darin, festzulegen, welche Produkte man früher produzieren soll, um eine unzulässige Kapazitätsüberlastung zu vermeiden. Sinnvollerweise sollten bei der Beantwortung dieser Frage Rüst- und Lagerkosten sowie die Stückbearbeitungszeiten (Kapazitätsinanspruchnahmefaktoren) der Produkte berücksichtigt werden. Tendenziell wird es vorteilhaft sein, die Produktion solcher Erzeugnisse vorzuziehen, die geringe Lagerkosten verursachen und hohe Stückbearbeitungszeiten haben. Denn deren Verschiebung bewirkt eine vergleichsweise große Entlastung der Kapazitätsbelastung der kritischen Ressource.

Dixon schlägt nun vor, für die Bestimmung der Reihenfolge, in welcher die Produkte beim Aufbau eines zulässigen Produktionsplanes zu betrachten sind, Prioritätsziffern zu verwenden, die einerseits auf das *Silver-Meal*-Kriterium (D.73)[95] zurückgreifen und andererseits die Stückbearbeitungszeiten der Produkte berücksichtigen. Geht man von einem Planungsstand aus, in dem für die einzelnen Produkte bereits die Bedarfsmengen d_{kj} zur Produktion in Periode τ eingeplant worden sind, dann ergibt sich die Prioritätsziffer $\Delta_{k\tau}$ des Produkts k nach Gleichung (D.115).

---

93 vgl. *Dixon und Silver* (1981)
94 siehe Abschnitt D.3.2.2.2, S. 156 ff.
95 Günther schlägt in einem ähnlichen Verfahren die Verwendung des Marginalkostenkriteriums von Groff vor. Vgl. *Günther* (1987).

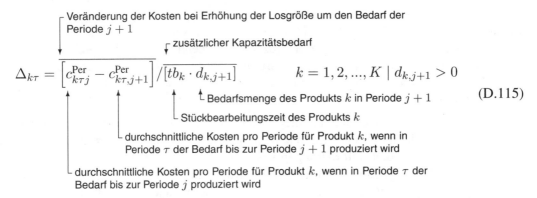

$$\Delta_{k\tau} = \left[c^{\text{Per}}_{k\tau j} - c^{\text{Per}}_{k\tau,j+1}\right] / [tb_k \cdot d_{k,j+1}] \qquad k = 1, 2, ..., K \mid d_{k,j+1} > 0 \tag{D.115}$$

Der Ausdruck im Zähler beschreibt die Veränderung der periodenbezogenen Durchschnittskosten bei Vergrößerung der Produktionsmenge für Produkt k in Periode τ um den Bedarf der nächsten Periode $(j+1)$. Der Ausdruck im Nenner gibt die damit verbundene Erhöhung der Inanspruchnahme der knappen Ressource (zusätzlicher Kapazitätsbedarf) an. Durch die Verknüpfung beider Größen bezeichnet $\Delta_{k\tau}$ damit die **marginale Kostenveränderung pro zusätzlich eingesetzter Kapazitätseinheit** (z. B. Maschinenstunde). Ist diese Größe negativ, dann steigen die Kosten bei Verwendung der nächsten Kapazitätseinheit zur Produktion des Produkts k an, d. h. die Produktion weiterer Mengeneinheiten des betrachteten Produkts ist unvorteilhaft.

Die grundsätzliche Vorgehensweise des Verfahrens von *Dixon* (siehe Bild D.22) besteht darin, daß der Produktionsplan zeitlich nach Produktionsperioden geordnet aufgebaut wird. Zunächst werden die Produktionsmengen aller Produkte in Periode $\tau = 1$ festgelegt, dann die Produktionsmengen in Periode $\tau = 2$, usw. Die Produktionsmengen werden ähnlich wie im *Silver-Meal*-Verfahren bestimmt.

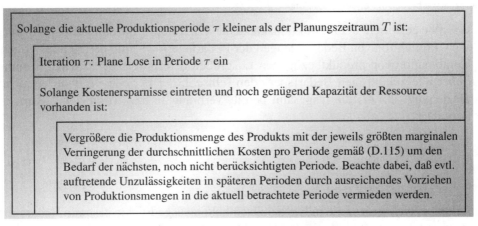

Bild D.22: *Grundstruktur des Verfahrens von Dixon*

Die Reihenfolge, in der die einzelnen Produkte betrachtet werden, wird durch die in Beziehung (D.115) angegebenen Prioritätsziffern bestimmt. Es werden für ein gegebenes Produkt k, für das zum Zeitpunkt $\tau(k)$ ein neues Produktionslos aufzulegen ist, die Bedarfsmengen aus den Perioden $[\tau(k), \tau(k)+1, ..., j(k)]$ zu dem Produktionslos in Periode $\tau(k)$ zusammengefaßt. Dieser Prozeß wird beendet, wenn die Durchschnittskosten des Produkts pro Periode wieder ansteigen oder wenn die verfügbare Kapazität der Ressource nicht mehr ausreicht, um die Bedarfsmenge aus der gerade betrachteten Periode zu produzieren.

Wird die Kapazität der Ressource in einer Periode überschritten, dann muß die Produktion einzelner produktbezogener Periodenbedarfsmengen zeitlich vorgezogen werden, d. h., es müssen Kapazitätsanforderungen in frühere Perioden verlagert werden, da ansonsten eine unzulässige Lösung auftritt. Dies wird durch die am *Silver-Meal*-Kriterium ausgerichtete Vorgehensweise zur Bestimmung der Losgrößen jedoch noch nicht berücksichtigt.

Damit die **Zulässigkeit** einer Lösung, d. h. einer geplanten Kombination von produktbezogenen Losgrößen in einer Periode τ, gesichert ist, müssen zusätzliche Bedingungen eingehalten werden. Betrachten wir eine (vorläufige) Kombination von Losen der Produkte in der Periode τ, für die in einer bestimmten Stufe des Verfahrens gerade ein Produktionsplan aufgestellt wird. Diese Produktionsmengen enthalten Bedarfsmengen der Periode τ sowie evtl. zukünftiger Perioden j ($j = \tau+1, \tau+2, ...$). Wir bezeichnen die bereits in Periode τ produzierte Bedarfsmenge der Periode j für das Produkt k mit $n_{\tau j k}$. Der sich aus der Bedarfsmenge der Periode j ableitende **Kapazitätsverbrauch** in der Produktionsperiode τ, $CV_{\tau j}$, kann nun mit Gleichung (D.116) beschrieben werden.

$$CV_{\tau j} = \sum_{k=1}^{K} tb_k \cdot n_{\tau j k} \qquad \tau = 1, 2, ..., T;\ j = \tau, \tau+1, ..., T \tag{D.116}$$

⌙ in Periode τ produzierte Bedarfsmenge des Produkts k in Periode j

⌙ Kapazitätsverbrauch in Periode τ für Periode j

Diese Größe entspricht der Produktionskapazität in Periode τ, die durch die – evtl. vorgezogene – Produktion von Bedarfsmengen der Bedarfsperiode j mit der gerade betrachteten Kombination von produktbezogenen Losgrößen bereits verbraucht wird. Summiert man über alle zukünftigen Bedarfsperioden (einschl. der Periode τ), dann erhält man mit Beziehung (D.117) die insgesamt bereits verbrauchte bzw. **reservierte Kapazität** der Periode τ.

$$CV_{\tau} = \sum_{j=\tau}^{T} CV_{\tau j} \qquad \tau = 1, 2, ..., T \tag{D.117}$$

⌙ verbrauchte bzw. reservierte Kapazität der Periode τ

Weiterhin bezeichnen wir die in Kapazitätseinheiten ausgedrückte gesamte Bedarfsmenge aller Produkte der Periode j mit CB_j. Dieser **Kapazitätsbedarf** der Periode j wird durch Gleichung (D.118) beschrieben.

$$CB_j = \sum_{k=1}^{K} tb_k \cdot d_{kj} \qquad j = 1, 2, ..., T \qquad \text{(D.118)}$$

↑ Kapazitätsbedarf der Periode j

Schließlich berücksichtigen wir, daß für einige Produkte u. U. bereits Bedarfsmengen der Perioden $(j = \tau, \tau+1, ...)$ in einer früher betrachteten Planungsperiode $t < \tau$ produziert werden. Dadurch reduziert sich die bei Betrachtung der Periode τ für Periode j noch **bereitzustellende Kapazität** auf:

$$CN_{\tau j} = CB_j - \sum_{t=1}^{\tau-1} \sum_{k=1}^{K} tb_k \cdot n_{tjk} \qquad \tau = 1, 2, ..., T; \; j = \tau, \tau+1, ..., T \qquad \text{(D.119)}$$

↑ Netto-Kapazitätsbedarf der Periode j aus der Sicht der Planungsperiode τ

Da die Kapazität der Ressource in Periode j b_j Einheiten beträgt, ergibt sich bei Betrachtung der Produktionsperiode τ für Periode j folgender **Kapazitätsfehlbedarf**:

$$CF_{\tau j} = CN_{\tau j} - b_j \qquad \tau = 1, 2, ..., T; \; j = \tau, \tau+1, ..., T \qquad \text{(D.120)}$$

↑ fehlende Kapazität in Periode j, die noch in Periode τ bereitgestellt werden muß

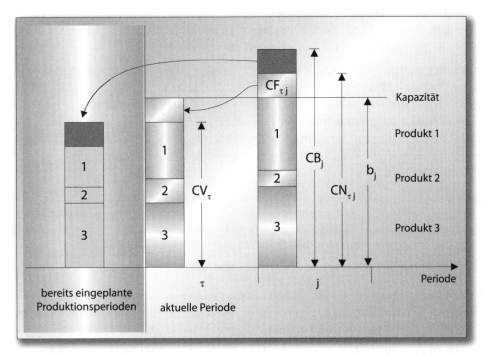

Bild D.23: Erzeugung eines zulässigen Produktionsplans in Periode τ

Ein Kapazitätsfehlbedarf in Periode j (d. h. $CF_{\tau j} > 0$) kann nur durch Produktion in früheren Perioden $(\tau, \tau+1, ..., j-1)$ beseitigt werden, da Fehlmengen annahmegemäß nicht erlaubt sind. Eine Produktion vor der gerade betrachteten Produktionsperiode τ ist nicht möglich, da in dem Verfahren von *Dixon* aufgrund der periodenbezogenen Vorgehensweise die Produktionsmengen, die in den vor der aktuellen Periode τ liegenden Perioden eingeplant worden sind, nicht mehr verändert werden.

Bild D.23 zeigt eine Situation, in der durch die rechtzeitige Produktion von Bedarfsmengen der Periode j in Periode τ das Auftreten einer Unzulässigkeit in der Periode j vermieden wird. Aus den produktspezifischen Periodenbedarfsmengen für die zukünftige Periode j ergibt sich ein Kapazitätsbedarf CB_j, der in der abgebildeten Situation die verfügbare Kapazität b_j weit überschreitet. Ein Teil der in Periode j bereitzustellenden Bedarfsmengen (dargestellt durch das dunkelgraue Kästchen) wurde bereits in einem vorangegangenen Planungsschritt (Iteration t) für die Periode $t < \tau$ eingeplant. Denn bei der Betrachtung dieser Produktionsperiode wurde bereits durch antizipierende Zulässigkeitsprüfung erkannt, daß auch die Kapazität der Periode τ nicht ausreichen würde, um den gesamten Kapazitätsfehlbedarf der Periode j zu decken.

Daher muß nur noch der verbleibende Kapazitätsfehlbedarf $CF_{\tau j}$ (dargestellt durch das gepunktete Kästchen) in einer vor j liegenden Periode produziert werden. Nehmen wir an, in Periode $\tau = j - 1$ seien bereits CV_τ Kapazitätseinheiten (in diesem Fall nur zur Produktion der Bedarfsmengen der Periode τ) verplant worden. Dann stehen noch $(b_\tau - CV_\tau)$ Kapazitätseinheiten zur vorgezogenen Produktion des Kapazitätsfehlbedarfs der Periode j zur Verfügung. Diese werden nun eingesetzt, um den Kapazitätsfehlbedarf der Periode j zu decken. Treten weitere Kapazitätsfehlbedarfe in späteren Perioden $(j+1, j+2, ...)$ auf, dann ist entsprechend zu verfahren.

In einer betrachteten Produktionsperiode τ ist also mindestens der Kapazitätsfehlbedarf der Periode j abzudecken, der nicht mehr zu einem späteren Zeitpunkt $[\tau+1, \tau+2, ..., j-1]$ absorbiert werden kann. Eine Kombination von produktbezogenen Losgrößen, d.h. ein Produktionsplan, in Periode τ ist somit nur dann realisierbar, wenn für alle Zeitspannen von der aktuellen Produktionsperiode τ bis zu einer zukünftigen Periode t ($t = \tau+1, \tau+2, ..., T$) folgende **Zulässigkeitsbedingung** erfüllt ist:

$$\sum_{j=\tau+1}^{t} CV_{\tau j} \geq \sum_{j=\tau+1}^{t} CF_{\tau j} \qquad \tau = 1, 2, ..., T-1;\ t = \tau+1, \tau+2, ..., T \qquad (\text{D.121})$$

gesamter Kapazitätsfehlbedarf im Zeitraum $[\tau+1, t]$, der bereits in Periode τ gedeckt werden muß

in Periode τ für den Bedarfszeitraum $[\tau+1, t]$ produzierte Mengen

Die Beziehungen (D.121) fordern, daß in der betrachteten aktuellen Produktionsperiode τ, für die die Produktionsmengen endgültig festgelegt werden, so viel zukünftiger Kapazitätsfehlbedarf durch Vorausproduktion gedeckt wird, daß in keiner der folgenden Periode eine Unzulässigkeit auftreten kann. Sind die Bedingungen (D.121) für mindestens einen zukünftigen Zeitraum $[\tau+1, t]$ *nicht* erfüllt, dann wird in der Periode τ nicht genug produziert. Denn die in den folgenden Perioden noch verbleibende Kapazität reicht dann nicht mehr zur Deckung des gesamten Bedarfs dieser Perioden aus. Es ist demnach notwendig, Teile dieses Bedarfs durch Produktion in der aktuellen Periode τ zu decken. Damit eine Kombination von Losgrößen der Produkte in der aktuellen Periode τ zulässig ist, muß also in Periode τ mindestens der Kapazitätsfehlbedarf zukünftiger Perioden ($j = \tau + 1, ..., t$) im voraus produziert werden. Geschieht das nicht, dann treten Fehlmengen auf und der ermittelte Produktionsplan ist nicht zulässig. Die beschriebenen Bedingungen zur Beurteilung der Zulässigkeit einer Kombination von Losgrößen in Periode τ werden in dem heuristischen Verfahren von *Dixon* berücksichtigt. Der genaue Verfahrensablauf wird im folgenden beschrieben.

Verfahren von Dixon

Iteration τ ($\tau = 1, 2, ..., T$)

Schritt 1: Initialisierung

Prüfe durch Vergleich der kumulierten Kapazitätsbedarfe mit den kumulierten Kapazitäten, ob das Problem eine zulässige Lösung besitzt:

Falls $\sum_{j=1}^{t} CB_j > \sum_{j=1}^{t} b_j$ ($t = 1, 2, ..., T$), STOP.

Setze die Reichweite[96] des Produkts k, $r_{k\tau} = 0$ ($k = 1, 2, ..., K$);

Setze die Produktionsmenge des Produkts k, $q_{k\tau} = d_{k\tau}$ ($k = 1, 2, ..., K$);

Berechne die in Periode τ verbleibende freie Kapazität, die zur vorgezogenen Produktion zukünftiger Bedarfsmengen verwendet werden kann:

$$RC_\tau = b_\tau - \sum_{k=1}^{K} tb_k \cdot q_{k\tau}$$

↳ Kapazitätsüberschuß in Periode τ

Schritt 2:

Bestimme die früheste Periode t_c, in der die aktuelle, für Periode τ betrachtete Kombination von Losgrößen im Hinblick auf die Kapazitätsbedingung (D.121) unzulässig wird.

Falls $t_c > T$, setze $t_c = T + 1$

Schritt 3: Vergrößerung der Produktionsmengen

Betrachte die Menge $\mathcal{M}$ der Produkte, deren Reichweite $r_{k\tau}$ nicht[97] die Periode t_c umfaßt, und deren nächste noch nicht für die Produktion eingeplante Bedarfsmenge noch in Periode τ produziert werden kann:

$$\mathcal{M} = \{k \,|\, r_{k\tau} < t_c - \tau \text{ und } d_{k,\tau+r_{k\tau}+1} \cdot tb_k \leq RC_\tau\}$$

---

[96] Die Reichweite eines Produkts ist hier die Anzahl aufeinanderfolgender Perioden, für deren Bedarf die aktuelle Losgröße ausreicht, die aktuelle Produktionsperiode nicht eingeschlossen.

[97] Nur für Produkte mit einer Reichweite r_{kt}, die nicht die Periode t_c umfaßt, können noch zukünftige Bedarfsmengen vorgezogen produziert werden.

- Falls die Menge $\mathcal{M}$ leer ist, gehe zu Schritt 4;
- andernfalls bestimme aus der Menge $\mathcal{M}$ das Produkt l mit der höchsten Prioritätsziffer $\Delta_{l\tau}$ gemäß Beziehung (D.115), d.h. das Produkt mit der größten marginalen Verringerung der Kosten pro zusätzlich eingesetzter Kapazitätseinheit:
  - Ist die Prioritätsziffer $\Delta_{l\tau} \geq 0$, dann ist die Vergrößerung der Reichweite des Produkts l in Periode τ, $r_{l\tau}$, um eine Periode vorteilhaft:

    Setze $r_{l\tau} = r_{l\tau} + 1$,   neue Reichweite

    setze $q_{l\tau} = q_{l\tau} + d_{l,\tau+r_{l\tau}}$,   neue Losgröße

    setze $RC_\tau = RC_\tau - tb_l \cdot d_{l,\tau+r_{l\tau}}$,   verbleibende Kapazität

    setze $d_{l,\tau+r_{l\tau}} = 0$ Bedarfsmenge[98]

    und gehe zu Schritt 2[99];

  - ist die Prioritätsziffer $\Delta_{l\tau} < 0$, dann lohnt sich die Vergrößerung der Reichweite nicht, gehe zu Schritt 4.

Schritt 4: Ist der Produktionsplan für Periode τ zulässig?

Falls $t_c > T$, dann liegt eine zulässige Kombination von Produktionsmengen für Periode τ vor, führe die nächste Iteration durch.

Falls $t_c \leq T$, dann liegt noch keine zulässige Kombination von Produktionsmengen für Periode τ vor; daher muß für mindestens eines der Produkte die Produktionsmenge in Periode τ erhöht werden[100], gehe zu Schritt 5.

Schritt 5:

Bestimme mit Beziehung (D.121) den Kapazitätsbedarf Q, der in Periode τ noch für zukünftige Perioden bereitzustellen ist, damit der Produktionsplan der Periode τ im Hinblick auf alle zukünftigen Perioden $(t_c, t_c + 1, ..., T)$ zulässig ist.

Der Kapazitätsbedarf ergibt sich als maximale Differenz zwischen der kumulierten fehlenden Kapazität und den kumulierten bereits in Periode τ produzierten Mengen. Bei der Berechnung der fehlenden Kapazität $CF_{\tau j}$ ist zu berücksichtigen, daß ein Teil des Bedarfs einer zukünftigen Periode bereits in einer vorangegangenen Iteration (Periode $t < \tau$) produziert worden sein kann:

$$Q = \max_{t_c \leq t \leq T} \left\{ \sum_{j=\tau+1}^{t} CF_{\tau j} - CV_{\tau j} \right\}$$

Schritt 6:

Betrachte die Produkte, deren Reichweite nicht bis zur Periode t_c reicht:

Erhöhe probeweise für das Produkt k die Reichweite entweder um eine Periode oder um soviel, wie der Kapazitätsbedarf Q in Periode τ erzwingt:

---

98 Das Löschen der vorgezogenen Periodenbedarfsmenge stellt sicher, daß diese Menge in den folgenden Iterationen in Schritt 1 nicht erneut eingeplant wird.

99 Der Sprung zu Schritt 2 wird notwendig, da sich durch Verlängerung der Reichweite des gerade betrachteten Produkts l und die damit verbundene Änderung des Produktionsplans der Periode τ der Wert von t_c verändert haben kann.

100 Das heißt, es müssen Bedarfsmengen aus späteren Perioden in der Periode t auf Vorrat produziert werden.

$$r_{k\tau\text{neu}} = \min\left\{r_{k\tau} + 1, r_{k\tau} + \frac{Q}{tb_k \cdot d_{k,\tau+r_{k\tau}+1}}\right\}$$

Berechne unter Verwendung der Reichweiten $r_{k\tau\text{neu}}$ für jedes Produkt jeweils den marginalen Anstieg[101] der Kosten pro zusätzlich eingesetzter Kapazitätseinheit gemäß Beziehung (D.115), wobei die Berechnung davon abhängt, ob die neue Reichweite ganzzahlig ist oder nicht.

Falls die neue Reichweite $r_{k\tau\text{neu}}$ ganzzahlig ist, gilt:

$$\Delta_{k\tau} = \frac{\left[c^{\text{Per}}_{k\tau,\tau+r_{k\tau}} - c^{\text{Per}}_{k\tau,\tau+r_{k\tau\text{neu}}}\right]}{tb_k \cdot d_{k,\tau+r_{k\tau\text{neu}}}}$$

Falls die neue Reichweite $r_{k\tau\text{neu}}$ nicht ganzzahlig ist, wird nur die dem Kapazitätsfehlbedarf entsprechende Menge früher produziert, wobei bei der Berechnung der durchschnittlichen Kosten pro Periode zu berücksichtigen ist, daß auch nur diese Menge früher eingelagert wird:

$$\Delta_{k\tau} = \frac{\left[c^{\text{Per}}_{k\tau,\tau+r_{k\tau}} - c^{\text{Per}}_{k\tau,\tau+r_{k\tau\text{neu}}}\right]}{Q}$$

Erhöhe die Produktionsmenge für das Produkt k mit dem geringsten marginalen Kostenanstieg (d. h. mit dem größten Wert $\Delta_{k\tau}$); dabei werden W zusätzliche Kapazitätseinheiten der Periode τ verbraucht; errechne die noch bereitzustellende Kapazität: $Q = Q - W$
Aktualisiere die Periodenbedarfsmenge der betreffenden Periode.
Falls $Q > 0$, wiederhole Schritt 6; andernfalls führe die nächste Iteration durch.

☐ Ende Iteration τ

Nach Beendigung des Verfahrens liegt eine zulässige Lösung – falls diese existiert – des dynamischen Mehrprodukt-Losgrößenproblems mit Kapazitätsbeschränkungen vor. Durch zusätzliche Maßnahmen (z. B. Eliminierung eines Loses, Zusammenfassung zweier Lose) kann versucht werden, diese Lösung weiter zu verbessern.[102]

Das Verfahren von *Dixon* soll anhand eines Beispiels mit zwei Produkten erläutert werden. Die Bedarfsmengen der beiden Produkte für einen Planungszeitraum von vier Perioden sind in Tabelle D.30 wiedergegeben.

t	1	2	3	4
d_{1t}	110	49	0	82
d_{2t}	48	75	15	120

Tabelle D.30: *Bedarfsmengen*

Die Produkte werden auf einer Maschine mit Rüstkosten $s_1 = 100$ und $s_2 = 50$ herge-

---
101 In Schritt 4 wurde festgestellt, daß die Vergrößerung der Reichweiten der jetzt noch betrachteten Produkte nur noch zu Kostenerhöhungen führt.
102 vgl. *Dixon und Silver* (1981), S. 25–26

stellt. Die Lagerkostensätze betragen $h_1 = 4$ und $h_2 = 1$. Die Maschine steht mit einer konstanten Periodenkapazität von $b_t = 160$ Stunden ($t = 1, ..., 4$) zur Verfügung. Die Stückbearbeitungszeiten betragen für beide Produkte $tb_1 = tb_2 = 1$ Stunde.

Beispiel zum Verfahren von Dixon

Iteration $\tau = 1$:

Schritt 1:	Zulässigkeitsprüfung und Initialisierung der Produktionsmengen der Periode 1
$t = 1 : 158 < 160$	zulässig
$t = 2 : 282 < 320$	zulässig
$t = 3 : 297 < 480$	zulässig
$t = 4 : 499 < 640$	zulässig
$r_{11} = 0, q_{11} = 110$	Reichweite und Losgröße für Produkt 1 in Periode 1
$r_{21} = 0, q_{21} = 48$	Reichweite und Losgröße für Produkt 2 in Periode 1
$RC_1 = 2$	Verbleibende Restkapazität in Periode 1

t	1	2	3	4
q_{1t}	110	–	–	–
q_{2t}	48	–	–	–
$CN_{\tau t}$	–	124	15	202
RC_t	2	160	160	160

Aktuelle (Teil-)Lösung

Schritt 2: Bestimmung der Periode, ab der der bisherige Produktionsplan unzulässig wird (t_c)

▶ $t = 2$:

$CN_{12} = 49 + 75 = 124$

$\sum_{j=2}^{2} CV_{1j} = 0 \geq \sum_{j=2}^{2} (CN_{1j} - b_j) = -36$

Die Kapazität in Periode 2 (160) reicht aus, um die gesamte noch bereitzustellende Bedarfsmenge der Periode 2 (124) zu produzieren. Es bleibt ein Kapazitätsüberschuß von 36.

▶ $t = 3$:

$CN_{13} = 0 + 15 = 15$

$\sum_{j=2}^{3} CV_{1j} = 0 \geq \sum_{j=2}^{3} (CN_{1j} - b_j) = -181$

Die kumulierte Kapazität der Perioden 2 und 3 (320) reicht aus, um den gesamten Bedarf der Perioden 2 und 3 (139) zu produzieren. Es bleibt ein Kapazitätsüberschuß von 181.

▶ $t = 4$:

$CN_{14} = 82 + 120 = 202$

$\sum_{j=2}^{4} CV_{1j} = 0 \geq \sum_{j=2}^{4} (CN_{1j} - b_j) = -139$

Die kumulierte Kapazität der Perioden 2 bis 4 (480) reicht insgesamt aus, um den gesamten Bedarf der Perioden 2 bis 4 (341) zu produzieren. Es bleibt ein Kapazitätsüberschuß von 139.

D.3 Losgrößenplanung

$t_c = 5 \geq T = 4$	Die vorliegenden Losgrößen in Periode 1 können produziert werden, ohne daß in den nachfolgenden Perioden (2 bis 4) ein nicht innerhalb dieser Perioden abdeckbarer Kapazitätsfehlbedarf auftritt.
Schritt 3:	Versuch, die Lose der Periode 1 zu vergrößern
$d_{12} \cdot tb_1 = 49 > RC_1 = 2$	Die Reichweite für Produkt 1 reicht nicht bis zur Periode t_c. Eine Vergrößerung der Produktionsmenge für Produkt 1 in Periode 1 wird in Betracht gezogen. Die Restkapazität (2) reicht jedoch nicht aus, um den Bedarf der Periode 2 (49) schon in Periode 1 zu produzieren.
$d_{22} \cdot tb_2 = 75 > RC_1 = 2$	Die Reichweite für Produkt 2 reicht nicht bis zur Periode t_c. Eine Vergrößerung der Produktionsmenge für Produkt 2 in Periode 1 wird in Betracht gezogen. Es steht jedoch nicht genügend Restkapazität zur Verfügung, um den Bedarf der Periode 2 (75) schon in Periode 1 zu produzieren.

Iteration $\tau = 2$:

Schritt 1:	Initialisierung der Produktionsmengen in Periode 2
$r_{12} = 0, q_{12} = 49$	Reichweite und Losgröße für Produkt 1 in Periode 2
$r_{22} = 0, q_{22} = 75$	Reichweite und Losgröße für Produkt 2 in Periode 2
$RC_2 = 36$	Verbleibende Restkapazität in Periode 2. Nach Produktion der Bedarfsmengen der Periode 2 steht noch eine Restkapazität von 36 Stunden zur Verfügung.

t	1	2	3	4
q_{1t}	110	49	–	–
q_{2t}	48	75	–	–
$CN_{\tau t}$	–	–	15	202
RC_t	2	36	160	160

Aktuelle (Teil-)Lösung

Schritt 2:	Bestimmung der Periode, ab der der bisherige Produktionsplan unzulässig wird (t_c)
▶ $t = 3$:	
$CN_{23} = 0 + 15 = 15$ $\sum_{j=3}^{3} CV_{2j} = 0 \geq \sum_{j=3}^{3} (CN_{2j} - b_j) = -145$	Die Kapazität der Periode 3 (160) reicht aus, um den gesamten Bedarf der Periode 3 (15) zu produzieren. Es bleibt ein Kapazitätsüberschuß von 145.
▶ $t = 4$:	
$CN_{24} = 82 + 120 = 202$ $\sum_{j=3}^{4} CV_{2j} = 0 \geq \sum_{j=3}^{4} (CN_{2j} - b_j) = -103$	Die kumulierte Kapazität der Perioden 3 und 4 (320) reicht aus, um den gesamten Bedarf der Perioden 3 und 4 (217) zu produzieren. Es bleibt ein Kapazitätsüberschuß von 103.

$t_c = 5 \geq T = 4$	Die für Periode 2 eingeplanten Losgrößen können produziert werden, ohne daß in den nachfolgenden Perioden (3 bis 4) ein nicht innerhalb dieser Perioden abdeckbarer Kapazitätsfehlbedarf auftritt.
Schritt 3:	Versuch, die Lose der Periode 2 zu vergrößern
$r_{12} = 1$	Da der Bedarf des Produkts 1 in Periode 3 Null ist, kann die Reichweite des Produkts 1 in Periode 2 direkt auf $r_{12} = 1$ erhöht werden.
$d_{23} \cdot tb_2 = 15 < RC_2 = 36$	Die Reichweite des in Periode 2 aufgelegten Loses für Produkt 2 reicht nicht bis zum Ende des Planungshorizonts (d. h. bis zur Periode $t_c = 5$). Daher wird überprüft, ob der Bedarf der Periode 3 noch in das Los aufgenommen werden kann. Die Restkapazität (36) reicht aus, um den Bedarf der Periode 3 bereits in Periode 2 zu produzieren. Jetzt ist zu prüfen, ob es sich unter Kostengesichtspunkten lohnt, das in Periode 2 aufgelegte Los für Produkt 2 um den Bedarf der Periode 3 zu vergrößern.
$\Delta_{23} = \dfrac{\frac{50}{1} - \frac{50+1\cdot 15}{2}}{1 \cdot 15} = 1.16667$	Veränderung der Kosten pro zusätzlich eingesetzter Kapazitätseinheit bei Erhöhung der Produktionsmenge des Produkts 2 um den Bedarf der Periode 3. Da die Kosten sinken, ist es vorteilhaft, die Produktionsmenge für Produkt 2 in Periode 2 um den Bedarf der Periode 3 zu erhöhen.
	Später wird sich herausstellen, daß dies unvorteilhaft ist, da wegen der knappen Kapazität in Periode 4 ein Los in Periode 3 aufgelegt werden muß. Dabei bleibt soviel Kapazität übrig, daß auch noch der Bedarf der Periode 3 produziert werden kann. Aufgrund dieser Überlegungen wird die soeben vorgenommene Erhöhung der Produktionsmenge in Periode 2 später wieder rückgängig gemacht.
$l = 2$	Index des Produkts, für das die in Periode 2 verbliebene Restkapazität verwendet wird.
$r_{22} = 1$	Neue Reichweite für Produkt 2 in Periode 2
$q_{22} = 90$	Neue Losgröße für Produkt 2 in Periode 2
$RC_2 = 21$	Verbleibende Restkapazität in Periode 2
$d_{23} = 0$	Bedarfsmenge des Produkts 2 in Periode 3 wurde vorgezogen.

t	1	2	3	4
q_{1t}	110	49	–	–
q_{2t}	48	90	–	–
$CN_{\tau t}$	–	–	–	202
RC_t	2	21	160	160

Aktuelle (Teil-)Lösung

Schritt 2:	Bestimmung der Periode, ab der der bisherige Produktionsplan unzulässig wird (t_c)
▶ $t = 3$:	
$CN_{23} = 0$ $\sum_{j=3}^{3} CV_{2j} = 15 \geq \sum_{j=3}^{3} (CN_{2j} - b_j) = -160$	Die Kapazität der Periode 3 (160) reicht aus, um den gesamten noch in Periode 3 zu deckenden Bedarf der Periode 3 (0) zu produzieren. Auf der linken Seite der Ungleichung wird die in Periode 2 bereits produzierte Bedarfsmenge der Periode 3 erfaßt.
▶ $t = 4$:	
$CN_{24} = 202$ $\sum_{j=3}^{4} CV_{2j} = 15 \geq \sum_{j=3}^{4} (CN_{2j} - b_j) = -118$	Die kumulierte Kapazität der Perioden 3 und 4 (320) reicht aus, um den gesamten noch nicht gedeckten Bedarf der Perioden 3 und 4 (202) zu produzieren. Es bleibt ein Kapazitätsüberschuß von 118.
$t_c = 5 \geq T = 4$	Die für Periode 2 eingeplanten Produktionsmengen können produziert werden, ohne daß in den nachfolgenden Perioden (3 bis 4) ein nicht innerhalb dieser Perioden abdeckbarer Kapazitätsfehlbedarf auftritt.
Schritt 3:	Versuch, die Lose der Periode 2 weiter zu vergrößern
$d_{14} \cdot tb_1 = 82 > RC_2 = 21$	Der Bedarf der Periode 4 für Produkt 1 ist größer als die Restkapazität. Daher kann die Losgröße für Produkt 1 in Periode 2 nicht erhöht werden.
$d_{24} \cdot tb_2 = 120 > RC_2 = 21$	Der Bedarf der Periode 4 für Produkt 2 ist größer als die Restkapazität. Daher kann die Losgröße für Produkt 2 in Periode 2 nicht vergrößert werden.
Iteration $\tau = 3$:	
Schritt 1:	Initialisierung der Produktionsmengen in Periode 3
$r_{13} = 0, q_{13} = 0$	Reichweite und Produktionsmenge für Produkt 1 in Periode 3. In Periode 3 liegt kein Bedarf für Produkt 1 vor.
$r_{23} = 0, q_{23} = 0$	Reichweite und Produktionsmenge für Produkt 2 in Periode 3. Der Bedarf der Periode 3 wird bereits in Periode 2 produziert.
$RC_3 = 160$	Verbleibende Restkapazität in Periode 3
Schritt 2:	Bestimmung der Periode, ab der der bisherige Produktionsplan unzulässig wird (t_c)
▶ $t = 4$:	
$CN_{34} = 82 + 120 = 202$ $\sum_{j=4}^{4} CV_{3j} = 0 < \sum_{j=4}^{4} (CN_{3j} - b_j) = 42$	Die in Periode 4 fehlende Kapazität (42) ist größer als die Menge, die bereits durch Produktion in Periode 3 (0) abgedeckt wird. Werden nicht mindestens 42 Mengeneinheiten des Bedarfs der Periode 4 früher (in Periode 3) produziert, dann kann keine zulässige Lösung erreicht werden.

$t_c = 4$

Es liegt nun die Situation vor, daß die Produktionsmengen in Periode $\tau = 3$ erhöht werden müssen, damit der Kapazitätsfehlbedarf in Periode 4 abgedeckt werden kann.

Schritt 3: Versuch, die Lose der Periode 3 zu vergrößern

$$\Delta_{13} = \frac{\frac{100}{1} - \frac{100+4\cdot 82}{2}}{1 \cdot 82} = -1.3902$$

Pro zusätzlicher für Produkt 1 eingesetzter Kapazitätseinheit in Periode 3 steigen die Kosten um 1.3902.

$$\Delta_{23} = \frac{\frac{50}{1} - \frac{50+1\cdot 120}{2}}{1 \cdot 120} = -0.2917$$

Pro zusätzlicher für Produkt 2 eingesetzter Kapazitätseinheit steigen die Kosten um 0.2917. Da in beiden Fällen die Kosten steigen würden, lohnt sich die Erhöhung der Produktionsmengen der Periode $\tau = 3$ unter Kostengesichtspunkten nicht. Weiter bei Schritt 4.

Schritt 4: Prüfung, ob ein zulässiger Produktionsplan vorliegt

Weiter bei Schritt 5, da $t_c = 4$ — Es liegt noch kein zulässiger Produktionsplan vor.

Schritt 5: Bestimmung der in Periode 3 für spätere Perioden noch bereitzustellenden Kapazität

$Q = 42$

Kapazitätsfehlbedarf in späteren Perioden. Da in Periode 4 insgesamt 42 Kapazitätseinheiten fehlen, müssen diese bereits in Periode 3 bereitgestellt werden.

Schritt 6:

$r_{13\text{neu}} = \frac{42}{82} = 0.51$

Wird der Kapazitätsbedarf durch Produktion des Produkts 1 abgedeckt, dann muß die Reichweite des in Periode 3 aufzulegenden Loses mindestens 0.51 betragen.

$r_{23\text{neu}} = \frac{42}{120} = 0.35$

Wird der Kapazitätsbedarf durch Produktion des Produkts 2 abgedeckt, dann muß die Reichweite des in Periode 3 aufzulegenden Loses mindestens 0.35 betragen.

$$\Delta_{13} = \frac{\frac{0}{1} - \frac{100+4\cdot 42}{1.51}}{42} = -4.2258$$

Veränderung der Kosten pro zusätzlich eingesetzter Kapazitätseinheit bei Produktion von Produkt 1. Achtung: In Periode 3 wurde nicht produziert. Daher wird beim Kostenvergleich für die Rüstkosten 0 eingesetzt. Es wird davon ausgegangen, daß nur die dem Kapazitätsfehlbedarf entsprechende Bedarfsmenge (42) früher produziert wird.

$$\Delta_{23} = \frac{\frac{0}{1} - \frac{50+1\cdot 42}{1.35}}{42} = -1.6223$$

Veränderung der Kosten pro zusätzlich eingesetzter Kapazitätseinheit bei Produktion von Produkt 2. Die Erhöhung der Produktionsmenge des Produkts 2 (um 42 Mengeneinheiten) ist mit dem geringsten Kostenanstieg verbunden.

$r_{23} = 0.35, q_{23} = 42$

Neue Reichweite und Losgröße für Produkt 2 in Periode 3. Der restliche Bedarf des Produkts 2 in Periode 4 wird durch ein Los in Periode 4 gedeckt. Dadurch wird erreicht, daß die Lagerkosten so gering wie möglich steigen.

$d_{24} = 120 - 42 = 78$ Noch zu produzierende Bedarfsmenge für Produkt 2 in Periode 4.

t	1	2	3	4
q_{1t}	110	49	–	–
q_{2t}	48	90	42	–
$CN_{\tau t}$	–	–	–	160
RC_t	2	21	118	160

Aktuelle (Teil-)Lösung

Iteration $\tau = 4$:

Schritt 1:

$r_{14} = 0, q_{14} = 82$ Reichweite und Produktionsmenge für Produkt 1 in Periode 4.

$r_{24} = 0, q_{24} = 78$ Reichweite und Produktionsmenge für Produkt 2 in Periode 4.

$RC_4 = 0$ Verbleibende Restkapazität in Periode 4

t	1	2	3	4
q_{1t}	110	49	–	82
q_{2t}	48	90	42	78
$CN_{\tau t}$	–	–	–	–
RC_t	2	21	118	0

Aktuelle (Teil-)Lösung

Schritt 2:

$t_c = 5$ Das Ende des Planungshorizonts ist erreicht.

STOP

Die vorliegende Lösung kann noch weiter verbessert werden. So kann man z. B. überprüfen, ob alle Produktmengen so spät wie möglich produziert werden. Dies ist für die Bedarfsmengen des Produkts 2 in Periode 3 nicht der Fall. Die Verschiebung der zu früh eingeplanten 15 Mengeneinheiten des Produkts 2 aus Periode 2 in Periode 3 ergibt den in Tabelle D.31 dargestellten Produktionsplan.

t	1	2	3	4
q_{1t}	110	49	–	82
q_{2t}	48	75	57	78
RC_t	2	36	103	0

Tabelle D.31: Optimaler Produktionsplan

Über einen praktischen Anwendungsfall des Verfahrens von *Dixon* berichten *Van Wassenhove und Vanderhenst*[103]. *Günther* beschreibt eine Anwendung des Verfahrens von *Dixon*, in der die Kapazitätsschranke als Entscheidungsparameter verwendet wird, mit dem Ziel, eine möglichst gleichmäßige Auslastung der Kapazität zu erreichen.[104]

Die publizierten Ergebnisse von numerischen Untersuchungen verschiedener heuristischer Verfahren zur Lösung des betrachteten Mehrprodukt-Losgrößenproblems mit Kapazitätsbeschränkungen (einschl. des Verfahrens von *Dixon*) zeigen, daß mit dem Verfahren von *Dixon* i. d. R. eine sehr gute Lösungsqualität erreichbar ist.[105]

In Abschnitt D.3.4.4.3, S. 300 ff., werden wir ein Verfahren zur Lösung eines mehrstufigen Mehrprodukt-Losgrößenproblems mit beschränkten Kapazitäten beschreiben, in dessen Verlauf das Verfahren von *Dixon* zur Bearbeitung von einstufigen Teilproblemen eingesetzt wird.

D.3.3.2.2 Das ABC-Verfahren von Maes

Bei der Darstellung des Verfahrens von *Dixon* wurde deutlich, daß man eine Lösung des einstufigen Mehrprodukt-Losgrößenproblems anschaulich in einer Tabelle darstellen kann, die für jede Periode eine Spalte und für jedes Produkt eine Zeile enthält.[106] Eine Lösung des CLSP kann dann in der Weise erzeugt werden, daß man eine Tabelle mit Nettobedarfsmengen nach und nach von links (Periode 1) nach rechts (Periode T) in eine Tabelle mit Produktionsmengen umformt, indem man zukünftige – noch nicht eingeplante – Bedarfsmengen des Produkts k unter Beachtung der Kapazitätsrestriktionen zu dem im Aufbau befindlichen Los in der Produktionsperiode τ hinzufügt. Im Prinzip sind bei einer derartigen heuristischen Vorgehensweise drei Fragen zu beantworten.

A) In welcher Reihenfolge sollen die Produkte betrachtet werden? Alternative Kriterien: laufende Produktnummer; Kosten; Kapazitätsbeanspruchungen, etc.

B) Nach welchem Kriterium soll über die Vergrößerung eines Loses entschieden werden? Alternativen: Silver-Meal-Kriterium; Stückkosten, etc.

C) In welcher Reihenfolge sollen die noch nicht in ein Los aufgenommenen Bedarfsmengen betrachtet werden? Alternativen: erst die ganze Bedarfsreihe eines Produkts abarbeiten, bevor zum nächsten Produkt übergegangen wird („Ost-Richtung"); immer nur einen Bedarf vorziehen und dann zum nächsten Produkt übergehen („Süd-Richtung"); jeweils mehrere Bedarfe desselben Produkts vorziehen und dann zum nächsten Produkt übergehen („Süd-Ost-Richtung").

---

103 vgl. *van Wassenhove und Vanderhenst* (1983)
104 vgl. *Günther* (1987)
105 vgl. z. B. die Ergebnisse von *Thizy und van Wassenhove* (1985); *Günther* (1988)
106 siehe z. B. Tabelle D.31

Maes und van Wassenhove[107] schlagen vor, die Losgrößenplanung mit unterschiedlichen Kombinationen von Antworten auf die o. g. Fragen durchzuführen und dann die beste gefundene Lösung auszuwählen. Die Struktur des Verfahrens ist für den Fall der Variante „Süd-Ost-Richtung" in Bild D.24 wiedergegeben.

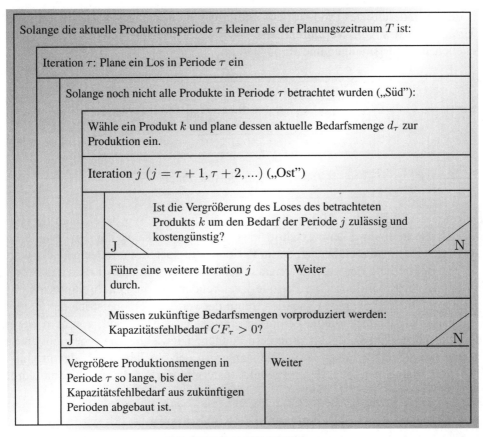

Bild D.24: ABC-Verfahren

Unabhängig davon, wie ein derart vorwärtsschreitendes Lösungsverfahren im Detail ausgestaltet wird, ist in jedem Verfahrensschritt auf die Zulässigkeit der Lösung im Hinblick auf zukünftige Entscheidungen zu achten. Bei jeder Fixierung der Produktionsmengen einer Periode und dem Übergang zur nächsten Produktionsperiode muß sichergestellt sein, daß die gesamte Kapazität der nachfolgenden Perioden ausreicht, um den gesamten verbleibenden noch nicht produzierten Bedarf dieser Perioden zu decken. Den bereits in Periode t zu deckenden (Rest-)Bedarf aus späteren Perioden, CF_t, berechnen *Maes und van Wassenhove* rekursiv nach Gleichung (D.128).

---

107 vgl. *Maes und van Wassenhove* (1986); *Maes* (1987)

$CF_T = 0$

$$CF_t = \max\left\{0, \underbrace{\sum_{k=1}^{K} tb_k \cdot d_{k,t+1} - b_{t+1}}_{\text{fehlende Kapazität in Periode } t+1} + CF_{t+1}\right\} \quad t = T-1, T-2, ..., 1 \quad \text{(D.128)}$$

Bei jeder Veränderung des Produktionsplanes müssen diese Größen aktualisiert werden. Zur Erläuterung des ABC-Verfahrens betrachten wir ein Beispiel mit den in Tabelle D.32 angegebenen Bedarfsmengen und Kapazitäten.

$k \setminus t$	1	2	3	4	5	6
1	110	49	0	82	40	65
2	48	75	15	10	15	70
b_t	160	160	160	160	120	120

Tabelle D.32: Beispieldaten

Die Kosten betragen: $s_1 = 100; h_1 = 4; s_2 = 50; h_2 = 1$. Wir bezeichnen im folgenden mit I_t die in einem Planungsschritt jeweils noch freie Kapazität der Periode t und mit CF_t den Kapazitätsfehlbedarf, der in Periode t für spätere Perioden gedeckt werden muß. Zur Beurteilung der Vorteilhaftigkeit der Vergrößerung eines Loses des Produkts k in Periode τ um den Bedarf der Periode j verwenden wir die Durchschnittskosten pro Periode $c_{k\tau j}^{\text{Per}}$. In den folgenden Tabellen trennt der vertikale Doppelstrich das Zeitintervall, für das bereits verbindliche Losgrößen festgelegt worden sind, von dem Bereich, in dem die Losgrößen sich noch verändern können. Die Zahlen in der jeweiligen Spalte τ sind die aktuellen Losgrößen. Die Zahlen in den Spalten rechts davon sind die (Netto-)Bedarfsmengen, über deren Produktionstermin noch nicht entschieden wurde.

Beispiel zum ABC-Verfahren

Iteration $\tau = 1$:

	nicht fixiert					
$k \setminus t$	$\tau = 1$	2	3	4	5	6
1	110	49	0	82	40	65
2	48	75	15	10	15	70
I_t	2	36	145	68	65	-15
CF_t	0	0	0	0	15	0

Wir starten mit der Produktionsperiode 1 und berechnen für jede Periode die freie Kapazität I_t, die nach Produktion der aktuellen Periodenbedarfe noch zur Deckung zukünftiger Kapazitätsfehlbedarfe zur Verfügung steht. Negative Werte zeigen an, daß Vorproduktion in früheren Perioden erforderlich ist, damit es in nachfolgenden Perioden nicht zu einer unzulässigen Lösung kommt. In der betrachteten Produktionsperiode $\tau = 1$ stehen noch 2 freie Kapazitätseinheiten zur Verfügung.

D.3 Losgrößenplanung

	nicht fixiert					
$k \setminus t$	$\tau=1$	2	3	4	5	6
1	110	<u>49</u>	0	82	40	65
2	48	75	15	10	15	70
I_t	<u>2</u>	36	145	68	65	-15

Jetzt wird geprüft, ob es möglich ist, den Bedarf des Produkts 1 aus Periode 2 in Periode 1 mitzuproduzieren. Dies ist nicht möglich, da die freie Kapazität nicht ausreicht.

	nicht fixiert					
$k \setminus t$	$\tau=1$	2	3	4	5	6
1	110	49	0	82	40	65
2	48	<u>75</u>	15	10	15	70
I_t	<u>2</u>	36	145	68	65	-15

Auch der Bedarf des Produkts 2 aus Periode 2 kann nicht vorgezogen werden.

Bevor wir zur nächsten Produktionsperiode weitergehen, ist zu prüfen, ob aus Gründen der Zulässigkeit noch Mengen – evtl. auch Teilmengen von Periodenbedarfen – vorproduziert werden **müssen**. Dies ist nicht der Fall.

	fixiert	nicht fixiert				
t	1	2	3	4	5	6
q_{1t}	110	49	0	82	40	65
q_{2t}	48	75	15	10	15	70

Aktueller Produktionsplan

Iteration $\tau = 2$:

	fixiert	nicht fixiert				
t	1	$\tau=2$	3	4	5	6
q_{1t}	110	<u>49</u>	0	82	40	65
q_{2t}	48	<u>75</u>	15	10	15	70
I_t	2	36	145	68	65	-15
CF_t	0	0	0	0	15	0

Wir fixieren die Produktionsmengen der Periode 1 und gehen weiter zu Produktionsperiode 2. Zunächst werden die beiden Bedarfe dieser Periode eingeplant. Ist das geschehen, dann bleibt in Periode 2 noch freie Kapazität von 36.

	fixiert	nicht fixiert				
t	1	$\tau=2$	3	4	5	6
q_{1t}	110	49	<u>0</u>	82	40	65
q_{2t}	48	75	15	10	15	70
I_t	2	<u>36</u>	145	68	65	-15
CF_t	0	0	0	0	15	0

Jetzt wird geprüft, ob man den Bedarf des Produkts 1 der Periode 3 vorziehen kann. Da dieser Null ist, wird sofort zur nächsten Periode 4 übergegangen.

	fixiert	nicht fixiert				
t	1	$\tau=2$	3	4	5	6
q_{1t}	110	49	0	__82__	40	65
q_{2t}	48	75	15	10	15	70
I_t	2	__36__	145	68	65	-15
CF_t	0	0	0	0	15	0

Die freie Kapazität in Periode 2 reicht nicht aus, um den Bedarf des Produkts 1 der Periode 4 zu produzieren.

	fixiert	nicht fixiert				
t	1	$\tau=2$	3	4	5	6
q_{1t}	110	49	0	82	40	65
q_{2t}	48	75	__15__	10	15	70
I_t	2	__36__	145	68	65	-15
CF_t	0	0	0	0	15	0
c^{Per}_{222}		50				
c^{Per}_{223}			32.5			

Jetzt wird geprüft, ob man den Bedarf des Produkts 2 der Periode 3 vorziehen kann. Das ist möglich, weil der Bedarf der Periode 3 des Produkts 2 mit 15 kleiner als die freie Kapazität ist. Nun wird ermittelt, ob die Durchschnittskosten pro Periode (bisher $\frac{50}{1} = 50$) durch Vergrößerung des Loses in Periode 2 sinken. Die neuen Durchschnittskosten sind $\frac{50+(1\cdot 1\cdot 15)}{2} = 32.5$. Daher lohnt sich die Vergrößerung des Loses in Periode 2.

	fixiert	nicht fixiert				
t	1	$\tau=2$	3	4	5	6
q_{1t}	110	49	0	82	40	65
q_{2t}	48	__90__	__0__	10	15	70
I_t	2	__21__	__160__	68	65	-15
CF_t	0	0	0	0	15	0

Nach der Vergrößerung des Loses werden die freien Periodenkapazitäten und die noch nicht gedeckten Bedarfsmengen aktualisiert.

	fixiert	nicht fixiert				
t	1	$\tau=2$	3	4	5	6
q_{1t}	110	49	0	82	40	65
q_{2t}	48	90	0	__10__	15	70
I_t	2	21	160	68	65	-15
CF_t	0	0	0	0	15	0
c^{Per}_{222}			32.5			
c^{Per}_{223}				28.33		

Jetzt wird geprüft, ob es möglich ist, auch noch den Bedarf des Produkts 2 der Periode 4 in der Periode 2 zu produzieren („Ost-Richtung"). Die freie Kapazität in Periode 2 reicht dazu noch aus. Die Durchschnittskosten pro Periode sinken in diesem Fall auf $\frac{50+(1\cdot 1\cdot 10+1\cdot 2\cdot 15)}{3} = 28.33$.

	fixiert	nicht fixiert				
t	1	$\tau=2$	3	4	5	6
q_{1t}	110	49	0	82	40	65
q_{2t}	48	__100__	0	__0__	15	70
I_t	2	__11__	160	__78__	65	-15
CF_t	0	0	0	0	15	0

Nach der Vergrößerung des Loses werden die freien Periodenkapazitäten und die noch nicht gedeckten Bedarfsmengen aktualisiert.

D.3 Losgrößenplanung

	fixiert	nicht fixiert				
t	1	$\tau=2$	3	4	5	6
q_{1t}	110	49	0	82	40	65
q_{2t}	48	100	0	0	15	70
I_t	2	11	160	78	65	-15
CF_t	0	0	0	0	15	0

Jetzt wird geprüft, ob es auch noch möglich ist, den Bedarf des Produkts 2 der Periode 5 in der Periode 2 zu produzieren („Ost-Richtung"). Die freie Kapazität in Periode 2 reicht dazu nicht mehr aus.

Iteration $\tau = 3$:

	fixiert		nicht fixiert			
t	1	2	$\tau=3$	4	5	6
q_{1t}	110	49	0	82	40	65
q_{2t}	48	100	0	0	15	70
I_t	2	11	160	78	65	-15
CF_t	0	0	0	0	15	0

Wir fixieren die Produktionsmengen der Periode 2 und gehen weiter zur Produktionsperiode 3. Da sämtliche Bedarfsmengen dieser Periode bereits in vorgelagerten Perioden produziert werden, kann direkt zur Produktionsperiode 4 weitergegangen werden.

Iteration $\tau = 4$:

	fixiert			nicht fixiert		
t	1	2	3	$\tau=4$	5	6
q_{1t}	110	49	0	82	40	65
q_{2t}	48	100	0	0	15	70
I_t	2	11	160	78	65	-15
CF_t	0	0	0	0	15	0

Zunächst werden die noch nicht gedeckten Bedarfsmengen dieser Periode eingeplant. Ist das geschehen, dann bleibt in Periode 4 noch freie Kapazität von 78.

	fixiert			nicht fixiert		
t	1	2	3	$\tau=4$	5	6
q_{1t}	110	49	0	82	40	65
q_{2t}	48	100	0	0	15	70
I_t	2	11	160	78	65	-15
CF_t	0	0	0	0	15	0
c^{Per}_{124}				100		
c^{Per}_{125}					130	

Nun wird geprüft, ob der Bedarf des Produkts 1 aus Periode 5 vorgezogen werden kann. Die freie Kapazität reicht aus. Aber die Durchschnittskosten steigen von $\frac{100}{1} = 100$ auf $\frac{100+(4 \cdot 1 \cdot 40)}{2} = 130$. Da der Bedarf des Produkts 2 der Periode 4 bereits vorproduziert wird, wird die Produktionsmenge der Periode 4 fixiert und wir gehen weiter zur Produktionsperiode 5.

Iteration $\tau = 5$:

	fixiert				nicht fixiert	
t	1	2	3	4	$\tau = 5$	6
q_{1t}	110	49	0	82	<u>40</u>	65
q_{2t}	48	100	0	0	<u>15</u>	70
I_t	2	11	160	78	65	-15
CF_t	0	0	0	0	15	0

Zunächst werden die beiden Bedarfe der Periode 5 eingeplant. Bei einer Periodenkapazität von 120 bleibt dann noch eine freie Kapazität von 65.

	fixiert				nicht fixiert	
t	1	2	3	4	$\tau = 5$	6
q_{1t}	110	49	0	82	40	<u>65</u>
q_{2t}	48	100	0	0	15	70
I_t	2	11	160	78	<u>65</u>	-15
CF_t	0	0	0	0	15	0
c_{125}^{Per}					100	
c_{126}^{Per}						180

Die freie Kapazität von 65 reicht aus, um den Bedarf des Produkts 1 der Periode 6 vorzuproduzieren. Allerdings ist dies nicht wirtschaftlich, da die Durchschnittskosten pro Periode von $\frac{100}{1} = 100$ auf $\frac{100+(4 \cdot 1 \cdot 65)}{2} = 180$ ansteigen.

	fixiert				nicht fixiert	
t	1	2	3	4	$\tau = 5$	6
q_{1t}	110	49	0	82	40	65
q_{2t}	48	100	0	0	15	<u>70</u>
I_t	2	11	160	78	<u>65</u>	-15
CF_t	0	0	0	0	15	0

Für die Vorproduktion des gesamten Bedarfs des Produkts 2 der Periode 6 reicht die freie Kapazität nicht mehr aus.

	fixiert				nicht fixiert	
t	1	2	3	4	$\tau = 5$	6
q_{1t}	110	49	0	82	40	65
q_{2t}	48	100	0	0	15	70
I_t	2	11	160	78	65	-15
CF_t	0	0	0	0	<u>15</u>	0

Bevor wir die Produktionsmengen der Periode 5 fixieren, wird geprüft, ob dies **zulässig** ist. Ein überschüssiger Kapazitätsbedarf aus Periode 6 von 15 Einheiten ist bereits in Periode 5 zu decken, damit der Produktionsplan zulässig wird. Es ist nun zu bestimmen, für welches Produkt die den Kapazitätseinheiten entsprechenden Bedarfsmengen der Periode 6 vorproduziert werden. Da beide Produkte in Periode 5 produziert werden, wird das Produkt vorproduziert, dessen Quotient $\frac{h_k}{tb_k}$ minimal ist. Dieser ist für Produkt 1: $\frac{4}{1} = 4$ und für Produkt 2: $\frac{1}{1} = 1$. Daher wird Produkt 2 vorproduziert.

	fixiert				nicht fixiert	
t	1	2	3	4	$\tau=5$	6
q_{1t}	110	49	0	82	40	65
q_{2t}	48	100	0	0	30	55
I_t	2	11	160	78	50	0
CF_t	0	0	0	0	0	0

Nach Herstellung der Zulässigkeit können die Produktionsmengen der Periode 5 fixiert werden.

Iteration $\tau = 6$:

	fixiert					nicht fixiert
t	1	2	3	4	5	$\tau=6$
q_{1t}	110	49	0	82	40	65
q_{2t}	48	100	0	0	30	55
I_t	2	11	160	78	50	0
CF_t	0	0	0	0	0	0

Zum Abschluß werden die beiden noch nicht produzierten Bedarfsmengen der Periode 6 eingeplant.

	fixiert					
t	1	2	3	4	5	6
q_{1t}	110	49	0	82	40	65
q_{2t}	48	100	0	0	30	55

Lösung

Maes und van Wassenhove schlagen vor, im konkreten Fall mehrere Kombinationen von Produktauswahlregeln (A), Losgrößenkriterien (B) und Bearbeitungsreihenfolgen der Bedarfe (C) einzusetzen und die beste gefundene Lösung auszuwählen. Sie haben in einem numerischen Experiment die Qualität dieses Lösungskonzepts mit der Lösungsgüte anderer Verfahren verglichen und festgestellt, daß dieser einfache Ansatz konkurrenzfähige, teilweise sogar bessere Lösungen bei geringerer Rechenzeit liefert.

Der besondere Vorteil dieses Verfahrens liegt darin, daß es sehr einfach zu implementieren ist und bei Bedarf modifiziert bzw. erweitert werden kann.

D.3.3.2.3 Das Verfahren von Bahl

Das Verfahren von *Bahl*[108] baut auf einem bereits 1958 von *Manne*[109] vorgetragenen Ansatz der mathematischen Programmierung auf. Die Grundidee des Verfahrens besteht darin, eine **endliche Menge $\mathcal{P}_k$ von produktbezogenen Produktionsplänen** mit jeweils unterschiedlichen Produktionszyklen zu erzeugen und diese als Entscheidungsalternativen in einem binären Optimierungsmodell zusammenzufassen. Für jedes Produkt

---
[108] vgl. *Bahl* (1983); *Bahl und Ritzman* (1984a,b)
[109] vgl. *Manne* (1958)

k werden mehrere Produktionspläne i ($i \in \mathcal{P}_k$) entwickelt. Ist ein Produktionsplan für den gesamten Planungshorizont definiert, dann lassen sich die damit verbundenen Kosten sowie die Belastung der Ressourcen in den einzelnen Planungsperioden leicht ermitteln. Die Nebenbedingungen des LP-Modells enthalten die Kapazitätsrestriktionen der knappen Ressourcen. Eine vereinfachte Form des von *Bahl* formulierten Set-Partitioning-Modells lautet wie folgt:[110]

Modell CLSP$_{SPP}$[111]

$$\text{Minimiere } Z = \sum_{k=1}^{K} \sum_{i \in \mathcal{P}_k} c_i \cdot \gamma_i \quad \text{(D.129)}$$

↑ Kosten des Produktionsplans i für Produkt k
↳ Menge der für Produkt k definierten Produktionspläne

u. B. d. R.

$$\sum_{k=1}^{K} \sum_{i \in \mathcal{P}_k} \kappa_{ijt} \cdot \gamma_i \leq b_{jt} \qquad j=1,2,...,J;\ t=1,2,...,T \quad \text{(D.130)}$$

↳ Kapazitätsbelastung der Ressource j durch den Produktionsplan i (des Produkts k) in Periode t

$$\sum_{i \in \mathcal{P}_k} \gamma_i = 1 \qquad\qquad k=1,2,...,K \quad \text{(D.131)}$$

$$\gamma_i \in \{0,1\} \qquad\qquad i \in \mathcal{P}_k;\ k=1,2,...,K \quad \text{(D.132)}$$

Dabei bedeuten:

b_{jt} Kapazität der Ressource j in Periode t (in Zeiteinheiten)
c_i Kosten des Produktionsplans i (dieser ist eindeutig einem Produkt k zugeordnet)
γ_i binäre Variable, die den Wert 1 annimmt, wenn Produktionsplan i (für Produkt k) gewählt wird
$\mathcal{P}_k$ Menge der für Produkt k betrachteten Produktionsplanalternativen
κ_{ijt} Kapazitätsbelastung der Ressource j in Periode t durch den Produktionsplan i

Das Problem (D.129)–(D.132) ist ein binäres Optimierungsproblem mit den Entscheidungsvariablen γ_i. **Rüstvorgänge** (insb. Rüstzeiten), Losgrößen und Lagermengen werden implizit durch die Zuordnung zu einer spezifizierten Produktionsplanalternative erfaßt. Die Nebenbedingungen (D.130) stellen sicher, daß die in Periode t verfügbare Kapazität der Ressourcen nicht überschritten wird. Die Gleichungen (D.131) gewährleisten, daß für jedes Produkt k genau ein Produktionsplan ausgewählt wird.

Zur Lösung des Problems könnten prinzipiell Standardalgorithmen der binären Optimierung eingesetzt werden. Wegen der hohen Anzahl von Binärvariablen ist dies jedoch

---

110 *Bahl und Ritzman* berücksichtigen die Möglichkeit, durch Überstunden die Periodenkapazität einer Ressource zu erweitern. Vgl. auch *Bahl und Ritzman* (1984a,b).
111 SPP = **S**et **P**artitioning **P**roblem

in der praktischen Anwendung zu aufwendig. Deshalb vernachlässigen *Bahl und Ritzman* die Ganzzahligkeitsbedingungen und lösen das Problem durch Einsatz eines Standardverfahrens der linearen (kontinuierlichen) Optimierung. Die Binärvariablen werden dann auf- bzw. abgerundet.

Die mit diesem Verfahren erreichbare Lösungsqualität wird vor allem durch die Qualität der generierten und im LP-Ansatz zur Auswahl gestellten Produktionsplanalternativen beeinflußt. Deren Anzahl kann offensichtlich so groß sein, daß bereits ihre Generierung ein erhebliches Problem darstellt. Darüber hinaus ist die Rundung der in der optimalen kontinuierlichen Lösung nicht-ganzzahligen Binärvariablen eine Fehlerquelle. Diese Fehlerquelle verliert jedoch an Gewicht, je größer die Anzahl der Produkte K im Vergleich zum Produkt aus der Länge des Planungshorizontes T und der Anzahl knapper Ressourcen J ist.[112]

Der beschriebene Lösungsansatz des Mehrprodukt-Losgrößenproblems bildet eine Komponente eines heuristischen Verfahrens zur kurzfristigen Produktionsprogramm-, Materialbedarfs- und Losgrößenplanung.[113]

D.3.3.2.4 Das zeitliche Dekompositionsverfahren von Stadtler

Stadtler[114] schlägt – zunächst für das mehrstufige Mehrprodukt-Losgrößenproblem MLCLSP[115], später auch für das CLSP-L$_{SPL}$ – vor, den aus T Perioden bestehenden Planungszeitraum in kürzere Planungsfenster der Länge Δ zu zerlegen und für jedes Planungsfenster das im Problemumfang verkleinerte Losgrößenproblem exakt zu lösen.[116] Bild D.25 zeigt die Zerlegung des Planungszeitraums für $\Delta = 6$.

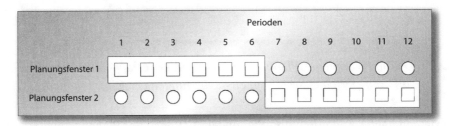

Bild D.25: *Dekomposition des Planungszeitraums*

Losgrößenentscheidungen werden nur für die in einem Planungsfenster liegenden Perioden getroffen. In Bild D.25 sind dies die durch Quadrate gekennzeichneten Perioden.

---

112 vgl. *van Wassenhove und Maes* (1984)
113 vgl. *Bahl und Ritzman* (1984b)
114 vgl. *Stadtler* (2002); *Sürie und Stadtler* (2002)
115 siehe Abschnitt D.3.4, S. 206 ff.
116 Zu diesem Konzept der zeitlichen Zerlegung eines Planungsproblems siehe auch *Federgruen und Tzur* (1999).

Das Verfahren sieht auch vor, daß sich die einzelnen Planungsfenster überlappen können. In diesem Fall werden die Losgrößenentscheidungen in den Überlappungsperioden erneut getroffen und u. U. revidiert. Dies ist in Bild D.26 dargestellt.

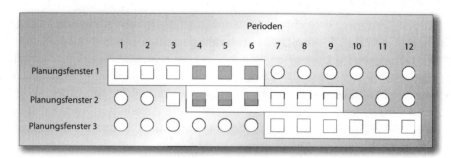

Bild D.26: Dekomposition des Planungszeitraums mit überlappenden Planungsfenstern

Außerdem kann festgelegt werden, für wie viele Perioden am Ende eines Planungsfensters die Ganzzahligkeitsbedingungen der Rüstvariablen relaxiert werden sollen. Dies wird durch die dunkel markierten Quadrate in Bild D.27 angedeutet.

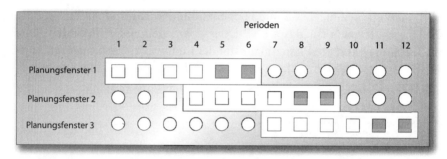

Bild D.27: Dekomposition des Planungszeitraums mit überlappenden Planungsfenstern und relaxierten Ganzzahligkeitsbedingungen der Rüstvariablen

Das Verfahren kann somit durch drei Parameter Δ (Länge der Planungsfenster), Ψ (Anzahl Überlappungsperioden) und Φ (Anzahl der Perioden mit relaxierten Ganzzahligkeitsbedingungen) gesteuert werden.

Dem bei der exakten Lösung eines dynamischen Losgrößenmodells auftretenden Effekt, daß die Produktion am Ende des Planungshorizontes unattraktiv wird, weil die Rüstkosten nicht durch ausreichende Einsparungen an Lagerkosten aus Folgeperioden kompensiert werden können,[117] begegnet *Stadtler* durch die gezielte Anpassung der Rüst- und Lagerkosten in den letzten Perioden eines Planungsfensters. Die Tatsache, daß es bei Kapazitätsbeschränkungen notwendig werden kann, fehlende Produktionskapazität in späteren Perioden, z. B. Periode 11, durch Nutzung freier Kapazität in

---

117 siehe S. 155; *Stadtler* (2000)

früheren Perioden des Planungszeitraums, z. B. Periode 4, auszugleichen, berücksichtigt er dadurch, daß er die Lagerbilanzgleichungen und Kapazitätsrestriktionen (einschl. Überstundenvariablen, aber ohne Binärvariablen für die Rüstvorgänge) für alle Produkte und alle zukünftigen Perioden von der ersten einem Planungsfenster folgenden Periode bis zum Ende des Planungshorizontes (Periode T) in die Formulierung des Losgrößenproblems für das Planungsfenster einbezieht.

Die von *Sürie und Stadtler* durchgeführten numerischen Tests zeigen, daß die zeitorientierte Dekomposition zu sehr guten Lösungen für das Problem CLSP-L$_{SPL}$ führt. Prinzipiell kann das Verfahren auch auf das CLSP angewandt werden. Der Einsatzbereich der Heuristik liegt dabei vor allem bei Probleminstanzen, in denen die Anzahl der Planungsperioden relativ groß ist und bei denen vergleichsweise wenige Produkte in einem Planungsfenster zu berücksichtigen sind.

Positiv hervorzuheben ist auch die Tatsache, daß das zugrundeliegende Optimierungsmodell leicht um weitere Aspekte, z. B. die simultane Nutzung verschiedener Ressourcentypen, erweitert werden kann.

D.3.3.3 Weitere Verfahren

Lambrecht und Vanderveken[118] sowie *Günther*[119] entwickeln Heuristiken für das CLSP ohne Rüstzeiten mit einer Ressource, bei denen der Produktionsplan **periodenorientiert vorwärtsschreitend**, d. h. ähnlich wie im Verfahren von *Dixon* aufgebaut wird. Im Gegensatz dazu baut *Haase*[120] in einem heuristischen Verfahren für das CLSP-L ohne Rüstzeiten den Produktionsplan periodenorientiert **rückwärtsschreitend**, beginnend mit der Produktionsperiode T, auf. In jeder Produktionsperiode erfolgt die Auswahl des Produkts, das als nächstes eingeplant wird, mit Hilfe einer konfigurierbaren Prioritätsregel.

Kirca und Kökten[121] gehen nicht perioden- sondern **produktorientiert** vor. Die Produkte werden nach einem Kostenkriterium sortiert und dann der Reihe nach unter Berücksichtigung der jeweils verbliebenen Periodenkapazitäten eingeplant. Für jedes Produkt wird dabei ein Einprodukt-Losgrößenproblem mit Kapazitätsbeschränkungen gelöst.[122]

Gopalakrishnan, Ding, Bourjolly und Mohan[123] betrachten das CLSP-L mit Rüstzeiten und entwickeln ein heuristisches Verfahren, in dem zunächst eine Menge von einfach konstruierten Startlösungen generiert wird, die anschließend mit einem Ansatz der Tabu-Suche iterativ verbessert werden.

---

118 vgl. *Lambrecht und Vanderveken* (1979)
119 vgl. *Günther* (1987)
120 Vgl. *Haase* (1994). Siehe auch *Haase* (1998)
121 vgl. *Kirca und Kökten* (1994)
122 vgl. *Kirca* (1990)
123 vgl. *Gopalakrishnan et al.* (2001)

Özdamar und Bozyel[124] untersuchen das CLSP mit Rüstzeiten und Überstunden und schlagen u. a. einen genetischen Algorithmus sowie das Verfahren der simulierten Abkühlung vor.

Während die bisher genannten Verfahren bisweilen auch als „common sense"-Ansätze bezeichnet werden, greifen die folgenden Lösungsansätze auf Grundmodelle der mathematischen Optimierung zurück.

Manne[125] verwendet bereits im Jahre 1958 ein **Set-Partitioning-Modell**, mit dem aus einer großen Menge von Produktionsplänen, die die für Probleme ohne Kapazitätsrestriktionen geltende Optimalitätsbedingung (D.37) erfüllen, eine im Hinblick auf die Periodenkapazitäten zulässige Teilmenge ausgewählt wird. Dieses Konzept bildet die Grundlage für weitere Lösungsverfahren, die Verbesserungen hinsichtlich der Generierung der Produktionsplanalternativen sowie der Lösung des resultierenden Set-Partitioning-Modells beinhalten.[126] Auch das in Abschnitt D.3.3.2.3 beschriebene Verfahren von *Bahl* basiert auf dem Ansatz von *Manne*.

Die Gruppe der **Primal-Dual-Verfahren** greift auf das in anderen Problembereichen bewährte Konzept der *Lagrange-Relaxation* zurück.[127] Dabei werden die Kapazitätsrestriktionen relaxiert und – mit Lagrange-Multiplikatoren gewichtet – in die Zielfunktion aufgenommen. Das relaxierte Problem zerfällt dann in voneinander unabhängige produktspezifische Teilprobleme *ohne* Kapazitätsbeschränkungen, die effizient gelöst werden können. Im Rahmen eines iterativen Lösungsansatzes werden obere und untere Schranken des optimalen Zielwertes aktualisiert. Die einzelnen Lösungsansätze unterscheiden sich durch die Modellformulierung (Berücksichtigung von Rüstzeiten), durch die Form der entstehenden produktbezogenen Teilmodelle sowie durch die Form der Aktualisierung der Lagrange-Multiplikatoren.

Sox und Gao[128] verwenden eine Kürzeste-Wege-Formulierung des CLSP-L ohne Rüstzeiten. Zur exakten Lösung eines Problems mit 20 Produkten und 13 Perioden benötigen sie auf einer SUN Sparcstation 20 mit CPLEX 4.0 13878 CPU-Sekunden. Die Einführung der Beschränkung, daß ein Rüstzustand nur einmal in die Folgeperiode übertragen werden darf (CLSP-L_A), reduziert den Rechenaufwand auf 798 CPU-Sekunden. Für die letztgenannte Modellvariante entwickeln *Sox und Gao* eine Lagrange-Heuristik.

Infolge der dramatisch gestiegenen Leistungsfähigkeit kommerziell verfügbarer Standard-Solver der gemischt-ganzzahligen linearen Optimierung wurden in den vergangenen Jahren auch Versuche unternommen, das CLSP so umzuformulieren, daß die LP-Relaxation zu höheren unteren Schranken führt. Damit ist die Hoffnung verbunden,

---

124 vgl. *Özdamar und Bozyel* (2000); *Özdamar et al.* (2002)
125 vgl. *Manne* (1958)
126 vgl. *Dzielinski und Gomory* (1965); *Lasdon und Terjung* (1971); *Cattrysse et al.* (1990); *Salomon et al.* (1993); *Vanderbeck* (1998)
127 vgl. *Thizy und van Wassenhove* (1985); *Trigeiro* (1987); *Chen und Thizy* (1990); *Lozano et al.* (1991); *Diaby et al.* (1992a,b)
128 vgl. *Sox und Gao* (1999)

daß irgendwann auch Probleminstanzen mit praxisrelevanten Größenordnungen exakt oder wenigstens gut gelöst werden können. *Eppen und Martin*[129] schlagen die Verwendung des Kürzeste-Wege-Modells SRP_G[130] zur Beschreibung der im CLSP eingebetteten Einprodukt-Losgrößenprobleme vor.

Belvaux und Wolsey schränken mit Hilfe zusätzlicher problembezogener Ungleichungen den Lösungsraum eines Losgrößenmodells weiter ein und nutzen dies bei der Lösung mit einem Standard-Solver.[131] So gilt z. B. für ein Produkt in einem dynamischen Losgrößenproblem, daß der Bestand am Ende der Periode $t - 1$ ausreichen muß, um den Bedarf der Periode t zu decken, *wenn in der Periode t nicht produziert wird*. Man kann also die Ungleichungen (D.133) formulieren und dem Modell CLSP hinzufügen.

$$y_{k,t-1} \geq d_{kt} \cdot (1 - \gamma_{kt}) \qquad k = 1, 2, ..., K; \; t = 1, 2, ..., T \quad \text{(D.133)}$$

Um den Effekt dieser Ungleichungen zu testen, setzen wir das Modell CLSP zur Lösung einer Testprobleminstanz mit 4 Produkten, 15 Perioden und Rüstzeiten ein. Der Standard-Solver CPLEX 7.1 benötigte ohne die Ungleichungen (D.133) 35 CPU-Sekunden und mit den Ungleichungen (D.133) 24 CPU-Sekunden.

Sürie und Stadtler[132] erreichen durch einige Substitutionen von Variablen im Modell CLSP-L$_{SPL}$ sowie durch Einführung weiterer Ungleichungen – u. a. auch Ungleichungen der Form (D.133) – eine Modellformulierung, die zu größeren unteren Schranken und zu besseren Zielwerten führt. Dessenungeachtet ist festzustellen, daß Probleme mit praxisrelevanten Größenordnungen weiterhin nicht exakt lösbar sind.

Anzumerken ist noch, daß die Standardformulierung des CLSP mit extrem schlechten unteren Schranken verbunden ist. Jedoch wird i. d. R. bereits nach kurzer Zeit eine zulässige Lösung gefunden. Die erweiterten Formulierungen, z. B. das CLSP-L$_{SPL}$, benötigen dagegen oft wesentlich mehr Zeit, bis die erste zulässige Lösung gefunden wird. Diese ist dann allerdings wesentlich besser.

Ergänzende Literatur zu Abschnitt D.3.3:
Bahl et al. (1987)
Domschke et al. (1997)
Drexl und Kimms (1997)
Kimms (1997)
Kuik et al. (1994)

---

129 vgl. *Eppen und Martin* (1987)
130 vgl. S. 146
131 vgl. *Belvaux und Wolsey* (2001); *Belvaux und Wolsey* (2000); *Pochet und Wolsey* (1991); *Barany et al.* (1984)
132 vgl. *Sürie und Stadtler* (2002)

D.3.4 Das dynamische mehrstufige Mehrprodukt-Losgrößenproblem

D.3.4.1 Grundsätzliche Überlegungen

Die bisherigen Ausführungen waren auf einstufige Erzeugnis- und Prozeßstrukturen beschränkt. In der betrieblichen Praxis sind jedoch mehrstufige und mehrteilige Erzeugnis- und Prozeßstrukturen vorherrschend. Während wir bei der Darstellung des Erzeugniszusammenhangs vor allem auf die mengenmäßige Zusammensetzung der Endprodukte aus Baugruppen und Einzelteilen abgestellt haben, sind nun auch die **Strukturen der Produktionsprozesse** zu berücksichtigen. Die im Zusammenhang mit der Materialbedarfsplanung verwendete produktbezogene Darstellung des Erzeugniszusammenhangs dient vor allem der mengenmäßigen Ermittlung der Sekundärbedarfe.

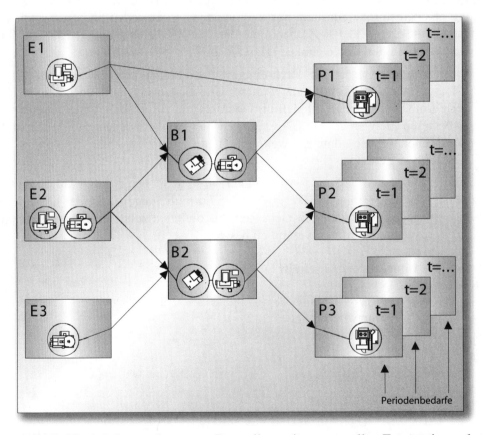

Bild D.28: *Arbeitsgangbezogene Darstellung einer generellen Erzeugnis- und Prozeßstruktur*

Für die Produktionsplanung (Losgrößenbestimmung und Terminplanung) ist diese Darstellungsweise aber i. a. zu hoch aggregiert. Vielmehr ist es notwendig, als kleinste Planungseinheiten die an den Produkten auszuführenden Arbeitsgänge zu betrachten.[133] Denn nicht ein Erzeugnis, sondern ein **Arbeitsgang** bzw. ein arbeitsgangbezogener Auftrag nimmt Ressourcen in Anspruch. Setzt sich der Arbeitsplan eines Erzeugnisses aus mehreren Arbeitsgängen zusammen, dann werden diese normalerweise durch unterschiedliche Ressourcen ausgeführt.[134] Da bei der Bestimmung von Fertigungsauftragsgrößen (Losgrößen) aber immer ressourcenbezogene Rüstkosten (bzw. Rüstzeiten) gegenüber Lagerkosten abgewogen werden, kann nur in einer arbeitsgangbezogenen Darstellung eine detaillierte Kapazitätsbelegung berücksichtigt werden. Eine arbeitsgangbezogene Darstellung der Erzeugnis- und Prozeßstruktur ist in Bild D.28 wiedergegeben.

Diese Darstellung, die im „Advanced Planner and Optimizer" (APO) der SAP AG als „Production Process Model" (PPM) bezeichnet wird, ergibt sich durch Kombination des Gozintographen mit den produktbezogenen Arbeitsplänen. Rechtecke stellen die **Produkte** dar. Ein Pfeil zwischen zwei Rechtecken symbolisiert die direkten Input-Output-Beziehungen zwischen den Produkten. Die Symbole innerhalb eines Rechtecks repräsentieren die zur Produktion eines Produkts notwendigen **Arbeitsgänge** bzw. Ressourcen. Die Menge und Anordnung der Symbole in einem Rechteck beschreiben den Arbeitsplan dieses Produkts. Stehen für einen Arbeitsgang alternative Ressourcen zur Verfügung, dann kann die Darstellung um parallele Arbeitsgänge erweitert werden. Untereinander verschachtelt dargestellte Rechtecke beschreiben die periodisierten absatzbestimmten Primärbedarfsmengen eines Produkts. Dabei kann durchaus auch die Situation auftreten, daß eine Ressource durch Produkte (bzw. Arbeitsgänge) auf unterschiedlichen Dispositionsstufen beansprucht wird.[135] Im folgenden werden wir die Begriffe „Produkt" und „Arbeitsgang" synonym verwenden.

Die durch die dargestellte Erzeugnis- und Prozeßstruktur betroffenen Ressourcen könnten z. B. in den in Bild D.29 dargestellten Werkstätten angeordnet sein, die neben anderen Produktionssegmenten[136], z. B. einem flexiblen Fertigungssystem (FFS) sowie verschiedenen Formen von Fließproduktionssystemen, in einer Produktionsstätte vorhanden sind. Ein Modell zur Losgrößenplanung muß diese Werkstätten gemeinsam berücksichtigen, da die dort stattfindenden Produktionsprozesse aufgrund der sich aus der Erzeugnis- und Prozeßstruktur ergebenden Materialflußbeziehungen zwischen den Erzeugnissen interdependent sind.

---

133 vgl. *Aquilano und Smith* (1980); *Smith* (1980)
134 Wir gehen im folgenden – im Unterschied zum Modell CLSP, Beziehung (D.81), S. 165 – i. d. R. davon aus, daß jeder Arbeitsgang genau eine Ressource beansprucht. Die Arbeitsgänge, die durch die Ressource j ausgeführt werden, werden durch die Indexmenge $\mathcal{K}_j$ beschrieben.
135 vgl. *Maes et al.* (1991); *Tempelmeier und Helber* (1994); *Tempelmeier und Derstroff* (1996)
136 vgl. *Günther und Tempelmeier* (2002), Abschnitt 5.1

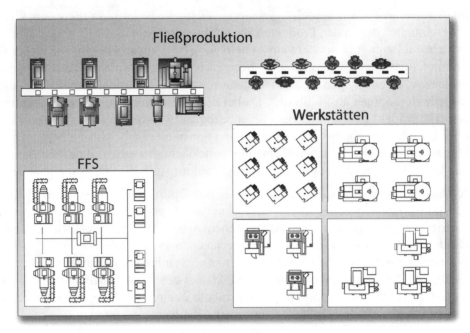

Bild D.29: Produktionssegmente

D.3.4.2 Modellformulierungen

In der Literatur sind zahlreiche Modellformulierungen des dynamischen mehrstufigen Losgrößenproblems vorgeschlagen worden. Im folgenden werden Formulierungen für unterschiedliche Erzeugnis- und Prozeßstrukturen dargestellt.

D.3.4.2.1 Generelle Erzeugnis- und Prozeßstruktur

Das Problem der deterministischen Materialbedarfs- und Losgrößenplanung kann durch das folgende auf dem Modell CLSP basierende „big-bucket"-Modellbig-bucket-Modell MLCLSP abgebildet werden, wobei als Planungsobjekte neben den Endprodukten und den extern bei Zulieferern zu beschaffenden Vorprodukten die nach Abschluß der einzelnen Arbeitsgänge vorliegenden Zwischenprodukte betrachtet werden:

Modell MLCLSP[137]

Minimiere $Z = \sum_{k=1}^{K} \sum_{t=1}^{T} (\underline{s_k \cdot \gamma_{kt}} + \underline{h_k \cdot y_{kt}} + \underline{p_{kt} \cdot q_{kt}})$ (D.134)

                ↑ variable Produktionskosten für Produkt k in Periode t

                ↑ Lagerkosten für Produkt k am Ende der Periode t

                ↑ Rüstkosten für Produkt k in Periode t

u. B. d. R.

$y_{k,t-1} + q_{k,t-z_k} - \underline{\sum_{i \in \mathcal{N}_k} a_{ki} \cdot q_{it}} - y_{kt} = d_{kt}$ $\begin{array}{l} k = 1, 2, ..., K \\ t = 1, 2, ..., T \end{array}$ (D.135)

        ↑ Sekundärbedarf für Produkt k in Periode t

$\sum_{k \in \mathcal{K}_j} (tb_k \cdot q_{kt} + tr_k \cdot \gamma_{kt}) \leq b_{jt}$ $j = 1, 2, ..., J;\ t = 1, 2, ..., T$ (D.136)

              ↑ Kapazität der Ressource j in Periode t

          ↑ Rüstzeit für Arbeitsgang k

   ↑ Stückbearbeitungszeit für Arbeitsgang k

$q_{kt} - M \cdot \gamma_{kt} \leq 0$ $k = 1, 2, ..., K;\ t = 1, 2, ..., T$ (D.137)

$q_{kt} \geq 0$ $k = 1, 2, ..., K;\ t = 1, 2, ..., T$ (D.138)

$y_{k0} = 0;\ y_{kT} = 0$ $k = 1, 2, ..., K$ (D.139)

$y_{kt} \geq 0$ $k = 1, 2, ..., K;\ t = 1, 2, ..., T$ (D.140)

$\gamma_{kt} \in \{0, 1\}$ $k = 1, 2, ..., K;\ t = 1, 2, ..., T$ (D.141)

Dabei bedeuten:

a_{ki} Direktbedarfskoeffizient bezüglich Produkt k und i

b_{jt} verfügbare Kapazität der Ressource j in Periode t

d_{kt} Primärbedarf für Produkt k in Periode t

h_k voller Lagerkostensatz des Produkts k (dieser kann auch periodenabhängig definiert werden)

J Anzahl der Ressourcen ($j = 1, 2, ..., J$)

K Anzahl der Produkte bzw. Arbeitsgänge ($k = 1, 2, ..., K$)

$\mathcal{K}_j$ Indexmenge der Arbeitsgänge, die durch die Ressource j vollzogen werden

M große Zahl

$\mathcal{N}_k$ Indexmenge der Nachfolger des Produkts k (direkt übergeordnete Produkte bzw. nachfolgende Arbeitsgänge)

p_{kt} variable Produktionskosten für Produkt k in Periode t

q_{kt} Losgröße für Arbeitsgang k in Periode t

---

137 MLCLSP = **M**ulti-**L**evel **C**apacitated **L**ot **S**izing **P**roblem

s_k Rüstkostensatz des Produkts k (dieser kann auch periodenabhängig definiert werden)
T Länge des Planungszeitraums in Perioden ($t = 1, 2, ..., T$)
tb_k Stückbearbeitungszeit für Arbeitsgang k
tr_k Rüstzeit für Arbeitsgang k
y_{kt} Lagerbestand für Produkt k am Ende der Periode t
z_k Mindestvorlaufzeit eines Auftrags für Produkt k
γ_{kt} binäre Rüstvariable für Arbeitsgang bzw. Produkt k in Periode t

Die Größe z_k bezeichnet die Mindestvorlaufzeit eines Produktionsauftrags für Arbeitsgang k. Die Berücksichtigung einer Mindestvorlaufzeit kann aus verschiedenen Gründen erforderlich werden. Wird eine Ressource durch mehrere Produkte bzw. Arbeitsgänge, die unterschiedlichen Dispositionsstufen angehören, in Anspruch genommen (stufenübergreifende Ressourcenkonkurrenz), dann kann der Fall eintreten, daß eine bezüglich der Kapazitätsrestriktion (D.136) zulässige Lösung praktisch nicht umsetzbar ist.

Bild D.30: Erzeugnisstruktur mit stufenübergreifender Ressourcenkonkurrenz

Dies soll anhand der in Bild D.30 dargestellten Erzeugnisstruktur erläutert werden. Die Arbeitsgänge 1 und 3 werden auf der Ressource A bearbeitet. Der dazwischen liegende Arbeitsgang 2 wird auf Ressource B durchgeführt. Nehmen wir nun an, daß die Periodenkapazitäten der Ressourcen jeweils 480 Minuten betragen und daß Arbeitsgang 3 insgesamt 200 Minuten und Arbeitsgang 1 insgesamt 270 Minuten dauert. Ressource B wird durch Arbeitsgang 2 insgesamt 100 Minuten belegt. Die Durchführung aller Arbeitsgänge in derselben Periode ist im Hinblick auf die verfügbaren Kapazitäten der beiden Ressourcen zulässig. Allerdings tritt das Problem auf, daß nach Abschluß von Arbeitsgang 3 zunächst die Bearbeitung von Arbeitsgang 2 erfolgen muß. Das für die Durchführung von Arbeitsgang 1 benötigte Material steht damit frühestens nach 300 Minuten zur Verfügung. Die dann noch verbleibende Zeit von 180 Minuten reicht nicht aus, um den Arbeitsgang 1 auf der Ressource A in der laufenden Periode zu vollenden. Dieses Problem kann beseitigt werden, wenn man eine Mindestvorlaufzeit von $z_3 = 1$ vorsieht.

Neben den im Modell MLCLSP erfaßten Rüst- und Bearbeitungsvorgängen treten bei der Auftragsbearbeitung weitere zeitverbrauchende Prozesse auf, die nicht im Modell MLCLSP berücksichtigt werden. So müssen die Werkstücke nach Abschluß eines Arbeitsgangs zur nächsten Ressource transportiert werden. Im obigen Beispiel fallen z. B. zwei Transportvorgänge an. Die Mindestvorlaufzeit z_k kann man einsetzen, um Zeit für derartige Prozesse einzuplanen. In vielen Fällen wird ein zulässiger Produktionsplan erreicht, wenn man die Periodenlänge ausreichend groß wählt und $z_k = 1$ setzt.

Es sei noch einmal betont, daß z_k nicht mit der geschätzten Durchlaufzeit eines Auftrags gleichgesetzt werden darf, die im MRP-Sukzessivplanungskonzept im Rahmen der programmorientierten Materialbedarfsplanung verwendet wird. Erfolgt die Losgrößenplanung mit Hilfe des Modells MLCLSP, dann wird die Durchlaufzeit eines Arbeitsgangs i. d. R. lediglich eine Periode betragen. Die Gesamtdurchlaufzeit für ein Endprodukt vom ersten bis zum letzten Arbeitsgang wird dann der Anzahl von Dispositionsstufen entsprechen.

Verlängerungen der Gesamtdurchlaufzeit entstehen nur noch dadurch, daß aufgrund mangelnder Bearbeitungskapazität in einer Periode t Verschiebungen des Produktionsbeginns eines Auftrags in eine frühere Periode τ notwendig werden, wodurch eine Wartezeit der Zwischenprodukte nach Beendigung der Produktion entsteht. Derartige Vorverlegungen der Produktionstermine werden durch die Kapazitätsrestriktionen (D.136) des Modells MLCLSP modellintern ermittelt.[138] Dabei kann es auch vorkommen, daß die Periodenbedarfsmenge eines Produkts durch Produktion in mehreren Perioden – evtl. mit zusätzlichen Rüstzeitverlusten – bereitgestellt wird. Eine vom Planer bereitzustellende und i. d. R. falsche Schätzung der zu erwartenden Durchlaufzeit eines Auftrags wird nicht mehr benötigt.

Werden arbeitsgangbezogene Rüstzeiten bei der Losgrößenplanung berücksichtigt, dann kann in vielen Fällen auf die Angabe von Rüstkosten in der Zielfunktion verzichtet werden. Rüstkosten haben in der Losgrößenplanung vor allem den Charakter von Opportunitätskosten. Sie sollen den Wert der durch einen Rüstvorgang entgangenen Ressourcennutzung quantifizieren. Dieser Wert hängt aber von der zeitlichen Entwicklung der Ressourcenbelastung ab, die wiederum ein Ergebnis der Losgrößenplanung ist. Ein zusätzlicher Rüstvorgang in einer Periode, in der eine Ressource nicht ausgelastet ist, verursacht Rüstkosten von Null. Bei dynamischem Bedarf ist i. d. R. zu beobachten, daß nicht immer dieselbe Ressource in allen Perioden kritisch ist: „Engpässe können wandern." Das betriebliche Rechnungswesen ist daher mit der Quantifizierung von Rüstkosten für die operative Losgrößenplanung überfordert.

Bei positiven Mindestvorlaufzeiten kann das Problem auftreten, daß man zu Beginn des Planungszeitraums auf Anfangsbestände bzw. noch ausstehende Auftragsmengen

---

[138] vgl. *Billington et al.* (1983)

zurückgreifen können muß, damit überhaupt ein zulässiger Produktionsplan ohne Fehlmengen generiert werden kann. Ist z. B. für Produkt 1 in der in Bild D.30 dargestellten Erzeugnisstruktur eine Produktion in Periode 1 vorgesehen, dann ist dies bei einer Mindestvorlaufzeit von $z_2 = 1$ nur dann möglich, wenn die benötigte Menge des Vorprodukts 2 zu Beginn der Periode 1 für die Weiterverarbeitung zur Verfügung steht. Da der Zeitindex t im Modell MLCLSP bei Eins beginnt, kann der Zeitindex einer Losgrößenvariablen q_{kt} bei positiven Mindestvorlaufzeiten Null oder negativ werden. Wir wollen uns vorerst damit behelfen, daß wir solche Variablen als Planungsdaten betrachten, deren Werte in der Vergangenheit festgelegt worden sind. Man könnte diese Mengen als externe Zugangsmengen interpretieren. Alternativ kann auch angenommen werden, daß die Primärbedarfsmengen in den ersten Perioden des Planungszeitraums Null sind. Zeitliche Abstimmungsprobleme dieser Art kommen bei rollender Planung vor. Wir werden hierauf gesondert in Abschnitt D.3.4.4.4, S. 351 ff., eingehen.

Die obige Formulierung des Modells MLCLSP bezieht sich auf Arbeitsgänge bzw. deren Ergebnisse, die Zwischen- und Endprodukte. Denn nur auf dieser Aggregationsebene läßt sich ein Bezug zur periodenbezogenen Kapazitätsbeanspruchung der einzelnen Ressourcen herstellen. In der Literatur zur Losgrößenplanung wird jedoch vorwiegend eine Darstellung des Problems gewählt, in der die Kapazitätsbeschränkungen der Ressourcen unbeachtet bleiben.[139] Dadurch wird es möglich, die linear aneinandergereihten Arbeitsgänge eines (Zwischen-)Produkts zu einer komplexeren Einheit zu aggregieren und das Losgrößenproblem auf der Basis von Produkten zu behandeln.

Maes, McClain und van Wassenhove[140] zeigen, daß bereits das Problem der Bestimmung einer zulässigen Lösung des Modells MLCLSP NP-vollständig ist, wenn Rüstzeiten berücksichtigt werden müssen.

Zur **Bewertung der Lagerbestände** in einer mehrstufigen Erzeugnisstruktur bieten sich zwei Möglichkeiten an. Die erste Möglichkeit baut auf den physischen Lagerbeständen nach den einzelnen Arbeitsgängen auf. Alle Lagerbestände werden mit ihren vollen Lagerkostensätzen bewertet. Die isoliert betrachtete zusätzliche Produktion einer Mengeneinheit eines Produkts führt in diesem Fall c. p. zu einer Erhöhung des mit dem vollen Lagerkostensatz dieses Produkts bewerteten Lagerbestands. Gleichzeitig reduziert sich der mit dem vollen Lagerkostensatz bewertete Lagerbestand eines direkt untergeordneten Vorprodukts. Diese Form der Bewertung wurde auch in der obigen Modellformulierung MLCLSP eingesetzt.

Die zweite Möglichkeit besteht darin, nach jedem Arbeitsgang (bzw. nach jeder Wertsteigerungsstufe) nur den Wertzuwachs auf der betreffenden Produktionsstufe zu betrachten. Als Mengengerüst der Kostenberechnung dient dann der systemweite Lagerbestand (echelon stock). Der **systemweite Lagerbestand** eines Produkts k in Periode t, E_{kt}, ist nach Gleichung (D.142) die Gesamtmenge dieses Produkts, die sich noch im

---

139 Derartige Formulierungen des Problems finden sich z. B. in *McLaren* (1977); *Jacobs und Khumawala* (1982); *McClain et al.* (1982); *Billington* (1983); *DeBodt et al.* (1984); *Heinrich* (1987).
140 vgl. *Maes et al.* (1991)

Lagersystem der betrachteten Unternehmung befindet, d. h. die noch nicht an Abnehmer weiterverkauft worden ist.

$$E_{kt} = y_{kt} + \sum_{j \in \mathcal{N}_k^*} v_{kj} \cdot y_{jt} \qquad k = 1, 2, ..., K;\ t = 1, 2, ..., T \qquad (D.142)$$

- Verflechtungsbedarf zwischen den Produkten k und j
- Menge des Produkts k, die in übergeordnete Produkte eingebaut worden ist
- Menge des Produkts k, die in Periode t noch nicht in übergeordnete Produkte eingegangen ist (physischer Lagerbestand)

Dabei ist es unerheblich, ob die einzelnen Mengeneinheiten noch physisch als identifizierbare Exemplare des Produkts k (z. B. ein Festplattenlaufwerk) vorliegen oder ob sie schon in übergeordnete Produkte (z. B. einen Personal-Computer) eingebaut worden sind und damit ihre Identität verloren haben. Die Größe $\mathcal{N}_k^*$ bezeichnet die Indexmenge **aller** (direkt oder indirekt) dem Produkt k übergeordneten Produkte. Mit v_{kj} wird der Verflechtungsbedarf[141] zwischen den Erzeugnissen k und j bezeichnet. Der mit Gleichung (D.142) beschriebene systemweite Lagerbestand des Produkts k ist gleich der gesamten Menge dieses Produkts, die an irgendeiner Stelle im betrachteten Lagersystem noch vorhanden ist.

Der **marginale Lagerkostensatz** eines Produkts, mit dem der systemweite Lagerbestand bewertet wird, ergibt sich nach Gleichung (D.143), wobei die Größe $\mathcal{V}_k$ die Menge der Indizes der direkten Vorgänger des Produkts k bezeichnet.

$$e_k = h_k - \sum_{j \in \mathcal{V}_k} a_{jk} \cdot h_j \qquad k = 1, 2, ..., K \qquad (D.143)$$

- Lagerkostensatz bezogen auf den physischen Lagerbestand
- marginaler Lagerkostensatz

Auf das Konzept des systemweiten Lagerbestands wird weiter unten noch ausführlich eingegangen. Zur Veranschaulichung der unterschiedlichen Methoden zur Lagerkostenberechnung soll aber bereits an dieser Stelle ein einfaches Beispiel mit einem Endprodukt $P1$ und einem Einzelteil $E1$ dargestellt werden. Zu Beginn einer Periode beträgt der Lagerbestand des Endprodukts 0 ME und der Lagerbestand des Einzelteils 1 ME. Die vollen Lagerkostensätze seien für $P1$ 10 GE und für $E1$ 6 GE. In der betrachteten Periode wird eine Einheit von $P1$ produziert und auf Lager gelegt. Zur Produktion von $P1$ wird eine Einheit von $E1$ vom Lager entnommen. Tabelle D.33 zeigt die Berechnung der Lagerkostenerhöhung auf der Grundlage einer Bewertung der Bestände mit vollen Lagerkostensätzen.

---

[141] siehe auch Abschnitt D.2.4, S. 129 ff.

k	h_k	Bestand am Periodenanfang	Lagerkosten	Bestand am Periodenende (physisch)	Lagerkosten	Anstieg der Lagerkosten
$P1$	10	0	0	1	10	10
$E1$	6	1	6	0	0	−6
					Summe:	4

Tabelle D.33: Bewertung der Lagerbestandsveränderung mit vollen Lagerkostensätzen

In Tabelle D.34 wird der gleiche Vorgang mit Hilfe von marginalen Lagerkostensätzen analysiert.

k	e_k	Bestand am Periodenanfang	Lagerkosten	Bestand am Periodenende (systemweit)	Lagerkosten	Anstieg der Lagerkosten
$P1$	4	0	0	1	4	4
$E1$	6	1	6	1	6	0
					Summe:	4

Tabelle D.34: Bewertung der Lagerbestandsveränderung mit marginalen Lagerkostensätzen

Bei Verwendung des systemweiten Lagerbestands lautet das dynamische mehrstufige Mehrprodukt-Losgrößenproblem[142] (unter Vernachlässigung der variablen Produktionskosten) wie folgt:

Modell MLCLSP$_e$

Minimiere $Z = \sum_{k=1}^{K} \sum_{t=1}^{T} \left(s_k \cdot \gamma_{kt} + e_k \cdot E_{kt} \right)$ (D.144)

↑ Lagerkosten für Produkt k am Ende der Periode t, bezogen auf den systemweiten Lagerbestand

↑ Rüstkosten für Produkt k in Periode t

u. B. d. R.

systemweite Abgangsmenge des Produkts k in Periode t

$$E_{k,t-1} + q_{k,t-z_k} - \sum_{i \in \mathcal{N}_k^*} v_{ki} \cdot d_{it} - E_{kt} = \overline{d_{kt}} \qquad \begin{array}{l} k = 1, 2, ..., K \\ t = 1, 2, ..., T \end{array} \quad \text{(D.145)}$$

↑ Menge des Produkts k, die in Periode t als Bestandteil von übergeordneten Produkten das Lagersystem verläßt

---

142 vgl. ähnlich *Afentakis und Gavish* (1986), S. 239

$$E_{kt} - \sum_{i \in \mathcal{N}_k} a_{ki} \cdot E_{it} \geq 0 \qquad k = 1, 2, ..., K; \ t = 1, 2, ..., T \quad \text{(D.146)}$$

$$\sum_{k \in \mathcal{K}_j} \left(tb_k \cdot q_{kt} + tr_k \cdot \gamma_{kt} \right) \leq b_{jt} \qquad j = 1, 2, ..., J; \ t = 1, 2, ..., T \quad \text{(D.147)}$$

$$q_{kt} - M \cdot \gamma_{kt} \leq 0 \qquad k = 1, 2, ..., K; \ t = 1, 2, ..., T \quad \text{(D.148)}$$

$$q_{kt}, E_{kt} \geq 0 \qquad k = 1, 2, ..., K; \ t = 1, 2, ..., T \quad \text{(D.149)}$$

$$\gamma_{kt} \in \{0, 1\} \qquad k = 1, 2, ..., K; \ t = 1, 2, ..., T \quad \text{(D.150)}$$

Dabei bedeuten:

a_{ki} Direktbedarfskoeffizient bezüglich Produkt k und i

b_{jt} verfügbare Kapazität der Ressource j in Periode t

d_{kt} Primärbedarf für Produkt k in Periode t

e_k marginaler Lagerkostensatz des Produkts k

E_{kt} systemweiter Lagerbestand des Produkts k am Ende der Periode t

J Anzahl der Ressourcen ($j = 1, 2, ..., J$)

K Anzahl der Produkte ($k = 1, 2, ..., K$)

$\mathcal{K}_j$ Indexmenge der Arbeitsgänge, die durch die Ressource j vollzogen werden

M große Zahl

$\mathcal{N}_k$ Indexmenge der direkten Nachfolger des Produkts k (direkt übergeordnete Produkte bzw. nachfolgende Arbeitsgänge)

q_{kt} Losgröße des Produkts k in Periode t

s_k Rüstkosten für Produkt k

T Länge des Planungszeitraums in Perioden ($t = 1, 2, ..., T$)

tb_k Stückbearbeitungszeit für Arbeitsgang k

tr_k Rüstzeit für Arbeitsgang k

v_{ki} Verflechtungsbedarfskoeffizient bezüglich Produkt k und i

z_k Mindestvorlaufzeit eines Auftrags für Produkt k

$\mathcal{N}_k^*$ Indexmenge aller dem Produkt k direkt oder indirekt übergeordneten Erzeugnisse

γ_{kt} binäre Rüstvariable

Die Nebenbedingung (D.145) beschreibt die Zusammensetzung des systemweiten Lagerbestands eines Produkts. Dieser wird in ähnlicher Weise wie im Modell MLCLSP errechnet. Ein Unterschied besteht lediglich in der Erfassung der Input-Output-Beziehungen zu den übergeordneten Erzeugnissen. Anstelle der Subtraktion des Sekundärbedarfs – wie im Modell MLCLSP – wird mit dem Summenausdruck in Gleichung (D.145) der gesamte systemweite Abfluß eines Erzeugnisses aus dem Lagersystem erfaßt. Hierdurch wird beschrieben, daß der systemweite Lagerbestand c. p. sinkt, wenn für irgendeines der Produkte, in die das Erzeugnis k eingebaut worden ist, ein Primärbedarf auftritt. In Bild D.31 ist die Zusammensetzung des systemweiten Lagerbestands eines Erzeugnisses mit zwei übergeordneten Produkten in einer linearen Erzeugnisstruktur graphisch dargestellt.

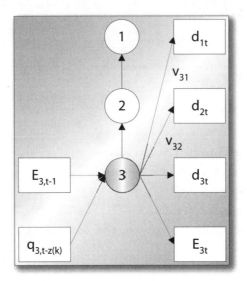

Bild D.31: *Bestandteile des systemweiten Lagerbestands (Produkt 3, Periode t)*

Im Modell MLCLSP wurde das Auftreten einer Fehlmenge (negativer physischer Lagerbestand) durch Beschränkung der Lagerbestandsvariablen y_{kt} auf nicht-negative Werte verhindert. Eine unmittelbare Übertragung dieser Bedingung auf den systemweiten Lagerbestand ist nicht möglich, da der physische Lagerbestand eines Erzeugnisses negativ sein kann, obwohl der systemweite Lagerbestand positiv ist. Dies ist dann der Fall, wenn in einer Periode die Gesamtmenge der bereits in nachfolgende Erzeugnisse eingebauten (und noch nicht aus dem Lagersystem abgegangenen) Einheiten eines Produkts größer ist als die Fehlmenge. Nur für Endprodukte verhindert die Beschränkung des systemweiten Lagerbestands auf nicht-negative Werte das Auftreten von Fehlmengen. Für untergeordnete Erzeugnisse wird dies durch die Ungleichungen (D.146) erreicht. Sie beschreiben den physischen Lagerbestand eines Erzeugnisses k als Funktion des systemweiten Lagerbestands dieses Erzeugnisses und der systemweiten Lagerbestände seiner direkten Nachfolger. Zusammen mit den Gleichungen (D.145) stellen die Beziehungen (D.146) die termingerechte Übertragung der Primärbedarfsmengen auf die untergeordneten Erzeugnisse sicher (Materialbedarfsrechnung).

 Zur Veranschaulichung des Unterschiedes zwischen den Lagerbilanzgleichungen (D.135) und (D.145) sowie (D.146) sei die in Bild D.32 dargestellte Erzeugnisstruktur mit vier Produkten betrachtet, wobei ein Planungshorizont von $T = 2$ Perioden angenommen wird. Die Bedarfsmengen der beiden Endprodukte betragen $d_{11} = 10$, $d_{12} = 20$, $d_{21} = 25$ und $d_{22} = 30$. Es wird unterstellt, daß für beide Endprodukte in

Periode 1 jeweils ein Los aufgelegt wird. Die Losgrößen betragen damit $q_{11} = 30$ und $q_{21} = 55$. Die Vorlaufzeiten z_k der Produkte seien Null.

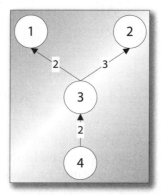

Bild D.32: Erzeugnisstruktur des Beispiels

```
      Q11 - Y11                            = 10
Y11 + Q12 - Y12                            = 20
      Q21 - Y21                            = 25
Y21 + Q22 - Y22                            = 30
      Q31 - 2 Q11 - 3 Q21 - Y31            =  0
Y31 + Q32 - 2 Q12 - 3 Q22 - Y32            =  0
      Q41 - 2 Q31 - Y41                    =  0
Y41 + Q42 - 2 Q32 - Y42                    =  0
Q11 =      30
Q12 =       0
Q21 =      55
Q22 =       0
```

Bild D.33: Lagerbilanzgleichungen nach Modell MLCLSP

Nach Modell MLCLSP erhalten wir das in Bild D.33 dargestellte Gleichungssystem und die in Tabelle D.35 angegebene Lösung. Es ist erkennbar, daß physische Lagerbestände nur für die beiden Endprodukte auftreten. Der Gesamtbedarf für die untergeordneten Erzeugnisse 3 und 4 wird bereits in Periode 1 bereitgestellt und direkt an die nachfolgenden Produkte weitergegeben. Daher tritt hier kein physischer Lagerbestand auf.

Variable	Wert
Q11	30
Q21	55
Q31	225
Q41	450
Y11	20
Y21	30

Tabelle D.35: Ergebnisse nach Modell MLCLSP

Bei Verwendung des Modells MLCLSP$_e$ erhalten wir das in Bild D.34 dargestellte Gleichungssystem und die in Tabelle D.36 angegebene Lösung. Hier sind die systemweiten Lagerbestände der Erzeugnisse 3 und 4 positiv. Es handelt sich dabei um die Mengen, die bereits in übergeordnete Produkte eingegangen sind und dort auf Lager liegen. So setzt sich z. B. der Wert $E_{31} = 130$ aus dem Anteil des Produkts 3 am Lagerbestand des Endprodukts 1 $(2 \cdot 20)$ und am Lagerbestand des Endprodukts 2 $(3 \cdot 30)$ zusammen.

```
        Q11 -   E11                        = 10
 E11 +  Q12 -   E12                        = 20
        Q21 -   E21                        = 25
 E21 +  Q22 -   E22                        = 30
        Q31 - 2 D11 - 3 D21 - E31          =  0
 E31 +  Q32 - 2 D12 - 3 D22 - E32          =  0
        Q41 - 4 D11 - 6 D21 - E41          =  0
 E41 +  Q42 - 4 D12 - 6 D22 - E42          =  0
 2 E11 + 3 E21 - E31          <=  0
 2 E12 + 3 E22 - E32          <=  0
 2 E31 - E41                  <=  0
 2 E32 - E42                  <=  0

 Q11 =    30
 Q12 =     0
 Q21 =    55
 Q22 =     0

 D11 =    10
 D12 =    20
 D21 =    25
 D22 =    30
```

Bild D.34: Lagerbilanzgleichungen nach Modell MLCLSP$_e$

D.3 Losgrößenplanung

Variable	Wert
Q11	30
Q21	55
Q31	225
Q41	450
E11	20
E21	30
E31	130
E41	260

Tabelle D.36: Ergebnisse nach Modell MLCLSP$_e$

Billington[143] entwickelt folgende Formulierung des Modells MLCLSP. Zunächst eliminiert er die Lagerbestandsvariablen y_{kt} aus der Zielfunktion. Hierzu wird der Lagerbestand des Produkts k am Ende der Periode t mit Gleichung (D.151) als **Differenz zwischen kumulierter Produktionsmenge und kumulierter Bedarfsmenge** beschrieben.

$$y_{kt} = \sum_{\tau=1}^{t} \left[q_{k,\tau-z_k} - d_{k\tau} - \sum_{i \in \mathcal{N}_k} a_{ki} \cdot q_{i\tau} \right] + y_{k0} \qquad \begin{matrix} k=1,2,...,K \\ t=1,2,...,T \end{matrix} \qquad \text{(D.151)}$$

Die Lagerkosten in der Zielfunktion (D.134) des Modells MLCLSP werden durch Gleichung

$$Z_L = \sum_{k=1}^{K} \sum_{t=1}^{T} h_k \cdot y_{kt} \qquad \text{(D.152)}$$

wiedergegeben. Ersetzen wir die Größe y_{kt} durch Beziehung (D.151), wobei die Konstanten d_{kt} und y_{k0} vernachlässigt werden können, dann erhalten wir:

$$Z_L^* = \sum_{k=1}^{K} \sum_{t=1}^{T} \sum_{\tau=1}^{t} h_k \cdot \left[q_{k,\tau-z_k} - \sum_{i \in \mathcal{N}_k} a_{ki} \cdot q_{i\tau} \right] \qquad \text{(D.153)}$$

Eine Vereinfachung wird erkennbar, wenn man die aus der Lagerbilanzgleichung übernommene Teileverwendungsbetrachtung (Produkt k und seine Nachfolger $\mathcal{N}_k$) in eine Stücklistenbetrachtung (Produkt k und seine Vorgänger $\mathcal{V}_k$) umkehrt. Setzt man vereinfachend alle Vorlaufzeiten $z_k = 0$, dann gilt für Periode τ:

$$\sum_{k=1}^{K} h_k \cdot \left[q_{k\tau} - \sum_{\underset{\llcorner\text{ Indexmenge der direkten Nachfolger des Produkts } k}{i \in \mathcal{N}_k}} a_{ki} \cdot q_{i\tau} \right]$$

---
143 vgl. *Billington* (1983); *Billington et al.* (1986)

$$= \sum_{k=1}^{K} \left[h_k \cdot q_{k\tau} - \sum_{i \in \mathcal{N}_k} h_k \cdot a_{ki} \cdot q_{i\tau} \right] \quad \text{(D.155)}$$

$$= \sum_{k=1}^{K} \left[h_k \cdot q_{k\tau} - \sum_{j \in \mathcal{V}_k} h_j \cdot a_{jk} \cdot q_{k\tau} \right] \quad \text{(D.156)}$$

↳ Indexmenge der direkten Vorgänger des Produkts k

$$= \sum_{k=1}^{K} q_{k\tau} \cdot \underbrace{\left[h_k - \sum_{j \in \mathcal{V}_k} h_j \cdot a_{jk} \right]}_{\text{↳ marginaler Lagerkostensatz } e_k} \quad \text{(D.157)}$$

$$= \sum_{k=1}^{K} e_k \cdot q_{k\tau} \qquad \tau = 1, 2, ..., T \quad \text{(D.158)}$$

Für die in Bild D.32 dargestellte Erzeugnisstruktur erhalten wir z. B.

Nachfolgerorientierte Schreibweise (D.155)	Vorgängerorientierte Schreibweise (D.156)
$h_1 \cdot q_{1\tau}$	$h_1 \cdot q_{1\tau} - 2 \cdot h_3 \cdot q_{1\tau}$
$+ h_2 \cdot q_{2\tau}$	$+ h_2 \cdot q_{2\tau} - 3 \cdot h_3 \cdot q_{2\tau}$
$+ h_3 \cdot q_{3\tau} - 2 \cdot h_3 \cdot q_{1\tau} - 3 \cdot h_3 \cdot q_{2\tau}$	$+ h_3 \cdot q_{3\tau} - 2 \cdot h_4 \cdot q_{3\tau}$
$+ h_4 \cdot q_{4\tau} - 2 \cdot h_4 \cdot q_{3\tau}$	$+ h_4 \cdot q_{4\tau}$

$$= e_1 \cdot q_{1\tau} + e_2 \cdot q_{2\tau} + e_3 \cdot q_{3\tau} + e_4 \cdot q_{4\tau}$$

Damit beträgt die Lagerkostenkomponente der Zielfunktion:

$$Z_L^* = \sum_{k=1}^{K} \sum_{t=1}^{T} \sum_{\tau=1}^{t} e_k \cdot q_{k\tau} \quad \text{(D.160)}$$

Durch Änderung der Indizierung kann man die kumulierten Produktionsmengen des Produkts k auch wie folgt beschreiben:

$$\sum_{t=1}^{T} \sum_{\tau=1}^{t} q_{k\tau} = q_{k1}$$
$$+ q_{k1} + q_{k2}$$
$$\vdots \qquad \qquad \text{(D.161)}$$
$$+ q_{k1} + q_{k2} + \cdots + q_{kT}$$
$$= \sum_{t=1}^{T} (T - t + 1) \cdot q_{kt} \qquad k = 1, 2, ..., K$$

Diese Umformung der Lagerkostenkomponente des Produkts k bewirkt, daß die benötigten Produktmengen **so spät wie möglich** produziert werden. Damit ist dem Ziel der

Lagerkostenminimierung genüge getan, ohne daß die Lagerbestandsvariablen explizit in die Zielfunktion aufgenommen werden müssen. Schreibt man die Lagerbilanzgleichung in der Form (D.151) und berücksichtigt man die Forderung, daß der Lagerbestand niemals negativ werden darf (keine Fehlmengen), dann kann das Modell MLCLSP (unter Vernachlässigung der variablen Produktionskosten p_{kt} und bei Beschränkung auf eine Ressource) wie folgt dargestellt werden.

Modell MLCLSP$_{Billington}$

$$\text{Minimiere } Z = \sum_{k=1}^{K} \sum_{t=1}^{T} \left[s_k \cdot \gamma_{kt} + e_k \cdot (T - t + 1) \cdot q_{kt} \right] \tag{D.162}$$

u. B. d. R.

$$\sum_{\tau=1}^{t} \left[q_{k,\tau-z_k} - \sum_{i \in \mathcal{N}_k} a_{ki} \cdot q_{i\tau} \right] \geq \sum_{\tau=1}^{t} d_{k\tau} - y_{k0} \qquad \begin{matrix} k = 1, 2, ..., K \\ t = 1, 2, ..., T \end{matrix} \tag{D.163}$$

$$\sum_{k \in \mathcal{K}_j} \left(tb_k \cdot q_{kt} + tr_k \cdot \gamma_{kt} \right) \leq b_t \qquad t = 1, 2, ..., T \tag{D.164}$$

$$q_{kt} - M \cdot \gamma_{kt} \leq 0 \qquad k = 1, 2, ..., K; \ t = 1, 2, ..., T \tag{D.165}$$

$$q_{kt} \geq 0 \qquad k = 1, 2, ..., K; \ t = 1, 2, ..., T \tag{D.166}$$

$$\gamma_{kt} \in \{0, 1\} \qquad k = 1, 2, ..., K; \ t = 1, 2, ..., T \tag{D.167}$$

Das Modell MLCLSP$_{Billington}$ bildet die Grundlage für ein von *Billington* entwickeltes Lösungsverfahren, in dessen Verlauf die Lagerbestands-Restriktionen (D.163) und die Kapazitäts-Restriktionen (D.164) unter Verwendung von Lagrange-Multiplikatoren w_{kt} bzw. u_t relaxiert werden. Dadurch entstehen dynamische Einprodukt-Losgrößenprobleme vom Typ des Modells SLULSP, deren Lösungen mit Hilfe der Lagrange-Multiplikatoren aufeinander abgestimmt werden müssen. Wir werden in Abschnitt D.3.4.4.3, S. 300 ff., auf diese Formulierung noch einmal zurückkommen.

Eine ähnliche Formulierung wird von *Salomon*[144] für das mehrstufige Mehrprodukt-Losgrößenproblem ohne Kapazitätsbeschränkungen eingesetzt.

Die Lösung des Modells MLCLSP mit Hilfe eines Standard-Verfahrens der gemischtganzzahligen linearen Optimierung, z. B. mit einem Branch-and-Bound-Verfahren, ist bereits für sehr kleine Probleme äußerst rechenaufwendig. Dies liegt z. T. daran, daß die LP-Relaxationen des Modells so niedrige untere Schranken liefern, daß diese im Enumerationsprozeß keine Anhaltspunkte für das Ausloten eines Astes bieten.[145] *Tempelmeier und Helber*[146] schlagen folgende, auf das Kürzeste-Wege-Modell Modell SRP$_G$[147]

---

[144] vgl. *Salomon* (1991), S. 109–113
[145] Zum Branch-and-Bound-Verfahren vgl. *Domschke und Drexl* (2002).
[146] vgl. *Tempelmeier und Helber* (1994); *Helber* (1994)
[147] siehe S. 146

zurückgreifende Formulierung vor. Bezeichnen wir mit $\mathcal{E}$ die Indexmenge der Endprodukte, dann beträgt der Gesamtbedarf für Erzeugnis k in Periode t:

$$D_{kt} = d_{kt} + \sum_{j \in \mathcal{E}} v_{kj} \cdot d_{jt} \qquad k = 1, 2, ..., K; \ t = 1, 2, ..., T \qquad \text{(D.168)}$$

Kumulieren wir diesen Bedarf über den Zeitraum $[t, \tau]$, dann erhalten wir

$$D_{kt\tau} = \sum_{l=t}^{\tau} D_{kl} \qquad k = 1, 2, ..., K; \ t = 1, 2, ..., T; \ \tau = t, t+1, ..., T \qquad \text{(D.169)}$$

Bezeichnen wir nun mit $\theta_{kt\tau}$ den Anteil des kumulierten Bedarfs des Produkts k aus den Perioden t bis τ, $D_{kt\tau}$, der bereits in Periode t produziert wird, dann erhalten wir bei Vernachlässigung der Vorlaufzeiten z_k folgende Formulierung mit wesentlich mehr Variablen, deren LP-Relaxation aber untere Schranken liefert, die um eine ganze Größenordnung besser sind als die unteren Schranken, die mit der LP-Relaxation des Modells MLCLSP erzeugt werden können:

Modell MLCLSP$_{\text{Helber}}$

$$\text{Minimiere } Z = \sum_{k=1}^{K} \sum_{t=1}^{T} s_k \cdot \gamma_{kt} + \sum_{k=1}^{K} \sum_{t=1}^{T} \sum_{\tau=1}^{T} e_{kt\tau} \cdot \theta_{kt\tau} \qquad \text{(D.170)}$$

u. B. d. R.

$$\sum_{\tau=1}^{T} \theta_{k1\tau} = 1 \qquad k = 1, 2, ..., K \qquad \text{(D.171)}$$

$$-\sum_{l=1}^{t-1} \theta_{kl,t-1} + \sum_{\tau=t}^{T} \theta_{kt\tau} = 0 \qquad k = 1, 2, ..., K; \ t = 2, 3, ..., T \qquad \text{(D.172)}$$

$$\sum_{\substack{\tau=t \\ D_{kt\tau}>0}}^{T} \theta_{kt\tau} \leq \gamma_{kt} \qquad k = 1, 2, ..., K; \ t = 1, 2, ..., T \qquad \text{(D.173)}$$

$$\sum_{k \in \mathcal{K}_j} \underbrace{\left[\sum_{\tau=t}^{T} tb_k \cdot D_{kt\tau} \cdot \theta_{kt\tau} + tr_k \cdot \gamma_{kt} \right]}_{\text{benötigte Produktionszeit für Produkt } k \text{ in Periode } t} \leq b_{jt} \qquad \begin{array}{l} j = 1, 2, ..., J \\ t = 1, 2, ..., T \end{array} \qquad \text{(D.174)}$$

$$\sum_{l=1}^{t} \sum_{\tau=l}^{T} D_{kl\tau} \cdot \theta_{kl\tau} - \sum_{i \in \mathcal{N}_k} a_{ki} \cdot \sum_{l=1}^{t} \sum_{\tau=l}^{T} D_{il\tau} \cdot \theta_{il\tau} \geq 0$$
$$k = 1, 2, ..., K; \ k \notin \mathcal{E}; \ t = 1, 2, ..., T-1 \qquad \text{(D.175)}$$

$$\gamma_{kt} \in \{0, 1\} \qquad k = 1, 2, ..., K; \ t = 1, 2, ..., T \qquad \text{(D.176)}$$

$$\theta_{kt\tau} \geq 0 \qquad k = 1, 2, ..., K; \ t = 1, 2, ..., T; \ \tau = t, t+1, ..., T \qquad \text{(D.177)}$$

Dabei bedeuten:

a_{ki} Direktbedarfskoeffizient bezüglich Produkt k und i

b_{jt} verfügbare Kapazität der Ressource j in Periode t

d_{kt} Primärbedarf für Produkt k in Periode t

D_{kt} Gesamtbedarf für Produkt k in Periode t

$D_{kt\tau}$ kumulierter Gesamtbedarf für Produkt k in den Perioden t bis τ

$e_{kt\tau}$ marginaler Lagerkostensatz für die Lagerung des in Periode t produzierten kumulierten Bedarfs des Produkts k für die Perioden t bis τ

$\mathcal{E}$ Indexmenge der Endprodukte

J Anzahl der Ressourcen ($j = 1, 2, ..., J$)

K Anzahl der Produkte bzw. Arbeitsgänge ($k = 1, 2, ..., K$)

$\mathcal{K}_j$ Indexmenge der Arbeitsgänge, die durch die Ressource j vollzogen werden

$\mathcal{N}_k$ Indexmenge der Nachfolger des Produkts k (direkt übergeordnete Produkte bzw. nachfolgende Arbeitsgänge)

s_k Rüstkostensatz des Produkts k (dieser kann auch periodenabhängig definiert werden)

T Länge des Planungszeitraums in Perioden ($t = 1, 2, ..., T$)

tb_k Stückbearbeitungszeit für Arbeitsgang k

tr_k Rüstzeit für Arbeitsgang k

$\theta_{kt\tau}$ Anteil der Bedarfsmenge des Produkts k in den Perioden t bis τ, der bereits in Periode t produziert wird

γ_{kt} binäre Rüstvariable für Arbeitsgang bzw. Produkt k in Periode t

Die Zielfunktion (D.170) minimiert die Rüstkosten und die Lagerkosten. Die Lagerkosten eines Produkts k, die infolge der Produktion in Periode t entstehen, hängen davon ab, für welche zukünftigen Perioden $\tau > t$ bereits in Periode t produziert wird. Die Gleichungen (D.171) und (D.172) beschreiben für jedes Produkt k das Einprodukt-Losgrößenproblem als ein Kürzeste-Wege-Problem.[148] Mit Beziehung (D.171) wird erreicht, daß für jedes Produkt eine Produktion in Periode 1 stattfindet. Gleichung (D.172) sichert, daß sich die „Versorgungsintervalle" $[l, t-1]$ und $[t, \tau]$ benachbarter Produktionstermine l und t nicht überschneiden. Die Ungleichung (D.173) stellt den Zusammenhang zwischen den Produktions- und den Rüstvariablen her. Aufgrund der Gleichung (D.171) wird die Variable θ_{k11} auch dann gleich 1 gesetzt, wenn für das Produkt k in der Periode 1 überhaupt kein Bedarf auftritt. Die Summationsbedingung $D_{kt\tau} > 0$ in (D.173) verhindert für diesen Fall die Erfassung von Rüstkosten in der Zielfunktion.

Die Kapazitätsrestriktionen werden durch Beziehung (D.174) erfaßt. Restriktion (D.175) stellt sicher, daß zu jedem Zeitpunkt die kumulierte Produktionsmenge eines Produkts zur Deckung des kumulierten Gesamtbedarfs ausreicht. Mit dieser Bedingung wird die Mehrstufigkeit der Erzeugnisstruktur berücksichtigt.

---

148 vgl. *Eppen und Martin* (1987), S. 842

Mit dem Modell MLCLSP$_{\text{Helber}}$ können im Rahmen der LP-Relaxation wesentlich höhere unteren Schranken (LB) als mit dem Modell MLCLSP erreicht werden. In einer numerischen Untersuchung ergab sich bei sehr kleinen Problemen (10 Produkte, 4 Perioden) eine Verringerung der Ganzzahligkeitslücke $\frac{Z_{opt}-LB}{Z_{opt}}$ von durchschnittlich 64% bei Anwendung des Modells MLCLSP auf durchschnittlich 7% bei Verwendung des Modells MLCLSP$_{\text{Helber}}$. Bei größeren Problemen ist die Reduktion nicht so dramatisch, aber immer noch bemerkenswert. So sank die Ganzzahligkeitslücke $\frac{UB-LB}{UB}$ für eine andere Gruppe von Problemen (40 Produkte, 16 Perioden) von durchschnittlich 80% auf 12%.

Die Lösung des relaxierten LP-Modells ist jedoch sehr aufwendig. Die Ursache dafür liegt einmal in der im Vergleich zur Formulierung MLCLSP erheblich vergrößerten Anzahl von Variablen und Restriktionen. Zum anderen hat die Restriktionenmatrix eine sehr hohe Besetzungsdichte, wobei der weitaus größte Anteil der von Null verschiedenen Koeffizienten der Restriktionenmatrix auf die Nebenbedingung (D.175) entfällt. Für ein Problem mit 40 Produkten und 16 Perioden z. B. entfallen ca. 75% aller Koeffizienten auf diese Lagerbestandsrestriktion.

Schauen wir uns Beziehung (D.175) einmal genauer an. Sie soll sicherstellen, daß die insgesamt vorhandene Menge des Produkts k in der Periode t ausreicht, um den gesamten Bedarf dieses Produkts in der Periode t zu decken. Quellen der Bedarfsdeckung sind einmal die Produktionsmenge des Produkts k in der Periode t und der am Ende der Vorperiode $(t-1)$ evtl. noch vorhandene Lagerbestand des Produkts k. Lagerbestandsvariablen kommen im Modell MLCLSP$_{\text{Helber}}$ aber nicht vor. Der Lagerbestand des Produkts k am Ende einer Periode wird in Beziehung (D.175) lediglich implizit als Differenz zwischen den kumulierten Produktionsmengen und der kumulierten Bedarfsmengen (jeweils dargestellt mit Hilfe der Variablen $\theta_{kt\tau}$) beschrieben. Da der Lagerbestand am Ende der Periode $(t-1)$ aber in irgendeiner Periode im Intervall $[1, ..., t-1]$ produziert worden sein kann, müssen alle $\theta_{kt\tau}$-Variablen mit ihren Koeffizienten in der Nebenbedingung berücksichtigt werden.

Stadtler[149] schlägt nun vor, die Lagerbestandsvariablen $y_{kt} \geq 0$ aus dem Modell MLCLSP wie folgt wieder einzuführen:

$$y_{k,t-1} - y_{kt} + \underbrace{\sum_{\tau=t}^{T} D_{kt\tau} \cdot \theta_{kt\tau}}_{\text{Losgröße für Produkt } k \text{ in Periode } t} - \sum_{i \in \mathcal{N}_k} a_{ki} \cdot \underbrace{\sum_{\tau=t}^{T} D_{it\tau} \cdot \theta_{it\tau}}_{\text{Losgröße für Produkt } i \text{ in Periode } t} \geq 0 \qquad \text{(D.178)}$$

$$k = 1, 2, ..., K;\ k \notin \mathcal{E};\ t = 1, 2, ..., T-1$$

Im Vergleich zur Lagerbilanzgleichung (D.135) des Modells MLCLSP werden hier nur die Losgrößen in der von *Helber* vorgeschlagenen Form beschrieben. Durch diese Umformulierung der Nebenbedingung (D.175) kann die Anzahl der nicht-negativen Koeffizienten der Restriktionenmatrix um ca. 90% reduziert werden. Dies wiederum wirkt

---

[149] vgl. *Stadtler* (1996b)

sich positiv auf den Rechenaufwand zur Lösung der LP-Relaxation des Modells aus. Darüber hinaus kann die Zielfunktion durch Einbeziehung der Lagerbestandsvariablen vereinfacht werden.

Ingold[150] schlägt eine Formulierung des mehrstufigen dynamischen Losgrößenproblems vor, in der die **kumulierten Produktionsmengen** der Produkte als Modellvariablen verwendet werden. Bezeichnet man mit X_{kt} die in den Perioden 1 bis t produzierte Menge des Produkts k, dann ist die Losgröße dieses Produkts in Periode t gleich $X_{kt} - X_{k,t-1}$. Zusätzlich zu den im Modell MLCLSP geltenden Lagerbilanz- und Kapazitätsrestriktionen führt *Ingold* zwei weitere Arten von Nebenbedingungen ein. Zum einen können die Losgrößen durch **obere und untere Schranken** begrenzt werden. Darüber hinaus sieht *Ingold* auch eine Begrenzung der kumulierten Produktionsmengen mit oberen und unteren Schranken vor.

Diese Modellerweiterungen sind sowohl sachlich als auch lösungstechnisch motiviert. Durch die externe Fixierung von Losgrößen einzelner Produkte in bestimmten Perioden wird dem Produktionsplaner die Möglichkeit geboten, gezielt in die Struktur eines Produktionsplans einzugreifen. Dies ist ein Vorteil, der die Akzeptanz computergestützter Optimierungsansätze zur Losgrößenplanung in der betrieblichen Praxis fördert. Aber auch in lösungstechnischer Sicht bieten sich neue Perspektiven. So entwickelt *Ingold* einen Lösungsansatz, in dem die Produktionsmengen eines Produkts auch dann schon festgelegt werden, wenn die tatsächlichen Sekundärbedarfsmengen noch nicht endgültig bekannt sind. Dies kann sinnvoll sein, wenn die „kritischen" Produkte, deren Kosten- und Kapazitätsparameter die Struktur der optimalen Lösung wesentlich beeinflussen, sich auf untergeordneten Stufen der Erzeugnisstruktur befinden. Zur Lösung der bei dieser Vorgehensweise entstehenden dynamischen Einprodukt-Losgrößenprobleme greift *Ingold* auf ein von *Chen, Hearn und Lee*[151] vorgeschlagenes Lösungsverfahren zurück. Das erweiterte Modell lautet:

Modell MLCLSP$_{Ingold}$

Minimiere $Z = \sum_{k=1}^{K} \sum_{t=1}^{T} Z_{kt} \underbrace{(X_{kt} - X_{k,t-1})}_{\text{Losgröße des Produkts } k \text{ in Periode } t}$ (D.179)

u. B. d. R.

$$X_{kt} - \sum_{i \in \mathcal{N}_k} a_{ki} \cdot X_{it} \geq d_{kt} \qquad k = 1, 2, ..., K;\ t = 1, 2, ..., T \quad \text{(D.180)}$$

$$\sum_{k \in \mathcal{K}_j} \underbrace{tb_k \cdot (X_{kt} - X_{k,t-1})}_{\text{Bearbeitungszeit für Arbeitsgang } k \text{ in Periode } t} + \underbrace{tr_k \cdot \gamma(X_{kt} - X_{k,t-1})}_{\text{Rüstzeit für Arbeitsgang } k \text{ in Periode } t} \leq b_{jt} \qquad \begin{matrix} j = 1, 2, ..., J \\ t = 1, 2, ..., T \end{matrix} \quad \text{(D.181)}$$

---

150 vgl. *Ingold* (1998)
151 vgl. *Chen et al.* (1994)

$$u_{kt} \leq X_{kt} - X_{k,t-1} \leq o_{kt} \leq 0 \qquad k = 1,2,...,K; \; t = 1,2,...,T \quad \text{(D.182)}$$

$$U_{kt} \leq X_{kt} \leq O_{kt} \leq 0 \qquad k = 1,2,...,K; \; t = 1,2,...,T \quad \text{(D.183)}$$

Dabei bedeuten zusätzlich zu den bereits eingeführten Symbolen:

o_{kt} Höchstproduktionsmenge für Produkt k in Periode t
O_{kt} untere Grenze der kumulierten Produktionsmenge für Produkt k in Periode t
u_{kt} Mindestproduktionsmenge für Produkt k in Periode t
U_{kt} obere Grenze der kumulierten Produktionsmenge für Produkt k in Periode t
X_{kt} kumulierte Produktionsmenge für Produkt k in Periode t
$Z(\cdot)$ Kostenfunktion
$\gamma(\cdot)$ Indikatorfunktion zur Erfassung der Rüstzeit bei positiver Losgröße

Die Kostenfunktion $Z(\cdot)$ erfaßt die gesamten von der Produktionsmenge des Produkts k in Periode t abhängigen Kostenbestandteile, d. h. Rüstkosten, Lagerkosten sowie evtl. variable Produktionskosten.

Aus einer ganz anderen, eher formalen Perspektive nähern sich *Katok, Lewis und Harrison*[152] dem mehrstufigen Losgrößenproblem. Sie stellen fest, daß das Modell MLCLSP einen für gemischt-ganzzahlige Optimierungsprobleme **typischen formalen Aufbau** besitzt. Dieser besteht zum einen darin, daß es mehrere Gruppen von Variablen mit unterschiedlichen Wertebereichen gibt. So findet man einerseits die Gruppe der binären (Rüst-)Variablen γ mit der Indexmenge $\mathcal{V}_\gamma$. Daneben gibt es kontinuierliche Variablen x mit der Indexmenge $\mathcal{V}_x$, die den Lagerbestandsvariablen y (Indexmenge $\mathcal{V}_y$) und den Losgrößenvariablen q (Indexmenge $\mathcal{V}_q$) des Modells MLCLSP entsprechen.

Zum anderen fallen drei Typen von Nebenbedingungen auf. Zunächst gibt es eine Gruppe von Restriktionen mit der Indexmenge $\mathcal{NB}^{(1)}$, die sowohl kontinuierliche als auch binäre Variablen enthalten (die Kapazitätsrestriktionen). Weiterhin finden wir eine Gruppe von Restriktionen, die nur kontinuierliche Variablen enthalten (die Lagerbilanzgleichungen). Diese fassen wir in der Indexmenge $\mathcal{NB}^{(2)}$ zusammen. Schließlich gibt es eine dritte Gruppe von Nebenbedingungen, die eine Teilmenge der kontinuierlichen Variablen (die Produktionsmengen) mit den Binärvariablen $\mathcal{V}_\gamma$ koppeln. Diese Nebenbedingungen beschreiben formal obere Schranken $\overline{x}$ für die kontinuierlichen Variablen. Wir fassen sie in der Indexmenge $\mathcal{NB}^{(3)}$ zusammen. Die allgemeine Struktur des gemischt-ganzzahligen linearen Optimierungsmodells ist in Tabelle D.37 wiedergegeben. Dabei bezeichnet $I = K \cdot T$ die Anzahl der Produktionsmengenvariablen.

---

[152] vgl. *Katok et al.* (1998); *Harrison und Lewis* (1996)

$\mathcal{V}_x$						$\mathcal{V}_\gamma$				RS	
$\mathbf{c}^{(1)}$						$\mathbf{c}^{(2)}$				Z	Zielfunktion
$\mathbf{A}^{(11)}$						$\mathbf{A}^{(12)}$				$\mathbf{b}^{(1)}$	Restriktionen $\mathcal{NB}^{(1)}$
$\mathbf{A}^{(21)}$						0				$\mathbf{b}^{(2)}$	Restriktionen $\mathcal{NB}^{(2)}$
1	0	$\cdots$	0	0	$\cdots$ 0	$-\overline{x}_1$	0	$\cdots$	0	0	
0	1	$\cdots$	0	0	$\cdots$ 0	0	$-\overline{x}_2$	$\cdots$	0	0	Restriktionen $\mathcal{NB}^{(3)}$
$\vdots$	$\vdots$	$\ddots$	$\vdots$	$\vdots$	$\ddots$ $\vdots$	$\vdots$	$\vdots$	$\ddots$	$\vdots$	$\vdots$	
0	0	$\cdots$	1	0	$\cdots$ 0	0	0	$\cdots$	$-\overline{x}_I$	0	

Tabelle D.37: Formale Struktur des Modells MLCLSP

Damit läßt sich das Modell MLCLSP in allgemeiner Form als gemischt-ganzzahliges lineares Optimierungsmodell wie folgt formulieren:

Modell MIP

Minimiere $Z = \sum_{j \in \mathcal{V}_x} c_j^{(1)} \cdot x_j + \sum_{j \in \mathcal{V}_\gamma} c_j^{(2)} \cdot \gamma_j$ (D.184)

u. B. d. R.

$\sum_{j \in \mathcal{V}_x} a_{ij}^{(11)} \cdot x_j + \sum_{j \in \mathcal{V}_\gamma} a_{ij}^{(12)} \cdot \gamma_j \leq b_i^{(1)}$ \hfill $i \in \mathcal{NB}^{(1)}$ (D.185)

$\sum_{j \in \mathcal{V}_x} a_{ij}^{(21)} \cdot x_j = b_i^{(2)}$ \hfill $i \in \mathcal{NB}^{(2)}$ (D.186)

$x_j - \overline{x}_j \cdot \gamma_j \leq 0$ \hfill $j \in \mathcal{NB}^{(3)}$ (D.187)

$x_j \geq 0$ \hfill $j \in \mathcal{V}_x$ (D.188)

$\gamma_j \in \{0, 1\}$ \hfill $j \in \mathcal{V}_\gamma$ (D.189)

Dabei bedeuten:

$a_{ij}^{(\cdot)}$ (gruppierte) Koeffizienten der Nebenbedingungen

$b_i^{(\cdot)}$ (gruppierte) Koeffizienten der rechten Seite

$c_j^{(\cdot)}$ (gruppierte) Zielfunktionskoeffizienten

$\mathcal{NB}^{(\cdot)}$ (gruppierte) Mengen der Nebenbedingungen

x_j kontiuierliche Variablen

$\mathcal{V}_i$ (gruppierte) Variablenmengen

$\overline{x}_j$ obere Schranke der Variablen x_j

γ_j binäre Variablen

Diese formale Struktur des Problems bildet die Grundlage für ein von *Katok, Lewis und Harrison* vorgeschlagenes heuristisches Lösungsverfahren. Für dieses Verfahren ist von besonderer Bedeutung, daß sich das Modell MIP durch Vorgabe eines Rüstmusters, d. h. durch die willkürliche oder sinnvolle Fixierung der γ-Variablen in ein lineares Optimierungsmodell (mit ausschließlich kontinuierlichen Variablen) transformieren läßt. In dem heuristischen Verfahren wird ein Vorschlag zur iterativen Bestimmung der optimalen Werte der Binärvariablen gemacht.[153]

Weitere Formulierungen des mehrstufigen dynamischen Losgrößenproblems, die auf der Analogie zwischen dem Einprodukt-Losgrößenproblem und dem multiplen Standortproblem[154] basieren, wurden von *Stadtler*[155] und *Ingold*[156] vorgeschlagen.

D.3.4.2.2 Konvergierende Erzeugnis- und Prozeßstrukturen

Eine konvergierende Erzeugnis- und Prozeßstruktur ist dadurch gekennzeichnet, daß jedes Erzeugnis **nur einen Nachfolger**, d. h. ein übergeordnetes Produkt, hat. Die Indexmenge $\mathcal{N}_k$ reduziert sich damit auf einen Index $n(k)$. Eine solche Erzeugnisstruktur ist für reine **Montageprozesse** typisch. Das mehrstufige dynamische Losgrößenproblem für eine konvergierende Erzeugnisstruktur kann (unter Vernachlässigung der variablen Produktionskosten, der Kapazitätsbeschränkungen und der Vorlaufzeiten) wie folgt dargestellt werden:[157]

Modell MLCLSP$_{\text{KONV}}$

$$\text{Minimiere } Z = \sum_{k=1}^{K} \sum_{t=1}^{T} \left(\underbrace{s_k \cdot \gamma_{kt}}_{\text{Rüstkosten für Produkt } k \text{ in Periode } t} + \underbrace{h_k \cdot y_{kt}}_{\text{Lagerkosten für Produkt } k \text{ am Ende der Periode } t} \right) \quad \text{(D.190)}$$

u. B. d. R.

$$y_{1,t-1} + q_{1t} - y_{1t} = \underbrace{d_{1t}}_{\text{Primärbedarf für das (einzige) Endprodukt in Periode } t} \qquad t = 1, 2, ..., T \quad \text{(D.191)}$$

$$y_{k,t-1} + q_{kt} - \underbrace{a_{k,n(k)} \cdot q_{n(k),t}}_{\substack{\text{aus dem Bedarf des direkten Nachfolgers abgeleiteter Sekundärbedarf} \\ \text{des Produkts } k \text{ in Periode } t}} - y_{kt} = 0 \qquad k = 2, ..., K;\ t = 1, 2, ..., T \quad \text{(D.192)}$$

$$q_{kt} - M \cdot \gamma_{kt} \leq 0 \qquad k = 1, 2, ..., K;\ t = 1, 2, ..., T \quad \text{(D.193)}$$

---

153 Das Verfahren wird in Abschnitt D.3.4.4.3.3, S. 333 ff., ausführlich erläutert.
154 Modell SPLP, S. 147
155 vgl. *Stadtler* (1996a)
156 vgl. *Ingold* (1998)
157 vgl. *Crowston und Wagner* (1973); *Afentakis et al.* (1984)

$q_{kt}, y_{kt} \geq 0 \qquad k = 1, 2, ..., K; \ t = 1, 2, ..., T$ (D.194)

$\gamma_{kt} \in \{0, 1\} \qquad k = 1, 2, ..., K; \ t = 1, 2, ..., T$ (D.195)

Dabei bedeuten:

a_{ki} Direktbedarfskoeffizient bezüglich Produkt k und i

d_{1t} Primärbedarf für das Endprodukt in Periode t

h_k voller Lagerkostensatz des Produkts k

K Anzahl der Produkte ($k = 1, 2, ..., K$)

M große Zahl

$n(k)$ Index des einzigen Nachfolgers des Produkts k (direkt übergeordnetes Produkt)

q_{kt} Losgröße für Produkt k in Periode t

s_k Rüstkostensatz des Produkts k

T Länge des Planungszeitraums in Perioden ($t = 1, 2, ..., T$)

y_{kt} physischer Lagerbestand für Produkt k am Ende der Periode t

γ_{kt} binäre Rüstvariable für Produkt k in Periode t

Primärbedarf tritt – so wird angenommen – nur für das Endprodukt auf. Auf die Berücksichtigung von Vorlaufzeiten wird verzichtet, da die zeitliche Struktur des Produktionsprozesses nach Ermittlung der optimalen Lösung problemlos durch entsprechende Rückwärtsterminierung der Lose erfaßt werden kann.

Verwendet man den **systemweiten Lagerbestand**, dann lautet das dynamische Mehrprodukt-Losgrößenproblem für eine konvergierende Erzeugnisstruktur:

Modell MLCLSP$_{KONV_e}$

Minimiere $Z = \sum_{k=1}^{K} \sum_{t=1}^{T} \left(\underline{s_k \cdot \gamma_{kt}} + \underline{e_k \cdot E_{kt}} \right)$ (D.196)

↳ Lagerkosten für Produkt k am Ende der Periode t, bezogen auf den systemweiten Lagerbestand

↳ Rüstkosten für Produkt k in Periode t

u. B. d. R.

$E_{k,t-1} + q_{kt} - E_{kt} = \underline{v_{k1} \cdot d_{1t}} \qquad k = 1, 2, ..., K; \ t = 1, 2, ..., T$ (D.197)

↑ Primärbedarf für das Endprodukt in Periode t
↳ Gesamtbedarf für das Produkt k in Periode t

$\underline{E_{kt} - a_{k,n(k)} \cdot E_{n(k),t}} \geq 0 \qquad k = 2, ..., K; \ t = 1, 2, ..., T$ (D.198)

↳ physischer Lagerbestand des Produkts k am Ende der Periode t

$q_{kt} - M \cdot \gamma_{kt} \leq 0 \qquad k = 1, 2, ..., K; \ t = 1, 2, ..., T$ (D.199)

$q_{kt},\ E_{kt} \geq 0$ $\qquad\qquad k = 1, 2, ..., K;\ t = 1, 2, ..., T$ (D.200)

$\gamma_{kt} \in \{0, 1\}$ $\qquad\qquad k = 1, 2, ..., K;\ t = 1, 2, ..., T$ (D.201)

Dabei bedeuten:

a_{ki} Direktbedarfskoeffizient bezüglich Produkt k und i
d_{1t} Primärbedarf für das Endprodukt in Periode t
e_k marginaler Lagerkostensatz des Produkts k
E_{kt} systemweiter Lagerbestand für Produkt k am Ende der Periode t
K Anzahl der Produkte ($k = 1, 2, ..., K$)
M große Zahl
$n(k)$ Index des einzigen Nachfolgers des Produkts k (direkt übergeordnetes Produkt)
q_{kt} Losgröße für Produkt k in Periode t
s_k Rüstkostensatz des Produkts k
T Länge des Planungszeitraums in Perioden ($t = 1, 2, ..., T$)
v_{k1} Verflechtungsbedarfskoeffizient zwischen dem Produkt k und dem Endprodukt
γ_{kt} binäre Rüstvariable für Produkt k in Periode t

Da es nur ein Produkt gibt, für das Primärbedarf auftritt (Endprodukt 1), kann der Sekundärbedarf eines jeden untergeordneten Produkts mit Hilfe des Verflechtungsbedarfskoeffizienten v_{k1} direkt aus dem Primärbedarf d_{1t} des Endprodukts abgeleitet werden. Soll der Primärbedarf des Endprodukts 1 in Periode t erfüllt werden, dann muß die Menge des untergeordneten Erzeugnisses k zu Beginn der Periode t entweder im Lager k vorrätig sein oder in der Periode t neu produziert werden oder schon in übergeordnete Erzeugnisse eingebaut sein.

Die beiden dargestellten Formulierungen des Mehrprodukt-Losgrößenproblems für konvergierende Erzeugnisstrukturen sind äquivalent, d. h. sie führen zu denselben optimalen Lösungen. Für die **optimale Lösung** beider Modellformulierungen gelten folgende **Eigenschaften**:

1. Erzeugnis k wird nur dann produziert, wenn sein Lagerbestand auf Null gesunken ist, d. h. es muß gelten:[158]

$q_{kt} \cdot E_{k,t-1} = 0$ $\qquad\qquad k = 1, 2, ..., K;\ t = 1, 2, ..., T$ (D.202)

2. Erzeugnis k wird in Periode t nur dann produziert, wenn auch sein direkter Nachfolger $n(k)$ in Periode t produziert wird. Das bedeutet:

wenn $q_{kt} > 0$, dann $q_{n(k),t} > 0$ $\qquad k = 2, ..., K;\ t = 1, 2, ..., T$ (D.203)

---

[158] Diese Bedingung wurde von Zangwill für eine lineare Erzeugnis- und Prozeßstruktur auf der Grundlage einer graphentheoretischen Problemdarstellung formuliert. Vgl. *Zangwill* (1969); *Crowston und Wagner* (1973).

D.3 Losgrößenplanung

Wegen der Eigenschaft (1.) kann das Problem in K Probleme der Bestimmung des kostengünstigsten Weges in einem Netzwerk zerlegt werden,[159] zwischen deren zulässigen Lösungen bestimmte Beziehungen bestehen müssen. Diese Beziehungen werden durch die Eigenschaft (2.)[160] beschrieben. Betrachten wir zur Veranschaulichung dieser Eigenschaften die in Bild D.35 dargestellte Erzeugnisstruktur mit einem Endprodukt und zwei Einzelteilen.

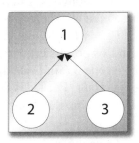

Bild D.35: Konvergierende Erzeugnisstruktur

Vernachlässigen wir zunächst einmal die Beziehungen zwischen den Erzeugnissen, dann kann für jedes Erzeugnis k ein dynamisches Einprodukt-Losgrößenproblem identifiziert werden, das auch als Problem der Bestimmung des kostengünstigsten Weges von einem Startknoten 0 zu einem Endknoten T darstellbar ist. Für das Erzeugnis 3 kann z. B. bei einem Planungshorizont von $T = 3$ das in Bild D.36 wiedergegebene Netzwerk entwickelt werden.

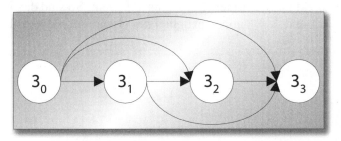

Bild D.36: Losgrößen-Netzwerk für Erzeugnis 3

Die Pfeile beschreiben die Reichweiten der Losgrößen. Die „Benutzung" eines Pfeils verursacht Rüstkosten und Lagerkosten. Allgemein gilt für den Pfeil von Knoten k_t zum Knoten k_{t+j}: Die Losgröße entspricht der Zusammenfassung der Bedarfsmengen der

---

159 vgl. *Afentakis et al.* (1984), S. 227
160 Diese Eigenschaft wird „nested schedule property" genannt. Bei generellen Erzeugnisstrukturen gilt diese Eigenschaft nur noch im Hinblick auf mindestens ein Nachfolgeprodukt. Vgl. *Afentakis* (1982). Heinrich verwendet diese Eigenschaft in seinem heuristischen Verfahren zur Erzeugung einer Basisproduktionspolitik. Siehe Abschnitt D.3.4.3.2.2, S. 253 ff.

Perioden $t+1, t+2, ..., t+j$ zu einem Los, das zu Beginn der Periode $(t+1)$ (am Ende der Periode t) produziert wird.

Ein solches Netzwerk kann für jedes Erzeugnis k formuliert werden. Die optimale Lösung des dynamischen Losgrößenproblems entspricht dann dem kostenminimalen (kürzesten) Weg zwischen dem Knoten k_0 und dem Knoten k_T. Eine zulässige Lösung eines solchen isolierten Einprodukt-Problems wird durch die sortierte (Index-)Menge der Knoten beschrieben, die auf dem kostengünstigsten Weg vom Knoten k_0 zum Knoten k_T liegen. Wir bezeichnen diese erzeugnisbezogenen Indexmengen mit $\mathcal{H}^k(T)$. So bedeutet z. B. die Indexmenge $\mathcal{H}^3(T) = (0, 2, 3)$, daß für Erzeugnis 3 zu Beginn der Periode 1 (am Ende der Periode 0) ein Los produziert wird, das den Bedarf bis zur Periode 2 abdeckt und daß zu Beginn der Periode 3 (am Ende der Periode 2) ein Los produziert wird, das den Bedarf der Periode 3 umfaßt. Für jedes Erzeugnis k kann die Lösung des isolierten dynamischen Losgrößenproblems durch eine solche Indexmenge dargestellt werden.

Die Erzeugnisse sind nun aber nicht unabhängig voneinander. So kann aufgrund der Eigenschaft (2.) festgestellt werden, daß nur ein Teil der erzeugnisbezogenen – isoliert betrachtet – zulässigen Lösungen auch hinsichtlich des Modells MLCLSP$_{KONV_e}$ zulässig ist. Insbesondere muß aufgrund der Eigenschaft (2.) zwischen den Lösungen der Teilprobleme für zwei benachbarte Erzeugnisse die Beziehung

$$\mathcal{H}^k(T) \subset \mathcal{H}^{n(k)}(T) \qquad\qquad k = 2, ..., K \quad \text{(D.204)}$$

gelten. Das heißt, die Menge der Knoten auf dem kostengünstigsten Weg für das untergeordnete Produkt k muß eine Teilmenge der Knoten auf dem kostengünstigsten Weg für das (einzige) direkt übergeordnete Erzeugnis $n(k)$ sein. So sind die folgenden beiden Lösungen für $k = 1$ und $k = 3$ auch bezüglich des Gesamtproblems zulässig:

$$\begin{aligned}\mathcal{H}^1 &= \{0, 1, 2, 3\} \\ \mathcal{H}^3 &= \{0, 2, 3\}\end{aligned} \qquad\qquad \text{(D.205)}$$

Die Lösungen

$$\begin{aligned}\mathcal{H}^1 &= \{0, 2, 3\} \\ \mathcal{H}^3 &= \{0, 1, 2, 3\}\end{aligned} \qquad\qquad \text{(D.206)}$$

dagegen verletzen die Eigenschaft (2.) und sind somit nicht zulässig. Denn hier wird für Erzeugnis 3 ein Los in Periode 1 produziert, obwohl kein Los des übergeordneten Erzeugnisses 1 produziert wird und damit auch kein Sekundärbedarf in der Periode 1 für das Erzeugnis 3 auftritt. Die Eigenschaft (2.) bezieht sich also insbesondere auf die zeitliche Abstimmung zwischen den Produktionsterminen.

Aus der Nichtnegativitätsbedingung für den physischen Lagerbestand ergeben sich – wie bereits in Modell MLCLSP$_e$ dargestellt wurde – Beziehungen zwischen den systemweiten Lagerbeständen der Produkte k und $n(k)$. Diese Beziehungen lassen sich durch die

Ungleichungen (D.207) beschreiben.

$$a_{k,n(k)} \cdot E_{n(k),t} - E_{kt} \leq 0 \qquad k = 2, ..., K;\ t = 1, 2, ..., T \qquad (D.207)$$

Die Bedingungen (D.207) verhindern, daß das Mehrprodukt-Losgrößenproblem in mehrere voneinander unabhängige, einfachere Einprodukt-Probleme zerlegt werden kann. Eine gebräuchliche Methode zur Behandlung solcher „schwierigen" Nebenbedingungen besteht darin, daß man sie mit Lagrange-Multiplikatoren $\underline{W} = \{w_{kt}\}$ multipliziert und in die Zielfunktion aufnimmt.[161] Die Lagrange-Multiplikatoren bestrafen die Verletzungen der Nebenbedingungen durch eine Lösung des Modells MLCLSP$_{\text{KONV}_e}$. Es wird eine Lösung gesucht, bei der entweder die Nebenbedingungen als Gleichungen erfüllt oder die Lagrange-Multiplikatoren Null sind. Die Zielfunktion lautet nun:

$$\text{Minimiere } Z = \sum_{k=1}^{K} \sum_{t=1}^{T} \left(s_k \cdot \gamma_{kt} + e_k \cdot E_{kt} \right) \\
+ \sum_{k=1}^{K} \sum_{t=1}^{T} \left[a_{k,n(k)} \cdot E_{n(k),t} - E_{kt} \right] \cdot \underbrace{w_{kt}}_{\text{Lagrange-Multiplikator}} \qquad (D.208)$$

Den zweiten Term der Zielfunktion kann man noch weiter umformen:

$$\sum_{k=1}^{K} \sum_{t=1}^{T} \left[a_{k,n(k)} \cdot E_{n(k),t} - E_{kt} \right] \cdot w_{kt}$$

$$= \sum_{k=1}^{K} \sum_{t=1}^{T} \left[\sum_{j \in \underbrace{\mathcal{V}_k}_{\text{Indexmenge der direkten Vorgänger des Produkts } k}} a_{jk} \cdot E_{kt} \cdot w_{jt} - E_{kt} \cdot w_{kt} \right] \qquad (D.209)$$

$$= \sum_{k=1}^{K} \sum_{t=1}^{T} \left[\sum_{j \in \mathcal{V}_k} a_{jk} \cdot w_{jt} - w_{kt} \right] \cdot E_{kt}$$

Damit kann das Modell MLCLSP$_{\text{KONV}_e}$ nun wie folgt formuliert werden:

Modell MLCLSP$_{\text{KONV}_{\text{eLR}}}$

$$\text{Minimiere } Z(\underline{W}) = \sum_{k=1}^{K} \sum_{t=1}^{T} \left[s_k \cdot \gamma_{kt} + \underbrace{\left(e_k + \sum_{j \in \mathcal{V}_k} a_{jk} \cdot w_{jt} - w_{kt} \right)}_{\text{modifizierte Lagerkosten für Produkt } k} \cdot E_{kt} \right] \qquad (D.210)$$

---

[161] vgl. auch *Billington* (1983); *Billington et al.* (1983); *Domschke und Drexl* (2002)

u. B. d. R.

$$E_{k,t-1} + q_{kt} - E_{kt} = v_{k1} \cdot d_{1t} \qquad k = 1, 2, ..., K; \ t = 1, 2, ..., T \quad (D.211)$$

$$q_{kt} - M \cdot \gamma_{kt} \leq 0 \qquad k = 1, 2, ..., K; \ t = 1, 2, ..., T \quad (D.212)$$

$$q_{kt}, \ E_{kt} \geq 0 \qquad k = 1, 2, ..., K; \ t = 1, 2, ..., T \quad (D.213)$$

$$\gamma_{kt} \in \{0, 1\} \qquad k = 1, 2, ..., K; \ t = 1, 2, ..., T \quad (D.214)$$

Für gegebene Werte von $\underline{W} = \{w_{kt}\}$ kann das obige Problem in K voneinander unabhängige Teilprobleme zerlegt werden, zu deren Lösung effiziente Verfahren verfügbar sind. Das Problem besteht jedoch nun darin, die optimalen Werte der Lagrange-Multiplikatoren zu bestimmen. Hierzu schlagen *Afentakis, Gavish und Karmarkar* ein Verfahren vor, auf dessen Einzelheiten nicht weiter eingegangen werden soll.[162]

Rosling[163] erweitert die Formulierung des dynamischen Einprodukt-Losgrößenproblems auf der Grundlage des unkapazitierten Standortproblems für den Fall konvergierender Erzeugnisstrukturen. Diese Modellformulierung führte zur Entwicklung eines sehr effizienten exakten Lösungsverfahrens. Sie lautet:

Modell MLCLSP$_{KONV_{Rosling}}$

$$\text{Minimiere } Z = \sum_{k=1}^{K} \left[\underbrace{\sum_{\tau=1}^{T} \sum_{t=\tau}^{T} h_{k\tau t} \cdot \delta_{k\tau t}}_{\text{Lagerkosten für Produkt } k} + \underbrace{\sum_{\tau=1}^{T} s_k \cdot \gamma_{k\tau}}_{\substack{\text{Rüstkosten für Produkt } k \\ \text{in Periode } \tau}} \right] \quad (D.215)$$

u. B. d. R.

$$\delta_{k1t} - s_{k1t} = \delta_{n(k),1t} \qquad \begin{array}{l} \tau = 2, 3, ..., t-1 \\ k = 1, 2, ..., K; \ t = 1, 2, ..., T \end{array} \quad (D.216)$$

$$\delta_{k\tau t} - s_{k\tau t} + s_{k,\tau-1,t} = \delta_{n(k),\tau t} \qquad \begin{array}{l} \tau = 2, 3, ..., t-1 \\ k = 1, 2, ..., K; \ t = 1, 2, ..., T \end{array} \quad (D.217)$$

$$\delta_{ktt} + s_{k,t-1,t} = \delta_{n(k),tt} \qquad \begin{array}{l} \tau = 2, 3, ..., t-1 \\ k = 1, 2, ..., K; \ t = 1, 2, ..., T \end{array} \quad (D.218)$$

$$\delta_{k\tau t} \leq \gamma_{k\tau} \qquad \begin{array}{l} \tau = 1, 2, ..., t-1 \\ k = 1, 2, ..., K; \ t = 1, 2, ..., T \end{array} \quad (D.219)$$

$$s_{k\tau t}, \ \delta_{k\tau t} \geq 0 \qquad \begin{array}{l} \tau = 1, 2, ..., t-1 \\ k = 1, 2, ..., K; \ t = 1, 2, ..., T \end{array} \quad (D.220)$$

$$s_{k01} = 0 \qquad k = 1, 2, ..., K \quad (D.221)$$

---

162 vgl. hierzu *Afentakis et al.* (1984)
163 vgl. *Rosling* (1986)

$\gamma_{k\tau} \in \{0,1\}$ $\qquad\qquad k = 1, 2, ..., K;\ t = 1, 2, ..., T$ (D.222)

Das Modell MLCLSP$_{\text{KONV}_{\text{Rosling}}}$ ist eine direkte Erweiterung der entsprechenden Modellversion SPLP$_{\text{Rosling}}$ für das dynamische Einprodukt-Losgrößenproblem, wobei die Variable $\delta_{k\tau t}$ den Anteil der Bedarfsmenge des Produkts k in Periode t beschreibt, der in Periode τ produziert wird. Analog zum Modell SPLP$_{\text{Rosling}}$ bezeichnet die Variable $s_{k\tau t}$ den Anteil an der Bedarfsmenge des Produkts k in Periode t, der bis zum Ende der Periode τ bereits produziert worden ist. Da unbeschränkte Kapazitäten der Ressourcen unterstellt werden, nehmen diese Variablen immer ganzzahlige Werte an. Zur Interpretation der Variablen sei auf das Modell SPLP$_{\text{Rosling}}$ in Abschnitt D.3.2.1 sowie auf die Veröffentlichung von *Rosling* und das folgende Modell MLCLSP$_{\text{KONV}_{\text{Maes}}}$ verwiesen. Es handelt sich um ein großes gemischt-ganzzahliges lineares Optimierungsproblem, das jedoch so umfangreich ist, daß eine Lösung mit Standardalgorithmen nicht in Frage kommt. Rosling schlägt zur Lösung dieses Problems ein spezialisiertes Branch-and-Bound-Verfahren vor, in dem die heuristische Lösung einer relaxierten Form des Modells MLCLSP$_{\text{KONV}_{\text{Rosling}}}$ zur Bestimmung der Zielfunktionsuntergrenzen verwendet wird.

Maes[164] formuliert in direkter Anlehnung an das Modell MLCLSP$_{\text{KONV}_{\text{Rosling}}}$ ein Losgrößenmodell, in dem auch beschränkte **Kapazitäten** der Ressourcen berücksichtigt werden. Dieses Modell kann für konvergierende Erzeugnisstrukturen (mit einem Endprodukt) und für den Fall eingesetzt werden, daß mehrere parallele lineare Erzeugnisstrukturen (mit mehrere Endprodukten) aufgrund gemeinsamer Ressourcenbeanspruchungen miteinander verbunden sind. Das Modell lautet:[165]

Modell MLCLSP$_{\text{KONV}_{\text{Maes}}}$

$$\text{Minimiere } Z = \sum_{k=1}^{K} \left[\sum_{\tau=1}^{T} \sum_{t=\tau}^{T} h_{k\tau t} \cdot \delta_{k\tau t} + \sum_{\tau=1}^{T} s_k \cdot \gamma_{k\tau} \right]$$ (D.223)

- Rüstkosten für Produkt k in Periode τ
- Anteil des Bedarfs für Produkt k in Periode t, der in Periode τ produziert wird
- Lagerkosten für den gesamten Bedarf des Produkts k in Periode t, wenn dieser bereits in Periode τ produziert wird

u. B. d. R.

$$\sum_{\tau=1}^{t} \delta_{k\tau t} = 1 \qquad k = 1, 2, ..., K;\ \mathcal{N}_k = \emptyset;\ t = 1, 2, ..., T$$ (D.224)

$$\sum_{\tau=1}^{t} \delta_{k\tau i} \geq \sum_{\tau=1}^{t} \delta_{n(k)\tau i} \qquad \begin{array}{l} i = 1, 2, ..., T;\ t = 1, 2, ..., i \\ k = 1, 2, ..., K;\ \mathcal{N}_k \neq \emptyset \end{array}$$ (D.225)

---

164 vgl. *Maes* (1987), S. 131; *Maes et al.* (1991)
165 vgl. auch *Salomon* (1991), S. 129; *Kuik et al.* (1993)

$$\sum_{k \in \mathcal{K}_j} \underbrace{\sum_{t=\tau}^{T} \underline{tb_k \cdot r_{kt}} \cdot \delta_{k\tau t}}_{} \leq b_{j\tau} \qquad j = 1, 2, ..., J; \ \tau = 1, 2, ..., T \qquad \text{(D.226)}$$

└ Arbeitsbelastung der Ressource j durch den Bedarf des Produkts k in Periode t

└ Indexmenge der Produkte, die durch Ressource j bearbeitet werden

$$\delta_{k\tau t} \leq \gamma_{k\tau} \qquad \begin{matrix} k = 1, 2, ..., K \\ \tau = 1, 2, ..., T; \ t = \tau, \tau+1, ..., T \end{matrix} \qquad \text{(D.227)}$$

$$\delta_{k\tau t} \geq 0 \qquad \begin{matrix} k = 1, 2, ..., K \\ \tau = 1, 2, ..., T; \ t = \tau, \tau+1, ..., T \end{matrix} \qquad \text{(D.228)}$$

$$\gamma_{k\tau} \in \{0, 1\} \qquad k = 1, 2, ..., K; \ t = 1, 2, ..., T \qquad \text{(D.229)}$$

Dabei bedeuten:

b_{jt} Kapazität der Maschine (Ressource) j in Periode t

$h_{k\tau t}$ Lagerkosten für den Bedarf des Produkts k in Periode t, wenn dieser bereits in Periode τ produziert wird

$\mathcal{K}_j$ Indexmenge der Produkte, die durch Ressource j bearbeitet werden

$\mathcal{N}_k$ Indexmenge der direkten Nachfolger des Produkts k

r_{kt} Gesamtbedarf des Produkts k in Periode t

s_k Rüstkostensatz für Produkt k

tb_k Stückbearbeitungszeit für Produkt k

$\delta_{k\tau t}$ Anteil des Bedarfs für Produkt k in Periode t, der in Periode τ produziert wird

γ_{kt} binäre Rüstvariable

Beziehung (D.224) stellt sicher, daß der gesamte Bedarf des Produkts k in Periode t spätestens in dieser Periode produziert wird. Dieser Typ von Nebenbedingungen ist nur für die Endprodukte erforderlich. Da in dieser Formulierung alle Produktionsmengen zu 1 standardisiert worden sind, müssen die Lagerkostensätze $h_{k\tau t}$ in der Zielfunktion (D.223) entsprechend angepaßt werden. Der Zielfunktionskoeffizient $h_{k\tau t}$ ist gleich dem Produkt aus dem marginalen Lagerkostensatz des Produkts k, der Gesamtbedarfsmenge der Periode t und der Lagerdauer $(t - \tau)$.

Die Ungleichungen (D.225) stellen die Beziehungen zwischen den Produkten in der betrachteten konvergierenden Erzeugnisstruktur her. Für jede Periode t $(t = 1, 2, ..., i)$ muß gesichert sein, daß die in den Vorperioden τ $(\tau = 1, 2, ..., t)$ produzierten Mengen eines untergeordneten Produkts k, die für die Periode i bestimmt sind, mindestens so groß sind wie die in demselben Zeitraum kumulierten Produktionsmengen des Nachfolgerprodukts $n(k)$. Ist dies nicht gesichert, dann kann das Nachfolgerprodukt aufgrund von Materialmangel nicht produziert werden. Die Nebenbedingungen (D.226) beschreiben die Kapazitätsrestriktionen der Ressourcen. Sie können bewirken, daß die Bedarfsmenge einer Periode aus mehreren Produktionsperioden bereitgestellt werden muß. Die Formulierung MLCLSP$_{\text{KONV}_{\text{Maes}}}$ kann im Vergleich zum Modell MLCLSP$_{\text{KONV}}$ als disaggregierte Formulierung bezeichnet werden.

Das Modell MLCLSP$_{KONV_{Maes}}$ bildet die Grundlage für verschiedene von *Maes* vorgeschlagene heuristische Lösungsverfahren, auf die in Abschnitt D.3.4.4.2, S. 291 ff., eingegangen wird. *Helber*[166] erweitert das Modell MLCLSP um die Möglichkeit, für unterschiedliche Ressourcen unterschiedlich feine Periodenraster zu verwenden. Diese Option ist insb. im Hinblick auf die Verstetigung des Materialflusses von großer Bedeutung.

D.3.4.3 Lösungsverfahren für Probleme ohne Kapazitätsbeschränkungen

Grundsätzlich besteht die Möglichkeit, zur Lösung der im vorangegangenen Abschnitt formulierten Losgrößenmodelle in Standardsoftwarepaketen implementierte Verfahren zur gemischt-ganzzahligen linearen Optimierung einzusetzen. Wegen der – insb. bei generellen Erzeugnisstrukturen – hohen Problemkomplexität ist diese Vorgehensweise jedoch selbst dann nicht praktikabel, wenn nur wenige Produkte und wenige Planungsperioden betrachtet werden. Bei Rechentests des Verfassers wurden für mehrstufige Losgrößenprobleme mit genereller Erzeugnisstruktur und mehreren beschränkten Kapazitäten bei 10 Produkten und 4 Perioden auf einem 80486-PC mit 33 Mhz zwischen wenigen Minuten und vielen Stunden benötigt. Bereits nur geringfügig größere Probleme waren auch auf einer schnellen Workstation nicht mehr lösbar. Auch Lösungsansätze, die die spezielle Struktur der jeweiligen Modellformulierung ausnutzen, liegen zur Behandlung praktisch relevanter Problemgrößen nur in beschränktem Umfang vor. So entwickelt *Rao*[167] ein exaktes Lösungsverfahren für Losgrößenprobleme bei genereller Erzeugnisstruktur ohne Kapazitätsbeschränkungen, das auf dem Benders'schen Dekompositionsverfahren basiert. *Steinberg und Napier*[168] schlagen die Formulierung des Losgrößenproblems als ein verallgemeinertes Netzwerkflußproblem mit Fixkosten vor, zu dessen Lösung sie ein Standardsoftwarepaket der gemischt-ganzzahligen linearen Optimierung einsetzen.

Lediglich für spezielle Erzeugnisstrukturen existieren exakte Lösungsverfahren, die Probleme in praktisch relevanten Größenordnungen optimal zu lösen in der Lage sind. Ein effizientes Verfahren für konvergierende Erzeugnisstrukturen schlagen *Afentakis, Gavish und Karmarkar*[169] vor. Das zum gegenwärtigen Zeitpunkt effizienteste Verfahren für konvergierende Erzeugnisstrukturen wurde von *Rosling*[170] auf der Basis des Modells MLCLSP$_{KONV_{Rosling}}$ entwickelt.

Da exakte Verfahren zur Lösung praxisrelevanter Problemstellungen nicht existieren,

---

166 vgl. *Helber* (1995)
167 Vgl. *Rao* (1981). Das Verfahren von Rao erreichte für einige Losgrößenprobleme mit maximal neun Produkten und neun Perioden die optimale Lösung innerhalb von 30 Sek. CPU-Zeit auf einer Rechenanlage vom Typ CYBER 74.
168 vgl. *Steinberg und Napier* (1980)
169 vgl. *Afentakis et al.* (1984); vgl. zur Formulierung dieses Modells auch Abschnitt D.3.4.2.2
170 vgl. *Rosling* (1986)

sind zahlreiche Versuche unternommen worden, heuristische Verfahren zu entwerfen. Diese kann man zunächst danach unterscheiden, welcher Nachfrageverlauf unterstellt wird. Lösungsansätze auf der Basis kontinuierlicher Endproduktnachfrage wurden von *Crowston, Wagner und Henshaw*[171], *Schwarz und Schrage*[172], *Moily*[173], *Maxwell und Muckstadt*[174] sowie von *McClain und Trigeiro*[175] entwickelt. Da diese Verfahren auf den Fall konstanter Nachfrage mit unendlichem Planungshorizont zugeschnitten sind und sich daher eher für die Sortenproduktion eignen, sollen sie hier nicht weiter betrachtet werden.[176] Wir wollen uns vielmehr mit dem Fall dynamisch schwankender Endproduktnachfrage in einem endlichen Planungshorizont befassen.

D.3.4.3.1 Die Praxis der Mengenplanung in Standard-PPS-Systemen

Die in der betrieblichen Praxis übliche Methode der Losgrößenplanung in PPS-Systemen nach dem MRP- bzw. MRP II-Konzept besteht darin, daß für jedes Produkt im Anschluß an die Bestimmung seines periodenbezogenen Nettobedarfs Produktions- bzw. Beschaffungsaufträge gebildet werden. Als Konsequenz dieser Vorgehensweise ergibt sich eine zeitliche **Trennung von Materialbedarfsrechnung und Losgrößenplanung**. Bei Einsatz des Dispositionsstufenverfahrens zur Bedarfsrechnung werden zunächst für die einer Dispositionsstufe zugeordneten Produkte die periodenspezifischen Nettobedarfsmengen ermittelt. Bevor man dann zur nächsten Dispositionsstufe übergeht, werden die Bedarfsmengen aus mehreren Perioden zu einem Auftrag zusammengefaßt.

Dabei wird den Anwendern die Wahl zwischen verschiedenen Verfahren zur Losbildung gelassen.[177] Einige dieser Losgrößenalgorithmen haben wir in Abschnitt D.3.2, S. 140 ff., dargestellt. Diese Verfahren sind jedoch nur für Produkte mit unabhängigem Bedarfsverlauf geeignet. Denn sie berücksichtigen nicht die zwischen den Produkten der verschiedenen Erzeugnisstufen bestehenden Interdependenzen. Bei Anwendung dieser Verfahren wird somit implizit unterstellt, die Losgrößenentscheidung für ein übergeordnetes Produkt könne unabhängig von den für die untergeordneten Baugruppen und Einzelteile zu bestimmenden Losgrößen getroffen werden. Wie bereits weiter oben erläutert wurde, bestehen zwischen den Erzeugnissen aber Interdependenzen sowohl bezüglich der Kosten als auch im Hinblick auf die gemeinsame Nutzung von Ressourcen. Vernachlässigt man die kostenmäßigen Interdependenzen bei der Losgrößenbestimmung, dann kann das zur Folge haben, daß die minimalen **Gesamtkosten**, die bei sachlich korrekter Losgrößenbestimmung erreicht werden könnten, **erheblich überschritten** werden. Die Lösungsqualität nimmt dabei mit zunehmender Tiefe der Erzeugnisstruktur

---

171 vgl. *Crowston et al.* (1972)
172 vgl. *Schwarz und Schrage* (1975)
173 vgl. *Moily* (1982)
174 vgl. *Maxwell und Muckstadt* (1984)
175 vgl. *McClain und Trigeiro* (1985)
176 Statische Ein- und Mehrprodukt-Losgrößenmodelle werden bei *Domschke et al.* (1997) diskutiert.
177 Häufig werden in PPS-Systemen lediglich die klassische Losgrößenformel, die gleitende wirtschaftliche Losgröße oder das Stückperiodenausgleichsverfahren zur Auswahl angeboten.

ab. In den veröffentlichten numerischen Untersuchungen wurden Kostenerhöhungen im Bereich zwischen 2% und 37% (abhängig von der Erzeugnisstruktur) festgestellt.[178]

Vernachlässigt man die kapazitätsmäßigen Interdependenzen zwischen den Produkten, dann erhält man zudem i. d. R. nicht zulässige, d. h. **undurchführbare Produktionspläne**. Dieser Tatbestand ist wesentlich gravierender als die Abweichung vom Kostenminimum. Die Undurchführbarkeit äußert sich bei der Umsetzung eines Produktionsplans darin, daß es zu Verspätungen und Nichteinhaltungen von Kundenauftragsterminen kommt. So präsentierte ein Mitarbeiter eines deutschen Unternehmens dem Verfasser vor einiger Zeit eine Liste mit über 600 Aufträgen, bei denen es gerade zu Verspätungen gekommen war. In dem Unternehmen wurden die Auftragsgrößen unter Vernachlässigung der Kapazitäten nach der klassischen Losgrößenformel ermittelt.

Das mehrstufige Losgrößenproblem für K Produkte bei abhängigem Bedarf wird in der Praxis also in K voneinander unabhängig behandelte Einprodukt-Losgrößenprobleme für unabhängigen Bedarf zerlegt (**produktorientierte Dekomposition**). Kritisch zu untersuchen ist in diesem Zusammenhang, welche Kostensätze dabei zu verwenden sind. Hier wird in der Praxis wohl allgemein mit Vollkostensätzen gerechnet, in denen die Lagerkosten für ein Endprodukt oder eine Baugruppe auf der Grundlage der gesamten Kosten aller vorhergehenden Produktionsstufen berechnet werden. Eine Alternative zu dieser Vorgehensweise besteht darin, mit produktionsstufenbezogenen Grenzlagerkosten zu rechnen.

D.3.4.3.2 Einprodukt-Losgrößenverfahren mit Kostenanpassung

Während die in der betrieblichen Praxis übliche produktbezogene Dekomposition des Planungsproblems die Beziehungen zwischen den Erzeugnissen nur unvollkommen erfaßt, versuchen die im folgenden darzustellenden Konzepte, durch die Modifikation der Lager- und Rüstkostensätze eine Abstimmung zwischen den auf unterschiedlichen Erzeugnisstufen zu treffenden Losgrößenentscheidungen herbeizuführen. Die Kostenanpassung ist leicht zu implementieren, da sie lediglich die Eingabedaten eines Losgrößenverfahrens betrifft. Sie ist daher einsetzbar, ohne daß die PPS-Software umprogrammiert werden muß.

In diesem Abschnitt werden verschiedene in den letzten Jahren vorgeschlagene Methoden zur Bestimmung der „optimalen" Werte der in Einprodukt-Losgrößenverfahren zu verwendenden Lager- und Rüstkostensätze dargestellt. Im Prinzip versucht man mit diesen Verfahren, das Ausmaß abzuschätzen, in dem sich die Rüst- und Lagerkosten auf untergeordneten Erzeugnisstufen verändern, wenn auf einer übergeordneten Erzeugnisstufe die Losgröße vergrößert oder verkleinert wird.

---

178 vgl. *Graves* (1981); *Blackburn und Millen* (1982); *Afentakis* (1987); *Heinrich* (1987)

D.3.4.3.2.1 Konvergierende Erzeugnisstrukturen

Bei der Losgrößenplanung versucht man üblicherweise, einen optimalen Kompromiß zwischen Lagerkosten und Rüstkosten zu finden. Als **Lagerkostensatz** wird dabei i. a. eine Größe verwendet, die sich nach Gleichung (D.230) multiplikativ aus dem Wert des Produkts, w_k, und einem Lagerkostenfaktor v zusammensetzt.

$$h_k = w_k \cdot v \qquad\qquad k = 1, 2, ..., K \quad (D.230)$$

Zur Veranschaulichung der folgenden Ausführungen betrachten wir die in Bild D.37 dargestellte lineare Erzeugnisstruktur. Um die Ausführungen möglichst einfach zu halten, gehen wir weiterhin davon aus, daß für das Endprodukt 1 kontinuierlicher Bedarf vorliegt und das klassische Losgrößenmodell angewandt wird, während die Bestellmenge q_2 für das untergeordnete Einzelteil 2 als ein ganzzahliges Vielfaches der Losgröße q_1 des Endprodukts festgelegt wird.

Bild D.37: Lineare Erzeugnisstruktur (Beispiel)

Wird nun eine Bestellung für das Einzelteil bei einem Fremdlieferanten aufgegeben, dann beträgt nach Eintreffen der Bestellmenge q_2 im Beschaffungslager der Anstieg der durchschnittlichen Lagerkosten in der Unternehmung, d. h. im betrachteten Lagersystem, $h_2 \cdot \frac{q_2}{2} = w_2 \cdot v \cdot \frac{q_2}{2}$, wobei w_2 nun den Beschaffungspreis des Einzelteils darstellt. Die Größe $w_2 \cdot v$ gibt die Kosten der Lagerung einer im Rahmen dieser externen Beschaffungsmaßnahme zusätzlich eingelagerten Mengeneinheit korrekt wieder.

Fragen wir nun nach der **Veränderung der Lagerkosten**, wenn ein Produktionsauftrag für das Endprodukt aufgelegt werden soll. Welcher Lagerkostensatz ist hier zu berücksichtigen? Wie verändern sich die gesamten Lagerkosten für beide Produkte, wenn die Losgröße q_1 beträgt? Zunächst steigen die durchschnittlichen Lagerkosten für das Endprodukt um den Betrag $h_1 \cdot \frac{q_1}{2} = w_1 \cdot v \cdot \frac{q_1}{2}$ an, wobei w_1 nun die gesamten Herstellkosten des Endprodukts, also die Summe aus den Materialkosten (einschl. der Kosten für das Einzelteil) und den Fertigungskosten darstellt. Andererseits hat die Produktion von q_1 ME des Endprodukts zur Folge, daß insgesamt $a_{21} \cdot q_1$ ME des Einzelteils aus dessen Lagerbestand entnommen werden und in die Produktion des Endprodukts eingehen. Dadurch sinken die durchschnittlichen Lagerkosten für das Einzelteil um den Betrag $\frac{a_{21} \cdot w_2 \cdot v \cdot q_1}{2}$.

Insgesamt ergibt sich somit als Anstieg der Lagerkosten für beide Produkte infolge der Entscheidung, ein Los der Größe q_1 aufzulegen:

$$\frac{w_1 \cdot v \cdot q_1}{2} - \frac{a_{21} \cdot w_2 \cdot v \cdot q_1}{2} = (w_1 - a_{21} \cdot w_2) \cdot v \cdot \frac{q_1}{2} \qquad (D.231)$$

Die bisherigen Überlegungen führen zu dem Ergebnis, daß bei der Entscheidung über die Losgröße des übergeordneten Produkts 1 als Lagerkostensatz die Größe $(w_1 - a_{21} \cdot w_2) \cdot v = h_1 - a_{21} \cdot h_2$ entscheidungsrelevant ist. Allgemein kann man auch schreiben:

$$e_k = h_k - \sum_{j \in \mathcal{V}_k} a_{jk} \cdot h_j \qquad k = 1, 2, ..., K \qquad (D.232)$$

- volle Lagerkosten aller direkten Vorgänger des Produkts k
- voller Lagerkostensatz des Produkts k

Diese Größe ist der **marginale Lagerkostensatz**[179] des Produkts k. Bei der Entscheidung über die Losgröße eines übergeordneten Produkts ist also auch die Verringerung der Lagerkosten für die untergeordneten Produkte zu beachten. Als entscheidungsrelevante Lagerkosten sind somit die zusätzlichen Kosten (Grenzkosten) aus der Gesamtlagerperspektive anzusetzen.

Zur Bestimmung der aus einer Losgrößenentscheidung resultierenden Lagerkosten wird der Lagerkostensatz mit dem durchschnittlichen Lagerbestand eines Erzeugnisses multipliziert. Das wirft die Frage nach der Höhe des durchschnittlichen Lagerbestands für ein untergeordnetes Produkt, im obigen Beispiel für das Einzelteil, auf. Betrachtet man die zeitliche Entwicklung des physischen Lagerbestands dieses Produkts, dann ist ein ausgeprägter stufenförmiger Verlauf festzustellen, obwohl die Endproduktnachfrage annahmegemäß kontinuierlich verläuft.

Trifft man nun die Entscheidung, ein Los der Größe q_2 aufzulegen, dann erhöht sich der Bestand im gesamten Lagersystem durchschnittlich um $\frac{q_2}{2}$. Denn das Einzelteil bleibt bis zum endgültigen Verkauf im Lagersystem, und zwar entweder in reiner (unverarbeiteter) Form, d.h. als physisch erkennbares Produkt 2, oder als in den gelagerten Endprodukt-Einheiten eingebaute und u.U. nicht mehr sichtbare Komponente. Diese Form des Lagerbestands wurde in Abschnitt D.3.4.2.1, S. 213, bereits als **systemweiter Lagerbestand** eingeführt.

Bild D.38 verdeutlicht den Zusammenhang zwischen dem physischen Lagerbestand des Einzelteils und seinem systemweiten Lagerbestand unter der Annahme, daß die Nachfrage nach dem Endprodukt mit einem Mittelwert D_1 kontinuierlich verläuft und daß die Bestellmenge q_2 des Einzelteils das Dreifache der Losgröße q_1 des Endprodukts beträgt. Der durchschnittliche physische Lagerbestand des Erzeugnisses 1, B_1, beträgt:

$$B_1 = \frac{q_1}{2} = \frac{D_1 \cdot t_1}{2} \qquad (D.233)$$

---

[179] vgl. Abschnitt D.3.4.2.1, S. 213

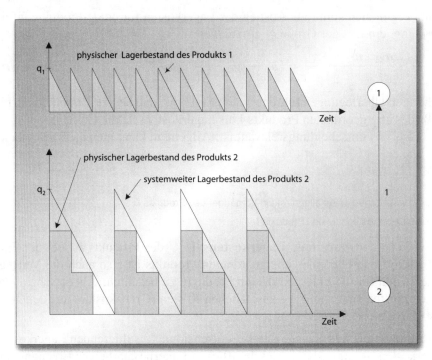

Bild D.38: Zusammenhang zwischen physischem und systemweitem Lagerbestand

Die Größe t_1 bezeichnet die Länge des Produktionszyklus des Endprodukts. Der durchschnittliche physische Lagerbestand des Einzelteils, B_2, beträgt für den Fall, daß der Direktbedarfskoeffizient den Wert $a_{21} = 1$ annimmt:

$$B_2 = \frac{D_1 \cdot t_1 \cdot m_2 - D_1 \cdot t_1}{2} \tag{D.234}$$

Die Größe m_2 ist das (ganzzahlige) Verhältnis zwischen der Losgröße des untergeordneten Einzelteils und der Losgröße des Endprodukts, im vorliegenden Fall also: $m_2 = 3$. Der physische Lagerbestand des Einzelteils weist in Bild D.38 einen stufenförmigen Verlauf auf. Der systemweite Lagerbestand des Einzelteils ist gleich dem physischen Lagerbestand zuzüglich der schon in das Endprodukt eingebauten Menge, die im Lagerbestand des Endprodukts enthalten sind. Die durchschnittlichen systemweiten Lagerbestände beider Produkte betragen:

$$E_1 = B_1 \tag{D.235}$$

$E_2 = B_2 + E_1$

- systemweiter Lagerbestand des Produkts 1
- physischer Lagerbestand des Produkts 2
- systemweiter Lagerbestand des Produkts 2

(D.236)

Bezeichnet man mit $n(k)$ den Index des (einzigen) direkten Nachfolgers des Produkts k in der konvergierenden Erzeugnisstruktur, dann gilt allgemein:

$$E_k = B_k + E_{n(k)} \quad (D.237)$$

Für das in Bild D.38 dargestellte Beispiel erhalten wir:

$$E_2 = \frac{D_1 \cdot t_1 \cdot m_2 - D_1 \cdot t_1}{2} + \frac{D_1 \cdot t_1}{2} = \frac{D_1 \cdot t_1 \cdot m_2}{2} \quad (D.238)$$

Wenn zwischen den Losgrößen bzw. Produktionszyklen der beiden Produkte, wie im betrachteten Beispiel angenommen, ein im Zeitablauf konstantes, ganzzahliges Verhältnis $m_2 = \frac{t_2}{t_1}$ besteht, dann kann der systemweite Lagerbestand des untergeordneten Erzeugnisses auch nach Gleichung (D.239) ermittelt werden.

$$E_2 = \frac{D_1 \cdot t_1 \cdot \frac{t_2}{t_1}}{2} = \frac{D_1 \cdot t_2}{2} \quad (D.239)$$

Beziehung (D.239) beschreibt den durchschnittlichen systemweiten Lagerbestand des Einzelteils, der – bewertet mit dem marginalen Lagerkostensatz – die Lagerkosten als Funktion der Losgröße bzw. der Länge des Produktionszyklus dieses Produkts angibt. Die Mengenanteile des Einzelteils, die bereits in das Endprodukt eingebaut worden sind, müssen hier als entscheidungsrelevant mitberücksichtigt werden, da die Losgrößenentscheidungen auf den nachfolgenden Erzeugnisstufen nur noch den Wertzuwachs berücksichtigen.

Fragen wir uns nun, was geschieht, wenn man sich an den vorgetragenen Überlegungen orientiert und diese systembezogenen (Grenz-)Kostensätze als entscheidungsrelevante Lagerkosten in einem der beschriebenen Einprodukt-Losgrößenverfahren einsetzt. Zur Beantwortung dieser Frage sei folgende Situation betrachtet, die so einfach gehalten ist, daß die Problemstruktur klar erkennbar ist:

- konvergierende Erzeugnisstruktur
- Primärbedarf tritt nur für das Endprodukt auf
- der Verlauf des Primärbedarfs ist kontinuierlich und im Durchschnitt konstant
- unendlich hohe Lagerzugangsgeschwindigkeit
- alle Direktbedarfskoeffizienten sind 1
- Durchlaufzeiten werden nicht berücksichtigt

Die Zielfunktion des Problems der simultanen Bestimmung der Losgrößen für alle Produkte kann unter diesen Annahmen wie folgt formuliert werden:

$$\text{Minimiere } Z = \sum_{k=1}^{K} \left[s_k \cdot \frac{D_k}{q_k} + e_k \cdot \frac{q_k}{2} \right] \quad \text{(D.240)}$$

mit s_k = Rüstkostensatz des Produkts k und e_k = marginaler Lagerkostensatz des Produkts k.

Der Quotient $\frac{D_k}{q_k}$ ist die mittlere Anzahl von Losen pro Periode, für die die Nachfrage D_k gilt. Der Kehrwert $t_k = \frac{q_k}{D_k}$ bezeichnet dann genau die Länge eines Produktionszyklus des Erzeugnisses k. Gleichung (D.240) kann damit äquivalent auch wie folgt geschrieben werden:

$$\text{Minimiere } Z = \sum_{k=1}^{K} \left[\frac{s_k}{t_k} + e_k \cdot \frac{D_k \cdot t_k}{2} \right] \quad \text{(D.241)}$$

Zur weiteren Vereinfachung des Problems sei unterstellt, daß zwischen den Produktionszyklen der einzelnen Erzeugnisse im Zeitablauf konstante, ganzzahlige Verhältnisse m_k bestehen. Für ein Erzeugnis k und seinen einzigen Nachfolger $n(k)$ gilt dann:

$$m_k = \frac{t_k}{t_{n(k)}} \qquad k = 1, 2, ..., K \quad \text{(D.242)}$$

Das heißt, der Produktionszyklus des untergeordneten Produkts ist ein Vielfaches des Produktionszyklus des übergeordneten Produkts. Für das Endprodukt setzen wir $t_{n(1)} = 1$[180]. Da die Direktbedarfskoeffizienten annahmegemäß gleich 1 sind, sind die durchschnittlichen Periodenbedarfsmengen aller Produkte identisch, d. h. $D_k = D_1$ ($k = 1, 2, ..., K$). Damit kann das Problem wie folgt beschrieben werden:

Modell BM

$$\text{Minimiere } Z = \sum_{k=1}^{K} \left[\frac{s_k}{m_k \cdot t_{n(k)}} + \frac{e_k \cdot D_1 \cdot m_k \cdot t_{n(k)}}{2} \right] \quad \text{(D.243)}$$

u. B. d. R.

$$t_k = m_k \cdot t_{n(k)} \qquad k = 1, 2, ..., K \quad \text{(D.244)}$$

$$m_k \geq 1 \quad \text{und ganzzahlig} \qquad k = 1, 2, ..., K \quad \text{(D.245)}$$

---

[180] Diese Größe ist die Länge der Basisperiode, auf die sich die Bedarfsmengenangabe bezieht.

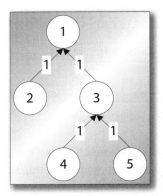

Bild D.39: Konvergierende Erzeugnisstruktur (Beispiel)

Schreibt man die Zielfunktion (D.243) für die in Bild D.39 dargestellte konvergierende Erzeugnisstruktur vollständig aus, dann ergibt sich:

$$Z = \frac{s_1}{m_1 \cdot 1} + \frac{s_2}{m_2 \cdot t_1} + \frac{s_3}{m_3 \cdot t_1} + \frac{s_4}{m_4 \cdot t_3} + \frac{s_5}{m_5 \cdot t_3}$$

$$+ \frac{e_1 \cdot D_1 \cdot m_1 \cdot 1}{2} + \frac{e_2 \cdot D_1 \cdot m_2 \cdot t_1}{2} + \frac{e_3 \cdot D_1 \cdot m_3 \cdot t_1}{2} \quad \text{(D.246)}$$

$$+ \frac{e_4 \cdot D_1 \cdot m_4 \cdot t_3}{2} + \frac{e_5 \cdot D_1 \cdot m_5 \cdot t_3}{2}$$

Wegen $m_1 = t_1$ und $t_3 = m_3 \cdot t_1$ kann Beziehung (D.246) wie folgt umgeformt werden:

$$Z = \frac{s_1}{t_1} + \frac{\left[\frac{s_2}{m_2}\right]}{t_1} + \frac{\left[\frac{s_3}{m_3}\right]}{t_1} + \frac{\left[\frac{s_4}{m_4 \cdot m_3}\right]}{t_1} + \frac{\left[\frac{s_5}{m_5 \cdot m_3}\right]}{t_1}$$

$$+ e_1 \cdot \frac{D_1 \cdot t_1}{2} + e_2 \cdot m_2 \cdot \frac{D_1 \cdot t_1}{2} + e_3 \cdot m_3 \cdot \frac{D_1 \cdot t_1}{2} \quad \text{(D.247)}$$

$$+ e_4 \cdot m_4 \cdot m_3 \cdot \frac{D_1 \cdot t_1}{2} + e_5 \cdot m_5 \cdot m_3 \cdot \frac{D_1 \cdot t_1}{2}$$

Eine Umgruppierung der Terme in (D.247) ergibt dann

$$Z = \frac{\overbrace{\left[s_1 + \dfrac{s_2}{m_2} + \dfrac{s_3}{m_3} + \dfrac{s_4}{m_4 \cdot m_3} + \dfrac{s_5}{m_5 \cdot m_3}\right]}^{\text{modifizierter Rüstkostensatz des Produkts 1}}}{t_1}$$
$$+ \underbrace{\left[e_1 + e_2 \cdot m_2 + e_3 \cdot m_3 + e_4 \cdot m_4 \cdot m_3 + e_5 \cdot m_5 \cdot m_3\right]}_{\text{modifizierter Lagerkostensatz des Produkts 1}} \cdot \frac{D_1 \cdot t_1}{2} \qquad \text{(D.248)}$$

Gleichung (D.248), bei der die Beziehungen zwischen den Produktionszyklen benachbarter Produkte implizit berücksichtigt worden sind, kann weiter umgeformt werden, indem man die modifizierten Kostensätze bei gegebenen Werten der Faktoren m_k ($k = 1, 2, ..., K$) rekursiv errechnet. Man erhält dann:

$$S_k = s_k + \sum_{i \in \mathcal{V}_k} \frac{S_i}{m_i} \qquad \text{(D.249)}$$

wobei s_k = Rüstkostensatz des Produkts k, S_i = modifizierter Rüstkostensatz des Produkts i, und S_k = modifizierter Rüstkostensatz des Produkts k.

und

$$H_k = e_k + \sum_{i \in \mathcal{V}_k} H_i \cdot m_i \qquad \text{(D.250)}$$

wobei e_k = marginaler Lagerkostensatz des Produkts k, H_i = modifizierter Lagerkostensatz des Produkts i, und H_k = modifizierter Lagerkostensatz des Produkts k.

Dem Produkt k werden auf diese Weise Anteile an den Rüstkosten aller (direkt und indirekt) untergeordneten Produkte zugeordnet.[181] Dies geschieht zeitproportional entsprechend dem Anteil des Produktionszyklus des Produkts k an der Länge des Produktionszyklus des untergeordneten Produkts $i \in \mathcal{V}_k$. Für Produkte ohne direkte Vorgänger (Einzelteile), gilt: $S_k = s_k$ und $H_k = e_k = h_k$.

Nach der Bestimmung der relevanten Kosten können nun die optimalen Losgrößen ermittelt werden. Für das Endprodukt 1 lautet die Zielfunktion zur Bestimmung des kostenminimalen Produktionszyklus t_1 unter Verwendung der modifizierten Kostensätze:

$$Z_1 = \frac{S_1}{t_1} + \frac{H_1 \cdot t_1 \cdot D_1}{2} \qquad \text{(D.251)}$$

Sind die **optimalen Werte der Faktoren** m_k für alle Erzeugnisse bekannt, dann kann man den optimalen Produktionszyklus für das Endprodukt 1 berechnen und im Anschluß

---

181 Vgl. auch *Moily* (1982); *Moily* (1986), S. 119. Moily betrachtet eine Situation mit endlicher Produktionsgeschwindigkeit, in der die Faktoren m_k kleiner als 1 sein können (Losteilung).

daran auch die Produktionszyklen für alle anderen Produkte, d. h. für die Baugruppen und Einzelteile. Bei gegebenen – nicht notwendigerweise optimalen – Werten der Faktoren m_k ($k = 2, ..., K$) betragen die minimalen Kosten für das Endprodukt 1:

$$\text{Min } \{Z_1 \,|\, m_k(k = 2, 3, ...K)\} = \sqrt{2 \cdot D_1 \cdot S_1 \cdot H_1} \qquad \text{(D.252)}$$

wobei die optimale Losgröße mit Gleichung (D.253) und die Länge des Produktionszyklus durch Beziehung (D.254) definiert sind:[182]

$$\text{Opt } \{q_1 \,|\, m_k(k = 2, 3, ...K)\} = \sqrt{\frac{2 \cdot D_1 \cdot S_1}{H_1}} \qquad \text{(D.253)}$$

$$\text{Opt } \{t_1 \,|\, m_k(k = 2, 3, ...K)\} = \sqrt{\frac{2 \cdot S_1}{D_1 \cdot H_1}} \qquad \text{(D.254)}$$

Die **modifizierten Kostensätze** haben die Aufgabe, bei der Entscheidung über die Losgröße für ein bestimmtes Erzeugnis die sich daraus ergebenden Konsequenzen für alle diesem Erzeugnis direkt oder indirekt untergeordneten Produkte implizit mit zu berücksichtigen. Vergleicht man die modifizierten Kostensätze mit den marginalen Lagerkostensätzen, dann ist festzustellen, daß die modifizierten Kostensätze höher sind. Leider sind die optimalen Faktoren m_k der Produkte aber nicht bekannt. Man könnte nun alle möglichen m_k-Werte enumerieren und dabei jeweils den optimalen Produktionszyklus des Produkts 1 bestimmen. Wegen des damit verbundenen hohen Rechenaufwands ist jedoch diese Lösungsstrategie bei realistischen Problemgrößen undurchführbar.

Eine exakte Vorgehensweise zur Bestimmung der Faktoren unter Zugrundelegung einer geringfügig geänderten Modellformulierung beschreibt *Moily*[183]. Er bestimmt obere und untere Schranken für die Werte von m_k und schlägt eine Vollenumeration aller m_k-Werte innerhalb dieser Schranken vor. Eine heuristische Vorgehensweise besteht darin, die Faktoren m_k zu schätzen. Dies kann wie folgt geschehen.[184]

Betrachten wir den Ast des Erzeugnisbaums, dessen Wurzelknoten dem Erzeugnis j entspricht. Für diesen Ast kann folgende Zielfunktion aufgestellt werden, wobei $\mathcal{V}_j^\circ$ die Indexmenge der Erzeugnisse repräsentiert, die dem Teilbaum mit dem Wurzelknoten j angehören.[185]

$$Z_j = \sum_{k \in \mathcal{V}_j^\circ} \left[\frac{s_k}{t_k} + \frac{e_k \cdot D_k \cdot t_k}{2} \right] \qquad \text{(D.255)}$$

Beziehung (D.255) wird nach den Variablen t_k ($k \in \mathcal{V}_j^\circ$), d. h. nach den Längen der produktspezifischen Produktionszyklen, partiell differenziert. Dabei wird zunächst jedes

---

182 vgl. *Chakravarty* (1984b); *Moily* (1986)
183 vgl. *Moily* (1986)
184 vgl. *Brown* (1967); *Blackburn und Millen* (1982, 1985)
185 In der in Bild D.39 angegebenen Erzeugnisstruktur gilt z. B. $\mathcal{V}_3^\circ = \{3, 4, 5\}$.

Produkt isoliert betrachtet. Die partiellen Ableitungen lauten:

$$\frac{\partial Z_j}{\partial t_k} = -\frac{s_k}{t_k^2} + e_k \cdot \frac{D_k}{2} \qquad\qquad k \in \mathcal{V}_j^\circ \quad \text{(D.256)}$$

Nullsetzen und Auflösen von Gleichung (D.256) nach t_k ergibt:

$$t_k = \sqrt{\frac{2 \cdot s_k}{D_k \cdot e_k}} \qquad\qquad k \in \mathcal{V}_j^\circ \quad \text{(D.257)}$$

Entsprechend erhält man für das dem Erzeugnis k direkt übergeordnete Erzeugnis $n(k)$:

$$t_{n(k)} = \sqrt{\frac{2 \cdot s_{n(k)}}{D_{n(k)} \cdot e_{n(k)}}} \qquad\qquad k = j+1, j+2, ..., K \quad \text{(D.258)}$$

Damit liegt der – isoliert betrachtet – optimale Produktionszyklus des Produkts k fest. Nimmt man nun weiter an, daß der Produktionszyklus des untergeordneten Produkts k genau m_k-mal so lang ist wie der Produktionszyklus des (einzigen) direkt übergeordneten Erzeugnisses $n(k)$, dann gilt:

$$m_k = \frac{t_k}{t_{n(k)}} \qquad\qquad k = j+1, j+2, ..., K \quad \text{(D.259)}$$

Ersetzt man nun die Produktionszyklen t_k und $t_{n(k)}$ in Gleichung (D.259) durch (D.257) und (D.258), dann erhält man als optimales Verhältnis zwischen den Produktionszyklen zweier direkt miteinander in Verbindung stehender Erzeugnisse den Ausdruck (D.260).[186]

$$m_k = \sqrt{\frac{s_k \cdot e_{n(k)}}{s_{n(k)} \cdot e_k}} \qquad\qquad k = j+1, j+2, ..., K \quad \text{(D.260)}$$

Diese Konzeption wurde wohl erstmals von *Brown*[187] für eine serielle Erzeugnisstruktur mit zwei Produkten beschrieben, ohne daß dabei eine Kostenanpassung beabsichtigt war. Man geht nun so vor, daß man zunächst alle m_k-Werte und t_1, den Produktionszyklus des Endprodukts 1, berechnet und daraus dann unter Rückgriff auf die m_k-Werte die Produktionszyklen der übrigen Erzeugnisse ableitet.

Blackburn und Millen[188] schlagen eine **rekursive Berechnung der modifizierten Kostensätze** unter Verwendung der Faktoren m_k vor. Sie formulieren für jedes Produkt k

---

[186] Dabei ist zu beachten, daß die getroffene Annahme identischer Direktbedarfskoeffizienten $D_k = D_{n(k)}$ ($k = 2, ..., K$) weiterhin gilt.
[187] vgl. *Brown* (1967), S. 59
[188] vgl. *Blackburn und Millen* (1982); vgl. auch *McLaren* (1977)

eine modifizierte Zielfunktion der Form (D.248). So erhält man z. B. für die in Bild D.39 dargestellte Erzeugnisstruktur für das Einzelteil 5:

$$Z_5 = \frac{S_5}{t_5} + \frac{H_5 \cdot t_5 \cdot D_1}{2} \quad \text{(D.261)}$$

Aus Gleichung (D.261) läßt sich durch Differentiation und Auflösung nach t_5 folgende Gleichung ermitteln:

$$t_5 = \sqrt{\frac{2 \cdot S_5}{H_5 \cdot D_1}} \quad \text{(D.262)}$$

Um den optimalen Produktionszyklus des Erzeugnisses 5 zu berechnen, werden hier also die modifizierten Rüst- und Lagerkostensätze verwendet. Da das Erzeugnis 5 auf der untersten Ebene der Erzeugnisstruktur steht, stimmen für dieses Erzeugnis die modifizierten Kostensätze mit den unmodifizierten Kostensätzen überein. In dieser Gleichung kommt nur D_1, die durchschnittliche Periodenbedarfsmenge für das Endprodukt, vor, weil alle Direktbedarfskoeffizienten gleich 1 sind und damit $D_k = D_1$ $(k = 2, ..., K)$ gilt. Bei nicht-identischen Direktbedarfskoeffizienten müssen die Verflechtungsbedarfskoeffizienten mit in die Betrachtung einbezogen werden (z. B. $D_k = D_1 \cdot v_{k1}$).

Gleichungen der Form (D.262) können auch für die Produktionszyklen der anderen Produkte (t_4, t_3 usw.) aufgestellt werden. Zu ihrer Lösung werden aber – wie bereits in bezug auf das Endprodukt 1 erläutert – die optimalen Werte der Faktoren m_k benötigt. Da diese Werte aber nicht bekannt sind, ist nach Wegen zu ihrer Schätzung zu suchen. *Blackburn und Millen* schlagen hierzu nun folgende Berechnungsweise vor. Sie beginnen mit den Produkten auf der untersten Ebene der Erzeugnisstruktur – im betrachteten Beispiel also mit den Einzelteilen 5 und 4 – und berechnen für diese Produkte die optimalen t_k-Werte (Produktionszyklen). Zur Berechnung dieser Werte liegen alle benötigten Informationen vor.[189] Dabei werden die Produktionszyklen t_4 und t_5 aufgrund der Zielfunktion mit den modifizierten Kosten abgeleitet[190], während bei der Bestimmung des Produktionszyklus des übergeordneten Produkts, t_3, nur auf unmodifizierte Kosten zurückgegriffen werden kann. Denn zur Kostenmodifikation werden die Faktoren m_4 und m_5 benötigt, die beim gegenwärtigen Stand der Berechnung noch nicht bekannt sind. Nach Berechnung der Produktionszyklen der Produkte 4, 5 und 3 erhält man mit Hilfe der Gleichung D.242 die Faktoren $m_4 = \frac{t_4}{t_3}$ und $m_5 = \frac{t_5}{t_3}$.

Im Anschluß daran können die modifizierten Kostensätze für das Produkt 3 bestimmt werden und die Berechnungen mit dem nächsthöheren Produkt in der Erzeugnisstruktur fortgesetzt werden.

---

189 Die Erzeugnisse 5 und 4 haben keine Vorgänger. Daher stimmen die modifizierten Kostensätze mit den unmodifizierten Kostensätzen überein.
190 Für Erzeugnis 5 ist das die Beziehung (D.261).

> Für alle Produkte k ($k = K, K-1, ..., 1$):
>
> $$S_k = s_k + \sum_{i \in \mathcal{V}_k} \frac{S_i}{m_i}$$
>
> $$H_k = e_k + \sum_{i \in \mathcal{V}_k} H_i \cdot m_i$$
>
> Berechne einen Schätzwert für m_k.

Bild D.40: Grundkonzept der Kostenanpassung

Die grundsätzliche Vorgehensweise der Kostenanpassung ist in Bild D.40 zusammengefaßt, wobei $\mathcal{V}_k$ die Indexmenge der direkten Vorgänger des Produkts k beschreibt. Die Erzeugnisstruktur wird rückwärts, beginnend mit Produkt K bis zum Endprodukt 1 abgearbeitet. Für Produkt k wird das optimale Verhältnis seines Produktionszyklus t_k zum Produktionszyklus des direkt übergeordneten Produkts $t_{n(k)}$ berechnet. Dabei wird angenommen, daß die Produkte so indiziert sind, daß der Index eines Produkts größer ist als der Index seines unmittelbaren Nachfolgers, d. h. $k > n(k)$.

Dürfen die Faktoren m_k beliebige Werte annehmen, dann ergibt sich aus (D.259) nach Einsetzen von t_k und $t_{n(k)}$ die Gleichung (D.263):

$$m_k = \frac{\sqrt{\dfrac{2 \cdot S_k}{H_k \cdot D_1}}}{\sqrt{\dfrac{2 \cdot s_{n(k)}}{e_{n(k)} \cdot D_1}}} = \sqrt{\frac{S_k \cdot e_{n(k)}}{s_{n(k)} \cdot H_k}} \qquad k = 2, 3, ..., K \quad \text{(D.263)}$$

Zur Veranschaulichung der Kostenanpassung sei die in Bild D.39, S. 245, wiedergegebene Erzeugnisstruktur betrachtet. Dabei gehen wir von der in Tabelle D.38 angegebenen Datensituation aus.

k	1	2	3	4	5
Rüstkosten s_k	100	150	200	450	450
Lagerkosten (voll) h_k	13	1	10	4	2
Lagerkosten (marg.) e_k	2	1	4	4	2

Tabelle D.38: Beispieldaten

Tabelle D.39 zeigt die Ergebnisse der Berechnungen, wenn die Faktoren m_k beliebige, d. h. auch nicht-ganzzahlige, Werte annehmen dürfen.

$k=5$	$S_5 = 450; s_{n(5)} = 200; H_5 = 2; e_{n(5)} = 4$	
	$m_5 = \sqrt{\frac{450 \cdot 4}{200 \cdot 2}}$	$= 2.12$
$k=4$	$S_4 = 450; s_{n(4)} = 200; H_4 = 4; e_{n(4)} = 4$	
	$m_4 = \sqrt{\frac{450 \cdot 4}{200 \cdot 4}}$	$= 1.50$
$k=3$	$S_3 = 200 + \frac{450}{2.12} + \frac{450}{1.50}$	$= 712.13$
	$s_{n(3)} = 100$	
	$H_3 = 4 + 2.12 \cdot 2 + 1.50 \cdot 4$	$= 14.24$
	$e_{n(3)} = 2$	
	$m_3 = \sqrt{\frac{712.13 \cdot 2}{100 \cdot 14.24}}$	$= 1.00$
$k=2$	$S_2 = 150; s_{n(2)} = 100; H_2 = 1; e_{n(2)} = 2$	
	$m_2 = \sqrt{\frac{150 \cdot 2}{100 \cdot 1}}$	$= 1.73$
$k=1$	$S_1 = 100 + \frac{150}{1.73} + \frac{712.13}{1.00}$	$= 898.73$
	$H_1 = 2 + 1 \cdot 1.73 + 14.24 \cdot 1.00$	$= 17.97$

Tabelle D.39: Ergebnisse der Kostenanpassung (unbeschränkte m_k-Werte)

Sollen die Faktoren m_k nur ganzzahlige Werte annehmen, dann kann man zunächst Gleichung (D.263) quadrieren – dies ergibt Gleichung (D.264) – und dann nach dem kleinsten Wert m_k suchen, der die Ungleichung (D.265) erfüllt.

$$m_k^2 = \frac{S_k \cdot e_{n(k)}}{s_{n(k)} \cdot H_k} \qquad k = 2, 3, ..., K \quad \text{(D.264)}$$

$$m_k \cdot (m_k + 1) \geq \frac{S_k \cdot e_{n(k)}}{s_{n(k)} \cdot H_k} \qquad k = 2, 3, ..., K \quad \text{(D.265)}$$

Für das betrachtete Beispiel erhalten wir die in Tabelle D.40 zusammengefaßten Ergebnisse.

$k=5$	$m_5 \cdot (m_5 + 1) \geq 4.50 \quad \leadsto m_5 = 2$	
$k=4$	$m_4 \cdot (m_4 + 1) \geq 2.25 \quad \leadsto m_4 = 2$	
$k=3$	$S_3 = 200 + \frac{450}{2} + \frac{450}{2}$	$= 650$
	$H_3 = 4 + 2 \cdot 2 + 2 \cdot 4$	$= 16$
	$m_3 \cdot (m_3 + 1) \geq 0.81 \quad \leadsto m_3 = 1$	
$k=2$	$m_2 \cdot (m_2 + 1) \geq 3.00 \quad \leadsto m_2 = 2$	
$k=1$	$S_1 = 100 + \frac{150}{2} + \frac{650}{1}$	$= 825$
	$H_1 = 2 + 1 \cdot 2 + 16 \cdot 1$	$= 20$

Tabelle D.40: Ergebnisse der Kostenanpassung (ganzzahlige m_k-Werte)

Weitere Vorschläge zur Abschätzung der m_k-Werte finden sich bei *Blackburn und Millen*[191] sowie *McLaren*[192]. Diese modifizierten Kostensätze werden nun im Rahmen des Modells SLULSP zur Bestimmung der optimalen Losgrößen bzw. der optimalen Produktionszyklen verwendet. Die Lösung kann mit einem der dargestellten exakten oder heuristischen Verfahren erfolgen. Während im Modell SLULSP jeweils nur ein Produkt betrachtet wird, werden die Beziehungen zwischen den einzelnen Erzeugnissen nun durch die modifizierten Kostensätze implizit erfaßt. Dies soll für die in Bild D.39 abgebildete Erzeugnisstruktur dargestellt werden, wobei die in Tabelle D.41 angegebene Bedarfszeitreihe des Endprodukts unterstellt wird.

t	1	2	3	4	5	6	7	8	9	10	11	12	13	14	15
d_t	40	30	10	15	25	60	20	60	10	30	10	50	40	20	30

Tabelle D.41: Bedarfszeitreihe des Endprodukts

Verwendet man die mit Hilfe der ganzzahligen m_k-Werte modifizierten Kosten zur Bestimmung der optimalen Losgrößen, dann ergibt sich in dem betrachteten Beispiel der in Tabelle D.42 zusammengefaßte Produktionsplan.

$k\backslash t$	1	2	3	4	5	6	7	8	9	10	11	12	13	14	15
1	80	–	–	40	–	80	–	70	–	40	–	50	60	–	30
2	120	–	–	–	–	80	–	110	–	–	–	140	–	–	–
3	80	–	–	40	–	80	–	70	–	40	–	50	60	–	30
4	80	–	–	40	–	80	–	110	–	–	–	140	–	–	–
5	120	–	–	–	–	190	–	–	–	–	–	140	–	–	–

Tabelle D.42: Produktionsplan

Die Kosten dieses Produktionsplans betragen 10765. Die bei Verwendung optimaler Losgrößen erreichbaren Kosten betragen im vorliegenden Beispiel 10755. Bei Verzicht auf die Kostenanpassung hätten sich Gesamtkosten von 11475 ergeben. Das zeigt, daß die in der Praxis übliche Verwendung unmodifizierter Kostensätze mit einem beträchtlichen Optimalitätsverlust verbunden sein kann.

Blackburn und Millen[193] haben die dargestellten Kostenmodifikationen in einer numerischen Untersuchung miteinander verglichen. Sie kommen zu dem Ergebnis, daß das Konzept der Kostenanpassung gegenüber der unmodifizierten Verwendung von marginalen Lagerkostensätzen zu erheblich kostengünstigeren Produktionsplänen führen kann. Die Verwendung von unmodifizierten marginalen Lagerkostensätzen ist dabei noch ungünstiger als die Verwendung von unmodifizierten vollen Lagerkostensätzen.

---

191 vgl. *Blackburn und Millen* (1982)
192 vgl. *McLaren* (1977)
193 vgl. *Blackburn und Millen* (1982); siehe auch *Gupta et al.* (1992)

Simpson und Erenguc[194] berichten von einem Berechnungsexperiment mit 324 Probleminstanzen, bei dem das Konzept der Kostenanpassung im Vergleich mit den optimalen Lösungen zu einem durchschnittlichen Kostenanstieg von nur 2.2% führte. Im Vergleich dazu wurde für das herkömmliche Sukzessivplanungskonzept mit unmodifizierten Kosten ein durchschnittlicher Kostenanstieg von 14.1% beobachtet. Bei Anwendung des Konzepts der Kostenmodifikation in einem rollenden Planungskontext zeigten sich ähnliche Ergebnisse.[195]

D.3.4.3.2.2 Generelle Erzeugnisstrukturen

Bei der Anwendung des Grundprinzips der Kostenanpassung auf generelle Erzeugnisstrukturen ist zu beachten, daß ein Produkt nun nicht mehr nur einen eindeutigen Nachfolger in der Erzeugnisstruktur haben kann. Für diese Situation wurden verschiedene Verfahren konzipiert.

- **Das Verfahren von Heinrich**

Ein auf generelle Erzeugnisstrukturen anwendbares heuristisches Verfahren zur Lösung von dynamischen Losgrößenproblemen ohne Kapazitätsbeschränkungen wird von *Heinrich*[196] vorgeschlagen. Der prinzipielle Aufbau dieses Verfahrens ist in Bild D.41 wiedergegeben.

Heinrich geht davon aus, daß weniger der dynamische Charakter der Bedarfsmengen, als vielmehr die **Mehrstufigkeit des Erzeugniszusammenhangs** die Struktur der optimalen Lösung des mehrstufigen dynamischen Mehrprodukt-Losgrößenproblems bestimmen. Ausgehend von dieser Annahme schlägt *Heinrich* ein heuristisches Verfahren vor, in dessen Mittelpunkt die Lösung eines mehrstufigen stationären Losgrößenproblems steht.

Das Verfahren besteht aus zwei Phasen, in denen jeweils mehrere Rechenschritte durchlaufen werden. In Phase I wird die Lösung eines der ursprünglichen dynamischen Problemstellung angenäherten stationären mehrstufigen Mehrprodukt-Losgrößenproblems mit Hilfe eines heuristischen Verfahrens ermittelt. Die Lösung dieses Ersatzproblems wird dann in Phase II zur Erzeugung eines dynamischen Produktionsplans verwendet, wobei verschiedene Varianten der Generierung eines Produktionsplans betrachtet werden.

---
194 vgl. *Simpson und Erenguc* (1998a)
195 vgl. *Simpson* (1999)
196 vgl. *Heinrich* (1987); *Heinrich und Schneeweiß* (1986)

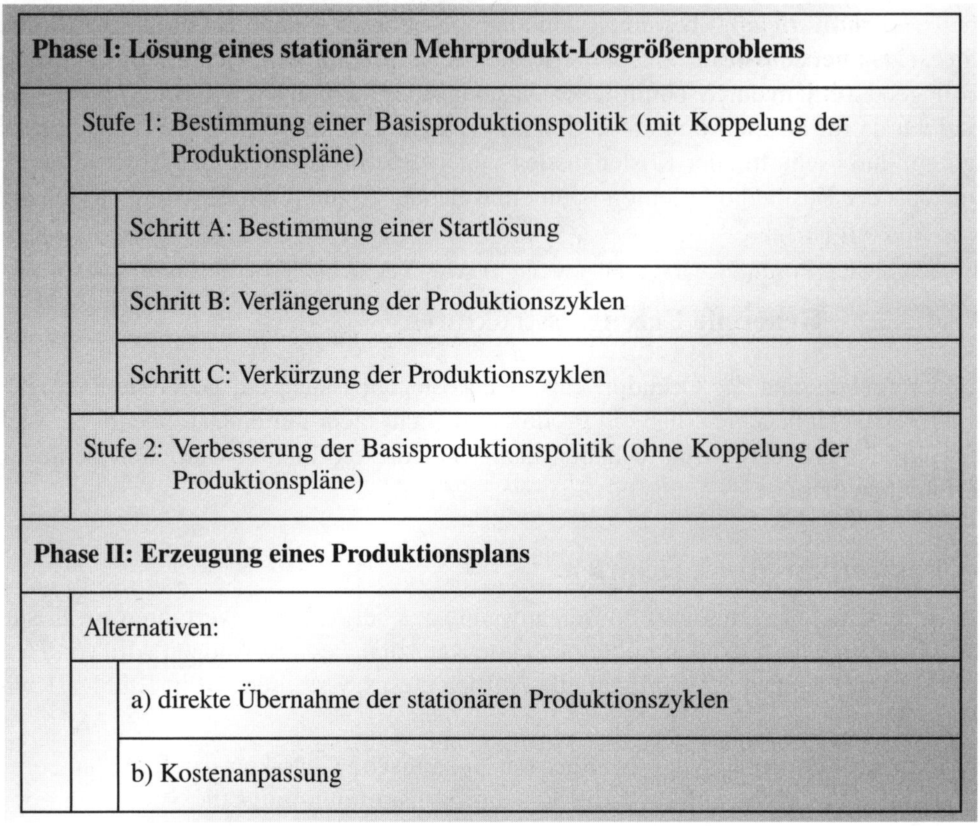

Phase I: Lösung eines stationären Mehrprodukt-Losgrößenproblems
Stufe 1: Bestimmung einer Basisproduktionspolitik (mit Koppelung der Produktionspläne)
Schritt A: Bestimmung einer Startlösung
Schritt B: Verlängerung der Produktionszyklen
Schritt C: Verkürzung der Produktionszyklen
Stufe 2: Verbesserung der Basisproduktionspolitik (ohne Koppelung der Produktionspläne)
Phase II: Erzeugung eines Produktionsplans
Alternativen:
a) direkte Übernahme der stationären Produktionszyklen
b) Kostenanpassung

Bild D.41: Grundstruktur des Verfahrens von Heinrich

In Phase I wird zunächst in einer ersten Stufe eine Basisproduktionspolitik bestimmt, die dann in einer weiteren Stufe iterativ verbessert wird. Die Basisproduktionspolitik beruht auf zwei Prämissen:

- Zwischen den **Produktionszyklen** von Erzeugnissen mit direkten Input-Output-Beziehungen soll ein **ganzzahliges Verhältnis** bestehen. Außerdem soll der Bestellzyklus eines untergeordneten Produkts k nicht kleiner sein als der Bestellzyklus des übergeordneten Produkts j. Auf diese Weise wird eine Losteilung vermieden. Es gilt also die Bedingung:

$$\frac{t_k}{t_j} \geq 1 \text{ und ganzzahlig} \qquad k = 1, 2, ..., K; \ j \in \mathcal{N}_k \qquad \text{(D.266)}$$

Dabei ist $\mathcal{N}_k$ die Indexmenge der direkten Nachfolger des Produkts k. Durch Bedingung (D.266) wird erzwungen, daß die Auflage eines Produktionsloses für ein Erzeugnis k mit einer gleichzeitigen Produktion für die nachfolgenden (übergeordneten) Erzeugnisse zusammenfällt.

- Die **Produktionszyklen** der Erzeugnisse werden so festgelegt, daß sie einen **gemeinsamen Multiplikator** haben. Die Länge des Produktionszyklus des Produkts k wird mit Gleichung (D.267) beschrieben.

$$t_k = b^{\beta_k} \qquad k = 1, 2, ..., K; \; b = 2, 3, ...,; \; \beta_k = 0, 1, 2, ... \qquad (D.267)$$

Ist z. B. der Basisfaktor[197] $b = 2$, dann sind die in Tabelle D.43 wiedergegebenen Kombinationen der Produktionszyklen zweier direkt miteinander in Verbindung stehender Erzeugnisse k und $j \in \mathcal{N}_k$ zulässig. Produktionspläne, die in der beschriebenen Weise aufeinander abgestimmt sind, werden gekoppelte Produktionspläne (nested schedules) genannt.

t_j	t_k				
2^0	2^0	2^1	2^2	2^3	...
2^1	2^1	2^2	2^3	2^4	...
2^2	2^2	2^3	2^4	2^5	...
2^3	2^3	2^4	2^5	2^6	...

Tabelle D.43: Zulässige Kombinationen von Produktionsplänen

Unter Berücksichtigung der getroffenen Annahmen formuliert *Heinrich* folgendes vereinfachte Problem mit stationärer Nachfrage und einem unendlichen Planungshorizont:

Modell NSP[198]

Minimiere $Z = \sum_{k=1}^{K} \left[\underbrace{\frac{s_k}{t_k}}_{\text{durchschnittliche Rüstkosten für Produkt } k} + \underbrace{\frac{e_k \cdot D_k \cdot (t_k - 1)}{2}}_{\text{durchschnittliche Lagerkosten für Produkt } k} \right]$ (D.268)

u. B. d. R.

$$\frac{t_k}{t_j} \geq 1 \text{ und ganzzahlig} \qquad k = 1, 2, ..., K; j \in \mathcal{N}_k \qquad (D.269)$$

$$t_k = b^{\beta_k} \qquad k = 1, 2, ..., K; \; b = 2, 3, ...; \; \beta_k = 0, 1, ... \qquad (D.270)$$

Dabei bedeuten:

b Basisperiodenlänge

---

197 Der Basisfaktor b ist die Zeiteinheit, auf die sich die Endproduktnachfrage bezieht, z. B. eine Woche.
198 NSP = **N**ested **S**cheduling **P**roblem

e_k marginaler Lagerkostensatz des Produkts k

K Anzahl der Produkte ($k = 1, 2, ..., K$)

D_k durchschnittliche Bedarfsmenge des Produkts k

$\mathcal{N}_k$ Indexmenge der direkten Nachfolger des Produkts k

s_k Rüstkostensatz des Produkts k

t_k Produktionszyklus des Produkts k

β_k Potenz der Basiperiodenlänge des Produkts k

Entscheidungsvariablen dieses stationären Ersatzmodells für die ursprüngliche dynamische Problemstellung sind die Produktionszyklen t_k aller Produkte. Die Zielfunktion beschreibt die durchschnittlichen Rüst- und Lagerkosten je Periode. Die Lagerdauer eines Erzeugnisses k beträgt $(t_k - 1)$ Perioden, da angenommen wird, daß alle Bedarfsmengen (auch die Periodenbedarfsmengen der Endprodukte) jeweils zu Beginn einer Periode vom Lager entnommen werden. Wie aus Bild D.38, S. 242, zu ersehen ist, fallen dann in der letzten Periode eines Produktionszyklus für ein Produkt keine Lagerkosten mehr an, da schon zu Beginn dieser Periode das Lager geräumt worden ist. Zur Bewertung des Lagerbestands werden die marginalen Lagerkostensätze verwendet.

Als produktbezogene **Nachfragemengen** D_k werden Durchschnittswerte der Periodenbedarfsmengen über alle Perioden des Planungshorizontes eingesetzt. Bei der Berechnung der durchschnittlichen Nachfragemengen für untergeordnete Erzeugnisse wird die Erzeugnisstruktur entsprechend berücksichtigt. Es gelten also die Beziehungen:[199]

$$D_k = \frac{1}{T} \cdot \sum_{t=1}^{T} D_{kt} \qquad k = 1, 2, ..., K; \mathcal{N}_k = \emptyset \qquad \text{(D.271)}$$

$$D_k = \sum_{j \in \mathcal{N}_k} D_j \qquad k = 1, 2, ..., K; \mathcal{N}_k \neq \emptyset \qquad \text{(D.272)}$$

Das Modell NSP ist zwar eine vereinfachte Form des ursprünglich betrachteten dynamischen mehrstufigen Mehrprodukt-Losgrößenproblems. Aber auch zur optimalen Lösung dieses stationären Ersatzmodells ist kein effizientes Verfahren bekannt. Daher schlägt *Heinrich* ein heuristisches Lösungsverfahren vor, in dessen Verlauf die Erzeugnisse jeweils entsprechend ihrer Dispositionsstufenzuordnung abgearbeitet werden. Die einzelnen Verfahrensschritte werden im folgenden detailliert dargestellt:

---

[199] Heinrich unterstellt, daß alle Direktbedarfskoeffizienten einheitlich gleich 1 sind. Für generelle Erzeugnisstrukturen müssen bei der Berechnung der Sekundärbedarfsmengen auch die Direktbedarfskoeffizienten berücksichtigt werden.

Verfahren von Heinrich – Phase I – Stufe 1

Schritt A: Bestimmung einer Startlösung

In der Startlösung wird in jeder Periode ein Los aufgelegt. Als Basisfaktor wird $b = 2$ verwendet:[200]

$$b = 2; t_k = 1 \qquad k = 1, 2, ..., K$$

Die durchschnittlichen Kosten pro Periode für diese Startlösung betragen:

$$Z_{\text{alt}} = \sum_{k=1}^{K} s_k$$

Schritt B: Verlängerung der Produktionszyklen

Betrachte alle Produkte k in der Reihenfolge ihrer Dispositionsstufenzuordnung, d. h. für alle Dispositionsstufen u ($u = 0, ..., u_{max}$) und deren Mitglieder k ($k \in \mathcal{K}_u$):

Iteration ℓ:

a) Verlängere versuchsweise den Produktionszyklus des Erzeugnisses k, t_k, um den Faktor b, wobei für alle anderen Erzeugnisse j die Produktionszyklen unverändert bleiben:

$$t_{k\text{neu}} = t_k \cdot b; \quad t_{j\text{neu}} = t_j \qquad j = 1, 2, ..., K; j \neq k$$

b) Stelle für alle dem Produkt k direkt oder indirekt untergeordneten Erzeugnisse $j \in \mathcal{V}_k^*$ (Vorgänger) sicher, daß deren Produktionszyklen mindestens genauso lang sind wie der veränderte Produktionszyklus des Erzeugnisses k. Falls das für ein Produkt j nicht der Fall ist, passe dessen Produktionszyklus t_j wie folgt an:

$$t_{j\text{neu}} = t_{k\text{neu}} \qquad j \in \mathcal{V}_k^*; \ t_j < t_{k\text{neu}}$$

↳ Indexmenge aller direkten und indirekten Vorgänger des Produkts k

c) Bestimme die durchschnittlichen Kosten pro Periode für diesen neuen Lösungsvorschlag:

$$Z_{\text{neu}} = \sum_{k=1}^{K} \left[\frac{s_k}{t_{k\text{neu}}} + \frac{D_k \cdot e_k \cdot (t_{k\text{neu}} - 1)}{2} \right]$$

d) Prüfe, ob durch die in Betracht gezogene Modifikation des Produktionszyklus des Erzeugnisses k eine Verbesserung des Zielfunktionswertes erreicht wird:
falls $Z_{\text{neu}} < Z_{\text{alt}}$, setze $Z_{\text{alt}} = Z_{\text{neu}}$, $t_k = t_{k\text{neu}}$, $t_j = t_{j\text{neu}}$ und führe eine weitere Iteration ℓ für das betrachtete Produkt k durch; andernfalls betrachte das nächste Produkt k.

---

[200] Ein Wert von $b = 2$ bietet den Vorteil, daß die Produktionsauflagen der miteinander in Beziehung stehenden Erzeugnisse leicht aufeinander abgestimmt werden können.

Schritt C: Verkürzung der Produktionszyklen

Nachdem die Produktionszyklen aller Erzeugnisse so weit wie möglich verlängert worden sind, wird im Schritt C versucht, durch isolierte Verkürzung der Produktionszyklen eine weitere Reduktion des Zielfunktionswertes zu erreichen.

Betrachte alle Produkte k in der Reihenfolge ihrer Dispositionsstufenzuordnung, d. h. für $u = 0, ..., u_{max}; k \in \mathcal{K}_u$:

Iteration ℓ:

a) Falls der Produktionszyklus des Produkts k länger als 1 ist, verkürze t_k wie folgt:

$$t_{k\text{neu}} = \frac{t_k}{b}; \quad t_{j\text{neu}} = t_j \qquad t_k > 1; \; j = 1, 2, ..., K; j \neq k$$

b) Stelle bei der Verkürzung des Produktionszyklus des Erzeugnisses k sicher, daß für alle dem Erzeugnis k direkt oder indirekt übergeordneten Erzeugnisse $j \in \mathcal{N}_k^*$ die Produktionszyklen nicht länger sind als der veränderte Produktionszyklus des Erzeugnisses k. Falls das für ein Produkt j nicht der Fall ist, passe den Produktionszyklus t_j wie folgt an:

$$t_{j\text{neu}} = t_{k\text{neu}} \qquad j \in \mathcal{N}_k^*; \; t_j > t_{k\text{neu}}$$

↳ Indexmenge aller direkten und indirekten Nachfolger des Produkts k

c) Bestimme die durchschnittlichen Kosten pro Periode für diesen neuen Lösungsvorschlag:

$$Z_{\text{neu}} = \sum_{k=1}^{K} \left[\frac{s_k}{t_{k\text{neu}}} + \frac{D_k \cdot e_k \cdot (t_{k\text{neu}} - 1)}{2} \right]$$

d) Prüfe, ob durch die in Betracht gezogene Modifikation des Produktionszyklus des Erzeugnisses k eine Verbesserung des Zielfunktionswertes erreicht wird:
falls $Z_{\text{neu}} < Z_{\text{alt}}$, setze $Z_{\text{alt}} = Z_{\text{neu}}$, $t_k = t_{k\text{neu}}$, $t_j = t_{j\text{neu}}$ und führe eine weitere Iteration ℓ für das betrachtete Produkt k durch; andernfalls betrachte das nächste Produkt k.

☐ Ende der Phase I – Stufe 1

Nachdem in Schritt C die Produktionszyklen der Produkte – falls sich daraus eine Kostensenkung ergab – wieder verkürzt worden sind, ist die Stufe 1 des Verfahrens abgeschlossen.

In dieser Stufe werden also in einem ersten Durchgang die Produktionszyklen der Erzeugnisse isoliert solange verlängert, wie damit noch Kostensenkungen erreichbar sind. Dabei werden die evtl. auftretenden Beziehungen zu den untergeordneten Produkten berücksichtigt (Koppelung der Produktionspläne). Nach Abschluß des Schrittes B wird dann für jedes Erzeugnis isoliert überprüft, ob durch die Verkürzung seines Produktionszyklus eine weitere Reduzierung der Kosten erreicht werden kann, wobei auch hier die Beziehungen zu den jeweils übergeordneten Produkten berücksichtigt werden. Nach

Abschluß der ersten Stufe des Verfahrens liegt oft schon eine recht gute Lösung vor, die u. U. jedoch in einer weiteren Stufe verbessert werden kann.

Vor der Beschreibung der zweiten Verfahrensstufe soll zunächst der Ablauf der Stufe 1 anhand des folgenden Beispiels erläutert werden. Wir betrachten eine Erzeugnisstruktur mit zwei Endprodukten und drei Einzelteilen (siehe Bild D.42). Die Primärbedarfsmengen der beiden Endprodukte verlaufen in einem Planungszeitraum der Länge $T = 8$ wie in Tabelle D.44 dargestellt.

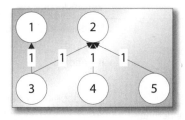

Bild D.42: Generelle Erzeugnisstruktur (Beispiel)

t	1	2	3	4	5	6	7	8	D_k
d_{1t}	5	12	8	9	7	19	11	9	10
d_{2t}	38	45	34	40	42	48	35	38	40

Tabelle D.44: Bedarfsmengen für die Endprodukte 1 und 2

Sämtliche Direktbedarfskoeffizienten a_{kj} sind 1. Die aus den in Tabelle D.44 angegebenen Primärbedarfsmengen unter Beachtung der Erzeugnisstruktur abgeleiteten Durchschnittsbedarfsmengen (D_k) sowie die Kostensätze (s_k, e_k, h_k) und die Dispositionsstufennummern (u_k) aller Erzeugnisse sind in Tabelle D.45 zusammengefaßt.

k	D_k	s_k	e_k	h_k	u_k
1	10	400	1	2	0
2	40	200	1	9	0
3	50	50	1	1	1
4	40	100	4	4	1
5	40	100	3	3	1

Tabelle D.45: Daten des Beispiels

Die Berechnungen der Phase I des Verfahrens verlaufen wie folgt:

Beispiel zum Verfahren von Heinrich

Schritt A:	Ermittlung einer Startlösung
$b = 2;\ t_k = 1\ (k = 1, ..., 5)$	Für jedes Produkt wird in jeder Periode ein Los aufgelegt.
$Z_{alt} = 850.00$	Die durchschnittlichen Kosten pro Periode für diese Startlösung sind gleich der Summe der Rüstkosten.

Schritt B:	Verlängerung der Produktionszyklen
$\Diamond\ u = 0$	Dispositionsstufe 0
$\Diamond\Diamond\ k = 1$	Produkt 1
$\Diamond\Diamond\Diamond\ \ell = 1$	Iteration 1

β_j	1	0	1	0	0
t_j	2	1	2	1	1

↑ abhängige Veränderung

Verdoppelung des Produktionszyklus des Produkts 1. Da Produkt 3 Vorgänger von Produkt 1 ist, wird auch dessen Produktionszyklus verdoppelt.

$Z_{neu} = 655.00$ — Die neue Lösung ist besser als die bisherige Lösung.

$t_{1neu} = 2, t_{3neu} = 2, Z_{alt} = 655.00$ — Die neue Lösung wird beibehalten.

$\Diamond\Diamond\Diamond\ \ell = 2$ — Iteration 2

β_j	2	0	2	0	0
t_j	4	1	4	1	1

↑ abhängige Veränderung

Es wird versucht, die Länge des Produktionszyklus des Produkts 1 (und damit zusammenhängend auch den Produktionszyklus des Produkts 3) erneut zu verdoppeln.

$Z_{neu} = 602.50$ — Die neue Lösung ist besser als die bisherige Lösung.

$t_{1neu} = 4, t_{3neu} = 4, Z_{alt} = 602.50$ — Die neue Lösung wird beibehalten.

$\Diamond\Diamond\Diamond\ \ell = 3$ — Iteration 3

β_j	3	0	3	0	0
t_j	8	1	8	1	1

↑ abhängige Veränderung

Es wird noch einmal versucht, den Produktionszyklus des Produkts 1 (und damit zusammenhängend auch den Produktionszyklus des Produkts 3) zu verdoppeln.

$Z_{neu} = 666.25 > Z_{alt}$ — Diese Lösung führt zu einer Erhöhung der Kosten und wird daher verworfen. Der beste bisher gefundene Produktionszyklus für Produkt 1 ist der in Iteration 2 ermittelte Produktionszyklus.

$\Diamond\Diamond\ k = 2$ — Produkt 2
$\Diamond\Diamond\Diamond\ \ell = 1$ — Iteration 1

β_j	2	1	2	1	1
t_j	4	2	4	2	2

↑ ↑ abhängige Veränderungen

Der Produktionszyklus des Produkts 2 wird verdoppelt. Da die Produkte 4 und 5 Vorgänger des Produkts 2 sind, werden ihre Produktionszyklen angepaßt. Produkt 3 ist zwar auch Vorgänger von Produkt 2; sein Produktionszyklus ist aber bereits ausreichend lang.

$Z_\text{neu} = 562.50$

$t_{2\text{neu}} = 2, t_{4\text{neu}} = 2, t_{5\text{neu}} = 2,$
$Z_\text{alt} = 562.50$
$\Diamond\Diamond\Diamond \ \ell = 2$

β_j	2	2	2	2	2
t_j	4	4	4	4	4

↑ ↑ abhängige Veränderungen

$Z_\text{neu} = 782.50 > Z_\text{alt}$

$\Diamond \ u = 1$
$\Diamond\Diamond \ k = 3$
$\Diamond\Diamond\Diamond \ \ell = 1$

β_j	2	1	3	1	1
t_j	4	2	8	2	2

$Z_\text{neu} = 656.25 > Z_\text{alt}$

$\Diamond\Diamond \ k = 4$
$\Diamond\Diamond\Diamond \ \ell = 1$

β_j	2	1	2	2	1
t_j	4	2	4	4	2

$Z_\text{neu} = 697.50 > Z_\text{alt}$

$\Diamond\Diamond \ k = 5$
$\Diamond\Diamond\Diamond \ \ell = 1$

β_j	2	1	2	1	2
t_j	4	2	4	2	4

$Z_\text{neu} = 657.50 > Z_\text{alt}$

Durch diese Lösung ist eine Verringerung der Kosten möglich.

Die neue Lösung wird beibehalten.
Iteration 2

Es wird versucht, den Produktionszyklus des Produkts 2 erneut zu verdoppeln, wobei die Produktionszyklen der Produkte 4 und 5 angepaßt werden.
Dadurch steigen die Kosten. Die Verdoppelung wird daher verworfen.
Dispositionsstufe 1
Produkt 3
Iteration 1

Der Produktionszyklus des Produkts 3 wurde bereits im Zusammenhang mit der Betrachtung des Produkts 1 verlängert. Er wird nun noch einmal verdoppelt.
Die neue Lösung verursacht höhere Kosten. Sie wird daher verworfen.
Produkt 4
Iteration 1

Der Produktionszyklus des Produkts 4 wurde schon bei der Veränderung des Produktionszyklus des Produkts 2 erhöht.
Die neue Lösung verursacht höhere Kosten. Sie wird daher verworfen.
Produkt 5
Iteration 1

Auch der Produktionszyklus des Produkts 5 wurde bereits bei der Veränderung des Produktionszyklus des Produkts 2 verlängert. Es wird nun eine weitere Verdoppelung überprüft.
Die neue Lösung wird wegen der damit verbundenen Kostenerhöhung verworfen.

Die nach Beendigung des Schritts B vorliegenden Produktionszyklen t_k sind in Tabelle D.46 wiedergegeben. Die durchschnittlichen Kosten pro Periode für diesen vorläufigen Produktionsplan betragen 562.50[201]

---

[201] Die Kosten werden durch Einsetzen der Produktionszyklen in die Zielfunktion (D.268) ermittelt.

k	1	2	3	4	5
β_k	2	1	2	1	1
t_k	4	2	4	2	2

Tabelle D.46: *Produktionszyklen nach Abschluß von Schritt B*

Im nun folgenden Schritt C wird überprüft, ob diese Lösung durch die Verkürzung von Produktionszyklen weiter verbessert werden kann.

Schritt C:	Verkürzung der Produktionszyklen
$\Diamond\, u = 0$	Dispositionsstufe 0
$\Diamond\Diamond\, k = 1$	Produkt 1
$\Diamond\Diamond\Diamond\, \ell = 1$	Iteration 1
$Z_{\text{alt}} = 562.50$	Kosten der in Schritt B ermittelten Lösung

β_j	1	1	2	1	1
t_j	2	2	4	2	2

Versuchsweise Halbierung des Produktionszyklus des Produkts 1. Die anderen Produktionszyklen bleiben unverändert.

$Z_{\text{neu}} = 652.50 > Z_{\text{alt}}$ — Die neue Lösung führt zu einem Kostenanstieg; sie wird daher verworfen.

$\Diamond\Diamond\, k = 2$ — Produkt 2
$\Diamond\Diamond\Diamond\, \ell = 1$ — Iteration 1

β_j	2	0	2	1	1
t_j	4	1	4	2	2

Verkürzung des Produktionszyklus des Produkts 2.

$Z_{\text{neu}} = 642.50 > Z_{\text{alt}}$ — Die Lösung verursacht einen Kostenanstieg. Die Verkürzung wird verworfen.

$\Diamond\, u = 1$ — Dispositionsstufe 1
$\Diamond\Diamond\, k = 3$ — Produkt 3
$\Diamond\Diamond\Diamond\, \ell = 1$ — Iteration 1

β_j	1	1	1	1	1
t_j	2	2	2	2	2

↳ abhängige Veränderung

Probeweise Halbierung des Produktionszyklus des Produkts 3. Der Produktionszyklus des Erzeugnisses 1 wird angepaßt.

$Z_{\text{neu}} = 615.00 > Z_{\text{alt}}$ — Die neue Lösung wird wegen der erhöhten Kosten verworfen.

$\Diamond\Diamond\, k = 4$ — Produkt 4
$\Diamond\Diamond\Diamond\, \ell = 1$ — Iteration 1

β_j	2	0	2	0	1
t_j	4	1	4	1	2

↳ abhängige Veränderung

Halbierung des Produktionszyklus des Produkts 4. Der Produktionszyklus des Produkts 2 wird angepaßt.

$Z_{\text{neu}} = 612.50 > Z_{\text{alt}}$ — Die Reduzierung des Produktionszyklus wird verworfen.

$\Diamond\Diamond\, k = 5$ — Produkt 5
$\Diamond\Diamond\Diamond\, \ell = 1$ — Iteration 1

β_j	2	0	2	1	0
t_j	4	1	4	2	1

↳ abhängige Veränderung

$Z_{\text{neu}} = 632.50 > Z_{\text{alt}}$

Halbierung des Produktionszyklus für Produkt 5. Der Produktionszyklus des Erzeugnisses 2 wird wieder angepaßt.

Der Zielfunktionswert wird nicht verringert. Daher wird auch die Verkürzung des Produktionszyklus des Produkts 5 nicht beibehalten. Schritt C hat damit zu keiner Verbesserung der in Schritt B ermittelten Lösung geführt.

□   Ende des Beispiels – Phase I – Stufe 1

Der in Tabelle D.46 angegebene Produktionsplan konnte in Schritt C nicht verbessert werden.

Dieser stationäre Produktionsplan wurde aber unter der einschränkenden Bedingung erzeugt, daß die Produktion eines untergeordneten Erzeugnisses immer begleitet sein muß von Produktionen aller direkten Nachfolger des Erzeugnisses (Koppelung der Produktionspläne). In konvergierenden Erzeugnisstrukturen, d. h. wenn jedes Erzeugnis höchstens einen Nachfolger hat, ist die Einhaltung dieser Bedingung Voraussetzung einer optimalen Lösung. In generellen Erzeugnisstrukturen dagegen ist die Koppelungsbedingung nicht mehr in bezug auf alle Nachfolger, sondern nur noch bezüglich mindestens eines Nachfolgeprodukts gültig. Denn wird z. B. ein Einzelteil in mehrere Baugruppen eingebaut, dann ergibt sich die Notwendigkeit der Produktion dieses Einzelteils schon dann, wenn mindestens eine der übergeordneten Baugruppen produziert wird. Bei generellen Erzeugnisstrukturen stellt die Beschränkung der Lösungsmenge auf gekoppelte Produktionspläne damit u. U. eine zu enge Restriktion dar.

Heinrich hebt daher in Stufe II des Verfahrens diese Restriktion wieder auf und berechnet Approximationswerte (untere Schranken) für die tatsächlich möglichen Einsparungen, die dann entstehen, wenn die Produktionszyklen der Erzeugnisse verändert werden. Dabei sollen die Längen der Produktionszyklen weiterhin ein Vielfaches der Basisperiode betragen.

Die Stufe II des Verfahrens wird aus Platzgründen nicht dargestellt. Da bereits eine Lösung des Modells NSP vorliegt, kann direkt zur Phase II des Verfahrens übergegangen werden. Die bisherigen Berechnungen basierten auf dem Modell NSP, einem stationären Modell mit unendlichem Planungshorizont. Die ermittelten Produktionszyklen können auf verschiedene Weise zur Erzeugung einer Lösung für die ursprüngliche Problemstellung mit beschränktem Planungshorizont der Länge T und dynamisch schwankenden Bedarfsmengen der Produkte verwendet werden. *Heinrich* betrachtet in Phase II des Verfahrens neben einer direkten Umsetzung der Produktionszyklen auch die Möglichkeit der Kostenanpassung.

Verfahren von Heinrich – Phase II

1. direkte Implementation der in Phase I errechneten Produktionszyklen

   oder

2. Anpassung der Kostenparameter und Lösung von k unabhängigen dynamischen Einprodukt-Losgrößenproblemen vom Typ SLULSP[202].
   Während bei konvergierenden Erzeugnisstrukturen die Form der Proportionalisierung der Rüstkosten mit den Produktionszyklusrelationen eindeutig bestimmt war, ist dies bei einer generellen Erzeugnisstruktur nicht mehr der Fall. Zusätzlich zur produktionszyklusbezogenen Kostenverteilung besteht nun die Notwendigkeit, die Rüstkosten auf mehrere übergeordnete Erzeugnisse (Verursacher eines Rüstvorgangs) zu verteilen. Bei der Anpassung der Kostensätze bestehen mehrere Möglichkeiten der Proportionalisierung der Rüstkosten in bezug auf die übergeordneten Erzeugnisse. *Heinrich* betrachtet folgende Varianten:

   a) Proportionalisierung entsprechend der Anzahl der Nachfolger: die Rüstkosten des Produkts k werden proportional zur Anzahl der übergeordneten Produkte umgelegt

   oder

   b) Proportionalisierung entsprechend den Bedarfsmengen der Nachfolger: die Rüstkosten des Produkts k werden entsprechend den Bedarfsmengen auf die übergeordneten Produkte verteilt.

☐ Ende der Phase II

Die genannten drei Formen der Erzeugung eines Produktionsplans können darüber hinaus auf der Grundlage der Ergebnisse der Stufe 1 (gekoppelte Produktionspläne) und auf der Grundlage der Ergebnisse der Stufe 2 der Phase I (nicht gekoppelte Produktionspläne) realisiert werden. Im folgenden werden für das obige Beispiel aus den nach Abschluß der Phase I vorliegenden Produktionszyklen drei alternative Produktionspläne erzeugt.

1. **Direkte Implementation der in Phase I errechneten Produktionszyklen**

   Die direkte Umsetzung der in Phase I des Verfahrens errechneten Produktionszyklen in erzeugnisspezifische Produktionspläne wird durch die Beziehungen (D.281) und (D.282) beschrieben.

$$q_{k\tau} = \sum_{t=\tau}^{\tau+t_k-1} d_{kt} \qquad k = 1, 2, ..., K;\ \tau = 1, t_k + 1, ... \qquad (D.281)$$

   mit d_{kt} = Gesamtbedarf des Produkts k in Periode t

$$q_{k\tau} = 0 \qquad k = 1, 2, ..., K;\ t = 1, 2, ..., T;\ t \neq \tau \qquad (D.282)$$

   Auf der Grundlage der in Stufe 1 der Phase I ermittelten Produktionszyklen (gekoppelte Produktionspläne) ergibt sich der in Tabelle D.47 dargestellte Produktionsplan.

$k \backslash t$	1	2	3	4	5	6	7	8	Kosten
1	34	–	–	–	46	–	–	–	923
2	83	–	74	–	90	–	73	–	971
3	191	–	–	–	209	–	–	–	688
4	83	–	74	–	90	–	73	–	1084
5	83	–	74	–	90	–	73	–	913
							Gesamtkosten:		4579

Tabelle D.47: Produktionsplan 1

Die Angaben in der Spalte „Kosten" enthalten die Rüstkosten und die Kosten für die Lagerung des systemweiten Lagerbestandes (= kumulierte Produktionsmenge – kumulierte Verflechtungsbedarfsmenge).

2. **Anpassung der Kostenparameter**

Die Anpassung der Kostenparameter geschieht im Prinzip in der von Blackburn und Millen für konvergierende Erzeugnisstrukturen vorgeschlagenen Weise, wobei der Möglichkeit Rechnung getragen wird, daß der Produktionszyklus eines übergeordneten Produkts k länger sein kann als der Produktionszyklus eines Vorgängerprodukts j. Die Modifikation der Lagerkostensätze erfolgt nach Gleichung (D.283).

$$H_k = e_k + \sum_{\substack{j \in \mathcal{V}_k \\ m_{jk} \geq 1}} H_j \cdot a_{jk} \cdot m_{jk} + \sum_{\substack{j \in \mathcal{V}_k \\ m_{jk} < 1}} h_j \cdot a_{jk} \qquad k = 1, 2, ..., K \quad \text{(D.283)}$$

wobei:
- a_{jk}: Direktbedarfskoeffizient zwischen den Produkten j und k
- H_k: voller Lagerkostensatz des Produkts k
- m_{jk}: Verhältnis der Produktionszyklen der Produkte j und k
- e_k: marginaler Lagerkostensatz des Produkts k

Ist der Produktionszyklus eines untergeordneten Produkts j kürzer als der Produktionszyklus des übergeordneten Produkts k, dann werden für Erzeugnis j keine Bestände gelagert, die zum Einbau in Produkt k vorgesehen sind. *Heinrich* berücksichtigt im letzten Summanden der Gleichung (D.283) für derartige Produkte daher nur die vollen Lagerkostensätze.

Die modifizierten Rüstkosten des Produkts k werden nach Gleichung (D.284) berechnet, wobei eine Kostenüberwälzung nur von solchen untergeordneten Produkten j erfolgt, deren Produktionszyklus mindestens so lang ist wie der Produktionszyklus des Produkts k.

$$S_k = s_k + \sum_{\substack{j \in \mathcal{V}_k \\ m_{jk} \geq 1}} S_j \cdot \frac{\alpha_{jk}}{m_{jk}} \qquad k = 1, 2, ..., K \tag{D.284}$$

- Faktoren zur mengenbezogenen Proportionalisierung
- Verhältnis der Produktionszyklen der Produkte j und k
- unmodifizierter Rüstkostensatz des Produkts k

Die Faktoren α_{jk} dienen zur mengenbezogenen Proportionalisierung der Rüstkosten von Produkten mit mehreren Nachfolgern. Ihre Berechnung kann sich an der Anzahl direkter Nachfolger oder an den Sekundärbedarfsmengen orientieren.

a) **Nachfolgerproportionale Anpassung der Kostenparameter**

Bei nachfolgerproportionaler Kostenanpassung ist der Verteilungsfaktor α_{kj} gleich dem Kehrwert der Anzahl der direkten Nachfolger j ($j \in \mathcal{N}_k$) des Produkts k, die einen Produktionszyklus haben, der nicht länger ist als der Produktionszyklus des Produkts k. Auf der Grundlage der in Tabelle D.46 angegebenen Produktionszyklen erhält man die in Tabelle D.48 wiedergegebenen Verteilungsfaktoren. Setzt man diese Faktoren in die Gleichungen (D.283) und (D.284), dann erhält man die in Tabelle D.49 zusammengestellten modifizierten Kostensätze.

$k \rightarrowtail j$	$3 \rightarrowtail 1$	$3 \rightarrowtail 2$	$4 \rightarrowtail 2$	$5 \rightarrowtail 2$
α_{kj}	0.5	0.5	1.0	1.0

Tabelle D.48: *Verteilungsfaktoren bei nachfolgerproportionaler Kostenanpassung*

k	1	2	3	4	5
S_k	425	412.50	50	100	100
H_k	2	10	1	4	3

Tabelle D.49: *Modifizierte Kostensätze bei nachfolgerproportionaler Kostenanpassung*

Unter Berücksichtigung dieser modifizierten Kostensätze wird nun für jedes Produkt ein dynamisches Einprodukt-Losgrößenproblem (Modell SLULSP) gelöst. Der in dieser Weise ermittelte Produktionsplan 2 ist in Tabelle D.50 zusammengefaßt.

$k\backslash t$	1	2	3	4	5	6	7	8	Kosten
1	80	–	–	–	–	–	–	–	707
2	38	79	–	40	42	83	–	38	1269
3	118	79	–	82	–	83	–	38	668
4	38	79	–	40	42	83	–	38	876
5	38	79	–	40	42	83	–	38	807
							Gesamtkosten:		4327

Tabelle D.50: Produktionsplan 2

b) **Bedarfsproportionale Anpassung der Kostenparameter**

Bei der bedarfsproportionalen Kostenanpassung bilden die relativen Bedarfsmengen der direkten Nachfolger eines Produkts die Basis für die Proportionalisierung der Rüstkosten.[203] Für das Beispiel erhalten wir in diesem Fall die in Tabelle D.51 angegebenen Verteilungsfaktoren sowie die in Tabelle D.52 zusammengefaßten modifizierten Kostensätze.

$k \rightarrowtail j$	$3 \rightarrowtail 1$	$3 \rightarrowtail 2$	$4 \rightarrowtail 2$	$5 \rightarrowtail 2$
α_{kj}	$\dfrac{D_1}{D_3} = 0.2$	$\dfrac{D_2}{D_3} = 0.8$	$\dfrac{D_2}{D_4} = 1.0$	$\dfrac{D_2}{D_5} = 1.0$

Tabelle D.51: Verteilungsfaktoren bei bedarfsproportionaler Kostenanpassung

k	1	2	3	4	5
S_k	410	420	50	100	100
H_k	2	10	1	4	3

Tabelle D.52: Modifizierte Kostensätze bei bedarfsproportionaler Kostenanpassung

$k\backslash t$	1	2	3	4	5	6	7	8	Kosten
1	80	–	–	–	–	–	–	–	707
2	38	79	–	82	–	83	–	38	1111
3	118	79	–	82	–	83	–	38	668
4	38	79	–	82	–	83	–	38	944
5	38	79	–	82	–	83	–	38	833
							Gesamtkosten:		4263

Tabelle D.53: Produktionsplan 3

---

203 vgl. auch *Gardiner und Blackstone* (1995)

Den resultierenden Produktionsplan zeigt Tabelle D.53. Dieser Produktionsplan ist optimal. *Heinrich* hat das Verfahren anhand einer großen Anzahl synthetisch erzeugter Beispiele unter Zugrundelegung verschiedener Erzeugnisstrukturtypen mit den damals bekannten alternativen Vorgehensweisen zur Losgrößenbestimmung in mehrstufigen Erzeugnisstrukturen verglichen. Die referierten Ergebnisse deuten auf eine hohe zu erwartende Lösungsqualität bei Einsatz des Verfahrens hin. Insbesondere im Vergleich mit der in der betrieblichen Praxis vorherrschenden Verwendung unmodifizierter Kostensätze in Einprodukt-Losgrößenmodellen wurden Kosteneinsparungen zwischen 1.6% und 24% erzielt. Es zeigte sich, daß die Kostenanpassung vor allem bei tief gestaffelten linearen Erzeugnisstrukturen vorteilhaft ist. Bei Erzeugnisstrukturen, in denen ein großer Anteil an divergierenden Materialflüssen enthalten ist, fielen die Ergebnisse dagegen nicht so deutlich aus. Für die von *Heinrich* betrachtete generelle Erzeugnisstruktur betrug die durch das beschriebene Verfahren mögliche Lösungsverbesserung ca. 4.5%.

Das Verfahren läßt sich in gleicher Weise wie alle Ansätze, die auf dem Prinzip der Kostenanpassung basieren, leicht in herkömmliche EDV-Systeme zur Produktionsplanung und -steuerung integrieren. Dies gilt umso mehr, wenn es gelingt, auch Kapazitätsaspekte in die Überlegungen einzubeziehen.

- **Das Verfahren von Graves**

Graves[204] schlägt zur Behandlung des mehrstufigen Losgrößenproblems ein iteratives Verfahren vor, in dessen Verlauf einstufige dynamische Einprodukt-Losgrößenprobleme vom Typ SLULSP unter Berücksichtigung von periodenspezifischen variablen Produktionskosten p_{kt} optimal gelöst werden. Dabei erfolgt die Abstimmung zwischen den direkt benachbarten Erzeugnissen über eine marginalanalytisch abgeleitete Modifikation der Kostenparameter. Das Grundprinzip des Verfahrens von *Graves* soll für eine zweistufige lineare Erzeugnisstruktur mit dem übergeordneten Produkt j und einem direkt untergeordneten Erzeugnis k sowie dem Direktbedarfskoeffizienten a_{kj} beschrieben werden (siehe Bild D.43).

Die marginalen Kosten der Erhöhung des Bedarfs für Produkt k in Periode t werden bestimmt durch den Anstieg der Lagerkosten für Produkt k (und evtl. der Produktionskosten, wenn diese periodenabhängig sind), der dadurch entsteht, daß die um eine Mengeneinheit erhöhte Nachfrage für Produkt k in Periode t durch Vergrößerung des zuletzt (in Periode τ) aufgelegten Loses für Produkt k befriedigt wird. Die marginale Kostenerhöhung des Erzeugnisses k beträgt somit $\pi_{kt} = p_{k\tau} + (t - \tau) \cdot h_k$.

Wird durch Erhöhung der Losgröße des übergeordneten Produkts j in Periode t der Sekundärbedarf für das untergeordnete Produkt k in dieser Periode t um eine Mengeneinheit erhöht, dann muß die Sekundärbedarfsmenge zunächst einmal produziert werden. Das geschieht durch Erhöhung der Produktion des Erzeugnisses k in dessen letzter Produktionsperiode τ. Außerdem muß die zusätzlich produzierte Menge von Periode τ bis zur Bedarfsperiode t gelagert werden. Die Summe beider Kosten ergibt den marginalen

---

204 vgl. *Graves* (1981)

Kostenanstieg für Produkt k bei Erhöhung der Produktionsmenge des übergeordneten Produkts j in Periode t.

Iteration 0
Löse für das Endprodukt j das dynamische Einprodukt-Losgrößenproblem[205] SLULSP$[d_{jt}, s_j, h_j, p_{jt} \ (t = 1, 2, ...)]$
Iteration $i \ (i = 1, 2, ...)$
Leite aus den Losgrößen für das Endprodukt j die Gesamtbedarfsmengen d_{kt} für das untergeordnete Produkt k ab und löse das Losgrößenproblem SLULSP$[d_{kt}, s_k, h_k, p_{kt} \ (t = 1, 2, ...)]$
Bestimme marginale Kosten π_{kt} der Erhöhung des Bedarfs für das untergeordnete Produkt k in Periode t unter der Voraussetzung unveränderter Produktionstermine für dieses Produkt.
Erhöhe die variablen Kosten $p_{jt} \ (t = 1, 2, ...)$ des übergeordneten Produkts j um die periodenspezifischen marginalen Kosten π_{kt}, d. h., setze $p_{jt} = p_{jt} + a_{kj} \cdot \pi_{kt} \ (t = 1, 2, ...)$
Löse das Problem SLULSP$[d_{jt}, s_j, h_j, p_{jt} \ (t = 1, 2, ...)]$. Haben sich die Losgrößen für das übergeordnete Produkt j nicht verändert, STOP; andernfalls wiederhole Iteration i.

Bild D.43: Grundstruktur des Verfahrens von Graves

Die marginalen Kosten der Erhöhung der Bedarfsmengen für das untergeordnete Produkt k in den einzelnen Perioden sollen die Auswirkungen quantifizieren, die sich bei der Erhöhung der Losgröße des übergeordneten Produkts j in bezug auf das untergeordnete Produkt k ergeben. Sie dienen damit der Abstimmung der Produktionspläne der Produkte in einer mehrstufigen Erzeugnisstruktur.

Betrachten wir als Beispiel eine lineare Erzeugnisstruktur mit dem Endprodukt 1 und dem untergeordneten Erzeugnis 2. Für das Endprodukt liegen die in Tabelle D.54 angegebenen Bedarfsmengen vor. Der Direktbedarfskoeffizient beträgt 1.

---

[205] Mit SLULSP[·] wird ein einstufiges dynamisches Losgrößenproblem mit den in eckigen Klammern angegebenen Daten bezeichnet. Vgl. Abschnitt D.3.2.1, S. 141 ff.

t	1	2	3	4	5	6	7	8
d_{1t}	5	12	8	9	7	19	11	9

Tabelle D.54: Bedarfsmengen für das Endprodukt 1

Der Lagerkostensatz für das Produkt 1 (2) beträgt 2 (1). Der Rüstkostensatz betrage für beide Produkte 50. Die variablen Produktionskosten werden für beide Produkte und alle Perioden Null gesetzt.

Beispiel zum Verfahren GRAVES

Iteration 0:

Problem SLULSP[$d_{1t}, s_1 = 50, h_1 = 2,$
$p_{1t} = 0 \ (t = 1, 2, ..., 8)$]

$q_{11} = 17, q_{13} = 24, q_{16} = 39$ Optimale Lösung

Iteration 1:

t	1	2	3	4	5	6	7	8
d_{2t}	17	0	24	0	0	39	0	0

Gesamtbedarfsmengen für Produkt 2

Problem SLULSP[$d_{2t}, s_2 = 50, h_2 = 1,$
$p_{2t} = 0 \ (t = 1, 2, ..., 8)$]

$q_{21} = 41, q_{26} = 39$ Optimale Lösung

$\pi_{21} = 0, \pi_{22} = 1, \pi_{23} = 2, \pi_{24} = 3,$
$\pi_{25} = 4, \pi_{26} = 0, \pi_{27} = 1, \pi_{28} = 2$

Marginale Kosten der Erhöhung der Periodenbedarfsmengen für das untergeordnete Produkt 2. Wird die aus dem Produkt 1 abgeleitete Bedarfsmenge für Produkt 2 z.B. in Periode 5 um eine Einheit erhöht, dann muß diese Einheit unter der Annahme unveränderter Losgrößen und Produktionszeitpunkte für Produkt 2 schon zum letzten Produktionstermin des Produkts 2 (Periode 1) hergestellt werden und bis zur Periode 5 gelagert werden. Die damit verbundenen Lagerkosten für Produkt 2 betragen $(5-1) \cdot 1 = 4$. Diese Kosten sind bei der Entscheidung über die Erhöhung der Produktionsmenge des übergeordneten Produkts 1 in Periode 5 zusätzlich zu berücksichtigen.

$p_{11} = 0, p_{12} = 1, p_{13} = 2, p_{14} = 3,$
$p_{15} = 4, p_{16} = 0, p_{17} = 1, p_{18} = 2$

Erhöhung der variablen Produktionskosten des Produkts 1 um die marginalen Kosten

Problem SLULSP[$d_{1t}, s_1 = 50, h_1 = 2,$
$p_{1t} \ (t = 1, 2, ..., 8)$]

$q_{11} = 41, q_{16} = 39$ Optimale Lösung. Die Losgrößen des Produkts 1 haben sich verändert. Daher ist ein erneuter Durchlauf erforderlich.

Iteration 2:

t	1	2	3	4	5	6	7	8
d_{2t}	41	0	0	0	0	39	0	0

Gesamtbedarfsmengen für Produkt 2

Problem SLULSP[$d_{2t}, s_2 = 50, h_2 = 1$,
$p_{2t} = 0$ $(t = 1, 2, ..., 8)$]
$q_{21} = 41, q_{26} = 39$ Optimale Lösung. Sie ist gegenüber Iteration 1 unverändert. Daher erübrigt sich eine erneute Betrachtung des Produkts 1.

□ Ende des Beispiels

Im Beispiel sinken die Gesamtkosten von 426 auf 424. *Graves* hat nachgewiesen, daß das Verfahren in einer endlichen Folge von Iterationen zu einem (lokalen) Optimum konvergiert. Das beschriebene Grundkonzept der Bestimmung marginaler Kosten kann auch auf generelle Erzeugnisstrukturen angewandt werden.[206]

In einem numerischen Test hat *Graves* die Lösungsqualität des Verfahrens für konvergierende Erzeugnisstrukturen[207] mit den jeweils optimalen Lösungen verglichen. Dabei zeigte sich, daß in mehr als 90% der Fälle die optimale Lösung gefunden wurde. Die durchschnittliche Kostenerhöhung der gefundenen Lösungen lag unter 1%. *Heinrich* hat in seiner Untersuchung das Verfahren von *Graves* zur Erzeugung von Referenzlösungen eingesetzt. Dabei zeigte sich, daß das Verfahren (abgesehen von wenigen Ausnahmen) kostengünstigere Lösungen als das Verfahren von *Heinrich* generiert. In einer anderen Untersuchung vergleicht Rao das Verfahren von *Graves* mit einem exakten Verfahren, wobei anhand von 38 Beispielen alle Formen von Erzeugnisstrukturen betrachtet werden.[208] Die Ergebnisse bestätigen die Qualität des Verfahrens von *Graves* für konvergierende Erzeugnisstrukturen, geben aber gleichzeitig Anlaß zu der Vermutung, daß die Lösungsqualität mit wachsender Divergenz der Erzeugnisstruktur sinkt.

Schließlich sei erwähnt, daß die Reihenfolge der Betrachtung der einzelnen Erzeugnisse im Verfahren von *Graves* für komplexe Erzeugnisstrukturen mit mehr als zwei Dispositionsstufen nicht eindeutig definiert ist. Aufgrund der bestehenden Freiheitsgrade sind Rechenergebnisse für derartige Erzeugnisstrukturen u. U. nicht vergleichbar.

- **Lagrange-Heuristiken**

Bei Anwendung der Lagrange-Relaxation werden die „schwierigen" Nebenbedingungen eines Modells mit Strafkosten (**Lagrange-Multiplikatoren**) multipliziert, aus dem System der Nebenbedingungen entfernt und in die Zielfunktion aufgenommen. Ist man nun in der Lage, die vereinfachte (relaxierte) Modellformierung schnell zu lösen, dann besteht das Problem nur noch darin, die Werte der Lagrange-Multiplikatoren so festzulegen, daß die kritischen Nebenbedingungen eingehalten werden, obwohl sie nicht explizit im Restriktionssystem vorkommen. Es sind verschiedene Lösungsansätze vorgeschlagen worden, die nach dem Prinzip der Lagrange-Relaxation vorgehen.

---

206 vgl. *Graves* (1981); *Heinrich* (1987), S. 77–82
207 Es wurden konvergierende Erzeugnisstrukturen betrachtet, weil nur für solche Erzeugnisstrukturen Verfahren bekannt sind, die zur Bestimmung der optimalen Lösung bei größeren Problemen einsetzbar sind.
208 vgl. *Rao* (1981), S. 256–265

Salomon[209] betrachtet das Modell MLCLSP$_{\text{Billington}}$[210] unter Vernachlässigung der Kapazitätsrestriktionen. Die Beziehungen zwischen den Produktionsmengen der Erzeugnisse werden dadurch berücksichtigt, daß die Nebenbedingungen, in denen die Lagervariablen vorkommen, mit Lagrange-Multiplikatoren multipliziert und in die Zielfunktion aufgenommen werden (Relaxation der Mehrstufigkeit). Auf diese Weise entsteht für jedes Erzeugnis ein (parametrisiertes) dynamisches Einprodukt-Losgrößenproblem, das mit einem geeigneten Verfahren gelöst werden kann. Zur Lösung des Gesamtproblems müssen allerdings die Werte der Lagrange-Multiplikatoren bekannt sein. Salomon schlägt ein iteratives Verfahren vor, in dem diese systematisch mit Hilfe eines Verfahrens der Subgradientenoptimierung aktualisiert werden.

Die von *Salomon* referierten Ergebnisse für kleine Probleme weisen auf die Leistungsfähigkeit des Konzepts hin. Allerdings ist mit diesem Verfahren ein beträchtlicher Rechenaufwand verbunden. So wurden z. B. für ein Problem mit $K = 14$ Produkten und $T = 12$ Perioden auf einem 80387-PC ca. 200 Sek. benötigt.

Ingold[211] entwickelt ein auf dem Konzept der Lagrange-Relaxation basierendes Verfahren zur Lösung des Modells MLCLSP$_{\text{Ingold}}$. Dabei betrachtet er zunächst den Fall, daß die Kapazitätsrestriktionen vernachlässigt werden können. Die Nebenbedingungen (D.180) werden mit Lagrange-Multiplikatoren bewertet und in die Zielfunktion aufgenommen. Es entstehen dynamische Einprodukt-Losgrößenprobleme mit oberen und unteren Schranken sowohl für die kumulierten als auch für die periodenbezogenen Produktionsmengen. Als Optionen zur Veränderung des Produktionsplans für ein Produkt betrachtet *Ingold* die Alternativen, entweder die kumulierten Produktionsmengen, einzelne Losgrößen oder den gesamten Produktionsplan des Produkts festzulegen. Für jede dieser Optionen identifiziert *Ingold* einen Lösungsraum, der zur Festlegung der oberen und unteren Schranken dient. Zur Erzeugung zulässiger Lösungen wird ein Verfahren eingesetzt, in dem die Produkte nach ihren Zielfunktionskoeffizienten (einschl. der Werte der Lagrange-Multiplikatoren) sortiert und dann eingeplant werden. Im Unterschied zum produktbezogenen Sukzessivplanungskonzept kommt es dabei auch vor, daß ein Losgrößenproblem für ein untergeordnetes Produkt gelöst wird, bevor die optimalen Losgrößen seiner Nachfolger im Gozintographen bestimmt worden sind. Nach jeder Veränderung des Produktionsplans werden die Schranken aktualisiert. Das Grundkonzept dieses Verfahrens kann auch auf den Fall beschränkter Kapazitäten verallgemeinert werden.[212]

D.3.4.3.3 Periodenorientierte Dekomposition

Neben den bisher beschriebenen Verfahren sind in den vergangenen Jahren eine Reihe weiterer Lösungsansätze vorgeschlagen worden. Bei der bisher behandelten erzeug-

---

209 vgl. *Salomon* (1991), S. 109–113
210 vgl. Abschnitt D.3.4.2.1, S. 208 ff.
211 vgl. *Ingold* (1998)
212 siehe S. 333

nisorientierten Dekomposition steht die Behandlung der dynamischen Komponente des Problems im Vordergrund des Interesses. Dies äußert sich darin, daß für ein Produkt zunächst ein Produktionsplan über den gesamten Planungshorizont aufgestellt wird, bevor zum nächsten Produkt übergegangen wird. Die Abstimmung zwischen den miteinander verbundenen Erzeugnissen in einer mehrstufigen Erzeugnisstruktur wird erst an zweiter Stelle berücksichtigt. Eine andere Auffassung liegt den Verfahren zugrunde, die eine periodenorientierte Dekomposition der dynamischen und mehrstufigen Problemstruktur vornehmen. Bei diesen Verfahren wird der Planungshorizont schrittweise um eine Periode erweitert, wobei in jedem Planungsschritt für alle Erzeugnisse aufeinander abgestimmte Losgrößen ermittelt werden. Diese Vorgehensweise hat den Vorteil, daß die sich mit zunehmender Länge des Planungshorizontes verschlechternde Prognosegenauigkeit besser berücksichtigt werden kann. Vor allem aber eröffnet sich dadurch die Möglichkeit, in einem Konzept der rollenden Planung immer nur die dem Planungszeitpunkt am nächsten liegenden Lose zur Produktion freizugeben. Veränderungen von Planungsdaten, die sich auf weiter in der Zukunft liegende Perioden beziehen, führen dann nicht zu veränderten Planvorgaben für bereits zur Produktion freigegebene Fertigungsaufträge.

Afentakis[213] schlägt ein heuristisches Verfahren zur Lösung des dynamischen Mehrprodukt-Losgrößenproblems bei konvergierender Erzeugnis- und Prozeßstruktur vor, in dessen Verlauf durch schrittweise Vergrößerung des Planungshorizonts von $\tau = 1$ bis $\tau = T$ mehrere aufeinander aufbauende Mehrprodukt-Losgrößenprobleme erzeugt werden. Bei der Behandlung eines τ-Perioden-Problems werden jeweils alle Produkte simultan betrachtet. Eine Lösung für ein τ-Perioden-Problem wird erzielt, indem die Lösungsmenge eines $(\tau - 1)$-Perioden-Problems unter Verwendung bestimmter heuristischer Konstruktionsregeln erweitert wird.

Afentakis geht von der Darstellung des Losgrößenproblems als Netzwerk aus. Für jedes Produkt wird ein solches Netzwerk aufgebaut und sukzessive um eine Periode erweitert. Bei der Bestimmung der produktbezogenen Losgrößen für den um eine Periode erweiterten Planungshorizont werden dann alle Produkte simultan betrachtet.

Das Verfahren läuft in zwei Abschnitten ab. Für einen gegebenen Planungshorizont τ werden zunächst zulässige Produktionsplanalternativen für die betrachteten Produkte generiert. Die Zulässigkeit bezieht sich vor allem auf die Abstimmung der Produktionstermine und Losgrößen der Erzeugnisse, die direkt durch Input-Output-Beziehungen miteinander verbunden sind. Die Konstruktion der zulässigen Planalternativen für einen Planungshorizont der Länge $\tau + 1$ baut auf den in vorangegangenen Schritten gefundenen Lösungen für kürzere Planungshorizonte $1, 2, ..., \tau$ auf. Die grundlegende Heuristik dabei besteht darin, daß einmal festgelegte Produktionstermine aller Erzeugnisse in späteren Planungsphasen nicht mehr revidiert werden. In einem exakten Verfahren kann dagegen der Fall eintreten, daß aufgrund einer für einen späteren Zeitpunkt eingeplanten Losgröße eines Produkts sich auch die Vorteilhaftigkeit früherer Losgrößen

---

[213] vgl. *Afentakis* (1982, 1987)

anderer Produkte verändert. Aus der Menge der für einen Planungshorizont der Länge τ erzeugten zulässigen Produktionspläne für alle Erzeugnisse wird dann durch ein Verfahren der dynamischen Optimierung die optimale Kombination von erzeugnisbezogenen Produktionsplänen ermittelt.

Afentakis hat das beschriebene heuristische Verfahren einem numerischen Test unterzogen. Dabei wurden unterschiedliche konvergierende Erzeugnisstrukturen mit bis zu 200 Erzeugnissen auf maximal 45 Produktionsstufen betrachtet. Die Länge des Planungshorizonts variierte zwischen 6 und 18 Perioden. Die mittlere Abweichung der Zielfunktionswerte vom Optimum betrug 0.5%. Die Rechenzeit betrug etwa das Dreifache der Rechenzeit, die bei einem isoliertem Einsatz des *Wagner-Whitin*-Verfahrens zur Lösung der dynamischen Einprodukt-Losgrößenprobleme benötigt wurde.

Lambrecht, Vander Eecken und Vanderveken[214] schlagen ebenfalls eine periodenorientierte Dekomposition des dynamischen Mehrprodukt-Losgrößenproblems vor. Sie betrachten eine konvergierende Erzeugnisstruktur und erweitern schrittweise den Planungshorizont um jeweils eine Periode. Für jede zusätzlich in den Planungshorizont aufgenommene Bedarfsperiode τ des Endprodukts wird entschieden, ob dieser Bedarf in ein früher produziertes Los aufgenommen wird und wenn ja, für welches Erzeugnis die Losgröße zu erhöhen ist. Bei der Auswahl der Produkte wird ein modifiziertes Stückperiodenausgleichskriterium verwendet. Das Verfahren wurde von den Autoren anhand zahlreicher Beispiele überprüft und mit den in der betrieblichen Praxis üblichen Methoden sowie dem Verfahren von *Graves* verglichen. Dabei stellte sich heraus, daß das Verfahren bezüglich der Lösungsqualität dem Verfahren von *Graves* nur leicht unterlegen war, die Rechenzeiten aber erheblich unter den Werten des Verfahrens von *Graves* lagen.

Chiu und Lin[215] betrachten die in Abschnitt D.3.4.2.2, S. 229, beschriebene Modellformulierung MLCLSP$_{KONV_e}$ und entwickeln ein exaktes Verfahren der dynamischen Optimierung, bei dem auf die von *Afentakis* eingeführte graphentheoretische Interpretation des Problems zurückgegriffen wird. Weiterhin schlagen sie ein heuristisches Verfahren vor, in dessen Verlauf zunächst für jedes Produkt isoliert der optimale Produktionsplan (nach dem Modell SLULSP) bestimmt wird. Im Anschluß daran werden die Produktionspläne direkt benachbarter Produkte heuristisch aufeinander abgestimmt.

D.3.4.3.4 NIPPA – Ein mehrstufiges globales Stückperiodenausgleichsverfahren

Simpson und Erenguc[216] schlagen ein einfaches iteratives Prioritätsregelverfahren vor, den sog. „Non-Sequential Incremental Part Period Algorithm" (NIPPA). Sie gehen von einer Startlösung aus, nach der jeder Nettobedarf zunächst in seiner Bedarfsperiode pro-

---

214 vgl. *Lambrecht et al.* (1983)
215 vgl. *Chiu und Lin* (1989)
216 vgl. *Simpson und Erenguc* (1998a), *Simpson* (1994); vgl. zu einem ähnlichen Verfahren *Chiu* (1993)

duziert wird („lot-for-lot"). Diese Lösung wird iterativ durch Zusammenfassung zeitlich benachbarter Produktionsmengen verbessert. Als Auswahlkriterium dient das Verhältnis aus dem Anstieg der Lagerkosten, der durch das Vorziehen der Produktionsmengen verursacht wird, und der Verringerung der Rüstkosten, die durch die Zusammenlegung der Lose entsteht. Bei der Berechnung der Kostenveränderungen werden jeweils alle in der Erzeugnisstruktur erforderlichen Produktionsmengenverschiebungen berücksichtigt.

Die Reihenfolge, nach der produkt- und periodenspezifische Produktionsmengen mit ihren jeweils unmittelbar vorgelagerten „Nachbarn" im zeitlich geordneten Produktionsplan zusammengelegt werden, richtet sich nach folgenden, in jeder Iteration ℓ aktualisierten und aufsteigend sortierten Prioritätswerten:

$$\rho_{kt}^\ell = \frac{q_{kt}^\ell \cdot e_k \cdot n_{kt}^\ell + \sum_{j \in \mathcal{V}_k^{*\ell h}} v_{jk} \cdot q_{kt}^\ell \cdot e_j \cdot n_{jt}^\ell}{s_k + \sum_{j \in \mathcal{V}_k^{*\ell s}} s_j \cdot \gamma_{jt}^\ell} \qquad \begin{array}{l} k = 1,2,...,K \\ t = 2,3,...,T \end{array} \qquad \text{(D.285)}$$

Dabei bezeichnen die Größen q_{kt}^ℓ die in der Iteration ℓ vorgesehenen Produktionsmengen. Mit v_{jk} wird der Verflechtungsbedarfskoeffizient zwischen dem Produkt j und dem Produkt k beschrieben.[217] Die Größen s_k und e_k bezeichnen den Rüstkostensatz bzw. den marginalen Lagerkostensatz des Produkts k. Mit γ_{kt}^ℓ ($k = 1,2,...,K; t = 1,2,...,T$) wird das Rüstmuster beschrieben. Aus diesem können alle mit einem Vorziehen verbundenen Lagerdauern n_{kt}^ℓ errechnet werden. Bezeichnen wir mit τ_{kt}^ℓ die Produktionsperiode, in der die Bedarfsmenge des Produkts k aus Periode t produziert wird, dann ergibt sich die Lagerdauer n_{kt}^ℓ nach Gleichung (D.286).

$$n_{kt}^\ell = t - \tau_{k,t-1}^\ell \qquad k = 1,2,...,K; t = 2,3,...,T \qquad \text{(D.286)}$$

Für das in Tabelle D.60 auf S. 279 dargestellte Rüstmuster würde das Vorziehen der Produktionsmenge q_{13} des Produkts 1 in die Periode 1 zu einer Lagerdauer von $n_{13} = 2$ führen, da die ursprünglich in Periode 3 produzierte Menge nun bereits in Periode 1 produziert und eingelagert wird. Im Nenner von (D.285) werden die Veränderungen der gesamten Rüstkosten infolge der Zusammenlegung der betroffenen Produktionsaufträge erfaßt.

Mit $\mathcal{V}_k^{*\ell h}$ wird die Indexmenge der durch das Produkt k betroffenen direkten und indirekten Vorgängerprodukte bezeichnet. In dieser Menge sind nur diejenigen Vorgängerprodukte zusammengefaßt, für die tatsächlich Sekundärbedarfsmengen vorgezogen produziert werden müssen. Dabei ist zu berücksichtigen, daß für einzelne untergeordnete Produkte (vor allem solche mit relativ hohen Rüstkosten) bereits in einer vorangegangenen Iteration so hohe Produktionsmengen vorgezogen worden sein können, daß der dadurch aufgebaute Lagerbestand für die vorgezogene Produktion des übergeordneten Produkts k ausreicht.

---

217 siehe hierzu Abschnitt D.2.4, S. 131

Mit $\mathcal{V}_k^{*\ell s}$ bezeichnen wir die Indexmenge der durch das Produkt k betroffenen direkten und indirekten Vorgängerprodukte, für die Rüstvorgänge entfallen. Während diese beiden Mengen in linearen und konvergierenden Erzeugnisstrukturen identisch sind, bestehen – wie das nachfolgende Beispiel zeigt – in generellen Erzeugnisstrukturen Unterschiede.

Die Verschiebung der Produktionsmenge des Produkts k aus Periode t in die nächstgelegene frühere Periode, in der bereits produziert wird, ist sinnvoll, wenn das Kriterium (D.285) kleiner als eins ist. In diesem Fall ist der Anstieg der Lagerkosten geringer als die Rüstkostenersparnis. Diese Überlegung liegt – bezogen auf ein isoliertes Produkt und ausgedrückt in absoluten Beträgen – auch dem Stückperiodenausgleichsverfahren[218] zugrunde.

Betrachten wir zur Veranschaulichung das Beispiel, das wir bereits für die Darstellung des Verfahrens von *Heinrich*[219] verwendet haben. Das Verfahren von *Simpson und Erenguc* beginnt mit folgendem Produktionsplan, in dem die Produktionsmengen gleich den Gesamtbedarfsmengen gesetzt werden.

$k \backslash t$	1	2	3	4	5	6	7	8	Kosten
1	5	12	8	9	7	19	11	9	3200
2	38	45	34	40	42	48	35	38	1600
3	43	57	42	49	49	67	46	47	400
4	38	45	34	40	42	48	35	38	800
5	38	45	34	40	42	48	35	38	800
							Gesamtkosten:		6800

Tabelle D.55: Startlösung (Iteration $\ell = 0$)

Aufgrund dieses Produktionsplans werden nun für jedes Produkt und jede Produktionsperiode die Prioritätsziffern ermittelt.

$k \backslash t$	1	2	3	4	5	6	7	8
1	–	0.060	0.040	0.045	0.035	0.095	0.055	0.045
2	–	1.013	0.765	0.900	0.945	1.080	0.788	0.855
3	–	1.140	0.840	0.980	0.980	1.340	0.920	0.940
4	–	1.800	1.360	1.600	1.680	1.920	1.400	1.520
5	–	1.350	1.020	1.200	1.260	1.440	1.050	1.140

Tabelle D.56: Prioritätsziffern der Startlösung (Iteration $\ell = 0$)

---

218 siehe Abschnitt D.3.2.2.2, S. 158
219 siehe S. 259

D.3 Losgrößenplanung

Wie Tabelle D.56 zeigt, ist es am günstigsten, wenn die Produktionsmengen q_{15}^0 in die Periode 4 vorgezogen wird. Die neuen Produktionsmengen betragen dann $q_{14}^1 = 9 + 7 = 16$ und $q_{15}^1 = 0$. In diesem Fall entstehen zusätzliche Lagerkosten für 7 ME des Produkts 1. Außerdem müssen die entsprechenden Mengen des Vorprodukts 3 früher produziert und eingelagert werden ($q_{34}^1 = 49 + 7 = 56$; $q_{35}^1 = 49 - 7 = 42$). Den zusätzlichen Lagerkosten (14) stehen die Einsparungen an Rüstkosten des Produkts 1 (400) gegenüber. Da Produkt 3 zwei Nachfolger hat, entfällt sein Rüstvorgang in Periode 5 nicht. Damit ergibt sich $\rho_{15}^0 = \frac{14}{400} = 0.035$. Der neue Produktionsplan ist in Tabelle D.57 wiedergegeben.

$k \backslash t$	1	2	3	4	5	6	7	8	Kosten
1	5	12	8	16	–	19	11	9	2807
2	38	45	34	40	42	48	35	38	1600
3	43	57	42	56	42	67	46	47	407
4	38	45	34	40	42	48	35	38	800
5	38	45	34	40	42	48	35	38	800
							Gesamtkosten:		6414

Tabelle D.57: Produktionsplan (Iteration $\ell = 1$)

Die aktuellen Prioritätsziffern, die sich nur für die Produkte 1 und 3 verändert haben, sind in Tabelle D.58 zusammengestellt.

$k \backslash t$	1	2	3	4	5	6	7	8
1	–	0.060	0.040	0.080	–	0.190	0.055	0.045
2	–	1.013	0.765	0.900	0.840	1.080	0.788	0.855
3	–	1.140	0.840	1.120	0.840	1.340	0.920	0.940
4	–	1.800	1.360	1.600	1.680	1.920	1.400	1.520
5	–	1.350	1.020	1.200	1.260	1.440	1.050	1.140

Tabelle D.58: Prioritätsziffern (Iteration $\ell = 1$)

Nun ist es vorteilhaft, die Produktionsmengen q_{12} und q_{13} zusammenzufassen und die Produktion des untergeordneten Produkts 3 entsprechend anzupassen. Dadurch sinken die Kosten auf 6030. Nach insgesamt neun Iterationen ergibt sich die in Tabelle D.59 angegebene Lösung.

$k \backslash t$	1	2	3	4	5	6	7	8	Kosten
1	80	0	0	0	0	0	0	0	707
2	38	79	0	82	0	83	0	38	1111
3	118	79	0	82	0	83	0	38	668
4	38	79	0	82	0	83	0	38	944
5	38	79	0	82	0	83	0	38	833
								Gesamtkosten:	4263

Tabelle D.59: *Produktionsplan (Iteration $\ell = 9$)*

Dies ist der Plan, der mit dem Verfahren von *Heinrich* bei bedarfsproportionaler Kostenanpassung[220] ermittelt wurde. Auch für die konvergierende Erzeugnisstruktur, die in Abschnitt D.3.4.3.2.1, S. 245 und S. 252, zur Veranschaulichung des Konzepts der Kostenanpassung verwendet wurde, führt das Verfahren von *Simpson und Erenguc* zu dem in Tabelle D.42, S. 252, angegebenen Produktionsplan. Dies mag ein Zufall sein, der von der aktuellen Datenkonstellation der beiden Beispiele abhängt. *Simpson und Erenguc* berichten jedoch über die Ergebnisse von umfangreichen Testrechnungen, nach denen mit dem Verfahren im Durchschnitt sehr gute Lösungen ermittelt werden konnten. Die Abweichungen von einer unteren Schranke des Zielfunktionswertes lagen dabei unter 1%.

In weiteren Arbeiten[221] modifizieren die Verfasser das Konzept für den Fall des Modells MLCLSP mit Rüstzeiten.

D.3.4.3.5 Local Search

Betrachten wir das Modell MLCLSP[222] ohne die Kapazitätsrestriktionen genauer, dann können wir feststellen, daß das wesentliche Problem die Bestimmung der Produktionszeitpunkte für die einzelnen Produkte, d. h. die Festlegung der binären Rüstvariablen, ist. Hierin liegt der kombinatorische Charakter der Problemstellung. Sind die Produktionstermine gegeben, dann können die jeweiligen Produktionsmengen durch Lösung des folgenden LP-Modells bestimmt werden:

Modell MLULSP($\underline{\gamma}$)

$$\text{Minimiere } Z = \sum_{k=1}^{K} \sum_{t=1}^{T} p_{kt}(\underline{\gamma}) \cdot q_{kt} + h_k \cdot y_{kt} + \text{Rüstkosten} \tag{D.287}$$

---

[220] siehe Produktionsplan 3, S. 267
[221] vgl. *Simpson* (1994); *Simpson und Erenguc* (1998b)
[222] vgl. Abschnitt D.3.4.2.1

u. B. d. R.

$$y_{k,t-1} + q_{k,t-z_k} - \sum_{i \in \mathcal{N}_k} a_{ki} \cdot q_{it} - y_{kt} = d_{kt} \qquad \begin{array}{l} k = 1, 2, ..., K \\ t = 1, 2, ..., T \end{array} \qquad \text{(D.288)}$$

$$q_{kt} \geq 0 \qquad k = 1, 2, ..., K; \ t = 1, 2, ..., T \qquad \text{(D.289)}$$

$$y_{kt} \geq 0 \qquad k = 1, 2, ..., K; \ t = 1, 2, ..., T \qquad \text{(D.290)}$$

$$y_{k0} = 0 \qquad k = 1, 2, ..., K \qquad \text{(D.291)}$$

Dabei werden die variablen Produktionskosten p_{kt} in allen Perioden, in denen keine Produktion stattfindet, gleich unendlich gesetzt. Alternativ könnte man für jede dieser Variablen eine Nebenbedingung mit der Obergrenze (upper bound) $q_{kt} \leq \widehat{q}_{kt} = 0$ fixieren.[223] Zur Lösung dieses Modells für ein gegebenes Rüstmuster (γ) steht ein effizientes Verfahren zur Verfügung, das einen Rechenaufwand von $O(K \cdot T)$ erfordert.[224]

In den vorangegangenen Abschnitten wurden Lösungsverfahren zur Bestimmung der optimalen Kombination der binären Rüstvariablen (und der damit verknüpften Produktions- und Lagermengen) dargestellt, die direkt auf die Problemstruktur zugeschnitten sind. Prinzipiell lassen sich jedoch auch allgemeine heuristische Suchstrategien einsetzen, wie sie zur Lösung anderer kombinatorischer Optimierungsprobleme verwendet werden.[225] Ein Produktionsplan wird determiniert durch die gewählte Kombination der binären Rüstvariablen. Dieses Rüstmuster kann anschaulich tabellarisch beschrieben werden (siehe Tabelle D.60).

$k \backslash t$	1	2	3
1	1	0	1
2	1	0	1
3	1	0	0

Tabelle D.60: Kombination von Rüstvariablen

Man erkennt, daß hier die Produkte 1 und 2 in den Perioden 1 und 3 und das Produkt 3 in Periode 1 produziert werden. Insgesamt gibt es $2^{K \cdot T}$ verschiedene Produktionspolitiken (Rüstmuster), die auf ihre Zulässigkeit und ihren Zielfunktionswert hin untersucht werden können. Bei Einsatz eines deterministischen heuristischen Suchverfahrens[226] könnte man nun im Prinzip so vorgehen, daß man eine vorgegebene Startlösung, z. B. die Lösung in Tabelle D.60, sukzessive durch Veränderung einer oder weniger Binärvariablen und bei entsprechender Anpassung der restlichen Variablen solange verändert,

---

[223] siehe Modell LPR$_\ell$, S. 336
[224] vgl. *Kuik und Salomon* (1990)
[225] vgl. *Wäscher* (1998)
[226] Zu einer Übersicht über prinzipielle Vorgehensweisen zur Lösung kombinatorischer Probleme vgl. *Domschke und Drexl* (2002).

bis keine Verbesserung des Zielfunktionswertes mehr möglich ist. In diesem Fall ist eine (i. a. lokal optimale) Lösung gefunden, die nach der verfolgten deterministischen Suchstrategie eines derartigen Verfahrens nicht mehr verbessert werden kann.

Die Qualität einer solchen Lösung hängt offensichtlich vom Startpunkt (d. h. der vorgegebenen Anfangslösung) und dem durch die Suchstrategie und den Verlauf der Zielfunktion beeinflußten eingeschlagenen Weg (d. h. der Folge von Zwischenlösungen) ab. Verläuft die Zielfunktion z. B. wie in Bild D.44 dargestellt, dann führt ein deterministisches Suchverfahren von einer Startlösung im Punkt A in das lokale Minimum, wo das Verfahren beendet wird. Startet man dagegen im Punkt B, dann führt das Suchverfahren zum globalen Minimum der Zielfunktion.

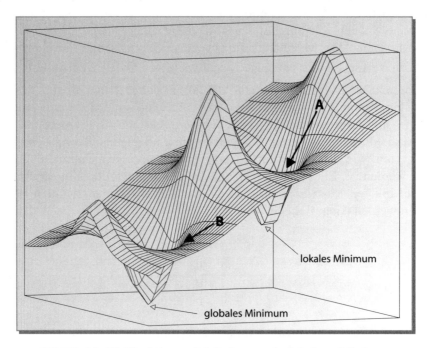

Bild D.44: *Zielfunktion mit lokalem und globalem Minimum*

Ist man in einem lokalen Minimum der Zielfunktion angelangt (wobei man nicht weiß, daß es sich um ein lokales Minimum handelt), dann kann man dieses bei Anwendung einer deterministischen Suchstrategie nicht mehr verlassen. Denn alle benachbarten Zwischenlösungen führen zu einer Verschlechterung des Zielfunktionswertes. Da Verschlechterungen des Zielfunktionswertes aber nicht zugelassen werden, sitzt man „in der Falle".

Nach dem Prinzip der **simulierten Abkühlung**[227] wird versucht, dieses Problem dadurch zu beseitigen, daß kurzfristig auch eine Verschlechterung der Lösung zugelassen wird. Solange beim Übergang von einer (Zwischen-)Lösung zu einer benachbarten

---
[227] vgl. *Eglese* (1990); *Kuhn* (1992) und die dort angegebene Literatur

Lösung eine Verbesserung des Zielfunktionswertes eintritt, wird in gleicher Weise wie bei einem deterministischen Suchverfahren vorgegangen: Die neue Lösung wird zur aktuellen Referenzlösung, und das Verfahren wird fortgesetzt. Ist aber mit der betrachteten Nachbarschaftslösung eine Verschlechterung des Zielfunktionswertes verbunden, dann wird diese nur mit einer bestimmten Annahmewahrscheinlichkeit akzeptiert und zur neuen Referenzlösung gemacht. Heuristische Verfahren, die nach dem Prinzip der simulierten Abkühlung vorgehen, gehören zur Gruppe der stochastischen Suchverfahren, da die ermittelte Folge von Zwischenlösungen vom Zufall beeinflußt wird.

Die Annahmewahrscheinlichkeit hängt dabei von dem Ausmaß der Verschlechterung des Zielfunktionswertes und von einem Parameter β ab, den man aufgrund einer Analogie zum Abkühlungsprozeß eines Stoffes als Kühlungsparameter bezeichnet. Üblicherweise wird dabei die Annahmewahrscheinlichkeit gleich $e^{-\beta \cdot \Delta Z}$ gesetzt, wobei ΔZ die Verschlechterung des Zielfunktionswertes bezeichnet. Der Parameter β wird im Verlaufe des Verfahrens derart verändert, daß die Annahmewahrscheinlichkeit systematisch kleiner wird und mit zunehmendem Fortschritt des Verfahrens immer seltener Lösungsverschlechterungen akzeptiert werden. Die konkrete Anwendung eines Verfahrens, das auf das Konzept der simulierten Abkühlung zurückgreift, wird maßgeblich durch folgende Größen beeinflußt:

- die Regel, nach der Nachbarschaftslösungen erzeugt werden,
- die Geschwindigkeit, mit der die Annahmewahrscheinlichkeit reduziert wird, und
- das Abbruchkriterium.

Kuik und Salomon[228] setzen die simulierte Abkühlung zur Lösung des mehrstufigen Mehrprodukt-Losgrößenproblems (ohne Kapazitätsbeschränkungen) ein. Sie verwenden verschiedene Regeln zur Erzeugung von Nachbarschaftslösungen. Eine Regel besteht z. B. darin, jeweils für ein Produkt in einer Periode die Rüstvariable zu verändern. In Tabelle D.60 entspricht das dem Umsetzen eines Wertes von 0 nach 1 oder von 1 nach 0. Dabei muß jeweils die Zulässigkeit der neuen Lösung geprüft werden. Dies kann – ebenso wie die Bestimmung der optimalen Werte der restlichen Variablen und des Zielfunktionswertes – durch Lösung des Modells MLULSP(γ) geschehen.

Aufgrund eines numerischen Experiments kommen *Kuik und Salomon* zu dem Schluß, daß mit dem betrachteten Verfahren zwar bessere Lösungen erzielbar sind als mit den in der Praxis eingesetzten isolierten Einprodukt-Losgrößenverfahren ohne Kostenanpassung. Sie gehen aber davon aus, daß mit problemspezifischen heuristischen Verfahren i. a. bessere Lösungen ermittelt werden können. Als Erschwernis für den praktischen Einsatz des Prinzips der simulierten Abkühlung ist die Vielzahl der festzulegenden Verfahrensparameter anzusehen, deren „optimale" Werte erst nach eingehender Analyse der Problemstruktur angegeben werden können. Auch die relativ hohen Rechenzeiten dürften einen Einsatz des Verfahrens in der betrieblichen Praxis verhindern. So wurden

---

228 vgl. *Kuik und Salomon* (1990); *Salomon et al.* (1993)

z. B. für eine generelle Erzeugnisstruktur mit 57 Produkten und 12 Perioden auf einer SUN3/160-Workstation in Abhängigkeit von der verwendeten Strategie zur Erzeugung von Nachbarschaftslösungen zwischen 6 und 18 Minuten Rechenzeit benötigt.

Dellaert und Jeunet setzen **genetische Algorithmen**[229] zur Lösung des obigen Modells MLULSP ein. Dabei wird die in der biologischen Evolution zu beobachtende Entwicklung der Arten nachempfunden. Einem Individuum in der Natur entspricht eine konkrete Kombination der Rüstvariablen (Rüstmuster) im Modell MLULSP. Mehrere Rüstmuster bilden eine Population, aus der mit Hilfe bestimmter Operatoren neue Rüstmüster generiert werden.

Ergänzende Literatur zu den Abschnitten D.3.4.1–D.3.4.3:
Derstroff (1995)
Heinrich (1987)
Helber (1994)
Kimms (1997)
Salomon (1991)
Simpson (1994)
Simpson und Erenguc (1998a)

D.3.4.4 Lösungsverfahren für Probleme mit Kapazitätsbeschränkungen

In diesem Abschnitt werden verschiedene Lösungsansätze beschrieben, die nicht nur die Mehrstufigkeit der Erzeugnisstruktur, sondern auch die Knappheit der Ressourcen berücksichtigen. Bevor jedoch auf die einzelnen, erst in den letzten Jahren vorgeschlagenen, heuristischen Lösungsverfahren eingegangen wird, soll zunächst dargestellt werden, wie derartige Lösungsansätze mit einem konventionellen PPS-System gekoppelt werden können.

D.3.4.4.1 Integration der Losgrößen- und Materialbedarfsplanung in ein PPS-System

In den bisher dargestellten Lösungsansätzen zur Behandlung des dynamischen mehrstufigen Mehrprodukt-Losgrößenproblems blieben die Kapazitäten der Ressourcen unberücksichtigt. Dies ist auch die Vorgehensweise der in der betrieblichen Praxis implementierten Systeme zur Produktionsplanung und -steuerung (PPS-Systeme; MRP-Systeme). Diese nach dem **Sukzessivplanungskonzept** vorgehenden Planungssysteme zerlegen das Gesamtproblem der Produktionsplanung und -steuerung in die nacheinander zu durchlaufenden Planungsphasen der Hauptproduktionsprogrammplanung, der Mengenplanung, der Terminplanung sowie der Produktionssteuerung, welche wiederum

---
229 vgl. *Dellaert und Jeunet* (2000); *Dellaert et al.* (2000); *Helber* (1994)

D.3 Losgrößenplanung

aus der Auftragsveranlassung und der Kapazitäts- und Auftragsüberwachung besteht. Man kann diese Grundkonzeption als phasenbezogene Sukzessivplanung bezeichnen.

Betrachten wir die Phase der **Mengenplanung** genauer, dann stellen wir fest, daß innerhalb dieser Phase wiederum ein – produktbezogenes – Sukzessivplanungskonzept zum Einsatz kommt. Dabei werden zunächst – wie in Abschnitt D.2.2 beschrieben – die Produkte nach Dispositionsstufen sortiert. Für jedes Produkt werden dann in einem ersten Rechengang die Nettobedarfsmengen errechnet. Daran schließt sich die Phase der Losbildung an. Nach Abschluß dieser Phase wird zum nächsten Erzeugnis (entweder auf derselben Dispositionsstufe oder – falls diese abgearbeitet ist – auf der nächsthöheren Dispositionsstufe) übergegangen.

Dabei bildet die **Bedarfsrechnung** den **Verfahrensrahmen**, innerhalb dessen die Auftragsgrößen bestimmt werden. Die vergleichsweise einfache Bedarfsrechnung wird damit dem äußerst komplexen Losgrößenproblem hierarchisch übergeordnet. Diese Sichtweise stammt offenbar aus der Zeit, als die Computerläufe zur Materialbedarfsauflösung wegen ihrer zahlreichen langsamen Datenbankzugriffe noch viele Stunden andauerten und an den Wochenenden ausgeführt wurden. Bei genauerer Betrachtung des Modells MLCLSP[230] wird man jedoch feststellen, daß die Bedarfsauflösung einen relativ einfachen Teilaspekt des Problems der Losgrößen- und Bedarfsplanung darstellt.

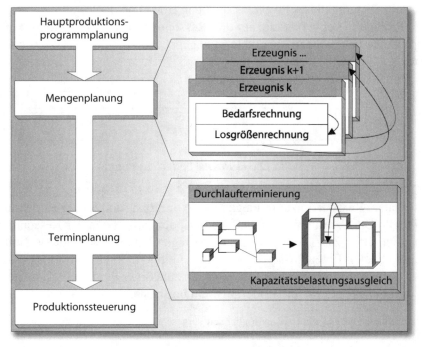

Bild D.45: Struktur eines konventionellen PPS-Systems (MRP-Konzept)

---

[230] siehe S. 209 sowie S. 133

Kapazitätsgesichtspunkte werden i. a. erst in einer nachgelagerten Planungsstufe im Rahmen der Terminplanung berücksichtigt. Die Struktur der phasenbezogenen Sukzessivplanung bringt es mit sich, daß die Ergebnisse der Mengenplanung (Bedarfs- und Losgrößenplanung) für die anschließende Planung der Termine und der Kapazitätsbelegungen als Daten zu betrachten sind.[231]

Diese in Bild D.45 skizzierte Vorgehensweise ist mit schwerwiegenden Mängeln verbunden. So wurde bereits in den vorangegangenen Abschnitten herausgearbeitet, daß die erzeugnisorientierte Trennung von Materialbedarfsrechnung und Losgrößenplanung der Problemstruktur, insb. den zwischen den Erzeugnissen bestehenden Interdependenzen, nicht gerecht wird.

Werden nun in der Bedarfs- und Losgrößenplanung die **Kapazitäten** nicht berücksichtigt und damit Produktionspläne fixiert, die nicht zulässig sind, dann ist offensichtlich, daß auch in der anschließenden Terminplanung erhebliche Probleme auftreten werden. Sind bereits die (aggregierten) Eingabedaten einer Planungsphase nicht zulässig, dann steht in dieser (detaillierteren) Planungsphase kein Spielraum zur Generierung einer zulässigen Lösung mehr zur Verfügung. Da sich der Lösungsraum durch Beachtung zusätzlicher Nebenbedingungen niemals vergrößert, sondern i. d. R. verkleinert, wird der bereits auf aggregierter Ebene unzulässige Produktionsplan bei detaillierterer Betrachtung noch „unzulässiger".

Zur Veranschaulichung dieses Problems sei die in Bild D.46 dargestellte Erzeugnisstruktur mit 20 Produkten betrachtet, die auf drei Ressourcen bearbeitet werden. Für die beiden Endprodukte liegen die in Tabelle D.61 angegebenen periodenbezogenen Primärbedarfsmengen vor.

$k \backslash t$	1	2	3	4	5	6	7	8	9	10	11	12
1	–	–	–	–	10	–	55	10	–	20	32	45
2	–	–	–	–	–	73	25	–	86	30	–	65

Tabelle D.61: Primärbedarfsmengen

Die Kostensätze, Ressourcenzuordnungen sowie die Rüst- und Stückbearbeitungszeiten sind in Tabelle D.62 zusammengefaßt. Die Periodenkapazitäten der Ressourcen betragen einheitlich 1000 ZE. Die Vorlaufzeiten betragen für die Endprodukte Null und für alle untergeordneten Erzeugnisse ($k = 3, ..., 20$) einheitlich eine Periode. Da die **Vorlaufzeiten** der Vorprodukte positiv sind, kann ein zulässiger Produktionsplan nur erzeugt werden, wenn entweder ausreichende Lageranfangsbestände aller Vorprodukte vorhan-

---

[231] Zwar ist in vielen PPS-Systemen die Möglichkeit vorgesehen, die unter Kostengesichtspunkten gebildeten Lose u. U. wieder in kleinere Einheiten zu zerlegen und damit die (im Hinblick auf die Einhaltung zugesagter Liefertermine evtl. nicht zulässigen) Ergebnisse der Mengenplanung zu modifizieren. Diese sog. Losteilung ist ein weit verbreitetes Hilfsmittel zur Verkürzung der geplanten Durchlaufzeiten der Aufträge. Sie entbehrt aber jeglicher methodischer Grundlage und zeigt nur, daß die Produktionsplaner dem Ergebnis der Losgrößenplanung nur geringe Bedeutung beimessen.

den sind oder wenn man in den ersten Perioden des Planungszeitraums, d. h. in der kumulierten Vorlaufzeit, keine Bedarfe der Endprodukte vorsieht. Im Beispiel wurde die zweiten Alternative gewählt.[232]

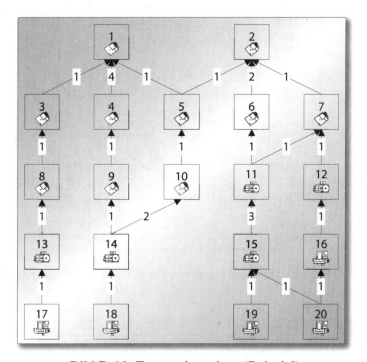

Bild D.46: Erzeugnisstruktur (Beispiel)

Setzt man im PPS-Sukzessivplanungskonzept zur Lösung der Einprodukt-Losgrößenprobleme jeweils das *Silver-Meal-Verfahren* ein, dann erhält man den in Tabelle D.63 angegebenen Produktionsplan. Man erkennt die bei positiven Vorlaufzeiten regelmäßig auftretenden leeren Dreiecke im linken oberen und im rechten unteren Bereich der Tabelle. Die maximale horizontale Ausdehnung dieser Dreiecke wird durch die Länge der über alle Erzeugnisstufen kumulierten Vorlaufzeiten bestimmt.

Die sich aus diesem Produktionsplan ergebenden Ressourcenbelastungen sind in Tabelle D.64 und Bild D.47 dargestellt. Da die Kapazitäten der Ressourcen im Rahmen der Losgrößenplanung vollständig vernachlässigt werden, überrascht es nicht, daß die Ressourcen in mehreren Perioden erheblich überlastet sind. Wird dieser Produktionsplan als Grundlage für die nachfolgende Feinplanung und Steuerung verwendet, dann wird es zu erheblichen Terminabweichungen bei der Fertigstellung der Vorprodukte kommen, die sich bis auf die Ebene der Endprodukte auswirken.

---

232 siehe hierzu auch Abschnitt D.3.4.4.4

Kapitel D • Losgrößen- und Materialbedarfsplanung

Produkt	Rüstkosten	Lagerkosten	Rüstzeit	Stückzeit	Ressource
1	100	27	10	2	1
2	100	43	10	2	1
3	100	4	10	2	1
4	100	4	10	2	1
5	100	6	10	2	1
6	100	11	10	2	1
7	100	14	10	2	1
8	100	3	10	2	1
9	100	3	10	2	1
10	100	5	10	2	1
11	100	10	10	1	2
12	100	3	10	1	2
13	100	2	10	1	2
14	100	2	10	1	2
15	100	3	10	1	2
16	100	2	10	1	3
17	100	1	10	1	3
18	100	1	10	1	3
19	100	1	10	1	3
20	100	1	10	1	3

Tabelle D.62: Beispieldaten zur konventionellen PPS-Sukzessivplanung

$k \backslash t$	1	2	3	4	5	6	7	8	9	10	11	12
1	–	–	–	–	10	–	55	10	–	20	32	45
2	–	–	–	–	–	73	25	–	86	30	–	65
3	–	–	–	10	–	65	–	–	20	32	45	–
4	–	–	–	40	–	220	40	–	80	128	180	–
5	–	–	–	10	73	90	–	86	50	32	110	–
6	–	–	–	–	146	50	–	172	60	–	130	–
7	–	–	–	–	73	25	–	86	30	–	65	–
8	–	–	10	–	65	–	–	52	–	45	–	–
9	–	–	40	–	220	40	–	80	128	180	–	–
10	–	–	10	73	90	–	86	50	32	110	–	–
11	–	–	–	219	75	–	258	90	–	195	–	–
12	–	–	–	98	–	–	116	–	–	65	–	–
13	–	10	–	65	–	–	52	–	45	–	–	–
14	–	60	146	440	–	172	180	192	400	–	–	–
15	–	–	657	225	–	774	270	–	585	–	–	–
16	–	–	98	–	–	116	–	–	65	–	–	–
17	10	–	65	–	–	52	–	45	–	–	–	–
18	60	146	440	–	172	180	192	400	–	–	–	–
19	–	657	225	–	774	270	–	585	–	–	–	–
20	–	755	225	–	890	270	–	650	–	–	–	–

Tabelle D.63: Produktionsplan nach dem konventionellen PPS-Sukzessivplanungskonzept

j/t	1	2	3	4	5	6	7	8	9	10	11	12
1	–	–	150	306	1424	1196	452	1142	1052	1234	1184	240
2	–	90	823	1097	85	966	926	302	1060	280	–	–
3	90	1588	1103	0	1866	938	202	1720	75	–	–	–

Tabelle D.64: Ressourcenbelastungen nach dem konventionellen PPS-Sukzessivplanungskonzept

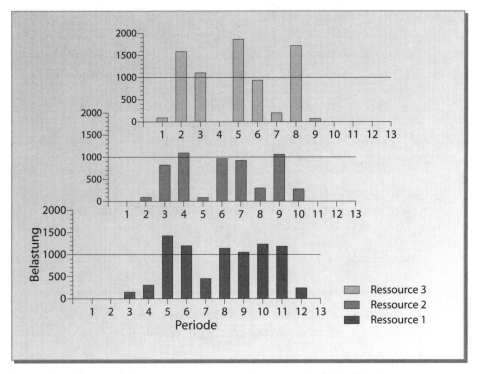

Bild D.47: Ressourcenbelastungen nach dem konventionellen PPS-Sukzessivplanungskonzept

Um dies zu veranschaulichen, haben wir mit Hilfe eines Werkstattsimulationsmodells den Produktionsplan aus Tabelle D.63 überprüft. Dabei wurden die terminierten Aufträge jeweils zu Beginn der geplanten Produktionsperiode zur Bearbeitung freigegeben. Da jede der drei betrachteten Ressourcen immer nur einen Auftrag bearbeiten konnte, bildeten sich Warteschlangen, deren Abarbeitung zu Verzögerungen in der Fertigstellung einzelner Aufträge führte. Von den 104 in dem Produktionsplan enthaltenen Aufträgen wurden insgesamt 24 Aufträge verspätet fertiggestellt. Von den 11 Aufträgen der Endprodukte 1 und 2 kam es bei 6 Aufträgen zu einer Terminabweichung von jeweils einer Periode. Dem in Bild D.48 gezeigten Gantt-Diagramm kann die zeitliche Belegung der drei Ressourcen durch die einzelnen Aufträge entnommen werden. Lediglich für Ressource 1 sind die einzelnen Aufträge durch unterschiedliche Graustufen markiert. Die Aufträge der beiden Endprodukte sind durch Schraffuren auf weißen Hintergrund gekennzeichnet. Die kleinen vertikalen Balken zeigen auf die Endproduktaufträge, die zu spät fertiggestellt wurden. Diese Aufträge sind besonders kritisch, da ihre Verspätung – falls sie nicht durch Sicherheitsbestände abgefangen wird – direkt von den Kunden wahrgenommen wird.

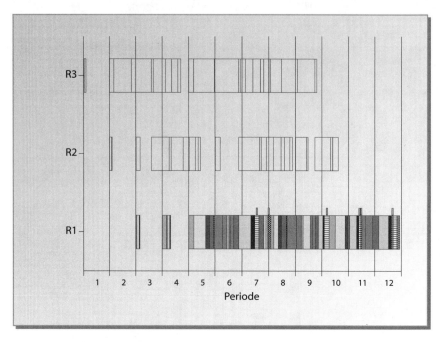

Bild D.48: *Produktionsablauf nach dem konventionellen PPS-Sukzessivplanungskonzept*

Angesichts der Tatsache, daß die Erzeugung eines **zulässigen** Produktionsplans durch ein konventionelles PPS-System aufgrund der systemimmanenten konzeptionellen Mängel praktisch nahezu unmöglich ist, muß das geringe Problembewußtsein erstaunen, das sowohl bei Anwendern als auch bei den Entwicklern von PPS-Systemen besteht. Auch neuere Systementwicklungen lassen hier noch viele Fragen offen.

Die beschriebenen Terminabweichungen lassen sich nur dann vermeiden, wenn bereits in der Phase der Bedarfs- und Losgrößenplanung ein zulässiger Produktionsplan erzeugt wird. Dies ist aber nur möglich, wenn bei der Losgrößenplanung die Kapazitäten der Ressourcen explizit durch geeignete Nebenbedingungen berücksichtigt werden. Ein dieser Anforderung entsprechendes PPS-System muß damit bei Einsatz für ein Werkstattproduktionssegment im Bereich der Losgrößen- und Bedarfsplanung die in Bild

D.49 skizzierte Grundstruktur eines erzeugnisbezogenen **Simultanplanungskonzepts** aufweisen.[233]

Soll das PPS-System für die Produktionsplanung eines Fließproduktionssegmentes eingesetzt werden, dann ist i. d. R. simultan mit der Losgrößenplanung die Reihenfolgeplanung durchzuführen. Hierzu stehen Modelle der simultanen Losgrößen- und Reihenfolgeplanung zur Verfügung, die jedoch in dieser Arbeit nicht betrachtet werden.[234]

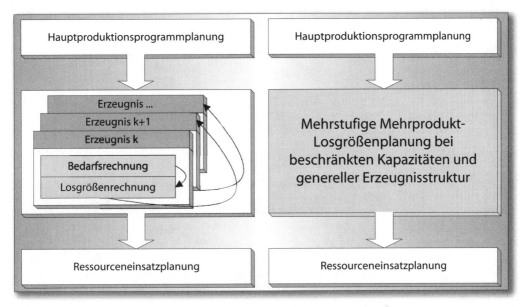

Bild D.49: *Vergleich von Sukzessiv- und Simultanplanungskonzept im Bereich der Mengenplanung*

Kern des in Bild D.49 dargestellten **kapazitätsorientierten Konzepts zur Mengenplanung** ist die Lösung eines mehrstufigen Mehrprodukt-Losgrößenproblems bei beschränkten Kapazitäten, dynamisch schwankenden Bedarfsmengen und genereller Erzeugnis- und Prozeßstruktur. In Abschnitt D.3.4.2, S. 209, wurde bereits das dynamische mehrstufige Mehrprodukt-Losgrößenmodell MLCLSP für eine generelle Erzeugnisstruktur formuliert, in dem die Kapazitäten der Ressourcen berücksichtigt werden. Setzt man dieses Modell für das obige Beispiel ein, dann erhält man den in Tabelle D.65 angegebenen Produktionsplan mit der in Tabelle D.66 und Bild D.50 dargestellten Ressourcenbelastung. Die Unterschiede zum Produktionsplan aus Tabelle D.63 sind unterstrichen. Ein Vergleich beider Pläne zeigt erhebliche Abweichungen, z.B. Verschiebungen einzelner Lose (Produkt 20), simultane Losbildungen mehrerer Produkte (Pro-

---

233 Ähnliche Überlegungen sind auch für den Bereich der Terminplanung anzustellen. Dies würde jedoch den Rahmen der vorliegenden Arbeit sprengen und soll daher unterbleiben.
234 vgl. *Drexl und Kimms* (1997); *Grünert* (1998)

dukte 3, 8, 13 und 17) und Restrukturierung von mehreren aufeinanderfolgenden Losen (Produkt 5). Einige dieser Veränderungen sind durch gestrichelte Linien markiert. Ein solcher Produktionsplan kann auch von einem erfahrenen Planer nicht erzeugt werden.

k\t	1	2	3	4	5	6	7	8	9	10	11	12
1	–	–	–	–	10	–	55	10	–	20	32	45
2	–	–	–	–	–	73	25	–	86	30	–	65
3	–	–	–	75	–	–	–	–	95	2	–	–
4	–	–	–	40	–	220	40	–	80	170	138	–
5	–	–	–	93	20	50	68	110	–	–	110	–
6	–	–	–	34	112	50	–	172	60	–	130	–
7	–	–	–	–	73	25	–	86	30	–	65	–
8	–	–	75	–	–	–	–	97	–	–	–	–
9	–	–	40	–	260	–	131	–	119	138	–	–
10	–	–	93	86	–	52	110	–	–	110	–	–
11	–	–	34	185	75	–	258	90	–	195	–	–
12	–	–	–	98	–	–	86	30	–	65	–	–
13	–	75	–	–	–	–	97	–	–	–	–	–
14	–	226	172	260	249	206	–	119	358	–	–	–
15	–	102	555	225	–	774	270	–	585	–	–	–
16	–	–	98	–	–	86	30	–	65	–	–	–
17	75	–	–	–	–	97	–	–	–	–	–	–
18	398	–	389	326	–	–	119	358	–	–	–	–
19	144	513	225	–	774	270	–	585	–	–	–	–
20	288	467	225	654	206	300	650	–	–	–	–	–

Tabelle D.65: Zulässiger Produktionsplan nach Einsatz des Modells MLCLSP

j/t	1	2	3	4	5	6	7	8	9	10	11	12
1	–	–	446	706	1000	1000	918	1000	1000	1000	1000	240
2	–	433	791	808	344	1000	751	269	963	280	–	–
3	945	1000	977	1000	1000	793	829	963	75	–	–	–

Tabelle D.66: Ressourcenbelastungen bei kapazitätsorienierter Losgrößenplanung

Der Einsatz des beschriebenen, auf die Losgrößenplanung bezogenen Simultanplanungskonzepts scheiterte bislang daran, daß weder exakte noch heuristische Verfahren zur Lösung des Modells MLCLSP existierten. In den letzten Jahren sind jedoch einige heuristische Konzepte entwickelt worden, mit denen kapazitierte Losgrößenprobleme für bestimmte Typen von Erzeugnis- und Prozeßstrukturen gelöst werden können. Diese sollen im folgenden dargestellt werden.

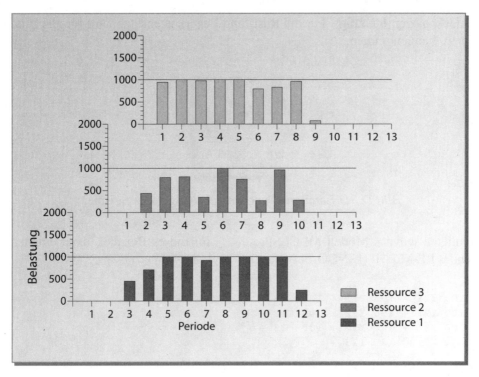

Bild D.50: Ressourcenbelastungen bei kapazitätsorientierter Losgrößenplanung

D.3.4.4.2 Verfahren für konvergierende Erzeugnis- und Prozeßstrukturen

Maes[235] entwirft verschiedene heuristische Verfahren zur Lösung des mehrstufigen Mehrprodukt-Losgrößenproblems mit Kapazitätsbeschränkungen, die für konvergierende (und mehrere parallele lineare) Erzeugnisstrukturen einsetzbar sind. Grundlage dieser Verfahren ist das Modell $MLCLSP_{KONV_{Maes}}$[236], das zunächst mit einem Standard-Algorithmus zur linearen Optimierung unter Vernachlässigung der Ganzzahligkeitsbedingungen gelöst wird. Die einzelnen von *Maes* untersuchten Heuristik-Varianten bauen auf der Lösung des derart relaxierten Modells $MLCLSP_{KONV_{Maes}}$ auf und versuchen, auf systematische Weise zu einer zulässigen, d. h. ganzzahligen, Lösung zu gelangen.

Die prinzipielle Vorgehensweise der unterschiedlichen Heuristik-Varianten soll anhand eines einfachen Beispiels erläutert werden. Wir betrachten die in Bild D.51 wiedergegebene konvergierende Erzeugnis- und Prozeßstruktur mit drei Produkten. Für das Endprodukt 1 sind Bedarfsmengen für 3 Perioden gegeben. Sie betragen jeweils 1. Alle Direktbedarfskoeffizienten sind 1. Alle Kapazitätsinanspruchnahmekoeffizienten sind ebenfalls 1. Sämtliche Produkte müssen auf einer Maschine bearbeitet werden, deren

---
[235] vgl. *Maes* (1987); vgl. auch *Maes et al.* (1991); *Maes und van Wassenhove* (1991)
[236] vgl. Abschnitt D.3.4.2.2, S. 228 ff.

Periodenkapazität 6 beträgt. Für die Rüst- und Lagerkostensätze wird für alle Produkte 100 bzw. 1 angenommen.

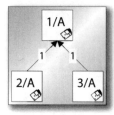

Bild D.51: Erzeugnis- und Prozeßstruktur des Beispiels

Formulieren wir das Modell MLCLSP$_{KONV_{Maes}}$ für dieses Beispiel, dann erhalten wir folgendes LP-Modell (LINDO-Format; Ykt$\widehat{=}\gamma_{kt}$, Xkτt$\widehat{=}\delta_{k\tau t}$):

```
MIN 100 Y11 + 100 Y12 + 100 Y13 +
    100 Y21 + 100 Y22 + 100 Y23 +
    100 Y31 + 100 Y32 + 100 Y33 +
      1 X112 + 2 X113 +
      1 X123 +
      1 X212 + 2 X213 +
      1 X223 +
      1 X312 + 2 X313 +
      1 X323
SUBJECT TO
 2)  X111 - Y11 <= 0
 3)  X112 - Y11 <= 0
 4)  X113 - Y11 <= 0
 5)  X122 - Y12 <= 0
 6)  X123 - Y12 <= 0
 7)  X133 - Y13 <= 0
 8)  X211 - Y21 <= 0
 9)  X212 - Y21 <= 0
10)  X213 - Y21 <= 0
11)  X222 - Y22 <= 0
12)  X223 - Y22 <= 0
13)  X233 - Y23 <= 0
14)  X311 - Y31 <= 0
15)  X312 - Y31 <= 0
16)  X313 - Y31 <= 0
17)  X322 - Y32 <= 0
18)  X323 - Y32 <= 0
19)  X333 - Y33 <= 0
20)  X111 =   1
21)  X112 + X122 = 1
22)  X113 + X123 + X133 = 1
```

```
23) X211 - X111 >= 0
24) X212 - X112 >= 0
25) X212 + X222 - X112 - X122 >= 0
26) X213 - X113 >= 0
27) X213 + X223 - X113 - X123 >= 0
28) X213 + X223 + X233 - X113 - X123 - X133 >= 0
29) X311 - X111 >= 0
30) X312 - X112 >= 0
31) X312 + X322 - X112 - X122 >= 0
32) X313 - X113 >= 0
33) X313 + X323 - X113 - X123 >= 0
34) X313 + X323 + X333 - X113 - X123 - X133 >= 0
35) X111 + X211 + X311 + X112 + X212 + X312 + X113 + X213 + X313 <= 6
36) X122 + X123 + X222 + X223 + X322 + X323 <= 6
37) X133 + X233 + X333 <= 6
```

Vernachlässigt man die Kapazitätsrestriktionen, dann ergeben sich aufgrund der relativ geringen Lagerkosten die in Bild D.52 dargestellten Produktionspläne, nach denen für jedes Produkt der Gesamtbedarf des Planungszeitraums bereits in der ersten Periode bereitgestellt wird.

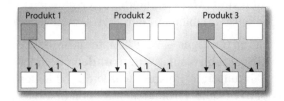

Bild D.52: Produktionspläne bei unbeschränkten Kapazitäten

Zur graphischen Veranschaulichung der Lösungen greifen wir auf die Analogie zur Standortplanung zurück. Die obere Reihe von Kästchen beschreibt jeweils die möglichen Produktionsperioden (potentielle Standorte), während die untere Reihe die Bedarfsperioden darstellt (Bedarfsorte). Ein schraffiertes Kästchen signalisiert eine Produktion in der betreffenden Periode. Ist ein Kästchen nur teilweise schraffiert, dann ist die entsprechende Rüstvariable nicht-ganzzahlig. Die eingezeichneten Kanten markieren die Beziehungen zwischen Produktions- und Bedarfsperioden. Dabei beschreibt eine schräg von links oben nach rechts unten verlaufende Verbindung einen Lagervorgang.

Die relaxierte Lösung des Modells MLCLSP$_{KONV_{Maes}}$ für das Beispiel führt zu einem Kapazitätsbedarf von 9 Einheiten in Periode 1. Lösen wir nun das LP-Modell einschließlich der Kapazitätsrestriktion, aber unter Vernachlässigung der Ganzzahligkeitsbedingungen für die Rüstvariablen (`Ykt`), dann entsteht die in Bild D.53 skizzierte Situation.

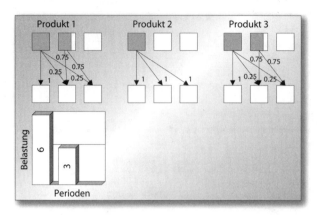

Bild D.53: Produktionspläne bei LP-Relaxation aller Binärvariablen

Die Kosten dieser (nicht zulässigen) Lösung betragen 456. Aufgrund der Kapazitätsrestriktion in Periode 1 sind nun Produktionsmengen in die Periode 2 verschoben worden. Das angegebene Kapazitätsbelastungsdiagramm zeigt, daß die Ressource in Periode 1 voll ausgelastet ist. Es ist erkennbar, daß die Rüstvariablen der Produkte 1 und 3 in der Periode 2 nicht-ganzzahlig sind. *Maes* schlägt nun verschiedene Möglichkeiten vor, die noch nicht-ganzzahligen Rüstvariablen auf den Wert 0 oder 1 zu fixieren.

Ein einfacher – aber i. a. ungünstiger – Weg könnte darin bestehen, alle von Null verschiedenen Werte der Rüstvariablen auf 1 **aufzurunden** und im Anschluß daran das LP-Modell erneut zu lösen. In unserem Beispiel würde das bedeuten: Y12=1 und Y32=1. Die mit dieser (zulässigen) Lösung verbundenen Kosten betragen 505.

Eine andere Möglichkeit besteht darin, in mehreren Schritten jeweils eine oder mehrere der nicht-ganzzahligen Rüstvariablen auf 1 zu fixieren und das resultierende LP-Modell zu lösen, wobei die Rechnung beendet werden kann, sobald alle Rüstvariablen in einer Lösung des LP-Modells ganzzahlig sind. Diese Vorgehensweise soll anhand des Beispiels erläutert werden. Da in der zuletzt errechneten Lösung des LP-Modells zwei Rüstvariablen (Y12 und Y32) nicht-ganzzahlig sind, muß eine Entscheidung darüber getroffen werden, welche der beiden Variablen fixiert werden soll. Diese Variable wird auch in allen weiteren evtl. noch zu lösenden LP-Modellen den Wert 1 beibehalten. Daher hat die Reihenfolge, in der die Rüstvariablen fixiert werden, einen Einfluß auf die Qualität der besten erreichten Lösung des Losgrößenproblems. Im vorliegenden Fall entscheiden wir uns für die Fixierung von Y12=1. Nach Lösung des resultierenden LP-Modells erhalten wir die in Bild D.54 dargestellten Produktionspläne. In dieser Lösung ist nun nur noch die Rüstvariable des Produkts 2 in Periode 2 nicht-ganzzahlig. Die Kosten betragen 456.

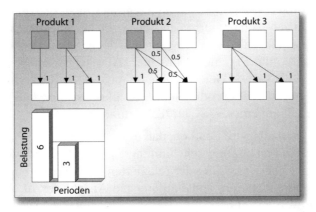

Bild D.54: Produktionspläne bei erzwungener Produktion für Produkt 1 in Periode 2

Im nächsten Schritt fixieren wir zusätzlich die Rüstvariable Y22=1 und lösen das resultierende LP-Modell erneut. Die – nun auch hinsichtlich der Ganzzahligkeitsbedingungen der Rüstvariablen zulässigen – Produktionspläne zeigt Bild D.55. Durch die erzwungene Produktion für Produkt 2 in Periode 2 hat sich die Kapazitätsbelastung von Periode 1 in Periode 2 verschoben. Die Kosten dieser Lösung betragen 505.

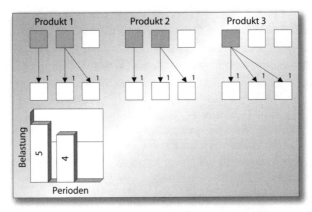

Bild D.55: Produktionspläne bei erzwungener Produktion für die Produkte 1 und 2 in Periode 2

Das anhand des Beispiels erläuterte heuristische Lösungskonzept ist in Bild D.56 zusammengefaßt. Dabei sind einige von *Maes* formulierte Verfahrensvarianten aufgeführt, die sich dadurch unterscheiden, in welcher Weise die jeweils auf ganzzahlige Werte zu fixierenden Rüstvariablen ausgewählt werden.

Maes hat diese Lösungsstrategien neben anderen, hier nicht diskutierten Varianten anhand einer großen Anzahl von numerischen Beispielen mit linearen Erzeugnisstrukturen getestet. Dabei zeigte sich, daß die Lösungsqualität der als „periodenbezogen rückwärts" bezeichneten Variante gute Ergebnisse brachte. Alle getesteten Verfahren benötigten aber schon für vergleichsweise kleine Probleme recht hohe Rechenzeiten. So wurden z. B. für ein Problem mit 3 Endprodukten, 3 Produktionsstufen und 10 Perioden mehr als 45 Sek. Rechenzeit auf einer VAX 11/785 verbraucht.

Schon anhand des Beispiels wird deutlich, daß das Modell $\text{MLCLSP}_{\text{KONV}_{\text{Maes}}}$ bereits für Probleme geringer Größenordnung sehr umfangreich wird. Dies wirkt sich unmittelbar auf die zur (mehrfachen) Lösung der relaxierten LP-Modelle benötigte Rechenzeit aus. *Maes* gibt Bedingungen an, anhand derer die Anzahl der zu berücksichtigenden Variablen reduziert werden kann.

Schritt 0: Vollständige Relaxation aller Rüstvariablen

Löse das bezüglich aller Rüstvariablen relaxierte Modell $\text{MLCLSP}_{\text{KONV}_{\text{Maes}}}$

Schritt 1: Fixierung von Rüstvariablen

Fixiere eine oder mehrere nicht-ganzzahlige Rüstvariable(n). Hier sind mehrere Strategien zur Auswahl der nächsten zu fixierenden Variablen denkbar, z. B.

Isolierte Variablenfixierung

- Periodenbezogen vorwärts: Es werden zunächst alle Rüstvariablen der Periode 1 fixiert, dann alle Rüstvariablen der Periode 2, usw.
- Periodenbezogen rückwärts: Es werden zunächst alle Rüstvariablen der Periode T fixiert, dann alle Rüstvariablen der Periode $T-1$, usw.
- Produktbezogen rückwärts: Für jedes Produkt wird zunächst die am weitesten in der Zukunft liegende nicht-ganzzahlige Rüstvariable ermittelt. Aus dieser Menge wird dann die Variable mit dem größten Wert fixiert.
- Globales Maximum: Es wird jeweils die größte nicht-ganzzahlige Rüstvariable fixiert.

Simultane Variablenfixierung

- Fixierung logisch zusammenhängender Variablen: Hier werden mehrere nicht-ganzzahlige Rüstvariablen simultan fixiert.

Schritt 2: Lösung des teilweise relaxierten LP-Modells

Löse das resultierende LP-Modell. Falls alle Rüstvariablen ganzzahlig sind, STOP; andernfalls gehe zu Schritt 1.

Bild D.56: Grundstruktur des Verfahrens von Maes

Weiterhin ist anzumerken, daß das Verfahren Eigenschaften der Modellformulierung MLCLSP$_{KONV_{Maes}}$ ausnutzt, die nur für lineare und konvergierende Erzeugnisstrukturen einsetzbar ist. Nur für diese Formulierung des Losgrößenproblems ergeben sich bei Anwendung der LP-Relaxation nicht-ganzzahlige Werte, die signifikant von Null verschieden sind und daher einen Ansatzpunkt für sinnvolles Auf- oder Abrunden bieten. Löst man dagegen eine relaxierte Variante des Modells MLCLSP, dann sind die nicht-ganzzahligen Werte der Rüstvariablen i. d. R. so klein, daß ein sinnvolles Auf- oder Abrunden kaum möglich ist.

Blackburn und Millen[237] integrieren Kapazitätsaspekte in das in Abschnitt D.3.4.3.2 beschriebene Konzept der Kostenanpassung für konvergierende Erzeugnisstrukturen, indem sie für jedes Produkt isoliert die Länge des Produktionszyklus (und damit die Losgröße) aufgrund von Kapazitätsüberlegungen beschränken. Sie weisen darauf hin, daß die Beschränkung der Losgröße für ein untergeordnetes Erzeugnis zu einer Erhöhung des Anteils der Rüstkosten des untergeordneten Erzeugnisses führt, der durch den Mechanismus der Kostenanpassung bereits bei der Losgrößenentscheidung für das übergeordnete Produkt berücksichtigt werden muß. Erhöhte Rüstkosten führen aber c. p. zu einem Anstieg der Losgrößen. Dieser Effekt mag überraschen, ist aber dadurch bedingt, daß im übergeordneten Losgrößenproblem nur die Kosten verändert werden. Sind dort auch Kapazitätsbeschränkungen zu berücksichtigen oder – was bei *Blackburn und Millen* nicht betrachtet wird – nehmen mehrere Produkte dieselben knappen Ressourcen in Anspruch, dann besteht dieser systematische Zusammenhang nicht mehr.

Zur Bestimmung der für die Anpassung der Rüst- und Lagerkostensätze benötigten Faktoren unter Beachtung der Kapazitäten setzen *Blackburn und Millen* ein spezialisiertes Branch&Bound-Verfahren ein.[238] Die derart modifizierten Kostensätze werden dann bei der Lösung der resultierenden einstufigen Einprodukt-Losgrößenprobleme vom Typ des Modells SLULSP verwendet. Es wird jedoch nicht deutlich, inwieweit die Beschränkungen der Losgrößen im Verlaufe der Losgrößenbildung unter den Bedingungen dynamisch schwankender Bedarfsmengen tatsächlich eingehalten werden, da *Blackburn und Millen* nach der Kostenanpassung nur noch das Modell SLULSP – in dem keine Kapazitätsbeschränkungen enthalten sind – lösen. Die einmalige Kostenanpassung allein kann aber nicht die Einhaltung der knappen Kapazitäten garantieren.

Raturi und Hill[239] erweitern das von *Blackburn und Millen* formulierte Modell BM[240] um Kapazitätsrestriktionen für mehrere (J) Ressourcen, die in der Weise formuliert sind, daß die durchschnittliche Kapazitätsbelastung einer Ressource j, resultierend aus Rüst- und Bearbeitungszeiten, ihre Kapazität b_j nicht überschreiten darf. Das betrachtete statische Losgrößenmodell lautet:

---

237 vgl. *Blackburn und Millen* (1984)
238 vgl. hierzu auch *Maes* (1987), S. 166–174
239 vgl. *Raturi und Hill* (1988)
240 siehe Abschnitt D.3.4.3.2, S. 244

Modell BMC

$$\text{Minimiere } Z = \sum_{k=1}^{K} \left[\frac{s_k}{t_k} + \frac{e_k \cdot D_k \cdot t_k}{2} \right] \quad \text{(D.292)}$$

u. B. d. R.

$$\sum_{k=1}^{K} \left[tb_{jk} \cdot D_k + \frac{tr_{jk}}{t_k} \right] \leq b_j \qquad j = 1, 2, ..., J \quad \text{(D.293)}$$

↑ durchschnittliche Rüstzeit für Produkt k an Ressource j
↳ durchschnittliche Bearbeitungszeit für Produkt k an Ressource j

$$t_k = m_k \cdot t_{n(k)} \qquad k = 1, 2, ..., K \quad \text{(D.294)}$$

$$m_k \geq 1 \quad \text{und ganzzahlig} \qquad k = 1, 2, ..., K \quad \text{(D.295)}$$

Dabei bedeuten:

b_j Periodenkapazität der Ressource j
D_k durchschnittliche Periodenbedarfsmenge für das Produkt k
e_k marginaler Lagerkostensatz des Produkts k
J Anzahl der Ressourcen ($j = 1, 2, ..., J$)
K Anzahl der Produkte ($k = 1, 2, ..., K$)
m_k Verhältnis der Produktionszyklen der Produkte k und $n(k)$
$n(k)$ Index des einzigen Nachfolgers des Produkts k (direkt übergeordnetes Produkt)
s_k Rüstkostensatz des Produkts k
t_k Produktionszyklus des Produkts k
tb_{jk} Stückbearbeitungszeit des Produkts k an Ressource j
tr_{jk} Rüstzeit des Produkts k an Ressource j

Raturi und Hill multiplizieren die Kapazitätsrestriktionen (D.293) mit **Lagrange-Multiplikatoren** u_j und nehmen sie in die Zielfunktion auf. Unter Vernachlässigung der Ganzzahligkeitsbedingungen (D.295) und der durch die Nebenbedingungen (D.294) beschriebenen Interdependenzen zwischen den Produktionszyklen der Produkte entwickeln sie die Lagrange-Funktion (D.296).

$$\text{Minimiere } L(\underline{t}, \underline{u}) = \sum_{k=1}^{K} \left[\frac{s_k}{t_k} + \frac{e_k \cdot D_k \cdot t_k}{2} \right] + \sum_{j=1}^{J} u_j \cdot \left[\sum_{k=1}^{K} tb_{jk} \cdot D_k + \frac{tr_{jk}}{t_k} - b_j \right] \quad \text{(D.296)}$$

Durch Bildung der partiellen Ableitungen der Lagrange-Funktion (D.296) nach den Variablen t_k und u_j und einigen Umformungen ergibt sich unter der Annahme vernachlässigbarer Rüstkosten s_k folgende Approximation der optimalen Schattenpreise der Ressourcen:

$$u_{j\text{opt}} = \left[\frac{\sum_{k=1}^{K} \sqrt{\frac{tr_{jk} \cdot e_k \cdot D_k}{2}}}{b_j - \sum_{k=1}^{K} D_k \cdot tb_{jk}} \right]^2 \qquad j = 1, 2, ..., J \qquad (D.297)$$

Raturi und Hill schlagen vor, diese heuristisch abgeleiteten Schattenpreise zur Bestimmung der Rüstkostensätze zu verwenden:

$$s_k^* = \sum_{j \in \mathcal{J}_k} u_{j\text{opt}} \cdot tr_{jk} \qquad k = 1, 2, ..., K \qquad (D.298)$$

↳ Indexmenge der Ressourcen, die durch das Produkt k in Anspruch genommen werden

Zur Vermeidung zu großer Schwankungen der Rüstkostensätze im Zeitablauf und der sich daraus ergebenden Nervosität des Planungssystems werden die zu einem Planungszeitpunkt τ ermittelten Rüstkostensätze mit Hilfe des Verfahrens der exponentiellen Glättung fortgeschrieben:

$$s_k(\tau) = \alpha \cdot s_k^* + (1 - \alpha) \cdot s_k(\tau - 1) \qquad k = 1, 2, ..., K \qquad (D.299)$$

Diese Rüstkostensätze werden im Rahmen der isolierten produktbezogenen Losgrößen- und Materialbedarfsplanung verwendet, wobei nach dem Dispositionsstufenverfahren für jedes Produkt zunächst der Nettobedarf ermittelt wird und im Anschluß daran das Modell SLULSP durch Einsatz eines der beschriebenen heuristischen Verfahren gelöst wird. Zur Beurteilung der Leistungsfähigkeit ihres Vorschlags führen *Raturi und Hill* ein Simulationsexperiment für eine konvergierende Erzeugnisstruktur unter Berücksichtigung von drei Maschinen durch. Dabei wird auch der Fall der stufenübergreifenden Ressourcenkonkurrenz betrachtet, d. h., daß eine Maschine durch Produkte auf unterschiedlichen Dispositionsstufen in Anspruch genommen wird. Die referierten Simulationsergebnisse deuten darauf hin, daß bei Anwendung des beschriebenen Verfahrens im Vergleich zu der in der betrieblichen Praxis üblichen Vorgehensweise sowohl die durchschnittlichen Lagerbestände gesenkt werden können als auch eine Verbesserung der Liefertermineinhaltung möglich ist.

In einer anschließenden Arbeit weiten *Hill, Raturi und Sum*[241] die Betrachtung auf generelle Erzeugnisstrukturen aus. Sie schlagen verschiedene Heuristiken vor, in denen die Produktionszyklen der Produkte auf Zweier-Potenzen beschränkt werden und in ähnlicher Weise wie im Verfahren von *Heinrich*[242] iterativ aufeinander abgestimmt werden.

---
241 vgl. *Hill et al.* (1997)
242 siehe Abschnitt D.3.4.3.2.2, S. 255

Toklu und Wilson[243] betrachten Losgrößenprobleme mit konvergierenden oder mehreren parallelen linearen Erzeugnis- und Prozeßstrukturen, wobei davon ausgegangen wird, daß ausschließlich die Endprodukte eine knappe Ressource in Anspruch nehmen. Rüstzeiten werden explizit berücksichtigt. Zur Lösung der Probleme schlagen *Toklu und Wilson* eine heuristische Vorgehensweise vor, nach der die knappe Kapazität sukzessive den einzelnen Produkten entsprechend den periodenbezogenen Bedarfsmengen zugewiesen wird. Für die untergeordneten Erzeugnisse wird eine aus dem klassischen (stationären) Losgrößenmodell abgeleitete Produktionspolitik eingesetzt. Die Ausführungen lassen jedoch nicht erkennen, inwieweit Lager- und Rüstkosten bei der Generierung einer Lösung berücksichtigt werden.

D.3.4.4.3 Verfahren für generelle Erzeugnis- und Prozeßstrukturen

Die bisher dargestellten Lösungsansätze eignen sich nur für lineare oder konvergierende Erzeugnis- und Prozeßstrukturen. Ihre praktischen Einsatzmöglichkeiten sind daher relativ begrenzt. Denn in der betrieblichen Praxis herrschen generelle Erzeugnisstrukturen vor. Im folgenden werden verschiedene heuristische Ansätze zur Lösung des Modells MLCLSP vorgestellt, die auch bei generellen Erzeugnis- und Prozeßstrukturen anwendbar sind.

D.3.4.4.3.1 Das Verfahren von Helber – Ein Dekompositionsverfahren

Im folgenden wollen wir einen Lösungsansatz für generelle Erzeugnis- und Prozeßstrukturen beschreiben, in dem ein Verfahren zur Lösung des einstufigen Mehrprodukt-Losgrößenproblems bei beschränkten Kapazitäten[244] mit verschiedenen Berechnungsvarianten der Rüst- und Lagerkostensätze kombiniert wird. Dabei greifen wir u. a. auch auf den Vorschlag von *Heinrich*[245] zurück, der die Mehrstufigkeit der Erzeugnis- und Prozeßstruktur durch Anpassung der Kosten berücksichtigt.[246] Da ein wichtiger Aspekt dieses Verfahrens die Zerlegung des mehrstufigen Losgrößenproblems in einfachere Teilprobleme ist, kann man das Verfahren auch als Dekompositionsverfahren bezeichnen.

Erinnern wir uns an das Grundprinzip des Verfahrens von *Heinrich*. Die Phase I dient der zeitlichen Abstimmung der Produktionsmengen der durch Input-Output-Beziehungen miteinander verbundenen Einzelteile, Baugruppen und Endprodukte. Nach Beendigung dieser Phase bestehen verschiedene Möglichkeiten, einen Produktionsplan zu erzeugen. Dem Vorschlag von *Heinrich* zufolge können die in Phase I ermittelten Produktionszyklen direkt übernommen oder zur Modifikation der Kostenparameter für anschließend

---

243 vgl. *Toklu und Wilson* (1992)
244 vgl. Modell CLSP, Abschnitt D.3.3.1
245 vgl. Abschnitt D.3.4.3.2.2
246 vgl. *Tempelmeier und Helber* (1994)

zu lösende dynamische Einprodukt-Losgrößenprobleme eingesetzt werden. Diese zweite Möglichkeit ist für unsere weiteren Überlegungen von Bedeutung.

Heinrich löst in Phase II des Verfahrens Einprodukt-Losgrößenprobleme ohne Kapazitätsbeschränkungen. Geht man nun davon aus, daß die Produkte an Maschinen mit beschränkter Kapazität bearbeitet werden müssen, dann kann der Fall eintreten, daß ein in Phase II des Verfahrens ermittelter Produktionsplan nicht zulässig ist. Betrachten wir noch einmal den Produktionsplan, der sich bei bedarfsproportionaler Aufteilung der Rüstkosten in dem Beispiel ergibt, das zur Veranschaulichung des Verfahrens von *Heinrich* verwendet wurde.[247]

Es sei nun angenommen, daß die Produkte 3 und 4 auf einer Ressource A mit einer Periodenkapazität von 160 Einheiten produziert werden. Tabelle D.67 zeigt die sich aus dem Produktionsplan 3 ergebende Belastung der Ressource durch die Produkte 3 und 4. Der nach dem Verfahren von *Heinrich* ermittelte Produktionsplan ist im Hinblick auf die zusätzlich unterstellte Kapazitätsbeschränkung nicht zulässig, denn die Kapazität der Ressource wird in den Perioden 4 und 6 überschritten.

$k \backslash t$	1	2	3	4	5	6	7	8
3	118	79	–	82	–	83	–	38
4	38	79	–	82	–	83	–	38
Kapazitätsbedarf	156	158	–	<u>164</u>	–	<u>166</u>	–	76

Tabelle D.67: Produktionsplan für die Produkte 3 und 4 (ohne Berücksichtigung der Kapazitäten)

Es bietet sich nun an, anstelle der isolierten dynamischen Einprodukt-Losgrößenprobleme in Phase II des Verfahrens von *Heinrich* für alle Erzeugnisse einer Dispositionsstufe, die dieselbe Ressource belegen, ein **dynamisches Mehrprodukt-Losgrößenproblem** (CLSP) mit beschränkter Produktionskapazität zu lösen. Dazu kann auf eines der in Abschnitt D.3.3, S. 165 ff., dargestellten Lösungsverfahren zurückgegriffen werden.

Setzt man z. B. das Verfahren von *Dixon*[248] ein, dann erhält man den in Tabelle D.68 wiedergegebenen Produktionsplan für die Produkte 3 und 4, wenn man als Kostenparameter die gemäß der bedarfsbezogenen Proportionalisierung modifizierten Kostensätze nach dem Verfahren von *Heinrich* verwendet. Vergleicht man beide Produktionspläne, dann ist zu erkennen, daß die Produktionsmengen, die über die verfügbare Kapazität der Maschine hinausgehen, in frühere Perioden verschoben worden sind. Die überschüssige Bedarfsmenge der Periode 4 wird nicht bereits in Periode 3 produziert – dies wäre zwar im Hinblick auf die Lagerkosten günstig, würde aber zusätzliche Rüstkosten verursachen – sondern in Periode 2 verschoben. Da in dieser Periode aber nur 2 ME zusätzlich pro-

---

247 vgl. Produktionsplan 3, Tabelle D.54, S. 270
248 Vgl. Abschnitt D.3.3.2.1, S. 178. Die hier dargestellte Lösung kommt zustande, wenn man die mit dem Verfahren von Dixon ermittelte Lösung einer Nachoptimierung unterzieht.

duziert werden können, müssen die restlichen beiden ME bereits in Periode 1 hergestellt werden. Die durch die Verschiebung entstehenden zusätzlichen Lagerkosten könnten nur durch Inkaufnahme zusätzlicher Rüstkosten in Periode 3 vermieden werden. Für die Verschiebung der überschüssigen Bedarfsmenge der Periode 6 dagegen besteht wegen der allgemein knappen Kapazität in den Produktionsperioden nur noch die Möglichkeit, in einer freien Periode ein neues Los aufzulegen. Dies geschieht so spät wie möglich, d. h. in Periode 5.

$k \backslash t$	1	2	3	4	5	6	7	8
3	118	79	–	82	–	83	–	38
4	40	81	–	78	6	77	–	38
Kapazitätsbedarf	158	160	–	<u>160</u>	6	<u>160</u>	–	76

Tabelle D.68: *Produktionsplan für die Produkte 3 und 4 (mit Berücksichtigung der Kapazitäten)*

Durch das einführende Beispiel wird bereits erkennbar, daß man das mehrstufige Mehrprodukt-Losgrößenproblem mit beschränkten Kapazitäten heuristisch in eine Folge von einstufigen Losgrößenproblemen vom Typ CLSP zerlegen kann, die aufeinander aufbauen und nacheinander gelöst werden.

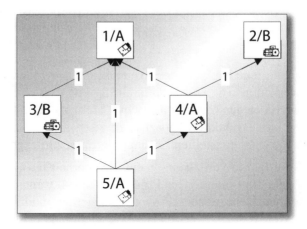

Bild D.57: *Erzeugnis- und Prozeßstruktur mit stufenübergreifender Ressourcenkonkurrenz*

Das oben betrachtete Beispiel ist bewußt einfach gehalten. So wird nur eine Ressource betrachtet und es wird unterstellt, daß diese nur durch Erzeugnisse derselben Dispositionsstufe in Anspruch genommen wird. In größeren Erzeugnis- und Prozeßstrukturen kann jedoch der Fall auftreten, daß **mehrere Ressourcentypen** zu berücksichtigen sind. Darüber hinaus kann nicht ausgeschlossen werden, daß eine Ressource durch Erzeugnisse bzw. Arbeitsgänge beansprucht wird, die unterschiedlichen Dispositionsstufen zugeordnet sind. Ein Produkt konkurriert dann u. U. mit seinen eigenen Komponenten (Vorgängern in der Erzeugnis- und Prozeßstruktur) um eine bestimmte Ressource. In Bild D.57 ist eine derartige Erzeugnis- und Prozeßstruktur mit stufenübergreifender Ressourcenkonkurrenz abgebildet. Ein Knoten (Produkt, Arbeitsgang) wird identifiziert durch die Produktnummer und die Kennung der betreffenden Ressource (Buchstabe bzw. Symbol).

Der formale Ablauf eines Verfahrens zur Lösung des mehrstufigen Mehrprodukt-Losgrößenproblems bei genereller Erzeugnis- und Prozeßstruktur und stufenübergreifender Ressourcenkonkurrenz ist in Bild D.58 wiedergegeben.[249]

Das Verfahren besteht aus zwei Phasen. In der ersten Phase werden die Problemdaten aufbereitet. Zunächst erfolgt eine Sortierung der Erzeugnis- und Prozeßstruktur. Hierbei kann alternativ auf die materialflußorientierte Sortierung nach Dispositionsstufen oder aber auf eine Strukturierung zurückgegriffen werden, die auch die Reihenfolge der Ressourcenbelegung durch die einzelnen Erzeugnisse berücksichtigt (**modifizierte Dispositionsstufen**).

Darüber hinaus ist eine Entscheidung zu treffen, welche Kostensätze bei der Losgrößenplanung eingesetzt werden sollen. Hier bieten sich als Alternativen die Verwendung unmodifizierter Kostensätze oder der Einsatz von Kostensätzen an, die nach dem Verfahren von *Heinrich* modifiziert worden sind. Die zweite Phase des Verfahrens umfaßt die eigentliche Losgrößenplanung. Hier werden Probleme des Typs CLSP unter Berücksichtigung unterschiedlicher Produkte, Ressourcen und Restkapazitäten gelöst. Für die im obigen Beispiel betrachtete Erzeugnis- und Prozeßstruktur sind nach dem Verfahren von *Helber* bei Sortierung der Erzeugnis- und Prozeßstruktur nach Dispositionsstufen nacheinander die in Tabelle D.69 zusammengestellten Losgrößenprobleme zu bearbeiten.

Problem Nr.	Produkt	Ressource	Kapazität
1	1	A	Gesamtkapazität
2	2	B	Gesamtkapazität
3	3	B	Restkapazität
4	4	A	Restkapazität
5	5	A	Restkapazität

Tabelle D.69: Folge von Losgrößenproblemen

Es entstehen hier nur Losgrößenprobleme mit einem Erzeugnis, weil keine Ressource durch mehrere Erzeugnisse derselben Dispositionsstufe beansprucht wird. In der betrieblichen Praxis, d. h. bei größeren Erzeugnis- und Prozeßstrukturen, wird dies aber

---
[249] vgl. *Helber* (1994); *Tempelmeier und Helber* (1994)

nicht der Fall sein, so daß jeweils echte Modelle vom Typ CLSP zu lösen sein werden. Es besteht jedoch die Möglichkeit, durch eine geeignete Problemstrukturierung die Zahl der zu lösenden CLSP-Probleme u. U. erheblich zu verringern. Dies soll im folgenden erläutert werden.

Phase I: Problemstrukturierung

Sortiere die Erzeugnis- und Prozeßstruktur
- nach Dispositionsstufen (ohne Berücksichtigung der Ressourcen) *oder*
- nach modifizierten Dispositionsstufen (mit Berücksichtigung der Ressourcen).

Verwende als Kostenparameter
- unmodifizierte Rüst- und Lagerkostensätze *oder*
- modifizierte Rüst- und Lagerkostensätze nach dem Verfahren von Heinrich.

Phase II: Losbildung

Für alle (modifizierten) Dispositionsstufen ($u = 0, 1, 2, \ldots$):

> Weise alle Ressourcen, die durch ein Erzeugnis der Dispositionsstufe u in Anspruch genommen werden, der Menge $\mathcal{J}_u$ zu.
>
> Für alle Ressourcen $j \in \mathcal{J}_u$:
>
>> Bestimme die Menge $\mathcal{K}_{ju}$ der Erzeugnisse, die die Ressource j belegen und zur aktuellen Dispositionsstufe u gehören.
>>
>> Bestimme die Bedarfsmengen für alle Erzeugnisse $k \in \mathcal{K}_{ju}$.
>>
>> Bestimme die (verbleibenden) periodenbezogenen Kapazitäten der Ressource j, b_{jt}.
>>
>> Löse das Problem CLSP mit einer modifizierten Version des Verfahrens von Dixon für die Erzeugnisse $k \in \mathcal{K}_{ju}$ und die aktuelle Ressource j unter Berücksichtigung der noch verfügbaren Periodenkapazitäten.

Bild D.58: Grundstruktur des Verfahrens von Helber zur Lösung des Modells MLCLSP

Vernachlässigen wir für einen Augenblick die Ressourcen und konzentrieren wir uns nur auf die mengenmäßigen Beziehungen zwischen den Erzeugnissen, dann stellen wir fest, daß diese Erzeugnisstruktur zyklenfrei ist. Das bedeutet, wir können jedes Erzeugnis einer Dispositionsstufe zuordnen und die Erzeugnisstruktur im Rahmen des Verfahrens von *Helber* schrittweise abarbeiten. In jedes behandelte Losgrößenproblem nehmen wir alle Produkte auf, für die wir den aus übergeordneten Erzeugnissen abgeleiteten Sekundärbedarf bereits kennen.

Betrachtet man dieselbe Erzeugnis- und Prozeßstruktur unter dem Aspekt der Ressourcenbelegung, dann ergibt sich der in Bild D.59 dargestellte zyklische **Ressourcen-Graph**, in dem einige Pfeile von oben nach unten oder zu ihrem Startknoten zurückführen. Jeder Pfeil in Bild D.59 entspricht einem Pfeil in Bild D.57.

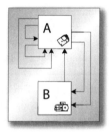

Bild D.59: Ressourcen-Graph

Offensichtlich ist es wünschenswert, im Verfahren von *Helber* bei der Lösung eines Problems vom Typ CLSP möglichst alle Produkte zu erfassen, die die betrachtete Ressource in Anspruch nehmen. Im Idealfall wäre das Verfahren abgeschlossen, wenn für jede Ressource genau ein CLSP-Problem gelöst ist. Wie wir gesehen haben, werden bei einer Sortierung der Erzeugnis- und Prozeßstruktur nach Dispositionsstufen nur die mengenmäßigen Interdependenzen zwischen den Erzeugnissen erfaßt. Die ressourcenbezogenen Interdependenzen werden dabei nicht berücksichtigt.

Um möglichst große CLSP-Probleme zu erhalten, müssen wir die Erzeugnis- und Prozeßstruktur so sortieren, daß einerseits die aus Sicht der mengenbezogenen Bedarfsplanung erforderliche Dispositionsstufenordnung nicht zerstört wird, daß aber andererseits Produkte, die gemeinsam in einem Modell CLSP behandelt werden könnten, auch tatsächlich dort berücksichtigt werden. Um dies zu erreichen, kann das in Bild D.60 wiedergegebene Verfahren eingesetzt werden, das anhand des Beispiels aus Bild D.57 erläutert werden soll.[250]

---

250 vgl. *Helber* (1994), S. 67

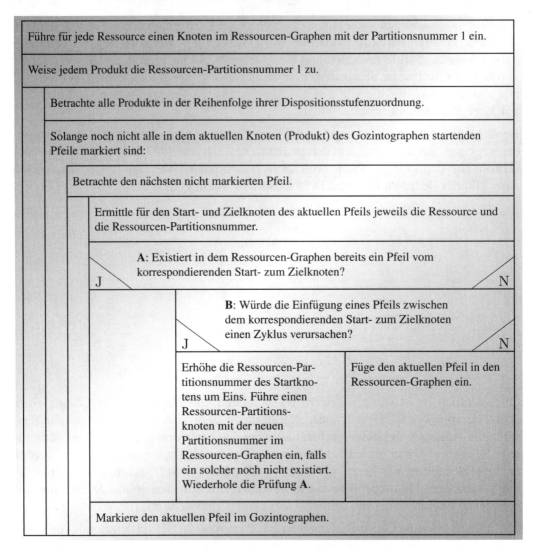

Bild D.60: Verfahren zur Erzeugung eines zyklenfreien Ressourcen-Graphen

Die Bilder D.61–D.62 zeigen den Ablauf des Verfahrens. Die linke Seite zeigt den materialflußorientierten Gozintographen (mit den aktuellen Ressourcen-Partitionsnummern der Erzeugnisse) und die rechte Seite gibt den Ressourcen-Graphen wieder. Der gerade betrachtete Pfeil ist gestrichelt und markierte Pfeile sind grau dargestellt.

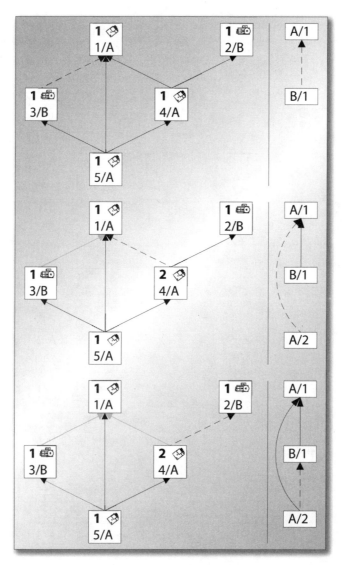

Bild D.61: Verfahren zur Erzeugung eines zyklenfreien Ressourcen-Graphen (Teil 1)

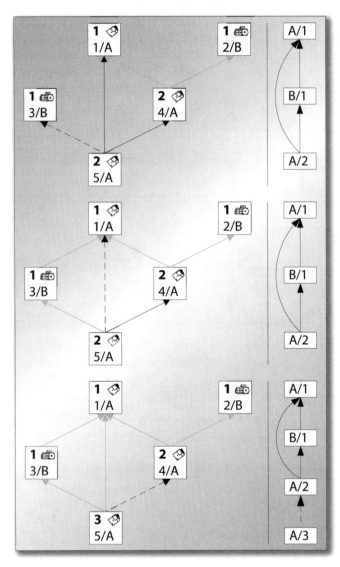

Bild D.62: Verfahren zur Erzeugung eines zyklenfreien Ressourcen-Graphen (Teil 2)

Als Ergebnis erhalten wir die in Bild D.63 dargestellte modifizierte Erzeugnis- und Prozeßstruktur, deren Analyse zeigt, daß nunmehr weniger CLSP-Probleme entstanden sind. So können die Erzeugnisse 2 und 3 im Rahmen eines Losgrößenproblems betrachtet werden (siehe Tabelle D.70).

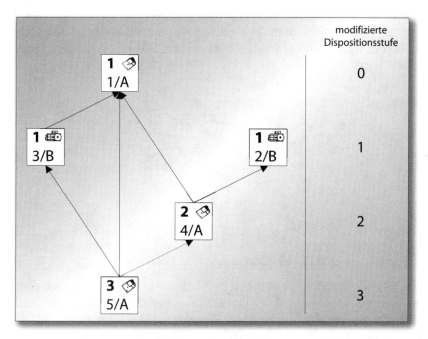

Bild D.63: Modifizierte Erzeugnis- und Prozeßstruktur

Problem Nr.	Produkt	Ressource	Kapazität
1	1	A/1	Gesamtkapazität
2	2,3	B	Gesamtkapazität
3	4	A/2	Restkapazität
4	5	A/3	Restkapazität

Tabelle D.70: Folge von Losgrößenproblemen

Die Problemstrukturierung unter Verwendung von modifizierten Dispositionsstufen führt also zu einem höheren Grad an „Simultaneität" der resultierenden Losgrößenprobleme und berechtigt zu der Hoffnung, daß dadurch auch eine bessere Lösungsqualität erreicht wird.

Allerdings ist mit der Mehrstufigkeit der Erzeugnisstruktur das Problem verbunden, daß ein Produktionsplan für ein Produkt nicht nur im Hinblick auf die verfügbare Kapazität des in Anspruch genommenen Betriebsmittels zulässig sein muß. Vielmehr ist zusätzlich bei der Verschiebung von Produktionsmengen in frühere Produktionsperioden zu berücksichtigen, daß die damit verbundenen Verschiebungen der Vorgänger-Erzeugnisse ebenfalls möglich sein müssen.

Die **Zulässigkeit einer Produktionsmengenverschiebung** hinsichtlich aller Vorprodukte eines Erzeugnisses kann prinzipiell mit einem LP-Modell überprüft werden, wenn

– wie im vorliegenden Planungszusammenhang unterstellt wird – keine Rüstzeiten zu berücksichtigen sind. Dies soll anhand eines einfachen Beispiels erläutert werden. Wir betrachten den in Bild D.64 dargestellten Ausschnitt aus einer Erzeugnis- und Prozeßstruktur.

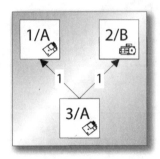

Bild D.64: Erzeugnis- und Prozeßstruktur

Die Produkte 1 und 3 werden auf der Ressource A und das Produkt 2 auf der Ressource B bearbeitet. Die Periodenkapazitäten der Ressource A betragen $b_{At} = 33$, während die Ressource B nur mit $b_{Bt} = 15$ zur Verfügung steht ($t = 1, ..., 4$). Alle Direktbedarfskoeffizienten und Kapazitätsinanspruchnahmefaktoren sind gleich 1. Für das Produkt 1 wurde bereits der in Tabelle D.71 angegebene Produktionsplan festgelegt.

t	1	2	3	4
q_{1t}	10	10	10	10

Tabelle D.71: Produktionsmengen für Produkt 1

Für das Produkt 2 mögen die in Tabelle D.72 aufgeführten Bedarfsmengen gelten.

t	1	2	3	4
d_{2t}	–	20	–	20

Tabelle D.72: Bedarfsmengen für Produkt 2

Da die Kapazität der Ressource B mit $b_{Bt} = 15$ nicht ausreicht, um die Periodenbedarfsmengen jeweils vollständig in einer Periode zu produzieren, wird die in Tabelle D.73 zusammengestellte Verteilung der Produktion auf mehrere Perioden in Erwägung gezogen.

t	1	2	3	4
q_{2t}	5	15	5	15

Tabelle D.73: Produktionsplan für Produkt 2

```
MIN     Z
SUBJECT TO
 2)         Q11 - Y11                   =  10
 3) Y11 +   Q12 - Y12                   =  10
 4) Y12 +   Q13 - Y13                   =  10
 5) Y13 +   Q14                         =  10
 6)         Q21 - Y21                   =   0
 7) Y21 +   Q22 - Y22                   =  20
 8) Y22 +   Q23 - Y23                   =   0
 9) Y23 +   Q24                         =  20
10)         Q31 - Q11 - Q21 - Y31       =   0
12) Y31 +   Q32 - Q12 - Q22 - Y32       =   0
13) Y32 +   Q33 - Q13 - Q23 - Y33       =   0
14) Y33 +   Q34 - Q14 - Q24             =   0
15)         Q11 + Q31           <=  33
16)         Q12 + Q32           <=  33
17)         Q13 + Q33           <=  33
18)         Q14 + Q34           <=  33
19)         Q21                 <=  15
20)         Q22                 <=  15
21)         Q23                 <=  15
22)         Q24                 <=  15
23) Q11 = 10
24) Q12 = 10
25) Q13 = 10
26) Q14 = 10
27) Q21 =  5
28) Q22 = 15
29) Q23 =  5
30) Q24 = 15
```

Bild D.65: LP-Modell zur Überprüfung der Zulässigkeit eines Produktionsplans (LINDO-Format)

Es ist nun zu überprüfen, ob die vorliegenden Produktionspläne für die Produkte 1 und 2 noch genügend Kapazität der Ressource A übriglassen, damit auch die Sekundärbedarfsmengen des Erzeugnisses 3 produziert werden können. Zur Beantwortung dieser Frage kann prinzipiell das in Bild D.65 angegebene LP-Modell[251] vom Typ MLCLSP eingesetzt werden.

Neben den Lagerbilanzgleichungen und den Kapazitätsrestriktionen werden die bereits bekannten Produktionspläne der Produkte 1 und 2 in den Nebenbedingungen definiert. Besitzt dieses LP-Modell eine zulässige Lösung, dann sind die beiden vorgegebenen

---

[251] vgl. *Maes* (1987), S. 192; *Maes et al.* (1991)

Produktionspläne auch im Hinblick auf das untergeordnete Produkt 3 zulässig. Im vorliegenden Fall erhalten wir die in Tabelle D.74 zusammengestellte zulässige Lösung.

Prinzipiell müßte ein derartiges LP-Modell bei jeder Veränderung des Produktionsplans eines übergeordneten Produkts gelöst werden. Bedenkt man jedoch, daß diese mehrstufige Zulässigkeitsprüfung im Verfahren von *Dixon* zusätzlich zu der „normalen" einstufigen Zulässigkeitsprüfung bei jeder Vergrößerung eines Loses durchzuführen ist, dann ist offensichtlich, daß der LP-Ansatz aufgrund des zu hohen Rechenzeitbedarfs ausscheidet.

Variable	Wert
Q11	10
Q12	10
Q13	10
Q14	10
Q21	5
Q22	15
Q23	5
Q24	15
Q31	17
Q32	23
Q33	23
Q34	17
Y21	5
Y23	5
Y31	2
Y33	8

Tabelle D.74: Zulässige Lösung

Die Zulässigkeit der Erhöhung der Produktionsmenge für ein übergeordnetes Produkt in einer Periode kann aber auch mit Hilfe einer heuristischen **Rückwärtseinplanung** überprüft werden, indem man die abgeleiteten Bedarfsmengen der untergeordneten Erzeugnisse sukzessiv soweit vorzieht, bis für diese ein zulässiger Produktionsplan gefunden ist. Gelingt das nicht, dann wird davon ausgegangen, daß die zu überprüfende Losgrößenveränderung des übergeordneten Produkts aufgrund der daraus entstehenden Kapazitätsüberlastungen durch untergeordnete Erzeugnisse nicht zulässig ist.

In unserem Beispiel errechnen wir nach dieser Strategie zunächst die abgeleiteten Bedarfsmengen für das Produkt 3 (Tabelle D.75).

t	1	2	3	4
d_{3t}	15	25	15	25

Tabelle D.75: Sekundärbedarfsmengen für Produkt 3

Diese Mengen können nicht unmittelbar in einen Produktionsplan übertragen werden, da die verbleibende Periodenkapazität der Ressource A nach Berücksichtigung der Produktion des Produkts 1 nur noch 23 beträgt. Es ist aber möglich, jeweils 2 ME aus den Perioden 2 und 4 bereits in den Perioden 1 und 3 zu produzieren, so daß festgestellt werden kann, daß der Produktionsplan des Produkts 2 auch im Hinblick auf das untergeordnete Produkt 3 zulässig ist. Wie Tabelle D.76 zeigt, hat sich bei der Rückwärtseinplanung eine andere Lösung ergeben als nach dem LP-Modell. Die Rückwärtseinplanung berücksichtigt implizit das Ziel der Lagerkostenminimierung, während im LP-Modell überhaupt keine Zielsetzung verfolgt wird, sondern nur nach einer beliebigen zulässigen Lösung gesucht wird.

t	1	2	3	4
q_{3t}	17	23	17	23

Tabelle D.76: *Produktionsplan für Produkt 3*

Hätte das Produkt 3 seinerseits weitere Vorgänger, dann müßte die beschriebene Vorgehensweise der Rückwärtseinplanung für diese Erzeugnisse fortgesetzt werden.

Kombiniert man die beiden Aspekte der Sortierung der Erzeugnis- und Prozeßstruktur und der Kostenparameter, dann lassen sich vier verschiedene **Varianten des Verfahrens von *Helber*** definieren:

- keine Kostenanpassung, Sortierung der Erzeugnis- und Prozeßstruktur nach Dispositionsstufen
- Kostenanpassung nach *Heinrich*, Sortierung nach Dispositionsstufen
- keine Kostenanpassung, Sortierung nach modifizierten Dispositionsstufen
- Kostenanpassung nach *Heinrich*, Sortierung nach modifizierten Dispositionsstufen

Tempelmeier und Helber[252] stellten in einem numerischen Experiment fest, daß keine dieser Verfahrensvarianten die anderen in der Weise dominiert, daß sie immer die beste heuristische Lösung findet. Für 300 Probleminstanzen mit jeweils 10 Produkten, 3 Ressourcen sowie 4 Perioden bei unterschiedlichen Bedarfsverläufen, Auslastungen und Verhältnissen von Rüst- und Lagerkostensätzen und unter Zugrundelegung verschiedener konvergierender und genereller Erzeugnis- und Prozeßstrukturen mit und ohne stufenübergreifende Ressourcenkonkurrenz wurden die in Tabelle D.77 angegebenen Ergebnisse erzielt. Es ist jeweils der Anteil von Probleminstanzen angegeben, für den eine Verfahrensvariante die beste heuristische Lösung gefunden hat. Bei den restlichen $(100 - x)\%$ verfehlte die jeweilige Variante die beste heuristische Lösung.

---

252 vgl. *Tempelmeier und Helber* (1994)

eingesetzte Variante	Kostenanpassung	
	ja	nein
unmodifizierte Dispositionsstufen	56.67%	47.33%
modifizierte Dispositionsstufen	57.33%	59.67%

Tabelle D.77: Anteil der Probleme, bei denen die beste heuristische Lösung gefunden wurde

Die relative Überlegenheit der einzelnen Varianten hängt offenbar von der jeweils betrachteten Problemstruktur ab. So kann davon ausgegangen werden, daß folgende Eigenschaften einer konkreten Problemstellung einen Einfluß auf die **Lösungsqualität** haben:

- die Form der Erzeugnis- und Prozeßstruktur,
- die Variabilität der Primärbedarfsmengen,
- die Verhältnisse der Rüst- und Lagerkosten,
- das Ausmaß der stufenübergreifenden Ressourcenkonkurrenz sowie
- die Auslastungen der Ressourcen.

Da es keine „optimale" Variante des heuristischen Lösungsverfahrens gibt, bietet es sich an, jeweils immer alle Varianten des Verfahrens von *Helber* einzusetzen und dann die beste Lösung zu implementieren. Diese Lösungsstrategie ist angesichts der geringen Rechenzeiten problemlos realisierbar.

Das beschriebene Verfahren von *Helber* wurde anhand zahlreicher Beispiele eingehend getestet.[253] Um Vergleiche mit optimalen Lösungen zu ermöglichen, wurden die oben erwähnten 300 kleinen Probleme untersucht. Zur Bestimmung der optimalen Lösungen auf der Basis des Modells $MLCLSP_{Helber}$ wurde Standard-Software (LINDO) eingesetzt. Die mittlere Abweichung der nach dem Verfahren von *Helber* ermittelten Lösung von der optimalen Lösung betrug 3.7%. Daneben wurde eine Reihe größerer Probleme mit bis zu 80 Produkten und 16 Perioden betrachtet.[254]

Die bislang gewonnenen Ergebnisse lassen zwar noch keine generellen Aussagen über die Qualität des Verfahrens von *Helber* zu. So sind insb. weitere Untersuchungen bezüglich des Einflusses der Form der Erzeugnis- und Prozeßstruktur sowie des Ausmaßes der stufenübergreifenden Ressourcenkonkurrenz anzustellen. Es besteht aber Anlaß zu der Hoffnung, daß für kapazitierte mehrstufige Losgrößenprobleme praktischer Größenordnungen in vertretbarer Rechenzeit zufriedenstellende Lösungen ermittelt werden können.

---

[253] vgl. *Tempelmeier und Helber* (1994); *Helber* (1994)
[254] vgl. hierzu *Helber* (1994, 1995)

D.3.4.4.3.2 Das Verfahren von Derstroff – Eine Lagrange-Heuristik

Billington[255] entwickelt einen Branch&Bound-Ansatz zur Lösung des Modells MLCLSP$_{\text{Billington}}$, in dem auch Rüstzeiten berücksichtigt werden. In den einzelnen Knoten des Lösungsbaums werden jeweils zur Bestimmung einer heuristischen bzw. unechten unteren Schranke K relaxierte Versionen des Modells MLCLSP$_{\text{Billington}}$ gelöst. Die Relaxation bezieht sich auf die Kapazitätsrestriktionen (Relaxation der Kapazitätsbeschränkungen) und auf jeweils $(K-1)$ Lagerbilanzgleichungen, die die Produktionsmengen der unterschiedlichen Produkte miteinander verknüpfen. Es erfolgt somit eine partielle Relaxation der Mehrstufigkeit, von der jeweils nur das gerade betrachtete Produkt j ausgeschlossen ist. Für dieses Produkt j wird die Einhaltung der Lagerbilanzgleichungen durch eine zusätzliche Nebenbedingung und eine dispositionsstufenorientierte Bedarfsauflösung erzwungen. Gewichtet man die Kapazitätsrestriktionen des Modells MLCLSP$_{\text{Billington}}$ mit Lagrange-Multiplikatoren u_t und die Lagerbilanzgleichungen aller Produkte – außer für das Produkt j – mit w_{kt} und nimmt man diese Restriktionen in die Zielfunktion auf, dann entsteht folgendes relaxiertes Modell:

Modell MLCLSP$_{\text{Billington}}(LR_j)$

Minimiere Z

$$\begin{aligned}
&= \sum_{k=1}^{K} \sum_{t=1}^{T} \left[s_k \cdot \gamma_{kt} + e_k \cdot (T-t+1) \cdot q_{kt} \right] \\
&+ \sum_{\substack{k=1 \\ k \neq j}}^{K} \sum_{t=1}^{T} w_{kt} \cdot \left\{ \sum_{\tau=1}^{t} d_{k\tau} - y_{k0} - \sum_{\tau=1}^{t} \left[q_{k,\tau-z_k} - \sum_{i \in \mathcal{N}_k} a_{ki} \cdot q_{i\tau} \right] \right\} \quad \text{(D.300)} \\
&\;\text{↑ Lagrange-Multiplikator der Lagerbilanzgleichung für Produkt } k \text{ in Periode } t \\
&+ \sum_{\tau=1}^{T} u_t \cdot \left[\sum_{k=1}^{K} (tb_k \cdot q_{kt} + tr_k \cdot \gamma_{kt}) - b_t \right] \\
&\;\text{↑ Lagrange-Multiplikator der Kapazitätsrestriktion in Periode } t
\end{aligned}$$

u. B. d. R.

$$\sum_{\tau=1}^{t} \left[q_{j,\tau-z_j} - \sum_{i \in \mathcal{N}_j} a_{ji} \cdot q_{i\tau} \right] \geq \sum_{\tau=1}^{t} d_{j\tau} - y_{j0} \qquad t=1,2,...,T \quad \text{(D.301)}$$

$$q_{kt} - M \cdot \gamma_{kt} \leq 0 \qquad k=1,2,...,K;\; t=1,2,...,T \quad \text{(D.302)}$$

$$q_{kt} \geq 0 \qquad k=1,2,...,K;\; t=1,2,...,T \quad \text{(D.303)}$$

$$\gamma_{kt} \in \{0,1\} \qquad k=1,2,...,K;\; t=1,2,...,T \quad \text{(D.304)}$$

---

[255] vgl. *Billington* (1983); *Billington et al.* (1986)

Dabei bedeuten:

a_{ki} Direktbedarfskoeffizient bezüglich Produkt k und i

b_t verfügbare Kapazität der Ressource in Periode t

d_{kt} Primärbedarf für Produkt k in Periode t

e_k marginaler Lagerkostensatz des Produkts k

K Anzahl der Produkte $(k = 1, 2, ..., K)$

M große Zahl

$\mathcal{N}_k$ Indexmenge der direkten Nachfolger des Produkts k (direkt übergeordnete Produkte bzw. nachfolgende Arbeitsgänge)

p_{kt} variable Produktionskosten des Produkts k in Periode t (werden später verwendet)

q_{kt} Losgröße des Produkts k in Periode t

s_k Rüstkostensatz für Produkt k

T Länge des Planungszeitraums in Perioden $(t = 1, 2, ..., T)$

tb_k Stückbearbeitungszeit für Arbeitsgang k

tr_k Rüstzeit für Arbeitsgang k

u_t Lagrange-Multiplikator der Kapazitätsrestriktion in Periode t

w_{kt} Lagrange-Multiplikator der Lagerbilanzgleichung für Produkt k in Periode t

z_k Mindestvorlaufzeit eines Auftrags für Produkt k

γ_{kt} binäre Rüstvariable für Produkt k in Periode t

Die nach dem generellen Konzept der Lagrange-Relaxation entstandene Formulierung enthält nur noch die Lagerbilanzgleichungen für das Produkt j. Sind die Werte der Lagrange-Multiplikatoren bekannt, dann erhält man für das Produkt j ein Ein-Produkt-Losgrößenproblem ohne Kapazitätsbeschränkungen vom Typ SLULSP[256] – mit periodenbezogenen Zielfunktionskoeffizienten. *Billington* löst ein derartiges Problem für jedes Produkt, wobei er die Erzeugnis- und Prozeßstruktur nach dem Dispositionsstufenverfahren abarbeitet.

Nach dem Konzept der Lagrange-Relaxation soll die Einhaltung der relaxierten Nebenbedingungen durch die Lagrange-Multiplikatoren sichergestellt werden. Im vorliegenden Fall kann dies aber nicht garantiert werden, denn es kann erforderlich werden, daß aufgrund der knappen Kapazität die Bedarfsmenge von Produkt k in Periode t auf mehrere Produktionsperioden verteilt werden muß. Dies wird aber durch Losgrößenverfahren, die keine Kapazitäten berücksichtigen, nicht geleistet. Zur Bestimmung einer oberen Schranke, d. h. einer zulässigen Lösung des Modells MLCLSP$_{\text{Billington}}$, setzt *Billington* ein einfaches heuristisches Verfahren der Rückwärtseinplanung der Produktionsmengen ein.

Ein weiteres Problem entsteht durch die Notwendigkeit der **Bestimmung der Lagrange-Multiplikatoren**. Hierzu greift *Billington* u. a. auf das Verfahren der Subgradientenoptimierung zurück, wobei die Lagrange-Multiplikatoren so festgesetzt werden

---

[256] siehe Abschnitt D.3.2.1, S. 142

sollen, daß möglichst hohe (unechte) untere Schranken für den optimalen Zielfunktionswert erreicht werden.

Obwohl das Verfahren vom Konzept her auch für generelle Erzeugnis- und Prozeßstrukturen einsetzbar ist, beschränkt *Billington* sich in seinen numerischen Tests auf (parallele) lineare und konvergierende Erzeugnisstrukturen.

Derstroff [257] entwickelt ein mehrstufiges iteratives Verfahren zur Lösung des betrachteten Problems, das im folgenden beschrieben wird. Durch **Lagrange-Relaxation der Lagerbilanzgleichungen sowie der Kapazitätsrestriktionen** wird das kapazitierte mehrstufige Mehrprodukt-Losgrößenproblem in mehrere voneinander unabhängige unkapazitierte dynamische Einprodukt-Losgrößenprobleme zerlegt. Diese Probleme vom Typ des Modells SLULSP[258] werden isoliert optimal gelöst. Die zunächst vernachlässigten Nebenbedingungen, die die beschränkten Kapazitäten und die Mehrstufigkeit der Erzeugnisstruktur erfassen, werden implizit durch die Lagrange-Multiplikatoren berücksichtigt. Die Vernachlässigung der Mehrstufigkeit der Erzeugnisstruktur kann dazu führen, daß die für die Produktion eines Erzeugnisses in einer Periode benötigte Menge eines untergeordneten Produkts nicht rechtzeitig bereitgestellt wird. Es kommt dann zu Fehlmengen. Nachdem für alle Produkte das Modell SLULSP optimal gelöst worden ist, werden die produktbezogenen Produktionspläne zusammengefaßt und im Hinblick auf die vernachlässigten Restriktionen analysiert. Aus den entstandenen Überschreitungen der verfügbaren Kapazitäten sowie den aufgetretenen Fehlmengen werden Lagrange-Multiplikatoren (Strafkostensätze) abgeleitet, die in den Zielfunktionen der Teilprobleme berücksichtigt werden.

Aus den Lösungen der einstufigen unkapazitierten Losgrößenprobleme wird eine echte **untere Schranke** des optimalen Zielfunktionswertes ermittelt. Die Lagrange-Multiplikatoren werden mit Hilfe eines Verfahrens der Subgradientenoptimierung[259] aktualisiert. Zur Bestimmung **oberer Schranken** des optimalen Zielfunktionswertes wird ein heuristisches Verfahren eingesetzt, mit dem jeweils eine auch im Hinblick auf die Kapazitätsbeschränkungen zulässige Lösung des mehrstufigen Mehrprodukt-Losgrößenproblems bestimmt wird. Der prinzipielle Ablauf des Verfahrens ist in Bild D.66 dargestellt.

Grundlage des Verfahrens ist eine Umformung des Modells MLCLSP. Durch die Relaxation der Kapazitätsrestriktionen wird das Problem MLCLSP in ein unkapazitiertes mehrstufiges Mehrprodukt-Losgrößenproblem überführt. Die Lösung dieses Problems könnte im Prinzip durch ein beliebiges exaktes Verfahren erfolgen. Da hierfür aber derzeit kein effizientes Verfahren existiert[260], wird das Mehrprodukt-Losgrößenproblem durch zusätzliche Relaxation der Lagerbilanzgleichungen, welche die Materialflußbeziehungen zwischen den Erzeugnissen erfassen, in mehrere unkapazitierte dyna-

---

257 vgl. *Tempelmeier und Derstroff* (1993); *Derstroff* (1995); *Tempelmeier und Derstroff* (1996)
258 siehe Abschnitt D.3.2.1
259 vgl. *Nemhauser und Wolsey* (1988)
260 vgl. hierzu Abschnitt D.3.4.3

mische Einprodukt-Losgrößenprobleme (Modell SLULSP) transformiert. Diese werden in Schritt 1 isoliert gelöst.

Im anschließenden Schritt 2 werden zunächst die mit den Ergebnissen aus Schritt 1 verbundenen Lagerbestände und Fehlmengen sowie Über- und Unterauslastungen der Ressourcen ermittelt und zur Veränderung der Lagrange-Multiplikatoren herangezogen.

Schritt 0: Initialisiere die Lagrange-Multiplikatoren. Definiere ein Abbruchkriterium.

Schritt 1: Aktualisiere die untere Schranke des optimalen Zielfunktionswertes durch Lösung einer relaxierten Variante des Modells MLCLSP, d. h. durch Lösung der durch die Relaxation entstandenen unkapazitierten Einprodukt-Losgrößenprobleme.

Schritt 2: Bestimme aufgrund der in Schritt 1 ermittelten Lösung die Belastungen der Ressourcen sowie die Fehlmengen und aktualisiere die Lagrange-Multiplikatoren unter Rückgriff auf die aktuelle Belastungs- und Fehlmengensituation.

Schritt 3: Aktualisiere die obere Schranke des optimalen Zielfunktionswertes; falls das Abbruchkriterium nicht erfüllt ist, gehe zu Schritt 1; andernfalls STOP.

Bild D.66: Grundstruktur des Verfahrens von Derstroff

Schließlich wird in Schritt 3 eine zulässige Lösung des Problems ermittelt, mit der u. U. die obere Schranke des optimalen Zielfunktionswertes aktualisiert werden kann. Entstandene Fehlmengen werden durch Verwendung des Dispositionsstufenverfahrens beseitigt. Zum Abbau von Kapazitätsüberlastungen wird ein heuristischer Kapazitätsabgleich durchgeführt.

- ***Bestimmung der unteren Schranke***

Die Lagrange-Relaxation ist ein Konzept zur Lösung von Problemen, nach dem „schwierige" Nebenbedingungen aus dem Restriktionensystem gestrichen und in der Zielfunktion implizit berücksichtigt werden. Dies geschieht durch Multiplikation der Nebenbedingungen mit Lagrange-Multiplikatoren, deren Werte so festgelegt werden müssen, daß die Nebenbedingungen eingehalten werden. An die Stelle der direkten Berücksichtigung der schwierigen Nebenbedingungen tritt nun das Problem, „optimale" Werte der Lagrange-Multiplikatoren zu bestimmen, durch die die Nichteinhaltung der „schwierigen" Nebenbedingungen so stark bestraft wird, daß eine Einhaltung dieser Nebenbedingungen günstiger ist.

Die „schwierigen" Nebenbedingungen im Modell MLCLSP sind die **Kapazitätsrestriktionen** sowie die **Lagerbilanzgleichungen**, die in Verbindung mit den Nichtnegativitätsbedingungen des Lagerbestands Beziehungen zwischen den Produktions- und Bedarfsmengen der Erzeugnisse herstellen. Sie werden im folgenden der Einfachheit halber als Fehlmengenrestriktionen bezeichnet.

Relaxation des Modells MLCLSP. Ziel der folgenden Überlegungen ist die Formulierung von unkapazitierten dynamischen Einprodukt-Losgrößenproblemen (Modell SLULSP). Zunächst werden die Lagerbestandsvariablen y_{kt} wie folgt eliminiert. Fehlmengen eines Produkts k können nicht auftreten, wenn für jeden Zeitraum von 1 bis t $(t = 1, 2, ..., T)$ die kumulierte Produktionsmenge größer ist als die kumulierte Gesamtbedarfsmenge (Primär- und Sekundärbedarf). Gehen wir davon aus, daß der Lagerbestand jedes Produkts zu Beginn des Planungszeitraums, y_{k0}, Null ist, dann kann der **Lagerbestand** des Produkts k am Ende der Periode t mit Gleichung (D.305) dargestellt werden.[261]

$$y_{kt} = \underbrace{\sum_{\tau=1}^{t} q_{k\tau}}_{\text{kumulierte Produktionsmenge des Produkts } k \text{ im Zeitraum } [1, t]} - \underbrace{\sum_{\tau=1}^{t} \left[d_{k\tau} + \sum_{i \in \mathcal{N}_k} a_{ki} \cdot q_{i\tau} \right]}_{\text{kumulierte Gesamtbedarfsmenge des Produkts } k \text{ im Zeitraum } [1, t]} \qquad \begin{matrix} k = 1, 2, ..., K \\ t = 1, 2, ..., T \end{matrix} \qquad \text{(D.305)}$$

Ersetzt man nun die Variablen y_{kt} im Modell MLCLSP durch Gleichung (D.305), dann erhält man nach einigen Umformungen:

Modell MLCLSP$_{neu}$

$$\text{Minimiere } Z = \sum_{k=1}^{k} \sum_{t=1}^{T} \left\{ [e_k \cdot (T - t + 1) + p_{kt}] \cdot q_{kt} + s_k \cdot \gamma_{kt} \right\} - F \qquad \text{(D.306)}$$

u. B. d. R.

$$\sum_{\tau=1}^{t} q_{k\tau} \geq \sum_{\tau=1}^{t} \left[d_{k\tau} + \sum_{i \in \mathcal{N}_k} a_{ki} \cdot q_{i\tau} \right] \qquad k = 1, 2, ..., K; \ t = 1, 2, ..., T \qquad \text{(D.307)}$$

$$\sum_{k \in \mathcal{K}_j} (tb_k \cdot q_{kt} + tr_k \cdot \gamma_{kt}) \leq b_{jt} \qquad j = 1, 2, ..., J; \ t = 1, 2, ..., T \qquad \text{(D.308)}$$

$$q_{kt} - M \cdot \gamma_{kt} \leq 0 \qquad k = 1, 2, ..., K; \ t = 1, 2, ..., T \qquad \text{(D.309)}$$

$$q_{kt} \geq 0 \qquad k = 1, 2, ..., K; \ t = 1, 2, ..., T \qquad \text{(D.310)}$$

$$\gamma_{kt} \in \{0, 1\} \qquad k = 1, 2, ..., K; \ t = 1, 2, ..., T \qquad \text{(D.311)}$$

---

[261] Siehe auch Gleichung (D.151), S. 219. Im folgenden werden die deterministischen Mindestvorlaufzeiten z_k vernachlässigt.

Dabei bedeuten:

a_{ki} Direktbedarfskoeffizient bezüglich Produkt k und i

b_{jt} verfügbare Kapazität der Ressource j in Periode t

d_{kt} Primärbedarf für Produkt k in Periode t

e_k marginaler Lagerkostensatz des Produkts k (dieser kann auch periodenabhängig definiert werden)

F Konstante

J Anzahl der Ressourcen ($j = 1, 2, ..., J$)

K Anzahl der Produkte bzw. Arbeitsgänge ($k = 1, 2, ..., K$)

$\mathcal{K}_j$ Indexmenge der Arbeitsgänge, die durch die Ressource j vollzogen werden

M große Zahl

$\mathcal{N}_k$ Indexmenge der Nachfolger des Produkts k (direkt übergeordnete Produkte bzw. nachfolgende Arbeitsgänge)

p_{kt} variable Produktionskosten für Produkt k in Periode t

q_{kt} Losgröße für Arbeitsgang k in Periode t

s_k Rüstkostensatz des Produkts k (dieser kann auch periodenabhängig definiert werden)

T Länge des Planungszeitraums in Perioden ($t = 1, 2, ..., T$)

tb_k Stückbearbeitungszeit für Arbeitsgang k

tr_k Rüstzeit für Arbeitsgang k

γ_{kt} binäre Rüstvariable für Arbeitsgang bzw. Produkt k in Periode t

Der Term F in der Zielfunktion ist eine sich nach den Umformungen ergebende Konstante, die keinen Einfluß auf die Struktur der Lösung hat. F wird nur zur Berechnung der unteren Schranke des optimalen Zielfunktionswertes benötigt. Führt man nun Lagrange-Multiplikatoren der Kapazitätsrestriktionen, u_{jt}, und der Fehlmengenrestriktionen, v_{kt}, ein, dann erhält man unter Vernachlässigung der Konstanten F und nach einigen Umformungen für jedes Produkt k ein **dynamisches unkapazitiertes Einprodukt-Losgrößenproblem** (Modell SLULSP$_k$). Durch die Relaxation der Fehlmengenrestriktionen werden die Produktionsmengen über- und untergeordneter Produkte nur noch implizit durch die Lagrange-Multiplikatoren abgestimmt. Dazu müssen diese i. d. R. in mehreren Iterationen aktualisiert werden. Damit in jeder Iteration produktspezifische Produktionspläne ohne Fehlmengen entstehen, werden die relaxierten Probleme um Lagerbestandsbedingungen (D.313) erweitert, welche garantieren, daß die kumulierte Produktionsmenge eines untergeordneten Produkts zur Versorgung aller übergeordneten Produkte ausreicht. Das relaxierte unkapazitierte Einprodukt-Losgrößenproblem für das Produkt k lautet somit:

Modell SLULSP$_k$

$$\text{Minimiere } Z_k = \sum_{t=1}^{T} \left(c_{kt} \cdot q_{kt} + s_{kt} \cdot \gamma_{kt} \right) \tag{D.312}$$

u. B. d. R.

$$\sum_{\tau=1}^{t} q_{k\tau} \geq \sum_{\tau=1}^{t} D_{k\tau} \qquad k=1,2,...,K;\ t=1,2,...,T \quad \text{(D.313)}$$

$$q_{kt} - M \cdot \gamma_{kt} \leq 0 \qquad k=1,2,...,K;\ t=1,2,...,T \quad \text{(D.314)}$$

$$q_{kt} \geq 0 \qquad k=1,2,...,K;\ t=1,2,...,T \quad \text{(D.315)}$$

$$\gamma_{kt} \in \{0,1\} \qquad k=1,2,...,K;\ t=1,2,...,T \quad \text{(D.316)}$$

mit

$$\begin{aligned}c_{kt} &= e_k \cdot (T - t + 1) \\ &+ p_{kt} + \sum_{\tau=t}^{T}\left[\sum_{i \in \mathcal{V}_k} a_{ik} \cdot v_{i\tau} - v_{k\tau}\right] + tb_k \cdot u_{jt}\end{aligned} \qquad \begin{aligned}k &= 1,2,...,K \\ t &= 1,2,...,T\end{aligned} \quad \text{(D.317)}$$

$$s_{kt} = s_k + tr_k \cdot u_{jt} \qquad k=1,2,...,K;\ t=1,2,...,T \quad \text{(D.318)}$$

$$D_{kt} = d_{kt} + \sum_{i \in \mathcal{N}_k} a_{ki} \cdot D_{it} \qquad k=1,2,...,K;\ t=1,2,...,T \quad \text{(D.319)}$$

Dabei bedeuten:

a_{ki} Direktbedarfskoeffizient bezüglich Produkt k und i
D_{kt} Gesamtbedarf des Produkts k in Periode t
e_k marginaler Lagerkostensatz des Produkts k (dieser kann auch periodenabhängig definiert werden)
K Anzahl der Produkte bzw. Arbeitsgänge ($k = 1, 2, ..., K$)
M große Zahl
$\mathcal{N}_k$ Indexmenge der Nachfolger des Produkts k (direkt übergeordnete Produkte bzw. nachfolgende Arbeitsgänge)
p_{kt} variable Produktionskosten für Produkt bzw. Arbeitsgang k in Periode t
q_{kt} Losgröße für Produkt k in Periode t
T Länge des Planungszeitraums in Perioden ($t = 1, 2, ..., T$)
tb_k Stückbearbeitungszeit für Produkt bzw. Arbeitsgang k
tr_k Rüstzeit für Produkt bzw. Arbeitsgang k
u_{jt} Lagrange-Multiplikator der Kapazitätsrestriktion der Ressource j in Periode t
v_{kt} Lagrange-Multiplikator der Lagerbilanzgleichung für Produkt k in Periode t
$\mathcal{V}_k$ Indexmenge der Vorgänger des Produkts k (direkt untergeordnete Produkte bzw. vorangehende Arbeitsgänge)
γ_{kt} binäre Rüstvariable für Arbeitsgang bzw. Produkt k in Periode t

Die Lösung dieser unkapazitierten dynamischen Einprodukt-Losgrößenprobleme kann mit Hilfe eines der bekannten exakten Verfahren[262] erfolgen, wobei die Reihenfolge,

---

262 siehe Abschnitt D.3.2.2.1

in der die einzelnen Produkte betrachtet werden, sich aus ihrer Dispositionsstufenzuordnung ergibt. Damit wird sichergestellt, daß die Gesamtbedarfsmengen D_{kt} bekannt sind. Aus den optimalen Lösungen kann dann die **untere Schranke** des Zielfunktionswertes des Modells MLCLSP$_{neu}$ wie folgt errechnet werden:

$$LB = \sum_{k=1}^{K} \sum_{t=1}^{T} \left\{ \left[e_k \cdot (T - t + 1) + p_{kt} \right] \cdot q_{kt} + s_k \cdot \gamma_{kt} \right\}$$
$$- \sum_{k=1}^{K} \sum_{t=1}^{T} v_{kt} \cdot \sum_{\tau=1}^{t} \left[q_{k\tau} - \sum_{i \in \mathcal{N}_k} a_{ki} \cdot q_{i\tau} - d_{k\tau} \right] \quad \text{(D.320)}$$
$$+ \sum_{j=1}^{J} \sum_{t=1}^{T} u_{jt} \cdot \left[\sum_{k \in \mathcal{K}_j} (tr_k \cdot \gamma_{kt} + tb_k \cdot q_{kt}) - b_{jt} \right] - F$$

Aktualisierung der Lagrange-Multiplikatoren. Zur Bestimmung der Lagrange-Multiplikatoren wird ein iteratives Verfahren der **Subgradientenoptimierung**[263] eingesetzt. In jeder Iteration ℓ werden die – nun mit dem Iterationszähler ℓ markierten – Vektoren der Lagrange-Multiplikatoren, $\underline{u}^\ell$ und $\underline{v}^\ell$, durch Addition eines mit einer Schrittweite λ^ℓ multiplizierten Richtungsvektors aktualisiert. Die Lagrange-Multiplikatoren der **Kapazitätsrestriktionen** in der Iteration ℓ werden nach Gleichung (D.321) aktualisiert.

$$u_{jt}^\ell = \max \left\{ 0, u_{jt}^{\ell-1} + \lambda^\ell \cdot \underbrace{\left[\sum_{k \in \mathcal{K}_j} (tr_k \cdot \gamma_{kt} + tb_k \cdot q_{kt}) - b_{jt} \right]}_{\text{Über- oder Unterauslastung der Ressource } j \text{ in Periode } t} \right\} \quad \begin{array}{l} j = 1, 2, ..., J \\ t = 1, 2, ..., T \end{array} \quad \text{(D.321)}$$

Die Lagrange-Multiplikatoren der **Fehlmengenrestriktionen** werden nach Gleichung (D.322) aktualisiert.

$$v_{kt}^\ell = \max \left\{ 0, v_{kt}^{\ell-1} - \lambda^\ell \cdot \underbrace{\sum_{\tau=1}^{t} \left[q_{k\tau} - \sum_{i \in \mathcal{N}_k} a_{ki} \cdot q_{i\tau} - d_{k\tau} \right]}_{\text{Lagerbestand bzw. Fehlmenge des Produkts } k \text{ in Periode } t} \right\} \quad \begin{array}{l} k = 1, 2, ..., K \\ t = 1, 2, ..., T \end{array} \quad \text{(D.322)}$$

Die Schrittweite λ^ℓ wird in jeder Iteration ℓ unter Berücksichtigung des Parameters δ^ℓ, der Differenz zwischen der oberen Schranke UB und der unteren Schranke $LB(\underline{u}^{\ell-1}, \underline{v}^{\ell-1})$ und der euklidischen Norm der Abweichungen der kritischen Nebenbedingungen (Kapazitäts- und Fehlmengenrestriktionen) wie folgt angepaßt:

---

263 vgl. *Nemhauser und Wolsey* (1988)

$$\lambda^\ell = \delta^\ell \cdot \frac{UB - LB\left(\underline{u}^{\ell-1}, \underline{v}^{\ell-1}\right)}{\sqrt{\underbrace{\sum_{j=1}^{J}\sum_{t=1}^{T}\left[\sum_{k \in \mathcal{K}_j}(tr_k \cdot \gamma_{kt} + tb_k \cdot q_{kt}) - b_{jt}\right]^2}_{\text{Kapazitätsrestriktionen}} + \underbrace{\sum_{k=1}^{K}\sum_{t=1}^{T}\sum_{\tau=1}^{t}\left[d_{k\tau} + \sum_{i \in \mathcal{N}_k} a_{ki} \cdot q_{i\tau} - q_{k\tau}\right]^2}_{\text{Fehlmengenrestriktionen}}}} \quad \text{(D.323)}$$

Auf die Bestimmung der oberen Schranke UB des Zielfunktionswertes, die aus einer zulässigen Lösung des Modells MLCLSP$_{\text{neu}}$ resultiert, wird weiter unten eingegangen.

Der Parameter δ^ℓ wird wie folgt aktualisiert. Beginnend mit dem Startwert $\delta^\ell=2$ wird δ^ℓ in den folgenden Iterationen immer dann halbiert, wenn $LB(\underline{u}^{\ell-1}, \underline{v}^{\ell-1})$ während der jeweils letzten 4 Iterationen nicht verbessert werden konnte. Zur Stabilisierung des Konvergenzverhaltens der Subgradienten wird – wie von *Crowder*[264] vorgeschlagen – die exponentielle Glättung erster Ordnung eingesetzt.

Das Verfahren wird beendet, wenn eines der folgenden Abbruchkriterien erfüllt ist:

▷ **Maximale Anzahl Iterationen erreicht**

Aufgrund des empirisch festgestellten Verlaufs der oberen Schranke als Funktion der Anzahl Iterationen wird das Verfahren nach 50 Iterationen abgebrochen.

▷ **Einhaltung der kritischen Restriktionen gesichert**

Sobald die Kapazitätsrestriktionen und die Fehlmengenrestriktionen nur noch vernachlässigbar verletzt werden, wird das Verfahren beendet. Diese Abruchbedingung lautet:

$$\sum_{j=1}^{J}\sum_{t=1}^{T}\left[\sum_{k \in \mathcal{K}_j}(tr_k \cdot \gamma_{kt} + tb_k \cdot q_{kt}) - b_{jt}\right]^2 \\ + \sum_{k=1}^{K}\sum_{t=1}^{T}\sum_{\tau=1}^{t}\left[d_{k\tau} + \sum_{i \in \mathcal{N}_k} a_{ki} \cdot q_{i\tau} - q_{k\tau}\right]^2 \leq \varepsilon \quad \text{(D.324)}$$

Die Genauigkeitsschranke ε wird dabei gleich 0.001 gesetzt.

▷ **Werte der Lagrange-Multiplikatoren vernachlässigbar**

In engem Zusammenhang mit der Einhaltung der kritischen Restriktionen stehen die Werte der Lagrange-Multiplikatoren. Hier wird folgendes Abbruchkriterium verwendet:

$$u_{jt} \leq \varepsilon \,\wedge\, v_{kt} \leq \varepsilon \qquad j = 1, 2, ..., J;\ k = 1, 2, ..., K;\ t = 1, 2, ..., T \quad \text{(D.325)}$$

---

[264] vgl. *Crowder* (1976)

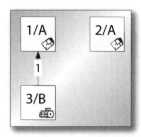

Bild D.67: Erzeugnis- und Prozeßstruktur

Betrachten wir ein Beispiel mit der in Bild D.67 wiedergegebenen Erzeugnis- und Prozeßstruktur. Drei Produkte werden auf zwei Ressourcen A und B bearbeitet. Das Einzelteil 3 wird mit einem Direktbedarfskoeffizienten von a_{31} in das Endprodukt 1 eingebaut. Die Periodenkapazitäten der Ressourcen betragen $b_A = 30$ und $b_B = 20$. Die Rüstzeiten tr_k, Stückbearbeitungszeiten tb_k und marginalen Lagerkostensätze e_k der Produkte sind in Tabelle D.78 zusammengestellt. Rüstkosten fallen nicht an.

k	tr_k	tb_k	e_k	s_k
1	5	1	1	0
2	5	1	2	0
3	5	1	1	0

Tabelle D.78: Daten des Beispiels

Tabelle D.79 enthält die Bedarfsmengen der beiden Endprodukte für zwei Perioden.

$k \setminus t$	1	2
1	10	5
2	5	20

Tabelle D.79: Bedarfsmengen

Da die Rüstkosten Null sind, bestehen die optimalen Lösungen der Modelle SLULSP$_k$ ($k = 1, 2, 3$) darin, daß für jedes Produkt in jeder Periode produziert wird. Unter Beachtung der Rüstzeiten und der Stückbearbeitungszeiten ergibt sich dann der in Tabelle D.80 angegebene Kapazitätsbedarf.

D.3 Losgrößenplanung

$k \setminus t$	1	2
1	q_{11}=10: 5+10	q_{12}= 5: 5+ 5
2	q_{21}= 5: 5+ 5	q_{22}=20: 5+20
Kapazitätsbedarf A	25	35
3	q_{31}=10: 5+10	q_{32}= 5: 5+ 5
Kapazitätsbedarf B	15	10

Tabelle D.80: Kapazitätsbedarfe nach Iteration 1 (Startlösung)

Die Kapazität der Ressource A ($b_A = 30$) wird in Periode 2 um 5 Einheiten überschritten. Diese Lösung ist somit im Hinblick auf das Modell MLCLSP$_{neu}$ nicht zulässig. Daher erhöhen wir den Lagrange-Multiplikator der Ressource A für Periode 2, u_{A2} von 0 auf 0.57143 (dieser Wert ergibt sich aus den obigen Beziehungen zur Aktualisierung der Lagrange-Multiplikatoren) und lösen die Modelle SLULSP$_k$ ($k = 1, 2, 3$) erneut. Die Lösungen sind in Tabelle D.81 zusammengefaßt.

$k \setminus t$	1	2
1	q_{11}=15: 5+15	q_{12}= 0: 0+ 0
2	q_{21}= 5: 5+ 5	q_{22}=20: 5+20
Kapazitätsbedarf A	30	25
3	q_{31}=10: 5+10	q_{32}= 5: 5+ 5
Kapazitätsbedarf B	15	10

Tabelle D.81: Kapazitätsbedarfe nach Iteration 2

Die Verteuerung der Produktion des Produkts 1 in Periode 2 durch den Lagrange-Multiplikator u_{A2} hat es günstiger werden lassen, bereits den gesamten Bedarf in Periode 1 zu produzieren. Dadurch wird die Verletzung der Kapazitätsrestriktion der Ressource A beseitigt. Allerdings entsteht jetzt eine Fehlmenge für das Erzeugnis 3, da die Produktionsmenge $q_{31} = 10$ nicht ausreicht, um den sich aus der Produktion des Produkts 1 ergebenden Sekundärbedarf (= 15) zu decken. Im nächsten Schritt erhöhen wir den Lagrange-Multiplikator der Fehlmengenrestriktion des Produkts 3 in Periode 1, v_{31}, passen u_{A2} den Gleichungen (D.321) und (D.323) entsprechend an und lösen alle Modelle SLULSP$_k$ erneut – soweit sich deren Parameter geändert haben.

- **Bestimmung der oberen Schranke**

Zur Aktualisierung des λ-Wertes [Gleichung (D.323)] wird in jeder Iteration die obere Schranke UB des optimalen Zielfunktionswertes benötigt. Aus diesem Grund wird in jeder Iteration eine zulässige Lösung des Modells MLCLSP$_{neu}$ ermittelt. Aufbauend auf den in Schritt 1 ermittelten (nicht-zulässigen) Produktionsplänen der Produkte werden nun zunächst Fehlmengen und dann Überlastungen der Kapazitäten beseitigt.

Berücksichtigung der Fehlmengenrestriktionen. Damit Fehlmengen vermieden werden, muß entsprechend den Lagerbilanzgleichungen und den Nichtnegativitätsbedingungen für die Lagerbestände sichergestellt werden, daß die Losgrößen für übergeordnete Produkte nicht zu Fehlmengen bei untergeordneten Produkten führen. Ein hinsichtlich dieser Bedingung zulässiger Produktionsplan wird auf einfache Weise dadurch erreicht, daß man die Produkte nach dem Dispositionsstufenverfahren abarbeitet.[265] Beginnend mit den Produkten der obersten Dispositionsstufe werden zunächst die sich ergebenden Einprodukt-Losgrößenprobleme vom Typ des Modells $SLULSP_k$ gelöst. Die erzeugten Produktionspläne der Produkte der Dispositionsstufe 0 dienen als Grundlage für die Bestimmung der Sekundärbedarfsmengen für die direkten Vorgänger dieser Produkte auf der Dispositionsstufe 1, für die dann ebenfalls Probleme vom Typ $SLULSP_k$ gelöst werden, usw. Nach Betrachtung aller Produkte liegt eine zulässige Lösung für das Modell $MLCLSP_{neu}$ – ohne die Kapazitätsrestriktionen – vor.

Berücksichtigung der Kapazitätsrestriktionen. Zunächst werden die resultierenden Kapazitätsbelastungen den verfügbaren Kapazitäten der Ressourcen, b_{jt} ($j = 1, 2, ..., J$; $t = 1, 2, ..., T$), gegenübergestellt. Überschreitungen der Kapazitäten werden der Einfachheit halber als **Überstunden** interpretiert. Diese lassen sich gegebenenfalls auch zur Definition „weicher" Kapazitätsrestriktionen einsetzen. Zur Bestimmung einer zulässigen Lösung des Problems $MLCLSP_{neu}$ wird nun sukzessive versucht, alle aufgetretenen Überstunden durch die Verschiebung von Produktionsmengen in andere Perioden abzubauen. Sobald dies oder eine vorgegebene maximale Iterationszahl (für den Kapazitätsabgleich) erreicht ist, wird der Kapazitätsabgleich abgebrochen.

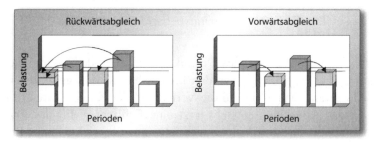

Bild D.68: Rückwärts- und Vorwärtsabgleich

Bei der Durchführung des **Kapazitätsabgleichs** bestehen zahlreiche Freiheitsgrade:[266]

▷ **Reihenfolge, in der Perioden mit Überstunden betrachtet werden**

Vorwärtsabgleich. Ein Vorwärtsabgleich beginnt in der ersten Periode, in der Überstunden aufgetreten sind, und verlagert Produktionsmengen aus Perioden mit Überstunden in Richtung Planungshorizont T.

---

[265] vgl. Abschnitt D.2.2
[266] vgl. *Derstroff* (1995)

Rückwärtsabgleich. Umgekehrt verschiebt der Rückwärtsabgleich Überstunden vom Planungshorizont in Richtung Periode 1. Zwischen diesen beiden Abgleichrichtungen wird solange abgewechselt, bis eine Lösung ohne Überstunden gefunden oder bis die maximale Iterationszahl für den Kapazitätsabgleich erreicht wurde. Das Grundprinzip dieser beiden Formen des Kapazitätsabgleichs zeigt Bild D.68.

▷ **Anzahl der bei einer Produktionsmengenverschiebung gemeinsam betrachteten Produkte**

Einfachabgleich. Hinsichtlich der Anzahl der von einem Verlagerungsschritt betroffenen Produkte besteht einmal die Möglichkeit, einzelne Lose bzw. Teillose von Produkten isoliert zu verlagern.

Strukturabgleich. Eine andere Möglichkeit ist die Betrachtung von Teilerzeugnisstrukturen, d. h. die simultane Verlagerung der Lose von Endprodukten und ihren Baugruppen oder Baugruppen und ihren Einzelteilen.[267]

Zunächst wird überprüft, ob es möglich ist, ein ganzes Los eines einzelnen Produkts in eine andere Produktionsperiode zu verschieben. Dabei wird nach einer Periode gesucht, in der bereits für das betreffende Produkt gerüstet wird. Durch die Verlagerung eines vollständigen Loses in eine Periode, in der bereits für dieses Produkt gerüstet wird, kann ein Rüstvorgang und damit die entsprechende Rüstzeit eingespart werden. Da diese Prüfung für ein einzelnes Produkt relativ schnell möglich ist, wird die Form des Einfachabgleichs zunächst bevorzugt zum Abbau von Überstunden eingesetzt.

Konnten die Überstunden durch den einfachen Abgleich nicht abgebaut werden, wird zum Strukturabgleich übergegangen. Auch hier wird jeweils versucht, durch Verlagerung von ganzen Losen Rüstzeiten zu vermeiden.

▷ **Reihenfolge, in der die Ressourcen betrachtet werden**

Ein weiterer Freiheitsgrad besteht in der Reihenfolge, in der die überlasteten Ressourcen betrachtet werden. Damit möglichst viele einfache Abgleiche möglich sind, wird bei einer Verlagerung in Richtung der Periode T (Vorwärtsabgleich) versucht, zunächst an solchen Ressourcen Überstunden abzubauen, die durch viele Endprodukte in Anspruch genommen werden. Dadurch ist eher gewährleistet, daß auch ganze Lose verschoben werden können, ohne daß es zu Fehlmengen kommt. Umgekehrt werden bei einer Verlagerung in Richtung der Periode 1 (Rückwärtsabgleich) zuerst solche Ressourcen betrachtet, auf denen die meisten Einzelteile bearbeitet werden, da deren Lose vorgezogen werden können, ohne daß Fehlmengen verursacht werden. Dieser Aspekt wird berücksichtigt, wenn man die Ressourcen nach ihrer Position im Ressourcen-Graphen behandelt. Ist der Ressourcen-Graph zyklisch, dann richtet sich die Reihenfolge der Betrachtung der Ressourcen beim Ka-

---

[267] In ähnlicher Weise wird auch im NIPPA-Verfahren bei der Bestimmung der Prioritätswerte vorgegangen. Siehe Abschnitt D.3.4.3.4, S. 274 ff.

pazitätsabgleich nach der Differenz zwischen eingehenden und ausgehenden Pfeilen im Ressourcen-Graphen.

▷ **Reihenfolge, in der Ressourcen oder Perioden betrachtet werden**

Schließlich besteht prinzipiell die Möglichkeit, entweder zuerst die Ressourcen und dann die Perioden zu betrachten oder umgekehrt. Bild D.69 veranschaulicht die verschiedenenen Abgleichreihenfolgen.

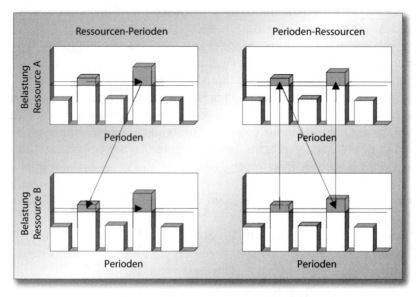

Bild D.69: Abgleichreihenfolgen

Insgesamt bestehen somit vier Freiheitsgrade zur konkreten Ausgestaltung des Verfahrens. Der grundsätzliche Ablauf des Kapazitätsabgleichs ist in Bild D.70 zusammengefaßt. Dabei wird im Prinzip wie folgt vorgegangen: Wir betrachten eine Ressource, deren Kapazität in der Periode τ durch die vorläufig eingeplanten Produktionsmengen überschritten wird. Zum Abbau dieser Überstunden wird über alle Produkte k und für alle Zielperioden t, in die Produktionsmengen verlagert werden können, diejenige Produktionsmengenverschiebung realisiert, die mit der größten Verringerung des Zielfunktionswertes verbunden ist. Dabei werden in Abhängigkeit von der Abgleichrichtung unterschiedliche Überlegungen angestellt.

Vorwärtsabgleich. Bei einem Vorwärtsabgleich ist zu berücksichtigen, daß durch die Verschiebung von Produktionsmengen des Produkts k in eine zukünftige Periode $t > \tau$ kein negativer Lagerbestand (Fehlmenge) für dieses Produkt entstehen darf. Wird die Menge $\Delta_{k\tau t}$ des Produkts k von der Produktionsperiode τ in die Zielperiode t verschoben, dann steht sie zur Versorgung der Bedarfsmengen in den Perioden τ bis $t-1$ nicht mehr zur Verfügung. Folglich reduziert sich der Lagerbestand in *allen* Perioden von τ

bis $t-1$ um jeweils $\Delta_{k\tau t}$. Da der Lagerbestand in keiner Periode negativ werden darf, ergibt sich die maximal aus Periode τ in die Periode t isoliert verschiebbare Menge des Produkts k nach Gleichung (D.326).

$$\Delta_{k\tau t}^{\max} = \min\left\{q_{k\tau}, \min_{\tau \leq \ell \leq t-1}[y_{k\ell}]\right\} \qquad t = 1, 2, ..., T;\ \tau < t \quad \text{(D.326)}$$

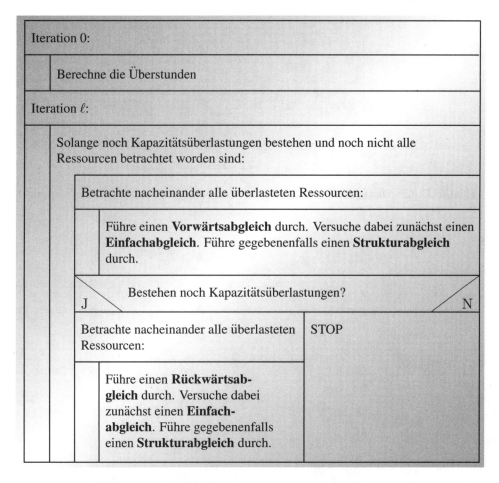

Bild D.70: Grundstruktur des Verfahrens zum Kapazitätsabgleich

Betrachten wir ein Beispiel. In Tabelle D.82 wird ein Produktionsplan für ein Produkt angegeben, der zur Überlastung einer Ressource A führt. Aus der Produktionsmenge q_t ergibt sich der Kapazitätsbedarf KN_{At}. In Periode 1 entsteht eine Überlastung, die durch eine Verlagerung von Produktionsmengen aus Periode 1 in die Perioden 2 bis 4 beseitigt werden soll. Die Höhe der **maximal verschiebbaren Produktionsmenge** hängt davon ab, in welche Zielperiode die Verlagerung erfolgt. Wird die Zielperiode 2 betrachtet, dann können maximal $\min\{q_{k1}, y_{k1}\} = \min\{30, 20\} = 20$ ME verlagert werden. Die Verschiebung von 30 ME würde dazu führen, daß der Bedarf der Periode 1 nicht gedeckt wäre. Lediglich die in der Produktionsmenge q_{k1} enthaltene Bedarfsmenge der Periode 2 kann in die Periode 2 verschoben werden. In die Zielperiode 3 kann nichts verlagert werden, denn es gilt: $\min\{q_{k1}, y_{k1}, y_{k2}\} = \min\{30, 20, 0\} = 0$. Würde man z. B. 10 ME in Periode 3 verlagern, dann könnte der Bedarf in Periode 2 mit dem zu Beginn der Periode vorhandenen Bestand von 10 ME nicht erfüllt werden.

t	1	2	3	4
d_t	10	20	10	10
q_t	30	–	20	–
y_t	20	–	10	–
KN_{At}	30	–	20	–
b_{At}	20	20	20	20
$\Delta_{k1t}^{\max}$	–	20	–	–

↑ unzulässige Belastung

Tabelle D.82: Maximale Verlagerungsmenge beim Vorwärtsabgleich (Beispiel)

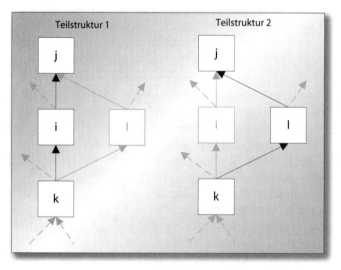

Bild D.71: Untersuchte lineare Teilstrukturen zwischen den Produkten k und j

Zur Verringerung der Lagerkosten werden bei der Verlagerung über das zum Abbau von Überstunden notwendige Maß hinaus weitere Produktionsmengen in die Zielperiode t verschoben, sofern die dort verbliebene Restkapazität dies zuläßt. Kann für keines der die Überlastung der betrachteten Ressource in Periode τ hervorrufenden Produkte eine isolierte Mengenverlagerung durchgeführt werden, dann wird zum Strukturabgleich in

Richtung Zukunft übergegangen. Dabei wird für die direkten und indirekten Nachfolger j des Produkts k, für die die maximale Verlagerungsmenge nach Gleichung (D.326) positiv ist, ermittelt, welche Menge mitverlagert werden muß, um eine Verlagerung von Produktionsmengen des Produkts k zu ermöglichen. Es werden dabei nur die **linearen Teilstrukturen** zwischen den Produkten k und j untersucht (siehe Bild D.71). Die verlagerte Menge kann die zum Überstundenabbau notwendige Mindestmenge überschreiten, wenn die in der Zielperiode t verbliebene Restkapazität dies zuläßt.

Rückwärtsabgleich. Bei einem Rückwärtsabgleich wird die Produktionsmenge des Produkts k aus einer Periode τ in eine frühere Periode $t < \tau$ vorgezogen. Dabei sind die Auswirkungen auf die Sekundärbedarfsmengen und den Lagerbestand der direkt untergeordneten Produkte $j \in \mathcal{V}_k$ zu berücksichtigen. Die Menge des Produkts k, die isoliert aus der Produktionsperiode τ in die Zielperiode t vorgezogen werden kann, beträgt dann höchstens:

$$\Delta_{k\tau t}^{\max} = \min \left\{ q_{k\tau}, \min_{\substack{\tau \leq \ell \leq t-1 \\ j \in \mathcal{V}_k}} \left[\frac{y_{j\ell}}{a_{jk}}\right] \right\} \qquad k = 1, 2, ..., K;\ \tau > t \qquad \text{(D.327)}$$

Betrachten wir als Beispiel die in Bild D.72 dargestellte Erzeugnis- und Prozeßstruktur. Wie der in Tabelle D.83 angegebene vorläufige Produktionsplan zeigt, ist die durch das Produkt 1 – und andere hier nicht weiter angegebene Produkte – belegte Ressource A in Periode 4 überlastet.

Bild D.72: Lineare Erzeugnis- und Prozeßstruktur

Die Überlastung der Ressource A in Periode 4 soll durch **Vorziehen** der Produktion des Produkts 1 beseitigt werden. Da pro vorgezogener ME des Produkts 1 auch eine ME des untergeordneten Produkts 2 früher benötigt wird, können bei unverändertem Produktionsplan für Produkt 2 höchstens 20 ME in Periode 3 produziert werden. Denn für diese Menge reicht der Lagerbestand des Produkts 2 in Periode 3 gerade aus. Eine Verlagerung der Produktion des Produkts 1 in eine noch frühere Periode, z. B. Periode 2, ist nicht möglich, da die Produktion in dieser Periode mangels Lagerbestand des Produkts 2 nicht durchführbar wäre.

t	1	2	3	4
d_t	20	20	20	20
q_t	20	20	20	20
y_t	20	–	10	–
KN_{At}	20	20	20	[60]
b_{At}	40	40	40	40
	\multicolumn{4}{c}{unzulässige Belastung ↑}
$q_{1t} \cdot a_{21}$	20	20	20	20
q_{2t}	40	–	40	–
y_{2t}	20	–	20	–
$\Delta_{14t}^{\max}$	–	–	20	–

Tabelle D.83: *Maximale Verlagerungsmenge beim Rückwärtsabgleich (Beispiel)*

Ist die maximale Verlagerungsmenge für alle Produkte, die in einer Periode eine Ressourcenüberlastung verursachen, gleich Null, dann wird versucht, durch die gemeinsame Verlagerung der Produktionsmengen mehrerer über- und untergeordneter Produkte eine zulässige Lösung herbeizuführen (Strukturabgleich).

Zwischen den Phasen des Vorwärts- und Rückwärtsabgleich wird solange abgewechselt, bis eine zulässige Lösung gefunden oder bis die maximale Anzahl Iterationen für den Kapazitätsabgleich erreicht worden ist. Auch wenn keine zulässige Lösung gefunden wurde, wird das Verfahren in Schritt 1 fortgesetzt und versucht, neue Werte der Lagrange-Multiplikatoren zu bestimmen.

Das Verfahren wurde anhand zahlreicher Beispiele ausführlich getestet.[268] Die mittlere Abweichung von der optimalen Lösung für das in Abschnitt D.3.4.4.3.1, S. 314, erwähnte Beispiel mit $K = 10$ Produkten und $T = 4$ Perioden betrug bereits nach einer Iteration nur noch 3.54% und reduzierte sich nach 50 Iterationen (=1.3 Sek. Rechenzeit[269]) auf 1.48%.

Probleme mit $K = 100$ Produkten und $T = 16$ Perioden wurden ebenfalls gelöst. Für 20 Iterationen wurden dabei ca. 200 Sek. Rechenzeit benötigt. Die Lösungsqualität war bei gleicher Rechenzeit für die weitaus überwiegende Mehrzahl der untersuchten Probleme besser als bei Einsatz des in Abschnitt D.3.4.4.3.1 beschriebenen Verfahrens von *Helber*. Vergleiche mit optimalen Lösungen sind derzeit allerdings nicht möglich, da diese aufgrund der hohen Problemkomplexität nicht bestimmt werden können. Für die Gruppe der $(K = 100, T = 16, J = 10)$-Probleme betrug der Abstand zwischen oberer und unterer Schranke nach 50 Iterationen (450 Sek. Rechenzeit) im Durchschnitt 17.76% der oberen Schranke.

Die durchgeführten Rechentests zeigen, daß die Lösungsqualität der Heuristik bei ho-

---

[268] vgl. *Tempelmeier und Derstroff* (1993, 1996); *Derstroff* (1995); *Helber* (1995)
[269] Die Berechnungen wurden auf einem 80486/33MHz-PC unter MS-DOS 6.0 durchgeführt.

hen Rüstkosten abnimmt. Dies ist allerdings kein schwerwiegender Mangel, da die Opportunitätskosten der Rüstzeitverluste bereits direkt über die Rüstzeiten in den Kapazitätsrestriktionen erfaßt sind und in der stückorientierten Produktion wohl kaum nennenswerte Rüstkosten (für Reinigungsmaterial, etc.) auftreten werden. Weitere Einflußfaktoren der Lösungsqualität sind die Variabilität der Nachfragemengen und die mittlere Kapazitätsauslastung.[270] Bei hohen Kapazitätsauslastungen kann die Heuristik Schwierigkeiten haben, eine zulässige Lösung zu finden. In diesem Fall endet sie mit der besten gefundenen Lösung und weist die noch fehlenden Kapazitäten aus.

Die Struktur der Heuristik bietet Raum für zahlreiche weitere Verbesserungen. So kann man zusätzliche Operationen zur Veränderung eines Produktionsplanes bei der Suche nach der optimalen bzw. nach einer zulässigen Lösung einführen. Auch die Restriktionen, die bei der Veränderung einer Zwischenlösung gelten, können variiert werden. So kann man z. B. auch die Reihenfolgen, in der die Ressourcen und Perioden betrachtet werden, gegenüber der oben beschriebenen Form verändern. Hierzu müssen allerdings noch einige Untersuchungen angestellt werden.

Das prinzipielle Lösungskonzept der Lagrange-Relaxation kann (mit einigen Modifikationen) auch eingesetzt werden, wenn die einzelnen Produkte alternativ auf unterschiedlichen Ressourcen bearbeitet werden können (variable Arbeitsgang-Ressource-Zuordnung). *Derstroff*[271] erweitert das Modell MLCLSP für diese Situation und entwickelt die notwendigen Modifikationen zur Lösung der resultierenden Teilprobleme (Bestimmung der unteren und oberen Schranke).

Ingold[272] erweitert das in Abschnitt D.3.4.3.2.2, S. 272, angesprochene Konzept zur Lösung des Modells MLCLSP$_{Ingold}$ für den Fall beschränkter Kapazitäten. Auch hier verwendet er ein flexibles Konzept mit einer prioritätsgesteuerten Reihenfolge der Einplanung der Produkte, die von der Sortierung nach Dispositionsstufen abweichen kann. Die vorgelegten Rechenergebnisse zeigen, daß man mit dem Verfahren von *Ingold* i. d. R. bessere Lösungen erzeugen kann als mit dem Verfahren von *Derstroff*. Allerdings war die benötigte Rechenzeit – bis auf wenige Ausnahmen – beträchtlich höher.

D.3.4.4.3.3 Ein LP-basiertes Verfahren mit Anpassung der Modellkoeffizienten

Katok, Lewis und Harrison[273] betrachten das in Abschnitt D.3.4.1, S. 227, dargestellte allgemeine Modell MIP und entwerfen ein heuristisches Verfahren, das sie „Cost Modification Heuristic with Cost Balancing and Setup Reduction (CMHBR)" nennen. Betrachtet man das Modell MIP genauer, dann erkennt man verschiedene Möglichkeiten, Lösungen zu erzeugen. Ein Weg besteht in der direkten Vorgabe eines Rüstmusters,

---

270 vgl. auch *Stadtler* (2002)
271 vgl. *Derstroff* (1995)
272 vgl. *Ingold* (1998)
273 vgl. *Katok et al.* (1998); *Harrison und Lewis* (1996)

indem man alle Binärvariablen $\gamma_j = \widehat{\gamma}_j$ fixiert. Dies führt zu folgendem linearem Optimierungsmodell:

Modell LPR($\widehat{\gamma}$)

$$\text{Minimiere } Z = \sum_{j \in \mathcal{V}_x} c_j^{(1)} \cdot x_j + \underbrace{\sum_{j \in \mathcal{V}_\gamma} c_j^{(2)} \cdot \widehat{\gamma}_j}_{\text{konstant}} \tag{D.328}$$

u. B. d. R.

$$\sum_{j \in \mathcal{V}_x} a_{ij}^{(11)} \cdot x_j + \underbrace{\sum_{j \in \mathcal{V}_\gamma} a_{ij}^{(12)} \cdot \widehat{\gamma}_j}_{\text{konstant}} \leq b_i^{(1)} \qquad i \in \mathcal{NB}^{(1)} \tag{D.329}$$

$$\sum_{j \in \mathcal{V}_x} a_{ij}^{(21)} \cdot x_j = b_i^{(2)} \qquad i \in \mathcal{NB}^{(2)} \tag{D.330}$$

$$0 \leq x_j \leq \overline{x}_j \qquad j \in \mathcal{V}_x \tag{D.331}$$

Dieses Modell kann zur Bestimmung der optimalen Produktionsmengen und Lagerbestände bei **gegebenem Rüstmuster** eingesetzt werden. Die optimale Lösung des ursprünglich betrachteten Problems MLCLSP ergibt sich aber nur dann, wenn man als Vorgabe $\widehat{\gamma}_j$ die optimalen Werte γ^{opt} der Binärvariablen verwendet. Ist das Rüstmuster gegeben, dann sind die gesamten Rüstkosten als Komponente der Zielfunktion bekannt. Außerdem ist dann bekannt, wieviel Kapazität für Rüstvorgänge (Rüstzeiten) verwendet wird. Da die konstanten Rüstkosten in der Zielfunktion die Struktur der Lösung des LP-Modells nicht beeinflussen, kann man sie weglassen. Bezeichen wir nun mit

$$\widetilde{b}_i^{(1)} = b_i^{(1)} - \sum_{j \in \mathcal{V}_\gamma} a_{ij}^{(12)} \cdot \widehat{\gamma}_j \qquad i \in \mathcal{NB}^{(1)} \tag{D.332}$$

die **Nettokapazitäten**, die nach Abzug der durch das gegebene Rüstmuster verbrauchten Rüstzeiten übrigbleiben, dann kann das Modell LPR($\widehat{\gamma}$) auch in folgender Form geschrieben werden:

Modell LPR($\widehat{\gamma}$)$_{\text{neu}}$

$$\text{Minimiere } Z = \sum_{j \in \mathcal{V}_x} c_j^{(1)} \cdot x_j \tag{D.333}$$

u. B. d. R.

$$\sum_{j \in \mathcal{V}_x} a_{ij}^{(11)} \cdot x_j \leq \widetilde{b}_i^{(1)} \qquad i \in \mathcal{NB}^{(1)} \qquad (D.334)$$

$$\sum_{j \in \mathcal{V}_x} a_{ij}^{(21)} \cdot x_j = b_i^{(2)} \qquad i \in \mathcal{NB}^{(2)} \qquad (D.335)$$

$$0 \leq x_j \leq \overline{x}_j \qquad j \in \mathcal{V}_x \qquad (D.336)$$

In diesem Modell kommen die ex ante festgesetzten binären Rüstvariablen nicht mehr vor. Für diejenigen x_j-Variablen, deren korrespondierende γ_j-Variablen in dem vorgebenen Rüstmuster auf Null gesetzt wurden, kann durch Fixierung der oberen Schranken $\overline{x}_j$ in den Nebenbedingungen (D.336) erzwungen werden, daß sie ebenfalls Null werden. Man kann damit sicherstellen, daß ein Produkt in den Perioden nicht produziert wird, in denen kein Rüstvorgang eingeplant worden ist. Die Güte der Lösung hängt aber von der Qualität der Rüstvorgabe ab. Die Bedeutung dieses Modells liegt vor allem auch darin, daß man damit feststellen kann, ob ein gegebenes Rüstmuster im Hinblick auf die Kapazitäten **zulässig** ist.

Eine andere Möglichkeit zur Erzeugung einer (möglichst guten) Lösung des Modells MIP besteht darin, daß man ein äquivalentes LP-Modell (ausschließlich mit x_j-Variablen) konstruiert und versucht, die Rüstvorgänge **implizit** dadurch zu erfassen, daß man die **Koeffizienten** der x_j-Variablen in der Zielfunktion und den Nebenbedingungen $\mathcal{NB}^{(1)}$ in geeigneter Weise modifiziert. Dies ist die Grundidee von *Katok, Lewis und Harrison*. Würde man den optimalen Wert von x_j im Modell MIP kennen – leider ist das nicht der Fall –, dann könnte man daraus auch den optimalen Wert der korrespondierenden Rüstvariablen γ_j ableiten. Denn aus den Restriktionen $\mathcal{NB}^{(3)}$ folgt: $x_j > 0 \Rightarrow \gamma_j = 1$. In diesem Fall ließe sich dann auch feststellen, wieviel Kapazität insgesamt durch die Variablen x_j (Bearbeitungszeit) und γ_j (Rüstzeit) verbraucht wird. Dividiert man diesen Kapazitätsverbrauch durch den optimalen Wert der Variablen x_j (Losgröße), dann erhält man einen technologischen Koeffizienten $\widetilde{a}_{ij}^{(11)}$, der neben der Stückbearbeitungszeit auch einen proportionalisierten Rüstzeitzuschlag enthält. Für einen gegebenen Wert der Variablen x_j gilt dann:

$$\widetilde{a}_{ij}^{(11)} = a_{ij}^{(11)} + \frac{a_{ij}^{(12)}}{x_j} \qquad (D.337)$$

Derart modifizierte Koeffizienten $\widetilde{a}_{ij}^{(11)}$ werden nun im LP-Modell verwendet, um den Losgrößenvariablen **proportionalisierte Rüstzeitanteile** zuzurechnen und damit den tatsächlichen Ressourcenverbrauch zu erfassen. In gleicher Weise wird der Einfluß des Rüstens über einen Rüstkostenzuschlag in der Zielfunktion erfaßt.

$$\widetilde{c}_j^{(1)} = c_j^{(1)} + \frac{c_j^{(2)}}{x_j} \qquad (D.338)$$

Über die Proportionalisierung der Rüstkosten hinaus versuchen *Katok, Lewis und Har-*

rison auch für das Modell MIP die bekannte Eigenschaft des klassischen Losgrößenmodells zu erreichen, nach der in der optimalen Lösung die **Rüstkosten gleich den Lagerkosten** sind. Zu diesem Zweck nehmen sie eine weitere Modifikation der Zielfunktionskoeffizienten vor.[274] Nach Ermittlung einer Lösung wird das Verhältnis aus der absoluten Differenz zwischen den Rüst- und Lagerkosten $|S-H|$ einerseits und den Gesamtkosten $S+H$ andererseits bestimmt. Mit diesem Wert, $\epsilon = \frac{|S-H|}{S+H}$, werden dann alle Zielfunktionskoeffizienten $\widetilde{c}_j^{(1)}$ modifiziert. Während die Proportionalisierung der Rüstkosten ausschließlich die Zielfunktionskoeffizienten der Losgrößenvariablen beeinflußt, sind von diesem **„cost balancing"** auch die Lagerbestandsvariablen betroffen.

Im Idealfall führt die Vorgabe der „richtigen" Zuschläge auf die Modellkoeffizienten dazu, daß diejenigen Losgrößenvariablen in der optimalen Lösung des LP-Modells positive Werte annehmen, die auch bei exakter Lösung des Modells MIP positiv wären. Leider sind die richtigen Zuschlagssätze, deren Vorgabe ja die Kenntnis der optimalen Werte aller Variablen voraussetzt, nicht bekannt. Daher schlagen *Katok, Lewis und Harrison* ein iteratives Verfahren vor, bei dem in jeder Iteration ℓ zunächst das folgende LP-Modell mit modifizierten Koeffizienten gelöst wird:

Modell LPR$_\ell$

Minimiere $Z = \sum\limits_{j \in \mathcal{V}_x} \widetilde{c}_j^{(1)} \cdot x_j$ (D.339)

u. B. d. R.

$$\sum_{j \in \mathcal{V}_x} \widetilde{a}_{ij}^{(11)} \cdot x_j \leq b_i^{(1)} \qquad i \in \mathcal{NB}^{(1)} \quad \text{(D.340)}$$

$$\sum_{j \in \mathcal{V}_x} a_{ij}^{(21)} \cdot x_j = b_i^{(2)} \qquad i \in \mathcal{NB}^{(2)} \quad \text{(D.341)}$$

$$0 \leq x_j \leq \overline{x}_j \qquad j \in \mathcal{V}_x \quad \text{(D.342)}$$

Zur Proportionalisierung der Koeffizienten des Modells LPR$_\ell$ wird auf die optimale Lösung des in der vorangegangenen Iteration betrachteten Modells LPR$_{\ell-1}$ zurückgegriffen. Das Verfahren wird initialisiert, indem in Iteration $\ell = 0$ alle Rüstvariablen auf Null gesetzt werden. In jeder Iteration ℓ wird dann zunächst die optimale Lösung $x_j^{*\ell}$ bestimmt. Aus den positiven $x_j^{*\ell}$-Werten werden aufgrund der in den Nebenbedingungen $\mathcal{NB}^{(3)}$ des Modells MIP beschriebenen eindeutigen Beziehungen[275] die Werte der Rüstvariablen γ_j abgeleitet, die als Grundlage für die Kostenmodifikation der nächsten Iteration dienen. Dies geschieht nach folgender heuristischer Vorschrift, wobei $\mathcal{V}_\gamma$ die

---
[274] Dies ist das „Cost Balancing" im Namen der Heuristik.
[275] siehe Gleichung (D.187), S. 227

Indexmenge der γ-Variablen und $\mathcal{V}_q$ die Indexmenge der Losgrößenvariablen bezeichnet:

$$\widehat{\gamma}_j^{\ell+1} = \begin{cases} 1 & x_k^{*\ell} > 0 \quad k \in \mathcal{V}_q, k = j \\ 0 & \text{sonst} \end{cases} \qquad j \in \mathcal{V}_\gamma \quad \text{(D.343)}$$

Dieser Vorgehensweise liegt die Hoffnung zugrunde, daß die Struktur der optimalen Lösung des Modells LPR$_{\ell-1}$ der zu erwartenden Struktur der Lösung des Modells LPR$_\ell$ am nächsten kommt. Die Koeffizienten der (Kapazitäts-)Restriktionen $\mathcal{NB}^{(1)}$ sowie die Zielfunktionskoeffizienten der **(Losgrößen-)Variablen** x_j ($j \in \mathcal{V}_q$) werden dann im Modell LPR$_\ell$ wie folgt modifiziert:

$$\widetilde{a}_{ij}^{(11)} = a_{ij}^{(11)} + \frac{a_{ij}^{(12)} \cdot \widehat{\gamma}_j^\ell}{x_j^{*\ell-1}} \qquad k \in \mathcal{V}_q,\ j \in \mathcal{V}_\gamma,\ k = j,\ i \in \mathcal{NB}^{(1)} \quad \text{(D.344)}$$

$$\widetilde{c}_j^{(1)} = c_j^{(1)} + \frac{c_j^{(2)} \cdot \widehat{\gamma}_j^\ell}{x_j^{*\ell-1}} \qquad k \in \mathcal{V}_q,\ j \in \mathcal{V}_\gamma,\ k = j \quad \text{(D.345)}$$

Zur Erreichung einer Lösung, in der die gesamten Rüstkosten S_ℓ gleich den gesamten Lagerkosten H_ℓ sind, wird die in Gleichung (D.346) angegebene Kennziffer berechnet.

$$\epsilon_\ell = \frac{|H_\ell - S_\ell|}{H_\ell + S_\ell} \quad \text{(D.346)}$$

Ist $H_\ell \neq S_\ell$, dann werden die Zielfunktionskoeffizienten der **Losgrößen-** und der **Lagerbestandsvariablen** wie folgt modifiziert:

$$\widetilde{c}_j^{(1)} = \begin{cases} \widetilde{c}_j^{(1)} \cdot (1-\epsilon)^{m_j^c} & \text{wenn } H_\ell > S_\ell;\ j \in \mathcal{V}_q \\ \widetilde{c}_j^{(1)} \cdot (1+\epsilon)^{m_j^c} & \text{wenn } H_\ell \leq S_\ell;\ j \in \mathcal{V}_q \\ \widetilde{c}_j^{(1)} \cdot (1+\epsilon)^{m_j^c} & \text{wenn } H_\ell > S_\ell;\ j \in \mathcal{V}_y \\ \widetilde{c}_j^{(1)} \cdot (1-\epsilon)^{m_j^c} & \text{wenn } H_\ell \leq S_\ell;\ j \in \mathcal{V}_y \end{cases} \quad \text{(D.347)}$$

Der Exponent m_j^c ist ein Zähler, der angibt, wie oft der Zielfunktionskoeffizient der Variablen x_j bereits modifiziert worden ist. Zur Berechnung der Rüst- und Lagerkosten wird auf die Produktionsmengen und Lagerbestände $x_j^{*\ell}$ und die daraus abgeleiteten Werte der Rüstvariablen zurückgegriffen. Die Bewertung erfolgt mit unmodifizierten Kostensätzen.

Die Iterationen werden abgebrochen, wenn

- eine maximale Anzahl ℓ_{max} Iterationen erreicht ist *oder*
- die Lösung sich nicht mehr verändert *oder*
- jeder Restriktionenkoeffizient bereits einmal und jeder Zielfunktionskoeffizient bereits zweimal modifiziert wurde.

 Betrachten wir als Beispiel die in Bild D.73 dargestellte generelle Erzeugnisstruktur.

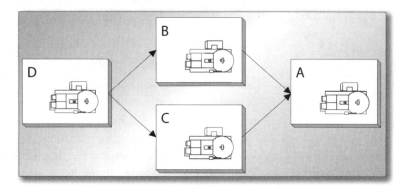

Bild D.73: Erzeugnis- und Prozeßstruktur

Für das Endprodukt A liegen für die nächsten 4 Perioden geplante Primärbedarfsmengen in Höhe von 10, 5, 30 und 20 ME vor. Das Endprodukt A wird aus zwei Komponenten B und C hergestellt, die ihrerseits wiederum auf einem gemeinsamen Ausgangsmaterial D basieren. Dabei wird jedes durch ein Rechteck dargestellte Produkt in einem Arbeitsgang bearbeitet. Der Einfachheit halber gehen wir davon aus, daß alle Arbeitsgänge auf derselben Ressource stattfinden, und daß alle Direktbedarfskoeffizienten und Stückbearbeitungszeiten gleich 1 sind. Die Rüstzeiten sind einheitlich gleich 10. Außerdem sei angenommen, daß die marginalen Lagerkosten pro ZE und ME für das Erzeugnis A, B, C und D 1.8, 0.1, 0.1 bzw. 1.0 GE und die Rüstkosten jeweils 20 GE betragen. Die Kapazität der Ressource möge in allen Perioden einheitlich 130 ZE betragen.

Setzt man zur Bestimmung der optimalen Lösung das Modell MLCLSP sowie das Standardprogramm CPLEX ein, dann erhält man den in Tabelle D.84 angegebenen optimalen Produktionsplan, dessen Zielfunktionswert 318.5 beträgt.

$k\backslash t$	1	2	3	4
A	15	–	30	20
B	15	30	–	20
C	15	–	35	15
D	30	30	35	35
Kapazitätsbedarf	115	80	130	130

Tabelle D.84: *Optimaler Produktionsplan*

Nach dem Vorschlag von *Katok, Lewis und Harrison* wird nun wie folgt vorgegangen.

Iteration 0:

Das Modell LPR$_0$ enthält insgesamt 32 Variablen (16 Losgrößenvariablen und 16 Lagerbestandsvariablen) (Menge $\mathcal{V}_x$) sowie 4 Kapazitätsrestriktionen (Menge $\mathcal{NB}^{(1)}$) und 16 Lagerbilanzgleichungen (Menge $\mathcal{NB}^{(2)}$). Die optimale Lösung des Modells LPR$_0$ zeigt Tabelle D.85.

$k\backslash t$	1	2	3	4
A	10	5	30	20
B	10	15	20	20
C	10	5	30	20
D	20	20	50	40
Kapazitätsbedarf (approx.)	50	45	130	100

Tabelle D.85: *Optimaler Produktionsplan nach Lösung von LPR$_0$*

Da für das Modell LPR$_0$ sämtliche Rüstvariablen auf 0 gesetzt und bei der Bestimmung der modifizierten Koeffizienten vernachlässigt wurden, ist der in der letzten Zeile der Tabelle D.85 angegebene Kapazitätsbedarf nur eine sehr schlechte Approximation des tatsächlichen Kapazitätsbedarfs. Der ermittelte Produktionsplan sieht vor, daß in jeder Periode jedes Produkt produziert wird. Daher werden zur Berechnung der Rüstkosten alle Rüstvariablen auf 1 gesetzt. Die mit dieser Lösung verbundenen Rüstkosten betragen damit $S_0 = 16 \cdot 20 = 320$. Die Kapazität reicht (auch bei Vernachlässigung der Rüstzeiten) nicht aus, um den gesamten Bedarf der Periode 3 zu produzieren. Es kommt folglich zu einer Produktion auf Lager. Für die Lagerung in Periode 2 entstehen Lagerkosten in Höhe von $H_0 = 10 \cdot 1 + 10 \cdot 0.1 = 11$. Daraus ergibt sich $\epsilon_0 = \frac{309}{331} = 0.933535$.

Iteration 1:

Jetzt werden alle **Koeffizienten** der Zielfunktion und der Nebenbedingungen modifiziert.

Losgröße x_j^{*0}	Koeffizient	alt	neuer Wert	Koeffizient	alt	neuer Wert
10	$a_{11}^{(1)}$	1	$1 + \frac{10}{10} = 2$	$c_1^{(1)}$	0	$0 + \frac{20}{10} = 2$
5	$a_{12}^{(1)}$	1	$1 + \frac{10}{5} = 3$	$c_2^{(1)}$	0	$0 + \frac{20}{5} = 4$
30	$a_{13}^{(1)}$	1	$1 + \frac{10}{30} = 1.333$	$c_3^{(1)}$	0	$0 + \frac{20}{30} = 0.667$
20	$a_{14}^{(1)}$	1	$1 + \frac{10}{20} = 1.5$	$c_4^{(1)}$	0	$0 + \frac{20}{20} = 1$
10	$a_{25}^{(1)}$	1	$1 + \frac{10}{10} = 2$	$c_5^{(1)}$	0	$0 + \frac{20}{10} = 2$
15	$a_{26}^{(1)}$	1	$1 + \frac{10}{15} = 1.667$	$c_6^{(1)}$	0	$0 + \frac{20}{15} = 1.333$
20	$a_{27}^{(1)}$	1	$1 + \frac{10}{20} = 1.5$	$c_7^{(1)}$	0	$0 + \frac{20}{20} = 1$
20	$a_{28}^{(1)}$	1	$1 + \frac{10}{20} = 1.5$	$c_8^{(1)}$	0	$0 + \frac{20}{20} = 1$
10	$a_{29}^{(1)}$	1	$1 + \frac{10}{10} = 2$	$c_9^{(1)}$	0	$0 + \frac{20}{10} = 2$
5	$a_{2,10}^{(1)}$	1	$1 + \frac{10}{5} = 3$	$c_{10}^{(1)}$	0	$0 + \frac{20}{5} = 4$
30	$a_{2,11}^{(1)}$	1	$1 + \frac{10}{30} = 1.333$	$c_{11}^{(1)}$	0	$0 + \frac{20}{30} = 0.667$
20	$a_{2,12}^{(1)}$	1	$1 + \frac{10}{20} = 1.5$	$c_{12}^{(1)}$	0	$0 + \frac{20}{20} = 1$
20	$a_{2,13}^{(1)}$	1	$1 + \frac{10}{20} = 1.5$	$c_{13}^{(1)}$	0	$0 + \frac{20}{20} = 1$
20	$a_{2,14}^{(1)}$	1	$1 + \frac{10}{20} = 1.5$	$c_{14}^{(1)}$	0	$0 + \frac{20}{20} = 1$
50	$a_{2,14}^{(1)}$	1	$1 + \frac{10}{50} = 1.2$	$c_{15}^{(1)}$	0	$0 + \frac{20}{50} = 0.4$
40	$a_{2,16}^{(1)}$	1	$1 + \frac{10}{40} = 1.25$	$c_{16}^{(1)}$	0	$0 + \frac{20}{40} = 0.5$

Tabelle D.86: Modifikation der Koeffizienten für Modell LPR_1

Zur Erfassung der Anzahl der Modifikationen führen wir Modifikationszähler m_j^c ($j \in \mathcal{V}_x$) für die Zielfunktionskoeffizienten sowie m_j^a ($j \in \mathcal{V}_x$) für die Koeffizienten der Nebenbedingungen ein und setzen diese zu Beginn des Verfahrens gleich Null. Damit ergibt sich jeweils $(1 - \epsilon_0)^0 = (1 + \epsilon_0)^0 = 1$. Zu Beginn des Verfahrens hat ϵ also noch keine Auswirkungen.

Tabelle D.86 zeigt die Berechnungen zur Modifikation der Modellkoeffizienten der Losgrößenvariablen. Für die Zielfunktionskoeffizienten der Lagerbestandsvariablen ergibt sich keine Veränderung, da alle Modifikationszähler gleich 0 sind. Trotzdem werden auch die Modifikationszähler dieser Variablen auf 1 erhöht.

Gegenüber den Startwerten haben sich die Koeffizienten nun beträchtlich vergrößert. Die optimale Lösung des Modells LPR_1 ist in Tabelle D.87 wiedergegeben. Ermittelt man die Kapazitätsbelastung mit Hilfe der modifizierten Koeffizienten, dann schöpft diese Lösung die verfügbare Kapazität in den Perioden 3 und 4 voll aus. Dies ist in Tabelle D.87 in der Zeile „Kapazitätsbedarf (approx.)" angegeben. Bei Berechnung der tatsächlichen Bearbeitungs- und Rüstzeiten mit Hilfe der unmodifizierten Koeffizienten zeigt sich, daß die real verfügbare Kapazität überschritten wird. Diese Lösung ist im Hinblick auf das Modell MIP also noch **nicht zulässig**.

$k \backslash t$	1	2	3	4
A	10	5	30	20
B	10	33.227	1.773	20
C	15	0	33.636	16.364
D	25	33.227	35.409	36.364
Kapazitätsbedarf (approx.)	108	120	130	130
Produktionszeit (real)	60	71.453	100.819	92.727
Rüstzeit (real)	40	30	40	40
Kapazitätsbedarf (real)	100	101.453	140.819	132.727

Tabelle D.87: Optimaler Produktionsplan nach Lösung von LPR_1

Da in der letzten Iteration Veränderungen der Koeffizienten vorgenommen worden sind und die (extern vorgegebene) maximale Anzahl von Iterationen $\ell_{\max} = 10$ noch nicht erreicht ist, wird eine weitere Iteration durchgeführt.

Iteration 2:

Eine Koeffizientenanpassung für die Variable x_j wird nach dem Vorschlag von *Katok, Lewis und Harrison* nur dann vorgenommen, wenn der betreffende Restriktionskoeffizient noch nicht (Modifikationszähler $m_j^a < 1$) und der Koeffizient der Zielfunktion erst einmal (Modifikationszähler $m_j^c < 2$) modifiziert worden ist. Da alle Restriktionenkoeffizienten der Losgrößenvariablen ($j = 1, ..., 16$) bereits in der letzten Iteration modifiziert wurden, werden nun nur noch die Zielfunktionskoeffizienten der Lagerbestandsvariablen ($j = 17, ..., 32$) modifiziert, wobei bei diesen Variablen lediglich das Ziel der Identität von Rüstkosten und Lagerkosten zum Tragen kommt. Die Auswertung der letzten Lösung mit den unmodifizierten Kostensätzen ergibt $S_1 = 300$ und $H_1 = 40.5494$. Daraus ergibt sich $\epsilon_1 = 0.761859$. Die neuen **Zielfunktionskoeffizienten der Lagerbestandsvariablen** zeigt Tabelle D.88.

Koeffizient	alter Wert	neuer Wert
$c_{17}^{(1)}$	4	$4 \cdot (1 + 0.761859)^1 = 7.04744$
$c_{18}^{(1)}$	4	$4 \cdot (1 + 0.761859)^1 = 7.04744$
$c_{19}^{(1)}$	4	$4 \cdot (1 + 0.761859)^1 = 7.04744$
$c_{20}^{(1)}$	4	$4 \cdot (1 + 0.761859)^1 = 7.04744$
$c_{21}^{(1)}$	1.1	$1.1 \cdot (1 + 0.761859)^1 = 1.93804$
$c_{22}^{(1)}$	1.1	$1.1 \cdot (1 + 0.761859)^1 = 1.93804$
$c_{23}^{(1)}$	1.1	$1.1 \cdot (1 + 0.761859)^1 = 1.93804$
$c_{24}^{(1)}$	1.1	$1.1 \cdot (1 + 0.761859)^1 = 1.93804$
$c_{25}^{(1)}$	1.1	$1.1 \cdot (1 + 0.761859)^1 = 1.93804$
$c_{26}^{(1)}$	1.1	$1.1 \cdot (1 + 0.761859)^1 = 1.93804$
$c_{27}^{(1)}$	1.1	$1.1 \cdot (1 + 0.761859)^1 = 1.93804$
$c_{28}^{(1)}$	1.1	$1.1 \cdot (1 + 0.761859)^1 = 1.93804$
$c_{29}^{(1)}$	1	$1 \cdot (1 + 0.761859)^1 = 1.761859$
$c_{30}^{(1)}$	1	$1 \cdot (1 + 0.761859)^1 = 1.761859$
$c_{31}^{(1)}$	1	$1 \cdot (1 + 0.761859)^1 = 1.761859$
$c_{32}^{(1)}$	1	$1 \cdot (1 + 0.761859)^1 = 1.761859$

Tabelle D.88: Modifikation der Zielfunktionskoeffizienten der Lagerbestandsvariablen für Modell LPR_2

Lösen wir nun das resultierende Modell LPR_2, dann stellen wir fest, daß die optimale Lösung dieses Modells sich gegenüber der Iteration 1 (Modell LPR_1) nicht verändert hat. Daher können die **Iterationen beendet** werden.

Bevor wir die **Zulässigkeit** der gefundenen Lösung überprüfen, soll die bisherige Vorgehensweise zusammengefaßt werden. Bild D.74 stellt das heuristische Konzept im Überblick dar. Die Indexmenge $\mathcal{V}_\gamma^x$ beschreibt dabei die Rüstvariablen, deren korrespondierende Losgrößenvariablen größer als Null sind und die daher den Wert 1 annehmen müssen.

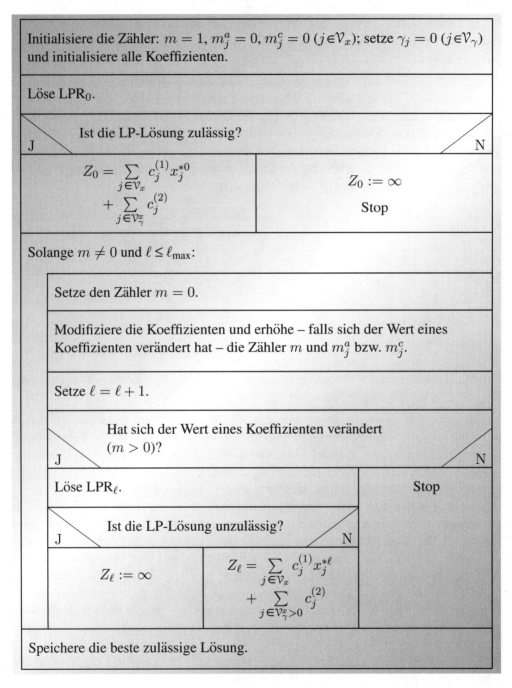

Bild D.74: CMSB – Coefficient Modification Subroutine with Cost Balancing

Zur formalen Überprüfung der Zulässigkeit der Lösung des Modells LPR$_\ell$ wird auf das

Modell LPR$(\hat{\gamma})_{\text{neu}}$[276] zurückgegriffen. Die durch Rüstvorgänge benötigten Kapazitäten werden von der rechten Seite abgezogen. Die so veränderten Periodenkapazitäten betragen dann $\tilde{b}_1^{(1)} = 130 - 4 \cdot 10 = 90$, $\tilde{b}_2^{(1)} = 130 - 3 \cdot 10 = 100$, $\tilde{b}_3^{(1)} = 130 - 4 \cdot 10 = 90$ und $\tilde{b}_4^{(1)} = 130 - 4 \cdot 10 = 90$. Man setzt nun die unmodifizierten Restriktionenkoeffizienten wieder ein und setzt für diejenigen Losgrößenvariablen, die in der aktuellen Lösung Null waren, die Obergrenze 0 fest. Im Beispiel muß nur für eine Losgrößenvariable eine derartige Obergrenze gesetzt werden: $x_{10} = 0$ (Produkt C in Periode 2). Die Lösung des Modells LPR$(\hat{\gamma})$ ist in Tabelle D.89 wiedergegeben. Diese Lösung ist **nicht zulässig**, da die für die Bearbeitung der Lose benötigte Kapazität in Periode 4 (100) die verfügbare Netto-Kapazität ($\tilde{b}_4^{(1)} = 90$) übersteigt.

$k \backslash t$	1	2	3	4
A	10	5	30	20
B	10	35	0	20
C	15	0	30	20
D	25	35	30	40
Kapazitätsbedarf	60	75	90	100
rechte Seite $\tilde{b}$	90	100	90	90

Tabelle D.89: *Optimaler Produktionsplan nach Abschluß der Koeffizientenanpassung*

Katok, Lewis und Harrison sehen vor, das Verfahren zu beenden, wenn im Rahmen des bisher beschriebenen Koeffizientenmodifikationsverfahrens (CMSB) keine zulässige Lösung gefunden werden konnte. Sie verweisen darauf, daß bei allen von ihnen untersuchten Testproblemen immer eine zulässige Lösung des Modells MIP bzw. MLCLSP gefunden wurde. Für das obige zufällig gewählte Beispiel versagt das Verfahren jedoch. Nur für den Fall einer zulässigen Lösung schlagen *Katok, Lewis und Harrison* weitere **Verbesserungsschritte** vor. So fixiert man z. B. in der „Simple-Setup-Reduction"-Heuristik (SSR) nacheinander alle positiven Losgrößenvariablen aus der mit der CMSB-Heuristik gefundenen Lösung isoliert auf Null und löst das entsprechende restringierte LP-Modell. Die beste gefundene zulässige Lösung kann dann als Basis für einen weiteren Verfahrensschritt dienen. In diesem sog. „Restricted-Setup-and-Inventory-Reduction-(RSR)"-Schritt behält man zunächst für alle Variablen, die bereits in der letzten Lösung Null waren, diesen Wert bei. Dann werden nacheinander alle in der letzten Lösung positiven Losgrößenvariablen x_j isoliert auf Null gesetzt und die jeweils „benachbarten" Variablen werden freigegeben. Dies bewirkt die Verschiebung einer Losgröße aus Periode t in direkt benachbarte Perioden $t - 1$ bzw. $t + 1$. Ergibt sich auf diese Weise eine weitere Kostenreduktion, dann wird diese Lösung beibehalten, sofern sie zulässig ist. Auf die formale Spezifikation dieser Verfahrensschritte soll hier verzichtet werden.

---

276 siehe S. 334

Während *Katok, Lewis und Harrison* die genannten Verbesserungsverfahren nur dann einsetzen, wenn im ersten Schritt (CMSB) eine zulässige Lösung gefunden wurde, spricht natürlich nichts gegen den Versuch, eine kapazitätsmäßig unzulässige Lösung durch die **Einsparung von Rüstzeit** (Simple Setup Reduction, SSR) zulässig zu machen. Dies soll mit den obigen unzulässigen Lösung versucht werden. Geht man von der in Tabelle D.89 angegebenen nicht-zulässigen Lösung aus, dann kann man (bei Verwendung der in den Tabellen D.86 und D.88 angegebenen modifizierten Koeffizienten) durch die Fixierung von $x_6 = 0$ eine zulässige Lösung mit dem Zielfunktionswert 358.51 und alternativ durch Fixierung von $x_{15} = 0$ eine zulässige Lösung mit dem Zielfunktionswert 353.14 erhalten. Der letztgenannte Plan ist in Tabelle D.90 wiedergegeben.

$k \backslash t$	1	2	3	4
A	10	5	30	20
B	10	5	30	20
C	15	0	33.636	16.364
D	25	68.636	0	36.364

Tabelle D.90: Produktionsplan nach Fixierung von $x_{15} = 0$

Löst man nun das Modell LPR$(\widehat{\gamma})_{neu}$ mit der angepaßten rechten Seite $\widetilde{b}$ und den unmodifizierten Koeffizienten, dann erhält man die in D.91 angegebene zulässige Lösung des Beispiels.

$k \backslash t$	1	2	3	4
A	10	5	30	20
B	10	5	30	20
C	15	0	35	15
D	25	70	0	35
Kapazitätsbedarf	100	110	125	130

Tabelle D.91: Optimaler Produktionsplan nach Anwendung der SSR-Heuristik

Dieser Produktionsplan ist mit Kosten in Höhe von 356 GE verbunden. Wendet man schließlich den dritten Verfahrensschritt an, dann kommt man zu der in Tabelle D.92 angegebenen Lösung, deren Kosten mit 324 GE nur geringfügig über den minimalen Kosten von 318.5 GE liegen.

$k\backslash t$	1	2	3	4
A	10	5	30	20
B	10	35	0	20
C	15	0	35	15
D	25	35	35	35
Kapazitätsbedarf	60	75	100	90

Tabelle D.92: *Optimaler Produktionsplan nach Abschluß des Verfahrens*

Das vorgeschlagene Lösungskonzept wurde von *Katok, Lewis und Harrison* in einem Rechenexperiment mit Lösungen verglichen, die mit dem mathematischen Optimierungssystem OSL ermittelt wurden. Dabei ergaben sich für kleine Beispiele mit maximal 36 Rüstvariablen bei Einsatz der Kostenmodifikation (CMSB) Abweichungen von den optimalen Zielfunktionswerten im Bereich zwischen 11.8% bis 23.2%. Erst die nachfolgenden Verbesserungsroutinen reduzierten die Abweichungen auf den Bereich zwischen 1.0% und 9.6%. Für größere Probleme mit bis zu 1474 Rüstvariablen konnten mit OSL im Rahmen einer vorgegebenen Rechenzeitschranke nur noch heuristische Lösungen ermittelt werden. Die Heuristik führte dabei im Vergleich zu OSL zu etwa 25% niedrigeren Zielfunktionswerten, benötigte aber noch ca. 10% der Rechenzeit. Hierzu ist anzumerken, daß man von einem spezialisierten heuristischen Verfahren schon mehr erwarten muß als von den allgemeingehaltenen Routinen zur Erzeugung zulässiger Lösungen, die in Standard-Optimierungssoftware implementiert sind. Für größere Probleminstanzen werden auch „nur" 10% der OSL-Lösungszeit nicht akzeptabel sein.

Um einen Eindruck von der Leistungsfähigkeit der CMHBR-Heuristik zu erlangen, führen wir ein kleines **Rechenexperiment** auf der Grundlage des obigen Beispiels durch. Es wird ein Planungszeitraum von $T = 9$ Perioden betrachtet. Die Bedarfsmengen des Endprodukts sind $\{6, 11, 15, 7, 28, 7, 6, 12, 5\}$. Wir variieren nun die Rüstkosten, die Rüstzeiten sowie die Periodenkapazitäten und bestimmen jeweils die optimale Lösung mit dem Optimierungssystem CPLEX. Tabelle D.93 stellt die Ergebnisse der Anwendung des Verfahrens von *Katok, Lewis und Harrison* (CMHBR) den Lösungen gegenüber, die mit dem in Abschnitt D.3.4.4.3.2, S. 315 ff., dargestellten Verfahren von *Derstroff* auf der Basis der Lagrange-Relaxation (LR) bestimmt wurden. Die Kapazitäten sind so bemessen, daß jede Probleminstanz eine zulässige Lösung besitzt. Das Verfahren von *Derstroff* fand in jedem Fall eine zulässige Lösung. Die mit „Δ" überschriebenen Spalten enthalten die prozentualen Abweichungen der heuristischen Lösungen von den mit CPLEX ermittelten optimalen Lösungen.

Die mit „–" markierten Fälle, in denen die CMHBR-Heuristik keine zulässige Lösung finden konnte, sind in ihrer Struktur sehr unterschiedlich. So konnte – bis auf eine Ausnahme (Fall 4) – bei einer Kapazität von 100 keine zulässige Lösung gefunden werden. Im Fall 4 wurde die angegebene Lösung erst mit dem RSR-Schritt gefunden, während die in Bild D.74 angegebene „Cost Modification Subroutine with Cost Balancing" mit einer nicht zulässigen Lösung endete. Interessant ist, daß auch im Fall 6, in dem die

Kapazität eigentlich nicht sehr knapp ist, keine zulässige Lösung gefunden wurde. Bei Probleminstanzen mit Rüstzeiten von 15 (Fälle 13 bis 18) versagte das Konzept der approximativen Berücksichtigung der Rüstzeiten durch die Verwendung von Rüstzeitzuschlägen vollständig.[277] Die in Fall 18 angegebene Lösung wurde erst im letzten Verfahrensschritt („Restricted Setup and Inventory Reduction") erreicht, während die beiden vorangehenden Phasen (CMSB und SSR) keine zulässige Lösung erbrachten.

Man erkennt aber auch, daß die Heuristik CMHBR bei relativ niedrigen Rüstkosten und nicht zu knappen Kapazitäten sehr gute Lösungen erreicht. In vielen Fällen ist sie dann auch besser als die LR-Heuristik.

Nr.	Rüstzeit	Rüstkosten	Kapazität	Optimum	CMHBR	Δ_{CMHBR}	LR	Δ_{LR}
1	10	0	100	93.5	–	–	105.10	12%
2	10	0	110	56.35	69.55	23%	90.10	60%
3	10	0	120	40.15	50.65	26%	73.00	82%
4	10	5	100	251.70	299.37	19%	263.30	5%
5	10	5	110	224.55	224.55	0%	260.10	16%
6	10	5	120	207.65	–	–	242.20	17%
7	10	10	100	396.70	–	–	428.90	8%
8	10	10	110	366.40	381.20	4%	414.30	13%
9	10	10	120	347.65	352.15	1%	387.20	11%
10	10	20	100	650.50	–	–	666.60	2%
11	10	20	110	623.30	671.20	8%	638.30	2%
12	10	20	120	596.60	610.55	2%	666.80	12%
13	15	0	115	96.25	–	–	120.10	25%
14	15	0	120	79.00	–	–	90.70	15%
15	15	10	115	398.80	–	–	429.30	8%
16	15	10	120	382.20	–	–	439.10	15%
17	15	20	115	655.25	–	–	733.80	12%
18	15	20	120	635.30	677.73	7%	672.10	6%

Tabelle D.93: Ergebnisse eines Rechenexperiments

Das Verfahren von *Katok, Lewis und Harrison* kann wie folgt beurteilt werden. Das Lösungskonzept ist originell und flexibel. Es ist nicht auf das Modell MLCLSP beschränkt. Voraussetzung zu seiner Anwendbarkeit ist lediglich die prinzipielle Struktur der Koeffizientenmatrix, insb. die eindeutige Korrespondenz zwischen binären und kontinuierlichen Variablen. Während im Modell MLCLSP davon ausgegangen wird, daß jeder Arbeitsgang genau auf einer Ressource durchgeführt wird, können mit der CMHBR-Heuristik auch Problemvarianten gelöst werden, in denen zur Durchführung eines Ar-

---

277 Es sei angemerkt, daß für Periodenkapazitäten von 114 bereits keine zulässige Lösung mehr existiert.

beitsgangs mehrere unterschiedliche Ressourcentypen (z. B. Mitarbeiter und Maschinen) benötigt werden. Da die Heuristik auf der mehrfachen Lösung von LP-Problemen beruht, ist zu ihrer Anwendbarkeit ein leistungsfähiger LP-Solver erforderlich. Aber auch wenn dieser zur Verfügung steht, ist zu vermuten, daß die handhabbare Problemgröße wegen der immer noch beträchtlichen Rechenzeiten und wegen des benötigten Speicherplatzes beschränkt sein wird.

D.3.4.4.3.4 Weitere Verfahren

Clark und Armentano[278] schlagen ein heuristisches Verfahren vor, in dem zunächst die Kapazitätsrestriktionen vernachlässigt werden. Nach Lösung der resultierenden unkapazitierten dynamischen Einprodukt-Losgrößenprobleme vom Typ des Modells SLULSP liegt i. d. R. ein bezüglich der Kapazitätsrestriktionen unzulässiger Produktionsplan vor. Insoweit ähnelt das Verfahren dem Schritt 1 des Verfahrens von *Derstroff*.[279] Zur Beseitigung von unzulässigen Belastungen der Ressourcen führen *Clark und Armentano* einen Rückwärtsabgleich durch. Die Auswahl des Produkts, dessen Produktion vorgezogen wird, und der Zielperiode, in die Produktionsmengen verlagert werden, richtet sich nach den geschätzten zusätzlichen Kosten pro Einheit der reduzierten Kapazitätsbelastung.

Eine Schwäche des Verfahrens von *Clark und Armentano* besteht darin, daß lediglich ein Rückwärtsabgleich vorgenommen wird. Bei hohen Rüstkosten ist zu erwarten, daß der zu Beginn des Verfahrens ermittelte, im Hinblick auf die Kapazitäten nicht zulässige Produktionsplan bereits relativ hohe Produktionsmengen in den ersten Perioden vorsieht. In diesem Fall kann es sinnvoll oder sogar notwendig sein, wegen der beschränkten Kapazitäten diese Losbildungen teilweise wieder rückgängig zu machen. Das würde aber einen Vorwärtsabgleich erfordern, der in dem Verfahren von *Clark und Armentano* nicht vorgesehen ist. Die Konsequenz ist, daß das Verfahren nur in einfach strukturierten Problemen überhaupt eine zulässige Lösung findet. *Franca, Armentano, Beretta und Clark*[280] berichten in einer anschließenden Veröffentlichung von einem numerischen Experiment, in dem die Heuristik von *Clark und Armentano* nur in 22% der Probleminstanzen eine zulässige Lösung fand. In dieser Veröffentlichung schlagen sie eine Erweiterung des Verfahrens vor, in der zusätzlich zu einem Vorwärtsausgleich durch weitere Planungsschritte versucht wird, eine zulässige Lösung zu verbessern.[281] Es fällt allerdings schwer, die Leistungsfähigkeit dieser erweiterten Heuristik zu beurteilen, da sich die referierten numerischen Ergebnisse nur auf relativ kleine Probleminstanzen beziehen.

Roll und Karni[282] schlagen ein weiteres heuristisches Verfahren für generelle Erzeugnis- und Prozeßstrukturen vor, das allerdings nur für Losgrößenprobleme mit einer Ressour-

---

278 vgl. *Clark und Armentano* (1995)
279 Allerdings wird dieser Schritt im Verfahren von Clark und Armentano nur einmal durchgeführt.
280 vgl. *Franca et al.* (1997)
281 vgl. auch *Armentano et al.* (2001)
282 vgl. *Roll und Karni* (1991)

ce einsetzbar ist. Sie entwickeln ein mehrstufiges Lösungskonzept, in dessen Verlauf durch systematisches Verschieben und Vertauschen von Produktionsmengen versucht wird, Unzulässigkeit hinsichtlich der Kapazitätsbeanspruchung zu beseitigen sowie kostenungünstige Produktionspläne zu verbessern. Das Lösungskonzept ist so angelegt, daß nach jeder Stufe mit einem zulässigen Produktionsplan abgebrochen werden kann.

Die von *Roll und Karni* angeführten Rechenergebnisse deuten darauf hin, daß mit dem Ansatz sehr gute Ergebnisse erzielt werden können. Allerdings ist angesichts der relativ hohen Rechenzeiten die Anwendbarkeit des Verfahrens für Probleme realistischer Größenordnungen zu bezweifeln. So wurden für Probleme mit 4 Produkten und 8 Perioden auf einem Großrechner vom Typ IBM 3081D Rechenzeiten zwischen 0.47 und 1.41 Sekunden benötigt.

Helber[283] hat untersucht, ob und in wieweit heuristische Suchverfahren[284] (simulierte Abkühlung, Tabu-Suche, genetischer Algorithmus, Evolutionsstrategie) zur Lösung des Modells MLCLSP einsetzbar sind. Seine Rechentests legen den Schluß nahe, daß diese Verfahren derzeit für Probleme praxisrelevanter Größenordnungen ungeeignet sind.

Özdamar und Barbarosoglu[285] setzen die simulierte Abkühlung im Rahmen einer Lagrange-Heuristik zur Verbesserung des Konvergenzverhaltens ein. Diese Idee wurde auch von *Derstroff*[286] untersucht. Er stellte allerdings fest, daß eine problemspezifisch eingesetzte Tabu-Suche der simulierten Abkühlung überlegen ist.

Simpson und Erenguc[287] verallgemeinern das in Abschnitt D.3.4.3.4, S. 274 ff., beschriebene mehrstufige Stückperiodenausgleichsverfahren so, daß auch das Modell MLCLSP damit gelöst werden kann. Während sich an der prinzipiellen Vorgehensweise der Sortierung der produkt- und periodenbezogenen Produktionsmengen nach dem Verhältnis des Lagerkostenzuwachses zu den Rüstkosteneinsparungen nichts ändert, sind die Berechnungen nun doch erheblich komplizierter. Während es bei unbeschränkten Kapazitäten ausreiche, nur ganze Periodenbedarfe zu einem Los zusammenzufassen, kann es bei beschränkten Kapazitäten auch sinnvoll sein, nur eine Teilmenge eines Periodenbedarfs in eine frühere Periode vorzuziehen. Dabei ist es u. U. auch erforderlich, bestimmte zu hohe Produktionsmengen nicht nur in eine andere Produktionsperiode zu verschieben, sondern auf mehrere Produktionsperioden zu verteilen.[288] Das Verfahren von *Simpson und Erenguc* beginnt wie im Fall ohne Kapazitätsbeschränkungen mit einer Lösung, in der jeder Bedarf so spät wie möglich produziert wird („lot-for-lot"). Da eine solche Lösung wegen der zu berücksichtigenden Rüstzeiten bei beschränkten Kapazitäten i. d. R. nicht zulässig ist, versuchen sie, in einem mehrstufigen Planungsprozeß Produktionsmengen aus Perioden mit Kapazitätsüberlastungen in frühere Perioden mit freier Ka-

---

283 vgl. *Helber* (1994)
284 vgl. Abschnitt D.3.4.3.4
285 vgl. *Özdamar und Barbarosoglu* (2000)
286 vgl. *Derstroff* (1995)
287 vgl. *Simpson und Erenguc* (1998b)
288 Die Menge der Lösungsalternativen würde noch einmal ansteigen, wenn man vorsehen würde – was Simpson und Erenguc nicht tun – daß auch Verschiebungen in spätere Perioden zulässig sind.

pazität zu verschieben. Gelingt es auf diese Weise, einen zulässigen Plan zu erzeugen, dann werden im weiteren Verlauf der Verfahren nur noch zulässige Planveränderungen vorgenommen.

Stadtler[289] entwickelt einen neuartigen heuristischen Ansatz zur Lösung des Modells MLCLSP *ohne Vorlaufzeiten*, bei dem der Planungszeitraum in kürzere Planungsfenster zerlegt wird, die sich auch überlappen können. Für jedes Planungsfenster wird eine erweiterte Version des Modells MLCLSP[290] formuliert. Die Erweiterung besteht u. a. darin, daß Kapazitätsrestriktionen in das Modell einbezogen werden, die auch zukünftige außerhalb des Planungsfensters liegende Perioden erfassen, allerdings unter Vernachlässigung der Rüstvorgänge. Das Grundkonzept dieses Verfahrens haben wir bereits in Abschnitt D.3.3.2.4, S. 201 ff., dargestellt.

Die von *Stadtler* angeführten Rechenergebnisse zeigen, daß sich mit dem Verfahren sehr gute Ergebnisse erzielen lassen. Für die untersuchten Probleminstanzen mit signifikanten Rüstkosten konnte *Stadtler* zeigen, daß das Verfahren der in Abschnitt D.3.4.4.3.2, S. 315 ff., dargestellten Lagrange-Heuristik – zumindest bei der Lösung von Problemen ohne Vorlaufzeiten – weit überlegen ist. Für realistische Problemgrößen sind die referierten Rechenzeiten allerdings noch zu hoch. Darüberhinaus ist zu berücksichtigen, daß das derzeitige Verfahrenskonzept keine positiven Mindestvorlaufzeiten erfassen kann. Dies gefährdet die praktische Umsetzung ein Produktionsplanes – wie wir in Abschnitt D.3.4.2.1, S. 210f., gesehen haben.

Ertogral und Wu[291] benutzen das MLCSLP, um die Möglichkeiten eines auktionstheoretischen Ansatzes zu demonstrieren.

D.3.4.4.3.5 Anmerkungen

Unabhängig von der mit einem der dargestellten Verfahren erreichbaren Lösungsgüte ist festzustellen, daß die Verfügbarkeit von Planungsalgorithmen, die systematisch in der Lage sind, mit hoher Wahrscheinlichkeit **zulässige Lösungen** für mehrstufige Losgrößenprobleme bei beschränkten Kapazitäten und zu berücksichtigenden Rüstzeiten zu bestimmen, bereits einen erheblichen Fortschritt gegenüber der derzeitigen betrieblichen Planungspraxis darstellt. Auch die sog. „Advanced Planning Systems", die gegenwärtig im Zuge der Optimierung der „Supply Chain" propagiert werden, zeigen für den Bereich der kapazitätsorientierten Losgrößenplanung noch keinen erkennbaren Fortschritt. Allerdings wird deutlich, daß das Problem der „Machbarkeit" von Produktionsplänen zunehmend erkannt wird. So beinhaltet z. B. der Advanced Planner and Optimizer (APO) der SAP AG Warnfunktionen („Alert Monitor"), die dem Planner Unzulässigkeiten aufzeigen und ihm Möglichkeiten zur Planänderung offerieren.

---

289 vgl. *Stadtler* (2002)
290 Stadtler verwendet eine für den Fall mehrstufiger Erzeugnis- und Prozeßstrukturen angepaßte Version des auf S. 167 dargestellten Modells $CLSP_{SPL}$.
291 vgl. *Ertogral und Wu* (2000)

Werden Rüstzeiten in den Kapazitätsrestriktionen erfaßt, dann verlieren die Rüstkosten ihre Lenkkostenfunktion. Sie können dann vernachlässigt werden. Die mit Hilfe des Modells MLCLSP erzeugten Produktionspläne sehen in diesem Fall eine Vorausproduktion nur dann vor, wenn Überschreitungen der verfügbaren Kapazitäten vermieden werden müssen.

Die direkte Anwendung des Modells MLCLSP in der betrieblichen Praxis ist dann möglich, wenn man von einer Aufteilung des Produktionsbereichs in Produktionssegmente[292] ausgeht. Für ein **Produktionssegment**, das dem Organisationstyp der **Werkstattproduktion** folgt, könnte ein Losgrößenmodell vom Typ des Modells MLCSLP formuliert und für den anstehenden Planungszeitraum von wenigen Wochen gelöst werden. Bei geeigneter Einbettung der Losgrößenplanung in eine sinnvoll konzipierte hierarchische Planung würde das Losgrößenmodell eine Komplexität (mehrere Tausend aktive Arbeitsgänge) erlangen, die mit den verfügbaren Lösungsverfahren auf einer Workstation problemlos handhabbar wäre.

Das vielfach auch in neueren Lehrbüchern geäußerte, noch aus den sechziger Jahren stammende Argument, angesichts der großen Anzahl von Arbeitsgängen könnten Simultanplanungsansätze nicht eingesetzt werden, muß angesichts der dargestellten Lösungsansätze relativiert werden. Simultanplanungsansätze, die auf **global optimale** Lösungen abzielen, sind nach wie vor für praxisrelevante Problemgrößen nicht verfügbar. Simultanplanungsansätze, die zur Erzeugung heuristischer, aber wenigstens mit hoher Wahrscheinlichkeit zulässiger Lösungen dienen, sind nunmehr vorhanden. Neuere PPS-Systeme bieten dem Anwender über eine Schnittstelle z. B. die Möglichkeit, alle für einen bestimmten Planungszeitraum und ein abgegrenztes Produktionssegment aktiven Aufträge bzw. Bedarfe zu selektieren und auf eine lokale Workstation herunterzuladen. Dort könnte dann die Lösung des segmentspezifischen dynamischen Mehrprodukt-Losgrößenproblems mit beschränkten Kapazitäten erfolgen. Wegen ihrer besonderen Bedeutung werden diese Fragen in einem gesonderten Abschnitt noch einmal aufgegriffen.[293]

D.3.4.4.4 Einsatz der Losgrößenplanung in einer rollenden Planungsumgebung

Löst man das Modell MLCLSP für ein gegebenes Hauptproduktionsprogramm (Primärbedarf) und bei positiven minimalen Vorlaufzeiten z_k, dann muß berücksichtigt werden, daß Produktionsmengen für übergeordnete Produkte (Baugruppen, Endprodukte) in den ersten Perioden des Planungszeitraums nur dann eingeplant werden können, wenn die dazu benötigten Mengen der untergeordneten Erzeugnisse zu Beginn der Produktionsperiode verfügbar sind. Wird nun z. B. ein Los für ein Endprodukt in Periode 1 eingeplant und werden hierzu Mengen eines Einzelteils benötigt, die mit einer Mindest-

---

292 vgl. *Günther und Tempelmeier* (2002), Abschnitt 5.1
293 vgl. Abschnitt D.3.5, S. 357 ff.

vorlaufzeit von einer Periode produziert werden, dann muß die Sekundärbedarfsmenge des Einzelteils bereits zum Beginn des Planungszeitraums (Produktionsbeginn des Endprodukts) als disponibler Lagerbestand vorhanden sein. Von Bedeutung sind dabei der physische Lagerbestand und der zu Beginn der Periode 1, d. h. vor dem Produktionsbeginn des Endprodukts, noch eintreffende Bestellbestand, dessen Produktion in einer vergangenen Periode eingeleitet worden ist. Bei längeren Mindestvorlaufzeiten (z. B. bei fremdbezogenen Teilen) müssen u. U. mehrere, zu Beginn unterschiedlicher Perioden verfügbar werdende Produktionsmengen berücksichtigt werden. So kann es bei einer Wiederbeschaffungszeit von z. B. 5 Perioden vorkommen, daß ein Wareneingang eines Produkts für Periode 2 und ein weiterer Zugang für Periode 4 vorgesehen ist.

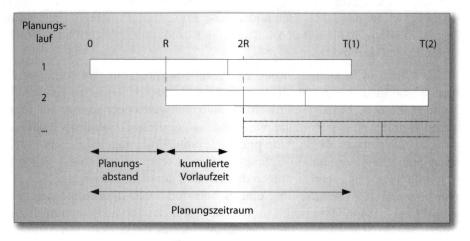

Bild D.75: Rollende Losgrößenplanung

In der betrieblichen Praxis tritt das durch das Modell MLCLSP erfaßte kapazitierte Losgrößenproblem nicht nur einmal auf, sondern es werden sinnvollerweise in einem Konzept der rollenden Planung nacheinander mehrere Planungsläufe durchgeführt. Das Konzept der rollenden Losgrößenplanung ist graphisch in Bild D.75 dargestellt. Dabei wird ein Planungsfenster der Länge T in Abständen von R Perioden verschoben, wobei sich die Planungsfenster i. d. R. zeitlich überlappen. Dies bedeutet, daß eine Folge von kapazitierten Losgrößenproblemen zu den Zeitpunkten 0, R, $2 \cdot R$, $3 \cdot R$ usw. zu lösen ist. Ein nachfolgendes Losgrößenproblem (Planungslauf ℓ) übernimmt dabei die Datensituation, d. h. die Entwicklung der disponiblen Lagerbestände aller Erzeugnisse, von seinem unmittelbaren Vorgänger (Planungslauf $\ell - 1$).

Da die vorgelagerte Hauptproduktionsprogrammplanung, in der die Festlegung der Primärbedarfsmengen erfolgt, ebenfalls in das Konzept der rollenden Planung eingebettet ist, ist davon auszugehen, daß die **Primärbedarfsmengen** einer Periode von Planungslauf zu Planungslauf **aktualisiert** werden. Je nach Entwicklung der Nachfrageprognosen können die Primärbedarfsmengen in der kumulierten Vorlaufzeit eines Planungslaufs ℓ unverändert bleiben, sinken oder ansteigen.

Betrachten wir zunächst den Fall, daß die Primärbedarfsmengen in zwei aufeinanderfolgenden Planungsläufen **unverändert** bleiben. Damit die Primärbedarfe der am Anfang des Planungszeitraums ℓ liegenden Perioden erfüllt werden können, muß bereits im Planungslauf $(\ell - 1)$ mit der Produktion ausreichender Mengen begonnen worden sein. Diese werden als Bestellbestände in die disponiblen Lagerbestände einbezogen und bei der Nettobedarfsrechnung im Planungslauf ℓ berücksichtigt. Bei korrekter Planung reichen die disponiblen Lagerbestände aus, um sämtliche Primärbedarfsmengen über die kumulierte Vorlaufzeit zu erfüllen.

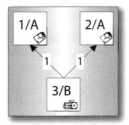

Bild D.76: Erzeugnisstruktur des Beispiels

Dies sei anhand des in Bild D.76 dargestellten Beispiels mit deterministischen Primärbedarfsmengen[294] veranschaulicht, die über mehrere Planungsläufe unverändert bleiben. Die beiden Endprodukte 1 und 2 werden auf der Ressource A produziert, die mit einer Kapazität von 350 ZE/Periode zur Verfügung steht. Die Rüstkosten betragen für alle Produkte 400 GE/Rüstvorgang. Die Lagerkostensätze der Produkte 1 (2, 3) seien 2 (2, 1) GE/(ME·ZE). Das untergeordnete Produkt 3 wird auf der Ressource B mit einer Kapazität von 500 ZE/Periode bearbeitet. Rüstzeiten werden nicht berücksichtigt. Die Stückbearbeitungszeiten sind für alle Produkte gleich 1. Die Mindestvorlaufzeit des Produkts 3 beträgt zwei Perioden, während beide Endprodukte mit vernachlässigbaren Vorlaufzeiten produziert werden können.

t	1	2	3	4	5	6	7	8	9	10	11
d_{1t}	111	110	103	118	104	106	101	111	106	103	93
d_{2t}	166	152	148	156	125	116	139	153	131	154	139

Tabelle D.94: Primärbedarfsmengen

Die erste Periode des aktuell betrachteten Planungsfensters sei Periode 1. Die Primärbedarfsmengen sind in Tabelle D.94 angegeben. Unterstellen wir nun, daß für das Produkt 3 in Periode -1 mit der Produktion von 292 ME begonnen wurde, die nach einer Durch-

---

[294] Auf die Probleme, die zusätzlich durch die stochastische Veränderung der Primärbedarfszeitreihen entstehen (Änderung der Bedarfsprognosen in der Hauptproduktionsprogrammplanung), wird in Abschnitt E eingegangen.

laufzeit von zwei Perioden zu Beginn der Periode 1 zur Bedarfsdeckung zur Verfügung stehen werden. Außerdem wurde in Periode 0 mit der Produktion von weiteren 350 ME begonnen, die wegen der zu berücksichtigenden Mindestvorlaufzeit jedoch erst zu Beginn der Periode 2 im Lager eintreffen werden.

Zur Erfassung dieser Planungssituation ersetzen wir die Lagerbilanzgleichungen des Modells MLCLSP wie folgt, wobei x_{kt} die zu Beginn der Periode t eintreffenden offenen Bestellungen und τ die letzte Periode, die nicht mehr in das aktuelle Planungsfenster einbezogen wird (Planungszeitpunkt), bezeichnen:[295]

$$y_{k,t-1} + \underbrace{x_{kt}}_{\text{zu Beginn der Periode } t \text{ eintreffende Mengen, die in der Vergangenheit produziert bzw. bei einem Lieferanten bestellt wurden}} - \sum_{i \in \mathcal{N}_k} a_{ki} \cdot q_{it} - y_{kt} = d_{kt} \qquad \begin{aligned} k &= 1, 2, ..., K \\ t &= \tau+1, \tau+2, ..., \tau+z_k \end{aligned} \qquad \text{(D.348)}$$

$$y_{k,t-1} + q_{k,t-z_k} - \sum_{i \in \mathcal{N}_k} a_{ki} \cdot q_{it} - y_{kt} = d_{kt} \qquad \begin{aligned} k &= 1, 2, ..., K \\ t &= \tau+z_k+1, \\ \tau+z_k+2, ..., \tau+T \end{aligned} \qquad \text{(D.349)}$$

Für das Produkt 3 des Beispiels erhalten wir zum Zeitpunkt $\tau = 0$:

$y_{30} + 292 - q_{11} - q_{21} - y_{31} = 0$ \hfill $t = 1$

$y_{31} + 350 - q_{12} - q_{22} - y_{32} = 0$ \hfill $t = 2$

$y_{32} + q_{31} - q_{13} - q_{23} - y_{33} = 0$ \hfill $t = 3$

usw.

Die optimale Lösung des Modells MLCSLP für ein Planungsfenster der Länge $T = 8$ ist in Tabelle D.95 zusammengestellt.

t	−1	0	1	2	3	4	5	6	7	8
d_{1t}			111	110	103	118	104	106	101	111
q_{1t}			126	198	0	328	0	0	212	0
y_{1t}		0	15	103	0	210	106	0	111	0
d_{2t}			166	152	148	156	125	116	139	153
q_{2t}			166	152	304	0	242	0	138	153
y_{2t}		0	0	0	156	0	117	1	0	0
Sekundärbedarf$_{3t}$			292	350	304	328	242	0	350	153
q_{3t}	292	350	377	500	0	0	500	0	–	–
y_{3t}			0	0	73	245	3	3	153	0

Tabelle D.95: Lösung des ersten Planungslaufs

Zur besseren Übersicht ist exemplarisch durch Pfeile markiert, wie der Lagerbestand y_{34} des Produkts 3 am Ende der Periode 4 zustande kommt. Die Menge q_{32}, mit deren

---

[295] vgl. *Tempelmeier* (1997)

Produktion bzw. Beschaffung zu Beginn der Periode 2 begonnen wird und die zu Beginn der Periode 4 verfügbar ist, zuzüglich des Lagerbestands am Ende der Vorperiode 3, y_{33}, abzüglich des in Periode 4 zu deckenden Sekundärbedarfs ergeben den Lagerbestand y_{34}.

Es sei nun angenommen, daß nach $R = 3$ Perioden ein neuer Planungslauf durchgeführt wird. Die nächste Ausprägung des Modells MLCLSP bezieht sich dann auf das verschobene Planungsfenster (Perioden 4 bis 11) und berücksichtigt Anfangsbestände $y_{20} = 156$ und $y_{30} = 73$ und zu Beginn der Periode 4 (nach neuer Indizierung Beginn der Periode 1) eintreffende Bestellmengen des Einzelteils in Höhe von $x_{31} = 500$ – im letzten Planungslauf war dies die Variable q_{32}. Die optimale Lösung des resultierenden Problems zeigt Tabelle D.96.

Aus den beiden dargestellten Produktionsplänen wird auch erkennbar, daß in den jeweils letzten beiden ($z_3 = 2$) Perioden eines Planungsfensters für das Produkt 3 keine Produktion mehr eingeplant wird, da für die jenseits des Planungshorizontes liegenden Perioden 9 und 10 bzw. 12 und 13 keine Endproduktbedarfsmengen angegeben sind.

Betrachten wir nun die Situation, daß die Primärbedarfsmengen in den ersten Perioden des aktuellen Planungsfensters gegenüber den im letzten Planungslauf angenommenen Werten **angestiegen** sind. In Abhängigkeit von der Höhe des Bedarfsanstiegs kann dann das Problem entstehen, daß der verfügbare Bestand eines Vorprodukts neu auf die übergeordneten Produkte verteilt werden muß. Bei einem extremen Anstieg der Bedarfsmengen kann es sogar dazu kommen, daß keine zulässige Lösung des Losgrößenproblems existiert, weil in der Vergangenheit zu wenig produziert worden ist.

t_alt	2	3	4	5	6	7	8	9	10	11
t_neu	-1	0	1	2	3	4	5	6	7	8
d_{1t}			118	104	106	101	111	106	103	93
q_{1t}			328	0	0	212	0	209	0	93
y_{1t}		0	210	106	0	111	0	103	0	0
d_{2t}			156	125	116	139	153	131	154	139
q_{2t}			0	242	0	138	284	0	293	0
y_{2t}		156	0	117	1	0	131	0	139	0
Sekundärbedarf$_{3t}$			328	242	0	350	284	209	293	93
x_{3t}	500	0	–	–	–	–	–	–	–	–
q_{3t}	–	–	0	347	493	0	386	0	–	–
y_{3t}		73	245	3	3	0	209	0	93	0

Tabelle D.96: Lösung des zweiten Planungslaufs

Anstieg des Bedarfs	Mögliche Reaktion
Anstieg ≤ 3: $d_{11} \leq 121$	Verwendung des vorhandenen Bestands des Einzelteils 3: Erhöhe q_{11} von 328 auf 331; verwende den Restbestand von 3 ME des Einzelteils 3; y_{31} sinkt auf 242 und wird zur Produktion des Endprodukts 2 in Periode 2 benötigt.
$3 <$ Anstieg ≤ 109 $d_{11} \leq 118 + 109 = 227$	Veränderung der Reichweite des Loses für Produkt 1: Erhöhe q_{11} von 328 auf 331; verwende diese Menge zur Deckung der Bedarfsmengen $d_{11} = 227$ und $d_{12} = 104$. $d_{13} = 106$ wird nicht mehr in Periode 1 produziert.
$109 <$ Anstieg ≤ 226 $d_{11} \leq 118 + 109 + 117 = 344$	Reallokation des Bestands des Einzelteils 3 von Produkt 2 auf Produkt 1: Erhöhe q_{11} auf 448; reduziere q_{21} von 242 auf 125.
Anstieg > 226	Keine zulässige Lösung: Insgesamt stehen 573 ME des Einzelteils 3 zur Verfügung. Davon werden 104 ME für d_{12} und 125 ME für d_{22} benötigt. Die verbleibenden 344 ME können zur Produktion des Endprodukts 1 in Periode 1 vorgesehen werden. Darüber hinausgehende Veränderungen der Primärbedarfsmenge des Endprodukts 1 in Periode 1 führen zu einer Fehlmenge des Einzelteils.

Tabelle D.97: Mögliche Reaktionen auf Veränderungen der Primärbedarfsmenge des Endprodukts 1 in Periode 1

Im obigen Beispiel stehen zu Beginn der Periode 1 des zweiten Planungsfensters 573 ME des Einzelteils zur Verfügung. Davon werden laut Plan in der Periode 1 328 ME für die Produktion des Loses $q_{11} = 328$ und in der Periode 2 242 ME für die Produktion des Loses $q_{22} = 242$ benötigt. Die restlichen 3 ME werden in den nachfolgenden Perioden verwendet. Tabelle D.97 stellt die Möglichkeiten der Reaktion auf verschiedene Erhöhungen der Primärbedarfsmenge des Produkts 1 in Periode 1 dar.

Das Auftreten von Fehlmengen kann durch Bevorratung von Sicherheitsbestand abgefangen werden, der allerdings wieder nachproduziert werden muß.[296] Die in Tabelle D.97 dargestellten Möglichkeiten der Reaktion auf Veränderungen der Primärbedarfsmengen können teilweise alternativ eingesetzt werden. Es entsteht somit ein ökonomisches Allokationsproblem des verfügbaren Lagerbestands des Einzelteils 3, das durch Einsatz des Modells MLCLSP gelöst werden kann.

Ergänzende Literatur zu Abschnitt D.3.4.4
Derstroff (1995)

---
296 siehe hierzu Abschnitt E, S. 377 ff.

Helber (1994, 1995)
Stadtler (2002)
Tempelmeier und Helber (1994)
Tempelmeier und Derstroff (1993, 1996)

D.3.5 MRP^{rc} – Ein Softwarekonzept zur mehrstufigen Losgrößenplanung bei beschränkten Kapazitäten

In Abschnitt D.3.4.4 wurde zunächst das in den konventionellen PPS-Systemen angewandte erzeugnisbezogene Sukzessivplanungskonzept der Losgrößenplanung der simultanen **kapazitätsorientierten Losgrößenplanung** gegenübergestellt. Im Anschluß daran wurden verschiedene Ansätze erläutert, die zur Lösung des kapazitierten Losgrößenproblems bei Werkstattproduktion eingesetzt werden können. Dabei wurde auch auf die Notwendigkeit der Abstimmung der Ergebnisse mehrerer Planungsläufe in einem rollenden Planungskonzept eingegangen.

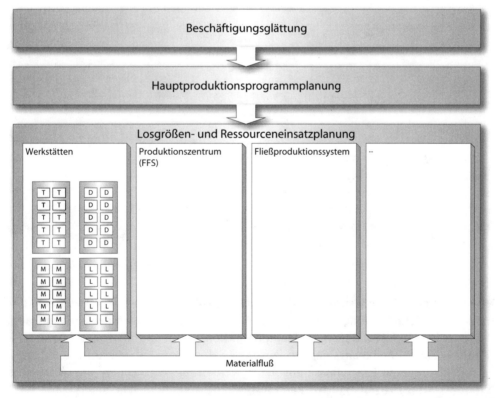

Bild D.77: Segment-orientiertes Produktionssystem und Planungsstruktur

Bild D.77 veranschaulicht noch einmal die betrachtete Segmentierung des Produktionssystems und stellt die hierarchische Planungsstruktur mit den Planungsebenen der Beschäftigungsglättung, der kapazitierten Hauptproduktionsprogrammplanung sowie der Losgrößen- und Ressourceneinsatzplanung dar. Alle Planungsprobleme werden in einem rollenden Planungskonzept behandelt. Ausgangspunkt der Losgrößenplanung für das Produktionssegment „Werkstätten" bildet das Hauptproduktionsprogramm, bei dessen Aufstellung bereits der zu erwartende Ressourcenbedarf grob berücksichtigt worden ist.[297] Dabei wird i. d. R. davon auszugehen sein, daß nur eine **Teilmenge aller Endprodukte** des Unternehmens in einem Planungszyklus **aktiv**, d. h. Bestandteil des für den aktuellen Planungszeitraum geltenden Produktionsprogramms ist.

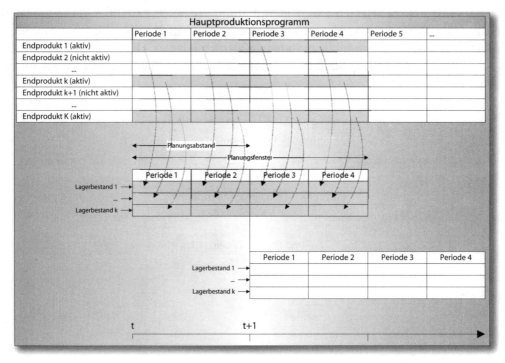

Bild D.78: Generierung eines Losgrößenproblems

Der **Prozeß der Generierung eines Losgrößenproblems** zum Planungszeitpunkt τ ist in Bild D.78 veranschaulicht. Die geplanten Produktionsmengen der aktiven Endprodukte werden aus dem aktuellen Hauptproduktionsprogramm als Daten übernommen. Sie bilden die Primärbedarfsmengen, aus denen die Sekundärbedarfe für alle betroffenen untergeordneten Erzeugnisse abgeleitet werden müssen. Durch eine **Analyse der Erzeugnis- und Prozeßstruktur** kann festgestellt werden, welche untergeordneten Erzeugnisse direkt oder indirekt Input-Output-Beziehungen zu den aktiven Endprodukten

---

297 vgl. *Günther und Tempelmeier* (2002); *Drexl et al.* (1994)

aufweisen. Nach Durchführung dieser Analyse wird i. d. R. nur eine Teilmenge aller untergeordneten Erzeugnisse tatsächlich Bestandteil eines aktuell zu lösenden Losgrößenproblems werden. Aus den Arbeitsplänen kann ermittelt werden, welche **Ressourcentypen** durch die aktiven Erzeugnisse betroffen sind. Auch diese sind in das aktuelle Losgrößenproblem aufzunehmen. Für alle aktiven Erzeugnisse werden schließlich jeweils der vorhandene **Lagerbestand** und die **offenen Aufträge** (im letzten Planungslauf initiierte, aber noch nicht fertiggestellte Produktionsmengen oder Bestellungen bei Fremdlieferanten, die noch nicht eingetroffen sind) ermittelt. Nach dieser Datenaufbereitung kann das resultierende Losgrößenproblem gelöst werden.

Eine konkrete Ausprägung eines Losgrößenproblems entsteht somit durch einen Selektionsprozeß unter Berücksichtigung der Länge des Planungsfensters und der aktuellen Endproduktbedarfsmengen, die die Produktionsaktivitäten in dem Produktionssegment „Werkstätten" anstoßen.

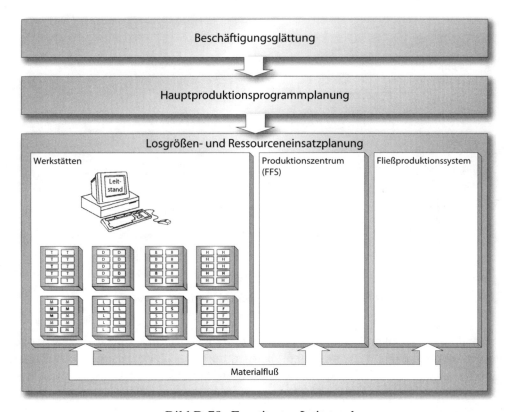

Bild D.79: Erweiterter Leitstand

Die Integration der dargestellten Konzepte in die herrschende PPS-Softwarewelt ist auf unterschiedlichen Wegen möglich. Die eine Möglichkeit besteht darin, daß man die in der Praxis teilweise schon vorhandenen **Produktionsleitstände**[298], die sich im wesentlichen auf die Probleme der Werkstattsteuerung konzentrieren und von gegebenen Losgrößen ausgehen, um die Funktionalität der simultanen kapazitätsorientierten Losgrößenplanung erweitert. Diese Konzeption des erweiterten Leitstands ist in Bild D.79 dargestellt.

Die Ebene der kapazitierten Hauptproduktionsprogrammplanung weist dem Produktionssegment „Werkstätten" die terminierten Primärbedarfsmengen zu. Der Fertigungsleitstand übernimmt diese Vorgaben und erzeugt zunächst einen zulässigen Produktionsplan durch Anwendung des oben beschriebenen kapazitierten Mehrprodukt-Losgrößenmodells. Im Anschluß daran erfolgt die Ressourceneinsatzplanung und die Durchsetzung des Produktionsplanes, wobei auf die originären Leitstandsfunktionen in der Feinplanung, z. B. Grunddatenverwaltung, Ressourcenbelegungsplanung, Verfügbarkeitsprüfung, Auftragsfreigabe, Auftragsfortschrittsüberwachung usw., zurückgegriffen wird.

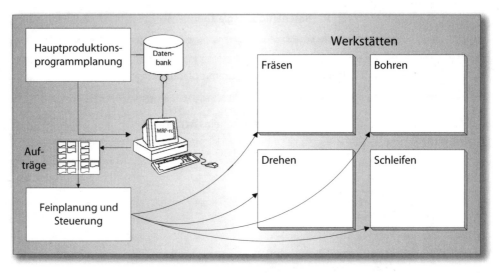

Bild D.80: MRP^{rc} als dezentrales Planungssystem

Eine andere Möglichkeit besteht darin, nur die Mengenplanung, soweit sie das betrachtete Produktionssegment „Werkstätten" betrifft, aus dem phasenbezogenen Sukzessivplanungskonzept des PPS-Systems herauszulösen und aus der kapazitierten Hauptproduktionsprogrammplanung periodenbezogene Primärbedarfsmengen an ein vom PPS-System **unabhängiges Softwaresystem** (MRP^{rc}) zu übermitteln, mit dem dann die simultane Losgrößenplanung erfolgt. Nach Abschluß des Planungslaufs werden die ermittelten Auftragsgrößen an das übergeordnete PPS-System übergeben und dort wie im

---

[298] vgl. *Stadtler et al.* (1995)

Standard-PPS-Konzept weiterverarbeitet. Diese Form der dezentralen Durchführung der Losgrößenplanung ist schematisch in Bild D.80 dargestellt.

Zur Kommunikation zwischen PPS-System und MRP^{rc} kann eine Datei- bzw. Datenbankschnittstelle (z. B. ASCII-Dateien, MS-ACCESS) eingesetzt werden. Sofern das PPS-System (evtl. parallel zum üblichen Transaktionssystem) eine planungsorientierte Datenstruktur bereitstellt, kann auch direkt mit dem PPS-System kommuniziert werden. In Bild D.81 ist die Struktur der für die Losgrößenplanung benötigten Daten wiedergegeben. Nach Übergabe der Planungsergebnisse an das PPS-System führt dieses die wegen der realistischeren Terminvorgaben nun einfacher gewordene Ressourceneinsatzplanung durch.

In der **Feinplanung** und Steuerung erfolgt auf der Grundlage einer verfeinerten Periodeneinteilung die konkrete Terminierung der Aufträge an den einzelnen Ressourcen. Hier werden nun auch Transportzeiten und der aktuelle Betriebszustand der Ressourcen berücksichtigt. Bild D.82 veranschaulicht diesen Vorgang für eine Ressourcengruppe „Bohrwerkstatt".

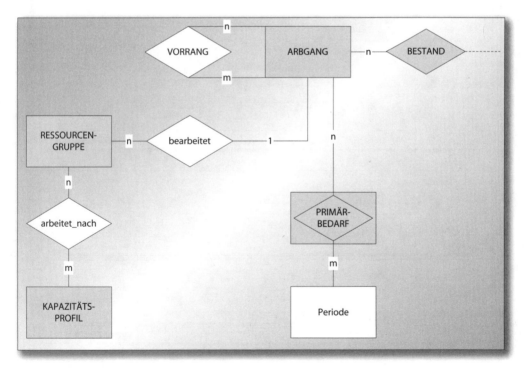

Bild D.81: Datenstruktur

Durch die beschriebene Selektion der aktiven Erzeugnisse aus der Menge aller in der PPS-Datenbank gespeicherten Erzeugnisse werden i. d. R. Problemgrößen entstehen, die vielfach bereits auf einem leistungsfähigen PC lösbar sind.

Im konventionellen PPS-Sukzessivplanungskonzept treten wegen der in der Mengenplanung erfolgten Vernachlässigung der Ressourcen erhebliche Probleme auf. Da zu erwarten ist, daß es wegen der regelmäßig bestehenden Überlastungen der Ressourcen in einigen Perioden zu **Staueffekten** kommt, versucht man, die entstehenden Wartezeiten der Aufträge in der Produktion bereits bei der Auftragsfreigabe zu schätzen und die Aufträge entsprechend früher in die Produktion einzulasten. In Abhängigkeit vom Einlastungszeitpunkt kommt es entweder zu einer zu frühen Fertigstellung und damit zu einem unnötig hohen Lagerbestand oder ein Auftrag hält sich länger als erwartet in der Produktion auf und wird demzufolge zu spät fertiggestellt.

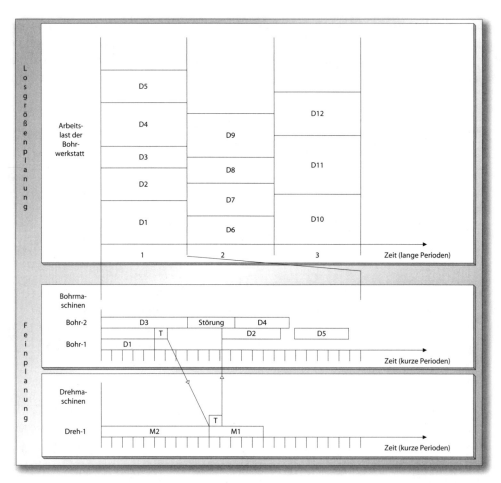

Bild D.82: Zusammenhang zwischen der Losgrößenplanung und der Feinplanung und Steuerung

Da bei Anwendung des vorgeschlagenen MRP^{rc}-Planungskonzepts die Kapazitäten der Ressourcen bereits bei der Losgrößen- und Materialbedarfsplanung berücksichtigt werden, treten zufällige Wartezeiten vor dem Produktionsbeginn nicht mehr auf. Damit ist auch der **Begriff der Durchlaufzeit neu zu interpretieren**. Im MRP^{rc}-Konzept werden die Produktionstermine nicht mehr durch erwartete Wartezeiten bestimmt, sondern es wird prinzipiell versucht, so spät wie möglich (just-in-time) zu produzieren. Eine Vorausproduktion wird nur dann eingeplant, wenn dadurch die Überschreitung der Kapazität einer Ressource in einer Periode vermieden wird.

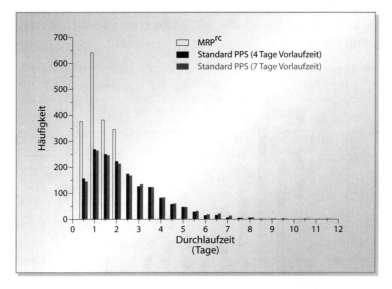

Bild D.83: Vergleich der arbeitsgangbezogenen Durchlaufzeiten

Zur Veranschaulichung dieses grundlegenden Unterschiedes zwischen dem herkömmlichen PPS-Sukzessivplanungskonzept (MRP) und dem MRP^{rc}-Konzept wurde ein Simulationsexperiment durchgeführt. Es wurde eine generelle Erzeugnis- und Prozeßstruktur mit 40 Erzeugnissen/Arbeitsgängen betrachtet, die sich auf sechs Dispositionsstufen verteilen. Für die Endprodukte wurde dynamisch schwankender Bedarf bei einer Periodenlänge von einem Tag (zwei Schichten) angenommen. Im herkömmlichen PPS-Sukzessivplanungskonzept wurden nach der Materialbedarfs- und Losgrößenplanung die Aufträge in einem Experiment vier Tage und im anderen Experiment sieben Tage vor dem erwarteten Fertigstellungstermin zur Bearbeitung freigegeben. Im MRP^{rc}-Konzept wurde für jedes Erzeugnis bzw. jeden Arbeitsgang eine deterministische Mindestvorlaufzeit von einer Periode berücksichtigt.[299] Nach ihrer Freigabe wurden die Produktionsaufträge jeweils in ein (deterministisches) Werkstattsimulationsmodell eingeschleust, in dem die Rüst- und Bearbeitungsvorgänge simuliert und die resultierenden Warte- und Durchlaufzeiten erfaßt wurden. Bild D.83 stellt die arbeitsgangbezogenen Durchlaufzeiten vergleichend gegenüber.

Man erkennt, daß im MRP^{rc}-Konzept ein Arbeitsgang höchstens einen Tag vor seinem

---

[299] vgl. hierzu die Diskussion der Mindestvorlaufzeit in Abschnitt D.3.4.2.1, S. 210f.

spätesten Starttermin begonnen wurde. Im herkömmlichen PPS-Konzept dagegen treten in Abhängigkeit von der Freigabestrategie (vier oder sieben Tage vor dem geplanten Fertigstellungstermin) erhebliche Streuungen der arbeitsgangbezogenen Durchlaufzeiten auf. Dies wirkt sich auch unmittelbar in den Terminabweichungen aus. Während im **MRP^{rc}-Konzept keine durch das Planungskonzept bedingten Verspätungen** auftreten, zeigt Bild D.84, daß in beiden untersuchten Varianten des herkömmlichen PPS-Konzepts erhebliche Verspätungen vorkommen. Nicht dargestellt wurden hier die ebenfalls beträchtlichen Lagerbestände, die infolge zu früher Fertigstellung der einzelnen Arbeitsgänge auftreten.

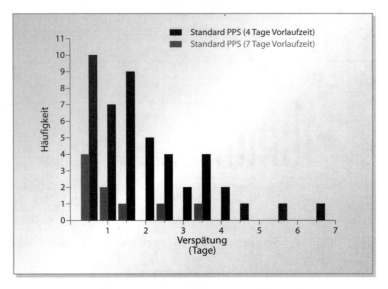

Bild D.84: *Vergleich der arbeitsgangbezogenen Verspätungen*

Das Beispiel zeigt, daß durch die systematische Berücksichtigung der Kapazitäten bereits in der Phase der Mengenplanung die in der Praxis angestrebten kurzen Durchlaufzeiten und die damit eng verbundenen geringen Lagerbestände realisierbar sind.

Im Gegensatz zu der vorwiegend in Lehrbüchern zur Wirtschaftsinformatik undifferenziert geäußerten Auffassung, Simultanplanungsmodelle seien nicht lösbar, zeigen die bisherigen Ausführungen, daß **geeignet definierte Simultanplanungsmodelle** in der Praxis Größenordnungen erreichen, die zwar nicht exakt, aber wenigstens heuristisch lösbar sind. Selbst eine schlechte, aber wenigstens zulässige heuristische Lösung ist immer noch besser als die in der betrieblichen Praxis erzeugten Lösungen, die i. d. R. nicht einmal zulässig sind und die nur durch Aufweichen der Terminrestriktionen akzeptiert werden.

Das dargestellte modulare Konzept gestattet die Integration von Planungsfunktionen in einen PPS-Lauf, ohne daß in die bestehende PPS-Software programmtechnisch eingegriffen werden muß. Lediglich eine **Datenschnittstelle** für Output und Input muß in dem PPS-System vorhanden sein. Dies sollte für ein modernes PPS- bzw. ERP-System kein Problem darstellen.

Ergänzende Literatur zu Abschnitt D.3:
Geselle (1997)
Tempelmeier (1997)
Tempelmeier (1998b)

D.4 Bestellmengenplanung

Bisher sind wir davon ausgegangen, daß für jedes der Produkte, die in einer mehrstufigen Erzeugnisstruktur zusammengefaßt sind, ein Losgrößenproblem entsteht. Wir haben damit implizit unterstellt, daß auch die auf der untersten Erzeugnisebene befindlichen Einzelteile – u. U. unter Einsatz knapper Ressourcen – eigenproduziert werden. Für Produkte, die nicht eigenproduziert, sondern von Fremdlieferanten zugekauft werden, entstehen Planungsprobleme, die zwar formal dieselbe Struktur haben wie ein Losgrößenproblem. Allerdings weisen deren Parameter einige Besonderheiten auf.

Wird ein Produkt fremdbeschafft, dann sind vor allem folgende Tatbestände zu berücksichtigen:

- Es gibt oft mehrere alternative Lieferanten für ein Produkt. Dies führt zu einem Lieferantenauswahlproblem.
- Jeder Lieferant kann oft nur in bestimmten Perioden liefern. So gibt es z. B. in den deutschen Bundesländern unterschiedliche Feiertagsregelungen oder die Lieferanten haben unterschiedliche Werksferien.
- Es werden Mengenrabatte mit mehreren Rabattklassen gewährt. Die Rabattstaffelungen können als Stufenrabatte („all-units discounts") oder als Blockrabatte („incremental discounts") ausgelegt sein. Im ersten Fall wird anhand der Bestellmenge eine Rabattklasse bestimmt, deren Preis dann für alle bestellten Mengeneinheiten gilt. Im zweiten Fall wird die Bestellmenge in rabattklassenbezogene Teilmengen zerlegt, wobei für die Mengeneinheiten jeder Teilmenge der Preis der betreffenden Rabattklasse angesetzt wird.
- Die Beschaffungspreise und Nebenkosten können sich im Zeitablauf ändern (z. B. durch Preiserhöhungen oder zeitlich begrenzte Sonderangebote).
- Die einzelnen Lieferanten können nur bestimmte Mengen liefern (minimale und maximale Liefermengen).

Probleme der Bestellmengenplanung und der operativen Lieferantenauswahl werden in Zukunft beträchtlich an Bedeutung gewinnen. Mit der Entwicklung des eCommerce gehen viele Unternehmen dazu über, zumindest C-Produkte nicht mehr durch personalintensive Einkaufsprozeduren, sondern mit Hilfe von „Business-to-Business"-Softwaresystemen automatisiert zu bestellen. Die resultierende Ausschaltung des menschlichen Einkäufers als Träger der Kaufentscheidung (Bei welchem Lieferanten? Welche Bestellmenge?) verlangt nach einem softwaretechnischen Ersatz, der nur auf der Basis eines Entscheidungsmodells und eines geeigneten Lösungsverfahrens bereitgestellt werden kann.

In der Literatur finden sich relativ wenige Untersuchungen zur Optimierung von Bestellmengen unter *dynamischen* Bedingungen.[300] Es gibt zwar eine große Anzahl von Arbeiten, die mengenrabattspezifische Erweiterungen des statischen klassischen Bestellmengenmodells behandeln. Mit der in diesem Buch betrachteten dynamischen Situation beschäftigen sich trotz der hohen Praxisrelevanz erstaunlicherweise nur wenige Autoren.[301] *Prentis und Khumawala*[302] legen die bisher einzige Untersuchung vor, in der das Losgrößenproblem bei Eigenproduktion gemeinsam mit dem Bestellmengenproblem für fremdbezogene Produkte unter Berücksichtigung von Mengenrabatten in einer mehrstufigen Erzeugnisstruktur betrachtet wird. Im folgenden wollen wir ein heuristisches Verfahren zur simultanen Bestellmengenplanung und Lieferantenauswahl vorstellen, mit dem alle in der obigen Aufzählung genannten Problemaspekte berücksichtigt werden können.[303]

D.4.1 Modellformulierung

Wir betrachten ein Produkt, für das eine dynamische Zeitreihe von Nettobedarfen über einen Planungszeitraum von T Perioden vorliegt. Das Produkt kann bei mehreren Lieferanten in identischer Qualität bezogen werden. Die Lieferanten offerieren Mengenrabatte, die als Block- oder Stufenrabatte ausgelegt sein können. Dabei kann es vorkommen, daß ein Lieferant Blockrabatte und ein anderer Lieferant Stufenrabatte gewährt. Die Preise und die (ebenfalls lieferantenspezifischen) Beschaffungsnebenkosten können zeitabhängig sein. Für jeden Lieferanten sind Mindest- und Höchstbestellmengen bekannt.

Das betrachtete dynamische Einprodukt-Bestellmengenproblem mit alternativen Lieferanten, Mengenrabatten und zeitvariablen Parametern kann mit Hilfe der im Modell D.3.2.1, S. 147, verwendeten Analogie zur Standortplanung abgebildet werden. Die Problemstruktur ist in Bild D.85 veranschaulicht. Für jeden Lieferanten, jede Rabattklasse und jede Periode wird ein „potentieller Standort" (dargestellt durch ein Achteck) eingeführt. Potentielle Standorte, die Perioden zugeordnet sind, in denen der betreffende

---

[300] Literaturübersichten zur Bestellmengenplanung geben *Benton und Park* (1996a) sowie *Munson und Rosenblatt* (1998).
[301] vgl. *Benton* (1985, 1986); *Benton und Whybark* (1982); *Bregman* (1991); *Bregman und Silver* (1993); *Callarman und Whybark* (1981); *Christoph und LaForge* (1989); *Federgruen und Lee* (1990); *Chung et al.* (1987); *Chyr et al.* (1999); *LaForge und Patterson* (1985); *Tersine und Toelle* (1985)
[302] vgl. *Prentis und Khumawala* (1989)
[303] vgl. *Tempelmeier* (2003)

Lieferant nicht liefern kann, sind grau markiert. Ein gestricheltes Oval (nur für Periode 1 und Lieferant 1 eingezeichnet) symbolisiert die Bedingung, daß jede Bestellung nur in eine Rabattklasse fallen kann. Höchstens einer der durch das Oval erfaßten „potentiellen Standorte" darf demnach in der Lösung enthalten sein. Jeder Periodenbedarf wird durch einen „Nachfragerstandort" repräsentiert. Ein Pfeil von einem potentiellen Standort (Periode τ, Lieferant l, Rabattklasse r) zu einem Nachfragerstandort stellt die Lieferung (eines Anteils) des Bedarfs der Periode t in Periode τ durch den Lieferanten l bei Anwendung der Rabattstufe r dar.

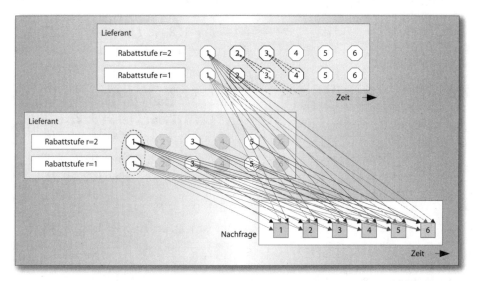

Bild D.85: Modellierung des Bestellmengenproblems als Standortproblem

Unter der Annahme, daß für alle Lieferanten Stufenrabatte gelten, erhalten wird das folgende Modell:

Modell UMSOQP$_{\text{VAD}}$[304]

$$\text{Minimiere } Z = \sum_{\tau=1}^{T} \sum_{t=\tau}^{T} \sum_{l=1}^{L} \sum_{r=1}^{R_\tau^l} h_{\tau t}^{lr} \cdot \delta_{\tau t}^{lr} + \sum_{\tau=1}^{T} \sum_{l=1}^{L} \sum_{r=1}^{R_\tau^l} \left(s_\tau^l \cdot \gamma_\tau^{lr} + q_\tau^{lr} \cdot p_\tau^{lr} \right) \quad \text{(D.351)}$$

u. B. d. R.

$$\sum_{\tau=1}^{t} \sum_{l=1}^{L} \sum_{r=1}^{R_\tau^l} \delta_{\tau t}^{lr} = 1 \qquad\qquad t = 1, 2, ..., T \quad \text{(D.352)}$$

---

304 UMSOQP = **U**ncapacitated **M**ulti-**S**upplier **O**rder **Q**uantity **P**roblem; VAD = **V**ariable **A**ll-unit **D**iscounts

$$\sum_{t=\tau}^{T} \delta_{\tau t}^{lr} \cdot d_t = q_\tau^{lr} \qquad \begin{aligned} l &= 1, 2, ..., L; \ \tau = 1, 2, ..., T \\ r &= 1, 2, ..., R_\tau^l \end{aligned} \quad \text{(D.353)}$$

$$q_\tau^{lr} \leq g_\tau^{lr} \cdot \gamma_\tau^{lr} \qquad \begin{aligned} l &= 1, 2, ..., L; \ \tau = 1, 2, ..., T \\ r &= 1, 2, ..., R_\tau^l \end{aligned} \quad \text{(D.354)}$$

$$q_\tau^{lr} \geq \left(g_\tau^{l,r-1} + 1 \right) \cdot \gamma_\tau^{lr} \qquad \begin{aligned} l &= 1, 2, ..., L; \ \tau = 1, 2, ..., T \\ r &= 2, 3, ..., R_\tau^l \end{aligned} \quad \text{(D.355)}$$

$$\sum_{r=1}^{R_\tau^l} \gamma_\tau^{lr} \leq a_\tau^l \qquad l = 1, 2, ..., L; \ \tau = 1, 2, ..., T \quad \text{(D.356)}$$

$$\delta_{\tau t}^{lr} \leq \gamma_\tau^{lr} \qquad \begin{aligned} l &= 1, 2, ..., L; \ \tau = 1, 2, ..., T \\ t &= \tau, \tau+1, ..., T; \ r = 1, 2, ..., R_\tau^l \\ d_t &> 0 \end{aligned} \quad \text{(D.357)}$$

$$g_\tau^{l0} = 0 \qquad l = 1, 2, ..., L; \ \tau = 1, 2, ..., T \quad \text{(D.358)}$$

$$q_\tau^{lr} \geq 0 \qquad \begin{aligned} l &= 1, 2, ..., L; \ \tau = 1, 2, ..., T \\ r &= 1, 2, ..., R_\tau^l \end{aligned} \quad \text{(D.359)}$$

$$\gamma_\tau^{lr} \in \{0, 1\} \qquad \begin{aligned} l &= 1, 2, ..., L; \ \tau = 1, 2, ..., T \\ r &= 1, 2, ..., R_\tau^l \end{aligned} \quad \text{(D.360)}$$

$$\delta_{\tau t}^{lr} \geq 0 \qquad \begin{aligned} \tau &= 1, 2, ..., T; \ t = \tau, \tau+1, ..., T \\ l &= 1, 2, ..., L; \ r = 1, 2, ..., R_\tau^l \end{aligned} \quad \text{(D.361)}$$

Dabei bedeuten:

L	Anzahl Lieferanten
R_τ^l	Anzahl Rabattklassen des Lieferanten l in Periode t
T	Anzahl Bedarfsperioden
a_τ^l	$= \begin{cases} 1, & \text{wenn Lieferant } l \text{ in Periode } t \text{ liefern kann} \\ 0, & \text{sonst} \end{cases}$
d_t	Nettobedarf in Periode t
g_τ^{lr}	Obergrenze der Rabattklasse r für Lieferant l in Periode τ
$h_{\tau t}^{lr}$	Lagerkosten für den gesamten Bedarf der Periode t, falls dieser beim Lieferanten l in Periode τ mit Rabattklasse r beschafft wird
p_τ^{lr}	Stückpreis in Rabattklasse r für Lieferant l in Periode τ
q_τ^{lr}	Bestellmenge beim Lieferanten l in Periode τ mit Rabattklasse r
s_τ^l	fixe Bestellkosten für Lieferanten l in Periode τ
$\delta_{\tau t}^{lr}$	Anteil des Bedarfs in Periode t, der beim Lieferanten l in Periode τ mit Rabattklasse r beschafft wird
γ_τ^{lr}	Binärvariable zur Auswahl der Rabattklasse r in Periode τ für den Lieferanten l

Die Zielfunktionskoeffizienten $h_{\tau t}^{lr}$ beschreiben die Kosten für die Lagerung der gesamten Bedarfsmenge der Periode t, wenn diese in Periode τ durch den Lieferanten l mit

Rabattstufe r geliefert wird. Für den betrachteten Fall einer Blockrabattstaffel gilt:

$$h_{\tau t}^{lr} = h \cdot p_\tau^{lr} \cdot d_t \cdot (t - \tau) \tag{D.362}$$

wobei h den Lagerzinssatz und $(t - \tau)$ die Lagerdauer beschreiben. Wie in allen in diesem Buch beschriebenen Losgrößenmodellen erfassen wir auch in diesem Modell die Bestandswirkungen einer Bestellmengenentscheidung durch einen Lagerkostensatz, der nun von dem Lieferanten und der Rabattstaffel abhängt. Es sei darauf hingewiesen, daß diese kostenorientierte Darstellung u. U. ökonomisch problematisch sein kann, da sie nicht die *Zahlungswirkungen* einer Bestellmengenentscheidung, sondern deren Approximation durch Kostengrößen erfaßt.[305] Wir wollen jedoch angesichts des relativ kurzen Planungszeitraums in Übereinstimmung mit der betrieblichen Praxis weiterhin auf der Basis von Kosten und nicht auf der Basis von Zahlungsströmen planen.

Lieferantenspezifische Lieferzeiten können durch die Fixierung der a_τ^l-Werte erfaßt werden. Hat z. B. der Lieferant l eine Lieferzeit von z^l Perioden (bezogen auf den Planungszeitpunkt 0), dann gilt $a_\tau^l = 0$, $\tau < z_l$. Unterschiede in den Lieferzeiten der einzelnen Lieferanten beeinflussen nur die ersten Perioden des Planungszeitraums.

Für den Fall von *Blockrabatten* kann das folgende *nicht-lineare* gemischt-ganzzahlige Optimierungsmodell formuliert werden.

Modell UMSOQP$_{VID}$[306]

$$\text{Minimiere } Z = \sum_{\tau=1}^{T} \sum_{t=\tau}^{T} \sum_{l=1}^{L} \sum_{r=1}^{R_\tau^l} \Big[h \cdot \underbrace{\frac{f_\tau^{lr} + v_\tau^{lr} \cdot p_\tau^{lr}}{q_\tau^{lr}} \cdot d_t \cdot (t - \tau)}_{h_{\tau t}^{lr}} \Big] \cdot \delta_{\tau t}^{lr}$$
$$+ \sum_{\tau=1}^{T} \sum_{l=1}^{L} \sum_{r=1}^{R_\tau^l} \Big[\left(s_\tau^l + f_\tau^{lr} \right) \cdot \gamma_\tau^{lr} + p_\tau^{lr} \cdot v_\tau^{lr} \Big] \tag{D.363}$$

u. B. d. R.

$$v_\tau^{lr} = q_\tau^{lr} - g_\tau^{l,r-1} \cdot \gamma_\tau^{lr} \qquad \begin{array}{l} l = 1, 2, ..., L; \ \tau = 1, 2, ..., T \\ r = 1, 2, ..., R_\tau^l \end{array} \tag{D.364}$$

und (D.352) – (D.361)

Die Variable v_τ^{lr}, die zur korrekten kostenorientierten Bewertung des Lagerbestandes verwendet wird, beschreibt die Differenz zwischen der Bestellmenge in Periode τ beim Lieferanten l und der Untergrenze der Rabattklasse r. Der Koeffizient f_τ^{lr} bezeichnet

---

305 Siehe hierzu *Helber* (1994); *Haase* (2000); *Fleischmann* (2001).
306 UMSOQP = **U**ncapacitated **M**ulti-**S**upplier **O**rder **Q**uantity **P**roblem; VID = **V**ariable **I**ncremental **D**iscounts

den Beschaffungswert des Anteils der Bestellmenge, der bis zur Obergrenze der Rabattklasse $r - 1$ reicht. Bei Blockrabatten erhält man

$$f_\tau^{lr} = \sum_{i=1}^{r-1} \left(g_\tau^{li} - g_\tau^{l,i-1}\right) \cdot p_\tau^{li} \tag{D.365}$$

Dagegen ergibt sich für Stufenrabatte: $f_\tau^{lr} = p_\tau^{lr} \cdot g_\tau^{l,r-1}$. Addiert man die Kosten für die auf die aktuelle Rabattklasse entfallende Menge $v_\tau^{lr} = q_\tau^{lr} - g_\tau^{l,r-1}$ hinzu, dann erhält man den Gesamtwert der Bestellmenge q_τ^{lr}. Im Hinblick auf den Beschaffungswert kann der Unterschied zwischen Stufen- und Blockrabattstaffeln somit durch eine einfache Aufbereitung der Daten modelliert werden. Beide Modellformulierungen können auch kombiniert werden, so daß man auch Probleme modellieren kann, in denen eine Gruppe von Lieferanten Stufenrabatte und eine andere Gruppe Blockrabatte anbietet. Tabelle D.98 zeigt die Unterschiede der f_τ^{lr}-Werte bei Blockrabatten und Stufenrabatten für unterschiedliche Bestellmengen q.

r	g_τ^{lr}	p_τ^{lr}	Stufenrabatt	Blockrabatt
0	0	–	–	–
1	100	4.1	$f_\tau^{l1}(q=50) = 0$	$f_\tau^{l1}(q=50) = 0$
2	250	3.72	$f_\tau^{l2}(q=200) = 372$	$f_\tau^{l2}(q=200) = 410$
3	∞	3.55	$f_\tau^{l3}(q=400) = 887.5$	$f_\tau^{l3}(q=400) = 410 + 558 = 968$

Tabelle D.98: Parameterberechnung für Stufen- und Blockrabatte

Da der durchschnittliche Lagerkostensatz $h_{\tau t}^{lr}$ bei Blockrabatten eine Funktion der Bestellmenge ist, ist die Zielfunktion (D.363) *nicht-linear*. Dennoch kann das Modell UMSOQP$_{\text{VID}}$ sehr einfach exakt gelöst werden. Dazu stellen wir folgende Überlegungen an. Betrachten wir zunächst nur einen Lieferanten. In diesem Fall kann man nachweisen, daß für die optimale Bestellpolitik die Bedingung (D.37), S. 143, gilt, nach der eine Bestellung immer eine ganzzahlige Anzahl von Periodenbedarfen umfassen muß.[307] Man kann das Problem daher als **Kürzeste-Wege-Problem** formulieren und mit einem geeigneten Verfahren lösen. Für den Fall mehrerer Lieferanten kann man die Pfeilbewertungen des Netzwerks bzw. die Kostenmatrix der Teilpolitiken[308] in der Weise generieren, daß man jedem Pfeil die Gesamtkosten des für die betreffende Bestellmenge *günstigsten* Lieferanten zuordnet.

Zur Veranschaulichung betrachten wir zwei Lieferanten mit den in Tabelle D.99 angegebenen Rabattstrukturen. Für einen Planungszeitraum von $T = 6$ Perioden liegt die Bedarfszeitreihe $\{20, 10, 10, 30, 10, 40\}$ vor. Es wird mit einem einheitlichen fixen Bestellkostensatz von $s_\tau^l = 10$ und einem Lagerzinssatz $h = 0.05$ gerechnet.

---

307 siehe *ter Haseborg* (1979)
308 siehe Gleichung (D.62) und Tabelle D.15 auf S. 152

D.4 Bestellmengenplanung

Lieferant 1			Lieferant 2		
r	g_t^{lr}	p_t^{lr}	r	g_t^{lr}	p_t^{lr}
1	30	39	1	20	40
2	60	36	2	50	37
3	90	33	3	70	32
4	∞	31	4	110	31
			5	∞	29

Tabelle D.99: Blockrabatte

Tabelle D.100 zeigt die Berechnung der Kostensätze, die als Pfeilbewertungen im Kürzeste-Wege-Modell verwendet werden.

Beschaffung bei Lieferant 1						
$\tau \setminus j$	1	2	3	4	5	6
1	790	1199.5	1597.38	2811.14	3211	4805.5
2	–	400	809.5	2032.3	2447.5	4021.5
3	–	–	400	1597.38	1994.5	3556
4	–	–	–	1180	1559.13	3083.69
5	–	–	–	–	400	1975.6
6	–	–	–	–	–	1540
Beschaffung bei Lieferant 2						
$\tau \setminus j$	1	2	3	4	5	6
1	810	1199.5	1607.75	2778.57	3156	4702
2	–	410	830	2053.7	2425.83	3942.4
3	–	–	410	1607.75	2015.5	3479.39
4	–	–	–	1180	1569.25	3030.88
5	–	–	–	–	410	1996.4
6	–	–	–	–	–	1550
Beschaffung beim günstigsten Lieferanten						
$\tau \setminus j$	1	2	3	4	5	6
1	790	1199.5	1597.38	2778.57	3156	4702
2	–	400	809.5	2032.3	2425.83	3942.4
3	–	–	400	1597.38	1994.5	3479.39
4	–	–	–	1180	1559.13	3030.88
5	–	–	–	–	400	1975.6
6	–	–	–	–	–	1540

Tabelle D.100: Berechnung der Kostensätze

Der Wert 1597.38 in Zeile $\tau = 1$ und Spalte $j = 3$ der untersten Kostenmatrix ergibt sich, wenn die Bedarfe der Perioden 1 bis 3 in Periode 1 beim Lieferanten 1 bestellt werden. Zu den fixen Bestellkosten ($= 10$) und den variablen Beschaffungskosten ($= 20 \cdot 39 + 10 \cdot 39 + 10 \cdot 36 = 1530$) sind die Lagerkosten hinzuzurechnen, die sich ergeben, wenn man die resultierenden Lagerbestände mit dem Durchschnittspreis bewertet ($\frac{1530 \cdot 0.05}{40} = 1.9125$). Da am Ende der Periode 1 ein Lagerbestand von 20 und am Ende der Periode 2 ein Lagerbestand von 10 anfällt, entstehen Gesamtkosten in Höhe von $10 + 1530 + 57.38 = 1597.38$.

Die optimale Lösung ist in Tabelle D.101 zusammengestellt. Die minimalen Gesamtkosten betragen 4620.88.

Bestellperiode	Bestellmenge	Lieferant
1	20	1
2	10	1
3	10	1
4	80	2

Tabelle D.101: Optimale Lösung

D.4.2 Lösungsverfahren

Das im folgenden vorgeschlagene Lösungsverfahren[309] besteht aus zwei Phasen. In Phase I (Konstruktionsphase) wird eine Startlösung erzeugt. Diese Lösung wird in Phase II (Verbesserungsphase) durch verschiedene lokale Suchprozeduren iterativ verbessert.

D.4.2.1 Phase I: Konstruktion einer Startlösung

Die Startlösung wird durch Anwendung des *Stückkostenkriteriums*[310] ermittelt. Für eine Bestellperiode τ werden zunächst für alle alternativen Lieferanten und alle *ganzzahligen* Reichweiten die stückbezogenen Durchschnittskosten errechnet. Da es nun auch sinnvoll sein kann, nur einen Teil eines Periodenbedarfs in eine Bestellung aufzunehmen, um gerade noch die nächste Rabattstufe zu erreichen, werden zusätzlich alle möglichen Bestellmengen an den jeweiligen Untergrenzen der Rabattklassen aller Lieferanten hinsichtlich ihrer Durchschnittskosten bewertet. Aus dieser Alternativenmenge wird dann die kostengünstigste Bestellung für die Bestellperiode τ ausgewählt. Zeitvariable Beschaffungskosten und -preise werden in der Phase I noch nicht berücksichtigt. Dies geschieht erst in der Phase II. Bild D.86 zeigt die formale Struktur der Phase I.

---

309 vgl. *Tempelmeier* (2003)
310 vgl. S. 156

D.4 Bestellmengenplanung

```
Solange die aktuelle Bestellperiode τ kleiner als der Planungshorizont T ist:

    Iteration τ: Ermittle die Bestellmenge der Periode τ

        Iteration t (t = τ + 1, τ + 2, ...)

            Berechne die Stückkosten für jeden Lieferanten und alle ganzzahligen
            Reichweiten zwischen τ + 1 und T: UC_int(l,t). Beende die
            Vergrößerung der Reichweite t, sobald die günstigste Rabattstufe
            erreicht ist und die Stückkosten wieder ansteigen.

            Berechne die Stückkosten für jeden Lieferanten und alle
            nicht-ganzzahligen Reichweiten UC_frac(l,t), die den Untergrenzen der
            Rabattklassen der Lieferanten entsprechen.

            Wähle die Kombination Bestellmenge/Lieferant mit den geringsten
            Stückkosten aus allen berechneten UC_int(l,t)- und UC_frac(l,t)-Werten.

            Berücksichtige dabei nur solche Reichweiten t, bei denen mindestens ein
            Lieferant in Periode t + 1 liefern kann, sofern in Periode t + 1 Bedarf zu
            decken ist.

            Setze τ = t + 1 und führe eine weitere Iteration τ durch.
```

Bild D.86: Konstruktion einer Startlösung

D.4.2.2 Phase II: Verbesserungsschritte

Aufgrund der einfachen Struktur der Phase I wird es normalerweise noch möglich sein, die gefundene Lösung zu verbessern. So wurde z. B. in Phase I die Tatsache vernachlässigt, daß die Beschaffungskosten und -preise sich im Zeitablauf ändern können. Daher ist zunächst zu prüfen, ob die Verschiebung von Bestellungen aus „teuren" Bestellperioden in angrenzende „kostengünstige" Perioden günstig ist. Darüberhinaus werden lokale Veränderungen der Lösung durch die Zusammenlegung von Bestellungen, ihre Zerlegung oder ihre Zuordnung zu einem anderen Lieferanten im Hinblick auf ihre Vorteilhaftigkeit überprüft.

- **Verbesserungsschritt A: Berücksichtigung von Preisänderungen**
  Ändert sich die Preisstruktur im Zeitablauf derart, daß einzelne Lieferanten in bestimmten Intervallen niedrigere oder höhere Preise verlangen, dann wird getestet,

ob die Verschiebung einer Bestellung in die „nächstgelegene" Periode mit dem günstigeren Preis vorteilhaft ist.

Tritt ein *Preisrückgang* in Periode t auf, dann kann es günstig sein, eine oder mehrere Bestellungen, die bisher vor der Periode des Preisrückgangs eingeplant worden sind, in den kostengünstigeren Zeitraum zu verschieben. In diesem Fall suchen wir eine Bestellung in Periode $t_v < t$ (d. h. die der Periode mit dem Preisrückgang nächstgelegene Bestellung). Gibt es eine solche Bestellung, dann wird die maximal aus Periode t_v in die Periode t verschiebbare Menge bestimmt und die Verschiebung dieser Menge bewertet. Sinkt der Zielfunktionswert, dann wird die Verlagerung der Menge ausgeführt und zur nächsten Iteration übergegangen.

Falls eine Bestellung beim Lieferanten l in Periode t_n nach einem *Preisanstieg* in Periode t eingeplant wurde, wird versucht, diese Bestellung aus der Periode t_n in die frühere Periode $t - 1$ vorzuziehen.

- **Verbesserungsschritt B: Bestellmengenteilung**
  Auch dann, wenn die Preis- und Kostenstrukturen im Zeitablauf konstant bleiben, kann es möglich sein, durch lokale Veränderungen einer Lösung eine Reduktion des Zielfunktionswertes zu erreichen. Daher werden in einem zweiten Verbesserungsschritt die Zerlegung bzw. Zusammenlegung von Bestellungen geprüft. Betrachten wir z. B. die Bestellung q_τ^l beim Lieferanten l in Periode τ. Wird diese Bestellung vollständig gelöscht, dann führt dies zu einem Rückgang der bestellfixen Kosten in Höhe von s. Die Bestellung wird gelöscht, indem sie in zwei Teile zerlegt wird. Der erste Teil von x ME wird zeitlich vorgezogen und mit der letzten vor Periode τ eingeplanten Bestellung (bei demselben Lieferanten l oder einem anderen Lieferanten) zusammengefaßt. Die Zielperiode der Vorverlagerung wird wie folgt bestimmt:

$$t_v = \max\{j \mid q_j^i > 0; \; j = 1, 2, ..., \tau - 1; i = 1, 2, ..., L\} \tag{D.366}$$

Die vorzuziehende Teilmenge x wird so festgelegt, daß im Zeitraum zwischen den Perioden τ und t_n (der nächsten möglichen Bestellperiode des Lieferanten l) keine Fehlmengen auftreten. Die Restmenge $q_\tau^l - x$ wird soweit wie möglich in die nächstmögliche zukünftige Bestellperiode t_n bei demselben Lieferanten l verschoben.

Der Verbesserungsschritt B wird iterativ so lange durchgeführt, bis keine Verringerung des Zielfunktionswertes mehr eintritt.

- **Verbesserungsschritt C: Zusammenlegung ganzer Bestellungen**
  In einem weiteren Verbesserungsschritt wird versucht, zeitlich benachbarte Bestellungen vollständig zusammenzulegen. Dies kann vor allem dann vorteilhaft sein, wenn Lösungen mit kleinen Bestellmengen bei relativ niedrigen Lagerkosten h und relativ hohen bestellfixen Kosten s auftreten.

- **Verbesserungsschritt D: Verschiebung von Teilmengen in die Zukunft**
  Für Bedarfszeitreihen, die eine hohe Variabilität mit vielen Perioden ohne Bedarf aufweisen (sporadischer Bedarf), kann der Fall auftreten, daß auf mehrere Perioden

mit niedrigen Bedarfsmengen eine Periode mit sehr hohem Bedarf folgt. Die bisherigen Verfahrensschritte können dann dazu geführt haben, daß die große Bedarfsmenge bereits durch eine Bestellung in den Perioden mit niedrigem Bedarf beschafft und eingelagert wird. In diesem Fall kann es sinnvoll sein, die große Bedarfsmenge wieder aus der Bestellung herauszulösen und unter Inkaufnahme von zusätzlichen bestellfixen Kosten – aber mit geringeren Lagerkosten – später zu bestellen.

D.4.2.3 Gesamtstruktur des Verfahrens

Faßt man alle Verbesserungsschritte zusammen, dann ergibt sich die in Bild D.87 dargestellte Verfahrensstruktur.

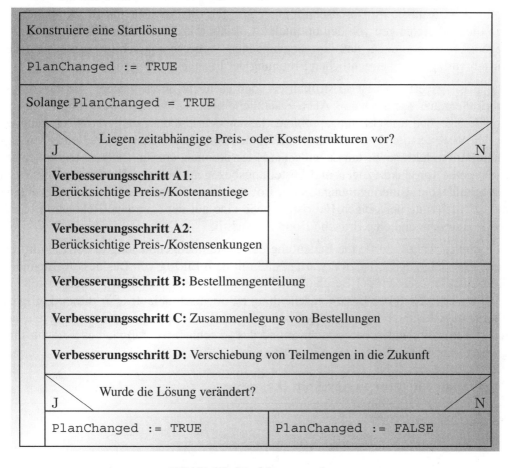

Bild D.87: Verfahrensstruktur

In einem numerischen Test hat *Tempelmeier*[311] die mit dieser einfachen Heuristik er-

---

311 vgl. *Tempelmeier* (2003)

reichbare Lösungsqualität untersucht. Dabei wurden beide Formen von Rabattstrukturen (Block- und Stufenrabatte) bei jeweils drei alternativen Lieferanten betrachtet. Die verwendeten Bedarfszeitreihen mit jeweils 40 Perioden hatten Variationskoeffizienten zwischen 0.2 (regelmäßiger Bedarf) und 4 (extrem sporadischer Bedarf). Die verwendeten Rabattstaffeln wurden aus der Praxis entnommen und für einzelne Lieferanten so verändert, daß nicht ein Lieferant alle anderen dominierte. Die mit dem obigen Verfahren ermittelten Ergebnisse wurden jeweils mit den exakten Lösungen verglichen. Für die Beispiele mit Stufenrabatten wurde das Modell UMSOQP$_{VAD}$ mit einem Standard-MIP-Solver exakt gelöst. Für die Beispiele mit Blockrabatten wurde das Modell UMSOQP$_{VID}$ mit Hilfe des beschriebenen Kürzeste-Wege-Modells exakt gelöst. Die Ergebnisse zeigen, daß das vorgestellte heuristische Lösungsverfahren recht gute Ergebnisse liefert. Für die Beispiele mit Stufenrabatten lagen die Abweichungen von den optimalen Lösungen im Durchschnitt unter 2%. Für die Beispiele mit Blockrabatten lagen die Abweichungen von den optimalen Lösungen im Durchschnitt unter 0.8%. Die Ergebnisse zeigen auch, daß die verschiedenen Verbesserungsschritte in Phase II des Verfahrens zu einer beträchtlichen Erhöhung der Lösungsqualität führen.

Das Lösungsverfahren ist so strukturiert, daß es leicht durch weitere Verbesserungsschritte ergänzt werden kann. Auch zusätzliche praxisrelevante Erweiterungen des zugrundeliegenden Entscheidungsproblems lassen sich in das Lösungsverfahren integrieren. So erweitert *Reith-Ahlemeier*[312] die beiden oben formulierten Modelle für den Fall mehrerer Produkte sowie um Lagerbestandsrestriktionen, um Kapazitätsrestriktionen der Lieferanten (produktbezogen und bestellungsbezogen) und um Handlingrestriktionen der bestellenden Unternehmung.[313] Zur Lösung dieser Problemvarianten entwickelt sie eine Erweiterung der obigen Heuristik sowie eine auf der Lagrange-Relaxation basierende Heuristik und eine Branch&Bound-Heuristik.

Wie oben erwähnt, dürfte die Bedeutung der Bestellmengenplanung in der Zukunft erheblich zunehmen. Es ist zu erwarten, daß mit dem Einzug von Business-to-Business-Konzepten im Bereich der Beschaffung – zumindest bei C-Produkten – der Bestellvorgang einschließlich der Bestellentscheidung automatisch abläuft. Für diesen Fall wird ein Lösungsverfahren benötigt, das möglichst alle für die aktuelle Entscheidung relevanten Nebenbedingungen berücksichtigt und das so schnell ist, daß man es auch für eine größere Anzahl von Produkten einsetzen kann.

Ergänzende Literatur zu Abschnitt D.4:
Benton und Park (1996b)
Reith-Ahlemeier (2002)
Tempelmeier (2003)

---

312 vgl. *Reith-Ahlemeier* (2002)
313 Sind Kapazitätsrestriktionen zu berücksichtigen, dann kann das Problem im Fall von Blockrabatten nicht mehr auf ein Kürzeste-Wege-Problem zurückgeführt werden.

Kapitel E

Berücksichtigung der Unsicherheit

E.1   Das Problem 378
E.2   Einflußgrößen der Unsicherheit in mehrstufigen Produktionsprozessen 380
E.3   Stochastische Lagerhaltungspolitiken 390
    E.3.1   Die Nachfragemenge in der Wiederbeschaffungszeit 391
    E.3.2   Lagerbezogene Leistungskriterien 395
        E.3.2.1   Produktbezogene Leistungskriterien 397
        E.3.2.2   Produktgruppenbezogene Leistungskriterien 403
    E.3.3 (s, q)-Politik 408
    E.3.4 (r, S)-Politik 422
    E.3.5 (s, S)-Politik 427
    E.3.6   Vergleich der Lagerhaltungspolitiken 437
E.4   Methoden zur Berücksichtigung der Unsicherheit in mehrstufigen Produktionsprozessen 440
    E.4.1   Stochastische Planungsmodelle 441
    E.4.2   Mengen- und Zeitpuffer 442
        E.4.2.1   Sicherheitsbestand 442
        E.4.2.2   Sicherheitsvorlaufzeit 462
        E.4.2.3   Überschätzung der Nettobedarfsmengen 463
    E.4.3   Fixierung der Primärbedarfsmengen 463
    E.4.4   Neueinplanung von Aufträgen 465
    E.4.5   Vorankündigung von Aufträgen 468

In den bisherigen Ausführungen zur Losgrößen- und Materialbedarfsplanung wurde davon ausgegangen, daß alle entscheidungsrelevanten Informationen zum Zeitpunkt der Aufstellung eines Produktionsplanes mit Sicherheit bekannt sind. Das bedeutet, daß nicht nur die **Primärbedarfsmengen**, sondern auch die **Durchlaufzeiten** (einschl. der ablaufbedingten Wartezeiten) und die **Ausschußraten** als deterministische Größen behandelt werden können. Wir befassen uns nun mit den Problemen, die sich daraus ergeben, daß die genannten Annahmen in der betrieblichen Realität nicht erfüllt sind.

E.1 Das Problem

Die Ergebnisse empirischer Untersuchungen über die Häufigkeitsverteilung von Auftragsdurchlaufzeiten in Unternehmen legen den Schluß nahe, daß die Durchlaufzeit in vielen Fällen – zumindest aus der Sicht des Produktionsplaners – eine **Zufallsvariable** mit einer linkssteilen Verteilung und einer sehr hohen Varianz ist.[1] Die Ursachen dafür liegen einmal in externen Einflußfaktoren, die auf den Produktionsprozeß in unvorhersehbarer Weise einwirken, z. B. Verzögerungen in der Beschaffung von Material, Maschinenausfälle bei Engpaßmaschinen, und die zu nicht aufholbaren Verzögerungen im Produktionsprozeß führen.

Darüber hinaus werden die Schwankungen der Durchlaufzeit aber auch durch **Entscheidungen der Produktionsplanung und -steuerung** verursacht. So hat z. B. in der kurzfristigen Ablaufplanung die Anwendung einiger Prioritätsregeln zur Folge, daß bestimmte Aufträge vor einer Maschine länger warten müssen als andere, weil sie durch Anwendung dieser Prioritätsregeln mehrfach an das Ende der Warteschlange vor der Maschine gesetzt werden. Die wesentliche Ursache für die Unvorhersehbarkeit der tatsächlichen Durchlaufzeit eines Auftrags besteht aber darin, daß der in der Materialbedarfs- und Losgrößenplanung vernachlässigte Tatbestand **beschränkter Kapazitäten** zu nicht zulässigen Produktionsplänen führt. Übersteigt die geplante Produktionsmenge einer Periode die verfügbare Kapazität, dann ist dies oft mit einer Verschiebung von Produktionsmengen in die Zukunft verbunden. Dadurch ergeben sich ungeplante Verspätungen der Produktionsaufträge.

Da für die Vorlaufzeitverschiebung nach dem dargestellten Konzept der Materialbedarfs- und Losgrößenplanung, wie es in der betrieblichen Praxis zum Einsatz kommt, aber ein konkreter Wert für die Durchlaufzeit eines Auftrags benötigt wird, bleibt dem Produktionsplaner vielfach nur die Möglichkeit, die Durchlaufzeit eines Auftrags (oder eines Arbeitsgangs) zu schätzen. Als grober Schätzwert wird dabei in einigen Fällen der um einen Risikozuschlag erhöhte Mittelwert vergangener Beobachtungswerte der Durchlaufzeit (für vergleichbare Aufträge) verwendet. Wird die tatsächliche Produktionsdauer überschätzt, dann werden Produktionsaufträge früher als notwendig zur Fertigung freigegeben. Das wiederum bewirkt, daß sich die Aufträge und das entsprechende Material im Produktionsbereich vor einzelnen Maschinen stauen. Dadurch können weitere Erhöhungen der zu beobachtenden Durchlaufzeiten entstehen. Wird dagegen die tatsächliche Durchlaufzeit unterschätzt, dann kann dies Produktionsstillstand bzw. die Überschreitung von Lieferterminen zur Folge haben, da evtl. zur Fertigstellung eines Auftrags benötigtes Material nicht rechtzeitig bereitsteht.

---

1   Dies wird auch im Bild D.83, S. 363, deutlich.

E.1 Das Problem

Da in den Softwaresystemen zur Produktionsplanung und -steuerung das Problem der beschränkten Kapazitäten weitgehend vernachlässigt wird, ist es auch nicht verwunderlich, daß die Durchlaufzeit i. d. R. unabhängig von der aktuellen Auslastung des Produktionssystems als Bestandteil der Stammdaten eines Erzeugnisses gespeichert wird.

Zur Milderung der unerwünschten Auswirkungen von unvermeidbaren Fehlprognosen werden in der betrieblichen Praxis die Produktionspläne kurzfristig verändert. So kann man z. B. die Losgröße eines noch nicht fertiggestellten Produktionsauftrags reduzieren oder den Freigabetermin des Auftrags gegenüber dem geplanten Termin zeitlich vorziehen. Dadurch entsteht eine „**Nervosität**" des Planungssystems[2], die noch durch den Umstand verstärkt wird, daß die Aufträge der Erzeugnisse miteinander verflochten sind. Häufiges Verändern eines Produktionsplanes kann zu Akzeptanzproblemen auf Seiten der ausführenden Mitarbeiter führen, die dann die Prioritäten der Aufträge evtl. nicht mehr ernst nehmen und ihre eigenen Prioritäten verfolgen. Parallel zur Umplanung von Mengen und Terminen der Aufträge werden oft mengenmäßige und zeitliche Puffer vorgesehen.

Der Problemkreis der Unsicherheit in mehrstufigen Produktionsprozessen ist noch vergleichsweise unerforscht. Zur Berücksichtigung der Unsicherheit bei **einstufigen Produktionsprozessen** (z. B. bei unabhängigem Bedarfsverlauf eines Produkts) kann auf die Ergebnisse und Entscheidungsregeln der Lagerhaltungstheorie für einstufige stochastische Lagerprozesse zurückgegriffen werden. Im Rahmen dieser **Lagerhaltungspolitiken** wird jedes Produkt isoliert betrachtet und durch einen Sicherheitsbestand von den Einflüssen der stochastischen Größen, die sich auf die Bedarfsmengen und -zeitpunkte sowie die Produktionsmengen und Fertigstellungstermine auswirken, abgeschirmt.

In der betrieblichen Praxis werden derartige Lagerhaltungspolitiken auch dann eingesetzt, wenn aufgrund der Mehrstufigkeit der Erzeugnis- und Prozeßstrukturen eine integrierte Betrachtung angemessen wäre. In ähnlicher Weise wie bei der Losgrößenplanung werden die einzelnen Erzeugnisse isoliert betrachtet und für jedes Produkt ein isolierter Sicherheitsbestand berücksichtigt. Berechnet man aber für mehrere durch Input-Output-Beziehungen miteinander verknüpfte Erzeugnisse derartige isolierte Sicherheitsbestände, dann ergeben sich daraus tendenziell überhöhte Lagerbestände, denn die Möglichkeiten des Ausgleichs der Unsicherheit zwischen den verschiedenen Produktions- und Erzeugnisstufen werden nicht genutzt. So ist z. B. die Varianz der Durchlaufzeiten zweier unmittelbar aufeinanderfolgender Arbeitsgänge bei nicht-positiver Korrelation höchstens so groß wie die Summe der isoliert berechneten Varianzen der arbeitsgangbezogenen Durchlaufzeiten, da die zufällige Überschreitung der geplanten Durchlaufzeit auf einer Produktionsstufe z. T. durch eine ebenso zufällige Unterschreitung der Durchlaufzeit auf einer nachfolgenden Produktionsstufe kompensiert werden kann. Da die Berechnung von Sicherheitsbeständen aber i. a. auf der isolierten Varianz bzw. Standardabweichung eines Arbeitsgangs basiert, werden die Sicherheitsbestände tendenziell zu hoch festgelegt.

---

[2] Zum Problemkreis der Nervosität bzw. der mangelnden Planungsstabilität vgl. insb. *Jensen* (1996).

Im folgenden wenden wir uns den Fragen zu, die durch die Wirkung stochastischer Einflußgrößen entstehen. Zunächst werden die Ursachen der Unsicherheit näher untersucht. Im Anschluß daran werden die Möglichkeiten der Berücksichtigung der Unsicherheit in der Materialbedarfs- und Losgrößenplanung betrachtet. Dabei wird zuerst auf einstufige Lagerhaltungspolitiken eingegangen. Anschließend wird die Betrachtung auf stochastische Aspekte in der mehrstufigen Materialbedarfs- und Losgrößenplanung ausgedehnt.

E.2 Einflußgrößen der Unsicherheit in mehrstufigen Produktionsprozessen

Betrachten wir zunächst die Einflußgrößen, deren stochastischer Charakter Unsicherheit bei der Produktionsplanung hervorruft. Wir gehen davon aus, daß die Materialbedarfs- und Losgrößenplanung mit einem über die Zeitachse hinwegrollenden Planungsfenster der Länge T arbeitet. Planungsgrundlage ist ein für diesen Zeitraum extern vorgegebenes Hauptproduktionsprogramm. Für einen kurzen Zeitraum, d. h. für die ersten F Perioden des Planungsfensters, sind die Produktionsaufträge bereits freigegeben worden und liegen damit unveränderbar fest. Dieser Zeitraum sollte mindestens die maximale Durchlaufzeit eines Endprodukts über alle Fertigungsstufen umfassen.[3] Mit zunehmender zeitlicher Entfernung einer Periode vom Planungszeitpunkt nimmt der Grad der Unsicherheit der auf diese Periode bezogenen Informationen und Entscheidungen zu.

Unsicherheit kann in unterschiedlicher Weise charakterisiert werden. Stellt man in den Vordergrund der Betrachtung den Tatbestand, daß in einem Produktionsprozeß Ressourcen Aktionen an Erzeugnissen vornehmen, dann lassen sich als Ansatzpunkte zur Kennzeichnung der Unsicherheit einmal die Eigenschaften der Ressourcen sowie der von ihnen durchgeführten Aktionen (bzw. Prozesse) und zum anderen die Eigenschaften der Erzeugnisse unterscheiden. Dies führt zur Differenzierung zwischen[4]

- **ressourcenbezogener Unsicherheit** und
- **produktbezogener Unsicherheit**.

Beide Formen der Unsicherheit verlangen nach unterschiedlichen Absorptionsmechanismen. Während produktbezogene Unsicherheit nur durch Maßnahmen aufgefangen werden kann, die auf das einzelne Produkt bezogen sind (z. B. durch einen produktspezifischen Sicherheitsbestand), stehen zur Berücksichtigung der ressourcenbezogenen Unsicherheit alternative Maßnahmen zur Verfügung, die sich – sofern die Ressource zur Produktion mehrerer Erzeugnisse eingesetzt wird – auf verschiedene Erzeugnisse beziehen können.

Betrachten wir ein Beispiel. Eine Maschine produziert abwechselnd zwei Produkte A

---
3 Durch Produktion der Einzelteile oder Baugruppen auf Lager nach dem Konzept des „assemble to order" kann der notwendige Planungsvorlauf verkürzt werden.
4 vgl. *Bemelmans* (1986), S. 26–29

und B mit konstantem kontinuierlichem Bedarf. Während der Produktion des Produkts A fällt die Maschine aus. Wird nach dem Maschinenausfall die Produktion des Produkts A wieder aufgenommen, bis die festgelegte Losgröße erreicht ist, dann hat dies Auswirkungen auf das Produkt B. Ist für Produkt B kein Sicherheitsbestand vorhanden, dann kommt es zu Fehlmengen, da der Lagerbestand aus dem vorangegangenen Produktionszyklus nicht ausreicht, um den gesamten Bedarf bis zum erneuten Produktionsbeginn des Produkts B zu decken.

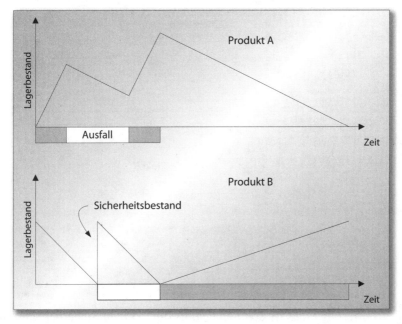

Bild E.1: Pufferung eines Maschinenausfalls durch einen Sicherheitsbestand für Produkt B

Zur Vermeidung von Fehlmengen kann für Produkt B ein **Sicherheitsbestand** bevorratet werden, der mindestens den Bedarf während der Ausfalldauer der Maschine abdeckt. In Bild E.1 ist diese Situation dargestellt, wobei angenommen wird, daß der Sicherheitsbestand dem Lagerbestand erst zu dem Zeitpunkt hinzugerechnet wird, an dem auf ihn zurückgegriffen wird. Die negativen Konsequenzen des Maschinenausfalls während der Produktion der Produkts A können somit durch einen Sicherheitsbestand des Produkts B abgefangen werden.

Der Maschinenausfall kann aber auch durch einen Sicherheitsbestand für das Produkt A absorbiert werden. In diesem Fall wird der Bedarf für das Produkt A während des Maschinenausfalls aus dem Sicherheitsbestand gedeckt und die Losgröße entsprechend reduziert, um Fehlmengen für das Produkt B zu vermeiden (siehe Bild E.2, wobei der Sicherheitsbestand erst ab dem Zeitpunkt in die Darstellung einbezogen wird, ab dem auf ihn zurückgegriffen wird).

In beiden Fällen wurde nur ein Produktionszyklus dargestellt. Es ist jedoch zu berücksichtigen, daß der verbrauchte Sicherheitsbestand wieder aufgefüllt werden muß. Dies kann – falls der normale Produktionsrhythmus nicht verändert werden soll – z. B. durch Überstunden oder durch Einsatz einer Reservemaschine geschehen. Das Beispiel macht deutlich, daß bei ressourcenbezogener Unsicherheit das Entscheidungsproblem der Allokation des Sicherheitsbestands auf die Produkte entsteht.

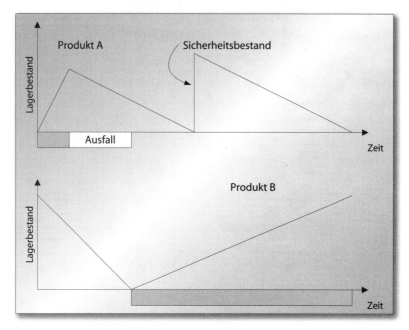

Bild E.2: *Pufferung eines Maschinenausfalls durch einen Sicherheitsbestand für Produkt A*

Eine weitere Dimension der Unsicherheit bilden die unterschiedlichen Sicherheitsgrade der Planungsinformationen in den einzelnen Phasen des Planungsprozesses. Hier läßt sich unterscheiden zwischen Unsicherheit, die aus der Differenz zwischen tatsächlicher und prognostizierter Bedarfsmenge einer Periode entsteht (Prognosefehler), und der Unsicherheit, die daraus resultiert, daß im Verlaufe eines rollenden Planungsprozesses die Prognosewerte selbst stochastischen Schwankungen unterliegen, weil sie regelmäßig unter Berücksichtigung der aktuellen Erkenntnisse revidiert werden.

Von besonderer Bedeutung ist die Unsicherheit bezüglich der Höhe der Prognosefehler. Der **Prognosefehler** ist nach Gleichung (E.1) die Differenz zwischen dem zuletzt (vor der endgültigen Fixierung des Produktionsplans) prognostizierten und der tatsächlich eingetretenen Bedarfsmenge der Periode τ. Nehmen wir an, daß zum Zeitpunkt t der letzte Prognosewert für die Periode τ ermittelt wurde, dann beträgt der Prognosefehler:[5]

$$E_t(\tau) = Y_\tau - P_t(\tau) \tag{E.1}$$

- $P_t(\tau)$: zuletzt (in Periode t) ermittelter Prognosewert des Bedarfs in Periode τ
- Y_τ: beobachteter Bedarf in Periode τ
- $E_t(\tau)$: Prognosefehler in Periode t bezüglich des Bedarfs in Periode τ

Bild E.3 zeigt die Zusammenhänge zwischen den betrachteten Größen. In der Periode t werden die Prognosewerte für die Bedarfsmengen des Prognosezeitraums ($\tau = t+1, t+2, ..., t+T$) ermittelt. Aufgrund dieser Prognose wird der verbindliche Produktionsplan für die ersten F Perioden des Prognosezeitraums aufgestellt. Weicht die für die Periode τ zuletzt erstellte Prognose von der tatsächlich eintretenden Bedarfsmenge ab, dann entsteht ein Prognosefehler.

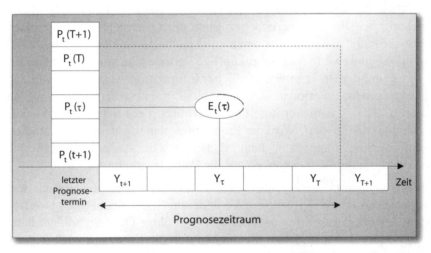

Bild E.3: *Zusammenhang zwischen Prognosetermin, Prognosezeitraum und Prognosefehlern*

Werden im Planungsabstand von R Perioden jeweils neue Prognosen für den gesamten Prognosezeitraum erstellt und führen Änderungen dieser Prognosen unmittelbar zu Änderungen des Produktionsplans, dann sind die **Schwankungen der Prognosen** im Zeitablauf von Interesse. Die Unsicherheit bezüglich der Dauerhaftigkeit der Prognosewerte ist abhängig von dem eingesetzten Prognoseverfahren und dem Verlauf der beobachteten Zeitreihe der Bedarfsmengen. Dies ist dann von Bedeutung, wenn Produktionsaufträge für untergeordnete Teile schon aufgrund vorliegender (Sekundär-)Bedarfsprognosen ausgelöst werden. Wenn sich nun nach Produktionsbeginn eines Einzelteils

---

[5] Im folgenden unterscheiden wir zwischen einer Zufallsvariablen und ihren Realisationen (Ausprägungen) durch Groß- und Kleinschreibung.

die tatsächlichen Sekundärbedarfsmengen für dieses Erzeugnis aufgrund von Veränderungen der Primärbedarfsmengen der übergeordneten Produkte verändern, dann können – falls der Sicherheitsbestand des untergeordneten Erzeugnisses nicht ausreicht – Fehlmengen entstehen.

Für den Produktionsplaner kann sich die Unsicherheit damit auf verschiedene Weise darstellen:

- Unsicherheit bezüglich der **Dauerhaftigkeit** eines Bedarfsprognosewertes
- Unsicherheit bezüglich der Übereinstimmung zwischen (zuletzt, d. h. vor der Auftragsfreigabe bzw. der Planfixierung, ermitteltem) Bedarfsprognosewert und der tatsächlichen Bedarfsmenge (**Prognosefehler**)

Zwischen den Unsicherheiten bezüglich der Höhe des Prognosefehlers, der Dauerhaftigkeit der Bedarfsprognosewerte und der Höhe der tatsächlichen Bedarfsmenge bestehen Beziehungen. Die Unsicherheit bezüglich der Dauerhaftigkeit eines Bedarfsprognosewertes entsteht – wie bereits erwähnt – dadurch, daß im Rahmen einer rollenden Planung Prognosewerte für eine zukünftige Periode τ zu verschiedenen Zeitpunkten $(0, R, 2 \cdot R, ...)$ auf der Basis unterschiedlicher Informationen errechnet werden. Umfaßt der Prognosezeitraum T Perioden, dann wird jeder Prognosewert bei einem Planungsabstand von z. B. $R = 1$ T-mal ermittelt bzw. revidiert. Dies führt zu Schwankungen der Prognosewerte im Zeitablauf. Wird der Produktionsplan in jeder Periode an die neuesten Prognoseinformationen angepaßt, dann ergeben sich bei Änderung der Prognoseinformationen zwangsläufig Auswirkungen auf die Planungsergebnisse.

Die Schwankungen der Prognoseinformationen hängen von der Reagibilität des verwendeten Prognoseverfahrens in Bezug auf Veränderungen der Beobachtungswerte ab.[6] Die Reagibilität der Prognosewerte auf Veränderungen ihrer Datengrundlage, d. h. auf neu eintreffende Beobachtungen, kann allgemein durch die Kovarianz-Matrix der Koeffizienten des Prognosemodells erfaßt werden. Ist diese Matrix bekannt, dann läßt sich die **Varianz der Prognoseänderungen** errechnen. Die Ermittlung der Kovarianz-Matrix ist jedoch relativ aufwendig, so daß man versucht, die Varianz der Prognoseänderungen zu approximieren.

Zwischen den Varianzen der Beobachtungswerte der Bedarfsmengen, Y_τ, der Prognosewerte $P_t(\tau)$ und der Prognosefehler $E_t(\tau)$ besteht folgender Zusammenhang, wenn Y_τ und $P_t(\tau)$ stochastisch unabhängig sind:

$$\text{Var}\{E_t(\tau)\} = \text{Var}\{Y_\tau\} + \text{Var}\{P_t(\tau)\} \tag{E.2}$$

Der Prognosefehler der in Periode t für die Periode τ berechneten Prognose ist gemäß Beziehung (E.1) definiert. Wir nehmen nun an, daß die Varianz der Bedarfsmenge,

---

6 vgl. *Brown* (1963), S. 227–237; *Hax und Candea* (1984), S. 172–178

E.2 Einflußgrößen der Unsicherheit

Var$\{Y_\tau\}$, zeitinvariant ist. Die Varianz der Prognoseänderungen wird durch die Schwankungen der Koeffizienten $\underline{b}(t)$ des verwendeten Prognosemodells im Zeitablauf beeinflußt. Für ein einfaches Modell der exponentiellen Glättung erster Ordnung (mit dem Glättungsparameter α) hängt die Varianz der in Periode t ermittelten Prognosewerte bezüglich der Periode τ wie folgt von der Varianz Var$\{E_t(\tau)\}$ der irregulären Schwankungen der Beobachtungswerte ab:[7]

$$\text{Var}\{P_t(\tau)\} = \frac{\alpha}{2-\alpha} \cdot \text{Var}\{E_t(\tau)\} \tag{E.3}$$

↳ in Periode t ermittelter Prognosewert für den Bedarf in Periode τ

Derartige Beziehungen können auch für andere Prognosemodelle entwickelt werden. *Brown*[8] untersucht die Entwicklung der Varianzen der Prognosewerte für verschiedene Prognosemodelle als Funktion der Entfernung der Prognoseperiode (τ) vom Prognosezeitpunkt ($t = 0$). Er kommt dabei zu dem Ergebnis, daß bei Vorliegen eines linearen Trends in der Bedarfszeitreihe die Varianz der Prognosewerte eine annähernd lineare Funktion der Zeit (τ) ist, während für ein Prognosemodell mit gleichbleibendem Bedarf die Varianz der Prognosewerte konstant bleibt. Sind nun die Varianzen der auf einzelne zukünftige Perioden τ bezogenen, in Periode t erstellten Prognosewerte $P_t(\tau)$ gegeben, dann lassen sich auch die Varianzen der Bedarfsprognosen für den Zeitraum von $t+1$ bis τ ermitteln. Die prognostizierte kumulierte Bedarfsmenge während des Zeitraums $[t+1, \tau]$, z. B. während der Durchlaufzeit eines Produkts, beträgt:

$$P_t([t+1, \tau]) = \sum_{i=t+1}^{\tau} P_t(i) \tag{E.4}$$

Bei gleichbleibendem Niveau des Bedarfsverlaufs ergibt sich daraus:

$$P_t([t+1, \tau]) = (\tau - t) \cdot P_t(t+1) \tag{E.5}$$

Die Varianz der Bedarfsprognose, Var$\{P_t([t+1, \tau])\}$, kann unter Rückgriff auf Beziehung (E.3) abgeleitet werden. Ist dies geschehen, dann kann eine Aussage über die Beständigkeit des Prognosewertes als Grundlage für die zukünftigen Planungen getroffen werden. Je größer die Varianz der Bedarfsprognose ist, umso größer wird die Gefahr, daß Nervosität des Planungssystems auftritt.

Setzt man im Rahmen der Hauptproduktionsprogrammplanung oder der kapazitätsorientierten Losgrößenplanung Planungsansätze ein, die alle zeitlichen Interdependenzen zwischen Entscheidungsvariablen über das gesamte Planungsfenster hinweg simultan erfassen – dies ist z.B. beim Einsatz eines LP-Modells der Fall –, dann kann auch dies eine Quelle von Planungsinstabilität sein.[9] Ob dies als negativ zu bewerten ist, hängt weitgehend von der Art der organisatorischen Umsetzung des Planungskonzepts ab. Planänderungen, die sich auf noch nicht freigegebene Produktionsaufträge beziehen, können als unkritisch betrachtet werden.

---

[7] vgl. *Brown* (1963), S. 110
[8] vgl. *Brown* (1963), S. 235–237
[9] siehe auch Abschnitt D.3.4.4.4, S. 351 ff.

Sofern der Produktionsplan auch bei sich ändernden Bedarfsprognosen für einen bestimmten Zeitraum fixiert wird, ist vor allem die Höhe der mit Beziehung (E.1) angegebenen Prognosefehler von Bedeutung. Hierbei ist zu unterscheiden zwischen der Primärbedarfsprognose und der Prognose der Sekundärbedarfsmengen. Auch wenn letztere im Rahmen der deterministischen Bedarfsplanung ermittelt werden, schlagen unvorhergesehene Änderungen des Primärbedarfs doch unmittelbar auf die Sekundärbedarfsmengen für die untergeordneten Erzeugnisse durch.

Bezüglich der Unsicherheit der Primärbedarfsmengen kann auf die Wahrscheinlichkeitsverteilung der Prognosefehler abgestellt werden. Von besonderer Bedeutung sind dabei die Prognosefehler bezüglich des kumulierten Bedarfs in der Wiederbeschaffungszeit bzw. Durchlaufzeit eines Produkts. Bei Anwendung eines korrekten Prognosemodells kann davon ausgegangen werden, daß der Erwartungswert des Prognosefehlers für den kumulierten Bedarf der Zeitspanne $[t+1, \tau]$ Null beträgt. Seine Varianz dagegen wird durch die Eigenschaften des verwendeten Prognoseverfahrens beeinflußt. Wird z. B. das Verfahren der exponentiellen Glättung erster Ordnung eingesetzt, dann beträgt die Varianz des Prognosefehlers bezüglich des in Periode t prognostizierten Bedarfs der Zeitspanne $[t+1, \tau]$:[10]

$$\text{Var}\left\{E_t\left[t+1, \tau\right]\right\} = \left[(\tau - t) + (\tau - t)^2 \cdot \frac{\alpha}{2-\alpha}\right] \cdot \text{Var}\left\{E_t\left(\tau\right)\right\} \qquad (E.6)$$

Bei regelmäßigem, gleichbleibendem Bedarf kann unterstellt werden, daß die Varianz $\text{Var}\{E_t(\tau)\}$ der einperiodischen Prognosefehler vom Prognosezeitpunkt τ unabhängig ist, d. h. $\text{Var}\{E_t(\tau)\} = \text{Var}\{E_t\}$. Sie kann nach empirischer Beobachtung der Prognosefehler geschätzt werden.

Die Unsicherheit bezüglich der Sekundärbedarfsprognosen der untergeordneten Erzeugnisse erfordert eine andersartige Betrachtung. Denn in mehrstufigen Erzeugnisstrukturen tritt das Problem auf, daß die Veränderung der Bedarfsprognose für ein übergeordnetes Produkt, z. B. für ein für den Absatz vorgesehenes Endprodukt, aufgrund des deterministischen Erzeugniszusammenhangs sich direkt auf die Sekundärbedarfsmengen der untergeordneten Erzeugnisse überträgt. Für ein untergeordnetes Erzeugnis k, das direkt oder indirekt in übergeordnete Erzeugnisse eingebaut wird, beträgt die Varianz des Prognosefehlers bezüglich des Sekundärbedarfs dann:[11]

$$\text{Var}\left\{E_k\right\} = \sum_{i \in \mathcal{E}_k} v_{ki}^2 \cdot \text{Var}\left\{E_i\right\} + 2 \cdot \sum_{i \in \mathcal{E}_k} \sum_{\substack{j \in \mathcal{E}_k \\ i<j}} v_{ki} \cdot v_{kj} \cdot \text{Cov}\left\{E_i, E_j\right\} \qquad (E.7)$$

- Kovarianz der Prognosefehler der Produkte i und j
- Verflechtungsbedarfskoeffizient
- Indexmenge der dem Produkt k übergeordneten *Endprodukte*

Sofern zwischen den Bedarfsprognosen der Endprodukte keine Korrelation besteht, re-

---

10 vgl. *Hax und Candea* (1984), S. 172–178; *Eppen und Martin* (1988)
11 vgl. *Baker* (1985)

duziert sich der Ausdruck auf den ersten Summanden. Bild E.4 veranschaulicht den varianzverstärkenden Effekt, der sich infolge des deterministischen Zusammenhangs zwischen den Bedarfsprognosen über- und untergeordneter Erzeugnisse in einer mehrstufigen Erzeugnisstruktur ergibt.

Während die Prognosefehler für die beiden Endprodukte 1 und 2 noch relativ gering sind, nehmen die Schwankungen der abgeleiteten Prognosefehler für die untergeordneten Produkte 3 und 4 mit der Entfernung von der Endproduktstufe zu. Berücksichtigt man ferner, daß durch den Mechanismus der Vorlaufzeitverschiebung für die untergeordneten Erzeugnisse der Prognosezeitraum verlängert wird, dann können hieraus zusätzliche varianzverstärkende Effekte resultieren.

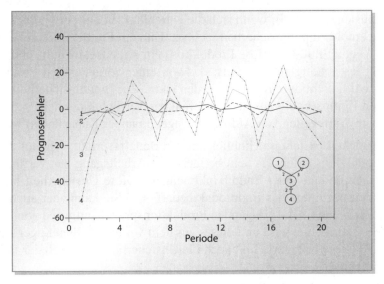

Bild E.4: *Schwankungen der Prognosefehler für vier Produkte*

Beziehung (E.7) verdeutlicht, daß ein direkter Zusammenhang zwischen den Sekundärbedarfsprognosen eines untergeordneten Erzeugnisses und den Prognosen der Bedarfsmengen der übergeordneten Erzeugnisse besteht. Dieser Zusammenhang ist allerdings in der Praxis schwer quantifizierbar, da die Kovarianzen der Prognosefehler der Bedarfsmengen unterschiedlicher Produkte empirisch nur schwer zu bestimmen sind. Aus diesem Grund wird die direkte Erfassung der Prognosefehler auch für untergeordnete Produkte empfohlen.[12]

Eine weitere, in der Literatur weit verbreitete Klassifizierung der Unsicherheit orientiert sich an dem prozessualen Charakter der Produktion eines Erzeugnisses. Betrachtet man den Produktionsvorgang eines Erzeugnisses als einen Prozeß der Transformation von In-

---

12 Vgl. *Meal* (1979). Folgt man dieser Empfehlung, dann sind u. U. die Auswirkungen der Losgrößenplanung auf die Schwankungen der Prognosefehler zu berücksichtigen.

put in Output, der durch bestimmte Planungsinformationen ausgelöst wird, dann lassen sich nach dem Bezugsobjekt folgende Bereiche der Unsicherheit unterschieden:

- **Inputunsicherheit**
- **Outputunsicherheit**
- **Informationsunsicherheit**

Inputunsicherheit besteht hinsichtlich der rechtzeitigen Verfügbarkeit des im betrachteten Arbeitsgang zu verarbeitenden Materials. Hierzu sind einmal Mengenabweichungen aufgrund von Ausschuß auf der vorangegangenen Produktionsstufe, die das vor dem Arbeitsgang angesiedelte Zwischenlager auffüllt, zu rechnen. Zum anderen besteht auch terminliche Unsicherheit, z. B. wenn sich die Durchlaufzeit auf der vorangehenden Produktionsstufe erhöht. Inputunsicherheit ist insb. dann ein Problem, wenn bei perfekt abgestimmtem Materialfluß (lagerlose Produktion) ein Arbeitsgang aufgrund mangelnder Verfügbarkeit des benötigten Materials, das von einer vorgelagerten Produktionsstufe bereitgestellt wird, nicht durchgeführt werden kann. Zur Inputunsicherheit zählen auch alle diejenigen Einflüsse, die aus der beschränkten Verfügbarkeit der Produktionsanlagen (ungeplante Wartezeiten von Aufträgen wegen knapper Kapazitäten) resultieren.[13]

Outputunsicherheit besteht im Hinblick auf den Bedarfsverlauf, d. h. auf die den nachfolgenden Produktionsstufen aus dem betrachteten Arbeitsgang zur Verfügung zu stellenden Zwischenprodukt- oder Endproduktmengen. Diese Unsicherheit leitet sich aus der Unsicherheit bezüglich des Endproduktbedarfs ab. Sie kann aber auch durch Ausschuß entstehen, wenn im nachfolgenden Produktionsprozeß aufgrund von Produktionsfehlern Material vernichtet wird und dieses aus dem vorangestellten Lager nachgeliefert werden muß. In diese Kategorie fällt auch die Unsicherheit bezüglich der Beständigkeit der Bedarfsprognosen.

Informationsunsicherheit schließlich tritt dann auf, wenn das betriebliche Informationssystem nicht immer Auskunft über die aktuelle Höhe der Lagerbestände geben kann, z. B. weil die Lagerbestandsüberwachung nur periodisch vorgenommen wird oder weil die Notwendigkeit der Aktualität der Daten nicht ernst genommen wird. Dies scheint in der betrieblichen Praxis – auch in Großunternehmen – ein erhebliches Problem zu sein. In diesem Fall besteht Unsicherheit bezüglich der innerhalb der Überwachungsintervalle eingetretenen Ereignisse, die zwar schon eingetreten, aber noch nicht bekannt sind.[14] Die Informationsunsicherheit bezieht sich auf die Informationen über den Systemzustand, nicht aber auf die Prognoseinformationen der Bedarfsmengen, die zur Outputunsicherheit gerechnet werden. Berücksichtigt man zusätzlich evtl. auftretende Planungs- und Kommunikationsfehler, etwa durch Einsatz unsachgemäßer Planungsverfahren oder durch mangelnde Abstimmung zwischen den durch einen Produktionsplan

---

13 vgl. *Bemelmans* (1986), S. 2
14 Zum Problem der Informationsunsicherheit vgl. insb. *Morey* (1985).

betroffenen Abteilungen bzw. Unternehmensbereichen, dann kann Informationsunsicherheit als eine Komponente einer allgemeiner gefaßten Planungs- und Kontrollsystem-Unsicherheit aufgefaßt werden. In diesem Zusammenhang wären dann auch die Probleme bezüglich der Realisierbarkeit des geplanten Fertigstellungstermins eines Auftrags zu erwähnen, die sich aus der Schwierigkeit der Generierung kapazitätsmäßig zulässiger Produktionspläne ergibt. Vernachlässigt man bei der Produktionsplanung die Kapazitätsbeschränkungen, dann resultieren daraus zwangsläufig unvorhersehbare Entwicklungen des Produktionsprozesses.

Charakterisiert man die Erzeugnisse nach der mengenmäßigen und der zeitlichen Verteilung des Bedarfs (Lagerabgang) und der Produktion (Lagerzugang), dann lassen sich in dieser Hinsicht folgende zwei Dimensionen der Unsicherheit unterscheiden:[15]

- **Unsicherheit bezüglich der Menge**
- **Unsicherheit bezüglich des Zeitpunkts**

Unsicherheit bezüglich der **Menge** kann sich auf die Bedarfsmenge (Output) und/oder auf die Lagerzugangsmenge (Input) beziehen. In beiden Fällen wird der Nettobedarf in einer Periode beeinflußt. Unsicherheit bezüglich des **Zeitpunkts** kann einmal den Bedarfstermin (Output) betreffen; zum anderen kann sie sich aber auch auf den Beschaffungstermin (Anlieferungstermin; Input) oder den Fertigstellungstermin eines Fertigungsauftrags für das betrachtete Produkt beziehen. Im letztgenannten Fall hat sich die Bearbeitungszeit eines produktbezogenen Auftrags verlängert. Während das Ausmaß der mengenmäßigen Bedarfsunsicherheit bei untergeordneten Erzeugnissen, d. h. bei abhängigem Bedarf, – zumindest für den Zeitraum, für den der Produktionsplan festgeschrieben worden ist – vergleichsweise gering ist, sind zeitliche Abweichungen in der betrieblichen Praxis an der Tagesordnung.

Es ist offensichtlich, daß in vielen Fällen eine eindeutige Trennung von mengenmäßigen und zeitlichen Abweichungen kaum durchführbar ist. So kann man z. B. auch zeitliche Verschiebungen von einer Periode in eine andere in beiden betroffenen Perioden als mengenmäßige Verschiebungen interpretieren.

Sofern allerdings die Mengen konstant sind und nur die Zeitpunkte der Lagerzugänge bzw. der Lagerabgänge stochastisch schwanken, kann man auch hier zeitbezogene Prognosen erstellen und die Prognosefehler erfassen. Insb. bei Zulieferungen von externen Lieferanten ist die systematische Erfassung der externen Wiederbeschaffungszeiten von großer Bedeutung. Da diese Zeiten aus der Sicht des Abnehmers i. d. R. kaum beeinflußbar sind, bietet es sich an, sie als Zufallsvariablen aufzufassen und in der Planung entsprechend zu behandeln.

Werden die betrachteten Produkte hingegen in einem anderen Produktionssegment derselben Unternehmung produziert, dann hängt die Verläßlichkeit, mit der ein geplanter Lagerzugangszeitpunkt (z. B. in einem Zwischenproduktlager) eingehalten wird, von

---

15 vgl. *Whybark und Williams* (1976); *Vollmann et al.* (1997)

der Qualität der Produktionsplanung in dem liefernden Produktionssegment ab. Werden bei der Aufstellung des Produktionsplans zukünftige Kapazitätsengpässe antizipiert und durch geeignete Planungsmaßnahmen vermieden, dann werden die geplanten Lagerzugangszeitpunkte mit hoher Wahrscheinlichkeit eingehalten. Der Rückgriff auf Vergangenheitsdaten ist in diesem Fall wenig aussagekräftig.

E.3 Stochastische Lagerhaltungspolitiken

Während die in Kapitel D diskutierte programmorientierte Losgrößen- und Materialbedarfsplanung i. d. R. für A-Produkte eingesetzt wird, bietet sich für B- und C-Produkte sowie für Ersatzteile und Handelswaren der Einsatz stochastischer Lagerhaltungspolitiken an.

Bei Anwendung einer stochastischen Lagerhaltungspolitik werden die Produkte unter Vernachlässigung evtl. vorhandener Input-Output-Beziehungen weitgehend unabhängig voneinander disponiert. Für jedes Produkt wird ein Lagerbestand unterhalten, aus dem ein als gegeben angenommener, aus der Sicht des Lagerdisponenten nicht beeinflußbarer **Nachfrageprozeß** zu versorgen ist. Die Nachfrage kann extern, d. h. vom Absatzmarkt, oder auch intern, z. B. aufgrund der Verwendung eines Produkts als Komponente übergeordneter Baugruppen und Endprodukte, verursacht sein.

Das Lager erhält Nachschub aus einer „Quelle", die an sie gerichtete Bestellungen nach einer bestimmten **Wiederbeschaffungszeit** erfüllt. Ist die Quelle ein Produktionssegment derselben Unternehmung, dann ist die Bestellung ein Produktionsauftrag und die Wiederbeschaffungszeit hängt von seiner Durchlaufzeit ab. Ist die Quelle ein externer Zulieferer, dann ist die Wiederbeschaffungszeit gleich der Lieferzeit des Zulieferers. In beiden Fällen muß davon ausgegangen werden, daß die Wiederbeschaffungszeit zufälligen Schwankungen unterliegen kann.

Im folgenden werden einige ausgewählte stochastische Lagerhaltungspolitiken dargestellt. Sie unterscheiden sich vor allem in zweierlei Hinsicht, und zwar durch den Mechanismus, nach dem Lagerbestellungen ausgelöst werden und durch die Entscheidungsregel, nach der die jeweilige Lagerzugangsmenge (Bestellmenge) festgelegt wird. Die Lagerhaltungspolitiken werden durch die Kombination der Entscheidungsvariablen s (**Bestellpunkt**), r (Überwachungsintervall, **Bestellzyklus**), q (**Bestellmenge**) und S (**Bestellniveau**) wie folgt gekennzeichnet:

- (s, q)-Politik,
- (r, S)-Politik,
- (s, S)-Politik.

Gemeinsames Merkmal aller Lagerhaltungspolitiken ist es, daß Unsicherheit während eines **Risikozeitraums** aufgefangen werden muß. Der Risikozeitraum setzt sich in

Abhängigkeit von der Lagerhaltungspolitik aus dem Überwachungsintervall sowie der Wiederbeschaffungszeit zusammen.

Für die Bestimmung der optimalen Werte der Entscheidungsvariablen der Lagerhaltungspolitiken spielt die (stochastische) Nachfrage- bzw. Bedarfsmenge im Risikozeitraum eine besondere Rolle. Im folgenden wird die Bestimmung der Wahrscheinlichkeitsverteilung und der Parameter dieser Zufallsvariablen zunächst erläutert, wobei die grundsätzliche Vorgehensweise anhand der Nachfragemenge in der Wiederbeschaffungszeit beschrieben wird. Im Anschluß daran werden die einzelnen Lagerhaltungspolitiken detailliert dargestellt.

E.3.1 Die Nachfragemenge in der Wiederbeschaffungszeit

Wir gehen davon aus, daß die Nachfragemengen D je Periode[16] für das betrachtete Erzeugnis Zufallsvariablen sind, die einer im Zeitablauf gleichbleibenden und periodenweise unabhängigen Wahrscheinlichkeitsverteilung (z. B. Normalverteilung, Gammaverteilung, diskrete empirische Verteilung) folgen.[17] Die Wahrscheinlichkeitsverteilung bzw. ihre Parameter seien aus Aufzeichnungen über die Nachfrageentwicklung in der Vergangenheit geschätzt worden. Die empirische Analyse der Nachfrageentwicklung ist eine in der Praxis oft vernachlässigte, aber unverzichtbare Voraussetzung für die Anwendung einer stochastischen Lagerhaltungspolitik.

Die Periodennachfragemengen werden, falls sie durch kontinuierliche Zufallsvariablen modelliert werden, durch ihre Dichtefunktion $f_D(d)$ und ihre Verteilungsfunktion $F_D(d) = P\{D \leq d\}$ beschrieben. Im diskreten Fall sind Wahrscheinlichkeiten $P\{D = d, d = d_{\min}, ..., d_{\max}\}$ gegeben.

Auch die Wiederbeschaffungszeit L kann als Zufallsvariable modelliert werden, wobei wir im folgenden davon ausgehen wollen, daß L durch eine diskrete Wahrscheinlichkeitsverteilung $P\{L = \ell, \ell = \ell_{\min}, ..., \ell_{\max}\}$ beschrieben wird. Diese Diskretisierung der Zeitachse stimmt mit dem normalen Ablauf logistischer Prozesse in der betrieblichen Praxis überein. Wird z. B. eine Bestellung an einen Lieferanten ausgelöst, dann wird die bestellte Ware selbst unter günstigen Bedingungen (z. B. bei telefonischer Bestellannahme, Lieferfähigkeit des Lieferanten und unverzüglicher Auftragsabwicklung mit einer Wiederschaffungszeit $L = 0$) i. d. R. erst zu Beginn des nächsten Tages angeliefert. Kontinuierliche, z. B. exponentialverteilte Wiederbeschaffungszeiten dagegen sind in der Praxis wohl eher selten anzutreffen.

---

16 Als Periodenlänge wird im folgenden jeweils ein Tag angenommen.

17 Die folgenden Überlegungen lassen sich auch auf den Fall anwenden, daß die Nachfrage sich im Zeitablauf verschiebt oder in ihrer Struktur verändert. In diesem Fall wird zur Nachfrageprognose ein geeignetes Prognoseverfahren eingesetzt und die Prognosefehler werden als die Größe interpretiert, deren zufällige Ausprägungen durch Sicherheitsbestände aufgefangen werden müssen. Vgl. *Schneider* (1978a); *Robrade* (1991).

- **Deterministische Wiederbeschaffungszeiten**

Für einen gegebenen Wert ℓ der Wiederbeschaffungszeit ergibt sich die Wahrscheinlichkeitsverteilung der Nachfragemenge in der Wiederbeschaffungszeit, Y, als Summe der ℓ Periodennachfragemengen. Die Wahrscheinlichkeitsverteilung dieser Summe kann in Abhängigkeit von der Verteilung der Periodennachfragemenge bestimmt werden.

Normalverteilung. Ist die Periodennachfragemenge D mit dem Mittelwert μ_D und der Standardabweichung σ_D normalverteilt, dann ist die Nachfragemenge in der Wiederbeschaffungszeit mit dem Mittelwert $\mu_Y = \mu_D \cdot \ell$ und der Standardabweichung $\sigma_Y = \sigma_D \cdot \sqrt{\ell}$ ebenfalls normalverteilt.

Gammaverteilung. Ist die Periodennachfragemenge D mit dem Skalenparameter α_D und dem Formparameter k_D gammaverteilt, dann ist die Nachfragemenge in der Wiederbeschaffungszeit mit dem Skalenparameter $\alpha_Y = \alpha_D$ und dem Formparameter $k_Y = k_D \cdot \ell$ ebenfalls gammaverteilt.

Diskrete empirische Verteilung. Im Falle einer diskreten empirischen Verteilung der Periodennachfragemenge kann die Wahrscheinlichkeitsverteilung der Nachfragemenge in der Wiederbeschaffungszeit durch ℓ-fache Faltung der Verteilung der Periodennachfragemenge wie folgt bestimmt werden.[18] Bezeichnen wir mit Y^ℓ die Summe der Nachfragemengen aus ℓ aufeinanderfolgenden Perioden, dann gilt:

$$P\left\{Y^1 = y_k\right\} = P\left\{D = y_k\right\} \tag{E.8}$$

und

$$P\left\{Y^\ell = y_k\right\} = \sum_{x_i + d_j = y_k} P\left\{Y^{\ell-1} = x_i, D = d_j\right\} \qquad \ell \geq 2 \tag{E.9}$$

Die möglichen Ausprägungen der Zufallsvariablen Y^ℓ liegen in einem Bereich zwischen $\min\left\{y_k^{\ell-1}\right\} + d_{\min}$ und $\max\left\{y_k^{\ell-1}\right\} + d_{\max}$. Die Anzahl der unterschiedlichen Ausprägungen von Y_ℓ hängt von den möglichen Kombinationen von x_i und d_j ab. Zur Erläuterung sei folgendes Beispiel betrachtet. Die Wiederbeschaffungszeit möge $\ell = 3$ Tage betragen. Die tägliche Nachfragemenge D sei eine diskrete Zufallsvariable mit den Wahrscheinlichkeiten $P\{D = 0\} = 0.1$, $P\{D = 1\} = 0.4$ und $P\{D = 2\} = 0.5$. Die Wahrscheinlichkeitsverteilung der Nachfragemenge in der Wiederbeschaffungszeit ergibt sich dann wie folgt:

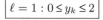

$P\left\{Y^1 = 0\right\} = 0.1$
$P\left\{Y^1 = 1\right\} = 0.4$
$P\left\{Y^1 = 2\right\} = 0.5$

---

18 vgl. auch *Hübner* (1996), S. 81

$\boxed{\ell = 2 : 0 \leq y_k \leq 2+2 = 4}$

$P\{Y^2 = 0\} = P\{Y^1 = 0\} \cdot P\{D = 0\}$
$\phantom{P\{Y^2 = 0\}} = 0.1 \cdot 0.1 = 0.01$

$P\{Y^2 = 1\} = P\{Y^1 = 0\} \cdot P\{D = 1\}$
$\phantom{P\{Y^2 = 1\} =} + P\{Y^1 = 1\} \cdot P\{D = 0\}$
$\phantom{P\{Y^2 = 1\}} = 0.1 \cdot 0.4 + 0.4 \cdot 0.1 = 0.08$

$P\{Y^2 = 2\} = P\{Y^1 = 0\} \cdot P\{D = 2\}$
$\phantom{P\{Y^2 = 2\} =} + P\{Y^1 = 1\} \cdot P\{D = 1\}$
$\phantom{P\{Y^2 = 2\} =} + P\{Y^1 = 2\} \cdot P\{D = 0\}$
$\phantom{P\{Y^2 = 2\}} = 0.1 \cdot 0.5 + 0.4 \cdot 0.4 + 0.5 \cdot 0.1 = 0.26$

$P\{Y^2 = 3\} = P\{Y^1 = 1\} \cdot P\{D = 2\}$
$\phantom{P\{Y^2 = 3\} =} + P\{Y^1 = 2\} \cdot P\{D = 1\}$
$\phantom{P\{Y^2 = 3\}} = 0.4 \cdot 0.5 + 0.5 \cdot 0.4 = 0.40$

$P\{Y^2 = 4\} = P\{Y^1 = 2\} \cdot P\{D = 2\}$
$\phantom{P\{Y^2 = 4\}} = 0.5 \cdot 0.5 = 0.25$

$\boxed{\ell = 3 : 0 \leq y_k \leq 4+2 = 6}$

$P\{Y^3 = 0\} = P\{Y^2 = 0\} \cdot P\{D = 0\}$
$\phantom{P\{Y^3 = 0\}} = 0.01 \cdot 0.1 = 0.001$

$P\{Y^3 = 1\} = P\{Y^2 = 0\} \cdot P\{D = 1\}$
$\phantom{P\{Y^3 = 1\} =} + P\{Y^2 = 1\} \cdot P\{D = 0\}$
$\phantom{P\{Y^3 = 1\}} = 0.01 \cdot 0.4 + 0.08 \cdot 0.1 = 0.012$

$P \cdot \{Y^3 = 2\} = P\{Y^2 = 0\} \cdot P\{D = 2\}$
$\phantom{P\{Y^3 = 2\} =} + P\{Y^2 = 1\} \cdot P\{D = 1\}$
$\phantom{P\{Y^3 = 2\} =} + P\{Y^2 = 2\} \cdot P\{D = 0\}$
$\phantom{P\{Y^3 = 2\}} = 0.01 \cdot 0.5 + 0.08 \cdot 0.4 + 0.26 \cdot 0.1 = 0.063$

$P\{Y^3 = 3\} = P\{Y^2 = 1\} \cdot P\{D = 2\}$
$\phantom{P\{Y^3 = 3\} =} + P\{Y^2 = 2\} \cdot P\{D = 1\}$
$\phantom{P\{Y^3 = 3\} =} + P\{Y^2 = 3\} \cdot P\{D = 0\}$
$\phantom{P\{Y^3 = 3\}} = 0.08 \cdot 0.5 + 0.26 \cdot 0.4 + 0.4 \cdot 0.1 = 0.184$

$P\{Y^3 = 4\} = P\{Y^2 = 2\} \cdot P\{D = 2\}$
$\phantom{P\{Y^3 = 4\} =} + P\{Y^2 = 3\} \cdot P\{D = 1\}$
$\phantom{P\{Y^3 = 4\} =} + P\{Y^2 = 4\} \cdot P\{D = 0\}$
$\phantom{P\{Y^3 = 4\}} = 0.26 \cdot 0.5 + 0.4 \cdot 0.4 + 0.25 \cdot 0.1 = 0.315$

$P\{Y^3 = 5\} = P\{Y^2 = 3\} \cdot P\{D = 2\}$
$\phantom{P\{Y^3 = 5\} =} + P\{Y^2 = 4\} \cdot P\{D = 1\}$
$\phantom{P\{Y^3 = 5\}} = 0.4 \cdot 0.5 + 0.25 \cdot 0.4 = 0.300$

$P\{Y^3 = 6\} = P\{Y^2 = 4\} \cdot P\{D = 2\}$
$\phantom{P\{Y^3 = 6\}} = 0.25 \cdot 0.5 = 0.125$

- **Stochastische Wiederbeschaffungszeiten**

Nehmen wir nun an, daß die Wiederbeschaffungszeiten diskrete Zufallsvariablen mit dem Erwartungswert $E\{L\}$ und der Varianz $\text{Var}\{L\}$ und daß sie unabhängig von den Periodennachfragen sowie untereinander unabhängig sind. In diesem Fall betragen der Erwartungswert und die Varianz der Nachfragemenge in der Wiederbeschaffungszeit:

$$E\{Y\} = E\{L\} \cdot E\{D\} \qquad (E.13)$$

$$\text{Var}\{Y\} = E\{L\} \cdot \text{Var}\{D\} + \text{Var}\{L\} \cdot E\{D\}^2 \qquad (E.14)$$

Die Form der Wahrscheinlichkeitsverteilung der Zufallsvariablen Y hängt u. a. von der Form der Wahrscheinlichkeitsverteilung der Wiederbeschaffungszeiten ab, wobei sich auch mehrgipflige Verteilungen von Y ergeben können.

Ist die Wiederbeschaffungszeit eine diskrete Zufallsvariable mit möglichen Ausprägungen im Bereich $\ell_{\min} \leq \ell \leq \ell_{\max}$, dann kann die Wahrscheinlichkeitsverteilung der Nachfragemenge in der Wiederbeschaffungszeit durch Gewichtung der (bedingten) Wahrscheinlichkeitsverteilungen ermittelt werden.

Wird die Periodennachfragemenge als kontinuierliche Zufallsvariable modelliert, dann beträgt die Dichtefunktion der Nachfragemenge in der Wiederbeschaffungszeit:[19]

$$f_Y(y) = \sum_{\ell=\ell_{\min}}^{\ell_{\max}} f_Y(y \mid L = \ell) \cdot P\{L = \ell\} \qquad (E.15)$$

Für die Verteilungsfunktion von Y erhalten wir:

$$F_Y(y) = \sum_{\ell=\ell_{\min}}^{\ell_{\max}} \int_0^y f_Y(x \mid L = \ell) \cdot dx \cdot P\{L = \ell\} \qquad (E.16)$$

Modelliert man die Nachfragemenge als diskrete Zufallsvariable, dann erhält man:

$$P\{Y \leq y\} = \sum_{\ell=\ell_{\min}}^{\ell_{\max}} P\{Y \leq y \mid L = \ell\} \cdot P\{L = \ell\} \qquad (E.17)$$

Nehmen wir im obigen Beispiel $P\{L = 2\} = 0.4$ und $P\{L = 3\} = 0.6$ an, dann ergibt sich:

$$\begin{aligned}
P\{Y = 0\} &= P\{Y^2 = 0\} \cdot 0.4 + P\{Y^3 = 0\} \cdot 0.6 = 0.004 + 0.0006 = 0.0046 \\
P\{Y = 1\} &= P\{Y^2 = 1\} \cdot 0.4 + P\{Y^3 = 1\} \cdot 0.6 = 0.032 + 0.0072 = 0.0392 \\
P\{Y = 2\} &= P\{Y^2 = 2\} \cdot 0.4 + P\{Y^3 = 2\} \cdot 0.6 = 0.104 + 0.0378 = 0.1418 \\
P\{Y = 3\} &= P\{Y^2 = 3\} \cdot 0.4 + P\{Y^3 = 3\} \cdot 0.6 = 0.160 + 0.1104 = 0.2704 \\
P\{Y = 4\} &= P\{Y^2 = 4\} \cdot 0.4 + P\{Y^3 = 4\} \cdot 0.6 = 0.100 + 0.1890 = 0.2890 \\
P\{Y = 5\} &= P\{Y^2 = 5\} \cdot 0.4 + P\{Y^3 = 5\} \cdot 0.6 = 0 + 0.1800 = 0.1800 \\
P\{Y = 6\} &= P\{Y^2 = 6\} \cdot 0.4 + P\{Y^3 = 6\} \cdot 0.6 = 0 + 0.0750 = 0.0750
\end{aligned}$$

---

19 vgl. *Eppen und Martin* (1988); *Suchanek* (1996)

Die numerische Faltung von diskreten Wahrscheinlichkeitsverteilungen ist heute aufgrund der Verfügbarkeit von PCs kein Problem mehr. Im konkreten Anwendungsfall kann man zur approximativen Ermittlung der Verteilung von Y auch ein Simulationsmodell einsetzen. Hierzu benötigt man im Normalfall aber mehr Rechenzeit als mit einem Verfahren zur numerischen Faltung, welches die exakten Werte liefert.

E.3.2 Lagerbezogene Leistungskriterien

Unter stochastischen Bedingungen ist es i. d. R. nicht zu vermeiden, daß in einigen Perioden der physische Lagerbestand erschöpft ist und ein Bedarf für ein Produkt erst nach einer Wartezeit (lagerbedingte Lieferzeit) erfüllt werden kann. Wir wollen hier nur den Fall betrachten, daß alle Nachfragemengen, die aufgrund mangelnder Lieferfähigkeit des Lagers nicht unverzüglich ausgeliefert werden können, als sog. Fehlmengen (Rückstandsaufträge) vorgemerkt und bei nächster Gelegenheit bevorzugt ausgeliefert werden.[20] Das Ausmaß der Fehlmengen kann dadurch beeinflußt werden, daß man sog. **Fehlmengenkosten** in die Zielfunktion eines Entscheidungsmodells zur Bestimmung der optimalen Parameter einer Lagerhaltungspolitik aufnimmt und dann zusammen mit dem Minimum der Zielfunktion auch die optimale Höhe der Fehlmenge bestimmt. Diese Vorgehensweise setzt jedoch die Kenntnis der Fehlmengenkosten voraus. Da Fehlmengenkosten in der Praxis nur sehr selten quantifizierbar sind, werden zur Beschreibung der logistischen Leistung eines Lagers technizitäre Kriterien eingesetzt, deren Sollwerte von den Entscheidungsträgern festgelegt werden.

In der Literatur werden verschiedene Varianten lagerbezogener Leistungskriterien[21] diskutiert, die sich sowohl in sachlicher Hinsicht, nach der Anzahl der in die Betrachtung einbezogenen Produkte, als auch z. T. durch ihren zeitlichen Bezug unterscheiden. Im folgenden werden wir zunächst ausführlich verschiedene auf **ein Produkt** bezogene Leistungsdefinitionen diskutieren. Im Anschluß daran gehen wir kurz auf die in der Literatur vergleichsweise selten behandelte, aber zunehmend wichtiger werdende Situation ein, daß sich die Leistung des Lagers für einen Kunden als aggregierte Größe darstellt, die sich auf **mehrere Produkte** bezieht. Diese Situation findet man z. B. in der Teilebevorratung bei kundenauftragsorientierter Montage („assemble-to-order"), wenn die gelagerten Komponenten eines Endprodukts erst nach Auftragseingang zu einer Endproduktvariante zusammengebaut werden. Aber auch dann, wenn eine Kundenbestellung mehrere produktbezogene Auftragspositionen enthält, kann es für einen Kunden wichtig sein, daß alle in seiner Bestellung enthaltenen Positionen simultan und vollständig erfüllt werden. In diesen Fällen sind isolierte, einproduktbezogene Leistungskriterien zu optimistisch. Denn die Leistung des (Mehrprodukt-)Lagers wird bereits dann als unzureichend empfunden, wenn mindestens für eines der bestellten Produkte Lieferunfähigkeit auftritt.

---

20 Im Gegensatz dazu steht der sog. „lost sales"-Fall, bei dem angenommen wird, daß die Kunden nicht bereit sind zu warten und demzufolge ein Umsatzverlust eintritt.
21 vgl. *Schneider* (1981); *Silver et al.* (1998), Abschnitt 7.4.3; *Robrade* (1991), S. 84–99; *Suchanek* (1996), Abschn. 4.1.4; *Hausman et al.* (1998)

Periode	Nachfrage	Bestand (physisch)	Bestellung oder Wareneingang	Fehlbestand (Periodenende)	Fehlmenge (pro Zyklus)
1	50	350		–	–
2	58	292		–	–
3	44	248		–	–
4	59	189	✉	–	–
5	54	135		–	–
6	50	85		–	–
7	83	2		–	–
8	44	–		42	–
9	57	–	🚚	99	99
10	46	255		–	–
11	54	201	✉	–	–
12	74	127		–	–
13	64	63		–	–
14	46	17		–	–
15	57	–		40	–
16	38	–	🚚	78	78
17	34	288		–	–
18	58	230	✉	–	–
19	53	177		–	–
20	54	123		–	–
21	18	105		–	–
22	44	61		–	–
23	54	7	🚚	0	0
24	46	361		–	–
25	38	323		–	–
26	14	309		–	–
27	55	254		–	–
28	56	198	✉	–	–
29	36	162		–	–
30	57	105		–	–
31	71	34		–	–
32	60	–		26	–
33	45	–	🚚	71	71
34	42	287		–	–
35	35	252		–	–
36	67	185	✉	–	–
37	40	145		–	–
38	45	100		–	–
39	59	41		–	–
40	33	8		–	–
41	50	–	🚚	42	42
42	67	291		–	–
43	16	275		–	–
44	46	229	✉	–	–
45	32	197		–	–
46	40	157		–	–
47	77	80		–	–
48	51	29		–	–
49	28	1	🚚	0	0
50	60	341		–	–

Tabelle E.1: Lagerbestandsentwicklung (jeweils am Periodenende)

E.3.2.1 Produktbezogene Leistungskriterien

Betrachten wir zunächst den Fall, daß ein Kundenauftrag nur eine Auftragsposition enthält bzw. daß jede Auftragsposition wie ein isoliert eingegangener Einproduktauftrag behandelt werden kann. Die Unterschiede zwischen den einzelnen auf ein Produkt bezogenen Leistungskriterien sollen anhand der in Tabelle E.1 angegebenen Lagerbestandsentwicklung[22] erläutert werden. In dem betrachteten Zeitraum (50 Perioden) werden am Ende der Perioden 4, 11, 18, 28, 36 und 44 Lagerbestellungen mit $q = 400$ ME ausgelöst, die nach einer Wiederbeschaffungszeit von 5 Perioden angeliefert werden und zu Beginn der jeweiligen Folgeperiode zur Bedarfsdeckung zur Verfügung stehen. Die Lagerüberwachung erfolgt immer am Ende einer Periode.

- **α-Servicegrad**

Der α-Servicegrad ist eine **ereignisorientierte** Kennziffer. Er gibt die Wahrscheinlichkeit dafür an, daß ein eintreffender Bedarf vollständig aus dem vorhandenen Lagerbestand erfüllt werden kann.

Wählt man als Bezugszeitraum eine Nachfrageperiode (zeitnormierte Definition), dann beschreibt α die Wahrscheinlichkeit, mit der ein zu einem beliebigen Zeitpunkt im Lager eintreffender Auftrag vollständig aus dem Lagerbestand erfüllt werden kann:

$$\alpha_{\text{Per}} = P\{\text{Periodennachfragemenge} \\ \leq \text{physischer Bestand zu Beginn einer Periode}\} \qquad \text{(E.19)}$$

In dem in Tabelle E.1 angegebenen Beispiel beträgt der realisierte α-Servicegrad $\alpha_{\text{Per}} = 86\%$, da in sieben Perioden eine Fehlmenge aufgetreten ist. Zur Bestimmung des Sicherheitsbestands, bei dem ein angestrebter α-Servicegrad erreicht wird, muß die stationäre Wahrscheinlichkeitsverteilung des Lagerbestands bekannt sein.

Wählt man als Bezugszeitraum einen Beschaffungszyklus, dann beschreibt α die Wahrscheinlichkeit dafür, daß innerhalb eines Beschaffungszyklus keine Fehlmenge auftritt. Dieses Kriterium ist gleichbedeutend mit dem Anteil der Beschaffungszyklen, in denen keine Fehlmenge auftritt.

$$\alpha_{\text{Zyk}} = P\{\text{Nachfragemenge in der Wiederbeschaffungszeit} \\ \leq \text{physischer Bestand zu Beginn der Wiederbeschaffungszeit}\} \qquad \text{(E.20)}$$

In dem in Tabelle E.1 angegebenen Beispiel ist diese Version des α-Servicegrades $\alpha_{\text{Zyk}} = 33.33\%$, da nur in zwei von sechs Zyklen der Lagerbestand zur vollständigen Bedarfsdeckung ausgereicht hat. Bei Verwendung dieses Servicekriteriums kann man zur Bestimmung des Sicherheitsbestands auf die Wahrscheinlichkeitsverteilung der Nachfragemenge in der Wiederbeschaffungszeit, Y, zurückgreifen. Ist Y z. B. normalverteilt, dann wird ein α-Servicegrad von 97.5% erreicht, wenn man als Sicherheitsbestand das

---

[22] Es wurde eine (s, q)-Politik mit periodischer Lagerüberwachung ($s = 236, q = 400$) verwendet. Siehe hierzu Abschnitt E.3.3.

1.96-fache der Standardabweichung der Nachfragemenge in der Wiederbeschaffungszeit festlegt.

- **β-Servicegrad**

Der β-Servicegrad gibt als mengenorientierte Kennziffer den Anteil der Gesamtnachfragemenge an, der ohne eine lagerbedingte Lieferzeit ausgeliefert werden kann:

$$\beta = 1 - \frac{E\left\{\text{Fehlmenge pro Periode}\right\}}{E\left\{\text{Periodennachfragemenge}\right\}} \qquad (E.21)$$

Dies ist gleich der Wahrscheinlichkeit dafür, daß eine beliebige Mengeneinheit der Nachfrage ohne lagerbedingte Wartezeit ausgeliefert wird. In dem in Tabelle E.1 angegebenen Beispiel ist der realisierte β-Servicegrad 88.21%, da bei einer durchschnittlichen Periodennachfrage von 49.18 ME eine durchschnittliche Fehlmenge von 5.8 ME aufgetreten ist.

Da der β-Servicegrad im Gegensatz zum α-Servicegrad nicht nur die Tatsache, daß eine Fehlmenge auftritt, sondern auch die Höhe der Fehlmenge erfaßt, wird er in der Praxis bevorzugt als Leistungskriterium eines Lagers verwendet.

- **γ-Servicegrad**

Mit dem γ-Servicegrad, einer zeit- und mengenorientierten Kennziffer, versucht man, sowohl die Höhe der Fehlmenge als auch die jeweiligen Wartezeiten der als Rückstandsaufträge vorgemerkten Bedarfe zu erfassen. Der γ-Servicegrad ist wie folgt definiert:

$$\gamma = 1 - \frac{E\left\{\text{Fehlbestand pro Periode}\right\}}{E\left\{\text{Periodennachfragemenge}\right\}} \qquad (E.22)$$

Während für den β-Servicegrad nur der Fehlbestand unmittelbar vor der Wiederauffüllung des Lagers relevant ist, erfaßt der γ-Servicegrad auch die Fehlbestandsentwicklung in den davorliegenden Perioden. In dem in Tabelle E.1 angegebenen Beispiel beträgt der realisierte γ-Servicegrad 83.81%, da bei einer durchschnittlichen Periodennachfrage von 49.18 ME der durchschnittliche Fehlbestand pro Periode 7.96 ME beträgt. Der γ-Servicegrad wird in der Theorie intensiv diskutiert, in der betrieblichen Praxis bislang aber kaum eingesetzt.

- **Dauer der Lieferunfähigkeit**

Eine weitere zeitorientierte Kennziffer ist die Zeitspanne, während der Fehlmengen existieren. Approximiert man die Entwicklung des Lagerbestands bei Anwendung einer (s, q)-Lagerhaltungspolitik[23] in einer typisch verlaufenden Wiederbeschaffungszeit ℓ durch eine Gerade (siehe Bild E.5) zwischen dem Bestellpunkt s und dem Erwartungswert des Fehlbestands unmittelbar vor der Wiederauffüllung des Lagerbestands, dann

---

23 siehe hierzu Abschnitt E.3.3

kann man den Schnittpunkt dieser Geraden mit der Abszissenachse und damit die erwartete **Dauer der Lieferunfähigkeit** J des Lagers wie folgt errechnen:

$$E\{J\} = \frac{E\{\text{Fehlbestand am Zyklusende}\}}{\text{Bestellpunkt} + E\{\text{Fehlbestand am Zyklusende}\}} \cdot \ell \qquad \text{(E.23)}$$

In dem in Tabelle E.1 angegebenen Beispiel beträgt die realisierte mittlere Dauer der Lieferunfähigkeit 1.167 Perioden, da bei insgesamt sechs Beschaffungszyklen die Lieferunfähigkeit dreimal zwei Perioden und einmal eine Periode andauerte.

Eine zur Dauer der Lieferunfähigkeit komplementäre Größe ist die **Reichweite** N. Sie gibt die Anzahl von Perioden an, deren Bedarfe vollständig aus einem gegebenen Lagerbestand gedeckt werden können. Unter stochastischen Bedingungen sind N und J Zufallsvariablen. Die Dauer der Lieferunfähigkeit ist für den Abnehmer der gelagerten Produkte von Interesse, da sie eine **obere Schranke für die Wartezeit eines Auftrags** darstellt. Vor allem bei stark streuenden Periodenbedarfen können die tatsächlichen Lieferunfähigkeitsdauern erheblichen Schwankungen unterliegen. Wir wollen daher die Wahrscheinlichkeitsverteilung der Lieferunfähigkeitsdauer bestimmen. Zu diesem Zweck sei angenommen, daß der Lagerbestand bei Auslösung einer Bestellung genau s beträgt. Die Wiederbeschaffungszeit möge ℓ Perioden betragen und die Lagerzugangsmenge sei immer so groß, daß sie zur Deckung des Fehlbestands ausreicht.

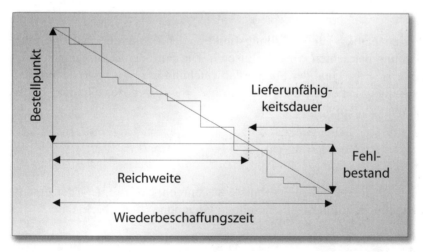

Bild E.5: *Zusammenhang zwischen Bestellpunkt, Fehlbestand, Wiederbeschaffungszeit, Reichweite und Lieferunfähigkeitsdauer*

Die maximale Dauer der Lieferunfähigkeit J beträgt genau ℓ Perioden. Diese Situation tritt ein, wenn der Lagerbestand bereits in der ersten Periode der Wiederbeschaffungszeit auf Null sinkt und entspricht einer Reichweite des Bestands s von $N = 0$. Die Wahrscheinlichkeit dafür beträgt:[24]

---

24 vgl. *Tempelmeier* (1985)

$$P\{N = 0\} = P\{D > s\} = 1 - P\{D \le s\} \tag{E.24}$$

Die Reichweite des Bestands s beträgt genau n Perioden, wenn die kumulierte Nachfrage aus n Perioden kleiner als oder gleich s, die kumulierte Nachfrage aus $(n+1)$ Perioden aber größer als s ist. Bezeichnen wir mit Y^n die Summe der ersten n Periodennachfragen in der Wiederbeschaffungszeit, dann kann die Wahrscheinlichkeit dafür, daß die Reichweite des Bestellpunkts s genau n Perioden beträgt, wie folgt geschrieben werden:

$$P\{N = n\} = P\{Y^n \le s\} - P\{Y^{n+1} \le s\} \qquad n = 1, 2, \ldots \tag{E.25}$$

Die Wahrscheinlichkeiten der kumulierten Nachfragemengen aus n Perioden, Y^n, können durch n-fache Faltung der Verteilung der Periodennachfragemenge mit sich selbst ermittelt werden.[25] Sind die Periodennachfragemengen z. B. normalverteilt, dann gilt:

$$P\{N = 0\} = 1 - \Phi_N \left(\frac{s - \mu_D}{\sigma_D} \right) \tag{E.26}$$

$$P\{N = n\} = \Phi_N \left(\frac{s - \mu_D \cdot n}{\sigma_D \cdot \sqrt{n}} \right) - \Phi_N \left(\frac{s - \mu_D \cdot (n+1)}{\sigma_D \cdot \sqrt{n+1}} \right) \qquad n = 1, 2, \ldots \tag{E.27}$$

Dabei bezeichnet $\Phi_N(\cdot)$ die Verteilungsfunktion der Standardnormalverteilung. Zur Veranschaulichung betrachten wir ein Beispiel. Die Periodennachfragemenge ist mit dem Mittelwert $\mu_D = 100$ und der Standardabweichung $\sigma_D = 30$ normalverteilt. Die Wiederbeschaffungszeit beträgt deterministisch $\ell = 5$. Der Bestellpunkt möge $s = 400$ betragen. Wir erhalten:

$$P\{N = 0\} = P\{J = 5\} = 1 - \Phi_N \left(\frac{400 - 100}{30} \right) \approx 0 \tag{E.28}$$

Tabelle E.2 faßt die restlichen Ergebnisse zusammen, wobei v_1 (v_2) den ersten (zweiten) Term in Klammern auf der rechten Seite in Gleichung (E.27) bezeichnet.

n	$j = \ell - n$	v_1	$\Phi_N(v_1)$	v_2	$\Phi_N(v_2)$	$P\{N = n\} = P\{J = j\}$
1	4	10.00	0.9999	4.71	0.9999	0.0000
2	3	4.71	0.9999	1.92	0.9728	0.0271
3	2	1.92	0.9728	0.00	0.5000	0.4728
4	1	0.00	0.5000	-1.49	0.0681	0.4319

Tabelle E.2: Bestimmung der Wahrscheinlichkeitverteilung der Lieferunfähigkeitsdauer J

---

25 siehe auch Abschnitt E.3.1, S. 391 ff.

Die Wahrscheinlichkeit dafür, daß überhaupt keine Lieferunfähigkeit und damit keine Fehlmenge in einem Bestellzyklus auftritt, beträgt $P\{Y^\ell < s\}$. Im betrachteten Beispiel gilt $(s = 400)$ $P\{Y^\ell < s\} = 0.0681$. Unterstellt man für das Beispiel schließlich eine Bestellmenge von $q = 1000$ und einen β-Servicegrad von 90% ($E\{$Fehlmenge pro Bestellzyklus$\} = 100$), dann ergibt sich nach Gleichung (E.23):

$$E\{J\} = \frac{100}{400 + 100} \cdot 5 = 1.0$$

Der aus den Werten in Tabelle E.2 berechnete Erwartungswert von J beträgt demgegenüber $E\{J\} = 1.4588$.

Man kann die Wahrscheinlichkeitsverteilung der Lieferunfähigkeitsdauer auch für eine (r, S)-Politik[26] bestimmen. In dieser Lagerhaltungspolitik ist der Risikozeitraum als Summe aus Bestellzyklus r und Wiederbeschaffungszeit ℓ i. d. R. erheblich länger als in der (s, q)-Politik. Dies führt dazu, daß die maximale Dauer der Lieferunfähigkeit ebenfalls wesentlich länger ist. Daraus ergeben sich beträchtliche negative Konsequenzen für die Lieferzeiten der Kundenaufträge.

Die Kenntnis der Wahrscheinlichkeitsverteilung der Dauer der Lieferunfähigkeit des Lagers bildet die Grundlage für die Bestimmung der Wahrscheinlichkeitsverteilung der Lieferzeit eines Kundenauftrags.

- **Lieferzeit eines Kundenauftrags**

Aus der Sicht des in einem Lager eintreffenden produktbezogenen Auftrags (bzw. Kunden) konkretisiert sich die logistische Leistung des Lagers vor allem darin, ob er sofort bedient wird oder ob und gegebenenfalls **wie lange er warten** muß.

Die Tatsache, daß ein Kundenauftrag möglicherweise warten muß, wird durch die oben diskutierten Servicegrade erfaßt, die man auch als **lieferantenfokussiert** bezeichnen kann. Für den Kunden ist es aber i. d. R. nicht nur wichtig, ob er warten muß, sondern auch, wie lange diese Wartezeit (Wiederbeschaffungszeit aus Sicht des Kunden) ist.[27] Ist der Kunde ein Händler, der selbst ein Lager unterhält, dann ist für ihn auch die Wahrscheinlichkeitsverteilung der Wartezeit von Interesse, da diese die für seine Sicherheitsbestandsberechnungen wichtige Entwicklung der Nachfragemenge in der Wiederbeschaffungszeit beeinflußt.

Keines der bisher betrachteten Leistungskriterien, auch nicht der γ-Servicegrad und die Dauer der Lieferunfähigkeit geben hierüber in ausreichendem Maße Aufschluß. Die lagerbedingte Lieferzeit bietet sich hier als **kundenfokussiertes** Kriterium an.

Die lagerbedingte Lieferzeit W ist eine von der Verteilung der Reichweite (bzw. der **Lieferunfähigkeitsdauer**) abhängige Zufallsvariable, deren Wahrscheinlichkeitsverteilung man unter bestimmten Bedingungen bestimmen und durch die Parameter einer Lagerhaltungspolitik, z. B. den Bestellpunkt s, in ihrer Lage beeinflussen kann.

---

26 vgl. *Johnson et al.* (1996); *Tempelmeier* (2000)
27 vgl. *Tempelmeier* (1985)

Zählt man im obigen Beispiel jeden Periodenbedarf als einen Auftrag, dann ergibt sich nach Auswertung der Tabelle E.1 folgende realisierte Verteilung der Lieferzeit: $P\{W = 0\} = 0.86$, $P\{W = 1\} = 0.08$, $P\{W = 2\} = 0.06$.

In der betrieblichen Praxis findet man oft Aussagen von Logistik-Verantwortlichen über die angestrebte logistische Leistung eines Lagers, die etwa wie folgt lauten: „Es sollen 90% aller Aufträge sofort (lagerbedingte Lieferzeit = 0), 95% spätestens nach einem Tag (lagerbedingte Lieferzeit = 1) und alle Aufträge spätestens nach zwei Tagen ausgeliefert werden." Diese Aussage demonstriert die Bedeutung des Zeitaspekts als Wettbewerbsinstrument. Sie offenbart aber gleichzeitig Unkenntnis über die Tatsache, daß eine auf die Form der Wahrscheinlichkeitsverteilung der lagerbedingten Lieferzeit abhebende Zielsetzung nicht systematisch durch Festlegung der Parameter einer Lagerhaltungspolitik erreicht werden kann, da die Form der Verteilung der lagerbedingten Lieferzeit nicht beeinflußbar ist.

Die Form der Lieferzeitverteilung hängt von der Streuung der Periodennachfragemengen und der Länge des Risikozeitraums ab. Zur Verdeutlichung des Einflusses des **Risikozeitraums** auf die Lieferzeit betrachten wir vier hypothetische Lieferanten (bzw. deren Endproduktläger), die dasselbe Produkt anbieten und jeweils eine (s, q)-Lagerhaltungspolitik verfolgen. Der Periodenbedarf sei mit den Parametern $\mu_D = 100$ und $\sigma_D = 30$ normalverteilt. Alle Lieferanten offerieren ihren Kunden jeweils einen β-Servicegrad von 90%. Sind die Lieferanten auch hinsichtlich aller anderen Kriterien gleich gut, dann hat ein potentieller Kunde keinen Anhaltspunkt für die Lieferantenauswahl.

Nimmt man nun an, daß die Lieferanten **unterschiedliche Wiederbeschaffungszeiten** haben, dann ergeben sich auch unterschiedliche Wahrscheinlichkeitsverteilungen der lagerbedingten Lieferzeiten. In Tabelle E.3 sind die Lieferzeitverteilungen in Abhängigkeit von den Wiederbeschaffungszeiten angegeben. Für die Berechnung[28] dieser Wahrscheinlichkeitsverteilungen, die hier nicht dargestellt werden soll, wurde jeweils von einer Bestellmenge $q = 500$ ausgegangen.

	Lieferzeit					
ℓ	0	1	2	3	4	5
5	0.9000	0.0828	0.0168	0.0004	–	–
10	0.9000	0.0759	0.0216	0.0024	0.0001	–
15	0.9000	0.0708	0.0244	0.0044	0.0004	–
30	0.9000	0.0613	0.0275	0.0089	0.0020	0.0003

Tabelle E.3: *Lieferzeitverteilungen bei unterschiedlichen Wiederbeschaffungszeiten und konstantem β-Servicegrad von 90%*

Zieht man zur Beurteilung der Lieferanten (bzw. Lager) jeweils ausschließlich den β-

---

28 vgl. *Tempelmeier* (1985); *Tempelmeier* (2000)

Servicegrad heran, dann sind alle Lieferanten gleich gut. Die Tabelle zeigt jedoch, daß die Streuung der Lieferzeiten mit steigender Wiederbeschaffungszeit zunimmt. Aus der Sicht eines Abnehmers kann diese Information von großer Bedeutung sein. So wird er sich unter sonst gleichen Bedingungen i. d. R. für den Anbieter entscheiden, dessen Lieferzeiten die geringste Streuung aufweisen.

Nehmen wir nun an, daß der Kunde seinerseits eine stochastische Lagerhaltungspolitik verfolgt. In diesem Fall würde er bei Wahl des Lieferanten mit $\ell = 5$ einen Bestellpunkt in Höhe von z. B. $s = 228$ benötigen, um einen β-Servicegrad von 95% gegenüber seinen Kunden zu gewährleisten. Bei Wahl des Lieferanten mit $\ell = 30$ dagegen müßte der Bestellpunkt $s = 250$ betragen. Strebt der Abnehmer einen β-Servicegrad von 99% an, dann ergibt sich für $\ell = 5$ ein Bestellpunkt von $s = 312$ und für $\ell = 30$ ein Bestellpunkt von $s = 383$. Zwischen dem besten Lieferanten und dem schlechtesten Lieferanten besteht aus der Sicht des Abnehmers ein Unterschied bezüglich der Lagerkosten, der nur bei Kenntnis der Wahrscheinlichkeitsverteilung der Wiederbeschaffungszeit quantifiziert werden kann.

Verwendet ein Lieferant die Lieferzeit als Leistungskriterium seines Lagers, dann kann er ihre Verteilung als Wettbewerbsargument einsetzen. Darüber hinaus bietet die Lieferzeit aber auch als einheitliche Dimension zur Beschreibung von Logistikprozessen die Möglichkeit, in der Logistikkette („supply chain") **prozeßübergreifende Optimierungsüberlegungen** anzustellen. Ist man nämlich in der Lage, die Parameter einer Lagerhaltungspolitik so einzustellen, daß sich eine bestimmte angestrebte lagerbedingte Lieferzeit ergibt, dann kann man z. B. bei Konstanz der dem Kunden zugesagten Gesamtlieferzeit die optimale Verteilung dieser Zeit auf die logistischen Prozesse bestimmen. Ein Beispiel zur optimalen Abstimmung zwischen Lagerhaltungsplanung und kundenorientierter Endproduktmontage findet sich bei *Tempelmeier*[29].

E.3.2.2 Produktgruppenbezogene Leistungskriterien

Betrachten wir nun den Fall, daß durch einen Auftrag mehrere gelagerte Produkte in der Weise betroffen sind, daß der Auftrag erst dann als erfüllt gilt, wenn alle benötigten Produkte geliefert worden sind. Werden z. B. auf Lager produzierte Produktkomponenten in einem Montageprozeß nach Eingang eines Kundenauftrags für ein Endprodukt in Abhängigkeit von den Wünschen des Kunden in kurzer Zeit zusammengebaut (auftragsorientierte Montage, „assemble-to-order"), dann kann das Endprodukt erst dann an den Kunden ausgeliefert werden, wenn alle benötigten Komponenten bereitgestellt und montiert worden sind. Derartige Produktions- und Montagekonzepte werden von Computerherstellern, z. B. Dell, verfolgt. In diesem Fall gibt ein isolierter produktbezogener Servicegrad nur unzureichend Auskunft über die Leistung des Lagersystems, die die Kunden der Endprodukte beobachten. Aber auch dann, wenn alle Endprodukte auf Lager produziert werden, kann es erforderlich sein, statt produktbezogener Leistungskrite-

---

[29] vgl. *Tempelmeier* (2000)

rien ein auf eine **Produktgruppe** bezogenes Leistungsmaß zu verwenden. Dies ist z. B. dann der Fall, wenn ein Kundenauftrag mehrere Auftragspositionen für unterschiedliche Endprodukte enthält und es entweder für den Kunden (z. B. bei Selbstabholung) oder die liefernde Unternehmung (z. B. im Versandhandel) zur Vermeidung zusätzlicher Logistikkosten von Bedeutung ist, daß der gesamte Auftrag mit einem logistischen Vorgang vollständig erfüllt wird.

Ein weiterer Anwendungsfall für auftragsorientierte Leistungskriterien findet sich in Reparatursystemen, z. B. in der Flugzeugwartung oder in Automobilwerkstätten. Hier kommt es oft vor, daß bei einer Inspektion die Notwendigkeit erkannt wird, mit einer Reparaturmaßnahme gleich mehrere Ersatzteile auszutauschen. Die Reparatur ist dann erst abgeschlossen, wenn alle Ersatzteile ausgetauscht worden sind.

Die im folgenden betrachtete Problemstruktur wird in Bild E.6 veranschaulicht. Es treffen Kunden in der Verkaufsabteilung (oder auf einer Internet-Seite) eines Unternehmens ein, wo sie zunächst das gewünschte Endprodukt konfigurieren. Aus der Nachfrageentwicklung der Endprodukte und ihrer Erzeugnisstruktur leitet sich der Sekundärbedarf nach den gelagerten Produktkomponenten ab, die in die Endprodukte eingebaut werden.

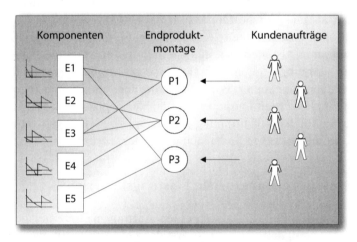

Bild E.6: *Kundenauftragsorientierte Endproduktmontage*

Das Problem besteht nun darin, die Parameter der Lagerhaltungspolitiken für die Produktkomponenten so festzulegen, daß angestrebte Leistungsziele, die sich auf die Endprodukte beziehen, erreicht werden. Bei auftragsorientierter Montage stellt sich auch die Frage, ob die bei Eingang eines Endproduktauftrags verfügbaren Sekundärbedarfsmengen der Komponenten bereits reserviert werden sollen oder nicht. Im erstgenannten Fall kann es geschehen, daß sie u. U. sehr lange im Lager auf die für die Komplettierung des Kundenauftrags noch fehlenden Komponenten warten müssen, obwohl ein anderer Kundenauftrag, der diese Komponenten ebenfalls benötigt, vollständig erfüllt werden könnte und dieser nun seinerseits warten muß.

In den genannten Fällen ist es erforderlich, die Leistung eines Lagers auf die Gesamtheit der von einem Auftrag betroffenen Produkte zu beziehen. Die bisher behandelten produktindividuellen Leistungskriterien überschätzen dabei die tatsächliche Leistung des Lagers.

Zur Veranschaulichung betrachten wir folgendes einfache Beispiel. Ein kundenauftragsbezogen montiertes Endprodukt $P1$ besteht u. a. aus den beiden Komponenten $k = \{E1, E2\}$, für die jeweils eine $(r = 1, S)$-Lagerpolitik[30] verfolgt wird, nach der am Ende einer jeden Periode genau die in der Periode aufgetretene Nachfragemenge beim Lieferanten bestellt wird, wodurch der disponible Lagerbestand des Produkts wieder auf das Bestellniveau S_k steigt. Falls in einer Periode mehrere Endproduktaufträge eintreffen, werden diese als ein aggregierter Auftrag betrachtet.

Hätten die Kunden keine Wahlmöglichkeit, d. h. bei nur einem Endprodukt, dann würde jede ausgelieferte Endprodukteinheit eine Einheit von $E1$ und eine Einheit von $E2$ enthalten. Bei identischen deterministischen Wiederbeschaffungszeiten könnte man dann $E1$ und $E2$ zu einem Produktbündel zusammenfassen und in der Lagerhaltungsplanung wie ein einzelnes Produkt behandeln.

Schwieriger wird der Fall, wenn die Möglichkeit besteht, entweder nur $E1$ oder nur $E2$ oder aber auch $E1$ und $E2$ gemeinsam in das Endprodukt einzubauen. Aus den Realisationen der Kundenwünsche ergeben sich dann stochastische Sekundärbedarfsmengen für die Komponenten $E1$ und $E2$. Angenommen, die Sekundärbedarfsmengen im Risikozeitraum (Wiederbeschaffungszeit zuzüglich Überwachungszyklus r), Z_k, seien mit den Mittelwerten $\mu_k = 5$ und den Standardabweichungen $\sigma_k = 1$ ($k = E1, E2$) normalverteilt. Bei isolierter Betrachtung der Produkte beträgt dann die Wahrscheinlichkeit dafür, daß während des Risikozeitraums des Produkts k keine Fehlmenge auftritt (α_{Zyk}-Servicegrad):

$$P\{\text{Keine Fehlmenge für Produkt } k\} = P\{Z_k \leq S_k\} \qquad k = E1, E2 \qquad (E.30)$$

Für $S_k = 7$ erhält man z. B. $P\{Z_k \leq 7\} = 0.9772$ ($k = E1, E2$). Für das Endprodukt $P1$ dagegen kommt es bereits zu einer Fehlmenge, wenn der Lagerbestand für **mindestens eine** der Komponenten erschöpft ist. Zur Bestimmung der Wahrscheinlichkeit dieses Ereignisses muß die gemeinsame Entwicklung der Sekundärbedarfsmengen für $E1$ und $E2$ betrachtet werden, die sich aus den Bestellungen der Kunden für das Endprodukt $P1$ (und evtl. für andere, hier nicht betrachtete Endprodukte) ergeben. Die Sekundärbedarfsmengen sind in diesem Fall **gemeinsam verteilte Zufallsvariablen**, die durch die Form ihrer Wahrscheinlichkeitsverteilungen, ihre Erwartungswerte sowie ihre Varianzen und Kovarianzen beschrieben werden. Im betrachteten Beispiel ergibt sich die Wahrscheinlichkeit dafür, daß es für das Endprodukt zu keiner Fehlmenge kommt, aus den gemeinsamen Wahrscheinlichkeiten dafür, daß es für beide Produkte innerhalb

[30] siehe Abschnitt E.3.4, S. 422

des Risikozeitraums zu keiner Lieferunfähigkeit kommt:

$$P\{\text{Keine Fehlmenge für } P1\} = P\{Z_{E1} \leq S_{E1}, Z_{E2} \leq S_{E2}\} \qquad (E.31)$$

Die numerische Auswertung der Gleichung (E.31) erfordert die Kenntnis der Korrelation zwischen den beiden Zufallsvariablen. Unabhängig von der Erhöhung der Komplexität der Analyse entsteht somit auch ein Datenproblem, da neben den produktbezogenen Wahrscheinlichkeiten nun zusätzlich die Varianz-Kovarianz-Matrix aus empirischen Daten ermittelt werden muß.

Eine beträchtliche Vereinfachung ergibt sich für den Sonderfall, daß die Sekundärbedarfsmengen der Produktkomponenten **unabhängige** Zufallsvariablen (alle Korrelationskoeffizienten $\rho_{ij} = 0$) sind. In diesem Fall ist die Wahrscheinlichkeit für das Auftreten einer Fehlmenge des Endproduktauftrags gleich dem Produkt der Fehlmengenwahrscheinlichkeiten der Produktkomponenten. Für das Beispiel gilt dann

$$\begin{aligned} P\{\text{Keine Fehlmenge für } P1\} &= P\{Z_{E1} \leq S_{E1}, Z_{E2} \leq S_{E2}\} \\ &= P\{Z_{E1} \leq S_{E1}\} \cdot P\{Z_{E2} \leq S_{E2}\} \qquad (E.32) \\ &= 0.9772 \cdot 0.9772 = 0.9549 \end{aligned}$$

Die Wahrscheinlichkeit dafür, daß das Endprodukt ohne Lieferverzögerung der Komponenten montiert und ausgeliefert werden kann, nimmt dabei mit der Anzahl der Produktkomponenten ab. Bei zehn identischen Komponenten würde sich im Beispiel eine Fehlmengenwahrscheinlichkeit (α_{Zyk}-Servicegrad) von nur noch $0.9772^{10} = 0.7940$ ergeben. Allgemein gilt, daß die Fehlmengenwahrscheinlichkeit für ein Endprodukt (einen Auftrag) nicht größer sein kann als die niedrigste Fehlmengenwahrscheinlichkeit einer seiner Komponenten, da für gemeinsam verteilte Zufallsvariablen die Beziehung $P\{X_1 \leq x_1, \ldots, X_K \leq x_K\} \leq P\{X_k \leq x_k\}$ $(k = 1, 2, \ldots, K)$ gilt.

S_{E1}	S_{E2}				
	3	4	5	6	7
3	0.0098	0.0209	0.0227	0.0228	0.0228
4	0.0209	0.0976	0.1531	0.1586	0.1587
5	0.0227	0.1531	0.3976	0.4944	0.5000
6	0.0228	0.1586	0.4944	0.7803	0.8395
7	0.0228	0.1587	0.5000	0.8395	0.9643

Tabelle E.4: Gemeinsame Wahrscheinlichkeiten der Sekundärbedarfsmengen
$$P\{Z_{E1} \leq S_{E1}, Z_{E2} \leq S_{E2}\}$$

Wesentlich komplizierter wird die Situation, wenn **Korrelation** zwischen den Sekundärbedarfsmengen besteht. So ist in der Praxis oft zu beobachten, daß bestimmte

Ausstattungsvarianten von Produkten gemeinsam bestellt werden. Nehmen wir z. B. an, daß zwischen den Bedarfen für die beiden Produktkomponenten eine positive Korrelation von $\rho_{E1,E2} = 0.8$ besteht. Die gemeinsame Wahrscheinlichkeitsverteilung der Sekundärbedarfsmengen beider Produkte, mit deren Hilfe im betrachteten Beispiel der α_{Zyk}-Servicegrad für das Endprodukt berechnet werden kann, ist in Tabelle E.4 und in Bild E.7 dargestellt.

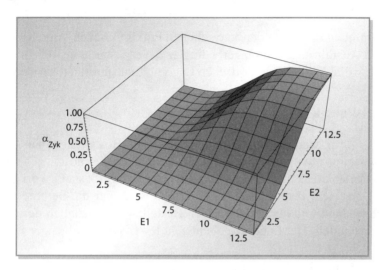

Bild E.7: α_{Zyk} als Funktion der gemeinsamen Wahrscheinlichkeitsverteilung der Sekundärbedarfsmengen für $E1$ und $E2$

Die angenommene positive Korrelation hat zu einer Vergrößerung des endproduktbezogenen Servicegrades für gegebene Werte der Bestellniveaus S_k geführt. Während bei Unabhängigkeit der Sekundärbedarfsmengen der α_{Zyk}-Servicegrad für $S_k = 7$ ($k = E1, E2$) $\alpha_{Zyk} = 0.9520$ beträgt, ergibt sich bei der hier angenommenen Korrelation ein Wert von $\alpha_{Zyk} = 0.9643$. Da ein gegebener auftragsbezogener Servicegrad durch unterschiedliche Kombinationen der produktspezifischen Parameter S_k erreicht werden kann, stellt sich aus ökonomischer Sicht ein Optimierungsproblem. So kann man z. B. fragen, wie ein gegebener Gesamt-Lagerbestandswert so auf die einzelnen Produkte verteilt wird, daß der Servicegrad des Endprodukts maximiert wird.[31] Alternativ könnte man auch nach dem minimalen (bewerteten) Gesamt-Lagerbestand suchen, mit dem ein angestrebter Servicegrad des Endprodukts gerade noch erreicht wird. Dabei ist klar, daß billigere Produkte einen höheren Beitrag zur Einhaltung des Endproduktservicegrades leisten müssen als teurere Produkte.

Mit der Analyse von Lagerhaltungspolitiken bei auftragsorientierter Montage[32] befassen sich zahlreiche Veröffentlichungen. In den meisten Fällen wird als Leistungskriterium

---

31 vgl. *Hausman et al.* (1998)
32 vgl. *Song und Zipkin* (2003)

der auftragsbezogene α_{Zyk}-Servicegrad („order fill rate") verwendet. Es zeigt sich dabei, daß die numerische Auswertung der gemeinsamen Wahrscheinlichkeitsverteilung der Sekundärbedarfsmengen erhebliche Schwierigkeiten aufwirft.

Nach diesen vorbereitenden Überlegungen werden nun die einzelnen stochastischen Lagerhaltungspolitiken näher betrachtet. Diese Politiken werden jeweils durch zwei Entscheidungsvariablen beschrieben, wobei die erste Variable den Zeitpunkt der Auslösung einer Bestellung und die zweite Variable die konkrete Bestellmenge beeinflußt.

In Übereinstimmung mit der in der betrieblichen Praxis üblichen Vorgehensweise soll in den folgenden Ausführungen ein lagerbedingter β-Servicegrad bei der Bestimmung der Entscheidungsvariablen der stochastischen Lagerhaltungspolitiken verwendet werden.

E.3.3 (s, q)-Politik

Bei der (s, q)-Politik werden die Zeitpunkte, an denen Bestellungen ausgelöst werden, durch den **Bestellpunkt** (Meldebestand) s beeinflußt, während die jeweilige **Bestellmenge** q im Zeitablauf konstant ist. Der disponible Lagerbestand wird kontinuierlich überwacht. Unter dem disponiblen Lagerbestand wird hier die Summe aus dem physischen Lagerbestand und den ausstehenden Bestellungen abzüglich der aufgelaufenen Fehlmenge verstanden. Der Lagerdisponent geht jeweils nach folgender Entscheidungsregel vor:

> Wenn der disponible Lagerbestand den Bestellpunkt s erreicht hat, wird eine Bestellung der Höhe q ausgelöst.

Die Entwicklung des Lagerbestands bei Anwendung einer (s, q)-Politik ist in Bild E.8 dargestellt.

Es sei angenommen, daß die optimale Bestellmenge q_{opt} mit Hilfe eines geeigneten Modells (z. B. nach der klassischen Bestellmengenformel, evtl. auch unter Berücksichtigung von Mengenrabatten) bestimmt worden ist und bei der Bestimmung des Bestellpunkts als gegeben angesehen werden kann. Zwar müßten s und q wegen der bestehenden Abhängigkeiten prinzipiell simultan ermittelt werden. Die dadurch erreichbare Reduktion der Kosten ist aber i. d. R. so gering, daß die sequentielle Vorgehensweise für die Praxis als ausreichend angesehen werden kann.

Die (s, q)-Politik wird in der Literatur i. a. als eine Lagerhaltungspolitik mit **kontinuierlicher Bestandsüberwachung**[33] beschrieben. Dabei geht man von einer kontinuierlichen Zeitachse und einer Nachfrage aus, die entweder kontinuierlich oder mit Auftragsgrößen „1" auftritt. Unter diesen Annahmen ist der zu Beginn einer Wiederbeschaffungszeit im Lager verfügbare Lagerbestand – wie in Bild E.8 dargestellt – definitionsgemäß

---

33 Weiter unten wird dargestellt, welche Überlegungen bei diskreter Zeitachse anzustellen sind.

genau gleich dem Bestellpunkt s und muß ausreichen, um die Nachfragemenge in der Wiederbeschaffungszeit, Y, zu decken.

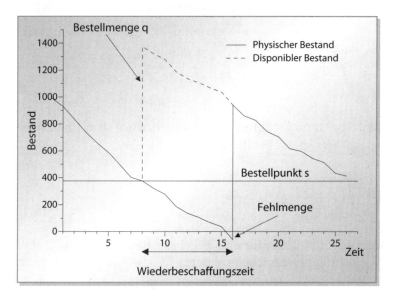

Bild E.8: *Idealisierte Bestandsentwicklung bei Einsatz einer (s,q)-Politik*

Für die weiteren Überlegungen ist die Nachfragemenge Y in der Wiederbeschaffungszeit von besonderer Bedeutung.[34] Sie wird im kontinuierlichen Fall durch ihre Dichtefunktion $f_Y(y)$ und ihre Verteilungsfunktion $F_Y(y) = P\{Y \leq y\}$ beschrieben. Im diskreten Fall wird davon ausgegangen, daß Wahrscheinlichkeiten $P\{Y = y, y = y_{\min}, ..., y_{\max}\}$ bekannt sind. Sind die Wiederbeschaffungszeiten stochastisch, dann wird davon ausgegangen, daß Bestellungen in der Reihenfolge im Lager eintreffen, in der sie ausgelöst worden sind.

Bei Verfolgung eines β-Servicegrades darf die in einem Beschaffungszyklus auftretende Fehlmenge den Anteil $(1-\beta)$ an der Gesamtnachfragemenge in dem Beschaffungszyklus nicht überschreiten. Da die Fehlmenge annahmegemäß vorgemerkt wird, ist die Gesamtnachfragemenge in einem Beschaffungszyklus gleich der Bestellmenge q_{opt}. Bezeichnen wir die gesamte in einem Bestellzyklus auftretende Fehlmenge mit F, dann muß folgende Bedingung erfüllt sein:

$$E\{F\} = (1-\beta) \cdot q_{\text{opt}} \tag{E.33}$$

Die in einem Beschaffungszyklus durchschnittlich auftretende **Fehlmenge** ist gleich der Differenz zwischen dem **Fehlbestand** am Ende des Beschaffungszyklus und dem Fehlbestand am Anfang des Beschaffungszyklus.

---

[34] siehe auch Abschnitt E.3.1, S. 391 ff.

Am **Anfang** eines Beschaffungszyklus, d. h. unmittelbar nach dem Eintreffen einer Bestellung der Höhe q_{opt}, beträgt der Fehlbestand (bei Annahme einer kontinuierlichen Wahrscheinlichkeitsverteilung der Nachfragemenge Y in der Wiederbeschaffungszeit):[35]

$$E\left\{F_{\text{Anf}}\left(s\right)\right\} = \int\limits_{s+q_{\text{opt}}}^{\infty} \left(y - s - q_{\text{opt}}\right) \cdot f_Y\left(y\right) \cdot dy \qquad (E.34)$$

Am **Ende** eines Beschaffungszyklus, d. h. unmittelbar vor dem Eintreffen einer Bestellung der Höhe q_{opt}, beträgt der Fehlbestand:

$$E\left\{F_{\text{End}}\left(s\right)\right\} = \int\limits_{s}^{\infty} \left(y - s\right) \cdot f_Y\left(y\right) \cdot dy \qquad (E.35)$$

Der β-**Servicegrad** kann damit für eine gegebene Bestellmenge q_{opt} als Funktion des Bestellpunkts s wie folgt beschrieben werden:

$$\beta\left(s\,|q_{\text{opt}}\right) = 1 - \frac{\overbrace{\int\limits_{s}^{\infty}\left(y-s\right)\cdot f_Y\left(y\right)\cdot dy}^{E\{\text{Fehlbestand am Zyklusende}\}} - \overbrace{\int\limits_{s+q_{\text{opt}}}^{\infty}\left(y-s-q_{\text{opt}}\right)\cdot f_Y\left(y\right)\cdot dy}^{E\{\text{Fehlbestand am Zyklusbeginn}\}}}{q_{\text{opt}}} \qquad (E.36)$$

Für diskrete Nachfrageverteilungen gilt:

$$\beta\left(s\,|q_{\text{opt}}\right) = \\ 1 - \frac{\sum\limits_{y=s+1}^{y_{\max}}\left(y-s\right)\cdot P\left\{Y=y\right\} - \sum\limits_{y=s+q_{\text{opt}}+1}^{y_{\max}}\left(y-s-q_{\text{opt}}\right)\cdot P\left\{Y=y\right\}}{q_{\text{opt}}} \qquad (E.37)$$

Die Gleichungen (E.36) bzw. (E.37) unterscheiden sich von der in der Lehrbuchliteratur üblichen Form durch die Berücksichtigung des Tatbestandes, daß bereits am Anfang eines neuen Beschaffungszyklus, d. h. unmittelbar nach Eingang der Bestellmenge q_{opt} und nach Auslieferung der wartenden Rückstandsmengen wieder ein Fehlbestand auftreten kann. Bei hohem β-Servicegrad (z. B. $\beta > 90\%$) und geringer Streuung der Nachfragemenge in der Wiederbeschaffungszeit (z. B. bei einem Variationskoeffizienten $CV_Y < 0.5$) tritt diese Situation kaum auf und der zweite Term kann vernachlässigt werden. Liegt jedoch stark schwankender Bedarf vor, der z. B. durch eine Gammaverteilung

---

[35] vgl. *Taylor und Oke* (1976)

modelliert werden kann, dann wird infolge der Vernachlässigung des Fehlbestands am Anfang eines Beschaffungszyklus mit einem gegebenen Bestellpunkt s eine zu große Fehlmenge verbunden. Das hat zur Folge, daß im Vergleich zur korrekten Erfassung der Fehlmenge ein zu großer Bestellpunkt festgesetzt und der angestrebte Servicegrad überschritten wird.

Zur Bestimmung der optimalen Werte der **Bestellmenge** und des **Bestellpunkts** für eine (s, q)-Politik kann das in Bild E.9 dargestellte sequentielle Verfahren eingesetzt werden. Dabei wird zunächst die optimale Bestellmenge (unter Verwendung des Bestellkostensatzes c_b und des Lagerkostensatzes h) fixiert und im Anschluß daran der Bestellpunkt bestimmt. Es wird damit bei gegebener Bestellmenge der niedrigste Bestellpunkt berechnet, mit dem die Einhaltung des angestrebten Servicegrades gerade noch möglich ist.

Prinzipiell müßten die beiden Parameter q und s zwar simultan bestimmt werden. Dies kann in einem iterativen Verfahren geschehen. Wegen der geringen Sensitivität der Lagerkosten bei Abweichungen von der optimalen Bestellmenge geht man i. d. R. jedoch sequentiell vor.

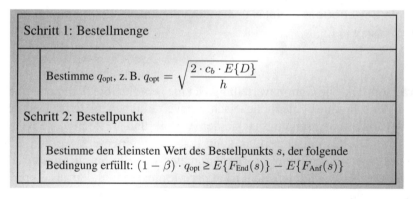

Bild E.9: Bestimmung der Parameter der (s, q)-Politik

Die numerische Bestimmung der beiden Komponenten des Erwartungswertes der Fehlmenge hängt von der Wahrscheinlichkeitsverteilung der Nachfragemenge in der Wiederbeschaffungszeit ab.

Normalverteilung. Die meisten einführenden Lehrbücher zur Produktion und Logistik und auch viele Softwaresysteme zum Bestandsmanagement gehen davon aus, daß die **Nachfragemenge in der Wiederbeschaffungszeit** einer Normalverteilung folgt. Diese Annahme läßt sich damit rechtfertigen, daß die Nachfragemenge in der Wiederbeschaffungszeit die Summe aus einer (mehr oder weniger) großen Anzahl von Periodennachfragemengen ist. Nach dem zentralen Grenzwertsatz ist die Summe einer ausreichend großen Anzahl von unabhängigen Zufallsvariablen normalverteilt. Zumindest bei deterministischen und langen Wiederbeschaffungszeiten und regelmäßigem Bedarf kann daher die Normalverteilungsannahme für Y als vertretbar angesehen werden.[36]

Ist die Nachfragemenge in der Wiederbeschaffungszeit mit dem Mittelwert μ_Y und der Standardabweichung σ_Y normalverteilt, dann kann die β-Servicegrad-Restriktion (E.36) auch wie folgt geschrieben werden:

$$(1-\beta) \cdot q_{\mathrm{opt}} \geq \sigma_Y \cdot EF_N \left\{ \frac{s - \mu_Y}{\sigma_Y} \right\} - \sigma_Y \cdot EF_N \left\{ \frac{s - \mu_Y + q}{\sigma_Y} \right\} \tag{E.38}$$

Die Größe $EF_N(\cdot)$ bezeichnet den Erwartungswert der Fehlmenge bei standardnormalverteilter Nachfragemenge. $EF_N(\cdot)$ wird wie folgt numerisch bestimmt:[37]

$$EF_N(v) = \phi_N(v) - v \cdot \{1 - \Phi_N(v)\} \tag{E.39}$$

Dabei bezeichnen $\phi_N(v)$ die Dichtefunktion und $\Phi_N(v)$ die Verteilungsfunktion der **Standardnormalverteilung**. Zur numerischen Auswertung dieser Funktionen kann auf Tabellen in Lehrbüchern, veröffentlichte Quellcodes oder Routinen in mathematischen Programmbibliotheken zurückgegriffen werden.[38]

Der gesuchte **Bestellpunkt** ergibt sich dann mit dem nach (E.38) ermittelten minimalen Wert von v, v_{opt}, wie folgt:

$$s_{\mathrm{opt}} = \mu_Y + v_{\mathrm{opt}} \cdot \sigma_Y \tag{E.40}$$

Gammaverteilung. Die Gammaverteilung ist eine sehr flexible Wahrscheinlichkeitsverteilung, mit der sehr unterschiedliche Nachfrageverteilungen modelliert werden können. Gegenüber der Normalverteilung hat sie den Vorteil, daß sie keine negativen Werte annehmen kann. Die Gammaverteilung kann insb. auch eingesetzt werden, um sporadischen Bedarf abzubilden.[39] Ihre beiden Parameter, den **Skalenparameter** α_Y und den **Formparameter** k_Y kann man leicht nach der Momentenmethode aus empirischen Daten wie folgt schätzen:

$$k_Y = \frac{E\{Y\}^2}{\mathrm{Var}\{Y\}} \tag{E.41}$$

$$\alpha_Y = \frac{E\{Y\}}{\mathrm{Var}\{Y\}} \tag{E.42}$$

Ist die Nachfragemenge in der Wiederbeschaffungszeit mit dem Mittelwert $\frac{k}{\alpha}$ und der Varianz $\frac{k}{\alpha^2}$ gammaverteilt, dann können die beiden Erwartungswerte des **Fehlbestands**

---

36 Bei dynamischen Periodenbedarfen wendet man i. d. R. zunächst ein Prognoseverfahren an und berücksichtigt bei der Bestimmung des Sicherheitsbestands nur noch den Prognosefehler. Bei Anwendung eines geeigneten Prognoseverfahrens und regelmäßigem Bedarfsverlauf kann man davon ausgehen, daß die Prognosefehler normalverteilt sind.
37 vgl. *Tijms* (1994), S. 70
38 vgl. *Schneider* (1979b), S. 243–256; *Tijms* (1994), S. 68–71
39 vgl. *Schneider* (1979a)

am Ende und am Beginn eines Beschaffungszyklus wie folgt geschrieben werden:[40]

$$E\{F_{\text{End}}(s)\} = \frac{k}{\alpha} - s - \frac{k}{\alpha} \cdot I[k+1, s \cdot \alpha] + s \cdot I[k, s \cdot \alpha] \tag{E.43}$$

$$\begin{aligned}E\{F_{\text{Anf}}(s)\} &= \frac{k}{\alpha} - (s+q) - \frac{k}{\alpha} \cdot I[k+1, (s+q) \cdot \alpha] \\ &\quad + (s+q) \cdot I[k, (s+q) \cdot \alpha]\end{aligned} \tag{E.44}$$

Dabei gibt $I[k, x \cdot \alpha]$, die sog. „incomplete gamma function", die Wahrscheinlichkeit dafür an, daß eine mit dem Formparameter k und dem Skalenparameter α verteilte Zufallsvariable kleiner als der oder gleich dem Wert x ist. Zur numerischen Bestimmung von $I[\cdot]$ kann auf Routinen in mathematischen Programmbibliotheken zurückgegriffen werden.

Diskrete empirische Verteilung. Wird die Nachfragemenge in der Wiederbeschaffungszeit durch eine diskrete empirische Verteilung $P\{Y\}$ beschrieben, dann können die beiden Komponenten der Fehlmenge, $E\{F_{\text{Anf}}\}$ und $E\{F_{\text{End}}\}$, für jeden gegebenen Wert des Bestellpunkts sehr einfach durch Ermittlung der Summen im Zähler der Servicegrad-Restriktion (E.37) bestimmt werden. Durch systematische Variation des Bestellpunkts mit Schrittweiten, die durch die Verteilung von Y diktiert werden, kann dann der optimale Bestellpunkt gefunden werden.

Betrachten wir folgendes Beispiel mit $q_{\text{opt}} = 20$ und $\beta = 0.90$ sowie der in Tabelle E.5 angegebenen Wahrscheinlichkeitsverteilung der Nachfragemenge in der Wiederbeschaffungszeit.

y	0	1	2	3	4	5	6
$P\{Y=y\}$	0.0046	0.0392	0.1418	0.2704	0.2890	0.1800	0.0750

Tabelle E.5: Verteilung der Nachfragemenge in der Wiederbeschaffungszeit

Die erlaubte Fehlmenge beträgt hier $(1 - \beta) \cdot q_{\text{opt}} = (1 - 0.90) \cdot 20 = 2.0$.

s	$E\{F_{\text{End}}(s)\}$	$E\{F_{\text{Anf}}(s)\}$	
0	3.640	–	
1	2.645	–	
2	1.688	–	← gesuchter Wert
3	0.874	–	
4	0.330	–	
5	0.075	–	
6	0.000	–	

Tabelle E.6: Fehlmenge versus Bestellpunkt s

---

[40] vgl. *Burgin* (1975), S. 514

Ein Blick in die Tabelle E.6 zeigt, daß der Bestellpunkt damit mindestens 2 betragen muß. Allerdings ist auch erkennbar, daß unter diesen Bedingungen der angestrebte Servicegrad nicht genau erreicht, sondern übererfüllt wird. Denn bei einer erwarteten Fehlmenge von 1.688 ergibt sich ein realisierter Servicegrad von $\beta = 1 - \frac{1.688}{20} = 91.56\%$.

Zur Veranschaulichung des Einflusses der **Form der Wahrscheinlichkeitsverteilung** auf den **Bestellpunkt** betrachten wir ein Beispiel mit $E\{Y\} = 50$, $\text{Var}\{Y\} = 625$, $q_{opt} = 100$ und $\beta = 0.95$. Es wird zunächst angenommen, daß die Nachfragemenge in der Wiederbeschaffungszeit Y mit dem Skalenparameter $\alpha_Y = 0.08$ und dem Formparameter $k_Y = 4$ gammaverteilt ist. Zum Vergleich wird der Fall betrachtet, daß Y durch eine Normalverteilung mit den Parametern $\mu_Y = 50$ und $\sigma_Y = 25$ modelliert wird.

In Bild E.10 sind die beiden Dichtefunktionen dargestellt. Im Fall der Normalverteilung besteht aufgrund der relativ großen Streuung eine erkennbare Wahrscheinlichkeit für negative Werte von Y. Da in der Realität keine negativen Bedarfe auftreten, hat dies zur Folge, daß bei Annahme einer Normalverteilung der mit einem gegebenen Bestellpunkt erreichbare Fehlmengenerwartungswert unterschätzt und der Servicegrad damit überschätzt wird.

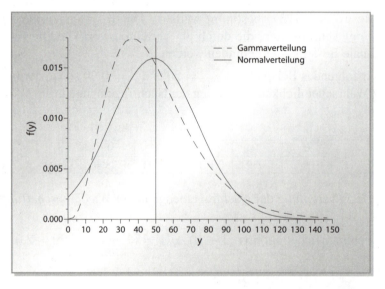

Bild E.10: Dichtefunktionen für Gamma- und Normalverteilung mit dem Erwartungswert 50 und der Varianz 625

Bild E.11 verdeutlicht den Zusammenhang zwischen dem **Bestellpunkt** und der zu erwartenden **Fehlmenge** und zeigt, daß unter der Annahme, daß die Gammaverteilung die Nachfrage in der Wiederbeschaffungszeit korrekt beschreibt, ein höherer Bestellpunkt anzusetzen ist als im Fall einer Normalverteilung. Für das Beispiel (β-Servicegrad = 0.95; $q_{opt} = 100 \rightarrow$ erlaubte Fehlmenge = 5) beträgt der Bestellpunkt bei Annahme einer Normalverteilung $s_{opt} = 62.32$, während sich bei Gültigkeit einer Gammaverteilung $s_{opt} = 64.25$ ergibt. Tabelle E.7 zeigt die numerischen Werte.

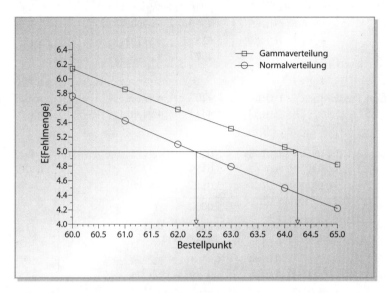

Bild E.11: *Fehlmenge versus Bestellpunkt bei Gamma- bzw. Normalverteilung der Nachfragemenge in der Wiederbeschaffungszeit*

Geht man korrekterweise von einer Gammaverteilung aus, dann muß man, wie die Tabelle E.7 zeigt, auch den **Fehlbestand zu Beginn des Bestellzyklus** bei der Berechnung der Fehlmenge beachten. Bei seiner Vernachlässigung wird man einen Bestellpunkt von ca. $s = 64.3$ festlegen, der – wie oben ausgeführt wurde – zu hoch ist.

Die bisher dargestellten Überlegungen beschränkten sich auf den Fall einer kontinuierlichen Bestandsüberwachung. Nur unter dieser Annahme ist der zu Beginn einer Wiederbeschaffungsfrist disponible Lagerbestand genau gleich dem Bestellpunkt. In der Praxis wird der Bestand jedoch i. a. höchstens einmal am Tag, d. h. periodisch überprüft, oder die Auftragsgrößen (Lagerabgangsmengen) sind diskret und größer als eins. In beiden Fällen ist der disponible Lagerbestand i. d. R. bereits unter den Bestellpunkt gesunken, wenn eine Bestellung ausgelöst wird. Bild E.12 veranschaulicht dieses Problem, dessen Auswirkungen mit der Varianz der Periodennachfrage steigen.

	Gammaverteilung			Normalverteilung		
s	$E\{F_{\text{End}}\}$	$E\{F_{\text{Anf}}\}$	$E\{F\}$	$E\{F_{\text{End}}\}$	$E\{F_{\text{Anf}}\}$	$E\{F\}$
62.0	5.5945	0.0169	5.5776	5.1000	–	5.1000
62.1	5.5675	0.0168	5.5507	5.0700	–	5.0700
62.2	5.5405	0.0167	5.5238	5.0375	–	5.0375
62.3	5.5138	0.0165	5.4973	5.0075	–	5.0075
62.32						5.0000
62.4	5.4871	0.0164	5.4707	4.9750	–	4.9750
62.5	5.4605	0.0163	5.4442	4.9450	–	4.9450
⋮	⋮	⋮	⋮	⋮	⋮	⋮
64.0	5.0754	0.0148	5.0606	4.4975	–	4.4975
64.1	5.0506	0.0147	5.0359	4.4700	–	4.4700
64.2	5.0259	0.0146	5.0113	4.4400	–	4.4400
64.25			5.0000			
64.3	5.0013	0.0146	4.9867	4.4125	–	4.4125
64.4	4.9769	0.0145	4.9624	4.3825	–	4.3825
64.5	4.9525	0.0144	4.9381	4.3550	–	4.3550
64.6	4.9282	0.0143	4.9139	4.3275	–	4.3275
64.7	4.9040	0.0142	4.8898	4.3000	–	4.3000
64.8	4.8800	0.0141	4.8659	4.2700	–	4.2700
64.9	4.8560	0.0140	4.8420	4.2450	–	4.2450
65.0	4.8321	0.0139	4.8182	4.2150	–	4.2150

Tabelle E.7: *Fehlmenge versus Bestellpunkt bei Gamma- bzw. Normalverteilung der Nachfragemenge in der Wiederbeschaffungszeit ($E\{Y\} = 50$; Var$\{Y\} = 625$)*

Unter diesen Bedingungen kann – vor allem bei stark schwankendem Bedarf – auch der Fall eintreten, daß mehrere Bestellungen der Höhe q aufgegeben werden müssen, damit der disponible Lagerbestand wieder den Bestellpunkt überschreitet. In der Literatur wird diese Variante der (s, q)-Politik auch präziser als $(s, n \cdot q, r)$-Politik[41] bezeichnet.

Die Differenz zwischen dem Bestellpunkt s und dem disponiblen Lagerbestand zu Beginn der Wiederbeschaffungszeit soll als **Defizit** U („undershoot") bezeichnet werden. Wird bei der Bestimmung des Bestellpunkts auf die Berücksichtigung des Defizits verzichtet, dann wird der angestrebte Servicegrad nicht erreicht. Anstatt geplanter 95% ergibt sich dann im konkreten Fall u. U. nur ein Servicegrad von 89%.

---

41 vgl. *Hax und Candea* (1984), S. 224

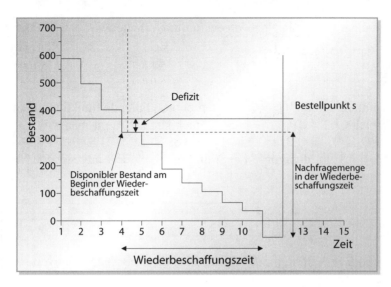

Bild E.12: *Bestandsentwicklung bei einer (s,q)-Politik mit periodischer Lagerüberwachung*

In der Literatur wird für den Fall der periodischen Lagerüberwachung entweder auf die (r, S)-Politik oder auf die (r, s, S)- bzw. (s, S)-Politik zurückgegriffen. Beide Politiken führen jedoch dazu, daß die Bestellmengen im Zeitablauf als Folge der Bedarfsentwicklung sehr stark schwanken. Dies ist aus praktischer Sicht oft unakzeptabel, weil dadurch die dem Logistik-Gedanken zugrundeliegende systemorientierte Optimierung von Beschaffungs-, Lager- und Transportkosten erschwert wird. Wir werden diese Lagerhaltungspolitiken weiter unten diskutieren. Vorher soll jedoch dargestellt werden, wie man den Bestellpunkt in einer (s, q)-Politik mit periodischer Lagerüberwachung so bestimmen kann, daß der angestrebte β-Servicegrad eingehalten wird.

Bei periodischer Lagerüberwachung und bestandsabhängiger Bestellauslösung tritt regelmäßig das erwähnte Defizit U auf. Seine stochastischen Eigenschaften werden maßgeblich von der Wahrscheinlichkeitsverteilung der Periodennachfragemengen D beeinflußt. Ist die Bestellmenge im Vergleich zu der mittleren Periodennachfragemenge ausreichend groß, dann kann – so lautet ein Ergebnis der Erneuerungstheorie – die Verteilungsfunktion des Defizits im kontinuierlichen Fall wie folgt approximiert werden:[42]

$$F_U(u) = \frac{1}{E\{D\}} \cdot \int_0^u [1 - F_D(x)] \cdot dx \qquad (E.45)$$

---

42 vgl. *Tijms* (1994), S. 61

Bei Gültigkeit einer diskreten Nachfrageverteilung erhalten wir entsprechend:[43]

$$P\{U = u\} = \frac{1 - P\{D \leq u\}}{E\{D\}} \qquad (E.46)$$

Die Wahrscheinlichkeiten $P\{U = u\}$ sind monoton fallende Funktionen von u, wobei u Werte im Bereich $(0, 1, ..., d_{max} - 1)$ annehmen kann. Nimmt man z. B. die Nachfrageverteilung $P\{D = 0\} = 0.2$, $P\{D = 1\} = 0.3$, $P\{D = 2\} = 0.2$, $P\{D = 4\} = 0.2$, $P\{D = 10\} = 0.1$ an, dann ergibt sich die in Tabelle E.8 angegebene Verteilung des Defizits.

u	0	1	2	3	4	5	6	7	8	9
$P\{U = u\}$	0.32	0.20	0.12	0.12	0.04	0.04	0.04	0.04	0.04	0.04

Tabelle E.8: *Verteilung des Defizits bei diskreter Nachfrageverteilung*

Man geht i. d. R. davon aus, daß das Defizit stochastisch unabhängig von den Periodennachfragemengen ist, d. h. daß keine Korrelation zwischen D und U besteht. Der Erwartungswert des Defizits beträgt im Falle einer kontinuierlichen Wahrscheinlichkeitsverteilung der Nachfrage:[44]

$$E\{U\} = \frac{E\{D\}^2 + \text{Var}\{D\}}{2 \cdot E\{D\}} \qquad (E.47)$$

Die **Varianz des Defizits** ergibt sich wie folgt:

$$\text{Var}\{U\} = \frac{\mu_3}{3 \cdot E\{D\}} + \frac{\text{Var}\{D\}}{2} \cdot \left[1 - \frac{\text{Var}\{D\}}{2 \cdot E\{D\}^2}\right] + \frac{E\{D\}^2}{12} \qquad (E.48)$$

Dabei bezeichnet μ_3 das dritte zentrale Moment der Wahrscheinlichkeitsverteilung der Periodennachfragemenge. Dieses hängt von der Wahrscheinlichkeitsverteilung der Periodennachfragemenge ab.

Für die **Normalverteilung** gilt:

$$\mu_3 = 0 \qquad (E.49)$$

$$\text{Var}\{U\} = \frac{\text{Var}\{D\}}{2} \cdot \left[1 - \frac{\text{Var}\{D\}}{2 \cdot E\{D\}^2}\right] + \frac{E\{D\}^2}{12} \qquad (E.50)$$

---

[43] Zur Güte dieser Approximation siehe *Baganha et al.* (1996). Dort wird auch ein Verfahren zur exakten Bestimmung der Wahrscheinlichkeitsverteilung des Defizits bei diskreter Periodennachfrage angegeben.

[44] Zur Berechnung der hier nicht benötigten Momente des Defizits bei diskreter Verteilung der Periodennachfragemenge vgl. *Silver et al.* (1998), Abschnitt 8.5.2.

Im Falle einer **Gammaverteilung** der Periodennachfragemenge mit den Formparameter k_D und dem Skalenparameter a_D erhalten wir:

$$\mu_3 = k_D \cdot \left[\frac{(k_D + 1) \cdot (k_D + 2) - 3 \cdot k_D \cdot (k_D + 1) + 2 \cdot k_D^2}{\alpha_D^3} \right] = \frac{2 \cdot k_D}{\alpha_D^3} \quad (E.51)$$

$$\text{Var}\{U\} = \frac{k_D^2 + 6 \cdot k_D + 5}{12 \cdot \alpha_D^2} \quad (E.52)$$

Da der Bestellpunkt s bei periodischer (täglicher) Lagerüberwachung ausreichen muß, um sowohl die **Nachfragemenge in der Wiederschaffungszeit** Y als auch das **Defizit** U abzudecken, liegt es nahe, eine neue Zufallsvariable $Y^* = Y + U$ zu definieren und den Bestellpunkt an dieser Größe zu orientieren. Nimmt man Unabhängigkeit von Y und U an, dann betragen der Erwartungswert und die Varianz von Y^*:

$$E\{Y^*\} = E\{Y\} + E\{U\} \quad (E.53)$$

$$\text{Var}\{Y^*\} = \text{Var}\{Y\} + \text{Var}\{U\} \quad (E.54)$$

Normalverteilung. Ist die Nachfragemenge in der Wiederbeschaffungszeit normalverteilt, dann bietet es sich an, auch für Y^* eine Normalverteilung zu unterstellen. In diesem Fall bestimmt man μ_{Y^*} und σ_{Y^*} und geht dann wie oben, für den Fall kontinuierlicher Lagerüberwachung, beschrieben vor. Für das dort – auf S. 414 – eingeführte Beispiel ($\beta = 0.95$; $q_{\text{opt}} = 100$) erhält man hier folgende Ergebnisse:

$$E\{U\} = \frac{2500 + 625}{2 \cdot 50} = 31.25$$

$$\text{Var}\{U\} = \frac{625}{2} \cdot \left[1 - \frac{625}{2 \cdot 50^2} \right] + \frac{50^2}{12} = 481.77$$

$$E\{Y^*\} = 50.00 + 31.25 = 81.25$$

$$\text{Var}\{Y^*\} = 625.00 + 481.77 = 1106.77$$

$$\sigma\{Y^*\} = 33.27$$

$$s_{\text{opt}} = \min\left[s \middle| EF_N\left\{\frac{s - 81.25}{33.27}\right\} - EF_N\left\{\frac{s - 81.25 + 100}{33.27}\right\} \leq \frac{0.05 \cdot 100}{33.27} \right]$$

$$= 103.54$$

Zum Vergleich: Bei Annahme einer kontinuierlichen Lagerüberwachung beträgt der Bestellpunkt $s_{\text{opt}} = 62.32$.

Gammaverteilung. Ist die Nachfragemenge in der Wiederbeschaffungszeit gammaverteilt, dann bietet es sich ebenfalls an, auch für Y^* von einer Gammaverteilung auszugehen. Als Verteilungsparameter kann man dann wieder nach der Momentenmethode die Werte $k_{Y^*} = \frac{E\{Y^*\}^2}{\text{Var}\{Y^*\}}$ und $a_{Y^*} = \frac{E\{Y^*\}}{\text{Var}\{Y^*\}}$ verwenden. Für das obige Beispiel ergibt sich:

$$E\{U\} = \frac{2500 + 625}{2 \cdot 50} = 31.25$$

$$\text{Var}\{U\} = \left[\frac{4^2 + 6 \cdot 4 + 5}{12 \cdot 0.08^2}\right] = 585.94$$

$$E\{Y^*\} = 50.00 + 31.25 = 81.25$$

$$\text{Var}\{Y^*\} = 625 + 585.94 = 1210.94$$

$$k_{Y^*} = \frac{6601.56}{1210.94} = 5.4516$$

$$\alpha_{Y^*} = 0.0671$$

$$s_{\text{opt}} = \min\left[s \mid E\{F_{\text{End}}(s)\} - E\{F_{\text{Anf}}(s)\} \leq 5.0\right] = 109.41$$

Zum Vergleich: Bei Annahme einer kontinuierlichen Lagerüberwachung beträgt der Bestellpunkt $s_{\text{opt}} = 64.25$.

Diskrete empirische Verteilung. Folgt die Nachfragemenge einer diskreten empirischen Wahrscheinlichkeitsverteilung, dann können die Wahrscheinlichkeiten der Zufallsvariablen Y^* durch Faltung der Verteilungen der Nachfragemenge Y in der Wiederbeschaffungszeit und des Defizits U direkt ermittelt werden. Mit Hilfe der Verteilung $P\{Y^*\}$ kann dann der Fehlmengenerwartungswert für einen gegebenen Bestellpunkt s ermittelt bzw. der minimale Wert von s bestimmt werden, bei dem ein angestrebter Fehlmengenerwartungswert gerade noch erreicht wird.

Betrachten wir zum Beispiel folgende Wahrscheinlichkeitsverteilung der Periodennachfragemenge: $P\{D = 0\} = 0.1$, $P\{D = 1\} = 0.4$, $P\{D = 2\} = 0.5$. Die Wiederbeschaffungszeit möge $\ell = 3$ Perioden betragen. Der Erwartungswert der Periodennachfrage beträgt $E\{D\} = 1.4$. Die Wahrscheinlichkeitsverteilung des Defizits ist dann nach Gleichung (E.46):

$$P\{U = 0\} = \frac{0.9}{1.4} = 0.6429$$

$$P\{U = 1\} = \frac{0.5}{1.4} = 0.3571$$

Tabelle E.9 zeigt die Verteilung der Nachfragemenge in der Wiederbeschaffungszeit.

E.3 Stochastische Lagerhaltungspolitiken

y	0	1	2	3	4	5	6
$P\{Y=y\}$	0.0010	0.0120	0.0630	0.1840	0.3150	0.3000	0.1250

Tabelle E.9: Wahrscheinlichkeitverteilung der Nachfragemenge in der Wiederbeschaffungszeit

Faltet man diese Verteilung mit der Verteilung des Defizits, dann erhält man die in Tabelle E.10 wiedergegebene, für die Bestimmung des Bestellpunkts relevante Wahrscheinlichkeitsverteilung.

y^*	0	1	2	3	4	5	6	7
$P\{Y^*=y^*\}$	0.0006	0.0081	0.0448	0.1408	0.2682	0.3054	0.1875	0.0446

Tabelle E.10: Wahrscheinlichkeitsverteilung der Summe aus der Nachfragemenge in der Wiederbeschaffungszeit und dem Defizit

Nach diesen vorbereitenden Berechnungen kann nun für alternative Werte des Bestellpunkts der resultierende Fehlmengenerwartungswert errechnet werden. In Tabelle E.11 werden für das betrachtete Beispiel die für unterschiedliche Bestellpunkte errechneten β-Servicegrade mit Simulationsergebnissen verglichen. Da eine Bestellmenge von 20 angenommen wurde, konnte der Erwartungswert der Fehlmenge zu Beginn eines Beschaffungszyklus jeweils vernachlässigt werden.

s	$E\{F_{\text{End}}(s)\}$	β-Servicegrad berechnet	β-Servicegrad simuliert
0	4.5571	77.21	77.26
1	3.5577	82.21	82.23
2	2.5665	87.17	87.25
3	1.6200	91.90	91.95
4	0.8143	95.93	95.96
5	0.2768	98.62	98.61
6	0.0446	99.78	99.78

Tabelle E.11: Fehlmenge und Servicegrad versus Bestellpunkt s

Als positive Eigenschaft der (s,q)-Politik ist festzuhalten, daß die Bestellmenge im Zeitablauf konstant bleibt. Anpassungen der Bestellmenge sind lediglich bei Veränderungen der mittleren Periodennachfrage und bei geänderter Kostensituation erforderlich. Es ist damit – anders als bei den nachfolgend diskutierten Lagerhaltungspolitiken – relativ leicht möglich, Beschränkungen der Bestellmenge aufgrund von Einkaufs- oder Logistikgesichtspunkten (z. B. Mengenrabatte, Beschränkungen der Transportmenge, Verpackungseinheiten) zu berücksichtigen.

E.3.4 (r, S)-Politik

Bei Anwendung der (r, S)-Politik werden die Zeitpunkte, an denen Bestellungen ausgelöst werden, durch das Überwachungsintervall (Bestellintervall) r bestimmt. Der Lagerdisponent geht nach folgender Entscheidungsregel vor:

> In konstanten Abständen von r Perioden wird jeweils eine Bestellung ausgelöst, die den disponiblen Lagerbestand auf das Bestellniveau S anhebt.

Die (r, S)-Lagerhaltungspolitik ist definitionsgemäß eine Lagerhaltungspolitik mit **periodischer Bestandsüberwachung**. Die jeweilige Bestellmenge hängt von der aktuellen Entwicklung des Lagerbestands ab. Sie ergibt sich aus der Addition der seit der letzten Bestandsüberwachung aufgetretenen Periodennachfragemengen. Die Bestandsentwicklung bei dieser Lagerhaltungspolitik ist in Bild E.13 dargestellt.

Die Bestandsüberwachung erfolgt am Periodenende. Unmittelbar nach Ermittlung der Bestellmenge und Auslösung der Bestellung ist der disponible Lagerbestand gleich S. Nach Ablauf der Wiederbeschaffungszeit wird zunächst die bestellte Menge eingelagert und die aufgelaufene Fehlmenge ausgeliefert. Bei positiver Wiederbeschaffungszeit erreicht der physische Lagerbestand daher niemals das Bestellniveau S.

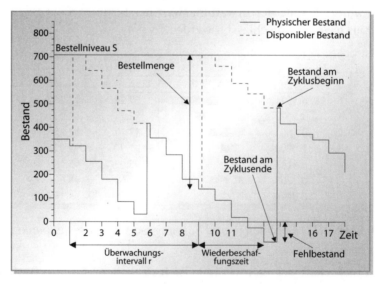

Bild E.13: Bestandsentwicklung bei Einsatz einer (r, S)-Politik

E.3 Stochastische Lagerhaltungspolitiken

Da bei jeder Lagerüberwachung eine Bestellung ausgelöst wird, hängt die **Anzahl der Bestellungen** direkt von der Länge des Überwachungsintervalls r ab. Das optimale Überwachungsintervall kann in ähnlicher Weise wie bei der (s,q)-Politik mit Hilfe des klassischen Bestellmengenmodells ermittelt werden, indem man zunächst die optimale Bestellmenge errechnet und diese dann durch die mittlere Periodennachfragemenge dividiert:

$$r_{\text{opt}} = \frac{q_{\text{opt}}}{E\{D\}} = \sqrt{\frac{2 \cdot c_b}{h \cdot E\{D\}}} \tag{E.70}$$

Zur Bestimmung des **Bestellniveaus** S, das einen gegebenen β-Servicegrad sichert, betrachten wir zunächst wieder die erwarteten Fehlbestände am Anfang und am Ende eines Beschaffungszyklus. Unmittelbar nach der Auslösung einer Bestellung beträgt der disponible Lagerbestand genau S. Da während der Wiederbeschaffungszeit der Bestellung Nachfrage auftritt, beträgt der Lagerbestand nach dem Eintreffen der Bestellung, d. h. zu Beginn eines Beschaffungszyklus, im Durchschnitt $S - E\{Y\}$. Die nächste Bestellung trifft nach durchschnittlich r Perioden im Lager ein. Daher beträgt der erwartete disponible Lagerbestand am Ende des Beschaffungszyklus, d. h. unmittelbar vor dem Eintreffen der nächsten Bestellung, $S - E\{Y\} - r \cdot E\{D\}$. Bezeichnen wir die Nachfragemenge im Zeitraum $r + \ell$ mit Z, dann betragen die erwarteten Fehlbestände:

$$E\{F_{\text{Anf}}(S)\} = \int\limits_{S}^{\infty}(y - S) \cdot f_Y(y) \cdot dy \tag{E.71}$$

$$E\{F_{\text{End}}(S)\} = \int\limits_{S}^{\infty}(z - S) \cdot f_Z(z) \cdot dz \tag{E.72}$$

Der β-Servicegrad kann damit wie folgt quantifiziert werden:

$$\beta(S|r_{\text{opt}}) = 1 - \frac{\int\limits_{S}^{\infty}(z - S) \cdot f_Z(z) \cdot dz - \int\limits_{S}^{\infty}(y - S) \cdot f_Y(y) \cdot dy}{r_{\text{opt}} \cdot E\{D\}} \tag{E.73}$$

Zur Bestimmung der beiden Parameter der (r, S)-Lagerhaltungspolitik kann ähnlich wie bei der (s, q)-Politik ein sequentielles Verfahren eingesetzt werden (siehe Bild E.14).

Bei genauer Betrachtung stellt man fest, daß es folgende **Äquivalenzen zwischen der (s,q)-Politik und der (r,S)-Politik** gibt. Während der Bestellpunkt s die Unsicherheit der Nachfrage Y in der Wiederbeschaffungszeit abdecken soll, ist es Aufgabe des Bestellniveaus S, die Unsicherheit der Nachfrage Z in der Wiederbeschaffungszeit und dem Überwachungsintervall abzudecken. Für die numerische Bestimmung von S kommt es nun darauf an, welcher Verteilung die Zufallsvariable Z folgt. Dabei wird wieder davon ausgegangen, daß die Periodennachfragemengen unabhängige Zufallsvariablen mit der gemeinsamen Dichtefunktion $f_D(d)$, dem Mittelwert $E\{D\}$ und der Varianz $\text{Var}\{D\}$ sind. Außerdem gehen wir der Einfachheit halber von deterministischen Wiederbeschaffungszeiten der Länge ℓ aus.[45]

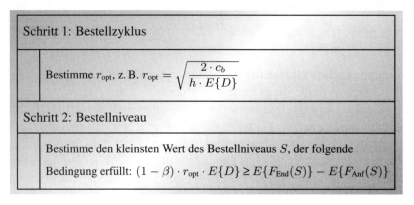

Bild E.14: *Bestimmung der Parameter der (r, S)-Politik*

 Normalverteilung. Sind die Periodennachfragemengen mit dem Mittelwert μ_D und der Standardabweichung σ_D normalverteilt, dann sind die Größen Y und Z ebenfalls normalverteilt, und zwar mit den Mittelwerten

$$\mu_Y = \mu_D \cdot \ell \tag{E.74}$$

$$\mu_Z = \mu_D \cdot (r + \ell) \tag{E.75}$$

und den Standardabweichungen

$$\sigma_Y = \sigma_D \cdot \sqrt{\ell} \tag{E.76}$$

$$\sigma_Z = \sigma_D \cdot \sqrt{r + \ell} \tag{E.77}$$

In diesem Fall kann die β-Servicegrad-Restriktion (E.36) auch wie folgt geschrieben werden:

$$(1 - \beta) \cdot r_{\text{opt}} \cdot E\{D\} \geq \sigma_Z \cdot EF_N\left\{\frac{S - \mu_Z}{\sigma_Z}\right\} - \sigma_Y \cdot EF_N\left\{\frac{S - \mu_Y}{\sigma_Y}\right\} \tag{E.78}$$

 Betrachten wir als Beispiel ein Produkt mit den Daten $\mu_D = 50$; $\sigma_D = 10$; $\ell = 5$; $r_{\text{opt}} = 10$. Man erhält folgende Ergebnisse:

---

[45] Ist die Wahrscheinlichkeit dafür vernachlässigbar, daß sich zwei aufeinanderfolgende Lagerbestellungen in ihrer Laufzeit überschneiden, dann können die in Abschnitt E.3.1 beschriebenen Anpassungen für stochastische Wiederbeschaffungszeiten hier sinngemäß übertragen werden.

$\mu_Z = 50 \cdot (10 + 5) = 750 \qquad \sigma_Z = 10 \cdot \sqrt{10 + 5} = 38.73$

$\mu_Y = 50 \cdot 5 = 250 \qquad \sigma_Y = 10 \cdot \sqrt{5} = 22.36$

$$S_{\text{opt}} = \min\left[S \Big| 38.73 \cdot EF_N\left\{\frac{S - 750}{38.73}\right\} - 22.36 \cdot EF_N\left\{\frac{S - 250}{22.36}\right\}\right.$$

$$\left. \leq 0.05 \cdot 10 \cdot 50 = 25\right] = 733.63$$

Gammaverteilung. Ist die Periodennachfragemenge mit dem Mittelwert $\frac{k_D}{\alpha_D}$ und der Varianz $\frac{k_D}{\alpha_D^2}$ gammaverteilt, wobei k_D den Formparameter und α_D den Skalenparameter bezeichnen, dann sind die Größen Y und Z ebenfalls gammaverteilt, und zwar mit dem Skalenparameter $\alpha_Y = \alpha_Z = \alpha_D$ und den Formparametern

$k_Z = k_D \cdot (r + \ell)$ \hfill (E.81)

$k_Y = k_D \cdot \ell$ \hfill (E.82)

Zur Veranschaulichung sei ein Beispiel mit stark schwankendem Bedarf betrachtet: $E\{D\} = 3.72$; $\text{Var}\{D\} = 144.77$; $\ell = 2$; $r_{\text{opt}} = 10$; $\beta = 0.90$. Wir erhalten folgende Ergebnisse:

$E\{Z\} = (10 + 2) \cdot 3.72 = 44.64 \qquad \text{Var}\{Z\} = (10 + 2) \cdot 144.77 = 1737.23$

$E\{Y\} = 2 \cdot 3.72 = 7.44 \qquad \text{Var}\{Y\} = 2 \cdot 144.77 = 289.54$

$\alpha_D = \dfrac{3.72}{144.77} = 0.02570 \qquad k_D = \dfrac{13.84}{144.77} = 0.09559$

$k_Y = 0.09559 \cdot 2 = 0.19118 \qquad a_Y = 0.02570$

$k_Z = 0.09559 \cdot (2 + 10) = 1.14707 \qquad a_Z = 0.02570$

$S_{\text{opt}} = \min\left[S \mid E\{F_{\text{End}}(S)\} - E\{F_{\text{Anf}}(S)\} \leq 0.10 \cdot 10 \cdot 3.72 = 3.72\right] = 100.612$

$E\{F_{\text{End}}(S = 100.612)\} = 3.908$

$E\{F_{\text{Anf}}(S = 100.612)\} = 0.188$

Das Beispiel zeigt, daß der mittlere Fehlbestand am Anfang eines Beschaffungszyklus bei stark schwankendem Bedarf eine nicht vernachlässigbare Höhe annehmen kann.

Diskrete empirische Verteilung. Folgt die Nachfrage einer diskreten empirischen Wahrscheinlichkeitsverteilung, dann kann ähnlich wie bei der (s, q)-Politik vorgegangen werden. Zur Bestimmung der Verteilung der Zufallsvariablen Z (und Y) muß die Verteilung der Periodennachfrage mehrfach mit sich selbst gefaltet werden. Auch hierzu sei ein Beispiel betrachtet, wobei nun stochastische Wiederbeschaffungszeiten angenommen werden: $P\{L=2\} = 0.7$, $P\{L=3\} = 0.3$; $P\{D=0\} = 0.3$, $P\{D=1\} = 0.4$, $P\{D=2\} = 0.15$, $P\{D=3\} = 0.1$, $P\{D=4\} = 0.05$; $r_{\text{opt}} = 10$. Die mittlere Nachfragemenge pro Periode beträgt damit $E\{D\} = 1.2$. Die Verteilung von Z sowie die entsprechenden Fehlmengenerwartungswerte sind in Tabelle E.12 zusammengestellt.

z bzw. S	$P\{Z=z\}$	$E\{F_{\text{End}}(S)\}$	
0	0.0000		
1	0.0000		
2	0.0001		
3	0.0003		
4	0.0010		
5	0.0028		
6	0.0067		
7	0.0136		
8	0.0241		
9	0.0380		
10	0.0542		
11	0.0707		
12	0.0852		
13	0.0954	2.5826	
14	0.0997	1.9746	
15	0.0982	1.4664	
16	0.0910	1.0564	
17	0.0799	0.7374	
18	0.0665	0.4983	← gesuchter Wert
19	0.0526	0.3257	
20	0.0397	0.2057	
21	0.0286	0.1254	
22	0.0197	0.0737	
23	0.0129	0.0417	
24	0.0082	0.0226	
25	0.0049	0.0117	
26	0.0029	0.0057	
27	0.0016	0.0026	
28	0.0008	0.0011	
29	0.0004	0.0004	
30	0.0002	0.0001	
31	0.0001	0.0000	
32	0.0000	0.0000	
⋮	⋮	⋮	
52	0.0000	0.0000	

Tabelle E.12: Bestellniveau versus Fehlmengenerwartungswert

Wird z. B. ein β-Servicegrad von 95% angestrebt, dann beträgt das optimale Bestellniveau $S_{\text{opt}} = 18$, denn es gilt:

$$S_{\text{opt}} = \min\bigl[S \mid E\{F_{\text{End}}(S)\} \leq 0.05 \cdot 1.2 \cdot 10 = 0.6\bigr]$$

Die (r, S)-Politik hat gegenüber der (s, q)-Politik den Vorteil, daß die **Beschaffungszeitpunkte** für mehrere Erzeugnisse, die bei demselben Lieferanten bezogen oder gemeinsam produziert werden, aufeinander abgestimmt werden können. Dies ist unter dem Aspekt einer logistikorientierten Gesamtkostenoptimierung positiv einzustufen. Ein Nachteil ist allerdings darin zu sehen, daß die **Beschaffungsmengen** als Folge der Bedarfsschwankungen sehr **stark streuen** können. Dies gilt vor allem bei sporadischem Bedarf. Die Verlängerung des Risikozeitraums im Vergleich zur (s, q)-Politik kann nachteilige Effekte auf die lagerbedingte **Lieferzeit** haben. Ein Defizit kann bei Verfolgung einer (r, S)-Politik nicht auftreten, da der disponible Lagerbestand zu Beginn der Frist $(r + \ell)$ immer genau gleich dem Bestellniveau ist.

E.3.5 (s, S)-Politik

Bei Verfolgung einer (s, S)-Politik werden die Bestellzeitpunkte ebenso wie bei der (s, q)-Politik durch den Bestellpunkt s beeinflußt. Allerdings ist die Höhe der Bestellmenge nun wie bei der (r, S)-Politik von der Entwicklung des aktuellen Lagerbestands abhängig. In der Literatur wird diese Politik zuweilen um einen dritten Parameter, den Abstand r zwischen zwei Bestandsüberpüfungen, ergänzt und als (r, s, S)-Politik bezeichnet.[46] Setzt man $r = 0$, dann liegt kontinuierliche Lagerüberwachung vor und die $(r = 0, s, S)$-Politik stimmt bei kontinuierlicher Nachfrage (bzw. bei diskreter Nachfrage für den Fall einer Auftragsgröße „1") mit der (s, q)-Politik bei kontinuierlicher Lagerüberwachung überein.

Die (s, S)-Politik beinhaltet alle anderen Lagerhaltungspolitiken als Grenzfälle. Das bedeutet, daß die mit der optimalen (s, S)-Politik verbundenen Lager- und Bestellkosten nicht höher sein können als die minimalen Kosten einer der anderen Lagerhaltungspolitiken. Im Prinzip sind alle drei Parameter r, s und S simultan zu optimieren. Wir wollen im folgenden nur den Fall $r = 1$ (tägliche Überwachung) näher untersuchen und verkürzt von der (s, S)-Politik sprechen. Die (s, S)-Lagerhaltungspolitik unterscheidet sich dann von der (r, S)-Politik dadurch, daß nicht bei jeder Lagerüberwachung eine Bestellung ausgelöst wird, sondern nur dann, wenn der disponible Lagerbestand den Bestellpunkt s erreicht oder unterschritten hat. Der Lagerdisponent geht nach folgender Entscheidungsregel vor:

---

46 vgl. *Hax und Candea* (1984), S. 229

> In konstanten Abständen wird der disponible Lagerbestand überprüft. Ist der Bestellpunkt s erreicht oder unterschritten, dann wird eine Bestellung ausgelöst, die den disponiblen Lagerbestand wieder auf das Bestellniveau S anhebt.

Im Unterschied zur (s, q)-Politik mit täglicher Überwachung sind die **Bestellmengen** nun **variabel**. Bild E.15 veranschaulicht die Entwicklung des Lagerbestands am Ende eines typischen Beschaffungszyklus.

Da der Lagerbestand periodisch überwacht wird, hat der disponible Lagerbestand bei Auslösung einer Bestellung den Bestellpunkt regelmäßig unterschritten. Da dieses Defizit durch die Bestellung ausgeglichen wird, beträgt die durchschnittliche **Bestellmenge**:

$$E\left\{\text{Bestellmenge}\right\} = (S - s) + E\left\{U\right\} = (S - s) + \frac{E\left\{D\right\}^2 + \text{Var}\left\{D\right\}}{2 \cdot E\left\{D\right\}} \quad (\text{E.87})$$

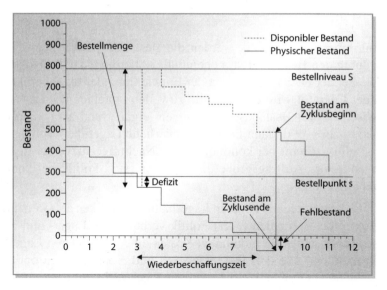

Bild E.15: Entwicklung des Lagerbestands bei Einsatz einer (s, S)-Politik

Die in einem Beschaffungszyklus auftretende Fehlmenge ist wieder gleich der Differenz aus dem Fehlbestand am Ende und dem Fehlbestand am Anfang des Beschaffungszyklus. Um diese beiden Größen bestimmen zu können, betrachten wir die stochastischen Variablen, die sie beeinflussen. Der physische Bestand zu Beginn eines Beschaffungszyklus (unmittelbar nach dem Eintreffen der Bestellung) ist gleich der Differenz $S - Y$. Ein **Fehlbestand** tritt auf, wenn $S < Y$ ist. Der Bestand am Ende eines Beschaffungszyklus (unmittelbar vor dem Eintreffen der Bestellung) dagegen ergibt sich als Differenz $s - U - Y$. Fehlbestand tritt dabei auf, wenn $s < U + Y$.

Der erwartete Fehlbestand am Anfang eines Beschaffungszyklus beträgt dann:

$$E\left\{F_{\text{Anf}}(S)\right\} = \int_{S}^{\infty} (y - S) \cdot f_Y(y) \cdot dy \tag{E.88}$$

Ein Fehlbestand am Ende eines Beschaffungszyklus tritt dann auf, wenn die Summe aus der Nachfragemenge in der Wiederbeschaffungszeit und dem Defizit größer als der Bestellpunkt s ist. Zur Bestimmung des erwarteten Fehlbestands am Ende eines Beschaffungszyklus muß daher die Wahrscheinlichkeitsverteilung der Summe aus dem Defizit und der Nachfragemenge in der Wiederbeschaffungszeit bekannt sein. Bezeichnen wir mit Z die gesamte **Nachfragemenge** in der **Wiederbeschaffungszeit** zuzüglich der Nachfragemenge im **Überwachungsintervall** ($r = 1$), dann kann die Dichtefunktion von $Y^* = Y + U$ wie folgt approximiert werden:[47]

$$h(y^*) = \frac{1}{E\{D\}} \cdot \left[P\{Y \le y^*\} - P\{Z \le y^*\} \right] \qquad y^* \ge 0 \tag{E.89}$$

Der erwartete Fehlbestand am Ende des Beschaffungszyklus beträgt dann:

$$E\left\{F_{\text{End}}(s)\right\} = \int_{s}^{\infty} (y^* - s) \cdot h_Y(y^*) \cdot dy^* \tag{E.90}$$

Nach einigen Umformungen[48] erhält man:

$$E\left\{F_{\text{End}}(s)\right\} = \frac{1}{2 \cdot E\{D\}} \cdot \left[\int_{s}^{\infty} (z - s)^2 \cdot f_Z(z) \cdot dz - \int_{s}^{\infty} (y - s)^2 \cdot f_Y(y) \cdot dy \right] \tag{E.91}$$

Dabei bezeichnet $f_Z(\cdot)$ die Dichtefunktion von Z (Nachfragemenge in der Wiederbeschaffungszeit und dem Überwachungsintervall) und $f_Y(\cdot)$ die Dichtefunktion von Y (Nachfragemenge in der Wiederbeschaffungszeit). Der β-Servicegrad ergibt sich nun wie folgt:

$$\beta(s, S) = 1 - \frac{E\{F_{\text{End}}(s)\} - E\{F_{\text{Anf}}(S)\}}{(S - s) + \dfrac{E\{D\}^2 + \text{Var}\{D\}}{2 \cdot E\{D\}}} \tag{E.92}$$

Daraus folgt schließlich:

---

47 vgl. *Tijms und Groenevelt* (1984); *Tijms* (1994), S. 62
48 vgl. *Tijms und Groenevelt* (1984), S. 187–188

$$1 - \beta(s, S) =$$

$$\frac{\frac{1}{2 \cdot E\{D\}} \left[\int\limits_s^\infty (z-s)^2 \cdot f_Z(z) \cdot dz - \int\limits_s^\infty (y-s)^2 \cdot f_Y(y) \cdot dy \right]}{(S-s) + \frac{E\{D\}^2 + \text{Var}\{D\}}{2 \cdot E\{D\}}} \quad \text{(E.93)}$$

$$- \frac{\int\limits_S^\infty (y-S) \cdot f_Y(y) \cdot dy}{(S-s) + \frac{E\{D\}^2 + \text{Var}\{D\}}{2 \cdot E\{D\}}}$$

Vergleicht man die (s, S)-Politik mit der (s, q)-Politik bei periodischer Lagerüberwachung, dann stellt man fest, daß q der Differenz $S - s$ entspricht, wobei die durchschnittliche **Anzahl von Bestellungen** in der (s, S)-Politik wegen der höheren mittleren Bestellmenge geringer als bei der (s, q)-Politik ist. Umgekehrt verhält es sich mit dem mittleren **Lagerbestand**.

In der Literatur wird nun vorgeschlagen, zunächst die Differenz $(S - s) = q_{\text{opt}}$ mit Hilfe eines geeigneten Modells zur Berechnung der optimalen Bestellmenge festzulegen und im Anschluß daran den Bestellpunkt s unter Berücksichtigung der Servicerestriktion festzulegen. Damit kann ähnlich wie bei der (s, q)-Politik das in Bild E.16 angegebene sequentielle Verfahren zur Bestimmung von s und S eingesetzt werden.

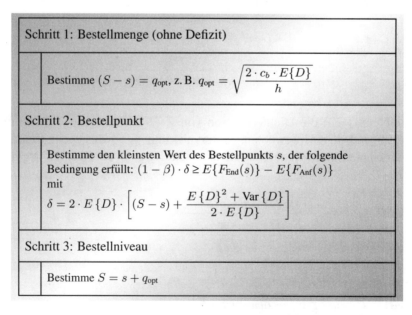

Bild E.16: *Bestimmung der Parameter der (s, S)-Politik*

Die numerische Bestimmung der Politikparameter hängt wieder von der Form der Wahrscheinlichkeitsverteilungen der Zufallsvariablen Y und Z ab.

Normalverteilung. Sind Y und Z normalverteilt, dann kann jedes der beiden in Gleichung (E.91) enthaltenen Integrale wie folgt geschrieben werden:

$$\int_u^\infty (x-u)^2 \cdot v(x) \cdot dx = \sigma^2 \cdot EG_N \left\{ \frac{u-\mu}{\sigma} \right\} \tag{E.94}$$

Die Servicegrad-Restriktion lautet dann:

$$(1-\beta) \cdot \delta \geq \underbrace{\sigma_Z^2 \cdot EG_N \left\{ \frac{s-\mu_Z}{\sigma_Z} \right\}}_{\text{I.}} - \underbrace{\sigma_Y^2 \cdot EG_N \left\{ \frac{s-\mu_Y}{\sigma_Y} \right\}}_{\text{II.}} - \underbrace{\sigma_Y \cdot EF_N \left\{ \frac{S-\mu_Y}{\sigma_Y} \right\}}_{\text{III.}} \tag{E.95}$$

mit

$$\delta = 2 \cdot E\{D\} \cdot \left[(S-s) + \frac{E\{D\}^2 + \text{Var}\{D\}}{2 \cdot E\{D\}} \right] \tag{E.96}$$

Die Funktion $EG_N(\cdot)$ ist dabei wie folgt definiert:[49]

$$EG_N(v) = (1+v^2) \cdot \{1 - \Phi_N(v)\} - v \cdot \phi_N(v) \tag{E.97}$$

Wie man sieht, benötigt man zur Bestimmung des Bestellpunkts s lediglich die Dichtefunktion $\phi_N(v)$ und die Verteilungsfunktion $\Phi_N(v)$ der Standardnormalverteilung. Zur Bestimmung des minimalen Bestellpunkts, der die Einhaltung der Servicegrad-Restriktion (E.95) gerade noch sichert, bieten sich unterschiedliche Verfahren an, deren Anwendbarkeit davon abhängt, ob einzelne der Komponenten I., II. und III. auf der rechten Seite von (E.95) vernachlässigt werden können oder nicht.

Variante 1[50]. Sind alle Komponenten der rechten Seite zu berücksichtigen, dann kann der Bestellpunkt mit Hilfe eines numerischen Verfahrens zur Bestimmung der Nullstelle einer Funktion, z. B. mit dem Newton-Raphson-Verfahren, berechnet werden.[51]

Variante 2. Eine geringfügige Vereinfachung ergibt sich, wenn man annimmt, daß die Komponente III. in Beziehung (E.95) vernachlässigbar ist. Diese Annahme ist gerechtfertigt, wenn der angestrebte Servicegrad hoch (z. B. $\beta > 90\%$) und die Streuung der Nachfragemenge in der Wiederbeschaffungszeit relativ gering ist. Auch in diesem Fall kann der Bestellpunkt mit dem Newton-Raphson-Verfahren berechnet werden.

---

49 Zur Funktion $EF_N(\cdot)$ siehe Gleichung (E.39), S. 412.
50 vgl. *Schneider* (1978b)
51 vgl. *Tijms und Groenevelt* (1984)

Variante 3[52]. Ist nun zusätzlich zu der für Variante 2 genannten Annahme die Länge des Überwachungsintervalls im Vergleich zur Länge der Wiederbeschaffungszeit relativ groß, dann kann auch die Komponente II. in Beziehung (E.95) vernachlässigt werden. In diesem Fall erhält man:

$$(1 - \beta) \cdot \delta \geq \sigma_Z^2 \cdot EG_N \left\{ \frac{s - \mu_Z}{\sigma_Z} \right\} \tag{E.98}$$

Gesucht ist nun der kleinste Wert des sog. **Sicherheitsfaktors** $v = \frac{s - \mu_Z}{\sigma_Z}$, der diese Ungleichung gerade noch erfüllt. Prinzipiell könnte man auch hier wieder das Newton-Raphson-Verfahren einsetzen. *Schneider*[53] gibt jedoch eine rationale Approximation der Inversen von EG_N an, mit der die Gleichung $EG_N(v) = c$ für einen gegebenen Wert von c direkt nach v aufgelöst werden kann. Ist v_opt bekannt, dann errechnet man den **Bestellpunkt** wie folgt:

$$s_\text{opt} = \mu_Z + v_\text{opt} \cdot \sigma_Z \tag{E.99}$$

Die Tabelle E.13 zeigt für einige Werte von EG_N den resultierenden Sicherheitsfaktor v[54].

EG_N	v
1.1151	-0.5524
1.1152	-0.5525
1.1153	-0.5525
1.1154	-0.5526
1.1155	-0.5527
1.1156	-0.5527
1.1157	-0.5528
1.1158	-0.5529
1.1159	-0.5529
1.1160	-0.5530

Tabelle E.13: Zusammenhang zwischen EG_N und v

Betrachten wir ein Beispiel: $E\{D\} = 200$; $\text{Var}\{D\} = 2500$; $\ell = 12$; $(S - s) = 800$; $\beta = 0.90$. Wir erhalten folgende Ergebnisse:

$E\{Z\} = 13 \cdot 200 = 2600$ $\qquad \text{Var}\{Z\} = 13 \cdot 2500 = 32500$ $\qquad \sigma_Z = 180.28$

$E\{Y\} = 12 \cdot 200 = 2400$ $\qquad \text{Var}\{Y\} = 12 \cdot 2500 = 30000$ $\qquad \sigma_Y = 173.21$

---

52 vgl. *Schneider* (1978b)
53 vgl. *Schneider* (1979b), S. 223–224
54 Für andere Werte von EG_N siehe die im Anhang A4 von *Schneider* (1979b) angegebene Tabelle.

$$(1-\beta)\cdot\delta = (1-0.90)\cdot 2\cdot 200\cdot\left[800+\frac{200^2+2500}{2\cdot 200}\right] = 36250.01$$

In Tabelle E.14 sind die Komponenten der Servicegrad-Restriktion für verschiedene Werte des Bestellpunkts angegeben.

s	$\sigma_Z^2 \cdot EG_N\left\{\frac{s-\mu_Z}{\sigma_Z}\right\}$	$\sigma_Y^2 \cdot EG_N\left\{\frac{s-\mu_Y}{\sigma_Y}\right\}$	$\sigma_Y \cdot EF_N\left\{\frac{S-\mu_Y}{\sigma_Y}\right\}$	Rechte Seite von Beziehung (E.95)
	(I.)	(II.)	(III.)	
Variante 1:				(I)-(II)-(III)
2470	44975.36	7516.59	39.66	37419.11
2471	44666.92	7438.31	39.32	37189.29
2472	44360.34	7360.55	38.98	36960.81
2473	44055.59	7283.28	38.64	36733.67
2474	43752.68	7206.52	38.30	36507.86
2475.14	43406.49	7119.38	37.92	36249.19
2475.15	43404.31	7115.80	37.93	36250.58
2475.16	43397.32	7115.79	37.92	36243.61
2476	43147.54	7054.43	37.64	36055.47
2477	42845.34	6979.10	37.31	35828.93
2478	42549.71	6904.22	36.98	35608.51
2479	42251.16	6829.80	36.66	35384.70
2480	41954.43	6755.82	36.34	35162.28
Variante 2:				(I)-(II)
2475.29	43359.36	7108.52		36250.84
2475.30	43357.18	7104.95		36252.24
2475.31	43355.01	7104.94		36250.07
2475.32	43352.83	7104.93		36247.90
2475.33	43345.84	7104.92		36240.93
Variante 3:				(I)
2500.38	36250.01			36250.01

Tabelle E.14: Varianten zur Bestimmung des Bestellpunkts in der (s,S)-Politik

Nach Variante 1 beträgt der Bestellpunkt $s = 2475.15$. Man erkennt aber, daß der Einfluß des Fehlbestands am Anfang des Beschaffungszyklus [dritte Komponente der rechten Seite der Ungleichung (E.95)] relativ gering ist. Vernachlässigt man entsprechend Variante 2 die dritte Komponente, dann ändert sich der Bestellpunkt nur geringfügig ($s = 2475.31$). Vernachlässigt man zusätzlich auch die zweite Komponente von Beziehung (E.95) (Variante 3), dann ergibt sich:

$$c = \frac{36250.01}{32500} = 1.1154$$

Aus Tabelle E.13 kann der Wert $v_{\text{opt}}(EG_N = 1.1154) = -0.5526$ abgelesen werden. Damit beträgt der Bestellpunkt:

$$s_{\text{opt}} = 2600 - 0.5526 \cdot 180.28 = 2500.38$$

Der Preis der vereinfachten Berechnung des Bestellpunktes ist damit ein erhöhter mittlerer Lagerbestand und eine – ungewollte – Überschreitung des β-Servicegrades.

Bild E.17 zeigt die Differenzen zwischen den nach Variante 3 und den nach Variante 2 errechneten Bestellpunkten für mehrere Servicegrade bei zwei unterschiedlichen Streuungen der Periodennachfragemenge. Man erkennt deutlich, daß der mit Variante 3 verbundene Fehler mit steigender Streuung der Nachfragemenge und sinkendem Servicegrad zunimmt. Verwendet man unabhängig von diesem Zusammenhang immer die Berechnungsvariante 3, dann wird der tatsächlich benötigte Bestellpunkt u. U. beträchtlich überschätzt. Die Folge sind hohe Lagerkosten, aber auch ein ungeplant hoher Servicegrad.

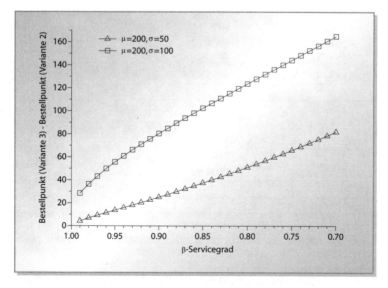

Bild E.17: Differenz zwischen Bestellpunkt nach Variante 3 und Bestellpunkt nach Variante 2 versus Servicegrad und Streuung der Nachfrage

Variante 3 benötigt zwar geringere Rechenzeit (man spart am PC vielleicht eine hundertstel Sekunde ein). Dieser geringfügige Vorteil wiegt den Nachteil der ungenaueren Ergebnisse jedoch nicht auf.

Gammaverteilung. Bei gammaverteilter Periodennachfragemenge D und deterministischer Wiederbeschaffungszeit sind die Zufallsvariablen Y und Z ebenfalls gammaverteilt. In diesem Fall kann die Servicegrad-Restriktion (E.93) durch Gleichung (E.104) beschrieben werden.

Dabei bezeichnet die Größe $I(k, \alpha \cdot x)$ wieder die sog. „incomplete gamma function", die die Wahrscheinlichkeit dafür angibt, daß eine mit dem Skalenparameter α und dem Formparameter k gammaverteilte Zufallsvariable kleiner oder gleich x ist.

$$
\begin{aligned}
(1 - \beta) \cdot \delta \geq \\
& \operatorname{Var}\{Z\} \cdot (k_Z + 1) \cdot [1 - I(k_Z + 2, \alpha_Z \cdot s)] \\
& - 2 \cdot s \cdot E\{Z\} \cdot [1 - I(k_Z + 1, \alpha_Z \cdot s)] \\
& + s^2 \cdot [1 - I(k_Z, \alpha_Z \cdot s)] \\
\\
& - \operatorname{Var}\{Y\} \cdot (k_Y + 1) \cdot [1 - I(k_Y + 2, \alpha_Y \cdot s)] \\
& - 2 \cdot s \cdot E\{Y\} \cdot [1 - I(k_Y + 1, \alpha_Y \cdot s)] \\
& + s^2 \cdot [1 - I(k_Y, \alpha_Y \cdot s)] \\
\\
& - E\{Y\} - S - E\{Y\} \cdot I(k_Y + 1, \alpha_Y \cdot S) \\
& + S \cdot I(k_Y, \alpha_Y \cdot S)
\end{aligned}
\quad \text{(E.104)}
$$

Betrachten wir ein weiteres Beispiel, wobei nun stark schwankender Bedarf angenommen wird: $E\{D\} = 2$; $\operatorname{Var}\{D\} = 36$; $\ell = 2$; $(S - s) = 12$; $\beta = 0.95$. Wir erhalten folgende Ergebnisse:

$k_D = 0.11111 \quad \alpha_D = 0.05556$
$k_Y = 0.22222 \quad \alpha_Y = 0.05556$

$$(1 - \beta) \cdot \delta = (1 - 0.95) \cdot 2 \cdot 2 \cdot \left[12 + \frac{2^2 + 36}{2 \cdot 2}\right] = 4.40$$

Aus Tabelle E.15 kann der optimale **Bestellpunkt** $s_{\text{opt}} = 37.72$ abgelesen werden. Das **Bestellniveau** beträgt dann $S_{\text{opt}} = 49.72$. Im vorliegenden Beispiel wird deutlich erkennbar, daß die Berücksichtigung der zweiten Komponente der Servicegrad-Restriktion unumgänglich ist.

s	(I)	(II)	(III)	(I)-(II)-(III)
37.12	11.06	6.11	0.38	4.57
37.22	10.99	6.07	0.38	4.54
37.32	10.92	6.03	0.38	4.51
37.42	10.85	5.99	0.38	4.48
37.52	10.78	5.95	0.37	4.46
37.62	10.71	5.92	0.37	4.43
37.72	10.65	5.88	0.37	4.40 ← gesuchter Wert
37.82	10.58	5.84	0.37	4.37
37.92	10.51	5.80	0.37	4.34
38.02	10.44	5.76	0.36	4.32
38.12	10.38	5.72	0.36	4.29
38.22	10.31	5.69	0.36	4.26

Tabelle E.15: *Bestimmung des Bestellpunkts bei gammaverteilter Periodennachfragemenge*

Zur numerischen Bestimmung des minimalen Bestellpunkts, mit dem der angestrebte Servicegrad gerade noch erreicht wird, kann das Newton-Raphson-Verfahren oder ein anderes geeignetes Verfahren zur Bestimmung der Nullstelle einer Funktion eingesetzt werden.

Diskrete empirische Verteilung. Folgt die Periodennachfragemenge einer diskreten empirischen Verteilung, dann kann man die zur Ermittlung des Bestellpunktes verwendeten Größen wie folgt berechnen. Zur Bestimmung des Fehlbestandes am Anfang eines Beschaffungszyklus wird die Wahrscheinlichkeitsverteilung der Nachfragemenge in der Wiederbeschaffungszeit, Y, benötigt. Diese kann durch Faltung der Verteilung der Periodennachfragemenge D ermittelt werden.[55]

Zur Bestimmung des erwarteten Fehlbestands am Ende eines Beschaffungszyklus wird die Wahrscheinlichkeitsverteilung der Summe $U + Y$ (Defizit + Nachfragemenge in der Wiederbeschaffungszeit) benötigt. Sie kann durch Faltung der Wahrscheinlichkeitsverteilung von U mit der Wahrscheinlichkeitsverteilung von Y bestimmt werden. Bei extern vorgegebener Differenz $(S - s)$ kann dann nach dem kleinsten Wert von s gesucht werden, bei dem die erwartete Fehlmenge den Anteil $(1 - \beta)$ an der mittleren Nachfragemenge pro Beschaffungszyklus (Bestellmenge) nicht überschreitet.

Betrachten wir das folgende Beispiel: $P\{D = 0\} = 0.1$, $P\{D = 2\} = 0.4$, $P\{D = 5\} = 0.5$; $\ell = 4$; $(S - s) = 10$. Die Verteilung des Defizits beträgt in diesem Fall nach Gleichung (E.46): $P\{U = 0\} = 0.2727$, $P\{U = 1\} = 0.2727$, $P\{U = 2\} = 0.1515$, $P\{U = 3\} = 0.1515$, $P\{U = 4\} = 0.1515$. Der Erwartungswert des Defizits ist $E\{U\} = 1.6364$, wodurch sich eine mittlere Bestellmenge von 11.6364 ergibt. In Tabelle E.16 sind die Wahrscheinlichkeitsverteilungen von Y und $U + Y$ sowie weitere benötigte Funktionen angegeben.

---

55 siehe hierzu Abschnitt E.3.1, S. 391

E.3 Stochastische Lagerhaltungspolitiken

y	$P\{Y=y\}$	s	y^*	$P\{Y+U = y^*\}$	$E\{Y+U>s\} = E\{F_{\text{End}}\}$	S	$E\{Y>S\} = E\{F_{\text{Anf}}\}$	β-Servicegrad
0	0.0001	0	0	0.00003	14.8364	10	3.6030	3.46%
2	0.0016	1	1	0.00003	13.8364	11	2.8025	5.18%
4	0.0096	2	2	0.00045	12.8365	12	2.1300	7.99%
5	0.0020	3	3	0.00045	11.8370	13	1.5775	11.83%
6	0.0256	4	4	0.00288	10.8379	14	1.0250	15.67%
7	0.0240	5	5	0.00341	9.8418	15	0.7125	21.55%
8	0.0256	6	6	0.00922	8.8490	16	0.4500	27.82%
9	0.0960	7	7	0.01529	7.8655	17	0.1875	34.02%
10	0.0150	8	8	0.01916	6.8972	18	0.1250	41.80%
11	0.1280	9	9	0.04098	5.9481	19	0.0625	49.42%
12	0.1200	10	10	0.04167	5.0400	20	0	56.69%
14	0.2400	11	11	0.06106	4.1736	21	0	64.13%
15	0.0500	12	12	0.08833	3.3682	22	0	71.05%
17	0.2000	13	13	0.06894	2.6511	23	0	77.22%
20	0.0625	14	14	0.10530	2.0030	24	0	82.79%
		15	15	0.11667	1.4602	25	0	87.45%
		16	16	0.06818	1.0341	26	0	91.11%
		17	17	0.09849	0.6761	27	0	94.19%
		18	18	0.09849	0.4167	**28**	0	96.42%
		19	19	0.03788	0.2557	29	0	97.80%
		20	20	0.04735	0.1326	30	0	98.86%
		21	21	0.04735	0.0568	31	0	99.51%
		22	22	0.00947	0.0284	32	0	99.76%
		23	23	0.00947	0.0095	33	0	99.92%
		24	24	0.00947	0.0000	34	0	100.00%

Tabelle E.16: Bestimmung des Bestellpunkts bei empirisch verteilter Periodennachfragemenge

Strebt man nun z. B. einen Servicegrad von $\beta = 0.95$ an, dann erhält man aus der Tabelle den Bestellpunkt $s = 18$ und wegen $S = s+10$ das Bestellniveau $S = 28$. Da wegen der diskreten Nachfragemengen s und S ganzzahlig sind, wird der angestrebte Servicegrad nicht genau erreicht, sondern geringfügig überschritten.

E.3.6 Vergleich der Lagerhaltungspolitiken

Da die in den vorangegangenen Abschnitten betrachteten Lagerhaltungspolitiken alternativ eingesetzt werden können, ist zu klären, welche Lagerhaltungspolitik sich im konkreten Fall am besten eignet. Bei der Beantwortung dieser Frage sind verschiedene Gesichtspunkte zu berücksichtigen.[56]

---

[56] vgl. auch *Robrade* (1991)

• Beziehungen zwischen Bestellmenge und Sicherheitsbestand

Bei der Beschreibung der Lagerhaltungspolitiken wurde zunächst die Bestellmenge bzw. das Überwachungsintervall festgelegt und im Anschluß daran die Höhe des die Unsicherheit erfassenden Bestellpunktes bzw. Bestellniveaus bestimmt. Diese sequentielle Vorgehensweise vernachlässigt den Tatbestand, daß bereits die Bestellmenge einen Anteil der Unsicherheit absorbiert. Denn je größer die mittlere Bestellmenge ist, umso seltener kann es zu einem Fehlbestand kommen und umso niedriger kann der Bestellpunkt bzw. das Bestellniveau sein. Insofern sind beide Entscheidungsvariablen einer Lagerhaltungspolitik **simultan** zu ermitteln. Dies ist prinzipiell mit einem **iterativen Verfahren** möglich, soll aber hier nicht beschrieben werden, da man in vielen Fällen davon ausgehen kann, daß die kostenmäßigen Konsequenzen der sequentiellen Vorgehensweise sehr gering sind.

• Bestell- und Lagerkosten

Die betrachteten Lagerhaltungspolitiken sind mit unterschiedlichen **Lagerbeständen** und **Bestellhäufigkeiten** verbunden. Sie unterscheiden sich folglich in der Höhe der Lager- und Bestellkosten. Da die (s, S)-Politik als Grenzfall die anderen Lagerhaltungspolitiken einschließt, können die mit dieser Politik minimal erreichbaren Lager- und Bestellkosten nicht höher sein als die mit einer der anderen Politiken erreichbaren Kosten. Das bedeutet, man kann die Parameter s und S der (s, S)-Politik immer so festlegen, daß sie – jedenfalls im Hinblick auf die beiden genannten Kostenkomponenten – nicht ungünstiger ist als die anderen Politiken. Darüber hinaus kann festgestellt werden, daß die (r, S)-Politik zu höheren Kosten führt als die (s, q)-Politik. Bestimmt man das optimale Überwachungsintervall mit Hilfe der klassischen Bestellmengenformel, dann sind die Bestellkosten dieser beiden Politiken gleich. Da das Bestellniveau S der (r, S)-Politik aber die Unsicherheit über einen längeren Zeitraum $(r + L)$ abdecken muß als der Bestellpunkt s der (s, q)-Politik (L), sind die Lagerkosten in der (r, S)-Politik bei gleichem Servicegrad höher.

Die mit den einzelnen Lagerhaltungspolitiken verbundenen Lager- und Bestellkosten lassen sich approximativ bestimmen, indem man den Durchschnitt aus den erwarteten Beständen am Anfang und am Ende eines Beschaffungszyklus bildet. Bezeichnen wir mit c_b die bestellfixen Kosten und mit h den Lagerkostensatz, dann erhalten wir folgende Kostenabschätzungen:

(s, q)-*Politik:*

$$C_{(s,q)} = \frac{E\{D\}}{q} \cdot c_b + \left(\frac{q}{2} + s - E\{Y\} - E\{U\} + \beta \cdot E\{R\}\right) \cdot h \qquad \text{(E.107)}$$

(r, S)-**Politik:**

$$C_{(r,S)} = \frac{1}{r} \cdot c_b + \left(S - E\{Y\} - \frac{r \cdot E\{D\}}{2} + \beta \cdot E\{R\} \right) \cdot h \qquad (E.108)$$

(s, S)-**Politik:**

$$C_{(s,S)} = \frac{E\{D\}}{(S-s) + E\{U\}} \cdot c_b \\ + \left(\frac{S+s}{2} - E\{Y\} - \frac{E\{U\}}{2} + \beta \cdot E\{R\} \right) \cdot h \qquad (E.109)$$

Dabei ist $\beta \cdot E\{R\}$ der mittlere Fehlbestand pro Periode. Betrachten wir ein Beispiel mit normalverteilter Nachfrage $E\{D\} = 100$; $\text{Var}\{D\} = 900$; $\ell = 8$; $h = 0.024$; $c_b = 120$; $\beta = 0.95$. Tabelle E.17 zeigt die optimalen Werte der Entscheidungsvariablen sowie die minimalen Kosten der drei Lagerhaltungspolitiken.

(r, S)-Politik:	$r = 10$	$S = 1801.59$	$C_{(r,S)} = 24.16$
(s, q)-Politik:	$s = 830.42$	$q = 1000$	$C_{(s,q)} = 23.54$
(s, S)-Politik:	$s = 825.89$	$S = 1825.89$	$C_{(s,S)} = 23.47$

Tabelle E.17: Vergleich der Lagerhaltungspolitiken

Die (s, S)-Politik ist kostengünstiger als die (s, q)-Politik, weil die durchschnittliche Bestellmenge um die Höhe des Defizits größer ist. Es kommt daher zu geringeren Bestellkosten, ohne daß die Bestellkostenreduktion durch den resultierenden Lagerkostenanstieg kompensiert wird.

- **Lieferzeit**

In Abschnitt E.3.2, S. 395 ff., wurde bereits darauf hingewiesen, daß bei der (r, S)-Politik der **Risikozeitraum** wesentlich größer sein kann als bei der (s, q)-Politik. Dies liegt an der längeren Reaktionszeit der (r, S)-Politik. Da der Risikozeitraum i. a. als eine Obergrenze für die lagerbedingte Lieferzeit eines Kundenauftrags betrachtet werden kann, hat die Wahrscheinlichkeitsverteilung der Lieferzeit in der (r, S)-Politik eine größere Streuung als in der (s, q)-Politik. Dies kann sich als ungünstig für die integrierte Optimierung der Teilprozesse in der Logistikkette erweisen.

- **Weitere Gesichtspunkte**

Im konkreten Fall müssen u. U. auch andere Einflußgrößen berücksichtigt werden, die die obige nur auf die Summe aus Bestellkosten und Lagerkosten bezogene Betrachtung relativieren. Sind mengenabhängige Beschaffungspreise zu berücksichtigen, die mit den jeweiligen Beschaffungsmengen variieren, dann kann oft weder die (r, S)-Politik noch die (s, S)-Politik eingesetzt werden, da in diesen Politiken die Beschaffungsmengen Zufallsvariablen sind, deren Streuung von der Varianz des Defizits abhängt. Auch die Vorgabe von festen **Transport- bzw. Packungsgrößen** schränkt die Anwendbarkeit dieser Politiken ein und macht den Einsatz der (s, q)-Politik mit definierbaren Beschaffungsmengen sinnvoll. Lassen sich dagegen **Synergieeffekte im Transportbereich** ausnutzen, z. B. wenn mehrere Produkte von demselben Lieferanten beschafft werden, dann kann es sinnvoll sein, die höheren Kosten der (r, S)-Politik in Kauf zu nehmen, um durch die zeitliche Koordination der Beschaffungstermine der Produkte fixe Beschaffungskosten zu sparen. Ist der „Lieferant" des Lagers eine Produktionsabteilung, dann kann die Koordination der Produktionstermine dann sinnvoll sein, wenn mehrere Produkte einen aufwendigen produktgruppenbezogenen Rüstvorgang und nur geringfügige produktbezogene Umrüstungen benötigen.

Ergänzende Literatur zu Abschnitt E.3:
Minner (2000)
Robrade (1991)
Silver et al. (1998)
Suchanek (1996)
Tempelmeier (2000)
Tijms (1994)

E.4 Methoden zur Berücksichtigung der Unsicherheit in mehrstufigen Produktionsprozessen

Abschnitt E.3 hat gezeigt, daß zur Berücksichtigung der Unsicherheit für einzelne Produkte leistungsfähige Konzepte zur Verfügung stehen. In mehrstufigen Produktionsprozessen ist die Situation erheblich komplizierter, da die auftretenden Zufallseinflüsse nicht mehr auf ein Produkt bzw. eine Produktionsstufe beschränkt sind und es nun zu stufenübergreifenden Interdependenzen kommt. Außerdem „stören" die Entscheidungen der operativen Produktionsplanung und -steuerung die Harmonie der stochastischen Prozesse, so daß man im konkreten Fall oft nicht einmal feststellen kann, ob der unerwartete Anstieg des Sekundärbedarfs infolge eines Anstiegs der Endproduktnachfrage oder durch eine Veränderung einer Losgröße entstanden ist.

In einem mehrstufigen Produktionssystem ist nun insb. die Frage zu beantworten, an welcher Stelle und mit welchen Mitteln die von außen (z. B. durch die Nachfrage) oder von innen (z. B. durch Produktionsstörungen) auf das System einwirkende Unsicherheit abgefangen werden kann.

In der Literatur sind zahlreiche Vorschläge zum Umgang mit der Unsicherheit in mehrstufigen Produktionssystemen gemacht worden:[57]

- **Einsatz stochastischer Planungsmodelle**
- **Verwendung von Pufferungsmechanismen**
    - *Sicherheitsbestand*
    - *Sicherheitsvorlaufzeit*
    - *Überschätzung der Nachfragemenge*
    - *Unterschätzung der Ausbringungsmenge einer Produktionsstufe*
- **Fixierung von Primärbedarfsmengen** bzw. Planvorgaben in den ersten Perioden eines Planungszeitraums (frozen schedule)
- **Neueinplanung** von Produktionsaufträgen (rescheduling)
    - *mit verkürzter Plandurchlaufzeit (Freigabe von Eilaufträgen)*
    - *mit veränderter Produktionsmenge*
    - *mit verändertem Fertigstellungstermin*
- **Vorankündigung von Aufträgen**

Diese Ansätze werden i. d. R. in einem Planungssystem eingesetzt, in dem nach dem Konzept der rollenden Planung vorgegangen wird. Danach werden in regelmäßigen Abständen aktualisierte Produktionspläne entworfen, die sich auf einen über die Zeitachse hinweggleitenden Zeitraum von H Perioden beziehen. Nur die auf wenige unmittelbar bevorstehende Perioden bezogenen Planungsergebnisse werden umgesetzt, während die (Teil-)Produktionspläne für die restlichen Perioden nur vorläufigen Charakter haben und in weiteren Planungsläufen revidiert werden können.

E.4.1 Stochastische Planungsmodelle

Es gibt zahlreiche Versuche, das betrachtete Problem der dynamischen Materialbedarfs- und Losgrößenplanung unter Unsicherheit durch ein stochastisches Entscheidungsmodell[58] abzubilden und mit Hilfe geeigneter Verfahren zu lösen. Angesichts der Komplexität der deterministischen Form des Problems, die wir bislang behandelt haben, haben derartige Anstrengungen vermutlich nur geringe Aussicht auf Erfolg. Die bisher vorliegenden Ansätze beziehen sich daher auf ausgewählte Aspekte der betrachteten Problemstellung. So liegen in beschränktem Umfang z. B. Ansätze zur Erweiterung des dy-

---

57 vgl. *Jönsson et al.* (1982); *Tatsiopoulos und Kingsman* (1983); *Wijngaard und Wortmann* (1985); *Ho et al.* (1986); *Bhatnagar et al.* (1993)
58 vgl. hierzu *DeBodt et al.* (1984)

namischen Einprodukt-Losgrößenmodells[59] um den Aspekt der Unsicherheit oder zur Betrachtung von seriellen Erzeugnis- und Prozeßstrukturen vor.[60]

Von grundlegender Bedeutung ist die Arbeit von *Clark und Scarf*[61], die für ein mehrstufiges Produktionssystem mit linearer Struktur nachweisen, daß unter bestimmten Annahmen (insb. lineare Produktions- und Lagerhaltungskosten, d. h. keine Rüstkosten; Fehlmengenkosten; konstante Produktionszeiten der einzelnen Stufen; stochastische Endproduktnachfrage) die optimale Produktionspolitik einer Produktionsstufe darin besteht, daß in jeder Periode eine Bestandsergänzung ausgelöst wird, die den systemweiten disponiblen Lagerbestand der Produktionsstufe k auf das Niveau S_k anhebt. *Clark und Scarf* geben ein einfaches Verfahren zur Bestimmung der optimalen S_k-Werte an.

E.4.2 Mengen- und Zeitpuffer

Die Verwendung von mengenmäßigen und zeitlichen Puffern ist in den in der betrieblichen Praxis eingesetzten Systemen zur Produktionsplanung und -steuerung weit verbreitet. Wie in Abschnitt D.2, S. 118 ff., erläutert wurde, muß für ein betrachtetes Produkt k für jeden Zeitpunkt t sichergestellt sein, daß die bereits bis zum Zeitpunkt $t - z_k$ eingeplante Gesamt-Produktionsmenge mindestens so groß ist wie die bis zum Zeitpunkt t kumulierte Nettobedarfsmenge. Dies wurde durch Beziehung (D.9) wie folgt sichergestellt:

$$\sum_{\tau=1}^{t-z_k} X_{k\tau} \geq \sum_{\tau=1}^{t} \text{NETTO}_{k\tau} \qquad \begin{array}{l} k = 1, 2, ..., K \\ t = z_k + 1, z_k + 2, ..., T \end{array} \qquad \text{(E.110)}$$

mit

$$\text{NETTO}_{k\tau} = \max\{\text{BRUTTO}_{k\tau} - \text{DISPON}_{k\tau}, 0\} \qquad \begin{array}{l} k = 1, 2, ..., K \\ t = 1, 2, ..., T \end{array} \qquad \text{(E.111)}$$

Da ein eingeplanter Produktionsauftrag erst nach z_k Perioden zur Bedarfsdeckung zur Verfügung steht, muß der Produktionsplan einen zeitlichen Vorlauf vor der Entwicklung des Nettobedarfs haben.

E.4.2.1 Sicherheitsbestand

Eine sehr einfache Vorgehensweise zur Berücksichtigung der Unsicherheit besteht darin, daß man einen bestimmten Teil des unter deterministischen Bedingungen verfügbaren

---

59 Modell SLULSP, vgl. Abschnitt D.3.1, S. 142
60 Vgl. z. B. *Silver* (1978); *Burstein et al.* (1984); *Nevison* (1985). Eine einfache Erweiterung einer (s, q)-Lagerhaltungspolitik für den Fall einer linearen Erzeugnisstruktur bei deterministischen Durchlaufzeiten, gekoppelten Produktionsplänen sowie einer speziellen Form des Bedarfsverlaufs wird von DeBodt und Graves vorgeschlagen. Vgl. *DeBodt und Graves* (1985).
61 vgl. *Clark und Scarf* (1960); *Rosling* (1989); *Langenhoff und Zijm* (1990); *van Houtum und Zijm* (1991)

Lagerbestands der „deterministischen" Planung entzieht. Dies erreicht man durch die Vorgabe eines Sicherheitsbestands SB_k.

Durch diese Vorab-Reservierung verringert sich der disponible Lagerbestand, und der Nettobedarf des Produkts k in Periode τ erhöht sich entsprechend:

$$\text{NETTO}_{k\tau} = \max\{\text{BRUTTO}_{k\tau} - (\text{DISPON}_{k\tau}^{\text{det}} - SB_k), 0\} \qquad \text{(E.112)}$$

Mit $\text{DISPON}_{k\tau}^{\text{det}}$ bezeichnen wir dabei die Summe aus dem physischen, dem reservierten und dem Bestellbestand. Der Sicherheitsbestand kann sowohl zum Ausgleich unvorhergesehener Erhöhungen des Bedarfs als auch zum Ausgleich zufälliger Verringerungen des Materialnachschubs innerhalb der Wiederbeschaffungs- bzw. Produktionszeit eines Produkts dienen. Sofern er durch diese ungeplanten Ereignisse nicht überbeansprucht wird, kann die Produktion reibungslos fortgesetzt werden.

Ist der Lagerbestand unter den geplanten Sicherheitsbestand gesunken, dann wirkt sich dies im nächsten Planungslauf der Losgrößen- und Bedarfsplanung unmittelbar auf den Nettobedarf aus. Nach der Logik der Bedarfsrechnung muß der fehlende Bestand zum nächstmöglichen Zeitpunkt durch einen Produktionsauftrag wieder aufgefüllt werden. Dies kann durch Erhöhung der geplanten Losgröße des nächsten freizugebenden Produktionsauftrags geschehen. Es kann aber u. U. auch sinnvoll sein, spezielle Produktionsaufträge auszulösen, deren Zweck ausschließlich in der Auffüllung des Lagerbestands in Höhe des verbrauchten Sicherheitsbestands besteht. Diese könnten, ohne die normale Produktionskapazität zu belasten, auf Produktionsanlagen gefertigt werden, die im Normalfall nur zur Deckung von Bedarfsspitzen eingesetzt werden (quantitative Anpassung). In jedem Fall tritt eine Zeitspanne auf, in der der disponible Bestand unter dem Sicherheitsbestand liegt.

In der betrieblichen Praxis wird häufig versucht, durch andere Maßnahmen zu verhindern, daß der Sicherheitsbestand überhaupt angegriffen wird. So versucht man z. B. oft, durch Änderung der Prioritäten und Neueinplanung der bereits eingeplanten Produktionsaufträge („rescheduling") die erhöhte Bedarfsmenge zu decken, ohne den Sicherheitsbestand anzugreifen. Dies zeugt von einem fehlerhaften Verständnis der Funktion des Sicherheitsbestands. Denn in diesem Fall wird der Sicherheitsbestand niemals in Anspruch genommen und ist demzufolge überflüssig (toter Lagerbestand).

Bei der Bestimmung der (optimalen) Höhe des Sicherheitsbestands ist zu unterscheiden zwischen dem Sicherheitsbestand für Endprodukte (mit Primärbedarf) und dem Sicherheitsbestand für untergeordnete Erzeugnisse (Baugruppen und Einzelteile mit Sekundärbedarf). Sieht man von Produktionsstörungen ab, dann ist in beiden Fällen die Grundlage für die Berechnung des Sicherheitsbestands die Wahrscheinlichkeitsverteilung der Periodenbedarfsmengen oder der Prognosefehler. Für Endprodukte wird der Sicherheitsbestand i. d. R. nach Gleichung (E.113) – in ähnlicher Weise wie bei der (s,q)-Lagerhaltungspolitik für unabhängige Produkte, aber etwas vergröbert – als ein Vielfaches $v(\alpha)$ der Standardabweichung des kumulierten Prognosefehlers für den Bedarf in der um eine Periode verlängerten[62] Durchlaufzeit, $\sigma_e(z_k + 1)$, festgesetzt, wobei α ein Maß für den angestrebten Servicegrad bezeichnet.

$$SB_k = v(\alpha) \cdot \sigma_e(z_k + 1) \tag{E.113}$$

Die Standardabweichung der Prognosefehler des Bedarfs während der Zeitspanne $(z_k + 1)$ kann durch Überwachung der Qualität des eingesetzten Prognoseverfahrens ermittelt werden.[63] Dabei wird die Standardabweichung des Prognosefehlers bezüglich des Bedarfs während der Durchlaufzeit (oder Wiederbeschaffungszeit) häufig vereinfachend auf der Basis empirischer Daten aus der Standardabweichung des Prognosefehlers bezüglich des Bedarfs einer Periode abgeleitet. Die Höhe des Sicherheitsfaktors $v(\alpha)$ wird im Hinblick auf den angestrebten Servicegrad festgelegt.

Für mehrstufige Erzeugnis- und Prozeßstrukturen kann die Planungslogik des für stationären Bedarfsverlauf konzipierten **Base-Stock-Systems**[64] entsprechend angewandt werden. Hierbei wird das Konzept des systemweiten Lagerbestands[65] auf den Sicherheitsbestand übertragen. Die Grundüberlegung besteht darin, bei der Berechnung des Sicherheitsbestands eines untergeordneten Erzeugnisses einerseits die kumulierte Durchlaufzeit des betrachteten Erzeugnisses sowie aller nachfolgenden Produkte zu berücksichtigen, andererseits aber auch die verfügbaren Lagerbestände und Sicherheitsbestände dieser Produkte kumuliert in die Überlegungen einzubeziehen.

Bild E.18 zeigt als wesentliche Planungsgrößen im Base-Stock-System die systemweiten Durchlaufzeiten (echelon lead time) sowie die systemweiten Lagerbestände zweier Produkte in einer linearen Erzeugnisstruktur. Die vertikalen Balken stellen die systemweiten Lagerbestände der Produkte dar. Für das Einzelteil 2 (hellgraue Balken) ist der systemweite Lagerbestand teilweise als physischer Bestand vorhanden, teilweise aber bereits in das Endprodukt eingebaut worden. Die systemweite Durchlaufzeit eines Produkts ergibt sich durch die Kumulation der Durchlaufzeiten des betrachteten Produkts sowie der Durchlaufzeiten seiner Nachfolger.

Bei Anwendung des Base-Stock-Systems wird für jedes Produkt der Nettobedarf auf der Grundlage der Entwicklung des Endproduktbedarfs ermittelt. Zu diesem Zweck muß jede Produktionsstufe ständig ohne Verzögerung aktuelle Informationen über den eingetretenen Verlauf des Endproduktbedarfs erhalten. Während sich im einstufigen Fall der Nettobedarf eines Produkts aus der Gegenüberstellung von produktbezogenem Bruttobedarf und disponiblem Lagerbestand unter Berücksichtigung des Sicherheitsbestands ergibt, erfolgt im mehrstufigen Fall eine Gegenüberstellung von Endproduktbedarf und systemweitem disponiblem Lagerbestand, wobei die Unsicherheit durch den systemweiten Sicherheitsbestand abgefangen wird. Da der physische und der systemweite Lager-

---

62 Hierdurch soll erfaßt werden, daß der Lagerbestand nicht kontiuierlich überwacht wird, sondern die Zeitachse in diskrete Perioden eingeteilt ist. Dieses Problem wurde bereits in Abschnitt E.3.3, S. 415 ff. ausführlich diskutiert.
63 vgl. hierzu Abschnitt C.1, S. 37 ff.
64 vgl. *Magee* (1958); *Wijngaard und Wortmann* (1985)
65 vgl. Abschnitt D.3.4.2.1, S. 213; *Axsäter und Rosling* (1993); *Lagodimos und Anderson* (1993)

bestand differieren können, tritt oft auch der Fall ein, daß der physische Lagerbestand eines Produkts bereits auf Null gesunken ist und dennoch keine Bestandsauffüllung ausgelöst werden muß. Diese Situation entsteht dann, wenn auf den nachfolgenden Produktionsstufen noch ausreichend Bestände vorhanden sind.

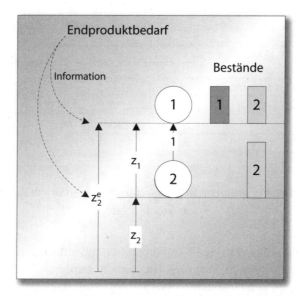

Bild E.18: *Informationsfluß im Base-Stock-System*

Bei der Bestimmung des Sicherheitsbestands für das Einzelteil 2 der in Bild E.18 dargestellten linearen Erzeugnisstruktur ist die Unsicherheit hinsichtlich der Endproduktbedarfsmenge während der um das Überwachungsintervall r verlängerten systemweiten Durchlaufzeit ($z_2^e = z_2 + z_1$) zu berücksichtigen. Denn nachdem zu einem bestimmten Zeitpunkt τ ein Beschaffungsauftrag für das Einzelteil ausgelöst worden ist, führt die nächste Beschaffungsentscheidung (zum Zeitpunkt $\tau + r$) erst nach ($r + z_2^e$) Perioden zu einem Zugang im Endproduktlager.[66]

Allerdings ist zu beachten, daß nicht alle unvorhergesehenen Schwankungen des Endproduktbedarfs den Sicherheitsbestand des Einzelteils 2 angreifen müssen, sondern daß ein Teil schon durch den Sicherheitsbestand des Endprodukts 1 bzw. den entsprechenden Bestandteil des systemweiten Lagerbestands des Einzelteils abgefangen werden kann. Den zufälligen Schwankungen des Endproduktbedarfs während der systemweiten Durchlaufzeit (sowie des Überwachungsintervalls) des Einzelteils steht also dessen kumulierte (systemweite) Sicherheitsbestandsmenge auf beiden Produktionsstufen gegenüber. Die Bedarfsrechnung erfolgt dann wie üblich, jedoch unter Verwendung systemweiter Größen. Dies ist in Tabelle E.18 dargestellt.

---

[66] vgl. hierzu Abschnitt E.3.4, S. 422

Produkt 1: $SB_1 = 20$; $z_1^e = 2$						
Periode t	8	9	10	11	12	13
Bruttobedarfsmenge für Endprodukt 1	–	–	–	20	40	60
disponibler Lagerbestand $DISPON_{1t}^{det}$	90	90	90	90	70	30
$DISPON_{1t}^{det} - SB_1$	70	70	70	70	50	10
Nettobedarf $NETTO_{1t}$	–	–	–	–	–	50
Produktion				50		
Produkt 2: $SB_2 = 50$; $z_2^e = 5$						
Periode t	8	9	10	11	12	13
Bruttobedarfsmenge für Endprodukt 1	–	–	–	20	40	60
disponibler Lagerbestand $DISPON_{2t}^{det}$	130	130	130	130	110	70
$DISPON_{2t}^{det} - SB_2$	80	80	80	80	60	20
Nettobedarf $NETTO_{2t}$	–	–	–	–	–	40
Produktion	40					

Tabelle E.18: Beispiel zur Berücksichtigung systemweiter Größen im Base-Stock-System

Mit der Produktion des für Periode 13 prognostizierten Nettobedarfs des Einzelteils von 40 ME muß nun spätestens in Periode 8 begonnen werden. Sind die Prognosewerte für die Bedarfsmengen der Perioden 8 bis 13 zutreffend, dann betragen die systemweiten Lagerbestände am Ende der Periode 13 wie geplant 20 ME (Endprodukt 1) und 50 ME (Einzelteil 2), d. h., für jedes Produkt ist nur noch der Sicherheitsbestand vorhanden. Der prognostizierte Endproduktbedarf während der systemweiten Durchlaufzeit des Einzelteils (Perioden 8 bis 13) darf sich nun aufgrund unvorhergesehener Ereignisse um maximal $SB_2 = 50$ ME erhöhen, ohne daß wegen mangelnder Verfügbarkeit des Einzelteils Fehlmengen entstehen. Von der insgesamt zulässigen Erhöhung der Bedarfsmenge dürfen wiederum maximal $SB_1 = 20$ ME in den Perioden 11 bis 13 auftreten. Wird z.B. in Periode 11 ein Anstieg der Endproduktbedarfsmenge von 60 ME auf 110 ME prognostiziert, dann kann dies durch die noch mögliche Erhöhung der Produktionsmenge des Endprodukts in Periode 11 abgefangen werden. Allerdings können nur 30 ME produziert werden, da nur ein physischer Sicherheitsbestand des Einzelteils von 30 ME verfügbar ist. Die restlichen 20 ME des Endprodukts müssen aus dessen Sicherheitsbestand gedeckt werden.

Zur Verdeutlichung der Planungslogik des Base-Stock-Systems und der Auswirkungen der Lieferunfähigkeit des Einzelteillagers betrachten wir noch einmal die in Bild E.18, S. 445, dargestellte lineare Erzeugnisstruktur unter der Annahme, daß die wöchentlichen Bedarfsmengen des Endprodukts einer Normalverteilung $N(\mu = 20; \sigma = 4.5)$ folgend in einem Beobachtungszeitraum von fünf Wochen {21, 15, 23, 16, 11} betragen haben. Der Direktbedarfskoeffizient sei 1. Weiterhin wird im Unterschied zu Bild E.18 angenommen, daß die Produktionsdauer des Endprodukts $z_1 = 1$ und die Beschaffungszeit des Einzelteils $z_2 = 2$ betragen. Für beide Produkte wird eine (s, q)-

Lagerhaltungspolitik verfolgt, d. h. es wird am Ende jeder Woche der disponible Lagerbestand mit dem Bestellpunkt s verglichen (periodische Überwachung; $r = 1$). Dabei wird der disponible Bestand für beide Produkte unmittelbar nach der Auslieferung der Periodenbedarfsmenge und vor der Auslösung eines Produktionsauftrags des Endprodukts errechnet. Ist der Bestellpunkt des Endprodukts ($s_1 = 51$) erreicht, dann wird ein Produktionsauftrag der Höhe $q_1 = 60$ ausgelöst. Für das Einzelteil beträgt der Bestellpunkt $s_2 = 95$ und die Bestellmenge $q_2 = 120$. Ein (am Periodenende) ausgelöster Auftrag trifft zu Beginn der nächsten Periode beim Lieferanten (Einzelteillager oder Fremdlieferant) ein und führt bei dessen Lieferfähigkeit nach z_1 bzw. z_2 Wochen (wiederum Periodenbeginn) zu einem Wareneingang im Endprodukt- bzw. Einzelteillager. Ist der Lieferant nicht lieferfähig, dann verstreicht zusätzlich eine lagerbedingte Lieferzeit.

Tabelle E.19 zeigt die Entwicklung der Planungsgrößen bei Anwendung der Base-Stock-Kontrolle im Überblick. Es ist eine Situation dargestellt, in der sich die Durchlaufzeit des Endprodukts aufgrund bestehender Lieferunfähigkeit des Einzelteillagers um die lagerbedingte Lieferzeit erhöht. Nach Überprüfung des disponiblen Lagerbestands (physischer, reservierter und Bestellbestand) des Endprodukts 1 am Ende der Periode 1 wird ein Produktionsauftrag ausgelöst, der zu Beginn der Periode 2 zu einem Bedarf für das Einzelteil führt. Da dessen physischer Lagerbestand erschöpft ist, wird der Bedarf im Einzelteillager als Fehlmenge verbucht und der Produktionsbeginn des Endprodukts verzögert. Im vorliegenden Fall wurde am Ende der Periode 0 im Einzelteillager versäumt, einen Auftrag auszulösen, obwohl der systemweite disponible Lagerbestand mit 60 Mengeneinheiten den (systemweiten) Bestellpunkt $s_2 = 95$ bereits unterschritten hatte. Der nun erst am Ende der Periode 1 ausgelöste Beschaffungsauftrag für das Einzelteil trifft erst zu Beginn der Periode 4 im Lager ein. Der dann immer noch wartende Rückstandsauftrag wird erfüllt. Das heißt, die zur Herstellung des Endprodukts benötigte Menge des Einzelteils wird an die nächste Produktionsstufe weitergegeben.

Nach einer Produktionsdauer von $z_1 = 1$ Periode trifft die Produktionsmenge des Endprodukts im Endproduktlager ein. Der beschriebene Ablauf hat zu einer lagerbedingten Lieferzeit von 2 Perioden geführt. Die gesamte Durchlaufzeit des Endproduktauftrags beträgt in diesem Fall 3 Perioden.

Wie man erkennt, wird der systemweite disponible Lagerbestand des Einzelteils gleichzeitig mit dem disponiblen Lagerbestand des Endprodukts aktualisiert. Bei der Entscheidung über die Auslösung einer Bestellung beim Lieferanten kann damit bereits die aktuelle Bedarfsmenge (insb. deren Abweichung von der prognostizierten Menge) berücksichtigt werden.

t	Produkt 2: $s_2 = 95$				Produkt 1: $s_1 = 51$				
	0	0	0	60	0	60	0	60	Anfangsbestand
1								21	Bedarf Periode 1
					0	39	0	39	Bestand$_1 < s_1$? Ja
					60	39	0	99	Auftrag für 1 auslösen
	0	0	0	39					Bestand$_2 < s_2$? Ja
	120	0	0	159					Auftrag für 2 auslösen
2								15	Bedarf Periode 2
					60	24	0	84	Bestand$_1 < s_1$? Nein
					60	24	0	84	keinen Auftrag auslösen
	120	0	60	144					Bestand$_2 < s_2$? Nein
	120	0	60	144					keinen Auftrag auslösen
3								23	Bedarf Periode 3
					60	1	0	61	Bestand$_1 < s_1$? Nein
					60	1	0	61	keinen Auftrag auslösen
	120	0	60	121					Bestand$_2 < s_2$? Nein
	120	0	60	121					keinen Auftrag auslösen
4								16	Bedarf Periode 4
					60	0	15	45	Bestand$_1 < s_1$? Ja
					120	0	15	105	Auftrag für 1 auslösen
									Wareneingang für 2
									Auslieferung an 1
	0	60	0	105					Bestand$_2 < s_2$? Nein
	0	60	0	105					keinen Auftrag auslösen
5								11	Bedarf Periode 5
									Wareneingang für 1
					60	34	0	94	Bestand$_1 < s_1$? Nein
					60	34	0	94	keinen Auftrag auslösen
	0	0	0	94					Bestand$_2 < s_2$? Ja
	120	0	0	214					Auftrag 2 auslösen

Spaltenzuordnung (von rechts nach links pro Produkt):
- disponibler Lagerbestand 1
- Fehlmenge 1
- physischer Lagerbestand 1
- Bestellbestand 1
- disponibler Lagerbestand 2
- Fehlmenge 2
- physischer Lagerbestand 2
- Bestellbestand 2

Erläuterung der Tabelle:

Zeile 1: Lagerbestand vor der Bestandsüberwachung im Endproduktlager, nach Abbuchung der Endproduktbedarfsmenge.

Zeile 2: Lagerbestand nach der Bestandsüberwachung und eventueller Auftragsauslösung im Endproduktlager. Mit der Produktion soll zu Beginn der nächsten Periode begonnen werden. Der Lagerbestand im Einzelteillager bleibt unverändert.

Zeile 3: Lagerbestand vor der Bestandsüberwachung im Einzelteillager.

Zeile 4: Lagerbestand nach der Bestandsüberwachung und eventueller Auftragsauslösung im Einzelteillager.

Tabelle E.19: Zweistufiges Produktionssystem mit Base-Stock-Kontrolle

Der Vorteil der systemweiten Betrachtung des disponiblen Lagerbestands nach dem Konzept der Base-Stock-Kontrolle liegt darin, daß Entscheidungen zur Vorratsergänzung

E.4 Unsicherheit in mehrstufigen Produktionsprozessen

auf der Grundlage der aktuellen Entwicklung der Endproduktbedarfe ohne zeitliche Verzögerung getroffen werden. Außerdem werden im Fall der Zusammenfassung von mehreren Periodenbedarfen zu einem Auftrag die Bedarfsschwankungen nicht kumuliert, was eine höhere Variabilität zur Folge hätte, sondern einzeln an die untergeordneten Erzeugnisstufen weitergemeldet. Dies kann beträchtliche Auswirkungen auf die Höhe des zur Aufrechterhaltung eines angestrebten Servicegrades notwendigen Lagerbestands haben.

Zur Quantifizierung der positiven Effekte der Base-Stock-Kontrolle betrachten wir das Beispiel aus Tabelle E.19 unter der Annahme, daß für beide Produkte eine $(r=1,S)$-Politik verfolgt wird. Das heißt, für jedes Produkt wird in jeder Periode ein Auftrag ausgelöst, der den disponiblen Lagerbestand wieder auf das Niveau S anhebt. Auf die Zusammenfassung von Bedarfsmengen zu Losen wird dabei verzichtet. Dadurch wird ein Einfluß der Losgrößenpolitik auf den Servicegrad ausgeschlossen. Darüber hinaus bleibt die Struktur des Nachfrageprozesses auch für das untergeordnete Produkt erhalten, so daß auch hier eine Normalverteilung vorliegt. Für das Endprodukt soll ein α-Servicegrad von 90% erreicht werden.

Als Alternative zur Base-Stock-Kontrolle der Lagerbestände betrachten wir die Möglichkeit, beide Produktstufen isoliert zu behandeln. Bei normalverteilter Periodenbedarfsmenge beträgt der Sicherheitsfaktor für das Endprodukt 1 $v(0.9) = 1.28$. Der angestrebte Servicegrad von 90% wird aber nur erreicht, wenn die Produktionszeit des Endprodukts nicht durch eine lagerbedingte Lieferzeit des Einzelteils erhöht wird. Um dies zu erreichen, wird für das Einzelteil ein sehr hoher α-Servicegrad von 99% festgesetzt [Sicherheitsfaktor $v(0.99) = 2.23$]. Damit betragen die Bestellniveaus beider Produkte bei **isolierter Kontrolle**:

$$S_1^i = 2 \cdot 20 + 1.28 \cdot \sqrt{2 \cdot 4.5^2} = 40 + 1.28 \cdot 6.36 = 48.14 \tag{E.114}$$

- Erwartungswert der Bedarfsmenge im Zeitraum $(z_1 + 1)$
- Sicherheitsfaktor $v(90\%)$
- Standardabweichung der Bedarfsmenge im Zeitraum $(z_1 + 1)$

$$S_2^i = 3 \cdot 20 + 2.33 \cdot \sqrt{3 \cdot 4.5^2} = 60 + 2.33 \cdot 7.79 = 78.15 \tag{E.115}$$

- Erwartungswert der Bedarfsmenge im Zeitraum $(z_2 + 1)$
- Sicherheitsfaktor $v(99\%)$
- Standardabweichung der Bedarfsmenge im Zeitraum $(z_2 + 1)$

Geht man nach dem Konzept der Base-Stock-Kontrolle vor, dann kann auf folgende Approximation des α-Servicegrads als Funktion der für die beiden Produkte verwendeten Parameter („interne" Servicegrade) α_1 und α_2 zurückgegriffen werden. Danach gilt für das betrachtete zweistufige lineare Produktionssystem:

$$\alpha_1 \cdot \alpha_2 < \alpha < \min\{\alpha_1, \alpha_2\} \tag{E.116}$$

wobei α zur Obergrenze (Untergrenze) tendiert, wenn die Beschaffungszeit z_2 für das Einzelteil im Vergleich zur systemweiten Durchlaufzeit relativ niedrig (hoch) ist. Gehen wir im betrachteten Beispiel von der Gültigkeit der Untergrenze aus ($z_2 = 2 > z_1 = 1$), dann kann der angestrebte α-Servicegrad durch mehrere Kombinationen von a_1 und a_2 erreicht werden. Wählen wir z. B. $\alpha_1 = 96\%$ und $\alpha_2 = 94\%$, dann ergibt sich $\alpha_1 \cdot \alpha_2 = 90.24\%$. Damit wird der Servicegrad α gemäß Beziehung (E.116) zwischen 90.24% und 94% liegen. Die zur Erreichung dieser beiden Servicegrade erforderlichen (systemweitem) Bestellniveaus betragen:

$$S_1^e = 2 \cdot 20 + 1.75 \cdot \sqrt{2 \cdot 4.5^2} = 40 + 1.75 \cdot 6.36 = 51.14 \tag{E.117}$$

$$S_2^e = 4 \cdot 20 + 1.55 \cdot \sqrt{4 \cdot 4.5^2} = 80 + 1.55 \cdot 9 = 93.95 \tag{E.118}$$

↳ systemweite Durchlaufzeit plus Überwachungsintervall ($z_1 + z_2 + 1$)

Zur Überprüfung beider Vorgehensweisen zur Erreichung eines α-Servicegrades von 90% wurden zwei SIMAN-IV-Simulationsmodelle[67] entwickelt. In Tabelle E.20 werden die in den Simulationsläufen ermittelten physischen Lagerbestände miteinander verglichen.

	ohne Base-Stock-Kontrolle	mit Base-Stock-Kontrolle
Produkt 1	10.45	11.99
Produkt 2	22.25	8.05

Tabelle E.20: Vergleich der durchschnittlichen physischen Lagerbestände mit und ohne Base-Stock-Kontrolle

Im System mit Base-Stock-Kontrolle betrug der in der Simulation erreichte α-Servicegrad in Übereinstimmung mit Beziehung (E.116) 91.85%. Der Lagerbestand könnte somit noch geringfügig durch Verringerung des (systemweiten) Bestellniveaus reduziert werden. Bei der Simulation des Lagersystems ohne Base-Stock-Kontrolle, d. h. bei isolierter Bestandskontrolle, wurde der angestrebte α-Servicegrad von 90% genau erreicht.

Die gewählte Kombination von α_1 und α_2 ist nur eine von mehreren Möglichkeiten, mit denen bei Anwendung des Systems der Base-Stock-Kontrolle ein Servicegrad von $\alpha = 90\%$ erreicht werden kann. Verwendet man statt dessen die „internen" Servicegrade $\alpha_1 = 91\%$ und $\alpha_2 = 99\%$, dann ergibt sich $\alpha_1 \cdot \alpha_2 = 90.09\%$. Diese Parameter-Konstellation entspricht der Strategie, den angestrebten Servicegrad durch einen hohen Sicherheitsbestand auf der Einzelteilstufe zu gewährleisten. Für diese Parameter-Konstellation wird in der Simulation der Base-Stock-Kontrolle ein α-Servicegrad von 90.86% erreicht, wobei die mittleren Lagerbestände 10.76 und 16.55 betragen.

Auch für das System ohne Base-Stock-Kontrolle existieren mehrere Kombinationen von α_1 und α_2, mit denen der angestrebte α-Servicegrad erreicht werden kann. So

---

67 vgl. *Tempelmeier* (1991)

könnte man z. B. α_2 unter 99% senken, müßte aber die dann entstehende lagerbedingte Lieferzeit des Einzelteils und deren negative Effekte auf den α-Servicegrad durch Erhöhung von α_1 kompensieren. Damit besteht in beiden Systemvarianten – mit und ohne Base-Stock-Kontrolle – ein **Optimierungsproblem**, dessen analytische Lösung aber die Kenntnis des funktionalen Zusammenhangs zwischen den Parametern α_1, α_2 und dem angestrebten Servicegrad voraussetzt. Bei genauerer Betrachtung ist festzustellen, daß dieser Zusammenhang nicht direkt, sondern nur indirekt besteht. Aufgrund der physischen Abläufe in dem zweistufigen Lagersystem muß von folgender Wirkungskette[68] ausgegangen werden: {Sicherheitsbestand Produkt 2 sinkt} ⤳ {lagerbedingte Lieferzeit Produkt 2 steigt} ⤳ {Durchlaufzeit Produkt 1 steigt} ⤳ {Sicherheitsbestand Produkt 1 muß steigen, um einen gegebenen Servicegrad für Produkt 1 zu gewährleisten}. Kann dieser Zusammenhang quantifiziert werden, dann hängt die optimale Verteilung der Sicherheitsbestände auf die Produktstufen von den Lagerkostensätzen ab.

Bei der bisherigen Darstellung der Planungslogik sind wir davon ausgegangen, daß die Höhe des auf einer Produktionsstufe zu bevorratenden Sicherheitsbestands bekannt ist bzw. bestimmt werden kann. Allgemein verwendbare analytische Aussagen zur Bestimmung optimaler Sicherheitsbestände in mehrstufigen Produktions- und Lagersystemen stehen derzeit nicht zur Verfügung. Insbesondere die in diesem Lehrbuch betrachtete Situation mit dynamischem und teilweise stochastischem Endproduktbedarf, die Ballung von Periodenbedarfsmengen zu Fertigungsaufträgen (Losen) sowie der stochastische Einfluß der Materialverfügbarkeit eines untergeordneten Produkts auf die Durchlaufzeit eines Erzeugnisses verhindern die unmittelbare Übertragung der Erkenntnisse und Lösungsmethoden der stochastischen Lagerhaltungstheorie.[69] Aufgrund der Mehrstufigkeit des Lagersystems sind zudem Interdependenzen zwischen den Sicherheitsbeständen der einzelnen Produkte zu berücksichtigen, die sich auf die optimale Höhe des insgesamt im Lagersystem bevorrateten Sicherheitsbestands und seine optimale Verteilung auf die einzelnen Produkte auswirken. Diese Zusammenhänge wurden bereits bei der Darstellung des Beispiels zur Base-Stock-Kontrolle angesprochen.

Die bislang vorliegenden Analysen beziehen sich vorwiegend auf Lagersysteme mit stationärem Bedarfsverlauf der Endprodukte unter bestimmten Annahmen hinsichtlich der Erzeugnisstruktur (bzw. Struktur des Lagersystems) und der verfolgten Lagerhaltungspolitik.

So untersuchen *Yano und Carlson*[70] in mehreren Arbeiten die Beziehungen zwischen dem Sicherheitsbestand und der Notwendigkeit zur Neueinplanung von Aufträgen (rescheduling) in einem zweistufigen konvergierenden Lagersystem mit zwei Einzelteilen und einem Endprodukt. Bei Verwendung eines Sicherheitsbestands wird für jedes Produkt eine (r, S)-Lagerhaltungspolitik verfolgt, in der in festen Abständen von r Perioden ein Produktionsauftrag ausgelöst wird, der den disponiblen Lagerbestand auf das Bestellniveau S anhebt. Offensichtlich muß bei Verwendung fixer Produktionsintervalle

---
68 vgl. hierzu für ein mehrstufiges Lagersystem mit divergierender Struktur *Tempelmeier* (1993b)
69 vgl. Abschnitt E.3, S. 390 ff. und die dort angegebene Literatur
70 vgl. *Carlson und Yano* (1986); *Yano und Carlson* (1985, 1987, 1988)

ein Sicherheitsbestand gehalten werden, damit die zufälligen Schwankungen des Endproduktbedarfs innerhalb des Risikozeitraums aufgefangen werden können. In einem alternativ dazu betrachteten Szenario wird auf zufällige Schwankungen des Endproduktbedarfs durch zeitliche Verschiebung der Produktionstermine sowie durch Veränderung der Losgrößen reagiert. Die referierten Ergebnisse von Simulationsuntersuchungen machen deutlich, daß die simultane Bestimmung der optimalen Lagerhaltungspolitiken für alle Produkte ein schwieriges Problem ist, dessen Lösung von der Struktur des Lagersystems, dem angestrebten Servicegrad, den Kostenparametern, den Vorlaufzeiten und dem Verlauf der Endproduktbedarfsmengen abhängt.

Eine Möglichkeit zur Bestimmung der Sicherheitsbestände in mehrstufigen Produktions- und Lagersystemen besteht darin, das (schwierige) mehrstufige Mehrprodukt-Problem in mehrere weniger komplizierte Teilprobleme zu zerlegen und diese getrennt zu behandeln. Die Teilprobleme können isolierte Einprodukt-Probleme, aber auch Mehrprodukt-Probleme mit linearer, konvergierender oder divergierender Struktur sein.

Van Donselaar[71] diskutiert heuristische Ansätze zur Behandlung der Unsicherheit in derartigen Lagersystemen. Seine Überlegungen[72] sollen im folgenden anhand der im obigen Beispiel betrachteten zweistufigen linearen Erzeugnisstruktur mit einem Endprodukt 1 und einem Einzelteil 2 erläutert werden. Es wird davon ausgegangen, daß am Ende eines jeden Tages der Lagerbestand überprüft wird (Überwachungszyklus $r = 1$). Zur Bestimmung der Größe des auszulösenden Produktionsauftrags werden zwei Strategien betrachtet:

- **Bedarfssynchrone Produktion** („lot-for-lot"-Produktion)
  In diesem Fall wird am Ende der Vorperiode eine Vorratsergänzung (Produktion oder Beschaffung) initiiert, die den disponiblen Lagerbestand des Produkts auf das Bestellniveau S anhebt. Dies entspricht einer $(r = 1, S)$-Politik. Die Auftragsgröße ist dabei jeweils gleich der zuletzt aufgetretenen Periodenbedarfsmenge. Der physische Lagerbestand steigt nach einer deterministischen Produktionszeit von z_1 bzw. z_2 Perioden wieder an.

- **Losbildung**
  Hier werden mehrere zukünftige prognostizierte Periodenbedarfe zu einem Auftrag zusammengefaßt. Dieser Auftrag der Höhe q wird ausgelöst, sobald der disponible Lagerbestand den Bestellpunkt s erreicht (bzw. unterschritten) hat. Diese Politik wurde bereits in Tabelle E.19 eingesetzt.

Gehen wir zunächst davon aus, daß eine bedarfssynchrone Produktion erfolgt [$(r = 1, S)$-Politik mit Base-Stock-Kontrolle]. In diesem Fall wird zu Beginn einer Periode ein Auftrag ausgelöst, der den disponiblen Lagerbestand auf das Bestellniveau S anhebt. Das Bestellniveau muß gemäß Gleichung (E.119) die Summe aus dem prognostizierten

---

71 vgl. *van Donselaar* (1989, 1990, 1992); *Wijngaard und Wortmann* (1985)
72 Auf die Erkenntnisse von Van Donselaar wurde bereits bei der Erläuterung des Base-Stock-Konzepts zurückgegriffen.

Bedarf während der Produktionsdauer (und des Überwachungszyklusses) und dem Sicherheitsbestand abdecken. Bezeichnen wir die prognostizierte Bedarfsmenge während der Zeitspanne $(z_1 + 1)$ vereinfachend mit $\mu(z_1 + 1)$, dann erhalten wir für den Fall, daß in jeder Periode ein Auftrag ausgelöst wird:

$$S_1 = \underbrace{\mu(z_1 + 1)}_{\text{erwartete Nachfragemenge im Risikozeitraum}} + v(\alpha) \cdot \underbrace{\sigma(z_1 + 1)}_{\text{Standardabweichung der Nachfragemenge im Risikozeitraum}} \tag{E.119}$$

Bild E.19 veranschaulicht den Verlauf des physischen Lagerbestands sowie des disponiblen Lagerbestands bei Einsatz einer $(r = 1, S)$-Politik für ein Produkt mit $N(\mu = 50, \sigma = 5)$-verteilter Periodennachfrage, wobei zu berücksichtigen ist, daß der Bestellbestand immer mehrere Aufträge umfaßt. Wird ein α-Servicegrad von 95% angestrebt, dann beträgt der mit der Auslösung einer Bestellung zu erreichende disponible Lagerbestand (für $z = 1$) $S = 100 + 1.64 \cdot \sqrt{50} = 111.59$. Im Unterschied zu Lagerhaltungspolitiken mit größeren Überwachungszyklen ist der disponible Bestand nach Auslösung einer Bestellung hier immer gleich S (=111.59).

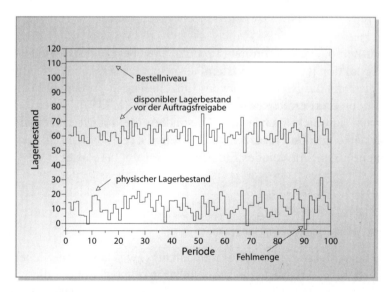

Bild E.19: Verlauf von physischem und disponiblem Lagerbestand bei einer $(r = 1, S)$-Politik mit α=95% und N(50,5)-verteilter Periodenbedarfsmenge (Simulationsergebnisse)

Faßt man nun mehrere Periodenbedarfe zu einem größeren Los zusammen, dann entspricht die resultierende Lagerhaltungspolitik einer (s, q)-Politik mit periodischer Überwachung, nach der für das Endprodukt 1 immer ein Auftrag der Größe q_1 ausgelöst wird, sobald der disponible Lagerbestand den Bestellpunkt s_1 erreicht (oder unterschritten[73]) hat. Geht man davon aus, daß der disponible Lagerbestand im Intervall $[s_1, s_1 + q_1]$ gleichverteilt ist, dann erhält man bei $N(\mu, \sigma)$-normalverteilten Periodenbedarfsmengen als Wahrscheinlichkeit dafür, daß zu einem beliebigen Zeitpunkt keine Fehlmenge auftritt:

$$\alpha = \frac{1}{q_1} \cdot \int_{s_1}^{s_1+q_1} \Phi_N \left\{ \frac{y - \mu(z_1 + 1)}{\sigma(z_1 + 1)} \right\} \cdot dy \qquad (E.120)$$

Zur Bestimmung des optimalen Bestellpunkts s_1, bei dem der gewünschte α-Servicegrad erreicht wird, schlägt *Van Donselaar*[74] folgende Approximation vor:

$$s_1 = \mu(z_1 + 1) + \frac{q_1}{2} + v(\alpha) \cdot \sqrt{(z_1 + 1) \cdot \sigma_1^2 + \frac{q_1^2}{12}} \qquad (E.121)$$

Der Parameter $v(\alpha)$ wird für kleine Losgrößen unter Rückgriff auf die Standard-Normalverteilung implizit durch Gleichung (E.122) und für große Losgrößen nach Gleichung (E.123) bestimmt.

$$\alpha = \Phi_N[v(\alpha)] \qquad (E.122)$$

$$v(\alpha) = (\alpha - 0.5) \cdot \sqrt{12} \qquad (E.123)$$

Betrachten wir nun das untergeordnete Produkt 2, wobei zunächst wieder von bedarfssynchroner Produktion $[(r = 1, S)$-System] ausgegangen sei. Bei Anwendung der Base-Stock-Kontrolle kann das Bestellniveau des Einzelteils, S_2^e, prinzipiell in gleicher Weise wie für das Endprodukt errechnet werden [Gleichung (E.119)]. Allerdings ist der relevante Zeitraum nun nicht mehr $(z_1 + 1)$, sondern die um die Überwachungsperiode verlängerte systemweite Durchlaufzeit des Einzelteils, $(z_2 + z_1 + 1)$. In diesem Fall wird das (systemweite) Bestellniveau des Einzelteils wie folgt berechnet:[75]

$$S_2^e = \underbrace{\mu(z_2 + z_1 + 1)}_{\text{erwartete Nachfragemenge im Risikozeitraum}} + v(\alpha) \cdot \underbrace{\sigma(z_2 + z_1 + 1)}_{\text{Standardabweichung der Nachfragemenge im Risikozeitraum}} \qquad (E.124)$$

Während im einstufigen Fall der Zusammenhang zwischen dem Sicherheitsbestand und dem angestrebten α-Servicegrad unmittelbar erkennbar war, ist dieser Zusammenhang nun nicht mehr offensichtlich. Bei der Diskussion des Beispiels zur Base-Stock-Kontrolle wurde bereits auf das Problem hingewiesen, daß bei mangelnder Lieferfähigkeit des Einzelteillagers eine Verzögerung des Materialnachschubs (lagerbedingte Lieferzeit) für die Produktion des Endprodukts auftritt. Dabei wurde mit Beziehung (E.116)

---

[73] Bei periodischer Lagerüberwachung und Periodenbedarfsmengen, die größer als 1 sind, tritt regelmäßig der Fall ein, daß der physische Lagerbestand zum Zeitpunkt der Auslösung einer Vorratsergänzung den Bestellpunkt bereits unterschritten hat. Vgl. hierzu Abschnitt E.3.3, S. 415 ff. Dies wird im folgenden – nicht ganz korrekt – durch Erhöhung des Risikozeitraums um eine Periode erfaßt.

[74] vgl. *van Donselaar* (1990)

[75] vgl. *van Donselaar* (1990)

eine Abschätzung für den zu erwartenden α-Servicegrad als Funktion der Parameter a_1 und a_2 angegeben.

Auf der Grundlage dieser Beziehung schlägt *Van Donselaar* für den Fall der bedarfssynchronen Produktion vor, in den Gleichungen (E.119) und (E.124) denselben Sicherheitsfaktor $v(\alpha)$ zu verwenden und diesen mit

$$\Phi_N[v(\alpha)] = \frac{1}{3} + \frac{2}{3} \cdot \alpha \qquad (E.125)$$

approximativ zu bestimmen. In dem obigen Beispiel ergibt sich nach diesem Vorschlag ($\alpha = 90\%$):

$$\Phi_N[v(\alpha)] = 93.33\% \rightsquigarrow v(93.33\%) = 1.5$$

$$S_1^e = 2 \cdot 20 + 1.5 \cdot \sqrt{2 \cdot 4.5^2} = 49.54$$

$$S_2^e = 4 \cdot 20 + 1.5 \cdot \sqrt{4 \cdot 4.5^2} = 93.50$$

Die Simulation des zweistufigen Produktions- und Lagersystems ergibt einen α-Servicegrad von 89.61% bei einem mittleren physischen Lagerbestand von 10.90 für das Endprodukt und 8.83 für das Einzelteil. Vergleichen wir hiermit die in Tabelle E.20 angegebenen Lagerbestände, die bei Anwendung der Base-Stock-Kontrolle mit den internen Servicegraden $\alpha_1 = 96\%$ und $\alpha_2 = 94\%$ erreicht wurden, dann stellen wir fest, daß die Lagerbestände insgesamt etwas niedriger sind, sich aber anders auf die beiden Lagerstufen verteilen. Die Frage, welche der beiden Varianten besser ist, kann unter Berücksichtigung der Lagerkostensätze beantwortet werden. Auch Lagerbestandsrestriktionen können hier relevant sein.

Für den Fall, daß mehrere Periodenbedarfsmengen zu einem Los zusammengefaßt werden, schlägt *Van Donselaar* vor, für beide Produkte Gleichung (E.121) sinngemäß zu verwenden, wobei zur Bestimmung des Sicherheitsfaktors auf Beziehung (E.125) zurückgegriffen wird.

Die hier exemplarisch für eine sehr einfache lineare Erzeugnisstruktur vorgestellten Überlegungen können auch auf divergierende und konvergierende Erzeugnisstrukturen (Lagersysteme) übertragen werden.[76]

Van Donselaar[77] schlägt vor, das ursprünglich für stationäre Lagerprozesse konzipierte Base-Stock-Konzept zu dynamisieren, indem das Bestellniveau eines Produkts und damit auch die resultierende Vorratsergänzung periodenbezogen in Abhängigkeit von den prognostizierten Bedarfsmengen in der systemweiten Durchlaufzeit des Produkts festgelegt wird. Dieses als **Line Requirements Planning** (LRP) bezeichnete Konzept zeichnet sich dadurch aus, daß die Bedarfsauflösung für ein untergeordnetes Produkt nicht auf

---

[76] vgl. *Wijngaard und Wortmann* (1985); *van Donselaar* (1989, 1990)
[77] vgl. *van Donselaar* (1992)

der Grundlage geplanter terminierter Produktionsaufträge der nachfolgenden Produktionsstufe, sondern auf der Grundlage der Endproduktbedarfe erfolgt, wobei zur Bestimmung der Nettobedarfsmengen der systemweite Lagerbestand des Produkts berücksichtigt wird. Dieses System führt jedoch zu Problemen, wenn die Losgrößen nicht beliebig variiert werden können. Darüber hinaus werden die Kapazitäten der Ressourcen nicht berücksichtigt.

Zur Frage der Bestimmung der optimalen Verteilung der Sicherheitsbestände stellt *Simpson*[78] folgende Überlegungen für ein lineares Produktionssystem mit K ($k = 1, 2, ..., K$) Produktions- und Lagerstufen an. Alle Lagerstufen verfolgen ($r = 1, S$)-Lagerhaltungspolitiken mit Base-Stock-Kontrolle. Am Ende einer Periode werden sämtliche systemweiten disponiblen Lagerbestände unter Berücksichtigung des eingetretenen Endproduktbedarfs aktualisiert, und es wird für jedes Lager k ein Auftrag zur Vorratsergänzung (in Höhe des aufgetretenen Endproduktbedarfs) ausgelöst, der an die unmittelbar vorgelagerte Produktionsstufe ($k - 1$) gerichtet wird.

Unter „normalen" Umständen werden die benötigten Mengen (einschl. zufälliger Erhöhungen einer Periodenbedarfsmenge) sofort an die anfordernde Produktionsstufe k weitergegeben, und sie führen nach einer Bearbeitungszeit von z_k Perioden zu einem Wareneingang im Lager k. Ist aber der Bestand im Lager der Produktionsstufe ($k - 1$) erschöpft, dann muß die Produktionsstufe k mit dem Beginn der Produktion solange warten, bis die Produktionsstufe ($k - 1$) den Bestand wieder aufgefüllt hat. Beginnt die Produktionsstufe ($k - 1$) zum Zeitpunkt der Anforderung an das Lager ($k - 1$) mit der Produktion, dann muß die Produktionsstufe k genau z_{k-1} Perioden auf den Produktionsbeginn warten. Erst dann kann sie selbst – nach weiteren z_k Perioden – ihr eigenes Lager k füllen.

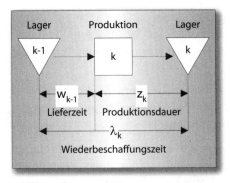

Bild E.20: Zusammensetzung der maximalen Wiederbeschaffungszeit des Lagers k

Wir bezeichnen nun mit w_{k-1} die maximale Wartezeit (Lieferzeit) einer Materialanforderung, die von der Produktionsstufe k an das Lager ($k - 1$) gerichtet wird. Ferner sei λ_k die maximale Wiederbeschaffungszeit des Lagers k und z_k die Produktionsdauer der

---

78 vgl. *Simpson* (1958)

E.4 Unsicherheit in mehrstufigen Produktionsprozessen

Produktionsstufe k. Dann gilt (siehe auch Bild E.20):

$$\lambda_k = w_{k-1} + z_k \qquad k = 1, 2, ..., K \qquad \text{(E.127)}$$

- z_k: Produktionsdauer der Produktionsstufe k
- w_{k-1}: maximale Lieferzeit der Vorstufe (= maximale Wartezeit der Stufe k)
- λ_k: maximale Wiederbeschaffungszeit des Lagers k

Die maximale Wiederbeschaffungszeit des Lagers k, λ_k, hängt offenbar davon ab, ob eine Materialanforderung, die die Produktionsstufe $(k-1)$ an das ihr vorgelagerte Lager $(k-2)$ richtet, unverzüglich erfüllt werden kann oder ob auch hier eine Wartezeit w_{k-2} verstreicht. Im letztgenannten Fall beträgt die Wiederbeschaffungszeit des Lagers $(k-1)$: $\lambda_{k-1} = w_{k-2} + z_{k-1}$. Die Wiederbeschaffungszeit λ_k ist eine deterministische, geplante Größe. Sie entsteht durch Kumulation der deterministischen Produktionsdauern aufeinanderfolgender Produktionsstufen. *Simpson* geht davon aus, daß im Rohstofflager (Stufe 0) und im Endproduktlager (Stufe K) keine geplanten Wartezeiten auftreten ($w_0 = 0$; $w_K = 0$). Davon zu unterscheiden ist die Lieferzeit, die sich aufgrund einer zufälligen Lieferunfähigkeit eines Lagers ergibt. Im Endproduktlager K wird sie durch den Sicherheitsbestand beeinflußt. Letzterer wird so festgelegt, daß ein angestrebter α-Servicegrad erreicht wird. Auf den anderen Produktionsstufen wird angenommen, daß durch Maßnahmen im Bereich der Fertigungssteuerung, z.B. durch Bereitstellung von Reservekapazitäten, gewährleistet werden kann, daß niemals ungeplante, lagerbedingte Lieferzeiten auftreten. Allerdings lassen sich zur Steuerung der Höhe der Sicherheitsbestände auf diesen Lagerstufen ebenfalls α-Servicegrade verwenden. Diese Größen dienen jedoch nur dazu, das Ausmaß zu beeinflussen, in dem auf die genannten außerordentlichen Maßnahmen zur Auffüllung des Lagerbestands zurückgegriffen werden muß.

Betrachten wir das in Bild E.21 dargestellte dreistufige Produktionssssystem. Die (deterministischen) Produktionsdauern seien $z_1 = 2$, $z_2 = 4$ und $z_3 = 3$. Das Endproduktlager steht einer stochastischen Nachfrage gegenüber, die nach dem Konzept der Base-Stock-Kontrolle an jeder Produktionsstelle durch entsprechende Produktion wieder ersetzt wird. Die kumulierte Durchlaufzeit eines Auftrags beträgt damit 9 Perioden. Berücksichtigt man den Überwachungszyklus ($r = 1$), dann muß in diesem Lagersystem Bedarfsunsicherheit über eine Zeitspanne von 10 Perioden durch Bevorratung von Sicherheitsbeständen absorbiert werden.

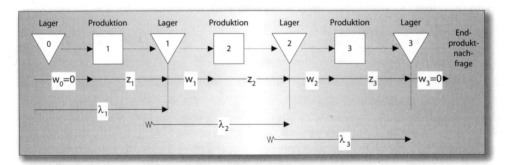

Bild E.21: Durchlaufzeiten in einem dreistufigen Produktions- und Lagersystem

Es sei zunächst angenommen, daß in keinem Lager ein Sicherheitsbestand gehalten wird. Ein durch eine zufällige Erhöhung des Endproduktbedarfs ausgelöster Auftrag zur Versorgung der Produktionsstufe 1 muß wegen $w_0 = 0$ (das Rohstofflager ist immer lieferfähig) niemals warten. Daher vergehen maximal $\lambda_1 = w_0 + z_1 = 0 + 2 = 2$ Perioden, bis ein Produktionsauftrag der Stufe 1 zu einem Wareneingang im Lager 1 geführt hat. Das bedeutet aber: ist der Bestand des Lagers 1 erschöpft, dann muß ein Produktionsauftrag der Produktionsstufe 2 maximal $w_1 = 2$ Perioden warten, bis mit seiner Bearbeitung begonnen werden kann. Nach weiteren $z_2 = 4$ Perioden, d. h. nach maximal $\lambda_2 = w_1 + z_2 = 2 + 4 = 6$ Perioden, kann dieser Auftrag zu einem Wareneingang im Lager 2 führen. Setzen wir die Überlegungen für die dritte Produktionsstufe fort, dann gilt $\lambda_3 = w_2 + z_3 = 6 + 3 = 9$. Dies ist die über alle Produktionsstufen kumulierte Durchlaufzeit. Wird also vollständig auf die Haltung von Sicherheitsbeständen verzichtet, dann können unvorhergesehene Bedarfe erst nach der kumulierten Durchlaufzeit erfüllt werden. Bei normalverteilter Endproduktnachfrage würde in diesem Fall ein α-Servicegrad von 50% erreicht werden.

Soll der den Kunden offerierte Servicegrad verbessert werden, dann sind Sicherheitsbestände zu halten. Es bestehen nun mehrere Möglichkeiten, einen vorgegebenen α-Servicegrad auf der Endproduktstufe zu erreichen. So könnte man z. B. einen Sicherheitsbestand für das Endprodukt halten, der die gesamte Unsicherheit über die Wiederbeschaffungszeit aus der Sicht des Endproduktlagers von 9 bzw. bei periodischer Lagerüberwachung von $(9 + 1)$ Perioden abdeckt. In diesem Fall beträgt der Sicherheitsbestand $SB_3 = v(\alpha) \cdot \sigma \cdot \sqrt{9+1}$.

Man kann aber auch auf jeder Produktionsstufe einen Sicherheitsbestand bevorraten und diesen jeweils so festsetzen, daß das Lager k mit der Wahrscheinlichkeit α_k lieferfähig ist. Dies führt in den betreffenden Lagern zu einer Reduktion der maximalen Lieferzeit. Bevorraten wir z. B. für die Produktionsstufe 1 ($z_1 = 2$) einen Sicherheitsbestand, der ungeplante Bedarfsschwankungen einer Periode abfängt, dann reduziert sich die maximale Lieferzeit in diesem Lager um eine Periode.[79] Treten z. B. in beiden Teilperioden

---

[79] Diese Vorgehensweise ist aber nicht optimal. Vgl. weiter unten.

von z_1 zufällige Bedarfserhöhungen ein, dann kann die Bedarfserhöhung der ersten Periode aus dem vorhandenen Sicherheitsbestand gedeckt werden, während die Bedarfserhöhung der zweiten Periode erst nach einer Periode erfüllt werden kann.

Beträgt nun die maximale Lieferzeit einer Produktionsstufe w_k und die maximale Wiederbeschaffungszeit eines Lagers λ_k, dann muß durch den Sicherheitsbestand die Zeitspanne $(\lambda_k - w_k) = (w_{k-1} + z_k - w_k)$ überbrückt werden. Für das Bestellniveau der Produktionsstufe k, S_k, ergibt sich damit:

$$S_k = \underbrace{(w_{k-1} + z_k - w_k) \cdot \mu}_{\text{erwartete Endproduktnachfragemenge im relevanten Zeitraum}} + \underbrace{\text{SB}_k}_{\text{Sicherheitsbestand der Produktionsstufe } k} \qquad k = 1, 2, ..., K \qquad (E.128)$$

Der Sicherheitsbestand der Produktionsstufe k wird bei Verfolgung eines α-Servicegrades und $N(\mu, \sigma)$-normalverteilten Periodenbedarfsmengen wie folgt berechnet:[80]

$$\text{SB}_k = \underbrace{v_k(\alpha)}_{\text{Sicherheitsfaktor für Lager } k} \cdot \sigma \cdot \sqrt{w_{k-1} + z_k - w_k} \qquad k = 1, 2, ..., K-1 \qquad (E.129)$$

Da für das Endprodukt (im Lager K) keine Wartezeiten auftreten dürfen ($w_K = 0$), beträgt dessen Sicherheitsbestand unter Berücksichtigung der Länge der Überwachungsperiode:

$$\text{SB}_K = v_K(\alpha) \cdot \sigma \cdot \sqrt{w_{k-1} + z_k + 1} \qquad (E.130)$$

Damit sind die Sicherheitsbestände als Funktion der maximalen Wartezeiten beschrieben. Berücksichtigt man nun noch Lagerkostensätze h_k, dann kann das Problem der Bestimmung der optimalen Verteilung der Sicherheitsbestände in einem linearen Produktions- und Lagersystem mit K Stufen durch das folgende Modell BASEOPT abgebildet werden.

Modell BASEOPT

$$\text{Minimiere } Z = \sum_{k=1}^{K-1} c_k \cdot \sqrt{w_{k-1} + z_k - w_k} + c_K \cdot \sqrt{w_{K-1} + z_K + 1} \qquad (E.131)$$

u. B. d. R.

$$w_k \leq w_{k-1} + z_k \qquad k = 1, 2, ..., K-1 \qquad (E.132)$$

---

[80] vgl. *Inderfurth* (1991b)

$$w_0 = 0 \tag{E.133}$$

mit

$$c_k = h_k \cdot v_k(\alpha_k) \cdot \sigma_k \qquad K = 1, 2, ..., K \tag{E.134}$$

Dabei bedeuten:

h_k Lagerkostensatz im Lager k

$v_k(\alpha_k)$ Sicherheitsfaktor als Funktion des Servicegrades im Lager k

w_k maximale Wartezeit einer Materialanforderung im Lager k

z_k Produktionsdauer der Stufe k

σ_k Standardabweichung der Bedarfsmenge für Stufe k (unter Berücksichtigung des Verflechtungsbedarfs zwischen den Stufen k und K)

Entscheidungsvariablen dieses Modells sind die maximalen Lieferzeiten der Produktionsstufen, die durch Sicherheitsbestände abgedeckt werden müssen. *Simpson* hat nachgewiesen, daß die optimale Lösung dieses Modells dadurch gekennzeichnet ist, daß auf jeder Stufe entweder die gesamte Lieferzeit abgesichert oder überhaupt kein Sicherheitsbestand gehalten wird. Damit gilt für die optimale maximale Lieferzeit einer Produktionsstufe:

$$w_k^{opt} \in \left\{ 0, w_{k-1}^{opt} + z_k \right\} \qquad k = 1, 2, ..., K-1 \tag{E.135}$$

Aufgrund dieser Eigenschaft lassen sich 2^{K-1} zulässige Lösungen unterscheiden, die man für geringe Anzahlen von Produktionsstufen vollständig enumerieren kann. Im vorliegenden Beispiel mit $K = 3$ gibt es 4 zulässige Lösungen. Sie sind in Tabelle E.21 zusammengestellt.

Nr.	w_1	w_2	durch Sicherheitsbestand abzusichernder Zeitraum für Stufe k		
			1	2	3
1	0	0	2 (= 0 + 2 − 0)	4 (= 0 + 4 − 0)	4 (= 0 + 3 + 1)
2	0	4	2 (= 0 + 2 − 0)	0 (= 0 + 4 − 4)	8 (= 4 + 3 + 1)
3	2	0	0 (= 0 + 2 − 2)	6 (= 2 + 4 − 0)	4 (= 0 + 3 + 1)
4	2	6	0 (= 0 + 2 − 2)	0 (= 2 + 4 − 6)	10 (= 6 + 3 + 1)

Tabelle E.21: Berechnung der abzusichernden Zeiträume

Die insgesamt über alle Produktionsstufen durch Sicherheitsbestände abzudeckende Zeitspanne beträgt immer 10 Perioden. Sie entspricht der um die Länge der Überwachungsperiode erhöhten kumulierten Durchlaufzeit. Die erste Lösung ist dadurch gekennzeichnet, daß auf jeder Stufe ein Sicherheitsbestand gehalten wird, der die Unsicherheit bezüglich der Endproduktnachfrage während der Produktionsdauer der betreffenden Stufe abdeckt (vollständig dezentrale Sicherheitsbestände). In der zweiten

Lösung deckt der Sicherheitsbestand der Stufe 3 die Unsicherheit während der Produktionsdauern der Stufen 2 und 3 ab. Auf Stufe 2 wird daher kein Sicherheitsbestand gehalten. In der dritten Lösung deckt der Sicherheitsbestand der Stufe 2 die Unsicherheit während der Produktionsdauern der Stufen 1 und 2 ab. In der vierten Lösung schließlich wird die gesamte Unsicherheit während der kumulierten Durchlaufzeit durch einen Sicherheitsbestand für das Endprodukt abgefangen (zentraler Sicherheitsbestand). Die optimale Lösung kann nach Berechnung der jeweils entstehenden Lagerkosten ermittelt werden. *Inderfurth*[81] beschreibt ein effizientes Verfahren der dynamischen Optimierung zur Lösung des Modells BASEOPT.

Eine wichtige Voraussetzung des dargestellten Ansatzes zur Sicherheitsbestandsoptimierung besteht darin, daß zwischen den Produktionsstufen keine lagerbedingten Lieferzeiten auftreten dürfen. Innerhalb des mehrstufigen Lagersystems muß immer vollständige Lieferfähigkeit bestehen. Wurde z. B. der im Lager 1 vorhandene Sicherheitsbestand durch eine zufällige Bedarfserhöhung verbraucht und tritt dann eine weitere ungeplante Bedarfserhöhung auf, dann führt die resultierende Lieferunfähigkeit nicht zu einer Erhöhung der Wartezeit der nachfolgenden Produktionsstufe. Vielmehr wird dieses Problem durch „externe" Bereitstellung der benötigten Mengen beseitigt.

Dies muß durch ein Flexibilitätspotential des Produktionssystems gesichert werden, das immer dann genutzt wird, wenn der Sicherheitsbestand eines Produkts aufgezehrt ist und die Gefahr des Auftretens einer lagerbedingten Lieferzeit entsteht. Das Ausmaß, in dem dieses Flexibilitätspotential (z. B. quantitative, zeitliche oder intensitätsmäßige Anpassung; Fremdbezug) in Anspruch genommen wird, hängt von der Höhe der Sicherheitsbestände ab. Die für die Berechnung der stufenbezogenen Sicherheitsbestände verwendeten „internen" α-Servicegrade haben damit die Funktion, das Ausmaß zu steuern, in dem auf das Flexibilitätspotential des Produktionssystems zurückgegriffen wird. Sind z. B. die Produktionskapazitäten so hoch ausgelastet, daß die Möglichkeit der Bearbeitung von Eilaufträgen weitgehend ausgeschlossen ist, dann kann dies durch entsprechend hohe α_k-Werte berücksichtigt werden. Offensichtlich liegt auch hier ein Optimierungsproblem vor.

Inderfurth[82] erweitert den beschriebenen Ansatz von *Simpson* auf den Fall divergierender Erzeugnisstrukturen (mit mehreren Endprodukten), wobei auch die Korrelation zwischen den Periodenbedarfsmengen der Endprodukte sowie Autokorrelation der Periodenbedarfe berücksichtigt werden. Er entwickelt ein effizientes Verfahren zur Lösung des resultierenden Entscheidungsmodells. Aus der Analyse der Struktur der optimalen Lösungen leitet er allgemeine Aussagen über die Vorteilhaftigkeit bestimmter Regeln für die Verteilung des Sicherheitsbestands ab. Er zeigt, daß in mehrstufigen Produktionssystemen die Bevorratung von Sicherheitsbeständen auf allen Stufen sinnvoll sein kann und daß die in Literatur und Praxis vielfach diskutierten Extremstrategien der Pufferung ausschließlich auf der Endproduktstufe (K) bzw. ausschließlich auf der Rohmaterialstufe (0) nur unter bestimmten Bedingungen optimal sind. Ihre konkrete Verteilung wird

---

81 vgl. *Inderfurth* (1991b, 1992)
82 vgl. *Inderfurth* (1992)

von der Varianz der Endproduktbedarfsmengen, von deren Korrelation, der Höhe der Verflechtungsbedarfskoeffizienten, dem stufenbezogenen Wertzuwachs der Erzeugnisse (marginale Lagerkostensätze) sowie von der Struktur der Produktionszeiten auf den einzelnen Stufen beeinflußt.

Inderfurth weist darauf hin, daß in divergierenden Produktionsstrukturen im Fall nicht vollständig positiver Korrelation risikoreduzierende Effekte auftreten. Daraus wird deutlich, daß die Erhöhung der Verwendungsmöglichkeiten eines untergeordneten Produkts, z. B. einer standardisierten Baugruppe, sich günstig auf den insgesamt zur Aufrechterhaltung eines Servicegrades notwendigen Sicherheitsbestand auswirken kann. In weiteren Untersuchungen analysiert *Inderfurth*[83] die Möglichkeit, die bisher als gegeben angenommenen Bearbeitungszeiten z_k innerhalb bestimmter Grenzen als variabel zu betrachten.

E.4.2.2 Sicherheitsvorlaufzeit

Ist eine Sicherheitsvorlaufzeit SZ vorgesehen, dann wird ein Auftrag für das Produkt k anstatt in Periode $(t - z_k)$ schon eine oder mehrere Perioden früher, also in der Periode $(t - z_k - \text{SZ})$, ausgelöst. Die um die Sicherheitsvorlaufzeit erhöhte Durchlaufzeit bezeichnet man in der englischsprachigen Literatur auch als „planned lead time"[84], weil sie nicht der tatsächlichen Durchlaufzeit entspricht, sondern lediglich eine Größe für Planungszwecke darstellt. Die Verwendung der Sicherheitsvorlaufzeit verschiebt den spätestzulässigen Produktions- bzw. Beschaffungstermin in die Periode $(t - z_k - \text{SZ})$.

Bei Berücksichtigung einer Sicherheitsvorlaufzeit SZ ist die unter deterministischen Bedingungen in Periode $(\tau + z_k)$ fertiggestellte Menge im Normalfall nun schon in der Periode $(\tau + z_k - \text{SZ})$, d. h. SZ Perioden früher, im Lager verfügbar. Durch die Verlängerung der Lagerdauer (Lagerung nach der Produktion) entstehen zusätzliche Lagerkosten. Die tatsächliche Durchlaufzeit des Produktionsauftrags kann sich um die Sicherheitsvorlaufzeit erhöhen, ohne daß Probleme bei der Versorgung des nachfolgenden Produktionsprozesses mit Material auftreten.

Die Bestimmung der optimalen Sicherheitszeit bereitet erhebliche Schwierigkeiten. Zur Lösung dieses Problems ist die Kenntnis der Wahrscheinlichkeitsverteilung der Durchlaufzeit erforderlich. Die Durchlaufzeit hängt aber von zahlreichen Faktoren ab, die teilweise stochastisch sind (z. B. Maschinenstörungen), die zum Teil aber auch aus der sich dynamisch verändernden Belastungssituation der Ressourcen resultieren. Solange in der betrieblichen Praxis bei der Produktionsplanung und -steuerung auf die Berücksichtigung der Kapazitäten verzichtet wird, kommt eine durch die Planung induzierte Stochastik hinzu (Wartezeiten der Aufträge vor überlasteten Ressourcen).

Wird für jeden Arbeitsgang bzw. für jede Erzeugnisstufe eine Sicherheitsvorlaufzeit vorgesehen, dann besteht die Gefahr, daß sich diese Zeiten über die mehrstufige Erzeugnis-

---

83 vgl. *Inderfurth* (1991a, 1993)
84 vgl. *St. John* (1983)

struktur kumulieren und überhöhte Lagerbestände zur Folge haben. Dies ist ein Problem, das in der betrieblichen Praxis häufig auftritt.

Bei beiden beschriebenen Pufferungsmechanismen – sowohl bei Verwendung eines Sicherheitsbestands als auch bei Einsatz einer Sicherheitsvorlaufzeit – wird der durchschnittliche Lagerbestand eines Produkts erhöht. Die Auswirkungen beider Methoden zur Absorption der Unsicherheit auf die Höhe des Lagerbestands sind aber unterschiedlich. Während die Verwendung eines Sicherheitsbestands zu einer konstanten, von einzelnen Produktionsaufträgen unabhängigen Erhöhung des Lagerbestands führt, tritt ein erhöhter Lagerbestand bei Verwendung einer Sicherheitsvorlaufzeit nur dann auf, wenn auch ein bestehender Produktionsauftrag früher ausgelöst worden ist. Die Höhe des aus Sicherheitsgründen überhöhten Lagerbestands entspricht dabei der Menge des zeitlich vorgezogenen Produktionsauftrags. Der durch die Unsicherheit induzierte Lagerbestand ist damit umso größer, je mehr Aufträge eingeplant und um die Sicherheitsvorlaufzeit verfrüht eingelagert werden. Da auf den unteren Erzeugnisstufen die Bedarfe zunehmend sporadischer und demzufolge Produktionsaufträge seltener aufgelegt werden, ist zu erwarten, daß die Sicherheitszeit insb. für untergeordnete Produkte bei gleichem Lieferunfähigkeitsrisiko gegenüber dem Sicherheitsbestand mit einem niedrigeren Lagerbestand verbunden ist.[85] Ein Nachteil der Sicherheitsvorlaufzeit besteht darin, daß mengenmäßige Unsicherheit (z. B. aufgrund von Ausschuß) nicht ohne die Beeinflussung anderer Produktionsaufträge aufgefangen werden kann.

E.4.2.3 Überschätzung der Nettobedarfsmengen

Als weiterer Mechanismus zur Absorption der Unsicherheit bietet es sich an, die Nettobedarfsprognosen noch oben anzupassen. Dies kann durch die systematische Überschätzung der Buttobedarfsmengen erreicht werden.[86] Der Nettobedarf wird in diesem Fall wie in Gleichung (E.111), S. 442, bestimmt, wobei anstelle der prognostizierten Bruttobedarfsmengen überhöhte Werte angegeben werden, die alle relevanten Unsicherheitsfaktoren erfassen können. So wird z. B. Unsicherheit hinsichtlich des Produktionsergebnisses, d. h. erwarteter Ausschuß, durch einen Zuschlag auf den Bedarf erfaßt. Auch überhöhte Direktbedarfskoeffizienten sind hier anwendbar. Anhaltspunkte für die Festlegung der ausschußbedingten Zuschläge bieten Aufzeichnungen der Qualitätskontrolle. Die sich aus dem Bedarfsverlauf ergebende Unsicherheit kann direkt durch die Prognose der Endproduktbedarfsmengen berücksichtigt werden.

E.4.3 Fixierung der Primärbedarfsmengen

In Abschnitt E.2, S. 380 ff., wurde bereits darauf hingewiesen, daß bei rollender Planung die Bedarfsprognosen und daraus resultierend die Primärbedarfsmengen mehr

---

85 vgl. *Wijngaard und Wortmann* (1985)
86 vgl. *Wijngaard und Wortmann* (1985); *Kamp et al.* (1989); *Bartezzaghi und Verganti* (1995); *Murthy und Ma* (1996)

oder weniger großen Schwankungen unterliegen können. Die resultierende Unsicherheit bezüglich der Dauerhaftigkeit der Bedarfsprognosewerte wird verstärkt, wenn jeder neu eingegangene Kundenauftrag unverzüglich zu einer Veränderung des Hauptproduktionsprogramms führt. Auch die verwendeten Planungsverfahren zur Bestimmung der Losgrößen können einen Einfluß auf die Variabilität der Sekundärbedarfsmengen haben.[87]

Es liegt nun nahe, ein Zeitfenster festzulegen, innerhalb dessen die in der Produktionsplanung festgelegten Produktionsmengen nicht mehr verändert werden dürfen.[88] Je länger der Planungszeitraum ist, für den verbindliche Primärbedarfsmengen festgelegt werden, die sich auch dann nicht ändern, wenn aktualisierte Bedarfsprognosen bekannt werden, umso seltener wird eine Veränderung der Produktionspläne für die untergeordneten Erzeugnisse notwendig sein.

Die Auswirkungen der Verwendung eines Zeitfensters mit fixierten Primärbedarfsmengen zeigt Bild E.22.

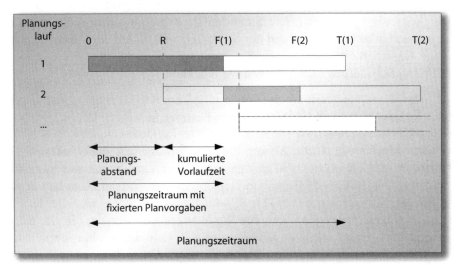

Bild E.22: *Rollende Planung mit fixiertem Hauptproduktionsprogramm*

Im Planungslauf 1 erfolgt die Hauptproduktionsprogrammplanung für einen Planungshorizont von $T(1)$ Perioden. Für die ersten $F(1)$ Perioden dieses Planungshorizontes wird das Hauptproduktionsprogramm als Planvorgabe für die Losgrößen- und Ressourceneinsatzplanung fixiert. Nach Ablauf von R Perioden wird der Planungslauf 2 durchgeführt. Es werden nun zunächst aktualisierte Bedarfsprognosen für den Zeitraum von R bis $T(2)$ ermittelt. Allerdings gehen die Bedarfsprognosen nur in die Fortschreibung der Lagerbestände ein. Eine Änderung des Produktionsplans für die Perioden von R

---

87 vgl. *Zhao et al.* (1995)
88 vgl. *Wijngaard und Wortmann* (1985); *Kadipasaoglu und Sridharan* (1995)

bis $F(1)$ erfolgt nicht. Änderungen der Datensituation wirken sich somit erst in den geplanten Produktionsmengen für die Perioden aus, die jenseits von $F(1)$ liegen.[89]

Es wird deutlich, daß die Länge des Planungsintervalls (R) sowie die Länge der Zeitspanne mit fixierten Planvorgaben (F) die Qualität der Planungsergebnisse beeinflussen können. Je länger das Planungsintervall R ist, umso seltener werden die Planungsdaten aktualisiert und umso schwerfälliger reagiert das Planungssystem auf Datenänderungen.[90] Bei unerwartet hohen Bedarfsmengen besteht hier z. B. die Gefahr von Lieferunfähigkeit (Fehlmengen). Die Unsicherheit bezüglich der Primärbedarfsmengen kann dann durch Sicherheitsbestände auf der Ebene der Endprodukte abgefangen werden. Die in der betrieblichen Praxis in beträchtlichem Ausmaß bestehende Unsicherheit bezüglich der Durchlaufzeiten der einzelnen Arbeitsgänge kann jedoch auf diesem Wege nicht absorbiert werden.

Zur Festlegung der Länge der Zeitspanne mit fixierten Primärbedarfsmengen bieten sich zwei Methoden an.[91] Zum einen kann eine konstante Anzahl von F Perioden vorgegeben werden. Dies ist in Bild E.22 dargestellt. Zum anderen kann die Anzahl der Produktionsaufträge fixiert werden, deren Mengen und Termine nicht verändert werden dürfen. Je kürzer dieser Planungshorizont ist, umso häufiger werden geplante Produktionsmengen verändert.

Dies ist dann problematisch, wenn dadurch auch bereits zur Produktion freigegebene Aufträge betroffen sind. Aufgrund der notwendigen zeitlichen Vorlaufverschiebungen in mehrstufigen Erzeugnisstrukturen kann der Fall eintreten, daß die Veränderung des Produktionsplans für ein Endprodukt zu Veränderungen der Sekundärbedarfsmengen eines untergeordneten Erzeugnisses in Perioden führt, für die bereits Produktionsaufträge freigegeben worden sind. Um dann z. B. Fehlmengen für das untergeordnete Erzeugnis zu verhindern, muß u. U. ein bereits freigegebener Auftrag verändert werden. Auf die dann entstehenden Probleme der Neueinplanung von Aufträgen wird im folgenden Abschnitt eingegangen.

E.4.4 Neueinplanung von Aufträgen

Die Neueinplanung von Produktionsaufträgen, die zwar schon terminiert und freigegeben sind, mit deren Bearbeitung aber noch nicht begonnen wurde (rescheduling) ist eine häufig eingesetzte Form der Reaktion auf Änderungen in der Datengrundlage der kurzfristigen Produktionsplanung. Das Ausmaß der Neueinplanung wird unmittelbar von der im vorangegangenen Abschnitt diskutierten Länge des Planungshorizonts mit verbindlich fixierten Planvorgaben beeinflußt. Dabei ist nach dem geänderten Auftragsmerkmal zu unterscheiden zwischen einer Veränderung des geplanten **Fertigstellungstermins**, einer Veränderung der geplanten **Auftragsgröße** und einer Veränderung der geplanten **Durchlaufzeit**.

---

[89] vgl. *Zhao und Lee* (1993)
[90] vgl. *Sridharan et al.* (1987); *Sridharan und LaForge* (1994)
[91] vgl. *Sridharan et al.* (1987); *Zhao und Lee* (1993)

Die Veränderung des geplanten **Fertigstellungstermins** (due date) eines Auftrags infolge einer Veränderung der Bedarfsmenge wird in der Literatur als eine einfach zu implementierende Methode empfohlen.[92] In diesem Fall wird ein Auftrag für ein Erzeugnis, dessen Bedarf sich in einer Periode gegenüber dem Plan erhöht hat, soweit vorgezogen, daß der zusätzliche Bedarf gedeckt werden kann. Das ist jedoch nur dann möglich, wenn genügend zeitlicher Spielraum (Pufferzeit) für die Terminverschiebung des Auftrags besteht. Wurde die Losgröße des vorgezogenen Auftrags nach einem Verfahren der dynamischen Losgrößenbestimmung durch Zusammenfassung einer ganzzahligen Anzahl zukünftiger Periodenbedarfsmengen gebildet, dann bedeutet die Verwendung eines Teils dieses Loses zur Abdeckung des ungeplanten zusätzlichen Bedarfs, daß die verbleibende Reichweite des Loses sich verringert. Dies wiederum kann alle in folgenden Perioden eingeplanten Aufträge beeinflussen. Die negativen Folgen einer zeitlichen Verschiebung des Produktionstermins sind dabei umso größer, je weiter ein Los vorgezogen werden muß, d. h. je größer die Reichweiten der Lose sind.

Bei Veränderung der **Auftragsgröße** aufgrund einer kurzfristigen Veränderung der Bedarfsmenge eines Erzeugnisses wird die Losgröße um den zusätzlichen Bedarf erhöht bzw. verringert. Die Verringerung der Losgröße kann in mehrstufigen Erzeugnisstrukturen Probleme aufwerfen, da aufgrund der zeitlichen Vorlaufverschiebung evtl. bereits produzierte untergeordnete Einzelteile und Baugruppen nach Verringerung der Auftragsmenge des übergeordneten Produkts nicht mehr benötigt werden. Bei Erhöhung der Losgröße kann dagegen das Problem auftreten, daß die benötigten Vorprodukte nicht verfügbar sind.

Die geplante **Durchlaufzeit** (Vorlaufverschiebung; planned lead time) eines Auftrags wird in der betrieblichen Praxis häufig verändert. Das liegt vor allem daran, daß bereits bei der Prognose der Durchlaufzeit eines Auftrags wegen der bestehenden Unsicherheit mit einem überhöhten Zeitzuschlag gerechnet wird. Da ohnehin kein Vertrauen in die Realitätsnähe eines solchen Planwertes besteht, wird eine Anpassung der Plandurchlaufzeit oft zur Adaption des Produktionsplans an eine geänderte Datensituation eingesetzt. Die Veränderung der Plandurchlaufzeit wird in vielen Fällen auch von Maßnahmen zur tatsächlichen Beschleunigung des Bearbeitungsfortschritts eines Auftrags begleitet. So kann ein kritischer Auftrag als Eilauftrag deklariert und bevorzugt bearbeitet werden. Dabei ist jedoch zu beachten, daß die Verkürzung der Durchlaufzeit eines bevorzugten Auftrags zu Lasten mindestens eines anderen Auftrags geht, dessen Durchlaufzeit sich erhöht.

Von der rechtzeitigen Anpassung der Auftragsdaten (Liefertermin, Auftragsgröße, geplante Durchlaufzeit) an geänderte Datenkonstellationen werden ein höherer Servicegrad sowie niedrigere Lagerbestände erwartet, da auf diese Weise die Produktionsplanung immer auf der Grundlage aktueller Daten stattfindet. Ein höherer Servicegrad wird z. B. erreicht, wenn ein zeitlich vorgezogener Endproduktbedarf durch eine entsprechende Anpassung der Produktionstermine rechtzeitig erfüllt wird. Ein bestandssenkender

---

92 vgl. *Penlesky et al.* (1989); *Penlesky et al.* (1991)

Effekt ist zu erwarten, wenn aufgrund einer Bedarfsverschiebung in die Zukunft durch die Verschiebung des geplanten Produktionstermins vermieden wird, daß die Auftragmenge zu früh im Lager eintrifft und dort auf den Bedarfszeitpunkt wartet. *Penlesky, Berry und Wemmerlöv*[93] vergleichen in einer Simulationsstudie die Strategie der dynamischen Neueinplanung von Aufträgen infolge geänderter Primärbedarfsmengen und -termine mit dem vollständigen Verzicht auf eine Anpassung der Produktionspläne. Sie simulieren ein aus acht Maschinen bestehendes Produktionssystem, in dem vier Endprodukte mit jeweils drei Einzelteilen nach festen Arbeitsplänen hergestellt werden. Die Simulationsergebnisse deuten darauf hin, daß die dynamische Neueinplanung der Aufträge bezüglich der Kriterien Servicegrad und Gesamt-Lagerbestandsmenge in vielen Fällen zu besseren Ergebnissen führt als der Verzicht auf eine Plananpassung. Allerdings wurde eine Tendenz zur Verschiebung der Lagerbestände von der Ebene der Einzelteile zur Ebene der Endprodukte festgestellt, so daß bei dynamischer Neueinplanung die Gefahr einer Erhöhung des Lagerbestandswertes besteht. Der Einfluß der im Abschnitt E.3.2, S. 395 ff., diskutierten Mengen- und Zeitpuffer wurde nicht systematisch in die Simulationsstudie einbezogen. Es ist zu erwarten, daß hierdurch beträchtliche Interaktionseffekte hervorgerufen werden.[94]

Mit der Neueinplanung von Aufträgen entsteht das Problem der **Nervosität** des Planungssystems.[95] Um zu verhindern, daß bereits geringfügige Datenänderungen zu einem neuen Planungslauf mit resultierender Neueinplanung von Aufträgen führen, wird empfohlen, Filtermechanismen zu verwenden, mit denen wichtige von unwichtigen Datenänderungen getrennt werden können.[96]

Ein indirekter Filtermechanismus wird von *Carlson, Jucker und Kropp*[97] vorgeschlagen. Sie erweitern die Zielfunktion des dynamischen Losgrößenproblems (Modell SLULSP[98]) um Planänderungskosten, um die die Rüstkosten einer Periode erhöht werden, wenn nach dem Produktionsplan des letzten Planungslaufs keine Produktion in dieser Periode vorgesehen war. *Kazan, Nagi und Rump*[99] differenzieren in einem ähnlichen Ansatz zwischen Kosten der Auflösung eines Loses, der Neueinplanung eines Loses sowie Kosten der Veränderung der Losgröße. Der Ansatz, Planänderungskosten in die Optimierung einzubeziehen, ist konzeptionell beeindruckend. Seine Anwendbarkeit hängt jedoch davon ab, daß die tatsächlich mit einer Planänderung verbundenen Kosten quantifiziert werden können. Diese Voraussetzung wird i. d. R. nicht erfüllt sein.

Eine andere Möglichkeit zur Reduzierung der Nervosität des Planungssystems besteht darin, nur solche Datenänderungen zum Anlaß für die Neueinplanung von Aufträgen

---

93 vgl. *Penlesky et al.* (1989)
94 vgl. *Carlson und Yano* (1986); *Yano und Carlson* (1985, 1987, 1988)
95 Vgl. *Steele* (1975); *Mather* (1977); *Carlson et al.* (1979); *Blackburn et al.* (1985, 1986, 1987); *Minifie und Davis* (1990); *Ho et al.* (1995); *Ho und Carter* (1996). Zum Problem der Nervosität in einstufigen Lagerhaltungssystemen vgl. insb. *Inderfurth* (1994); *Jensen* (1993).
96 vgl. *Ho et al.* (1986); *Ho* (1989)
97 Vgl. *Carlson et al.* (1979). Zur Berücksichtigung von Planänderungskosten vgl. auch *Ho et al.* (1986).
98 siehe Abschnitt D.3.2.1, S. 142
99 vgl. *Kazan et al.* (2000)

zu nehmen, die ein bestimmtes als kritisch angesehenes Ausmaß überschreiten. *Penlesky, Wemmerlöv und Berry*[100] untersuchen verschiedene Strategien zur Beruhigung des Planungssystems, wobei sie insb. auf Terminverschiebungen der Aufträge abstellen. Zur Identifizierung eines unwichtigen Auftrags berücksichtigen sie das Ausmaß der Verschiebung, den Planungshorizont sowie die verbleibende Zeit vom Planungszeitpunkt bis zum neuen Wunschtermin des Auftrags. Aufgrund eines Simulationsexperiments kommen sie zu dem Ergebnis, daß die Anwendung eines Filtermechanismus im Vergleich zur vollständigen Umsetzung aller Datenänderungen vorteilhaft sein kann.

E.4.5 Vorankündigung von Aufträgen

Bei der Darstellung des Base-Stock-Systems in Abschnitt E.4.2, S. 444 ff., hat sich bereits gezeigt, daß die frühzeitige Bereitstellung der aktuellen Informationen über die Nachfrageentwicklung bei der Bestandsüberwachung und der Entscheidung über die Vorratsergänzung vorteilhaft sein kann. Denn dadurch wird die Zeitspanne, die zur Reaktion auf außergewöhnliche Nachfrageschwankungen zur Verfügung steht, verlängert.

Noch günstiger ist es allerdings, wenn man die Abnehmer dazu bewegen kann, ihre Aufträge mit einem **zeitlichen Vorlauf** bereits einige Perioden vor dem eigentlichen Bedarfstermin verbindlich zu erteilen. Die zeitliche Differenz zwischen dem Zeitpunkt der Auftragserteilung und dem gewünschten Liefertermin wirkt wie eine Verkürzung der Wiederbeschaffungszeit des Lagers[101] und kann demzufolge beträchtliche Auswirkungen auf die Höhe des Sicherheitsbestands beim Lieferanten haben. Ist die Nachfrage z. B. immer schon zwei Perioden vor ihrem Liefertermin mit Sicherheit bekannt, dann kann man ihre Entwicklung bei der Bestimmung des disponiblen Lagerbestands mit berücksichtigen. Steht nun die Entscheidung über die Größe der auszulösenden Bestellung an, dann kennt man bereits die tatsächliche Nachfrage aus den unmittelbar bevorstehenden zwei Perioden des Risikozeitraums und muß für diese beiden Perioden keinen Sicherheitsbestand vorhalten.

Da sich aber das Risiko beim Abnehmer erhöht – denn wenn er einen Auftrag fest erteilt hat, kann er diesen nicht mehr ändern und seinerseits nicht mehr auf unvorhergesehene Ereignisse reagieren –, muß der Abnehmer dafür belohnt werden. Das kann z. B. durch einen Preisnachlaß geschehen.[102] Insb. in mehrstufigen Logistikketten, in denen die Beteiligten systematisch planen und nicht nur reagieren, hat ein „Abnehmer" als Ergebnis der Produktionsplanung oft bereits für mehrere Perioden im voraus genaue Vorstellungen über den Ablauf seines Wertschöpfungsprozesses. Er kann daher mit mäßigem Anstieg seines Risikos Informationen über die unmittelbar bevorstehenden geplanten Bestellungen an seinen Lieferanten weiterleiten. In vielen Fällen ist dies für den Abnehmer sogar mit überhaupt keinem Nachteil verbunden, weil aufgrund schlecht strukturierter Geschäftsprozesse bereits definierte Aufträge in der Einkaufsabteilung sinnlos herumlie-

---

100 vgl. *Penlesky et al.* (1991)
101 vgl. *Hariharan und Zipkin* (1995); *Gallego und Özer* (2001)
102 vgl. *Gilbert und Ballou* (1999)

gen und auf ihre „Bearbeitung" warten, anstatt direkt an den Lieferanten weitergeleitet zu werden.

Der Einfluß der Vorankündigung von Aufträgen auf die Höhe der Lagerkosten des Lieferanten kann recht einfach wie folgt quantifiziert werden. Nehmen wir an, die tägliche Nachfragemenge sei mit $\mu = 2000$ und $\sigma = 500$ normalverteilt. Bei Anwendung einer (r, S)-Politik mit täglicher Lagerüberwachung ($r = 1$) und einem angestrebten Servicegrad von $\beta = 0.95$ ergibt sich die in Bild E.23 wiedergegebene Entwicklung des Sicherheitsbestands als Funktion der Wiederbeschaffungszeit.

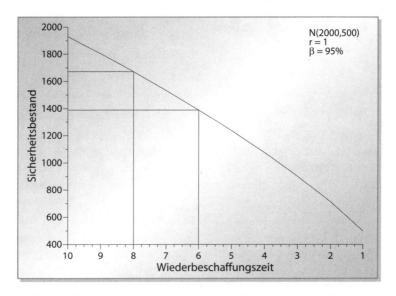

Bild E.23: *Sicherheitsbestand versus Wiederbeschaffungszeit*

Sind nun alle Kunden bereit, ihre Aufträge mit einem Vorlauf von zwei Tagen vor dem gewünschten Liefertermin verbindlich anzukündigen, dann wirkt das so, als ob der Lieferant anstatt z. B. $\ell = 8$ nur eine Wiederbeschaffungszeit von $\ell^* = 6$ hätte. Ohne Beeinträchtigung seines β−Servicegrades kann er dann den Sicherheitsbestand von 1671 auf 1389 senken.

Die mit einem späteren Liefertermin versehenen Kundenaufträge werden in dem Lagerdispositionssystem des Lieferanten unmittelbar nach Auftragseingang von dem verfügbaren Lagerbestand abgezogen und als Bestandteil des reservierten Bestandes behandelt. Bei der nächsten Lagerüberwachung und Vorratsergänzung werden sie dann bereits berücksichtigt, obwohl sie erst später ausgeliefert werden müssen.

Das einfache Beispiel zeigt, daß durch einen systematischen Informationsaustausch das durch Sicherheitsbestand abzufangende Risiko beträchtlich gesenkt werden kann. Dies ist auch das Ziel der Konzepte zum „Collaborative Planning" in den Advanced-Planning-Softwaresystemen, die es den Partnern in einem Logistik-Netz gestatten sollen, alle für sie relevanten Informationen einzusehen und auszutauschen.

Ergänzende Literatur zu Abschnitt E.4:
Ho und Carter (1996)
Inderfurth und Minner (1998)
Minner (2000)
Penlesky et al. (1989)
Penlesky et al. (1991)
Wijngaard und Wortmann (1985)
Yeung et al. (1998)
Zhao et al. (1995)

Literaturverzeichnis

Afentakis, P. (1982). *Issues in Material Requirements Planning Systems*. Ph. D. thesis, Graduate School of Management, University of Rochester.

Afentakis, P. (1987, March). A parallel heuristic algorithm for lot-sizing in multistage production systems. *IIE Transactions 19*, 34–42.

Afentakis, P. und B. Gavish (1986). Optimal lot-sizing algorithms for complex product structures. *Operations Research 34*, 237–249.

Afentakis, P., B. Gavish und U. S. Karmarkar (1984). Computational efficient optimal solutions to the lot-sizing problem in multistage assembly systems. *Management Science 30*, 222–239.

Aquilano, N. und D. Smith (1980). A formal set of algorithms for project scheduling with critical path Scheduling/Material requirements planning. *Journal of Operations Management 1*(2), 57–67.

Armentano, V., R. Beretta und P. Franca (2001). Lot-sizing in capacitated multi-stage serial systems. *Production and Operations Management 10*, 68–86.

Axsäter, S. und K. Rosling (1993). Installation vs. echelon stock policies for multilevel inventory control. *Management Science 39*, 1274–1280.

Baganha, M., D. Pyke und G. Ferrer (1996). The undershoot of the reorder point: Tests of an approximation. *International Journal of Production Economics 45*, 311–320.

Bahl, H. (1983). Column generation based heuristic algorithm for multi-item scheduling. *IIE Transactions 15*, 136–141.

Bahl, H. und L. Ritzman (1984a). A cyclical scheduling heuristic for lot sizing with capacity constraints. *International Journal of Production Research 22*, 791–800.

Bahl, H. und L. Ritzman (1984b). An integrated model for master scheduling, lot sizing and capacity requirements planning. *Journal of the Operational Research Society 35*(5), 389–399.

Bahl, H., L. Ritzman und J. Gupta (1987). Determining lot sizes and resource requirements: A review. *Operations Research 35*, 329–345.

Bahl, H. und S. Zionts (1986). Lot sizing as a fixed-charge problem. *Production and Inventory Management 27*(1), 1–10.

Baker, K. (1985). Safety stocks and component commonality. *Journal of Operations Management 6*(1), 13–22.

Baker, K. (1989). Lot-sizing procedures and a standard data set - a reconciliation of the literature. *Journal of Manufacturing and Operations Management 2*, 199–221.

Bamberg, G. und F. Baur (1998). *Statistik* (10. Aufl.). München: Oldenbourg.

Bankhofer, U. (1999). Zur Klassifikation von Verbrauchsfaktoren im Rahmen der Materialbedarfsplannung. *Zeitschrift für Betriebswirtschaft 69*, 913–925.

Banks, J., J. Carson und B. Nelson (1996). *Discrete Event Simulation*. Upper Saddle River: Prentice-Hall.

Barany, I., T. van Roy und L. Wolsey (1984). Strong formulations for multi-item capacitated lot-sizing. *Management Science 30*, 1255–1261.

Bartezzaghi, E. und R. Verganti (1995). Managing demand unvertainty through order overplanning. *International Journal of Production Economics 40*, 107–120.

Bellman, R. (1957). *Dynamic Programming*. Princeton: Princeton University Press.

Belvaux, G. und L. A. Wolsey (2000). bc–prod: a specialized branch-and-cut system for lot-sizing problems. *Management Science 46*, 724–738.

Belvaux, G. und L. A. Wolsey (2001). Modelling practical lot-sizing problems as mixed-integer programs. *Management Science 47*, 993–1007.

Bemelmans, R. (1986). *On the Capacity-Aspects of Inventories*. Berlin: Springer.

Benton, W. C. (1985). Multiple price breaks and alternative purchase lot-sizing procedures in material requirements planning systems. *International Journal of Production Research 23*, 1025–1047.

Benton, W. C. (1986). Purchase lot sizing research for MRP systems. *Operations & Productions Management 6*(1), 5–14.

Benton, W. C. und S. Park (1996a). A classification of literature on determining the lot size under quantity discounts. *European Journal of Operational Research 92*, 219–238.

Benton, W. C. und S. Park (1996b). A classification of literature on determining the lot size under quantity discounts. *European Journal of Operational Research 92*, 219–238.

Benton, W. C. und D. C. Whybark (1982). Material requirements planning (MRP) and purchase discounts. *Journal of Operations Management 2*, 137–143.

Berg, C. (1979). *Materialwirtschaft*. Stuttgart: Fischer.

Berr, U. und A. Papendieck (1968). Grundlagen der Stücklistenaufösung, Teilebedarfsermittlung und Theorie der Graphen. *Werkstattechnik 58*, 74–76; 130–132; 172–177.

Bhatnagar, R., P. Chandra und S. Goyal (1993). Models for multi-plant coordination. *European Journal of Operational Research 67*, 141–160.

Billington, P. (1983). *Multi-Level Lot-Sizing with a Bottleneck Work Center*. Ph. D. thesis, Cornell University.

Billington, P., J. McClain und L. Thomas (1983). Mathematical programming approaches to capacity-constrained MRP systems: Review formulation and problem reduction. *Management Science 29*, 1126–1141.

Billington, P., J. McClain und L. Thomas (1986). Heuristics for multilevel lot-sizing with a bottleneck. *Management Science 32*, 989–1006.

Blackburn, J., D. Kropp und R. Millen (1985). MRP system nervousness: Causes and cures. *Engineering Costs and Production Economics 9*, 141–146.

Blackburn, J., D. Kropp und R. Millen (1986). A comparison of strategies to dampen nervousness in MRP systems. *Management Science 32*, 413–429.

Blackburn, J., D. Kropp und R. Millen (1987). Alternative approaches to schedule instability: A comparative analysis. *International Journal of Production Research 25*, 1739–1749.

Blackburn, J. und R. Millen (1982). Improved heuristics for multi-stage requirements planning systems. *Management Science 28*, 44–56.

Blackburn, J. und R. Millen (1984). Simultaneous lot-sizing and capacity planning in multi-stage assembly processes. *European Journal of Operational Research 16*, 84–93.

Blackburn, J. und R. Millen (1985). An evaluation of heuristic performance in multi-stage lot-sizing systems. *International Journal of Production Research 23*, 857–866.

Bregman, R. L. (1991). An experimental comparison of MRP purchase discount methods. *Journal of the Operational Research Society 42*, 235–245.

Bregman, R. L. und E. A. Silver (1993). A modification of the silver-meal heuristic to handle MRP purchase ciscount situations. *Journal of the Operational Research Society 44*, 717–723.

Brown, R. (1984). *Materials Management Systems - A Modular Library* (2. Aufl.). Malabar: Krieger.

Brown, R. G. (1963). *Smoothing, Forecasting and Prediction of Discrete Time Series*. Englewood Cliffs: Prentice Hall.

Brown, R. G. (1967). *Decision Rules for Inventory Management*. Hinsdale: Dryden Press.

Burgin, T. (1975). The gamma distribution and inventory control. *Operational Research Quarterly 26*, 507–525.

Burstein, M., C. Nevison und R. Carlson (1984). Dynamic lot-sizing when demand timing is uncertain. *Operations Research 32*, 362–379.

Callarman, T. E. und D. C. Whybark (1981). Determining purchase quantities for MRP requirements. *Journal of Purchasing and Materials Management 17*(Fall), 25–30.

Carlson, R., J. Jucker und D. Kropp (1979). Less nervous MRP systems: A dynamic economic lot-sizing approach. *Management Science 25*, 754–761.

Carlson, R. und C. Yano (1986). Safety stocks in MRP-systems with emergency setups for components. *Management Science 32*, 403–412.

Cattrysse, D., J. Maes und L. Van Wassenhove (1990). Set partitioning and column generation heuristics for capacitated dynamic lotsizing. *European Journal of Operational Research 46*, 38–47.

Chakravarty, A. (1981). Multi-item inventory aggregation into groups. *Journal of the Operational Research Society 32*, 19–26.

Chakravarty, A. (1984a). Deterministic lot-sizing for coordinated families of production/inventory items. *European Journal of Operational Research 17*, 207–214.

Chakravarty, A. (1984b). Multi-stage production/inventory deterministic lot size computations. *International Journal of Production Research 22*, 405–420.

Chakravarty, A., J. Orlin und U. Rothblum (1982). A partitioning problem with additive objective with an application to optimal inventory groupings for joint replenishment. *Operations Research 30*, 1018–1022.

Chen, H.-D., D. Hearn und C.-Y. Lee (1994). A dynamic programming algorithm for dynamic lot size models with piecewise linear costs. *Journal of Global Optimization 4*, 397–413.

Chen, W.-H. und J.-M. Thizy (1990). Analysis of relaxations for the multi-item capacitated lot-sizing problem. *Annals of Operations Research 26*, 29–72.

Chiu, H. N. (1993). A cost saving technique for solving capacitated multi-stage lot-sizing problems. *Computers & Industrial Engineering 24*, 367–377.

Chiu, H.-N. und T.-M. Lin (1989). An optimal model and a heuristic technique for multi-stage lot-sizing problems: Algorithms and performance tests. *Engineering Costs and Production Economics 16*, 151–160.

Christoph, O. B. und R. L. LaForge (1989). The performance of MRP purchase lot-size procedures under actual multiple purchase discount conditions. *Decision Sciences 20*, 348–358.

Chung, C.-S., D. T. Chiang und C.-Y. Lu (1987). An optimal algorithm for the quantity discount problem. *Journal of Operations Management 7*, 165–177.

Chyr, F., S.-T. Huang und S. de Lai (1999). A dynamic lot-sizing modell with quantity discount. *Production Planning & Control 10*, 67–75.

Clark, A. und V. Armentano (1995). A heuristic for a resource-capacitated multi-stage lot-sizing problem with lead times. *Journal of the Operational Research Society 46*, 1208–1222.

Clark, A. und H. Scarf (1960). Optimal policies for a multi-echelon inventory problem. *Management Science 6*, 475–490.

Croston, J. (1972). Forecasting and stock control for intermittent demands. *Operational Research Quarterly 23*(3), 289–303.

Crouch, R. und S. Oglesby (1978). Optimization of a few lot sizes to cover a range of requirements. *Journal of the Operational Research Society 29*, 897–904.

Crowder, H. (1976). Computational improvements for subgradient optimization. *Symposia Mathematica 19*, 357–372.

Crowston, W. und M. Wagner (1973). Dynamic lot size models for multi-stage assembly systems. *Management Science 20*, 14–21.

Crowston, W., M. Wagner und A. Henshaw (1972). A comparison of exact and heuristic routines for lot-size determination in multi-stage assembly systems. *AIIE Transactions 4*, 313–317.

DeBodt, M., L. Gelders und L. van Wassenhove (1984). Lot sizing under dynamic demand conditions: A review. *Engineering Costs and Production Economics 8*, 165–187.

DeBodt, M. und S. Graves (1985). Continuous-review policies for a multi-echelon inventory problem with stochastic demand. *Management Science 31*, 1286–1299.

DeBodt, M. und L. van Wassenhove (1983). Cost increases due to demand uncertainty in MRP lot sizing. *Decision Sciences 14*, 345–362.

Dellaert, N. und J. Jeunet (2000). Solving large unconstrained multilevel lot-sizing problems using a hybrid genetic algorithm. *International Journal of Production Research 38*, 1083–1099.

Dellaert, N., J. Jeunet und N. Jonard (2000). A genetic algorithm to solve the general multilevel lot-sizing problem with time-varying costs. *International Journal of Production Economics 68*, 241–257.

DeLurgio, S. A. (1998). *Forecasting Principles and Applications.* Boston, Mass.: Irwin/-McGraw-Hill.

DeMatteis, J. (1968). An economic lot-sizing technique I - the part-period algorithm. *IBM Systems Journal 7*(1), 30–39.

Derstroff, M. (1995). *Mehrstufige Losgrößenplanung mit Kapazitätsbeschränkungen.* Heidelberg: Physica.

Diaby, M., H. Bahl, M. Karwan und S. Zionts (1992a). Capacitated lot-sizing and scheduling by lagrangean relaxation. *European Journal of Operational Research 59,* 444–458.

Diaby, M., H. Bahl, M. Karwan und S. Zionts (1992b). A lagrangean relaxation approach for very-large-scale capacitated lot-sizing. *Management Science 38,* 1329–1340.

Dillenberger, C., L. Escudero, A. Wollensak und W. Zhang (1993). On solving a large-scale resource-allocation problem in production planning. In: G. Fandel, T. Gulledge und A. Jones (Hrsg.), *Operations Research in Production Planning and Control.* Berlin: Springer. S. 105–119.

Dixon, P. und C. Poh (1990). Heuristic procedures for multi-item inventory planning with limited storage. *IIE Transactions 22*(2), 112–123.

Dixon, P. und E. Silver (1981). A heuristic solution procedure for the multi-item single-level limited capacity lot-sizing problem. *Journal of Operations Management 2*(1), 23–39.

Domschke, W. und A. Drexl (1996). *Logistik: Standorte* (4. Aufl.). München: Oldenbourg.

Domschke, W. und A. Drexl (2002). *Einführung in Operations Research* (5. Aufl.). Berlin: Springer.

Domschke, W., A. Scholl und S. Voss (1997). *Produktionsplanung* (2. Aufl.). Berlin: Springer.

Donaldson, W. (1974). The allocation of inventory items to lot size/reorder level (Q,r) and periodic review (T,Z) control systems. *Operational Research Quarterly 25,* 481–485.

Donaldson, W. (1981). Grouping of inventory items by review period. *Journal of the Operational Research Society 32,* 1075–1076.

Drexl, A., B. Fleischmann, H.-O. Günther, H. Stadtler und H. Tempelmeier (1994). Konzeptionelle Grundlagen kapazitätsorientierter PPS-Systeme. *Zeitschrift für betriebswirtschaftliche Forschung 46,* 1022–1045.

Drexl, A. und K. Haase (1995). Proportional lotsizing and scheduling. *International Journal of Production Economics 40,* 73–87.

Drexl, A. und A. Kimms (1997). Lot sizing and scheduling - survey and extensions. *European Journal of Operational research 99,* 221–235.

Dzielinski, B. und R. Gomory (1965). Optimal programming of lot sizes, inventory and labour allocation. *Management Science 11,* 874–890.

Eglese, R. (1990). Simulated annealing: A tool for operational research. *European Journal of Operational Research 46,* 271–281.

Eilon, S. und R. Mallya (1985). An extension of the classical ABC inventory control system. *OMEGA 13,* 429–433.

Eppen, G. und R. Martin (1987). Solving multi-item capacitated lot-sizing problems using variable redefinition. *Operations Research 35,* 832–848.

Eppen, G. und R. Martin (1988). Determining safety stock in the presence of stochastic lead time and demand. *Management Science 34*, 1380–1390.

Ertogral, K. und S. Wu (2000). Auction-theoretic coordination of production planning in the supply chain. *IIE Transactions 32*, 931–940.

Eschenbach, R. (1990). *Erfolgspotential Materialwirtschaft*. Wien: Manz.

Evans, J. (1985). An efficient implementation of the Wagner-Whitin algorithm for dynamic lot-sizing. *Journal of Operations Management 5*(2), 229–235.

Federgruen, A. und C.-Y. Lee (1990). The dynamic lot size model with quantity discounts. *Naval Research Logistics 37*, 707–713.

Federgruen, A. und M. Tzur (1991). A simple forward algorithm to solve general dynamic lot sizing models with n periods in O(n log n) or O(n) time. *Management Science 37*, 909–925.

Federgruen, A. und M. Tzur (1999). Time-partitioning heuristics: Application to the one warehouse, multiitem, multiretailer lotsizing problems. *Naval Research Logistics 46*, 463486.

Fleischmann, B. (1990). The discrete lot-sizing and scheduling problem. *European Journal of Operational Research 44*, 337–348.

Fleischmann, B. (2001). On the use and misuse of holding cost models. In: P. Kischka, U. Leopold-Wildburger, R. H. Möhring und F.-J. Radermacher (Hrsg.), *Models, Methods and Decision Support for Management – Essays in Honor of Paul Stähly*. Heidelberg: Physica Verlag. S. 147–164.

Fleischmann, B. und H. Meyr (1997). The general lotsizing and scheduling problem. *OR Spektrum 19*, 11–21.

Fleischmann, M., J. M. Bloemhof-Ruwaard, R. Dekker, E. van der Laan, J. A. E. E. van Nunen und L. N. Van Wassenhove (1997). Quantitative models for reverse logistics: A review. *European Journal of Operational Research 103*, 1–17.

Fliedner, E., B. Flores und V. Mabert (1986). Evaluating adaptive smoothing models: some guidelines for implementation. *International Journal of Production Research 24*, 955–970.

Flores, B. und D. Whybark (1986, 3). Multiple criteria ABC analysis. *International Journal of Operations & Production Management 6*, 38–46.

Florian, M., J. Lenstra und A. R. Kan (1980). Deterministic production planning: algorithms and complexity. *Management Science 26*, 669–679.

Foote, B. L. (1995). On the implementation of a control-based forecasting system for aircraft spare parts procurement. *IIE Transactions 27*, 210–216.

Franca, P., V. Armentano, R. Beretta und A. Clark (1997). A heuristic method for lot-sizing in multi-stage systems. *Computers and Operations Research 24*, 861–874.

Gallego, G. und Ö. Özer (2001). Integrating replenishment decisions with advance demand information. *Management Science 47*, 1344–1360.

Gardiner, S. und J. Blackstone (1995). Setups and effective capacity: The impact of lot sizing techniques in an MRP environment. *Production Planning & Control 6*(1), 26–38.

Gardner, E. (1980). Forecasting with exponential smoothing: Some guidelines for model selection. *Decision Sciences 11*, 370–383.

Gardner, E. (1983). The trade-offs in choosing a time series method. *Journal of Forecasting 2*, 263–267.

Gardner, E. (1984). The strange case of the lagging forecasts. *Interfaces 14*(3), 47–50.

Gaynor, P. und R. Kirkpatrick (1994). *Introduction to Times-Series Modeling and Forecasting in Business and Economics*. New York: McGraw-Hill.

Geselle, M. (1997). *Hierarchische Produktionsplanung bei Werkstattproduktion*. Glienicke: Galda+Wilch Verlag.

Gilbert, S. M. und R. H. Ballou (1999). Supply chain benefits from advanced customer commitments. *Journal of Operations Management 18*, 61–73.

Glaser, H., W. Geiger und V. Rohde (1992). *PPS – Produktionsplanung und -Steuerung* (2 Aufl.). Wiesbaden: Gabler.

Gopalakrishnan, M., K. Ding, J.-M. Bourjolly und S. Mohan (2001). A tabu-search heuristic for the capacitated lot-sizing problem with set-up carryover. *Management Science 47*, 851–863.

Gopalakrishnan, M., D. Miller und C. Schmidt (1995). A framework for modelling setup carryover in the capacitated lot sizing problem. *International Journal of Production Research 33*, 1973–1988.

Göpfert, I. (1999). Stand und Entwicklung der Logistik. *Logistik Management 1*(1), 19–33.

Goyal, S. und A. Chakravarty (1984). Two heuristic methods for grouping inventory items. *Engineering Costs and Production Economics 8*, 211–214.

Graves, S. (1981). Multi-stage lot-sizing: An iterative procedure. In: L. Schwarz (Hrsg.), *Multi-Level Production/Inventory Controls Systems: Theory and Practice*. New York: North Holland.

Grochla, E. (1978). *Materialwirtschaft* (3. Aufl.). Wiesbaden: Gabler.

Groff, G. (1979). A lot sizing rule for time-phased component demand. *Production and Inventory Management 20*(1), 47–53.

Grün, O. (1994). Industrielle Materialwirtschaft. In: M. Schweitzer (Hrsg.), *Industriebetriebslehre*. München: Vahlen.

Grünert, T. (1998). *Multi-Level Sequence-Dependent Dynamic Lotsizing and Scheduling*. Aachen: Shaker-Verlag.

Günther, H.-O. (1987). Planning lot sizes and capacity requirements in a single stage production system. *European Journal of Operational Research 31*, 223–231.

Günther, H.-O. (1988). Numerical evaluation of heuristics for the multi-item single-level capacitated lot-size problem. *Engineering Costs and Production Economics 14*, 233–243.

Günther, H.-O. (1991). Bestellmengenplanung aus logistischer Sicht. *Zeitschrift für Betriebswirtschaft 61*, 641–666.

Günther, H.-O. und H. Tempelmeier (2002). *Produktion und Logistik* (5. Aufl.). Berlin: Springer.

Gupta, Y., Y. Keung und M. Gupta (1992). Comparative analysis of lot-sizing models for multistage systems: a simulation study. *International Journal of Production Research 30*, 695–716.

Haase, K. (1994). *Lotsizing and Scheduling for Production Planning*. Berlin: Springer.

Haase, K. (1998). Capacitated lot-sizing with linked production quantities of adjacent periods. In: A. Drexl und A. Kimms (Hrsg.), *Beyond Manufacturing Resource Planning (MRP II) – Advanced Models and Methods for Production Planning*. Berlin: Springer. S. 127–146.

Haase, K. (2000). Kapitalwertorientierte Bestellmengenplanung bei Mengenrabatten und dynamischer Nachfrage. Working paper, Universität Kiel, Institut für Betriebswirtschaftslehre.

Hariharan, R. und P. Zipkin (1995). Custer-order information, leadtimes, and inventories. *Management Science 41*, 1599–1607.

Harrison, P. (1967). Exponential smoothing and short-term sales forecasting. *Management Science 13*, 821–842.

Harrison, T. und H. Lewis (1996). Lot sizing in serial assembly systems with multiple constrained resources. *Management Science 42*, 19–36.

Hartmann, H. (1997). *Materialwirtschaft* (7. Aufl.). Gernsbach: Deutscher Betriebswirte-Verlag.

Hausman, W., H. Lee und A. Zhang (1998). Joint demand fulfillment probability in a multi-item inventory system with independent order-up-to policies. *European Journal of Operational Research 109*, 646–659.

Hax, A. und D. Candea (1984). *Production and Inventory Management*. Englewood Cliffs: Prentice Hall.

Heady, R. B. und Z. Zhu (1994). An improved implementation of the Wagner-Whitin algorithm. *Production and Operations Management 3*, 55–63.

Heinrich, C. (1987). *Mehrstufige Losgrößenplanung in hierarchisch strukturierten Produktionsplanungssystemen*. Berlin: Springer.

Heinrich, C. E. und C. Schneeweiß (1986). Multi-stage lot-sizing for general production systems. In: S. Axsäter, C. Schneeweiß und E. Silver (Hrsg.), *Multi-Stage Production Planning and Inventory Control*. Berlin: Springer.

Helber, S. (1994). *Kapazitätsorientierte Losgrößenplanung in PPS-Systemen*. Stuttgart: M&P, Verlag für Wissenschaft und Forschung.

Helber, S. (1995). Lot sizing in capacitated production planning and control systems. *OR Spektrum 17*, 5–18.

Hill, A. V., A. S. Raturi und C.-C. Sum (1997). Capacity-constrained reorder intervals for materials requirements planning systems. *IIE Transactions 29*, 951–963.

Ho, C. (1989). Evaluating the impact of operating environments on MRP system nervousness. *International Journal of Production Research 27*, 1115–1135.

Ho, C., P. Carter, S. Melnyk und R. Narasimhan (1986). Quantity versus timing change in open order: A critical evaluation. *Production and Inventory Management 27*, 123–137.

Ho, C.-J. und P. Carter (1996). An investigation of alternative dampening procedures to cope with MRP system nervousness. *International Journal of Production Research 34*, 137–156.

Ho, C.-J., W.-K. Law und R. Rampal (1995). Uncertainty-dampening methods for reducing MRP system nervousness. *International Journal of Production Research 33*, 483–496.

Hoel, P. (1962). *Introduction to Mathematical Statistics* (3. Aufl.). New York: Wiley.

Holt, C. (1957). Forecasting seasonals and trends by exponentially weighted moving averages. Working Paper 42, Carnegie Institute of Technology, Pittsburgh. Zitiert nach: Silver, Pyke und Peterson (1998).

Höter, J. (1993). Effiziente Algorithmen zur Bestimmung optimaler Losgrößen. In: H. Dyckhoff, U. Derigs, M. Salomon und H. Tijms (Hrsg.), *Operations Research Proceedings 1993*. Berlin: Springer. S. 28–34.

Hübner, G. (1996). *Stochastik*. Braunschweig: Vieweg.

Inderfurth, K. (1991a). Combined optimization of safety stocks and processing lead times in multi-stage production systems. In: G. Fandel und G. Zäpfel (Hrsg.), *Modern Production Concepts – Theory and Applications*. Berlin: Springer.

Inderfurth, K. (1991b). Safety stock optimization in multi-stage inventory systems. *International Journal of Production Economics 24*, 103–113.

Inderfurth, K. (1992). Mehrstufige Sicherheitsbestandsplanung mit Dynamischer Optimierung. *OR-Spektrum 14*, 19–32.

Inderfurth, K. (1993). Valuation of leadtime reduction in multi-stage production system. In: G. Fandel, T. Gulledge und A. Jones (Hrsg.), *Operations Research in Production Planning and Control*. Berlin: Springer. S. 413–427.

Inderfurth, K. (1994). Nervousness in inventory control: Analytical results. *OR Spektrum 16*, 113–123.

Inderfurth, K. und S. Minner (1998). Safety stocks in multi-stage inventory systems under different service measures. *European Journal of Operational Research 106*, 57–73.

Ingold, T. (1998). *Multi-Level Lot Sizing: Feasible Sequential Decisions and Flexible Lagrangean-Based Heuristics*. Ph. D. thesis, Institut für Informarik, Universität Freiburg, Freiburg (Schweiz).

Isermann, H. und J. Houtman (1998). Entsorgungslogistik in Industrieunternehmen. In: H. Isermann (Hrsg.), *Logistik* (2. Aufl.). Landsberg/Lech: Moderne Industrie. S. 303–320.

Jacobs, F. und B. Khumawala (1982). Multi-level lot sizing in material requirements planning: An empirical investigation. *Computers & Operations Research 9*(2), 139–144.

Jensen, T. (1993). Measuring and improving planning stability of reorder-point lot-sizing policies. *International Journal of Production Economics 30–31*, 167–178.

Jensen, T. (1996). *Planungsstabilität in der Material-Logistik*. Heidelberg: Physica.

Johnson, L. und D. Montgomery (1974). *Operations Research in Production Planning, Scheduling, and Inventory Control*. New York: Wiley.

Johnson, M., T. Davis und H. Lee (1996). Robustness of order reliability models with applications to order aging. *International Journal of Production Research 34*, 3499–3514.

Jönsson, H., P. Lundell und A. Thorstenson (1982). Some aspects on uncertainty in a multi-level inventory system. *Engineering Costs and Production Economics 6*, 141–146.

Kadipasaoglu, S. N. und V. Sridharan (1995). Alternative approaches for reducing schedule instability in multistage manufacturing under demand uncertainty. *Journal of Operations Management 13*, 193–211.

Kamp, A., G. Polderman, P. Striekwold und P. Weeda (1989). On the determination of over-planning margins for components in a consumer electronics factory. *Engineering Costs and Production Economics 16*, 183–193.

Katok, E., H. S. Lewis und T. P. Harrison (1998). Lot sizing in general assembly systems with setup costs, setup times, and multiple constrained resources. *Management Science 44*, 859–877.

Kazan, O., R. Nagi und C. Rump (2000). New lot-sizing formulations for less nervous production. *Computers & Operations Research 27*, 1325–1345. (losgröße).

Kendall, M. und J. Ord (1990). *Times Series* (3. Aufl.). London: Edward Arnold.

Khumawala, B. (1973). An efficient heuristic procedure for the uncapacitated warehouse location problem. *Naval Research Logistics Quarterly 20*, 109–121.

Kimms, A. (1997). *Multi-Level Lot Sizing and Scheduling*. Heidelberg: Physica.

Kimms, A. und A. Drexl (1998). Multi-level lot sizing – an annotated bibliography. In: A. Drexl und A. Kimms (Hrsg.), *Beyond Manufacturing Resource Planning (MRP II)*. Heidelberg: Springer. S. 184–216.

Kiran, A. (1989). A combined heuristic approach to dynamic lot sizing problems. *International Journal of Production Research 27*, 2063–2074.

Kirca, Ö. (1990). An efficient algorithm for the capacitated single item dynamic lot size problem. *European Journal of Operational Research 45*, 15–24.

Kirca, Ö. und M. Kökten (1994). A new heuristic approach for the multi-item dynamic lot sizing problem. *European Journal of Operational Research 75*, 332–341. Siehe auch Note von Kimms (2002).

Kirsch, W., I. Bamberger, E. Gabele und H. Klein (1973). *Betriebswirtschaftliche Logistik*. Wiesbaden: Gabler.

Knolmayer, G. (1985). Zur Bedeutung des Kostenausgleichsprinzips für die Bedarfsplanung in PPS-Systemen. *Zeitschrift für betriebswirtschaftliche Forschung 37*, 411–427.

Knolmayer, G. (1987). The performance of lot sizing heuristics in the case of sparse demand patterns. In: A. Kusiak (Hrsg.), *Modern Production Management Systems*, S. 265–279. New York: North-Holland.

Kränzle, S. (1992). Entwurf einer Informationsstruktur für die Materialbedarfsermittlung auf der Grundlage objektorientierter Datenbanksysteme. *OR Spektrum 14*, 211–216.

Krarup, J. und O. Bilde (1977). Plant location set covering and economic lot sizing: An O(nm) algorithm for structured problems. In: L. Collatz (Hrsg.), *Numerische Methoden bei Optimierungsaufgaben, Band 3, Optimierung bei graphentheoretischen und ganzzahligen Problemen*. Basel: Birkhäuser.

Kuhn, H. (1992). Heuristische Suchverfahren mit simulierter Abkühlung. *WiSt 21*, 387–391.

Kuik, R. und M. Salomon (1990). Multi-level lot-sizing problem: Evaluation of a simulated annealing heuristic. *European Journal of Operational Research 45*, 25–37.

Kuik, R., M. Salomon und L. van Wassenhove (1994). Batching decisions: structure and models. *European Journal of Operational Research 75*, 243–263.

Kuik, R., M. Salomon, L. N. van Wassenhove und J. Maes (1993). Linear programming, simulated annealing and tabu search heuristics for lotsizing in bottleneck assembly systems. *IIE Transactions 25*, 62–72.

Küpper, H.-U. (1980). *Interdependenzen zwischen Produktionstheorie und der Organisation des Produktionsprozesses.* Berlin: Duncker & Humblot.

Küpper, H.-U. und S. Helber (1995). *Ablauforganisation in Produktion und Logistik* (2. Aufl.). Stuttgart: Schäffer-Poeschel.

Kurbel, K. (1998). *Produktionsplanung und -steuerung* (3. Aufl.). München: Oldenbourg.

LaForge, R. L. und J. W. Patterson (1985). Adjusting the part-period algorithm for purchase quantity discounts. *Production and Inventory Management Journal 1*, 138–150.

Lagodimos, A. und E. Anderson (1993). Optimal positioning of safety stocks in MRP. *International Journal of Production Research 31*, 1797–1813.

Lambrecht, M., J. V. Eecken und H. Vanderveken (1983). A comparative study of lot sizing procedures for multi-stage assembly systems. *OR Spektrum 5*, 33–43.

Lambrecht, M. und H. Vanderveken (1979). Heuristic procedures for the single operation multi-item loading problem. *IIE Transactions 11*(4), 319–326.

Langenhoff, L. und W. Zijm (1990). An analytical theory of multi-echelon production/distribution systems. *Statistica Neerlandica 44*, 149–174.

Lasdon, L. und R. Terjung (1971). An efficient algorithm for multi-item scheduling. *Operations Research 19*, 946–969.

Lee, H. und S. Nahmias (1993). Single-product, single-location models. In: S. Graves, A. R. Kan und P. Zipkin (Hrsg.), *Logistics of Production and Inventory.* Amsterdam: North-Holland. S. 3–55.

Lee, T. und E. Adam (1986). Forecasting error evaluation in material requirements planning MRP production-inventory systems. *Management Science 32*, 1186–1205.

Lewandowski, R. (1974). *Prognose- und Informationssysteme und ihre Anwendungen.* Berlin: DeGruyter.

Lozano, S., J. Larraneta und L. Onieva (1991). Primal-dual approach to the single level capacitated lot-sizing problem. *European Journal of Operational Research 51*, 354–366.

Maes, J. (1987). *Capacitated lotsizing techniques in manufacturing resource planning.* Ph. D. thesis, Katholieke Universiteit Leuven.

Maes, J., J. McClain und L. van Wassenhove (1991). Multilevel capacitated lotsizing complexity and LP-based heuristics. *European Journal of Operational Research 53*, 131–148.

Maes, J. und L. van Wassenhove (1986). A simple heuristic for the multi item single level capacitated lotsizing problem. *OR Letters 4*, 265–273.

Maes, J. und L. van Wassenhove (1991). Capacitated dynamic lotsizing heuristics for serial systems. *International Journal of Production Research 29*, 1235–1249.

Magee, J. (1958). *Production Planning and Inventory Control.* New York: McGraw-Hill.

Makridakis, S. und S. Wheelwright (1978). *Interactive Forecasting* (2. Aufl.). San Francisco: Holden-Day.

Makridakis, S. und S. Wheelwright (1989). *Forecasting Methods for Management* (5. Aufl.). New York: Wiley.

Manne, A. (1958). Programming of economic lot sizes. *Management Science 4*, 115–135.

Mather, H. (1977). Reschedule the schedule you just rescheduled - way of life in MRP. *Production and Inventory Management 18*(1), 60–79.

Maxwell, W. und J. Muckstadt (1984). Establishing consistent and realistic reorder intervals production-distribution systems. Working Paper 561, School of Operations Research and Industrial Engineering, Cornell University.

McClain, J., W. Maxwell, J. Muckstadt, L. Thomas und E. Weiss (1982). On MRP lot sizing. *Management Science 28*, 582–584.

McClain, J. und W. Trigeiro (1985). Cyclic assembly schedules. *IIE Transactions 17*, 346–353.

McLaren, B. (1977). *A Study of Multiple Level Lotsizing Procedures for Material Requirements Planning Systems*. Ph. D. thesis, Purdue University.

Meal, H. (1979). Safety stocks in MRP. Working Paper 166, OR Center, MIT, Cambridge, Mass.

Meyr, H. (1999). *Simultane Losgrößen- und Reihenfolgeplanung Für Kontinuierliche Produktionslinien*. Wiesbaden: Deutsche Universitäts-Verlag.

Meyr, H. (2002). Simultaneous lotsizing and scheduling on parallel maschines. *European Journal of Operational Research 139*, 277–292.

Minifie, J. und R. Davis (1990). Interaction effects on MRP nervousness. *International Journal of Production Research 28*, 173–183.

Minner, S. (2000). *Strategic Safety Stocks in Supply Chains*. Berlin: Springer.

Moily, J. (1982). *Optimal and Heuristic Lot-Sizing Procedures for Multi-Stage Manufacturing Systems*. Ph. D. thesis, University of Wisconsin.

Moily, J. (1986). Optimal and heuristic procedures for component lot-splitting in multi-stage manufacturing systems. *Management Science 32*, 113–125.

Montgomery, D. und L. Johnson (1976). *Forecasting and Time Series Analysis*. New York: McGraw-Hill.

Morey, R. (1985). Estimating service level impacts from changes in cycle count, buffer stock, or corrective action. *Journal of Operations Management 5*(4), 411–418.

Munson, C. L. und M. J. Rosenblatt (1998). Theories and realities of quantity discounts: An exploratory study. *Production and Operations Management 7*, 352–369.

Murthy, D. und L. Ma (1996). Material planning with uncertain product quality. *Production Planning & Control 7*, 566–576.

Nemhauser, G. und L. Wolsey (1988). *Integer and Combinatorial Optimization*. New York: Wiley.

Neter, J. und W. Wassermann (1974). *Applied linear statistical models*. Homewood: Prentice-Hall.

Neter, J., W. Wassermann und M. Kutner (1989). *Applied Linear Regression Models* (2. Aufl.). Homewood: Irwin.

Nevison, C. (1985). A cost adjustment heuristic for dynamic lot-sizing with uncertain demand timing. *Operations Research 33*, 1342–1352.

Oeldorf, K. und K. Olfert (1998). *Materialwirtschaft* (8. Aufl.). Ludwigshafen: Kiehl.

Ohse, D. (1990). *Mathematik für Wirtschaftswissenschaftler II* (2. Aufl.). München: Vahlen.

Özdamar, L. und G. Barbarosoglu (2000). An integrated lagrangean relaxation-simulated annealing approach to the multi-level multi-item capacitated lot sizing problem. *International Journal of Production Economics 68*, 319–331.

Özdamar, L. und S. I. Birbil (1998). Hybrid-heuristics for the capacitated lot sizing and loading problem with setup times and overtime decisions. *European Journal of Operational Research 110*, 525–547.

Özdamar, L., S. I. Birbil und M.-C. Portmann (2002). Technical note: New results for the capacitated lot sizing problem with overtime decisions and setup times. *Production Planning & Control 13*(1), 2–10.

Özdamar, L. und M. A. Bozyel (2000). The capacitated lot sizing problem with overtime decisions and setup times. *IIE Transactions 32*, 1043–1057.

Penlesky, R. J., W. Berry und U. Wemmerlöv (1989). Open order due date maintenance in MRP systems. *Management Science 35*, 571–584.

Penlesky, R. J., U. Wemmerlöv und W. Berry (1991). Filtering heuristics for rescheduling open orders in MRP systems. *International Journal of Production Research 29*, 2279–2296.

Pfohl, H.-C. (1996). *Logistik-Systeme* (5. Aufl.). Berlin: Springer.

Pochet, Y. und L. Wolsey (1991). Solving multi-item lot-sizing problems using strong cutting planes. *Management Science 37*, 53–67.

Prentis, E. L. und B. M. Khumawala (1989). MRP lot sizing with variable production/purchasing costs: Formulation and solution. *International Journal of Production Research 27*, 965–984.

Rao, V. (1981). *Optimal Lot Sizing for Acyclic Multi-Stage Production Systems*. Ph. D. thesis, School of Industrial and Systems Engineering, Georgia Institute of Technology.

Raturi, A. und A. Hill (1988). An experimental analysis of capacity-sensitive setup parameters for MRP lot sizing. *Decision Sciences 19*, 782–800.

Reith-Ahlemeier, G. (2002). *Ressourcenorientierte Bestellmengenplanung und Lieferantenauswahl*. Norderstedt: Books On Demand.

Robrade, A. (1991). *Dynamische Einprodukt-Lagerhaltungsmodelle bei periodischer Bestandsüberwachung*. Heidelberg: Physica.

Roll, Y. und R. Karni (1991). Multi-item multi-level lot-sizing with aggregate capacity constraint. *European Journal of Operational Research 51*, 73–87.

Rosling, K. (1984). The dynamic inventory model and the uncapacitated facility location problem. Working Paper 102, Linköping Institute of Technology, Department of Production Economics.

Rosling, K. (1986). Optimal lot-sizing for dynamic assembly systems. In: S. Axsäter, C. Schneeweiß und E. Silver (Hrsg.), *Multi-Stage Production Planning and Inventory Control*, S. 119–131. Berlin: Springer.

Rosling, K. (1989). Optimal inventory policies for assembly systems under random demands. *Operations Research 37*, 565–579.

Salomon, M. (1991). *Deterministic Lotsizing Models for Production Planning*. Berlin: Springer.

Salomon, M., L. Kroon, R. Kuik und L. van Wassenhove (1991). Some extensions of the discrete lotsizing and scheduling problem. *Management Science 37*, 801–812.

Salomon, M., R. Kuik und L. van Wassenhove (1993). Statistical search methods for lotsizing problems. *Annals of Operations Research 41*, 453–468.

Scheer, A.-W. (1997). *Wirtschaftsinformatik* (7. Aufl.). Berlin: Springer.

Schneider, H. (1978a). Die Einhaltung eines Servicegrades bei (s, S)-Lagerhaltungspolitiken - eine Simulationsstudie. *Zeitschrift für Operations Research 22*, B119–B144.

Schneider, H. (1978b). Methods for determining the re-order point of an (s, S) ordering policy when a service level is specified. *Journal of the Operational Research Society 29*, 1181–1193.

Schneider, H. (1979a). Lieferbereitschaft bei sporadischem Bedarf. *Operations Research Spektrum 1*, 115–122.

Schneider, H. (1979b). *Servicegrade in Lagerhaltungsmodellen*. Berlin: M+M Wissenschaftsverlag.

Schneider, H. (1981). Effect of service-levels on order-points or order-levels in inventory models. *International Journal of Production Research 19*, 615–631.

Schwarz, L. und L. Schrage (1975). Optimal and system myopic policies for multi-echelon Production/Inventory assembly systems. *Management Science 21*, 1285–1294.

Shah, S. (1991, 5). Optimum order cycles in MRP form a geometric progression. *International Journal of Operations & Production Management 11*, 83–87.

Silver, E. (1978). Inventory control under a probabilistic, time-varying, demand pattern. *AIIE Transactions 10*, 371–379.

Silver, E. und H. Meal (1969). A simple modification of the EOQ for the case of a varying demand rate. *Production and Inventory Management 10*, 51–55.

Silver, E. und H. Meal (1973). A heuristic for selecting lot size quantities for the case of a deterministic varying demand rate and discrete opportunities for replenishment. *Production and Inventory Management 14*(2), 64–74.

Silver, E. und J. Miltenburg (1984). Two modifications of the silver-meal lot sizing heuristics. *INFOR 22*(1), 56–69.

Silver, E., D. F. Pyke und R. Peterson (1998). *Inventory Management and Production Planning and Scheduling* (3. Aufl.). New York: Wiley.

Silver, E. und B. Switzer (1985). Indices versus transcendental functions in seasonal forecasting: Reaping the benefits of both. *Journal of the Operational Research Society 36*(1), 49–54.

Simpson, K. F. (1958). In-process inventories. *Operations Research 6*, 863–873.

Simpson, N. und S. Erenguc (1998a). Improved heuristic methods for multiple stage production planning. *Computers & Operations Research 25*, 611–623.

Simpson, N. und S. Erenguc (1998b). Production planning in multiple stage manufacturing environments with joint costs, limited resources and set-up times. Working paper, University of Florida, Gainesville, Fl.

Simpson, N. C. (1994). *Improved Methods for Production Planning in Multiple Stage Manufacturing Systems*. Ph. D. thesis, University of Florida, College of Business Administration.

Simpson, N. C. (1999). Multiple level production planning in rolling horizon assembly environments. *European Journal of Operational Research 114*, 15–28.

Simpson, N. C. (2001). Questioning the relative virtues of dynamic lot sizing rules. *Computers & Operations Research 28*, 899–914.

Smith, D. (1980). *A Combined Critical Path Method-Material Requirements Planning Model For Project Scheduling Subject To Resource Constraints*. Ph. D. thesis, University of Arizona Graduate School of Management.

Song, J.-S. und P. Zipkin (2003). Supply chain operations: Assemble-to-order systems. In: T. de Kok und S. Graves (Hrsg.), *Supply Chain Management*, Handbooks in Operations Research and Management Science. Amsterdam: North-Holland.

Sox, C. R. und Y. Gao (1999). The capacitated lot sizing problem with setup carry-over. *IIE Transactions 31*, 173–181.

Sridharan, V., W. Berry und V. Udayabhanu (1987). Freezing the master production schedule und rolling planning horizons. *Management Science 33*, 1137–1149.

Sridharan, V. und R. L. LaForge (1994). A model to estimate service levels when a portion of the master production schedule is frozen. *Computers & Operations Research 21*, 477–486.

St. John, R. (1983). *The Cost Effects of Inflated Planned Manufacturing Lead Times in Material Requirements Planning Systems*. Ph. D. thesis, Arizona State University.

Stadtler, H. (1996a). Mixed integer programming model formulations for dynamic multi-item multi-level capacitated lotsizing. *European Journal of Operational Research 94*, 561–581.

Stadtler, H. (1996b). Reformulations of the shortest route model for dynamic multi-item multi-level capacitated lotsizing. *OR Spektrum 19*, 87–96.

Stadtler, H. (2000). Improved rolling schedules for the dynamic single-level lot-sizing problem. *Management Science 46*, 318–326.

Stadtler, H. (2002). Multi-level lot-sizing with setup times and multiple constrained resources: Internally rolling schedules with lot-sizing windows. *Operations Research 50*.

Stadtler, H., S. Wilhelm und M. Becker (1995). Entwicklung des Einsatzes von Fertigungsleitständen in der Industrie. *Management & Computer 3*, 253–266.

Starr, M. und D. Miller (1962). *Inventory Control: Theory and Practice*. Englewood Cliffs: Prentice Hall.

Steele, D. (1975). The nervous MRP system: How to do the battle. *Production and Inventory Management 16*(4), 83–88.

Steinberg, E. und H. Napier (1980). Optimal multi-level lot sizing for requirements planning systems. *Management Science 26*, 1258–1271.

Steinhausen, D. und K. Langer (1977). *Clusteranalyse*. Berlin: DeGruyter.

Suchanek, B. (1996). *Sicherheitsbestände Zur Einhaltung Von Servicegraden*. Frankfurt: Peter Lang.

Sürie, C. und H. Stadtler (2002). The capacitated lot-szing problem with linked lot-sizes. Working paper, Technische Universität Darmstadt.

Tanaka, T. und Y. Sawada (1985). Optimal groupings of inventory items for a common order cycle system. In: H.-J. Bullinger und H.-J. Warneke (Hrsg.), *Toward the Factory of the Future - Proceedings of the 8th International Conference on Production Research.* Berlin: Springer. S. 242–246.

Tatsiopoulos, I. und B. Kingsman (1983). Lead time management. *European Journal of Operational Research 14*, 351–358.

Taylor, P. und K. Oke (1976). Tables for stock control - problems of formulation and computation. *Operations Research Quarterly 27*, 747–758.

Tempelmeier, H. (1983). *Quantitative Marketing-Logistik.* Berlin (Springer).

Tempelmeier, H. (1985). Inventory control using a service constraint on the expected customer order waiting time. *European Journal of Operational Research 19*, 313–323.

Tempelmeier, H. (1991). *Simulation mit SIMAN.* Heidelberg: Springer.

Tempelmeier, H. (1993a). Beschaffung, Materialwirtschaft, Logistik. In: W. Wittmann, W. Kern, R. Köhler, H.-U. Küpper und K. von Wysocki (Hrsg.), *Handwörterbuch der Betriebswirtschaftslehre, Band 1* (5. Aufl.). Stuttgart: Poeschel. S. 312–325.

Tempelmeier, H. (1993b). Safety stock allocation in a two-echelon distribution system. *European Journal of Operational Research 63*, 96–117.

Tempelmeier, H. (1997). Resource-constrained materials requirements planning - MRP^{rc}. *Production Planning & Control 8*, 451–461.

Tempelmeier, H. (1998a). Beschaffung und Logistik. In: M. Bitz, K. Dellmann, M. Domsch und F. Wagner (Hrsg.), *Vahlens Kompendium der Betriebswirtschaftslehre, Band 1* (4. Aufl.). München: Vahlen. S. 129–168.

Tempelmeier, H. (1998b). MRP^{rc} - Ein Ansatz zur Auftragsgrößenplanung bei Werkstattproduktion. In: H. Wildemann (Hrsg.), *Innovationen in der Produktionsplanung und -steuerung.* München: TCW-Publikationen.

Tempelmeier, H. (2000). Inventory service levels in the customer supply chain. *OR Spektrum 22*, 361–380.

Tempelmeier, H. (2003). A simple heuristic for dynamic order sizing and supplier selection with time-varying data. *Production and Operations Management 12*.

Tempelmeier, H. und M. Derstroff (1993). Mehrstufige Mehrprodukt-Losgrößenplanung bei beschränkten Ressourcen und genereller Erzeugnisstruktur. *OR Spektrum 15*, 63–73.

Tempelmeier, H. und M. Derstroff (1996). A lagrangean heuristic for multi-item multi-level constrained lotsizing with setup times. *Management Science 42*, 738–757.

Tempelmeier, H. und S. Helber (1994). A heuristic for dynamic multi-item multi-level capacitated lotsizing for general product structures. *European Journal of Operational Research 75*, 296–311.

ter Haseborg, F. (1979). *Optimale Lagerhaltungspolitiken für Ein- und Mehrproduktläger-Strukturen. Algorithmen und Planungshorizonte bei verschiedenen Mengenrabatten und deterministisch schwankendem Bedarf.* Göttingen: Vandenhoeck & Ruprecht.

Tersine, R. J. und R. A. Toelle (1985). Lot size determination with quantity discounts. *Production and Inventory Management Journal 1*, 1–23.

Thizy, J. und L. van Wassenhove (1985). Lagrangean relaxation for the multi-item capacitated lot-sizing problem: A heuristic implementation. *IIE Transactions 17*(4), 308–313.

Tijms, H. (1994). *Stochastic Models - An Algorithmic Approach*. Chichester: Wiley.

Tijms, H. und H. Groenevelt (1984). Simple approximations for the reorder point in periodic and continuous review (s, S) inventory systems with service level constraints. *European Journal of Operational Research 17*, 175–190.

Toklu, B. und J. Wilson (1992). A heuristic for multi-level lot-sizing problems with a bottleneck. *International Journal of Production Research 30*, 787–798.

Treu, F. (1972). Stücklistenauflösung and Bedarfs-Planung. *Zeitschrift für wirtschaftliche Fertigung 67*, 561–567.

Trigeiro, W. (1987). A dual-cost heuristic for the capacitated lot sizing problem. *IIE Transactions 19*(3), 67–72.

Trigg, D. (1964). Monitoring a forecasting system. *Operational Research Quarterly 15*, 271–274.

Trigg, D. und A. Leach (1967). Exponential smoothing with an adaptive response rate. *Operational Research Quarterly 18*(1), 53–59.

Trux, W. (1972). *Einkauf und Lagerdisposition mit Datenverarbeitung* (2. Aufl.). München: Moderne Industrie.

van Donselaar, K. (1989). *Material Coordination under Uncertainty*. Ph. D. thesis, Technische Universiteit Eindhoven.

van Donselaar, K. (1990). Integral stock norms in divergent systems with lot-sizes. *European Journal of Operational Research 45*, 70–84.

van Donselaar, K. (1992). The use of MRP and LRP in a stochastic environment. *Production Planning & Control 3*, 239–246.

van Houtum, G. und W. Zijm (1991). Computational procedures for stochastic multi-echelon production systems. *International Journal of Production Economics 23*, 223–237.

van Wassenhove, L. und J. Maes (1984). Multi-item single level capacitated dynamic lotsizing heuristics: a critique. Working Paper 84–25, Katholieke Universiteit Leuven Departement Werktuigkunde Afdeling Industrieel Beleid.

van Wassenhove, L. und P. Vanderhenst (1983). Planning production in a bottleneck department. *European Journal of Operational Research 12*, 127–137.

Vanderbeck, F. (1998). Lot-sizing with start-up times. *Management Science 44*, 1409–1425.

Vazsonyi, A. (1962). *Die Planungsrechnung in Wirtschaft and Industrie*. München: Oldenbourg.

Vollmann, T., W. Berry und D. Whybark (1997). *Manufacturing Planning and Control Systems* (4. Aufl.). Homewood: Irwin.

Wagelmans, A., S. V. Hoesel und A. Kolen (1992). Economic lot sizing: An $O\, n \log n$ algorithm that runs in linear time in the Wagner-Whitin case. *Operations Research 40*(Supp. No. 1), 145–156.

Wagner, H. und T. Whitin (1958). Dynamic version of the economic lot size model. *Management Science 5*, 89–96.

Wäscher, G. (1998). Local search. *WISU - Das Wirtschaftsstudium 27*, 1299–1306.

Weber, K. (1990). *Wirtschaftsprognostik*. München: Vahlen.

Wedekind, H. (1968). Ein Vorhersagemodell für sporadische Nachfragemengen bei der Lagerhaltung. *Ablauf- and Planungsforschung 9*, 1–11.

Wemmerlöv, U. (1981). The ubiquitous EOQ - its relation to discrete lot sizing heuristics international. *Journal of Operations & Production Management 1*, 161–179.

Wemmerlöv, U. (1982). A comparison of discrete single stage lot-sizing heuristics with special emphasis on rules based on the marginal cost principle. *Engineering Costs and Production Economics 7*, 45–53.

Wemmerlöv, U. und D. Whybark (1984). Lot-sizing ander uncertainty in a rolling schedule environment. *International Journal of Production Research 22*, 467–484.

Whybark, D. und J. Williams (1976). Material requirements planning under uncertainty. *Decision Sciences 7*, 336–352.

Wijngaard, J. und J. Wortmann (1985). MRP and inventories. *European Journal of Operational Research 20*, 281–293.

Winters, P. (1960). Forecasting sales by exponentially weighted moving averages. *Management Science 6*(3), 324–342.

Yano, C. und R. Carlson (1985). An analysis of scheduling policies in multiechelon production systems. *IIE Transactions 17*, 370–377.

Yano, C. und R. Carlson (1987). Interaction between frequency of rescheduling and the role of safety stock in material requirements planning systems. *International Journal of Production Research 25*, 221–232.

Yano, C. und R. Carlson (1988). Safety stocks for assembly systems with fixed production intervals. *Journal of Manufacturing and Operations Management 1*, 182–201.

Yeung, J., W. Wong und L. Ma (1998). Parameters affecting the effectiveness of MRP systems: A review. *International Journal of Production Research 36*, 313–331.

Zangwill, W. (1969). A backlogging model and a multi-echelon model of a dynamic economic lot size production system - a network approach. *Management Science 15*, 506–527.

Zhao, X., J. Goodale und T. Lee (1995). Lot-sizing rules and freezing the master production schedule in material requirements planning systems under demand uncertainty. *International Journal of Production Research 33*, 2241–2276.

Zhao, X. und T. Lee (1993). Freezing the master production schedule for material requirements planning systems under demand uncertainty. *Journal of Operations Management 11*, 185–205.

Zoller, K. und A. Robrade (1987). Dynamische Bestellmengen- and Losgrößenplanung - Verfahrensübersicht und Vergleich. *OR Spektrum 9*, 219–233.

Sachverzeichnis

Modelldefinitionen

AQ	17
AT1	23
AT2	23
BASEOPT	459
BM	244
BMC	298
CLSP	165
$CLSP_{SPP}$	200
$CLSP_{SPL}$	167
$CLSP\text{-}L_{SPL}$	169
$CLSP\text{-}L\text{-}PM_{SPL}$	173
LPR_ℓ	336
$LPR(\widehat{\gamma})$	334
$LPR(\widehat{\gamma})_{neu}$	334
MIP	227
MLCLSP	209
$MLCLSP_e$	214
$MLCLSP_{Billington}$	221
$MLCLSP_{Billington}(LR_j)$	315
$MLCLSP_{Helber}$	222
$MLCLSP_{Ingold}$	225
$MLCLSP_{KONV_e}$	229
$MLCLSP_{KONV_{Maes}}$	235
$MLCLSP_{KONV_{Rosling}}$	234
$MLCLSP_{KONV_{eLR}}$	233
$MLCLSP_{KONV}$	228
$MLCLSP_{neu}$	319
$MLULSP(\gamma)$	278
NSP	255
SLULSP	142
$SLULSP_k$	320
SPLP	147
$SPLP_{Rosling}$	149
SRP	145
SRP_G	146
$UMSOQP_{VAD}$	367
$UMSOQP_{VID}$	369

Im Text erwähnte Autoren

Özdamar	175, 176, 204, 349
Afentakis	273
Armentano	348
Bahl	148, 199, 204
Baker	162
Bankhofer	33
Barbarosoglu	349
Belvaux	205
Beretta	348
Berry	467, 468
Bilde	147
Billington	219, 315
Birbil	176
Blackburn	248
Bourjolly	203
Bozyel	175, 204
Brown	248, 385
Carlson	451, 467
Chakravarty	15, 24
Chen	225
Chiu	274
Clark	348, 442
Croston	93
DeBodt	164
Dellaert	282
Derstroff	156, 315, 349
Dillenberger	168
Ding	203
Dixon	178, 203
Drexl	176
Eppen	205
Erenguc	274, 349
Ertogral	350
Escudero	168
Evans	155
Federgruen	155, 201
Fleischmann	176, 177

Franca	348	Salomon	272, 281
Günther	176, 203	Scarf	442
Gao	172, 204	Schneider	432
Gardner	71	Silver	159, 161
Gopalakrishnan	203	Simpson	274, 349, 456
Graves	268	Sox	172, 204
Groff	161	Stadtler	155, 172, 201, 205, 224, 333, 350
Höter	155	Sum	299
Haase	171, 176, 203	Tempelmeier	375
Harrison	226, 333	Toklu	300
Heady	155	Trigg	40
Hearn	225	Tzur	155, 201
Heinrich	253	Van Donselaar	452
Helber	221, 300, 349	van Donselaar	455
Hill	297	Van Hoesel	155
Holt	72	Van Wassenhove	164
Inderfurth	461	Vander Eecken	274
Ingold	225, 272, 333	Vanderveken	203, 274
Jeunet	282	Wagelmans	155
Jucker	467	Wagner	143, 151
Kökten	203	Wedekind	91
Karni	348	Wemmerlöv	162, 467, 468
Katok	226, 333	Whitin	143, 151
Kazan	467	Wilson	300
Kirca	203	Winters	81
Kolen	155	Wollensak	168
Krarup	147	Wolsey	205
Kropp	467	Wu	350
Kuik	281	Yano	451
Lambrecht	203, 274	Zhang	168
Lee	225	Zhu	155
Lewis	226, 333	Zionts	148
Lin	274	Zoller	163
Maes	235, 291, 294		
Manne	204		
Martin	205		

A

α-Servicegrad	397
ABC-Analyse	13, 32
Abweichungssignal	40
Achsenabschnitt	72
Advanced Planner and Optimizer	207, 350
Advanced Planning Systems	350
Aggregationsfehler	18, 24
Annahmewahrscheinlichkeit	281
Arbeitsgang	207, 303
Arbeitsplan	207
assemble-to-order	403
Auflösungsstufe	129
Ausreißer	101
Ausschuß	119
Autokorrelationsfunktion	30, 75

Meal	159
Meyr	177
Millen	248
Miltenburg	161
Mohan	203
Nagi	467
Penlesky	467, 468
Raturi	297
Reith-Ahlemeier	376
Robrade	163
Roll	348
Rosling	149, 234
Rump	467
Sürie	172, 205

Sachverzeichnis

Autokorrelationskoeffizient 29
Autokorrelogramm 30

B

β-Servicegrad 398, 403, 410, 423
Base-Stock-System 444
Bearbeitungsreihenfolge 176
Bedarf
    regelmäßiger 26, 37
    saisonaler 30
    sporadischer . 26, 29, 139, 374, 412, 427
    trendförmiger 31, 54
    unregelmäßiger 37
Bedarfsermittlung
    analytische 109
    deterministische 37
    synthetische 128
Beschaffung 3
Bestandsüberwachung
    kontinuierliche 408
Bestellabwicklung 32
Bestellmenge 390, 408, 411, 436
    (s, S)-Politik 428
    (s, q)-Politik 408
    produktgruppenbezogene 15, 24
    produktindividuelle 16
Bestellniveau 390, 423
    (r, S)-Politik 423
    (s, S)-Politik 430
Bestellpunkt 390, 411
    (s, S)-Politik 432
    (s, q)-Politik 412
Bestellzyklus 22, 390
Bestimmtheitsmaß 58
Betriebsstoffe 3
Beziehungstyp 114
big-bucket-Modell 168
Blockrabatt 365
Blockrabatte 369
Bruttobedarf 119
Business-to-Business 376

C

CLSP 178, 204, 301
CLSP-L 203, 204
CLSP-L_A 171, 204
CLSP-L_{SPL} 201, 203
Clusteranalyse 18
Collaborative Planning 469
cost balancing 336

CSLP 176

D

Datenbank 113
Datenbankstrukturdiagramm 114
Datenmodell 114
Defizit 416, 429
    Varianz 418
    Wahrscheinlichkeitsverteilung . . . 417
Dekomposition
    periodenorientierte 272
    produktorientierte 239
Demand Planning 35
Direktbedarfskoeffizient 105
Direktbedarfsmatrix 113
Dispositionsstufe . . . 122, 256, 283, 301, 322
    modifizierte 303
Dispositionsstufenverfahren 103, 122, 238, 326
Distribution
    physische 1
    vertragsmäßige 6
DLSP 176
Durchlaufzeit 104, 363, 378
    systemweite 445
Durchlaufzeiten 377
Durchschnitte
    gleitende 35, 45

E

echelon stock 212
eCommerce 365
Eilaufträge 441
Einkauf 6
Einprodukt-Losgrößenproblem
    einstufiges 141
Endproduktnachfrage
    kontinuierliche 238
Entity-Relationship-Diagramm 114
Erzeugnis- und Prozeßstruktur 207
Erzeugnisbaum 105
Erzeugnisstruktur 7
    generelle 237, 299
    konvergierende 234, 237, 243
    lineare 240
Erzeugnisstrukturdatei 116
Erzeugnistruktur
    generelle 253
Erzeugniszusammenhang 104
exponentielle Glättung
    adaptive 40

erster Ordnung 39, 386
zweiter Ordnung 72

F

Faltung 392, 395, 400, 420, 436
Fehlbestand . . . 409, 412, 423, 428, 436, 439
Fehlmenge 409
Fehlmengenkosten 395
Feinplanung 361
Fertigungsstufe 106
Funktionsattribut 117

G

γ-Servicegrad 398
Gammaverteilung
    Formparameter 412
    Skalenparameter 412
genetische Algorithmen 282
genetischer Algorithmus 204
Gesamtbedarf 112
Glättungsparameter 51, 72, 81
gleitender Durchschnitt
    zentrierter 75
GLSP 177
Gozintoverfahren 103, 125
Grenzlagerkosten 239
Groff-Verfahren 161

H

Handelswaren 3
Handlingrestriktionen 376
Hauptproduktionsprogramm 7, 104
Hilfsstoffe 3

I

incomplete gamma function 413, 435
Informationsverarbeitung 2
    Kosten der 12
irreguläre Schwankungen 41

K

Kürzeste-Wege-Problem 144, 223
Kürzeste-Wege-Modell 205
Kürzeste-Wege-Problem 370
Kapazität 137, 164, 239, 291, 362, 378
Kapazitätsabgleich 326
Kapazität 376
Klassifizierung
    nach dem Bedarfsverlauf 26

wertmäßige 12
Kolmogorov-Smirnov-Test 69
Konjunkturzyklen 41
Kosinus 87
Kostenanpassung . . . 239, 265, 297, 300, 313
Kostenausgleichsverfahren 157

L

Lagerüberwachung
    kontinuierliche 415
    Kosten der 14
    periodische 417, 422, 427
Lagerbestand 104
    disponibler 120, 408, 415, 422
    physischer 241
    systemweiter 212, 229, 242
Lagerbestandsrestriktionen 376
Lagerbilanzgleichungen 133
Lagerdauer 275
Lagerhaltungspolitik 11, 14
Lagerhaltungspolitiken 377, 379, 390
Lagerkosten
    marginale 213
Lagerkostensatz 240
    marginaler 241
Lagerung 2
Lagrange-Funktion 298, 299
Lagrange-Multiplikator 233, 272, 298, 315, 318
Lagrange-Relaxation 204, 271, 376
Lebenszyklus 27
Leistungskriterien
    auftragsbezogene 403
    produktbezogene 395
    produktgruppenbezogene 403
Leitstand 360
Lieferunfähigkeit 398
    Wahrscheinlichkeitsverteilung . . . 401
Lieferunfähigkeitsdauer 401
Lieferzeit 401, 427
    lagerbedingte 447
    Wahrscheinlichkeitsverteilung . . . 402
LINDO-Format 134, 292
Line Requirements Planning 455
Local Search 278
Logistikkette 403
Logistiksystem 1
Losgröße 156
Losgrößenmodell
    klassisches 16, 156
Losgrößenpolitik 153

Sachverzeichnis

Losgrößenprobleme 137
Losreihenfolge 176
LP-Modell 134, 292, 311

M

MAD 28, 100
Marketing-Logistik 2
Maschinenausfall 381
Maschinengruppe 166
Material-Logistik 1
Materialbedarfsplanung 6
Materialbedarfsrechnung 103, 135
Materialbereitstellungsprinzipien 31
Materialbeschaffung 4
  physische 1
  vertragsmäßige 6
Materialhandhabung 2
Mehrprodukt-Losgrößenproblem . . . 103, 206
Mengenplanung 283
  kapazitätsorientierte 289
Mengenrabatte 366, 439
MLCLSP 201, 227, 289, 300, 350
MLCLSP$_{Helber}$ 166
MLCLSP$_{KONV_{Maes}}$ 291
Montage
  auftragsorientierte 403
MRP^{rc} 360
MRP-Konzept 283
Multikollinearität 86

N

Nachfrageprozeß 390
Nervosität 379
Neueinplanung 441
NIPPA 274
Normalverteilung 38

O

Objekttyp 113
Opportunitätskosten 136, 211
Optimierung
  dynamische 15, 155
  order fill rate 408

P

part-period-Verfahren 157
Periodenbedarfsmenge
  Wahrscheinlichkeitsverteilung der . . 94
Pfeilzähler 125

Planung
  rollende 155, 164, 212, 351, 441
Planungsgenauigkeit 11
Planungskosten 11
Planungsmodelle
  stochastische 441
PLSP 176
PPS-System 114, 140, 379
Preisanstieg 374
Preisrückgang 374
Primärbedarf 8, 113, 118, 377
Primärbedarfsmatrix 132
Primal-Dual-Verfahren 204
Produktionslogistik 1, 5
Produktionsplanung
  kapazitätsorientierte 6
Produktionssegment 207, 351, 389
Produktionstermin 273
Produktionszyklus 22, 199
  produktgruppenbezogener 15, 22
Prognosefehler 37, 45, 92, 382, 383, 444
  Analyse 38
  mittlere absolute Abweichung 39
  Niveau 38
  Streuung 38
Prognosemodell 36
Prognosequalität 37
Prognosesystem 96
Prognoseverfahren 35
Prozeßstruktur 140
Puffer 441, 442

R

(r, S)-Politik 422
Rückwärtsabgleich 327, 348
Rückwärtseinplanung 312, 316
Rückwartsabgleich 331
Rüstkosten 211, 351
  zuschlag 335
Rüstmuster 228, 275, 279, 334
Rüstzeit 211, 334, 351
Rüstzustand 169, 176
Ratio-to-Moving-Average-Methode 73
Regressionsrechnung 35, 55, 85
Reihenfolgeplanung 289
Relationenmodell 117
rescheduling 443, 465
Ressourcen 165
Ressourcen-Graph 305
Ressourcenkonkurrenz 137

Risikozeitraum 390, 402, 427, 439
Rohstoffe 3
RSU-Analyse 32

S

$(s, n \cdot q, r)$-Politik 416
(s, q)-Politik 408
(s, S)-Politik 427
Saison-Dummyvariablen 86
saisonale Schwankungen 41, 73
Saisonfaktor 79
Saisonmuster 74
Sekundärbedarf 8, 112, 118, 137
Sekundärbedarf 404
Servicegrad 444
Set-Partitioning-Modell 200, 204
Sicherheitsbestand 377, 381, 441, 442
    systemweiter 445
Sicherheitsfaktor 432, 444
Sicherheitsvorlaufzeit 441, 462
Silver-Meal-Verfahren 159, 178, 285
simulierte Abkühlung 204, 280
Simultanplanungskonzept
    erzeugnisbezogen 289
Sinus 87
SLULSP 266, 268, 274, 318
SLULSP$_k$ 320
small-bucket-Modell 176
SPLP 167
SQL 117
SRP$_G$ 166, 205, 221
Störpegel 29
Stücklistenkette 110, 115
Stückperioden 274
Stückperiodenausgleichsverfahren . . 157, 276
Stückkostenkriterium 156, 372
Standardnormalverteilung 412
Standortplanung 293
Standortproblem 147, 234, 367
Steigung 72
Strukturbruch 37
Stufenrabatt 365
Sukzessivplanung
    phasenbezogen 284
    produktbezogen 283
Supply Chain 1, 2, 403
Supply Chain Optimization 35, 350
Supply Network 1

T

Tabu-Suche 349
Technologiematrix 129
Teilestammdatei 116
Teileverwendungskette 115
Teileverwendungsnachweis 108
Terminplanung 284
Tertiärbedarf 8
Transport 2
Trend 41

U

Überwachungsintervall 390, 423, 445
undershoot 416
Unsicherheit 380
    Information 388
    Input 388
    Menge 389
    Output 388
    produktbezogene 380
    Prognoseänderungen 384
    Prognosefehler 384
    ressourcenbezogene 380
    Zeitpunkt 389

V

Varianzanalyse 56
Verbrauchsfaktoren 3
Verfahren von Helber 304
Verflechtungsbedarfsmatrix 129
Verpackung 2
Verspätungen 239
Vollkosten 239
Vorankündigung von Aufträgen 468
Vorwärtsabgleich 326

W

Wartezeiten 363
Weibullverteilung 91
Werkstattproduktion 140
Wiederbeschaffungszeit
    deterministische 392
    Nachfrage 391, 411
    stochastische 394

Z

Zeitreihe 36
Zeitreihendekomposition 35, 73

Sachverzeichnis

Zeitreihenmodell 74
Zusatzbedarf 119
Zwischenprodukt 208

Verzeichnis der zitierten Veröffentlichungen

Afentakis et al. (1984)   228, 231, 234, 237, 471
Afentakis und Gavish (1986) 214, 471
Afentakis (1982) 231, 273, 471
Afentakis (1987) 164, 239, 273, 471
Aquilano und Smith (1980) 207, 471
Armentano et al. (2001) 348, 471
Axsäter und Rosling (1993) 444, 471
Baganha et al. (1996) 418, 471
Bahl et al. (1987) 205, 471
Bahl und Ritzman (1984a) . . . 199, 200, 471
Bahl und Ritzman (1984b) . . . 199–201, 471
Bahl und Zionts (1986) 148, 471
Bahl (1983) 199, 471
Baker (1985) 386, 471
Baker (1989) 162, 471
Bamberg und Baur (1998) 29, 55, 471
Bankhofer (1999) 33, 472
Banks et al. (1996) 69, 472
Barany et al. (1984) 205, 472
Bartezzaghi und Verganti (1995) . . . 463, 472
Bellman (1957) 153, 472
Belvaux und Wolsey (2000) 205, 472
Belvaux und Wolsey (2001) 205, 472
Bemelmans (1986) 380, 388, 472
Benton und Park (1996a) 366, 472
Benton und Park (1996b) 376, 472
Benton und Whybark (1982) 366, 472
Benton (1985) 366, 472
Benton (1986) 366, 472
Berg (1979) 6, 472
Berr und Papendieck (1968) 131, 472
Bhatnagar et al. (1993) 441, 472
Billington et al. (1983) 211, 233, 472
Billington et al. (1986) 219, 315, 472
Billington (1983) . . . 212, 219, 233, 315, 472
Blackburn et al. (1985) 467, 472
Blackburn et al. (1986) 467, 472
Blackburn et al. (1987) 467, 473

Blackburn und Millen (1982)164, 239, 247, 248, 252, 473
Blackburn und Millen (1984) 297, 473
Blackburn und Millen (1985) 247, 473
Bregman und Silver (1993) 366, 473
Bregman (1991) 366, 473
Brown (1963) 94, 101, 384, 385, 473
Brown (1967) 247, 248, 473
Brown (1984) 12, 72, 101, 473
Burgin (1975) 413, 473
Burstein et al. (1984) 442, 473
Callarman und Whybark (1981) . . . 366, 473
Carlson et al. (1979) 467, 473
Carlson und Yano (1986) 451, 467, 473
Cattrysse et al. (1990) 204, 473
Chakravarty et al. (1982) 15, 473
Chakravarty (1981) . . 15, 17, 20, 23, 25, 473
Chakravarty (1984a) 25, 473
Chakravarty (1984b) 247, 473
Chen et al. (1994) 225, 473
Chen und Thizy (1990) 204, 474
Chiu und Lin (1989) 274, 474
Chiu (1993) 274, 474
Christoph und LaForge (1989) 366, 474
Chung et al. (1987) 366, 474
Chyr et al. (1999) 366, 474
Clark und Armentano (1995) 348, 474
Clark und Scarf (1960) 442, 474
Croston (1972) 93, 474
Crouch und Oglesby (1978) 15, 25, 474
Crowder (1976) 323, 474
Crowston et al. (1972) 238, 474
Crowston und Wagner (1973) . 228, 230, 474
DeBodt et al. (1984) 212, 441, 474
DeBodt und Graves (1985) 442, 474
DeBodt und van Wassenhove (1983) . 164, 474
DeLurgio (1998) 31, 33, 36, 40, 60, 72, 89, 474
DeMatteis (1968) 157, 475

Dellaert et al. (2000) 282, 474
Dellaert und Jeunet (2000) 282, 474
Derstroff (1995)   137, 156, 165, 282, 317, 326, 332, 333, 349, 356, 475
Diaby et al. (1992a) 204, 475
Diaby et al. (1992b) 204, 475
Dillenberger et al. (1993) 168, 475
Dixon und Poh (1990) 176, 475
Dixon und Silver (1981) 178, 185, 475
Domschke et al. (1997) 155, 164, 205, 238, 475
Domschke und Drexl (1996) 2, 475
Domschke und Drexl (2002) 145, 221, 233, 279, 475
Donaldson (1974) 14, 475
Donaldson (1981) 14, 475
Drexl et al. (1994) 9, 358, 475
Drexl und Haase (1995) 176, 475
Drexl und Kimms (1997) 205, 289, 475
Dzielinski und Gomory (1965) 204, 475
Eglese (1990) 280, 475
Eilon und Mallya (1985) 12, 13, 15, 20, 21, 25, 475
Eppen und Martin (1987)   145, 166, 205, 223, 475
Eppen und Martin (1988) . . . 386, 394, 475
Ertogral und Wu (2000) 350, 476
Eschenbach (1990) 9, 476
Evans (1985) 144, 155, 476
Federgruen und Lee (1990) 366, 476
Federgruen und Tzur (1991) 155, 476
Federgruen und Tzur (1999) 201, 476
Fleischmann et al. (1997) 6, 476
Fleischmann und Meyr (1997) . . . 177, 476
Fleischmann (1990) 176, 476
Fleischmann (2001) 369, 476
Fliedner et al. (1986) 89, 476
Flores und Whybark (1986) 33, 476
Florian et al. (1980) 177, 476
Foote (1995) 101, 476
Franca et al. (1997) 348, 476
Gallego und Özer (2001) 468, 476
Gardiner und Blackstone (1995) . . . 267, 476
Gardner (1980) 72, 476
Gardner (1983) 72, 476
Gardner (1984) 71, 72, 477
Gaynor und Kirkpatrick (1994)   33, 40, 54, 72, 81, 477
Geselle (1997) 365, 477
Gilbert und Ballou (1999) 468, 477
Glaser et al. (1992) 118, 477

Gopalakrishnan et al. (1995) . . 168, 169, 477
Gopalakrishnan et al. (2001) . . 168, 203, 477
Goyal und Chakravarty (1984) 15, 477
Graves (1981) 239, 268, 271, 477
Grochla (1978) 6, 14, 31, 477
Groff (1979) 161–163, 176, 178, 477
Grünert (1998) 289, 477
Grün (1994) 6, 9, 477
Gupta et al. (1992) 164, 252, 477
Göpfert (1999) 2, 9, 477
Günther und Tempelmeier (2002)   . 6, 7, 9, 15, 104, 138, 156, 207, 351, 358, 477
Günther (1987) 178, 192, 203, 477
Günther (1988) 192, 477
Günther (1991) 176, 477
Haase (1994) . . 168, 169, 176, 177, 203, 477
Haase (1998) 171, 203, 477
Haase (2000) 369, 478
Hariharan und Zipkin (1995) . . . 468, 478
Harrison und Lewis (1996) . . . 226, 333, 478
Harrison (1967) 85, 478
Hartmann (1997) 31, 478
Hausman et al. (1998) 395, 407, 478
Hax und Candea (1984)   . 89, 93, 94, 101, 384, 386, 416, 427, 478
Heady und Zhu (1994) 155, 478
Heinrich und Schneeweiß (1986) . . . 253, 478
Heinrich (1987) . 212, 239, 253, 271, 282, 478
Helber (1994)   . 221, 282, 303, 305, 314, 349, 357, 369, 478
Helber (1995) 237, 314, 332, 357, 478
Hill et al. (1997) 299, 478
Ho et al. (1986) 441, 467, 478
Ho et al. (1995) 467, 478
Ho und Carter (1996) 467, 470, 478
Hoel (1962) 31, 478
Holt (1957) 72, 478
Ho (1989) 467, 478
Höter (1993) 155, 164, 479
Hübner (1996) 392, 479
Inderfurth und Minner (1998) 470, 479
Inderfurth (1991a) 462, 479
Inderfurth (1991b) 459, 461, 479
Inderfurth (1992) 461, 479
Inderfurth (1993) 462, 479
Inderfurth (1994) 467, 479
Ingold (1998) 225, 228, 272, 333, 479
Isermann und Houtman (1998) 6, 479
Jacobs und Khumawala (1982) . . . 212, 479
Jensen (1993) 467, 479

Jensen (1996) 379, 479
Johnson et al. (1996) 401, 479
Johnson und Montgomery (1974) 45, 56, 72, 87,
    94, 101, 479
Jönsson et al. (1982) 441, 479
Kadipasaoglu und Sridharan (1995) . 464, 479
Kamp et al. (1989) 463, 479
Katok et al. (1998)226, 228, 333, 335, 336, 339,
    341, 344–347, 480
Kazan et al. (2000) 467, 480
Kendall und Ord (1990) 47, 480
Khumawala (1973) 148, 480
Kimms und Drexl (1998) 137, 480
Kimms (1997) . . 137, 172, 177, 205, 282, 480
Kiran (1989) 161, 480
Kirca und Kökten (1994) 203, 480
Kirca (1990) 203, 480
Kirsch et al. (1973) 2, 9, 480
Knolmayer (1985) 162, 480
Knolmayer (1987) 161, 480
Krarup und Bilde (1977) 147, 148, 480
Kränzle (1992) 118, 480
Kuhn (1992) 280, 480
Kuik et al. (1993) 235, 480
Kuik et al. (1994) 137, 164, 205, 480
Kuik und Salomon (1990) . . . 279, 281, 480
Kurbel (1998) 113, 118, 481
Küpper und Helber (1995) 107, 481
Küpper (1980) 113, 135, 481
LaForge und Patterson (1985) 366, 481
Lagodimos und Anderson (1993) . . . 444, 481
Lambrecht et al. (1983) 274, 481
Lambrecht und Vanderveken (1979) . 203, 481
Langenhoff und Zijm (1990) 442, 481
Lasdon und Terjung (1971) 204, 481
Lee und Adam (1986) 164, 481
Lee und Nahmias (1993) 142, 481
Lewandowski (1974) 90, 481
Lozano et al. (1991) 204, 481
Maes et al. (1991) 207, 212, 235, 291, 311, 481
Maes und van Wassenhove (1986) 193, 199, 481
Maes und van Wassenhove (1991) . . 291, 481
Maes (1987) . . . 193, 235, 291, 297, 311, 481
Magee (1958) 444, 481
Makridakis und Wheelwright (1978) 31, 33, 72,
    481
Makridakis und Wheelwright (1989) 40, 54, 72,
    73, 89, 481
Manne (1958) 199, 204, 482
Mather (1977) 467, 482

Maxwell und Muckstadt (1984) . . . 238, 482
McClain et al. (1982) 212, 482
McClain und Trigeiro (1985) . . 143, 238, 482
McLaren (1977) 212, 248, 252, 482
Meal (1979) 387, 482
Meyr (1999) 177, 482
Meyr (2002) 177, 482
Minifie und Davis (1990) 467, 482
Minner (2000) 440, 470, 482
Moily (1982) 238, 246, 482
Moily (1986) 246, 247, 482
Montgomery und Johnson (1976) . . . 71, 482
Morey (1985) 388, 482
Munson und Rosenblatt (1998) 366, 482
Murthy und Ma (1996) 463, 482
Nemhauser und Wolsey (1988) . 317, 322, 482
Neter et al. (1989) . 55, 56, 58, 73, 85, 89, 482
Neter und Wassermann (1974) . . . 56, 58, 482
Nevison (1985) 442, 482
Oeldorf und Olfert (1998) 5, 482
Özdamar et al. (2002) 204, 483
Özdamar und Barbarosoglu (2000) . 349, 483
Özdamar und Birbil (1998) 176, 483
Özdamar und Bozyel (2000) . . 175, 204, 483
Ohse (1990) 155, 483
Penlesky et al. (1989) . . . 466, 467, 470, 483
Penlesky et al. (1991) . . . 466, 468, 470, 483
Pfohl (1996) 2, 9, 483
Pochet und Wolsey (1991) 205, 483
Prentis und Khumawala (1989) . . . 366, 483
Rao (1981) 237, 271, 483
Raturi und Hill (1988) 297, 483
Reith-Ahlemeier (2002) 376, 483
Robrade (1991) 141, 156, 163, 164, 391, 395,
    437, 440, 483
Roll und Karni (1991) 348, 483
Rosling (1984) 148, 483
Rosling (1986) 147, 149, 234, 237, 483
Rosling (1989) 442, 483
Salomon et al. (1991) 176, 483
Salomon et al. (1993) 204, 281, 484
Salomon (1991) . 165, 221, 235, 272, 282, 483
Scheer (1997) 113, 118, 484
Schneider (1978a) 391, 484
Schneider (1978b) 431, 432, 484
Schneider (1979a) 412, 484
Schneider (1979b) 412, 432, 484
Schneider (1981) 395, 484
Schwarz und Schrage (1975) 238, 484
Shah (1991) 14, 22, 484

Silver et al. (1998)   9, 12, 17, 33, 39, 40, 45, 47, 54, 81, 85, 89, 93, 98, 101, 395, 418, 440, 484
Silver und Meal (1969) 159, 484
Silver und Meal (1973) 159, 484
Silver und Miltenburg (1984) 161, 484
Silver und Switzer (1985)   . . . 85, 87, 88, 484
Silver (1978) 442, 484
Simpson und Erenguc (1998a)   . 253, 274, 276, 278, 282, 484
Simpson und Erenguc (1998b)   . 278, 349, 484
Simpson (1958) 456, 484
Simpson (1994) 274, 278, 282, 484
Simpson (1999) 253, 484
Simpson (2001) 164, 485
Smith (1980) 207, 485
Song und Zipkin (2003) 407, 485
Sox und Gao (1999) 169, 172, 204, 485
Sridharan et al. (1987) 465, 485
Sridharan und LaForge (1994) 465, 485
Stadtler et al. (1995) 360, 485
Stadtler (1996a) 228, 485
Stadtler (1996b) 167, 224, 485
Stadtler (2000) 155, 202, 485
Stadtler (2002)   . . 201, 202, 333, 350, 357, 485
Starr und Miller (1962) 14, 485
Steele (1975) 467, 485
Steinberg und Napier (1980) 237, 485
Steinhausen und Langer (1977) 18, 485
St. John (1983) 462, 485
Suchanek (1996) 394, 395, 440, 485
Sürie und Stadtler (2002)   167, 169, 172, 175, 201, 203, 205, 485
Tanaka und Sawada (1985) 23, 485
Tatsiopoulos und Kingsman (1983)   . 441, 486
Taylor und Oke (1976) 410, 486
Tempelmeier und Derstroff (1993) . . 156, 317, 332, 357, 486
Tempelmeier und Derstroff (1996) . . 156, 207, 317, 332, 357, 486
Tempelmeier und Helber (1994)   207, 221, 300, 303, 313, 314, 357, 486
Tempelmeier (1983) 2, 486
Tempelmeier (1985) 399, 401, 402, 486
Tempelmeier (1991) 450, 486
Tempelmeier (1993a) 2, 9, 486
Tempelmeier (1993b) 451, 486
Tempelmeier (1997) 354, 365, 486
Tempelmeier (1998a) 2, 9, 486
Tempelmeier (1998b) 365, 486

Tempelmeier (2000) 401–403, 440, 486
Tempelmeier (2003)   . 366, 372, 375, 376, 486
Tersine und Toelle (1985) 366, 486
ter Haseborg (1979) 370, 486
Thizy und van Wassenhove (1985) 192, 204, 486
Tijms und Groenevelt (1984) . . 429, 431, 487
Tijms (1994) 412, 417, 429, 440, 487
Toklu und Wilson (1992) 300, 487
Treu (1972) 121, 487
Trigeiro (1987) 204, 487
Trigg und Leach (1967) 40, 487
Trigg (1964) 40, 487
Trux (1972) 29, 90, 487
Vanderbeck (1998) 204, 487
van Donselaar (1989) 452, 455, 487
van Donselaar (1990) . . . 452, 454, 455, 487
van Donselaar (1992) 452, 455, 487
van Houtum und Zijm (1991) 442, 487
van Wassenhove und Maes (1984) . . 201, 487
van Wassenhove und Vanderhenst (1983)   192, 487
Vazsonyi (1962) 106, 135, 487
Vollmann et al. (1997) 389, 487
Wagelmans et al. (1992) 143, 155, 487
Wagner und Whitin (1958)   142, 143, 151, 162, 487
Weber (1990) 29, 39, 45, 47, 54, 60, 71–73, 77, 81, 99, 101, 487
Wedekind (1968) 91, 488
Wemmerlöv und Whybark (1984) . . . 164, 488
Wemmerlöv (1981) 162, 488
Wemmerlöv (1982) 162, 488
Whybark und Williams (1976) 389, 488
Wijngaard und Wortmann (1985) 441, 444, 452, 455, 463, 464, 470, 488
Winters (1960) 81, 488
Wäscher (1998) 279, 487
Yano und Carlson (1985) 451, 467, 488
Yano und Carlson (1987) 451, 467, 488
Yano und Carlson (1988) 451, 467, 488
Yeung et al. (1998) 470, 488
Zangwill (1969) 144, 230, 488
Zhao et al. (1995) 464, 470, 488
Zhao und Lee (1993) 465, 488
Zoller und Robrade (1987) . . . 156, 163, 488

Verzeichnis der Symbole

Kapitel B – Klassifikation von Verbrauchsfaktoren

C_a	: Lagerkosten bei produktindividueller Bestellmengenberechnung
C_i	: Lagerkosten bei produktgruppenbezogener Bestellmengenberechnung
D_k	: durchschnittliche Periodenbedarfsmenge des Produkts k
G	: Anzahl der zu bildenden Produktgruppen
h_k	: Lagerkostensatz des Produkts k
$\mathcal{K}$	: Indexmenge aller Produkte
$\mathcal{K}_g$	: Indexmenge der Produkte, die der Produktgruppe g zugeordnet sind
MAD	: mittlere absolute Abweichung
μ	: Mittelwert der Bedarfsmengen
q_g	: Bestellmenge der Produktgruppe g; diese gilt einheitlich für alle Produkte k ($k \in \mathcal{K}_g$) einer Produktgruppe g
ρ_τ	: Autokorrelationskoeffizient bei einer Zeitverschiebung von τ Perioden
s	: Bestellkostensatz
s_k	: Bestellkostensatz des Produkts k
SP	: Störpegel
τ	: Zeitverschiebung
t_g	: Bestellzyklus der Produktgruppe g; dieser gilt einheitlich für alle Produkte k ($k \in \mathcal{K}_g$) einer Produktgruppe g
y_t	: Bedarfsmenge in Periode t

Kapitel C – Prognoseverfahren

α	: Glättungsparameter
b_0	: Schätzwert des Achsenabschnitts
$b_{0,t}$	: Schätzwert des Achsenabschnitts in Periode t
b_1	: Schätzwert der Steigung
$b_{1,t}$	: Schätzwert der Steigung in Periode t
β	: Glättungsparameter
β_0	: Achsenabschnitt
β_1	: Steigung
δ	: Glättungsparameter
e_t	: Prognosefehler in Periode t
$E\{\cdot\}$	: Erwartungswert

ϵ_t	: irreguläre Schwankung in Periode t
ERR_t	: geglätteter Prognosefehler (in den Perioden $t-n+1,...,t$)
$F(\cdot)$	: Verteilungsfunktion
MAD_t	: mittlere absolute Abweichung (in den Perioden $t-n+1,...,t$)
γ	: Glättungsparameter
γ_m	: Regressionskoeffizient der Saisonperiode m
g_m	: Schätzwert des Regressionskoeffizienten der Saisonperiode m
$i_{\tau+1}$	: Prognosewert des zeitlichen Abstands zum nächsten Bedarfsereignis
μ_{et}	: Mittelwert der Prognosefehler (in den Perioden $t-n+1,...,t$)
$m_t^{(1)}$	: Hilfsgröße: exponentiell geglätteter Mittelwert
n	: Länge des Zeitfensters, das die Grundlage für die Prognose bildet
p_t	: Prognosewert für Periode t
$P\{\cdot\}$	: Wahrscheinlichkeit
$\underline{P}_t$	: diskrete Wahrscheinlichkeitsverteilung der Periodenbedarfsmenge in Periode t
r^2	: Bestimmtheitsmaß
s_m	: Saisonfaktor der Saisonperiode m
s_t^u	: nicht-standardisierter Saisonfaktor der Periode t
si_{tm}	: Saisonfaktor der Periode tm
σ_e	: Standardabweichung der Prognosefehler
σ_{et}	: Standardabweichung der Prognosefehler (in den Perioden $t-n+1,...,t$)
σ_{et}^2	: Varianz der Prognosefehler (in den Perioden $t-n+1,...,t$)
SIG_t	: Abweichungssignal (in Periode t)
SQA	: Summe der quadrierten Abweichungen
SQE	: nicht erklärte Restvariation
SQR	: durch den Verlauf der Regressionsgeraden erklärte Variation
SQT	: Gesamtvariation
t	: Periodenindex
tc_{tm}	: zyklische Komponente in Periode tm
$\underline{u}_t$	: Hilfsvektor zur Markierung der Bedarfsklasse der Periode t
$v_t^{(1)}$	: Hilfsgröße: exponentiell geglättete Varianz
$\text{Var}\{\cdot\}$	: Varianz
WSQA	: Summe der gewichteten quadrierten Abweichungen
y_t	: Bedarfsmenge in Periode t
$y_t^{(1)}$	: Durchschnitt erster Ordnung – berechnet am Ende der Periode t
$y_t^{(2)}$	: Durchschnitt zweiter Ordnung – berechnet am Ende der Periode t
z	: Anzahl der Saisonperioden

Abschnitte D.1–D.2 – Materialbedarfsrechnung

a_{kj}	: Direktbedarfskoeffizient, d. h. Menge des Produkts k, die direkt in das Produkt j eingeht
$\underline{A}$	: Direktbedarfsmatrix
d_k	: Primärbedarf des Produkts k
$\underline{E}$	: Einheitsmatrix
$\mathcal{N}_k$	: Indexmenge der Produkte, in die das Produkt k direkt eingeht (Nachfolger)

PZ_k : Pfeilzähler des Produkts k
r_k : Gesamtbedarf des Produkts k
u_k : Dispositionsstufe des Produkts k
$\underline{V}$: Verflechtungsbedarfsmatrix
v_{kj} : Verflechtungsbedarfskoeffizient, d. h. für die Produktion des Produkts j insgesamt (direkt und indirekt) benötigte Menge des Produkts k
$\mathcal{V}_k$: Indexmenge der Produkte, die in das Produkt k direkt eingehen (Vorgänger)
y_k : Sekundärbedarf des Produkts k

Abschnitte D.3.1–D.3.3 – Einstufige Losgrößenprobleme

b_{jt} : Kapazität der Ressource j in Periode t (in Zeiteinheiten)
b_t : Kapazität der Ressource in Periode t (in Zeiteinheiten)
c_i : Kosten des Produktionsplans i
$c_{\tau t}$: Gesamtkosten eines Loses, das den Bedarf der Perioden τ bis t abdeckt
$c_{\tau j}^{\text{Per}}$: Durchschnittliche Kosten pro Periode, wenn in Periode τ der Bedarf der Perioden τ bis j produziert wird
$c_{k\tau j}^{\text{Per}}$: Durchschnittliche Kosten pro Periode, wenn für Produkt k in Periode τ der Bedarf der Perioden τ bis j produziert wird
$c_{\tau j}^{\text{Stück}}$: Durchschnittliche Stückkosten, wenn in Periode τ der Bedarf der Perioden τ bis j produziert wird
CB_j : Kapazitätsbedarf der Periode j
CF_t : fehlende Kapazität, die noch in Periode t bereitgestellt werden muß
$CF_{\tau j}$: fehlende Kapazität in Periode j, die noch in Periode τ bereitgestellt werden muß
$CN_{\tau j}$: Netto-Kapazitätsbedarf der Periode j aus der Sicht der Planungsperiode τ
CV_τ : Kapazitätsverbrauch in Periode τ
$CV_{\tau j}$: Kapazitätsverbrauch in Periode τ für Periode j
d_t : Nettobedarfsmenge in Periode t
d_{kt} : Bedarfsmenge des Produkts k in Periode t
$D_{t\tau}$: gesamte Bedarfsmenge der Perioden t bis τ
$\delta_{\tau t}$: binäre Variable, die den Wert 1 annimmt, wenn der Bedarf der Periode t durch Produktion in der Periode τ gedeckt wird
$\delta_{kt\tau}$: Anteil des Bedarfs des Produkts k aus Periode τ, der durch Produktion in der Periode t gedeckt wird
$\Delta_{l\tau}$: marginale Verringerung der Kosten pro Periode pro zusätzlich eingesetzter Kapazitätseinheit
f_i : Kosten der optimalen Produktionspolitik für die Perioden 1 bis i
$g_{\tau t}$: Kosten für die Lagerung der kumulierten Bedarfsmengen der Perioden $\tau + 1$ bis t, falls sie bereits in Perioden τ produziert werden
γ_i : binäre Variable, die den Wert 1 annimmt, wenn Produktionsplan i (für Produkt k) gewählt wird
γ_t : binäre Rüst- bzw. Produktionsvariable
γ_{kt} : binäre Rüstvariable für Produkt k in Periode t
h : Lagerkostensatz
h_k : Lagerkostensatz für Produkt k
$h_{\tau t}$: Kosten für die Lagerung des Anteils der Bedarfsmenge der Periode t, der bereits in Periode τ hergestellt wird

$h_{kt\tau}$: Kosten für die Lagerung der Bedarfsmenge des Produkts k aus Periode τ, falls sie bereits in Periode t hergestellt wird
I : Anzahl der Produktionsmengenvariablen im Modell MIP
I_t : freie Kapazität in Periode t
J : Anzahl der Ressourcen
K : Anzahl der Produkte
κ_{ijt} : Kapazitätsbelastung der Ressource j in Periode t durch den Produktionsplan i
M : große Zahl
$n_{\tau j k}$: in Periode τ produzierte Bedarfsmenge der Periode j für das Produkt k
ω_{kt} : binäre Rüstzustandsvariable für Produkt k zu Beginn der Periode t
p_t : variable Produktionskosten in Periode t
p_{ks} : Rückgang der in Periode s für nachfolgende Perioden bereitzustellenden Kapazität
p_{kt} : Produktionskostensatz für Produkt k in Periode t
p_{li} : Produktionspolitik für die Perioden l bis i
P_t : Produktionspolitik für die Perioden 1 bis t
$\mathcal{P}_k$: Indexmenge der für Produkt k betrachteten Produktionsplanalternativen
q_t : Losgröße in Periode t
Q : Kapazitätsbedarf, der in Periode τ noch für zukünftige Perioden bereitgestellt werden muß
q_{kt} : Losgröße für Produkt k in Periode t
R_t : Kapazitätsfehlbedarf in Periode t
RC_τ : Kapazitätsüberschuß in Periode τ
$r_{k\tau}$: Reichweite des für Produkt k in Periode τ vorgesehenen Loses – die Periode τ nicht mitgezählt
s : Rüstkostensatz
$s_{\tau t}$: bis zum Ende der Periode τ bereits produzierter Anteil der Bedarfsmenge der Periode t
s_k : Rüstkostensatz für Produkt k
τ : Index einer Produktionsperiode
τ_k : Index der aktuellen Produktionsperiode des Produkts k
t_c : früheste Periode, in der die aktuelle für Periode τ vorgesehene Kombination produktbezogener Losgrößen unzulässig wird
tb : Stückbearbeitungszeit
tb_{jk} : Stückbearbeitungszeit für Produkt k an Ressource j
tr : Rüstzeit
tr_{jk} : Rüstzeit für Produkt k an Ressource j
T : Länge des Planungszeitraums
$\theta_{\tau t}$: Anteil der Bedarfsmengen der Perioden τ bis t, der in Periode τ produziert wird
v_t : Anzahl der Produkte, für die in Periode t ohne einen Rüstvorgang produziert wird (maximal 1)
$w_{\tau t}$: Summe aus den Rüstkosten in Periode $\tau + 1$ und den Kosten für die Lagerung der kumulierten Bedarfsmengen der Perioden $\tau + 2$ bis t, falls sie bereits in Perioden $\tau + 1$ produziert werden
y_t : Lagerbestand am Ende der Periode t
y_{kt} : Lagerbestand für Produkt k am Ende der Periode t

Abschnitt D.3.4 – Mehrstufige Losgrößenprobleme

a_{ki}	: Direktbedarfskoeffizient bezüglich Produkt k und i
$\tilde{a}_{ij}$	: modifizierter Koeffizient der Nebenbedingungen
b	: Basisperiodenlänge
b_{jt}	: verfügbare Kapazität der Ressource j in Periode t
β_k	: Potenz der Basisperiodenlänge des Produkts k
B_k	: durchschnittlicher physischer Lagerbestand des Produkts k
$\tilde{c}_j$	: modifizierter Zielfunktionskoeffizient
δ^ℓ	: Parameter der Subgradientenoptimierung
$\delta_{k\tau t}$	: Anteil der Bedarfsmenge des Produkts k der Periode t, der durch Produktion in der Periode τ gedeckt wird
$\Delta_{k\tau t}^{\max}$	: maximale Verlagerungsmenge für Produkt k aus Periode τ in Periode t
d_{kt}	: Primärbedarf für Produkt k in Periode t
D_k	: durchschnittliche Bedarfsmenge für Produkt k
D_{kt}	: Gesamtbedarf für Produkt k in Periode t
$D_{kt\tau}$	: kumulierter Gesamtbedarf für Produkt k in den Perioden t bis τ
e_k	: marginaler Lagerkostensatz des Produkts k
$e_{kt\tau}$	: marginaler Lagerkostensatz für die Lagerung des in Periode t produzierten kumulierten Bedarfs des Produkts k für die Perioden t bis τ
ϵ	: Genauigkeitsschranke
ϵ^ℓ	: Hilfsgröße zur Modifikation der Zielfunktionskoeffizienten in Iteration ℓ
$\mathcal{E}$	: Indexmenge der Endprodukte
E_k	: durchschnittlicher systemweiter Lagerbestand des Produkts k
E_{kt}	: systemweiter Lagerbestand für Produkt k in Periode t
h_k	: voller Lagerkostensatz des Produkts k
$h_{k\tau t}$	: Lagerkosten für den Bedarf des Produkts k in Periode t, wenn dieser bereits in Periode τ produziert wird
$\mathcal{H}^k$	: Indexmenge zur Beschreibung eines Produktionsplans für Produkt k
H_k	: modifizierter Lagerkostensatz des Produkts k
H_ℓ	: Summe der Lagerkosten in Iteration ℓ
J	: Anzahl der Ressourcen ($j = 1, 2, ..., J$)
$\mathcal{J}_k$	: Indexmenge der Ressourcen, die durch das Produkt k in Anspruch genommen werden
$\mathcal{J}_u$	: Indexmenge der Ressourcen, die durch Produkte der Dispositionsstufe u belegt werden
K	: Anzahl der Produkte bzw. Arbeitsgänge ($k = 1, 2, ..., K$)
$\mathcal{K}_j$	: Indexmenge der Produkte bzw. Arbeitsgänge, die durch die Ressource j bearbeitet werden
$\mathcal{K}_{ju}$	: Indexmenge der Produkte bzw. Arbeitsgänge, die durch die Ressource j bearbeitet werden und zur Dispositionsstufe u gehören
$\mathcal{K}_u$	: Indexmenge der Produkte, die zur Dispositionsstufe u gehören
ℓ	: Iterationsindex
λ^ℓ	: Parameter der Subgradientenoptimierung
LB	: untere Schranke des Zielfunktionswertes
m_k	: Verhältnis des Produktionszyklus des Produkts k zum Produktionszyklus des einzigen Nachfolgers $n(k)$

m_{jk}	: Verhältnis des Produktionszyklus des Produkts j zum Produktionszyklus des Produkts k
m_j^a	: Modifikationszähler der Koeffizienten der Nebenbedingungen der Variablen j
m_j^c	: Modifikationszähler der Zielfunktionskoeffizienten der Variablen j
M	: große Zahl
$n(k)$	: einziger Nachfolger des Produkts k in einer konvergierenden Erzeugnisstruktur
$\mathcal{N}_k$	: Indexmenge der Nachfolger des Produkts k (direkt übergeordnete Produkte bzw. nachfolgende Arbeitsgänge)
$\mathcal{N}_k^*$	: Indexmenge aller Nachfolger des Produkts k (direkt und indirekt übergeordnete Produkte bzw. nachfolgende Arbeitsgänge)
x_{kt}	: zu Beginn der Periode t verfügbare Menge des Produkts k, mit deren Produktion in einem vorangegangenen Planungslauf begonnen wurde
o_{kt}	: Höchstproduktionsmenge für Produkt k in Periode t
O_{kt}	: obere Schranke der kumulierten Produktionsmenge für Produkt k in Periode t
π_{kt}	: marginale Kostenerhöhung für Produkt k in Periode t
p_{kt}	: variable Produktionskosten für Produkt k in Periode t
q_{kt}	: Losgröße für Produkt bzw. Arbeitsgang k in Periode t
$\widehat{q}_{kt}$	: obere Schranke der Losgröße des Produkts bzw. Arbeitsgangs k in Periode t
ρ_{kt}^ℓ	: Prioritätswert: Verhältnis des Lagerkostenanstiegs zum Rüstkostenrückgang bei Verschiebung der Produktionsmenge des Produkts k aus Periode t in die nächstgelegene frühere Produktionsperiode, in Iteration ℓ
r_{kt}	: Gesamtbedarf des Produkts k in Periode t
R	: Planungsabstand
S_ℓ	: Summe der Rüstkosten in Iteration ℓ
s_k	: Rüstkostensatz des Produkts k (dieser kann auch periodenabhängig definiert werden)
s_k^*	: modifizierter Rüstkostensatz des Produkts k
$s_{k\tau t}$	: bis zum Ende der Periode τ bereits produzierter Anteil der Bedarfsmenge des Produkts k der Periode t
S_k	: modifizierter Rüstkostensatz des Produkts k
$\theta_{kt\tau}$	: Anteil der Bedarfsmenge des Produkts k in den Perioden t bis τ, der bereits in Periode t produziert wird
T	: Länge des Planungszeitraums in Perioden $(t = 1, 2, ..., T)$
t_k	: Produktionszyklus des Produkts k
tb_k	: Stückbearbeitungszeit für Arbeitsgang k
tb_{jk}	: Stückbearbeitungszeit für Arbeitsgang k an Ressource j
tr_k	: Rüstzeit für Arbeitsgang k
tr_{jk}	: Rüstzeit für Arbeitsgang k an Ressource j
u	: Dispositionsstufennummer
u_{kt}	: Mindestproduktionsmenge für Produkt k in Periode t
U_{kt}	: untere Schranke der kumulierten Produktionsmenge für Produkt k in Periode t
UB	: obere Schranke des Zielfunktionswertes
u_j	: Lagrange-Multiplikator der Kapazitätsrestriktion der Ressource j
u_t	: Lagrange-Multiplikator der Kapazitätsrestriktion in Periode t
u_{jt}	: Lagrange-Multiplikator der Kapazitätsrestriktion der Ressource j in Periode t
v	: Lagerkostenfaktor

v_{ki}	: Verflechtungsbedarfskoeffizient bezüglich Produkt k und i
v_{kt}	: Lagrange-Multiplikator der Lagerbilanzgleichung des Produkts k in Periode t
$\mathcal{V}_\gamma$	: Indexmenge der binären Rüstvariablen
$\mathcal{V}_\gamma^x$	: Indexmenge der binären Rüstvariablen, die eindeutig mit einer Losgrößenvariablen verknüpft sind
$\mathcal{V}_q$	: Indexmenge der Losgrößenvariablen
$\mathcal{V}_x$	: Indexmenge der kontinuierlichen Variablen
$\mathcal{V}_y$	: Indexmenge der Lagerbestandsvariablen
$\mathcal{V}_k^*$	: Indexmenge aller Vorgänger des Produkts k (direkt und indirekt untergeordnete Produkte bzw. vorangehende Arbeitsgänge)
$\mathcal{V}_j^\circ$	: Indexmenge aller Produkte, die dem Teilbaum mit dem Wurzelknoten k angehören
$\mathcal{V}_k^{*\ell h}$	: Indexmenge der Produkte, deren Lagerkosten durch die Produktionsmengenverschiebung des Produkts k in Iteration ℓ beeinflußt werden
$\mathcal{V}_k^{*\ell s}$	: Indexmenge der Produkte, deren Rüstvorgänge durch die Produktionsmengenverschiebung des Produkts k in Iteration ℓ beeinflußt werden
w_k	: Wert des Produkts k
w_{kt}	: Lagrange-Multiplikator der Lagerbestandsrestriktion des Produkts k in Periode t
X_{kt}	: kumulierte Produktionsmenge für Produkt k in Periode t
y_{kt}	: Lagerbestand für Produkt k am Ende der Periode t
z_k	: Mindestvorlaufzeit eines Auftrags für Produkt k
$Z(\cdot)$	: Kostenfunktion
γ_{kt}	: binäre Rüstvariable für Arbeitsgang bzw. Produkt k in Periode t

Abschnitt D.4 – Bestellmengenplanung

a_τ^l	: binärer Indikator, der anzeigt, ob Lieferant l in Periode τ liefern kann
d_t	: Nettobedarf in Periode t
$\delta_{\tau t}^{lr}$	: Anteil des Bedarfs in Periode t, der beim Lieferanten l in Periode τ mit Rabattklasse r beschafft wird
f_τ^{lr}	: Beschaffungswert des Anteils der Bestellmenge, der bis zur Obergrenze der Rabattklasse $r-1$ des Lieferanten l bei Bestellung in Periode t reicht
g_τ^{lr}	: Obergrenze der Rabattklasse r für Lieferant l in Periode τ
γ_τ^{lr}	: Binärvariable zur Auswahl der Rabattklasse r in Periode τ für den Lieferanten l
$h_{\tau t}^{lr}$	: Lagerkosten für den gesamten Bedarf der Periode t, falls dieser beim Lieferanten l in Periode τ mit Rabattklasse r beschafft wird
L	: Anzahl Lieferanten
p_τ^{lr}	: Stückpreis in Rabattklasse r für Lieferant l in Periode τ
q_τ^{lr}	: Bestellmenge beim Lieferanten l in Periode τ mit Rabattklasse r
R_τ^l	: Anzahl Rabattklassen des Lieferanten l in Periode t
s_τ^l	: fixe Bestellkosten für Lieferanten l in Periode τ
T	: Anzahl Bedarfsperioden
v_τ^{lr}	: Differenz zwischen der Bestellmenge in Periode τ beim Lieferanten l und der Untergrenze der Rabattklasse r

Kapitel E – Berücksichtigung der Unsicherheit

α	: Glättungsparameter
α	: Servicegrad
α_X	: Skalenparameter einer gamma-verteilten Zufallsvariablen X
β	: Servicegrad
c_b	: beschaffungsfixe Kosten
c_ℓ	: Lagerkostensatz
$\text{Cov}\{\cdot\}$	: Kovarianz
D	: Periodennachfragemenge
E_k	: Prognosefehler des Produkts k
$E\{\cdot\}$	: Erwartungswert
$\mathcal{E}_k$	: Menge der Endprodukte, in die das Produkt k eingeht
$E_t(\tau)$	: Prognosefehler in Perioden t bezüglich des Bedarfs in Periode τ
$EF_N\{\cdot\}$	: Hilfsfunktion: Standardisierter Fehlmengenerwartungswert bei normalverteilter Nachfrage
$EG_N\{\cdot\}$	: Hilfsfunktion
F_Anf	: Fehlbestand am Anfang eines Bestellzyklus
F_End	: Fehlbestand am Ende eines Bestellzyklus
$F(\tau)$	: Länge der Zeitraums, für den zum Planungszeitpunkt τ der Produktionsplan fixiert wurde
$f_X\{\cdot\}$	: Dichtefunktion der Zufallsvariablen X
γ	: Servicegrad
J	: Lieferunfähigkeitsdauer
ℓ	: Beobachtung der Wiederbeschaffungszeit
λ_k	: maximale Wiederbeschaffungszeit des Lagers k
L	: Wiederbeschaffungszeit
k_X	: Formparameter einer gamma-verteilten Zufallsvariablen X
$\mu\{\cdot\}$	: Mittelwert
μ_D	: Mittelwert der Periodennachfragemenge
N	: Reichweite)
ϕ_N	: Dichtefunktion der Standard-Normalverteilung
Φ_N	: Verteilungsfunktion der Standard-Normalverteilung
$P\{\cdot\}$	: Wahrscheinlichkeit
$P_t(\tau)$	: zuletzt (in Periode t) ermittelter Prognosewert des Bedarfs in Periode τ
q	: Bestellmenge
$\sigma\{\cdot\}$	: Standardabweichung
σ_D	: Standardabweichung der Periodennachfragemenge
s	: Bestellpunkt
S	: Bestellniveau
S_k^e	: systemweites Bestellniveau des Produkts k
S_k^i	: Bestellniveau des Produkts k bei isolierter Kontolle
SB_k	: Sicherheitsbestand des Produkts k
SZ	: Sicherheitszeit
r	: Bestellzyklus, Überwachungsintervall

R	: Planungsintervall
U	: Defizit
$\text{Var}\{\cdot\}$	: Varianz
v	: Ausprägung einer standardisierten normalverteilten Zufallsvariablen
v_{ki}	: Verflechtungsbedarfskoeffizient bezüglich Produkt k und i
W_k	: maximale Lieferzeit der Produktionsstufe k
W	: lagerbedingte Lieferzeit (Wartezeit) eines Kundenauftrags
Y_t	: beobachteter Bedarf in Periode t
Y	: Nachfragemenge in der Wiederbeschaffungszeit
Y^*	: Summe aus dem Defizit und der Nachfragemenge in der Wiederbeschaffungszeit
Y^ℓ	: kumulierte Nachfragemenge aus ℓ Perioden
z_k	: Durchlaufzeit bzw. Produktionsdauer des Produkts k
z_k^e	: systemweite Durchlaufzeit des Produkts k
Z	: Nachfragemenge in der Wiederbeschaffungszeit und dem Bestellzyklus

Anhang

X.1 PMT – Produktions-Management-Trainer

Der Produktions-Management-Trainer (PMT) ist ein unter MS-Windows lauffähiges interaktives Programm, mit dem der Nutzer einige der im vorliegenden Lehrbuch dargestellten Verfahren anhand eigener Beispiele nachvollziehen kann. Der PMT besteht aus einer Menge problembezogener Module, die durch ein Menü aktiviert werden können. Der PMT soll dem Nutzer die Möglichkeit bieten, quantitative Entscheidungsprobleme aus der Produktion und der Logistik Schritt für Schritt nachvollziehbar zu lösen. Dabei kann auf vordefinierte Beispiele zurückgegriffen werden. Man kann aber auch eigene Beispieldaten eingeben.

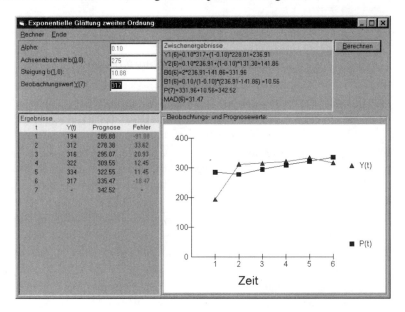

Bild 1: Exponentielle Glättung zweiter Ordnung

Besonderes Entwicklungsziel war es, nicht nur die fertige Lösung eines Problems, d. h. das Ergebnis der Anwendung eines kompletten Lösungsverfahrens, sondern auch die Folge der algorithmischen Zwischenschritte, die bis zur endgültigen Lösung des Problems zu durchlaufen sind, darzustellen. Dies zeigt Bild 1 anhand des Moduls zur exponentiellen Glättung zweiter Ordnung, wo nach Eingabe des aktuellen Beobachtungswertes und Betätigung des „Berechnen"-Knopfs in einem Zwischenergebnisfeld die Prognoseformeln mit den aktuellen numerischen Werten angezeigt werden. Die Zwischenergebnisse können größtenteils auch über die Windows-Zwischenablage gesichert werden.

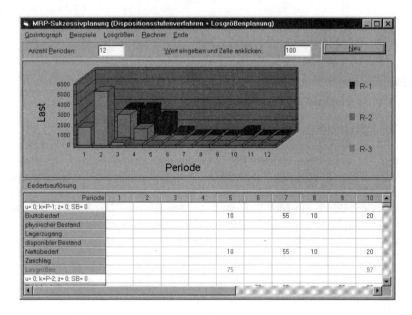

Bild 2: MRP-Sukzessivplanungskonzept

Für jedes betrachtete Problem bzw. Lösungsverfahren existiert ein Modul, mit dem der Anwender über ein problemspezifisches Fenster kommunizieren kann. Während einige Module primär auf die Übung von Rechenverfahren abgestellt sind, dienen andere Module dazu, die Auswirkungen bestimmter Entscheidungsoptionen quantitativ darzustellen. Dies gilt z.B. für das in Bild 2 dargestellte Modul zur MRP-Sukzessivplanung, das die Auswirkungen unterschiedlicher Verfahren zur Losgrößenplanung, wie sie in den derzeit gängigen PPS-Systemen eingesetzt werden, auf die Kapazitätsbelastung der Ressourcen zeigt.

Die für das vorliegende Lehrbuch relevanten Module sind in der folgenden Übersicht mit einem PC-Symbol gekennzeichnet:

1.	Taktische Produktionsplanung
11.	Standortplanung
111.	Standortplanung in der Ebene (Steiner-Weber-Modell)
112.	Diskrete Standortplanung (gegebene potentielle Standorte)
12.	Kapazitätsplanung bzw. Leistungsanalyse
121.	Kapazitätsplanung für Flexible Fertigungssysteme
1211.	Statischer Ansatz
1212.	Mittelwert-Analyse
122.	Kapazitätsplanung für Produktionsinseln
123.	Kapazitätsplanung für Fließproduktionssysteme

1231.		Zwei Stationen mit beschränkten Puffern (Markov-Modell)
1232.		Drei Stationen mit beschränkten Puffern (Markov-Modell)
1233.		M Stationen
12331.		M/M/1-Warteschlangenmodell mit unbeschränkten Puffern
12332.		GI/G/1-Warteschlangenmodell mit unbeschränkten Puffern
12333.		Abschätzungsformeln für Systeme mit beschränkten Puffern
12334.		M/M/1-Warteschlangenmodell mit beschränkten Puffern
1234.		GI/G/1-Warteschlangenmodell mit beschränkten Puffern
13.		Fließbandabstimmung
14.		Innerbetriebliche Standortplanung
2.		Operative Produktionsplanung
21.		Beschäftigungsglättung
211.		LP-Modell (mehrperiodig)
212.		Column-Minima-Verfahren
22.		Hauptproduktionsprogrammplanung
221.		Kapazitätsbedarfsrechnung (einstufig)
222.		Belastungsfaktoren (mehrstufig)
23.		Materialbedarfsplanung
231.	💻	ABC-Analyse
232.		Programmorientierte Verfahren
2321.	💻	Lineares Gleichungssystem
2322.	💻	MRP-Sukzessivplanungskonzept (Dispositionsstufen-verfahren einschl. dynamischer Losgrößenplanung und Kapazitätsbelastungsübersicht)
233.		Prognoseverfahren
2331.		Zeitreihenanalyse
2332.	💻	Exponentielle Glättung 1. Ordnung
2333.	💻	Exponentielle Glättung 2. Ordnung
2334.	💻	Verfahren von Holt
2335.	💻	Verfahren von Winters
24.		Losgrößenplanung
241.	💻	Klassische Bestellmenge
242.	💻	Klassische Losgröße
243.		Dynamische Losgrößenmodelle
2431.	💻	Exakte Lösung (Wagner-Whitin-Verfahren)
2432.	💻	Silver-Meal-Verfahren
2433.	💻	Verfahren von Groff
2434.	💻	Gleitende wirtschaftliche Losgröße
2435.	💻	Mehrstufige Losgrößenplanung (MLULSP)
245.		Durchlaufzeit versus Losgröße
2451.		Einstufige Einprodukt-Produktion
2452.		Einstufige Mehrprodukt-Produktion

244.	Losgrößen- und Reihenfolgeplanung (einstufige Sortenproduktion)
25.	Terminplanung
251.	Durchlaufterminierung (MPM-Netzplantechnik)
252.	Terminplanung mit beschränkten Ressourcen
253.	Ablaufplanung
2531.	Eine Maschine
25311.	Prioritätsregeln
25312.	Reihenfolgeabhängige Rüstkosten/-zeiten (Traveling-Salesman-Problem)
2522.	Johnson-Verfahren (zwei Maschinen)
26.	Lagerhaltungspolitiken
261.	(s, q)-Politik (β-Servicegrad-Restriktion)
262.	(s, q)-Politik (Lieferzeit-Restriktion)
263.	Simulation einer (s, q)-Politik
264.	(r, S)-Politik (β-Servicegrad-Restriktion)
265.	Simulation einer (r, S)-Politik
266.	(s, S)-Politik
267.	Simulation einer (s, S)-Politik
268.	Simulation der Nachfragemenge in der Wiederbeschaffungszeit
269.	Sicherheitsbestand bei normalverteilter Nachfrage in der Wiederbeschaffungszeit
270.	Erwartungswert der Fehlmenge bei diskreter Verteilung der Nachfrage in der Wiederbeschaffungszeit
28.	Transportplanung (Klassisches Transportproblem)
3.	Verschiedenes
31.	Qualitätskontrolle
311.	Annahmekennlinien bei losweiser Kontrolle
312.	Prozeßkontrolle
32.	Instandhaltungsplanung
33.	OR: Kürzeste-Wege-Algorithmus nach Dijkstra
34.	OR: Warteschlangenmodelle
35.	OR: Simulation eines Warteschlangensystems

Die Benutzeroberfläche des PMT ist so gestaltet, daß auch der ungeübte PC-Benutzer mit dem Programm zurechtkommt. Prinzipiell sind immer zuerst Beispieldaten einzugeben. Anschließend kann das Lösungsverfahren mit seinen einzelnen Zwischenschritten ausgeführt werden.

X.2 Ein multimediales Lernsystem zur Produktion und Logistik

Zur Veranschaulichung der Fragestellungen aus den Bereichen Produktion und Logistik und zu ihrer Vertiefung wurde ein multimediales Lernsystem entwickelt, das dem Nutzer weitere Einblicke in die Planungsprobleme der Produktion und Logistik verschaffen soll. Das auf einer CD verfügbare Lernsystem enthält graphische Übersichtsdarstellungen, Fotos, kurze Zusammenfassungen, schrittweise durch den Nutzer aktivierbare Algorithmen, Simulationsmodelle und kurze digitalisierte Filmsequenzen von realen Produktionsabläufen. Die folgenden Darstellungen vermitteln einen ersten Eindruck von der Benutzeroberfläche des Systems.

Bild 3: Hauptfenster

Derzeit stehen fünf Lernmodule zu den Themengebieten Flexible Fertigungssysteme, Fließproduktion, Bestandsmanagement, Losgrößenplanung und Materialbedarfsplanung (MRP) zur Verfügung.

Vor allem die Themengebiete Flexible Fertigung und Fließproduktion können sinnvoll durch Filmsequenzen illustriert werden, da wohl die meisten Studierenden keine praktische Vorstellung von derartigen Produktionssystemen haben. Im folgenden Bild wird eine Filmsequenz zum Werkzeugwechsel mit einem Werkzeugkettenmagazin gezeigt.

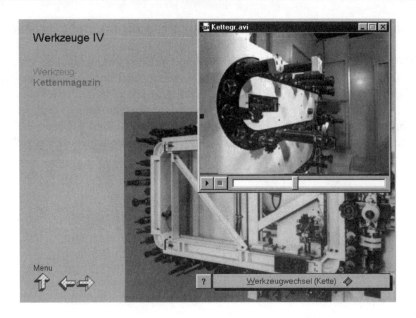

Bild 4: Eine Seite zum Thema Flexible Fertigung

In anderen Themenbereichen liegt der Schwerpunkt auf umfangreichen Vergleichen verschiedener Algorithmen anhand von Beispielen. So kann der Nutzer z.B. im Themengebiet Materialbedarfsplanung (MRP) mit einem einfachen Blättern durch das Lernsystem sehr schnell die Auswirkungen unterschiedlicher Algorithmen auf die Lösung eines Beispiels erkennen.

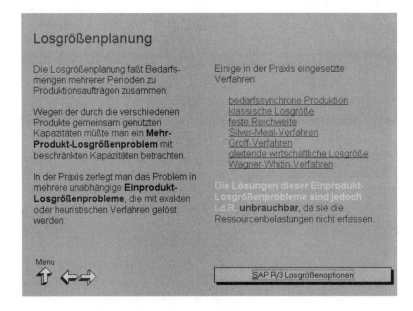

Bild 5: Eine Seite zum Thema Losgrößenplanung im MRP-Konzept

X.2: Ein multimediales Lernsystem zur Produktion und Logistik

Eine weitere Möglichkeit zur Vertiefung bestimmter Themen bietet sich mit der schrittweisen durch den Nutzer gesteuerten Animation des Ablaufs bestimmter Planungsprozesse. Das folgende Bild zeigt eine interaktive Animation der Einplanung von nach dem Standard-MRP-Konzept ermittelten Aufträgen anhand einer Gantt-Chart. Der Nutzer erhält hier Schritt für Schritt Erläuterungen zu den dargestellten Systemzuständen.

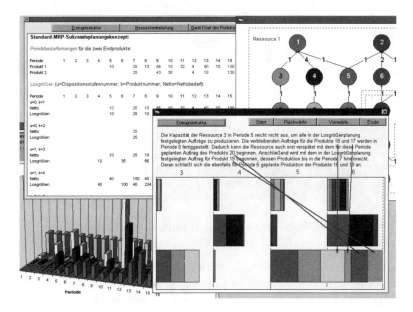

Bild 6: Interaktive Animation im Modul MRP

Schließlich bietet das Lernsystem die umfassende Dokumentation des Ablaufs von Algorithmen zur Bearbeitung bestimmter Problemstellungen. Bild 7 zeigt ein Rechenbeispiel zur Berechnung der Dispositionsstufennummern von Produkten, wobei eine interaktive Animation zur Erläuterung der Rechenschritte eingesetzt wird.

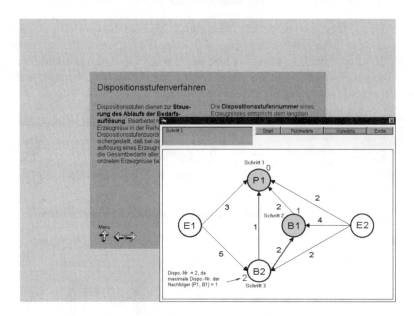

Bild 7: Erläuterung eines Verfahrens zur Bestimmung von Dispositionsstufennummern

Das Lernsystem wird derzeit im Hörsaal zur multimedialen Unterstützung des Unterrichts eingesetzt. Studierende nutzen das System zur Nachbereitung des Vorlesungsstoffes. Die Erfahrungen der letzten Jahre zeigen, daß die Konzeption tragfähig ist und daß der Prozeß der Wissensvermittlung erheblich erleichtert wird.

Interessenten können beide Systeme gegen Entgelt bei folgender Adresse beziehen:

POM Prof. Tempelmeier GmbH
Am Kapellenbusch 13
D-50374 Erftstadt
Tel. 02235 430704 – Fax. 02235 9299251
URL: http://www.pom-consult.de

Weitere URLs:

http://www.advanced-planning.de
http://www.produktion-und-logistik.de

DIE Bücher für Ihr BWL-Studium

2002. XI, 167 S. (Springer-Lehrbuch) Brosch. € **14,95**; sFr 23,50
ISBN 3-540-43027-X

U. Leopold-Wildburger, J. Schütze

Verfassen und Vortragen

Wissenschaftliche Arbeiten und Vorträge leicht gemacht

Es behandelt alle wichtigen Fragen beim Erstellen und Präsentieren wissenschaftlicher Arbeiten. Die Darstellung erstreckt sich vom Entwurf eines Arbeitsplans bis hin zur Ausarbeitung. Geeignet für:
- Schüler - Diplomanden - Doktoranten

2002. X, 259 S. (Springer-Lehrbuch) Brosch.
€ 22,95; sFr 35,50
ISBN 3-540-42758-9

S. Bühler, F. Jaeger

Einführung in die Industrieökonomik

Dieses Lehrbuch vermittelt eine umfassende Einführung in die theoretischen und empirischen Grundlagen der Industrieökonomik. Einleitend werden die verschiedenen Elemente der Theorie der Firma diskutiert.

3., verb. Aufl. 2002. VII, 254 S. 55 Abb., 36 Tab. (Springer-Lehrbuch) Brosch.
€ **19,95**; sFr 31,-
ISBN 3-540-42531-4

J. Hülsmann, W. Gamerith, U. Leopold-Wildburger, W. Steindl

Einführung in die Wirtschaftsmathematik

Das vorliegende Buch vermittelt alle wesentlichen, in den wirtschafts- und sozialwissenschaftlichen Studienrichtungen benötigten mathematischen Kenntnisse auf dem Gebiet der Linearen Algebra, Analysis und Optimierung.

2002. X, 239 S. 125 Abb. (Springer-Lehrbuch) Brosch.
€ 19,95; sFr 31,-
ISBN 3-540-43206-X

R. Berndt, A. Cansier

Produktion und Absatz

Dieses Lehrbuch ist insbesondere für das Grundstudium der BWL gedacht. Es umfaßt die Grundlagen der betrieblichen Entscheidungsfindung, die Produktions- und Kostentheorie. - mit Übungsaufgaben - und Lösungen

2., verb. Aufl. 2002. X, 211 S. 80 Abb., 12 Tab. Brosch.
€ **19,95**; sFr 31,-
ISBN 3-540-43170-5

G. Schmidt

Prozeßmanagement

Modelle und Methoden

Es führt in grundlegende Modelle und Methoden für die Planung, Steuerung und Überwachung von Unternehmensprozessen ein. Im Mittelpunkt der Diskussion steht die Analyse der Abläufe mit dem Ziel der Optimierung.

8., verb. u. erw. Aufl. 2002. XVIII, 384 S. 114 Abb., 9 Tab. (Springer-Lehrbuch) Brosch. € 19,95; sFr 31,-
ISBN 3-540-43192-6

C. Schneeweiß

Einführung in die Produktionswirtschaft

Die Planung der Leistungserstellung und deren organisatorische Einbindung in die Führungsebenen eines Unternehmens steht im Vordergrund. - Übungen - und Lösungen

Besuchen Sie unser Studentenportal:
www.brains.de

Springer · Kundenservice
Haberstr. 7 · 69126 Heidelberg
Tel.: (0 62 21) 345 - 217/-218
Fax: (0 62 21) 345 - 229
e-mail: orders@springer.de

Springer

Die €-Preise für Bücher sind gültig in Deutschland und enthalten 7% MwSt.
Preisänderungen und Irrtümer vorbehalten. d&p · BA 43251/1

Erfolgreich wirtschaften

H.J. Drumm

4. Auflage

Personalwirtschaft

Dieses wichtige Standardwerk erschließt das immer komplexer werdende unternehmerische Funktionsfeld "Personalwirtschaft" in anspruchsvoller, systematischer und zugleich gut verständlicher Weise. Darstellung und kritische Reflexion informatorischer Grundlagen, methodischer Lösungen und des geltenden Rechtsrahmens sind typisch für dieses Werk. Alle Kapitel des Buchs sind untereinander durch Querverweise vernetzt und können durch ein sehr ausführliches Schlagwortregister zusätzlich erschlossen werden.

4., überarb. u. erw. Aufl. 2000. XXXIV, 868 S. 73 Abb. Brosch. € **39,95**; sFr 62,- ISBN 3-540-67753-4

Besuchen Sie uns unter:
www.springer.de/economics

M. Dowling, H.J. Drumm (Hrsg.)

Gründungsmanagement

Vom erfolgreichen Unternehmensstart zu dauerhaftem Wachstum

Dieses Buch informiert Gründungswillige, Gründer und Studenten, die sich mit Unternehmungsgründung beschäftigen, fundiert über alle wichtigen Aspekte des Managements von Gründung und Wachstum junger Unternehmungen. Im Mittelpunkt stehen alle relevanten betriebswirtschaftlichen Fragestellungen, angefangen von der Rechtsformwahl über Finanzierung, Rechnungslegung und Steuern bis hin zu Marketing, Organisation und Personal.

2002. XIII, 359 S. 52 Abb., 3 Tab. Geb. € **44,95**; sFr 69,50 ISBN 3-540-42182-3

Besuchen Sie unser Studentenportal:
www.brains.de

Springer · Kundenservice
Haberstr. 7 · 69126 Heidelberg
Tel.: (0 62 21) 345 - 217/-218
Fax: (0 62 21) 345 - 229
e-mail: orders@springer.de

Die €-Preise für Bücher sind gültig in Deutschland und enthalten 7% MwSt. Preisänderungen und Irrtümer vorbehalten. d&p · BA 43251/2